AF529804

आधुनिक वनस्पति विज्ञान

डॉ. नवीन मालवीय

समन्वयक, समकलनात्मक जीव विज्ञान विभाग,
(जैव प्रौद्योगिकी, सूक्ष्मजीव विज्ञान एवं जैव रसायन)
विभागाध्यक्ष, वनस्पति विज्ञान विभाग
शासकीय स्नातकोत्तर महाविद्यालय,
नरसिंहपुर (म.प्र.)

साईण्टिफिक पब्लिशर्स (इंडिया)
पो.बा. नं. 91 जोधपुर

प्रकाशक:
तनय शर्मा
साईण्टिफिक पब्लिशर्स (इंडिया)
5 ए न्यू पाली रोड़, पोस्ट बॉक्स नं. 91
जोधपुर 342 001
E-mail: info@scientificpub.com
www.scientificpub.com

ISBN: 978- 81-7233-633-2 (विद्यार्थी संस्करण)
978-81-7233-632-5 (पुस्तकालय संस्करण)

लेजर टाइपसेट – राजेश ओझा
भारत में मुद्रित

Foreword

I would like to congratulate Dr. Naveen Malaviya for bringing out an updated version of plant sciecne in the form of a book titled "आधुनिक वनस्पति विज्ञान".

Plant kingdom continues to remain as a central theme for human sustenance irrespective of the importance of other services generating wealth and prosperity. Therefore, it is necessary to have proper understanding of different dimensions of plant sciences which are being enriched through continuing research and development. The present book of Modern Botany by Dr. Naveen Malaviya who is a committed teacher and researcher of Government Post Graduate College, Narsinghpur in Madhya Pradesh, India updates the existing knowledge on the subject by incorporating the latest knowledge and making it understandable through simple text and illustrations. After going through the manuscript of the book, I find this compilation very useful for the students of Botany at Under Graduate and Post Graduate level. This book is in fact a departure from the existing list of classical books on Botany as it has incorporated the new topics like bio-signaling, bio-informatics and other related topics of bio technology and plant physiology.

There are three sections in this book. Section I deals with the biochemistry and metabolism. Section II covers developmental physiology and the section III is on plant biotechnology. Each chapter has been written in simple language and contents are well illustrated for the benefit of students who are striving for developing newer knowledge. The book is based on old and modern ideas with a focus on emerging ideas in Botany. By incorporating these topics. Dr. Malaviya has attempted to make the subject more interesting and at the smae time, a stimulating reading.

I hope that this book will be useful to the teachers and students for developing a broader understanding of the subject of Botany enriched by addition of modern topics.

Dr. Ram Prasad
Formerly the Vice Chancellor of Baraktullah University, Bhopal and
Ex-DG, MP Council of Science and Technology

प्रस्तावना

स्नातकोत्तर कक्षाओं में अध्यापन करते समय लेखक ने अनुभव किया कि छात्रों को पादप कार्यिकी एवं पादप जैव प्रौद्योगिकी में कुछ विषय वस्तु एकत्र करके उसे सही तरह से अध्ययन कर प्रस्तुत करने में कठिनाई होती है, अतः लेखक ने **"Modern Botany"** शीर्षक से पुस्तक लिखी। इस पुस्तक का फीड बैक जानने के लिये लेखक ने अन्य विश्वविद्यालयों के प्राध्यापकों से सम्पर्क किया। लेखक को एक सर्वसाधारण मत मिला कि अब अधिकांश विश्वविद्यालयों में स्नातकोत्तर कक्षाओं में भी परीक्षार्थियों को हिन्दी में उत्तर लिखने की अनुमति है अतः उक्त पुस्तक का हिन्दी अनुवाद प्रकाशित करने की आवश्यकता है। इस उद्देश्य हेतु लेखक ने छात्र हित में यह हिन्दी अनुवाद तैयार किया है।

इस पुस्तक का पहला अध्याय 'प्लैज्मा झिल्ली' है। प्रस्तुत पुस्तक तीन भागों में है, जिसमें पहला भाग उपापचय से संबंधित है, दूसरे भाग में 'पादप विकास कार्यिकी' को सम्मिलित किया गया है एवं तीसरे भाग में 'पादप जैव प्रौद्योगिकी' के कुछ महत्त्वपूर्ण अध्याय हैं। लेखक ने हिन्दी अनुवाद तैयार करते समय विशेष ध्यान दिया है कि सरल भाषा के साथ विषय वस्तु को सटीक तरह से प्रस्तुत किया जाये।

मैं, इस पुरतक को छात्रों को समर्पित करते हुये अपने शिक्षकों तथा उन वैज्ञानिकों का आभार व्यक्त करता हूँ जिन्होंने इस पुस्तक को तैयार करते समय मार्गदर्शन दिया। मैं सुश्री पूर्वा सांगलीकर का आभारी हूँ जिन्होंने पुस्तक के हिन्दी अनुवाद में भाषा एवं व्याकरण को संशोधित किया। श्री शैलेन्द्र गुप्ता (शगुन कम्प्यूटर, न्यू कंचनपुर, जबलपुर) भी धन्यवाद के पात्र हैं जिन्होंने पाण्डुलिपि का टंकन कार्य किया एवं चित्र तैयार किये। श्री अनिल विश्वकर्मा ने मुझे जो अमूल्य सहयोग दिया उसके लिये धन्यवाद शब्द भी छोटा लगता है।

27 मार्च 2009
चैत्र शुक्ल प्रतिपदा सं. 2066

डॉ. नवीन मालवीय

अनुक्रमणिका

अध्याय – 1

प्लैज्मा झिल्ली (Plasma Membrane)

प्लैज्मा झिल्ली जीवद्रव्य को चारों ओर से घेरे रहती है। इसकी कार्यिकी पदार्थों का संचलन करना है। संचलन मूलतः दो प्रकार का होता है : निष्क्रिय जो विसरण के द्वारा होता है तथा सक्रिय जो कुछ ऊर्जा युग्मित क्रियाओं के द्वारा होता है। 1950 के दशक में ऊतकों के अध्ययन तथा अभिरंजन करने की तकनीक विकसित हुई। जे.डी. राबर्टसन ने प्लैज्मा झिल्ली का इलेक्ट्रॉन माइक्रोग्रॉफ तैयार किया तथा दर्शाया कि झिल्ली त्रिस्तरीय होती है जिसके बाहरी दो स्तर गाढ़े रंग से अभिरंजित होते हैं। प्लैज्मा झिल्ली, नाभिकीय झिल्ली अथवा कोशिका झिल्ली में किसी भी प्रकार की झिल्ली जो कि पादपकोशिका या जन्तु कोशिका या सूक्ष्मजीवियों की कोशिका से ली गई हो, सभी में एक ही प्रकार की संरचना होती है।

प्लैज्मा झिल्ली की संरचना (Structure of Plasma Membrane)

पादप कोशिका की प्लैज्मा झिल्ली लिपिड, प्रोटीन तथा कार्बोहाइड्रेट संघटकों की बनी होती है। ये संघटक 40 : 40 : 20 के अनुपात में उपस्थित होते हैं। झिल्ली का क्रोड फॉस्फोलिपिड का बना होता है, जिसका विन्यास द्विआणविक स्तर के रूप में होता है जो कि वसा द्विस्तर होता है। यह झिल्ली का संरचनात्मक फ्रेमवर्क बनाती है तथा जल–विलेय पदार्थ की कोशिका के अन्दर अव्यवस्थित संचलन में रोधिका का कार्य करती है। झिल्ली के लिपिड तथा प्रोटीन अनेक विशिष्ट कार्यों का सम्पादन करते हैं। लिपिड तथा प्रोटीन आपस में असहसंयोजी बंध से जुड़े रहकर एक पतली परत बनाते हैं।

झिल्ली लिपिड (Membrane Lipid)

झिल्ली में अनेक प्रकार के लिपिड होते हैं तथा ये सभी उभय संवेदी होते हैं, अर्थात इनमें जलरागी तथा जलविरागी दोनों भाग होते हैं। अधिकांश झिल्ली लिपिड में फॉस्फेट समूह होते हैं। इनमें कुछ अपवाद है जैसे कोलेस्ट्रॉल तथा ग्लायकोलिपिड। चूंकि अधिकांश झिल्ली फॉस्फोलिपिड में ग्लेसेरॉल मुख्य संरचना बनाते हैं अतः इन्हें फॉस्फोग्लिसेराइड कहते हैं। ट्राईग्लिसेराइड के विपरीत झिल्ली के ग्लिसेराइड डाईग्लिसेराइड होते हैं तथा इनमें ग्लेसेरॉल के दो हाइड्रॉक्सिल समूह वसीय अम्ल से इस्टरीकृत होते हैं। केम्पेस्टेरॉल, साइटोस्टेरॉल तथ स्टींग्मेस्टेरॉल पादप प्लैज्मा झिल्ली के मुक्त स्टेरॉल हैं। पादप कोशिका में स्टेरॉल ईस्टर, स्टेरॉल ग्लाइकोसाइड तथ ऐसिलेटिड स्टेरॉल ग्लायकोसाइड, जन्तु कोशिका की तुलना में ज्यादा बहुलता से मिलते हैं जिनमें फॉस्फेटाइडिक अम्ल दो वसीय एसिल श्रंखला के बने अणु होते हैं। इनमें फॉस्फेट से जुड़े अन्य अतिरिक्त समूह नहीं पाये

जाते हैं। यह झिल्ली में कार्यतः अनुपस्थित होते हैं। झिल्ली के डाइग्लिसेराइड में फॉस्फेट से जुड़ा एक अतिरिक्त समूह होता है। ये अतिरिक्त समूह सामान्यतः या तो कोलीन (जो फॉस्फोटाइडिलकोलीन बनाते हैं) या इथेनॉलएमीन (फॉस्फेटाईडिन इलेनॉलएमीन बनाते हैं) अथवा सेरीन (फॉस्फेटाइडिल सेरीन बनाते हैं) होते हैं। इनमें से प्रत्येक समूह छोटे तथा जलरागी होते हैं। ये अणु के एक सिरे पर पर आवेशित फॉस्फेट जिनसे ये जुड़े रहते हैं जो कि अत्यंत जल–विलयनशील डोमेन बनाते हैं। इसे शीर्ष समूह (Lead group) कहते हैं। इनके विपरीत वसीय ऐसिलय श्रृंखलायें लम्बी, अशाखित, जलविरागी श्रृंखलायें होती हैं। झिल्ली के वसीय अम्ल या तो पूरी तरह संतृप्त अथवा एक असंतृप्त या बहुअसंतृप्त होते हैं। एक असंतृप्त तथा बहुअसंतृप्त वसीय अम्ल में क्रमशः एक द्विबंध या एक से अधिक द्विबंध होते हैं। फॉस्फोग्लिसेराइड में प्रायः एक असंतृप्त तथा एक संतृप्त वसीय अम्ल श्रृंखला होती है।

स्फींगोलिपिड स्फींगोसीन के व्युत्पन्न हैं। ये झिल्ली में कम पाये जाने वाले वर्ग के वसा हैं। स्फींगोसीन अमीनो अल्कोहल है जिनमें लम्बी हाइड्रोकार्बन श्रृंखला पाई जाती हैं। जन्तु कोशिका की प्लैज्मा झिल्ली के कुल लिपिड का 50% होता है। यह पादप कोशिका तथा जीवाणु कोशिका की प्लैज्मा झिल्ली में अनुपस्थित होते हैं।

लिपिड द्विस्तर (Lipid bilayer)

डच वैज्ञानिक E. Goster and F. Grendel (1925) ने सर्वप्रथम प्रस्तावित किया कि कोशीय झिल्ली में लिपिड के दो स्तर हो सकते हैं। लिपिड द्विस्तर सतत तथा अखण्डित संरचनायें हैं। झिल्ली परिसर वृहत् नेटवर्क निर्मित करती है जो पूरी तरह कोशिका में शाखाओं की तरह फैला रहता है। चूंकि लिपिड द्विस्तर में नम्यता होती है जिससे झिल्ली विरुप्य (deformable) होती है तथा उनका कुल आकार परिवर्तित हो सकता है। प्रत्येक आण्विक स्तर (या पत्रक) का ध्रुवीय समूह द्विस्तर के बाहरी छोर की ओर निर्दिष्ट होता है। झिल्ली के लिपिड द्विस्तर के फलकों पर असमित रुप से वितरित होते हैं। लिपिड स्तर स्थाई होता है। प्रत्येक फॉस्फोलिपिड तथा स्टेरॉल अणु झिल्ली के तल में स्वतंत्र रुप से गति करने में सक्षम होते हैं। लिपिड का आंतरिक फलक तरल होता है। प्रत्येक हाइड्रोकार्बन श्रृंखला सतत गति में होता है। यह गति लम्बी एसिल पार्श्व–श्रृंखला के कार्बन–कार्बन बंध के घूर्णन से उत्पन्न होती है।

झिल्ली के द्विस्तर में उभयसंवेदी लिपिड की उपस्थिति अत्यन्त महत्वपूर्ण है तथा ये झिल्ली को कुछ महत्वपूर्ण कार्यिकी गुण प्रदान करती हैं।

झिल्ली प्रोटीन (Membrane Protein): झिल्ली प्रोटीन असम्मित होते हैं जिसके कारण झिल्ली के बाहरी भाग के गुण आंतरिक भाग से बहुत भिन्न होते हैं। लिपिड द्विस्तर के प्रति लगाव के आधार पर झिल्ली प्रोटीन को तीन समूहों में बांटा जा सकता है जो निम्नलिखित है :–

समाकल प्रोटीन (Integral Protein): ये नैज (intrinsic) प्रोटीन है जो कि लिपिड द्विस्तर में धंसे होते हैं। ये प्रोटीन झिल्ली से दृढ़ता से जुड़े रहते हैं। वास्तव में कार्यतः सभी समाकल प्रोटीन लिपिड द्विस्तर से बाहर निकले होते हैं। प्रोटीन डोमेन जो कि झिल्ली के बाहर की ओर निकले रहते हैं, सभी को समाकल प्रोटीन में सम्मिलित किया

गया है। ये प्रोटीन झिल्ली फॉस्फोलिपिड के लिपिड एसिल श्रृंखला से अनुकूलता से क्रिया करते हैं।

परिधीय प्रोटीन (Peripheral Proteins): ये बाह्य प्रोटीन है जो पूरी तरह लिपिड द्विस्तर के बाहरी ओर पाये जाते हैं। ये प्रोटीन या तो कोशिका बाह्य अथवा कोशिका द्रव्यी पृष्ठ पर होते हैं। ये प्रायः ज्यादा ढीले रुप में या उत्क्रमणीय रुप में जुड़े रहते हैं। ये झिल्ली के पृष्ठ पर असहसंयोजी बंध से जुड़े रहते हैं।

लिपिड–एन्करर्ड प्रोटीन्स (Lipid-anchored proteins)

ये प्रोटीन लिपिड स्तर के बाहरी ओर पाये जाते हैं। यह झिल्ली में पाये जाने वाले लिपिड अणु से सहसंयोजी आबंध से जुड़े होते हैं।

समाकल झिल्ली प्रोटीन में प्रायः प्रचुर जल विरागी अमीनो अम्ल डोमेन होते हैं। ये अमीनो अम्ल पॉलीपेप्टाईड के मध्य में अथवा कार्बोक्सिल या अमीनो के सिरों पर होते हैं। कुछ प्रोटीन झिल्ली के चौड़ाई में फैले रहते हैं तथा पोषक पदार्थों को कोशिका के अन्दर या उत्सर्ग उत्पादों को कोशिका के बाहर ले जाते हैं। इस प्रकार के प्रोटीन को ट्रांसपोर्टर (Transporter) कहते हैं। इस प्रकार के प्रोटीन में कोशिका बाह्य अणुओं (extracellular signaling molecules) के बंधन हेतु अत्याधिक विशिष्ट बंधनी स्थान होते हैं। इस प्रकार के प्रोटीन झिल्ली के पृष्ठ पर होते हैं एवं इन्हें सिग्नल रिसेप्टर (Signal receptor) कहते हैं। एक अकेला संलग्नी अणु एक ग्राही से जुड़कर हजारों आयन के अभिवाद (influx) का कारक बन जाता है। इस प्रकार के अभिवाह खुले वाहिका (open channels) के माध्यम से अथवा सक्रिय एन्जाइम (activated enzyme) के द्वारा अंतःकोशिकी वाहक अणु के हजारों अणुओं के संश्लेषण द्वारा होता है। इस परिघटना को सिग्नल ट्रांसडकशन (Signal Transduction) कहते हैं।

झिल्ली कार्बोहाइड्रेट (Membrane Carbohydrate)

यूकैरेयोटिक कोशिका की झिल्ली में कार्बोहाइड्रेट पाये जाते हैं जो कि लिपिड तथा प्रोटीन दोनों घटकों से सहसंयोजी बंध से जुड़े रहते हैं। प्रजाति तथा कोशिका के प्रकार के आधार पर प्लैज्मा झिल्ली में कार्बोहाइड्रेट की मात्रा भार के 2 से 10 प्रतिशत तक हो सकती है। 8% कार्बोहाइड्रेट लिपिड से सहसंयोजकता बंध द्वारा जुड़कर ग्लायकोलिपिड बनाते हैं जबकि शेष 93% कार्बोहाइड्रेट प्रोटीन से जुड़कर ग्लायकोप्रोटीन बनाते हैं। ग्लायकोप्रोटीन में उपस्थित कार्बोहाइड्रेट छोटे शाखित ऑलिगो–सैकेराइड होते हैं एवं प्रति श्रृंखला पंद्रह से कुछ कम शर्करा होती हैं। इन कार्बोहाइड्रेट श्रृंखला में पाये जाने वाली शर्करा में सामान्यतः D-ग्लूकोज, D- मेनोज, D-गैलेक्टोज, L - फ्यूकोज, N -एसिटिल – D-ग्लूकोसामीन, N-एसिटिल–D–ग्लूकोसामीन, तथा N-एसिटिल न्यूरामिक एसिड (सिएलिक एसिड) होते हैं। सिएलिक एसिड प्रायः ऑलिगोसैकेराइड की आखिरी शर्करा होती है। यह बहिर्विष्ट कार्बोहाइड्रेट श्रृंखला को ऋणात्मक आवेश प्रदान करता है। आलिगो– सेकेराइड में अनेक अमीनो अम्ल दो प्रकार के बंधनों से जुड़े हो सकते हैं। ऐसा मानना है कि इन कार्बोहाइड्रेट प्रक्षेप की भूमिका एक कोशिका से दूसरी कोशिका तथा कोशिका के अजीवित पर्यावरण से अन्योन्य प्रतिक्रियाओं में मध्यस्थता करना है।

झिल्ली मॉडल (Membrane Model)

पूर्व में प्रस्तावित झिल्ली के मॉडल, विशेष रूप से 1935 में Hugh Davson and James Danielli द्वारा प्रस्तावित मॉडल में झिल्ली के प्रोटीन को लिपिड द्विस्तर के बाहरी पृष्ठ पर दर्शाया गया। S. Jonathan Singer and Garth Nicolsen (1972) ने फ्लूइड मोजेक मॉडल प्रस्तावित किया। इस मॉडल को दो से अधिक झिल्ली हेतु झिल्ली जीव विज्ञान में केन्द्रीय सिद्धांत (Central dogma) के रुप में लिया गया। लिपिड की भौतिक अवस्था पर विशेष ध्यान दिया गया है। लिपिड जमे हुये अचल द्विस्तर न होकर, लिपिड अणु तरल अवस्था में पाये जाते हैं जो कि झिल्ली के पार्श्व में संचालित होते हैं तथा घूर्णी करते हैं (चित्र 1.1)।

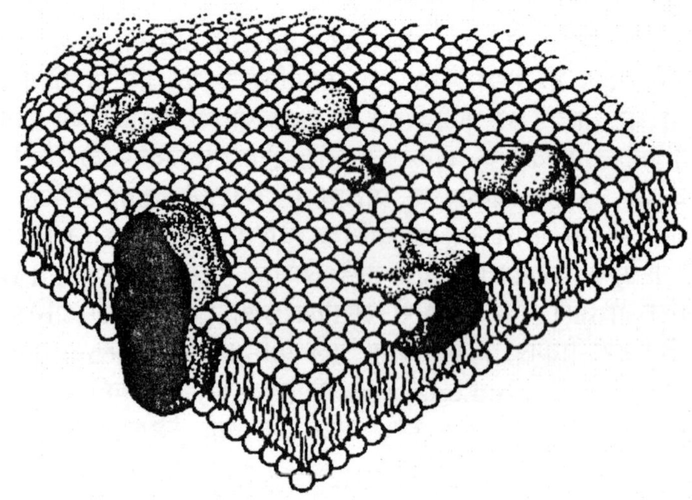

Figure 1.1. The structure of the plasma membrane.

The Fluid-Mosaic Membrane Model

फ्लूइड मोजेक मॉडल में प्रोटीन की संरचना तथा विन्यास पूर्व में प्रस्तुत झिल्ली मॉडल से भिन्न हैं। झिल्ली में प्रत्येक लिपिड तथा प्रोटीन की उपइकाई फ्लूइड मोजेक बनाते हैं अर्थात् सिरेमिक टाईल्स तथा 'मोर्टर के मोजेक' प्रतिरुप होता है। फ्लूईड मोजेक मॉडल का सामान्य साक्ष्य झिल्ली में वैयक्तिक प्रोटीन तथा लिपिड अणुओं के संचालन से प्राप्त होता है। इलेक्ट्रॉन सूक्ष्मदर्शी द्वारा अध्ययन, रसायनिक संघठन तथा पारगम्यता की भौतिक अवस्था भी फ्लूईड मोजेक मॉडल का समर्थन करते हैं। उभय संवेदी फॉस्फोलिपिड तथा स्टेरॉल लिपिड द्विस्तर बनाते हैं जिनके अध्रुवीय सिरे एक दूसरे की ओर तथा ध्रुवीय सिरे बाहर की ओर होते हैं। गोलिकामय प्रोटीन अनियमित अंतराल पर अंतःस्थापित रहते हैं। प्रोटीन के जलविरागी डोमेन झिल्ली लिपिड में जलविरागी पारस्परिक क्रिया से जुड़े रहते हैं। कुछ प्रोटीनों का विस्तार झिल्ली की पूरी चौड़ाई में होता है, जबकि कुछ प्रोटीन झिल्ली के सतह तक या दूसरी ओर बाहर निकले हुये होते हैं। फ्लूइड मोजेक मॉडल का सबसे महत्वपूर्ण पक्ष यह है कि इसमें झिल्ली गतिज संरचना है जिसमें संघठक गतिशील होते हैं तथा आपस में आने में सक्षम होते हैं। इस प्रकार ये अनेक प्रकार के अस्थायी या

अर्धस्थायी पारस्परिक क्रिया में व्यस्त रहते हैं। प्रोटीन का विन्यास असम्मित प्रकार का होता है। झिल्ली के एक ओर अभिदर्शित प्रोटीन द्विस्तर के दूसरी ओर के अभिदर्शित प्रोटीन से भिन्न होते हैं। इससे साइडिडनेस होती है एवं इस कारण से झिल्ली के वे प्रोटीन जो अन्य कोशिका अथवा कोशिका बाह्य संलग्नी (जैसे हार्मोन या वृद्धिकारक) से पारस्परिक क्रिया करते हैं, झिल्ली के बाहर की ओर पाये जाते हैं, जबकि कोशिकाद्रव्यी अणुओं (जैसे G – प्रोटीन या प्रोटीन काइनेस) से पारस्परिक क्रिया करने वाले प्रोटीन झिल्ली के अन्दर की ओर पाये जाते हैं।

द्रव्यों का झिल्ली के आर–पार संचलन (Movement of substances Across the Membrane)

पादप कोशिका में झिल्ली से विस्तृत प्रकार के संचलन होते हैं जैसे स्फीति उत्पत्ति (turger generation), पोषक अधिग्रहण, उपापचयी वितरण, उपापचयजों का उपखण्डन, अवशिष्ट उत्पादों का उत्सर्जन, ऊर्जा परिक्रमण। कोशिकांगो के विशिष्ट उपापचयी कार्य होते हैं। उपापचय के समय या फिर अन्य समय में भी इन कोशिकांगों के विभिन्न उपखण्डों की झिल्ली के आर–पार तथा विभिन्न कोशिकाओं के बीच पदार्थों का संचलन होता रहता है। प्लैज्मा झिल्ली वरणात्मक पारगम्य (selective permeable) होती है एवं इस गुण के कारण कोशिका के अन्दर पदार्थों की सांद्रता कोशिका के बाहर की सांद्रता से असाधरण रुप से भिन्न होती है। झिल्ली के आर–पार संचलन की विभिन्न क्रिया विधियाँ हैं। लिपिड द्विस्तर से सरल विसरण, या प्रोटीन स्तर के चैनल से संचलन फेसिलिटेटिड डिफ्यूशन, तथा सक्रिय गमन (Active transport) प्रमुख क्रियाविधि है। झिल्ली के आर–पार संचालन का विस्तृत अध्ययन करने के पूर्व कुछ आधारभूत शब्दावली तथा संप्रत्यय को समझना आवश्यक है।

इनफलक्स, आउटफलक्स तथा नेटफलक्स (Influx, outflux and netflux): पदार्थों की कोशिका के अन्दर तथा बाहर के संचलन को क्रमशः इनफलक्स तथा आउटफलक्स कहते हैं। ये शब्दावली नेट फलक्स से सम्बंधित है। ऊर्जाजनिक तथा ऊर्जाशोषी अभिगमन (Exergonic and Endergonic transport) पदार्थों का झिल्ली के आर–पार उतार या चढ़ाव संचलन प्रवाह को क्रमशः ऊर्जाजनिक तथा ऊर्जाशोषी अभिगमन कहते हैं।

अदिश तथा सदिश घटना (Scalar and Vectoral events)

झिल्ली में प्रोटीन लिपिड द्विस्तर में पाये जाते हैं तथा पदार्थों के संचलन का कार्य करते हैं। सामान्य रुप से इस संचलन को सभी प्रकार से परम्परागत एन्जाइम माना जा सकता है। इस प्रकार एन्जाइम से उत्प्रेरित अभिक्रियायें जो सम्पूर्णतः परिमाण से परिभाषित होती हैं उन्हें अदिश कहा जाता है जबकि संचलन तंत्र के अपवाद जिन्हें परिमाण तथा स्थान में दिशा के अनुसार हो उन्हें सदिश (vector) कहा जाता है।

झिल्ली शक्य (Membrane Potential)

यह झिल्ली द्वारा विभक्त दो जलीय माध्यम के बीच विद्युत विभव का अंतर है। Electrophysiologist इसे V_M से दर्शाते हैं तथा bioenergeticists इसे $\Delta\psi$ से दर्शाते हैं।

प्रेरक बल तथा विलेय शक्य (Driving force and solute potential)

झिल्ली के आर–पार के संचलन की नेट दिशा संचलन तंत्र पर प्रेरक बल के आदेश से होता है। इस बल का मुक्त ऊर्जा के शब्दों में परिमाणन का सम्बंध ट्रांसमेम्ब्रेन में अंतर्निहित होता है।

संवाहक, एन्टीपोर्टरस तथा सिम्पोर्टर्स (Carriers, Antiporters and symporters): (चित्र 1.2)

संचलन तंत्र जो H^+ या Na^+ आयन के उतार प्रवाह तथा अकार्बनिक आयन तथा विलेय के चढ़ाव के प्रवाह को युग्मित करते हैं उन्हें संवाहक (carries) कहते हैं। विलेय तथा प्रोटॉन के विनिमय में सम्मिलित वाहकों को एन्टीपोर्टर्स (Antiporters) कहते हैं। विलेय अभिवाह तथा H^+ या Na^+ अभिवाद को एक ही दिशा में संचालन को उत्प्रेरित करने वाले संवाहक को सिम्पोर्टरस कहते हैं। प्रोटॉन झिल्ली के आर पार अक्रिय संचालन करते हैं तथा ये सिम्पोर्टर्स ही हैं जो H^+ या Na^+ तथा विलेय के समान दिशा में संचालन हेतु अर्जित करते हैं।

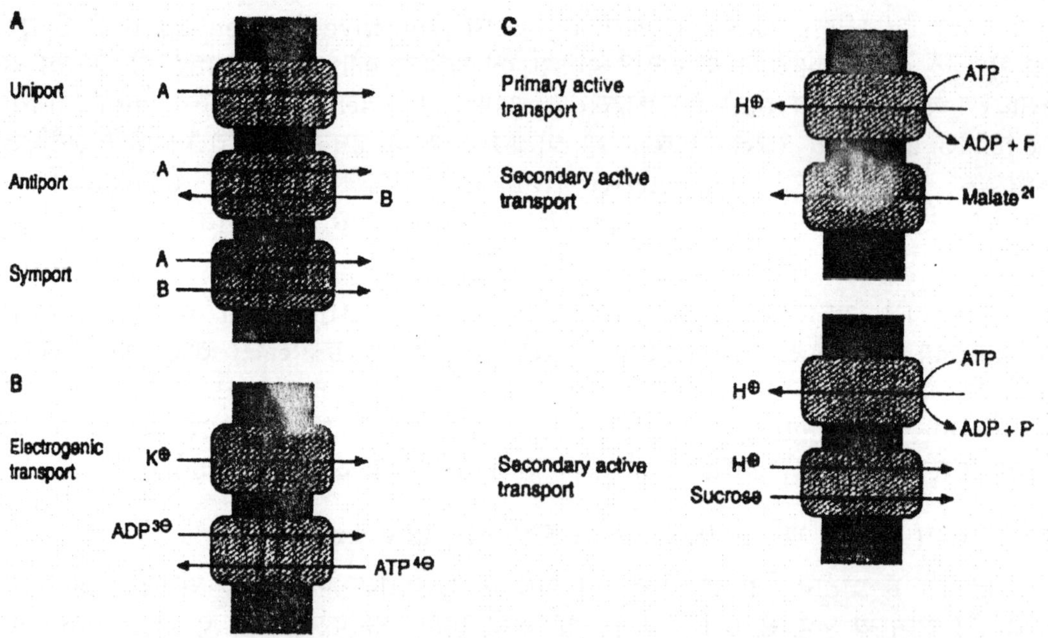

Fig. 1.2. Different types of transport processes through membrane.

संवाहक मध्यस्थ संचालन (Carries Mediated Transport)

संवाहक मध्यस्थ संचालन प्रक्रिया में संवाहक से बंधित किसी भी यौगिक में रासायनिक रुपांतरण नहीं होता है। संचालन के समय संरुपीय परिवर्तन (Conformational changes) होते हैं। संवाहक अकार्बनिक आयन तथा सरल कार्बनिक विलेय का झिल्ली के आरपार संचालन करते हैं। वाहक एन्जाइम आपेक्षित रुप से अपने आश्रय हेतु

विशिष्ट होते हैं तथा मिकेलिस मेन्टन गतिज का पालन करते हैं। वाहक आश्रय अपने ही विद्युत रासायनिक विभव के विरुद्ध स्थानांतरित होते हैं। अधिकांश वाहक pmf के युग्मन से अर्जित होते हैं अर्थात् H+ युग्मित संचालन तंत्र होता है। वाहक एक उपइकाई के बने होते हैं जिनका आणविक द्रव्यमान 40 से 50 KDa होता है।

विसरण (Diffusion)

पदार्थों के उच्च सांद्रता से कम सांद्रता वाले भाग में संचालन को विसरण कहते हैं। यह विलेय के बेहतरीन संचालन पर निर्भर करता है। यह ऊर्जाजनिक प्रेरित प्रक्रिया है, अणुओं के बेहतरीन वितरण की एन्ट्रॉपी की बढ़ोतरी में निरुपित होती है। जब विलेय झिल्ली के आर–पार विसरित होते हैं तो मुक्त ऊर्जा में परिवर्तन, सांद्रण प्रवणता (concentration gradient) पर निर्भर करता है ।

इलेक्ट्रोजेनेटिक ट्रांसपोर्ट (Electrogentic transport)

पदार्थों के संचालन जिसमें आवेश भी साथ–साथ संचालित होते हैं उसे इलेक्ट्रोजेनेटिक ट्रांसपोर्ट कहते हैं ।

गैर विद्युत अपघट्य का संचालन (Movement of Non-Electrolyte)

अनावेशित पदार्थ (गैर–विद्युत अपघट्य) का कोशिका के अन्दर संचालन को निम्नलिखित सूत्र से दर्शाया जाता है :–

$$\Delta G = RT \, . \ln \frac{[C_i]}{[C_o]} \quad \text{या} \quad \Delta G = 2.303 \, RT \log_{10} \frac{[C_i]}{[C_o]}$$

जहाँ ΔG मुक्त ऊर्जा में परिवर्तन है, R = गैस नियतांक है, T = परम ताप, [Ci] / [Co] विलेय की झिल्ली के पृष्ठ पर अन्दर तथा बाहर की सांद्रता है। अनावेशित पदार्थों हेतु इसे मोलर सांद्रता से दर्शाया जाता है।

यदि [Ci] / [Co] का अनुमान 1.0 से कम हो तो ΔG ऋणात्मक होता है तथा पिलेय का नेट अन्तर्वाह ऊष्मागतिकत : अनुमोदित होता है। जब विलेय कोशिका के अन्दर जाता है तो सांद्रण प्रवणता में कमी हो जाती है तथा साम्यावस्था में यह शून्य होता है।

विद्युत अपघट्य का संचालन (Movement of Electrolytes), आवेशित पदार्थों का संचालन दो प्रकोष्ठों में आवेश में अंतर से प्रभावित होता है। एक ही प्रकार के आवेश के आयन एक दूसरे से प्रभावित होते हैं। एक ही प्रकार के आवेश के आयन एक दूसरे को विकर्षित करते हैं तथा झिल्ली के आर–पार संचालन ऊष्मागतिकतः अनुमोदित नहीं होता है। विपरीत आवेश वाले आयन एक दूसरे के प्रति आकर्षण दर्शाते हैं, तथा इनका प्रकोष्ठों में संचालन ऊष्मागतिकतः अनुगोदित होता है। अतः आवेशित पदार्थों का एक प्रकोष्ठ से दूसरे प्रकोष्ठ में झिल्ली के आर–पार गमन दो कारकों पर निर्भर करता है, ये कारक सांद्रण प्रवणता तथा विद्युत विभव हैं। इन दोनों कारकों को मिलाकर विद्युत रासायनिक प्रवणता कहते हैं। विद्युत अपघट्य को कोशिका में विसरण हेतु मुक्त ऊर्जा के अन्तर को निम्नलिखित सूत्र से दर्शाया जाता है :–

$$\Delta G = RT . \ln \frac{[C_i]}{[C_o]} + zF\,\Delta Em$$

जहाँ z विलेय की संयोजकता है, F = फेराडे नियतांक (23.06 KCal/V) तथा ΔEm दो प्रकोष्ठों में शक्य का अंतर है।

वितरण गुणांक (Partition Co-efficient)

पदार्थों की तेल में विलेयता जो कि जल द्वारा विरोधित हो उसे वितरण गुणांक कहते हैं। यह साक्षी है कि जितनी अधिक लिपिड में विलेयता होगी उतना ही अधिक भेदन होगा। **Runar Collander** ने सर्वप्रथम स्थापित किया कि वे पदार्थ जो झिल्ली के आर–पार संचालन कर सकते हैं तेल : जल वितरण गुणांक से सीधे सहसम्बंधी होते हैं।

अक्रिय संचालन (Passive Transport)

अक्रिय संचालन में पदार्थ अपने सांद्रण प्रवणता के अनुसार झिल्ली के आर–पार संचालन करते हैं। इस प्रकार के पदार्थ का संचयन नहीं होता। प्रवाह की दर पर प्रवणता का परिमाण सीधा कार्य करता है। अणुओं का अक्रिय संचालन उन भागों में होता है जहॉ वे स्वतंत्र रुप से संचालन कर सकते हैं।

सरल विसरण (Simple Diffusion)

जब भिन्न भिन्न सांद्रता के विलयनों को दो प्रकोष्ठों को पारगम्य विभाजक से पृथक किया जाता है तो विलायक अपने उच्च सांदता के भाग से कम सांद्रता की ओर तब तक संचालन करते हैं जब तक कि दोनों विलायकों की सांद्रता एक समान नहीं हो जाती है। इस प्रकार की गति को सरल विसरण कहते हैं।

सुगमीकृत विसरण (Facilitated Diffusion)

प्लैज्मा झिल्ली कुछ पदार्थों के लिए कुछ–कुछ पारगम्य होती है। ये पदार्थ झिल्ली पर फैले सुगमी वाहकों से बंधित हो जाते हैं। पदार्थ सांद्रण प्रवणता के अनुसार उच्च सांद्रता से कम सांद्रता को संचालन करते हैं। इस प्रकार का बंधन ऊर्जा की मुक्ति से युग्मित नहीं होते बल्कि प्रोटीन में संरुपीय परिवर्तन करते हैं। सुगमीकृत विसरण विशेष रुप से ध्रुवीय विलेय जो लिपिड–लिपिड द्विस्तर में भेदन नहीं कर पाते हैं उनके प्रवेश तथा निर्गम में मध्यस्थता करते हैं। इस प्रकार का विसरण अक्रिय विसरण से एन्जाइमी स्वभाव तथा आश्रय विशिष्टता के कारण भिन्नता दर्शाते हैं मिकेलिसमेन्टन पेरामीटर का पालन होता है। चूंकि सुगमीकृत विसरण में उपापचयी ऊर्जा का उपयोग नहीं होता है अतः पदार्थों का प्रवेश तथा निर्गम का मिकेलिस मेंटन पेरामीटर बराबर होता है (चित्र 1.3)।

सक्रिय संचालन (Active Transport) पदार्थों का झिल्ली के आर पार गमन जो ऊष्मागतिकः प्रतिकूल प्रवणता तथा ऊर्जा के निवेश से युग्मित होता है उसे सक्रिय संचालन कहते हैं। इस प्रकार के संचालन में पदार्थ का झिल्ली के एक ओर संचयन होता है। सक्रिय संचालन ऊर्जाशोषी होते हैं। सामान्य रुप से इस प्रकार के संचालन हेतु ऊर्जा प्रायः **ATP** के जलीय अपघटन से प्रदान की जाती है। सक्रिय संचालन प्राथमिक या द्वितीयक

होता है। जब विलेय का संचयन ऊर्जाक्षेपी प्रतिक्रिया, जैसे ATP का जलीय अपघटन से सीधा युग्मित होता है तो उसे प्राथमिक सक्रिय संचालन कहते हैं। द्वितीयक सक्रिय संचालन में एक विलेय झिल्ली के आर–पार चढ़ाव (ऊर्जाविशोषी) की ओर गमन करता है जो कि विभिन्न विलेय के उतार (ऊर्जाक्षेपी) प्रवाह से युग्मित होता है। ये विभिन्न विलेय वास्तव में प्राथमिक सक्रिय संचालन से चढ़ाव में पम्प किये जाते हैं (चित्र 1.4)।

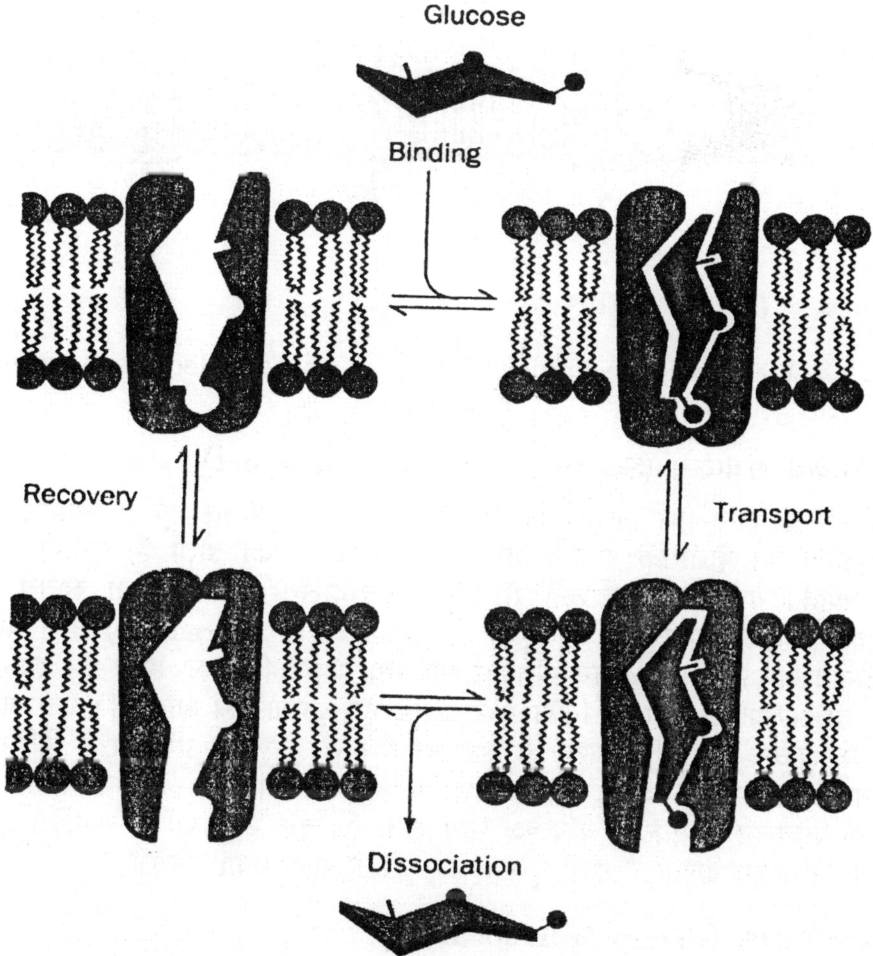

Fig. 1.3. Facilitated diffusion

प्राथमिक सक्रिय संचालन (Primary Active Transport)

झिल्ली से पदार्थ का सदिश संचालन, जो कि रासायनिक या प्रकाश रासायनिक प्रतिक्रियाओं से युग्मित होता है प्राथमिक सक्रिय संचालन होता है। जब इलेक्ट्रॉन झिल्ली से बंधित संचालन श्रृंखला से संचालन करते हैं तथा प्रोटॉन निष्काशित होता है तो ऊर्जा प्रदान करने हेतु pmf स्थापित होता है, या फिर झिल्ली में बंधित ATPase द्वारा ATP के जलीय अपघटन से ऊर्जा प्रदान की जाती है।

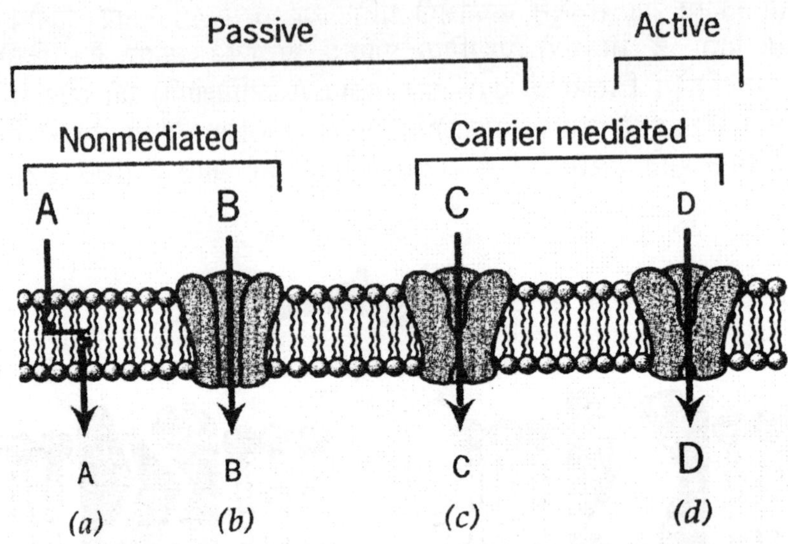

Fig. 1.4. Four basic mechanisms by which solute molecules move across membranes

द्वितीय सक्रिय संचालन (Secondary Active Transport)

झिल्ली के आर–पार अणुओं की अन्य प्रजातियों का गमन पूर्व में स्थापित ऊर्जा के व्यय से होता है। द्वितीयक सक्रिय संचालन तीन प्रकार का होता है; यूनीपोर्ट, एन्टीपोर्ट तथा सिमपोर्ट। यूनीपोर्ट – झिल्ली से अणु का संचालन अन्य अणु से स्वतंत्र होता है। अणुओं का प्रवाह सीधा स्थिर वैद्युत प्रवणता (Electrostatic gradient) द्वारा प्रेरित होता है। एन्टीपोर्ट अणुओं का संचालन प्रतिकार विनिमय क्रियाविधि द्वारा होता है। एक प्रकार के संवाहक दो अणुओं के विपरीत दिशा में संचालन हेतु उपयोग में आता है। एक अणु सांद्रण प्रवणता के आधार पर प्रवाह करता है, इस प्रकार दूसरे अणु के प्रवणता में विनिमय करता है। सिमपोर्ट दो पदार्थों का एक ही दिशा में अधिदेश प्राप्त समक्षाणिक होता है। दोनों पदार्थों के संचालन में एक ही संवाहक भाग लेता है। एक अणु पूर्व में स्थापित प्रवणता के आधार पर संचालन करता है तथा दूसरा अणु उसके साथ प्रवाह करता है।

समूह स्थानांतरण (Group Translocation)

कुछ पदार्थ का कोशिका में प्रवेश करके रासायनिक रुपांतरण हो जाता है। झिल्ली इस प्रकार के रुपांतरित रसायनों के लिये अपारगम्य होती है। इस प्रकार के रुपांतरण के परिणाम स्वरुप कोशिका के अन्दर रुपांतरित रसायनों की उच्च सांद्रता उत्पन्न हो जाती है तथा कोशिका के बाहर गैर रुपांतरित पदार्थ की सांद्रता कम हो जाती है। अतः सक्रिय संचालन का उपापचयी तुल्यमान संग्रहण अभिक्रिया (trapping reaction) द्वारा सम्पादित होता है। संचालन के इस प्रकार की क्रियाविधि को समूह स्थानांतरण कहते हैं। एक प्रधान तथ्य यह है कि झिल्ली के अन्दर पदार्थों के रुपांतरण के कारण अणु की समान प्रजाति की सांद्रण प्रवणता स्थापित होना सम्भव नहीं होता है। इस तथ्य के कारण समूह

स्थानांतरण के सक्रिय संचालन से भिन्न माना गया है। सक्रिय संचालन में झिल्ली के दोनों ओर एक ही प्रकार की प्रजाति के अणु की सांद्रता गुणांक स्थापित हो जाती है। समूह स्थनांतरण में कोशिका में प्रवेश कर रहे अणु रुपांतरण उपापचयी कार्य हेतु परिवर्तित हो जाते हैं, अतः इस प्रकार के संचालन में ऊर्जा आवेष्टित होती है। कुछ शर्करा कोशिका में प्रवेश करके फॉस्फोरिलेटिड हो जाती है। फॉस्फोईनॉल पायरुवेट फॉस्फेट अर्धांश को प्रदान करता है। इस प्रकार की शर्करा के संचालन को फास्फोट्रांसफरेस सिस्टम (Phosphotransferase system, PTS) कहते हैं। इस तंत्र में चार सुव्यक्त फॉस्फेट–वाहक प्रोटीन भाग लेते हैं। इन एन्जाइम का नाम HPr, एन्जाइम I (EI)] एन्जाइम III (E III) तथा एन्जाइम II (E II) हैं। E-II एक संवाहक प्रोटीन है जो झिल्ली में पाया जाता है। यह शर्करा के संचालन हेतु उत्तरदायी होता है। फॉस्फेट अर्धांश का स्थानांतरण E-III द्वारा उत्प्रेरित होता है। E-II तथा E-III, HPr शर्करा तथा फॉस्फेट हेतु विशिष्ट होते हैं जबकि E-I गैर विशिष्ट है। अवरोक्त दो एक विशेष कोशिका के सभी PTSS में भाग लेते हैं। फॉस्फोराइबोसिल ट्रांसफरेसस् (एन्जाइम का एक समूह) तथा एसिटिल सिन्थीटेंस भी समूह स्थानांतरण में भाग लेते हैं।

ट्रांसलोकेटर्स (Translocators)

प्रोटीन द्वारा उत्प्रेरित पदार्थ झिल्ली के आर–पार विशिष्ट छिद्र से संचालन करते हैं। इन प्रोटीन को ट्रांसलोकेटर्स कहा जाता है। ट्रांसलोकेटर्स आश्रय हेतु विशिष्ट होते हैं। ट्रांसलोकेटर्स समाकलन झिल्ली प्रोटीन है जो लिपिड द्विस्तर में α–हेलिक्स के रुप में आड़े पड़े रहते हैं (चित्र 1.5)। पार्श्व श्रृंखलाओं में जलविरागी अमीनो अम्ल जैसे – एनालीन, वेलीन, आइसोल्यूसीन या फिनिलएलानीन पाये जाते हैं। एन्जाइम–आश्रय क्रियाविधि के समान ट्रांसलोकेटर्स भी आश्रय से मिलकर ST से शंकुल बनाते हैं जो कि झिल्ली से संचालित होते हैं तथा TS में परिवर्तित होकर अंततः T तथा S में विघटित हो जाते हैं। आश्रय ट्रांसलोकेटर प्रोटीन (T) के विशिष्ट बंधन स्थल से बंधित होता है तथा झिल्ली से वहन किया जाता हैं एवं बाद में ट्रांसलोकेटर्स से मुक्त हो जाता हैं। ट्रांसलोकेटर्स V_{max} तथा Km मान दर्शाते हैं। जब ट्रांसलोकेटर्स के बंधन स्थल आश्रय से संतृप्त हो जाते हैं तो यह अवस्था उचिष्ठ वेग (V_{max}) के अनुरुप होती है। ट्रांसलोकेटर्स का Km मान आश्रय की वह सांद्रता है जब वहन अर्ध उचिष्ठ वेग से होता है।

क्लोरोप्लास्ट का ट्राइओस फॉस्फेट–फॉस्फेट ट्रांसलोकेटर क्लोरोप्लास्ट से फोटोएसिमिलेट को क्लोरोप्लास्ट के बाहर निर्यात् करने में समर्थ होता है। इस तंत्र में ट्रांसलोकेटर फॉस्फेट को ग्लिसरेलडीहाइड–3–फॉस्फेट या डाईहाइड्रॉक्सिएसीटोन फॉस्फेट से प्रतिकार विनिमय करते हैं। यह ट्रांसलोकेटर एक एन्टीपोर्ट है। अतः प्रत्येक अणु (जैसे फॉस्फेट) के वहन में अन्य अणु (जैसे डाईहाइड्रॉक्सीएसीटोन फॉस्फेट) क्लोरोप्लास्ट के बाहर वहन किया जाता है। यह ट्रांसलोकेटर अर्थोफास्फेट, डाईहाइड्रॉक्सीएसीटोन फॉस्फेट, ग्लिसरेलडीहाइड–3–फॉस्फेट तथा 3-फॉस्फोग्लिसरेट का वहन करते हैं परन्तु 2 -फॉस्फोग्लिसरेट का वहन नहीं करते हैं। ये आश्रय एक दूसरे से प्रतिस्पर्धी संदमक (competitive inhibitor) दर्शाते हैं, अतः यदि एक आश्रय ट्रांसलोकेटर से बंधित होता है तो वह अन्य आश्रय के बंधन को संदमित करेगा।

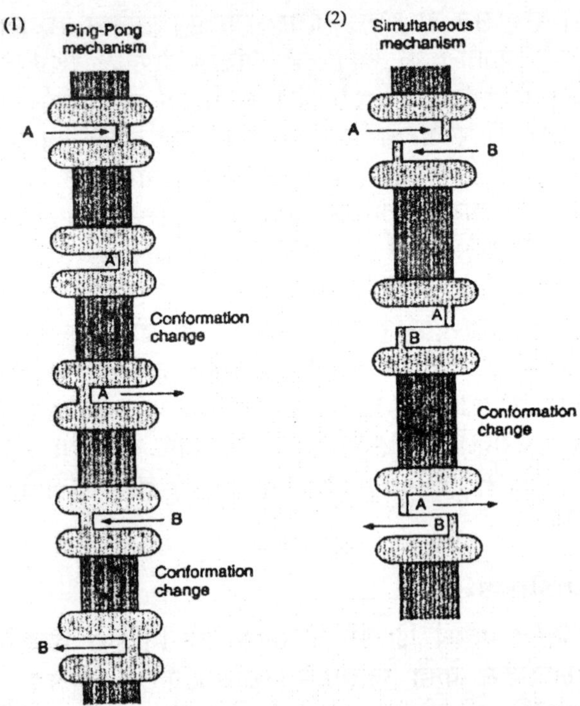

Fig. 1.5. Different types of the counter-exchange of two substrate molecules: (1) A translocator molecule catalyzes the transport of A and B sequentially. (2) A and B are transported simultaneously by two translocator molecules tightly coupled to each other.

ट्रांसपोर्टर से वहन क्रियाविधि को चित्र में दर्शाया गया है। ट्रांसपोर्टर की दो उपइकाई गेटेड पोर बनाते हैं। ये उपइकाई एक सामान्य आश्रय बंधन स्थल बनाती है, जिसे या तो अन्दर की ओर या बाहर की ओर से अभिगम्य होता है। यह ट्रांसलोकेटर प्रोटीन के संरुपण पर निर्भर करता है। पहले आश्रय ट्रांसलोकेटर के बंधन स्थल से जुड़कर बाहर की ओर अभिगम्य करते हैं। इसके फलस्वरुप ट्रांसलोकेटर के संरुपण में परिवर्तन होता है एवं अंततः आश्रय अंदर की ओर मुक्त हो जाते हैं। चूंकि ट्रांसलोकेटर एन्टीपोर्ट है अन्य आश्रय मुक्त बंधन स्थल से बंधित होगा तथा बाहर की ओर वहन करेगा। एन्टीपोर्ट की इस प्रकार की रीति को पिंगपांग क्रियाविधि कहते हैं। क्लोरोप्लास्ट का ट्राइओस फॉस्फेट–फॉस्फेट ट्रांसलोकेटर पिंगपांग क्रियाविधि दर्शाता है। माइटोकॉन्ड्रिया के ट्रांसलोकेटर समक्षणिक क्रियाविधि से परिचालित होते हैं। इस प्रक्रिया में दो ट्रांसलोकेटर एक दूसरे से इस प्रकार सम्बंधित होते हैं कि संरुपण में परिवर्तन तभी होगा जबकि दोनों बंधन स्थल या तो भरे हुये हों या खाली हों।

Coupling Active Transport to ATP Hydrolysis

ATPase चक्र पदार्थों का झिल्ली के आर पार संचालन तथा ATP के जल अपघटन से युग्मन में हिस्सा लेता है। ATPase के तीन सामान्य प्रकार के वहन हैं जिनका नाम P-

Type ATPase, V-Type ATPase तथा F-Type ATPase हैं। वहन चक्र के ट्रांसपोर्टर जो प्रतिवर्ती फॉस्फोरिलेटिड होते हैं उन्हें P-Type ATPase कहते हैं। प्रत्येक ट्रांसपोर्टर एक समाकल झिल्ली प्रोटीन है। ये अमीनो अम्ल सजातीयता का साझा करते हैं। यह सजातीयता Asp अवशेष के निकट होते हैं। यह अवशेष फॉस्फोरिलेशन का स्थल होता है। उच्च पादपों में एक सामान्य P-Type ATPase होता है। यह ट्रांसपोर्टर प्रोटॉन को कोशिका के बाहर पम्प करता है तथा प्रत्येक प्रोटॉन के वहन में एक ATP उपमुक्त होता है।

V-type ATPase

प्रोटॉन पम्प रिक्तिका (vacuole) में पाये जाते हैं अतः V-type (V = vacuole) नाम दिया गया है। V-type एन्जाइम को विलयशील V_1 खण्ड तथा झिल्ली सम्बद्ध V_0 खण्ड में विभक्त किया जा सकता है। ये F_1 तथा F_0 के तुल्यरुप होते हैं। F-Type ATPase माइटोकॉन्ड्रिया तथा क्लोरोप्लास्ट में ऊर्जा संरक्षण अभिक्रियाओं में भाग लेते हैं। यह जीवाणु में भी इसी कार्य को करता है। F-type नाम ऊर्जा–युग्मन f कारक के एकात्मीकरण के कारण होता है। ये ट्रांसपोर्टर ATPF जलअपघटन प्रेरित प्रोटान का प्रतिवर्त्य ट्रांसमेम्ब्रेन पारगमन को उत्प्रेरित करता है।

Jens Sleou (1957) ने केकड़े की तंत्रिका कोशिका ATP का जल अपघटन करने वाले एन्जाइम की खोज की थी तथा इसका नाम Na^+ - K^+ ATPase या सोडियम–पोटेशियम पम्प रखा (चित्र 1.6 A,B)। हांलाकि इस प्रकार का वहन प्राणि कोशिका में होता है तथापि यहाँ इसका वर्णन ट्रांसपोर्टर के एक वर्ग के प्रोटोटाईप के रुप में किया गया है। Na^+ - K^+ ATPase एक टेट्रामर है जो कि दो उपइकाई α तथा β का बना होता है। α बड़ा उपइकाई है तथा वहन क्रिया को करता है जबकि β छोटा उपइकाई है तथा झिल्ली में पम्प के सज्जीकरण तथा परिपक्वन में भाग लेता है। α उपइकाई में 8 से 10 संभावनीय ट्रांसमेम्ब्रेन खण्डों का बना होता है जबकि β उपकाई में सिर्फ एक खण्ड होता है। Na^+ - K^+ ATPase एक P-type आयन पम्प है (P का तात्पर्य फॉस्फोरिलेशन है)। पम्पिंग चक्र के समय ATP का जल अपघटन होता है तथा ट्रांसपोर्टर प्रोटीन के एक अमीनो अम्ल में फॉस्फेट समूह का स्थानांतरण करता है। इसके फलस्वरुप प्रोटीन आवश्यक संरुपीय परिवर्तन होता है। संरुपीय परिवर्तन आवश्यक है ताकि वहन होने वाले दो धनायनों के प्रति प्रोटीन की घनिष्ठता परिवर्तित हो जाये। Na^+ - K^+ ATPase पम्पिंग चक्र के समय कोशिका के अन्दर प्रोटीन से तीन Na^+ आयन बंधित हो जाते हैं। यह फॉस्फोरिलेटिड हो जाता है तथा संरुपण में परिवर्तन हो जाता है। यह प्रक्रिया होते समय बंधन स्थल कोशिका बाह्य प्रकोष्ठों के लिये अनावृत हो जाता है तथा प्रोटीन में Na^+ के प्रति घनिष्ठता में ह्रास हो जाता है तथा Na^+ आयन कोशिका के बाहर मुक्त हो जाते हैं। सोडियम आयन की मुक्ति के बाद प्रोटीन दो पोटेशियम आयन को चुन लेता है। इस अवस्था में प्रोटीन डीफॉस्फोरिलेटिड हो जाते हैं तथा अपने वास्तविक समरुपीय अवस्था को ग्रहण कर लेते हैं। इस अवस्था में बंधन स्थल झिल्ली के अन्दर के पृष्ठ की ओर खुला रहता है तथा K आयन हेतु घनिष्ठता कम हो जाती है जिससे ये आयन कोशिका के अन्दर मुक्त हो जाते हैं।

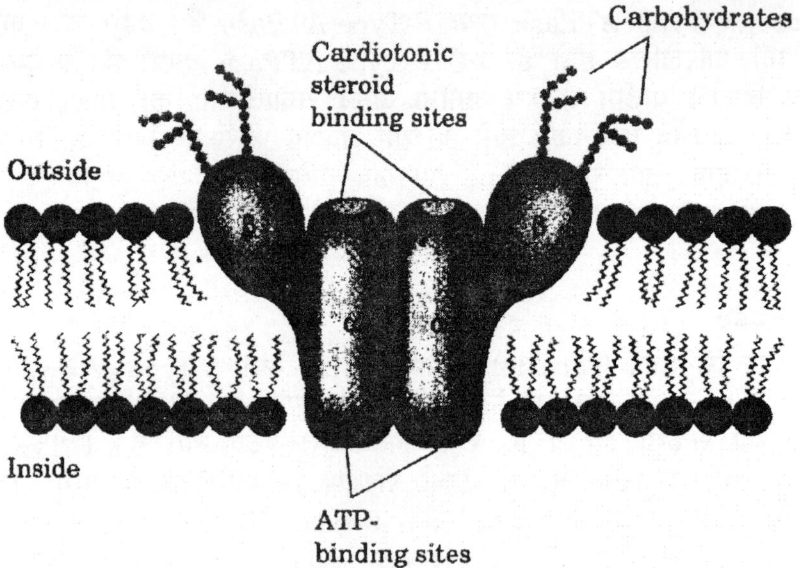

Fig. 1.6A. A schematic model of the Na+ - K+ - ATP-ase

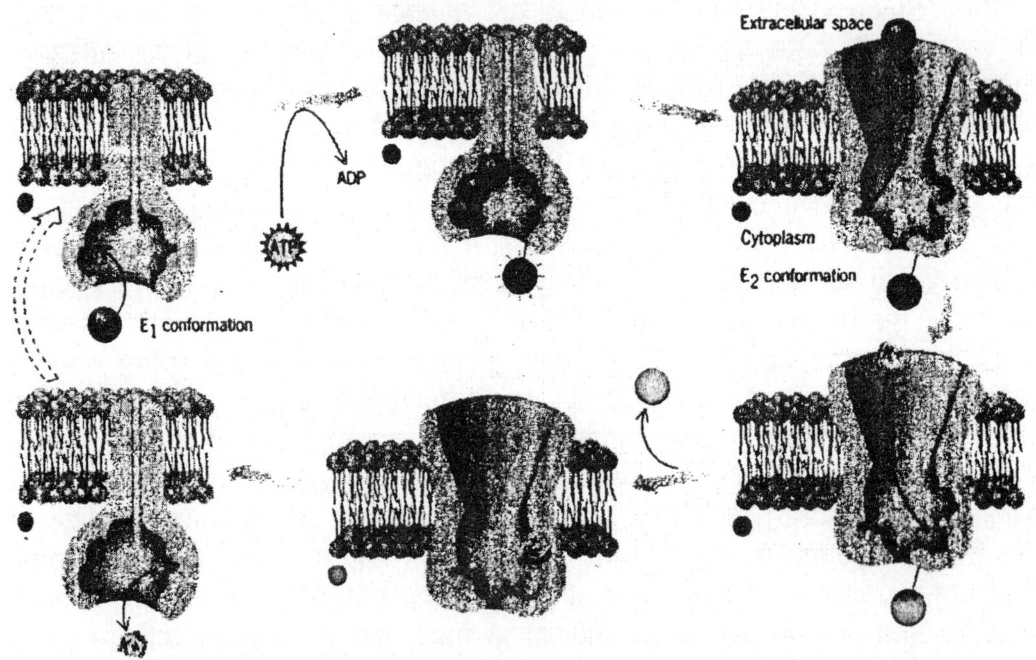

Fig. 1.6B. Schematic model of the Na+ - K+ ATPase transport cycle

Pumps

लम्बे श्रेणी के कुछ प्रोटीन सांद्रण प्रवणता के विरुद्ध कोशिका के अन्दर आश्रय को पम्प करते हैं जबकि कुछ प्रोटीन कुछ पदार्थों को कोशिका के बाहर पम्प करते हैं ताकि

इन पदार्थों की सांद्रता आसपास के माध्यम से कम होती है। पम्प का टर्न–ओवर रेट 102 ट्रांसपोर्टेड प्रति सेकेण्ड के घात से मंद होना सादृश्य हो जाता है। ये सिमपोर्टर तथा एन्टीपोर्टर के क्रम विन्यास में pmf उत्पन्न कर देते हैं।

H^+ पम्पिंग ATPase

प्लैज्मा झिल्ली का H^+ - ATPase लगभग 100 KDa का एकमात्र पॉलीपेप्टाईड होता है। यह ATP से बंधित होकर H+ वहन को उत्प्रेरित करता है। माइटोकॉन्ड्रिया तथा क्लोरोप्लास्ट के थायलेकॉयड की आंतरिक झिल्ली प्रोटॉन पम्पिंग इलेक्ट्रॉन संवहन तंत्र (ETS) से ATP का संश्लेषण करते हैं। ETS के समय स्थापित pmf F-Type ATPase से होकर H^+ के वापस प्रवाह को प्रेरित करने के रुप में काम करता है। माइटोकॉन्ड्रिया में F-Type ATPase के दो खण्ड F_0 तथा F_1 है जबकि क्लोरोप्लास्ट में इन्हें CF_0 तथा CF_1 कहा जाता है। एक खण्ड (F_0 या CF_0) से प्रोटॉन का प्रवाह दूसरे खण्ड (F_1 या CF_1) में लम्बे श्रेणी के संरुपीय परिवर्तन को प्रेरित करता है। माइटोकॉड्रिया के F_1 खण्ड के क्रिस्टेलोग्रेफी अध्ययन $\alpha_3\beta_3\gamma$ संकुल दर्शाता है कि संकुल में तीन बंधन स्थल है जिनमें तीन भिन्न संरुपण होते हैं। ये संकुल प्राथमिक रुप से तीन β उपइकाई संकुल में पाये जाते हैं। किसी भी एक समय पर एक बंधन स्थल में खुला संरुपण होता है, दूसरे बंधन स्थल में न्यूक्लीयोटाईड ढीले रुप से बंधित होता है तथा तीसरे स्थल पर न्यूक्लीयोटाइड मजबूती से बंधित होता है। ATP का संश्लेषण Paul Boyer's के संरुपीय मॉडल के अनुसार होता है। इस मॉडल का वर्णन बायोएनजेटिक्स अध्याय में किया गया है।

प्लैज्मा झिल्ली के H^+ pumping ATPase में उत्पन्न pmf विभिन्न संवाहकों को ऊर्जा प्रदान करता है। यह आयन चैनल सक्रियता को प्रभावित करता है। H^+ ATPase महत्वपूर्ण भूमिका अदा करता है। इसकी बाहुल्य H^+ आयन को हटाने में विवेचनात्मक भूमिका होती है। इस प्रकार का H^+ आयन बाहर हटाना अम्लीकरण को रोकने हेतु आवश्यक है। प्लैज्मा झिल्ली ATPase प्रत्येक Mg ATP जलीय अपघटन हेतु एक H^+ आयन को कोशिका के बाहर कर देता है। जलीय अपघटन पर ATP का एक फॉस्फेट अर्धांश एन्जाइम के एस्पारटिल अवशेष से अस्थाई किन्तु सहसंयोजी बंध से जुड़कर एसिल –फॉस्फेट बंध बनाता है। यह तथ्य पम्प अभिक्रिया चक्र में एन्जाइम में दो संरुपीय अवस्थायें होती हैं जिन्हें E_1 तथा E_2 कहा जाता है। यह झिल्ली के एकांतर सतह पर H^+ - binding site को अनावृत कर देता है। एपोप्लास्ट की ओर अनावृत संरुपीय परिवर्तन अतिरिक्त संरुपीय पारगमन से जुड़ा रहता है। इससे बंधन स्थल घनिष्ठता कम हो जाती है जिसमें H^+ विघटन होता है। प्लैज्मा झिल्ली H^+ ATPase ऑक्सिन के प्रति अनुक्रिया दर्शाते हैं। हॉर्मोन से अनावृत होने के फलस्वरुप कोशिकाभित्ति में अम्लीकरण होता है जिससे एक्सानसिन सक्रिय हो जाते हैं। अवरोक्त एक प्रोटीन है जो भित्ति में H-बंध को ढीला करता है तथा स्फीति उत्पन्न करके वृद्धि के लिये प्रबंध करता है।

Calcium-pumping ATPases

यह R type ATPase है तथा Ca^{++} को सायटोसॉल के बाहर पम्प करता है। यह प्लैज्मा झिल्ली में पाया जाता है। सायटोसॉल में मुक्त Ca^{++} की सांद्रता लगभग 0.2 HM

होती है। प्लैज्मा झिल्ली में यह पम्प कैलमोड्यूलिन से सक्रिय हो जाता है। इस क्रियाविधि का वर्णन बायोसिग्नलिंग अध्याय में किया गया है।

H^+ pumping inorganic pyrophosphatse (H^+-PPase)

H^+-PPase H पम्प हेतु ATP के स्थान पर अकार्बनिक पायरोफॉस्फेट के जलीय अपघटन से प्राप्त मुक्त ऊर्जा का उपयोग करता है। यह सरल एन्जाइम है जिसमें Bo-KDa का एक वर्ग होता है। पम्प की कार्यात्मक इकाई सम्भवतः होमोडायमर होता है। इस एन्जाइम का आश्रय डाईमेग्नीशियम PPi होता है ।

आयन चैनल

लिपिड द्विस्तर विद्युत अपघट्यों के लिये अपारगम्य होता है एवं इस प्रकार के पदार्थों के वहन हेतु झिल्ली में पारगमन पाये जाते हैं जो विशिष्ट आयन हेतु पारगम्य होते हैं। A. Hodgkin तथा A. Huxley ने अवलोकन किया कि प्लैज्मा झिल्ली में कुछ तत्व होते हैं जो विद्युत स्पन्दन पर अनुक्रिया दर्शाते हैं तथा क्रियाविभव (action potential) के समय खुल जाते हैं एवं वरणशील आयन के अभिवाह को सुगमीकृत करते हैं। उन्होंने इसका नाम चैनल रखा। आयन चैनल अतिविशिष्ट होते हैं एवं छिद्र से किसी एक विशेष प्रकार के आयन को आर–पार जाने देते हैं। ये आयन चैनल झिल्ली समाकल प्रोटीन के बने होते हैं तथा जलीय छिद्र के चारों ओर होते हैं। चैनल से आयन का आर पार होना सदैव उतार की ओर तथा प्रवाह अक्रिय होता है। सायटोसॉल की ओर आयन मध्यस्थ धारा बहाव ऋणात्मक होता है। बाहर की ओर प्रवाह धनायन के इफलक्स अथवा ऋणायन के इनफलक्स से होता है।

आयन चैनल का खुलना विद्युत झिल्ली शक्य द्वारा नियंत्रित होता है। आयन चैनल विविध आयन को 10^6 से 10^8 आयन प्रति सेकेण्ड की दर से वहन करते हैं।

स्थानांतरण अभिक्रिया के समय आयन चैनल में संरुपीय परिवर्तन होता है। तथापि ये पारगम्य तथा अपारगम्य अवस्था में बदलते रहते हैं। इन एकांतरण को क्रमशः O तथा C कहते हैं। बदलाव को गेटिंग कहा जाता है। वैयक्तिक प्रकार के चैनल के पूरी कोशिका या पूरी रिक्तिका प्रवाह में योगदान को निम्नलिखित सूत्र द्वारा दर्शाया जाता है –

$$I = N \rightarrow i \rightarrow Po$$

जहाँ पूरी कोशिका या रिक्तिका के आर पार आयनिक प्रवाह है, N चैनल की संख्या है, वहाँ चैनल के खुले रहने पर प्रवाह तथा Po चैनल के खुले रहने की अवस्था की सम्भावना है।

The Potassium Channel

पादप कोशिका में बहुत अधिक विशिष्ट आयन चैनल होते हैं जो धनायन (H^+, K^+, Ca^{++}) या ऋणायन (Cl^-) या डाईकार्बोक्सिलेट्स (मैलेट) हेतु अत्याधिक चयनात्मक होते हैं। पादप कोशिका के आयन चैनल के अधिकांश वर्ग प्रायः धनायन अथवा ऋणायन के प्रवाह को पसन्द करते हैं। प्रमुख धनायन चैनल K^+ (एक संयोजी) तथा Ca^{++} (द्विसंयोजी) है। इनकी यह विशेषता है कि जीवाणु, पादपों तथा प्राणियों में K^+ चैनल प्रोटीन के अमीनो

अम्ल अनुक्रम एक समान होते हैं। प्रोटीन चैनल दो अभिन्न उपइकाइयों के बने होते हैं तथा प्रत्येक उपइकाई में दो ट्रांसमेम्ब्रेन हेलिक्स होते हैं तथा लगभग 30 अमीनो अम्ल अनुक्रम के लूप से जुड़े रहते हैं। लूप चैनल के आयन के चयनात्मक के उत्तरदायी होते हैं। Roderick Mackinnon, 2003 नोबेल पुरस्कार विजेता ने जीवाणु (*Streptomyces liviam*) के K^+ चैनल की त्रिविमीय संरचना का X-ray संरचना विश्लेषण किया तथा इस आयन चैनल के आणविक कार्य का अभिज्ञान किया। संरचना विश्लेषण से स्पष्ट होता है कि K^+ चैनल इस प्रकार के चार उपइकाई के बने होते हैं। उपइकाई का एक हेलिक्स जो अन्दर की ओर पाया जाता है, चैनल की सीमा रेखा बनाता है। छिद्र के अन्तस्थ में एक चैनल होता है। जिसमें जल भरा रहता है, जो कि बाहर की ओर चयनात्मक छन्ने से पृथक होता है। लूप की चार उपइकाई (जिनका पहले वर्णन किया गया है) निस्पंदक बनाती हैं। छिद्र बहुत छोटे हैं तथा जब ये निर्जलित होते हैं अर्थात् जलयोजित आवरण अलग हो जाता है तब K^+ आयन इनके आर पार चले जा सकते हैं। इस प्रकार के निर्जलीकरण हेतु ऊर्जा की आवश्यकता होती है। इस ऊर्जा का अतिपूर्ति करने हेतु छिद्र की सीमा रेखा पर ऑक्सीजन अणु वृत्ताकार श्रंखला में होते हैं जो "जल प्रतिस्थापी" (water substitute) के रुप होते हैं तथा K^+ आयन से एक साथ संकुल बनाते हैं। छिद्र ऋणात्मक आवेश के होते हैं ताकि धनायन से बंधन बना सके। बंधित K^+ आयन फिल्टर के दूसरी ओर जाने के कारण खिसकते हैं। Na^+ आयन बहुत छोटे होते हैं तथा निर्जलीकरण की प्रक्रिया तथा झिल्ली के आर पार गमन असम्भव होता है। अतः चैनल सिर्फ K^+ आयन हेतु चयनात्मक होता है।

The Calcium Channel

विभिन्न प्रकार की कोशिकाओं में वोल्टेज गेट्ज Ca^{++} पारगम्य चैनल उपस्थित होते हैं। Ca^{++} पारगम्य चैनल की सक्रियता के कारण सायटोसॉल में मुक्त Ca^{++} में बढ़ोतरी हो जाती है। पादपों की अंतः कोशिकी झिल्ली में चार विभिन्न वर्ग के Ca^{++} पारगम्य चैनल उपस्थित होते हैं। रिक्तिका झिल्ली में दो प्रकार के Ca^{++} चैनल पाये जाते हैं जो लिगेन्ड्स इनोसिटॉल 1,4,5 - ट्राईफॉस्फेट (IP_3) तथा सायकलिक ADP-राइबोस (CADPR) द्वारा सक्रिय होते हैं। CADPR यौगिक रायनोडिन ग्राहियों द्वारा Ca^{++} मुक्त करते हैं। रिक्तिका झिल्ली पर पाये जाने वाले दो में से कोई एक वोल्टेज–एक्टीवेटिड Ca^{++} की सक्रियता से Ca^{++} प्रेरित Ca^{++} मुक्त होने की प्रक्रिया उत्पन्न होती है। झिल्ली के हायपर पोलेराइजेशन के कारण कोई एक चैनल सक्रिय हो जाता है जो सायटोसॉलिक Ca^{++} के लिये संवेदनशील नहीं होता। दूसरा चैनल कम समय की निर्भर सक्रियता प्रदर्शित करता है।

The Chloride Channel

ऋणायन चैन का एक प्रमुख कार्य स्फीति समायोजन (turgor adjustment) के समय लवण को गुक्त करने पर नियंत्रण रखता है। *Salmonella* तथा *E.coli* के क्लोराइड चैनल के त्रीविमीय संरचना के अध्ययन से यह व्यक्त होता है कि ये चैनल α–हेलिक्स ट्रांसमेम्ब्रेन के बने होते हैं। आंतरिक लूप के ये हेलिक्स चयनात्मक फिल्टर के लिये उत्तरदायी होते हैं। यह स्थिर वैद्युत पारस्परिक क्रिया तथा समन्वित क्लोराइड बंधन द्वारा होता है ।

पौधों में कोशीय Cl^- का ह्रास Cl^{++} सक्रिय ऋणायन चैनल द्वारा प्रभावित होता है। गार्ड कोशिका में दो विभिन्न वर्ग होते हैं जिन्हें त्वरित सक्रिय R-Type तथा मंद सक्रिय S-type कहते हैं। ये वोल्टेज द्वारा गेटेड होते हैं। सायटोसॉल में Cl^{++} आयन की सांद्रता कोशिका बाह्य सांद्रता की तुलना में अधिक होती है जब चैनल खुला रहता है Cl^{--} बाहर की ओर प्रवाह करता है तथा झिल्ली विध्रुवित (depolarized) हो जाती है। विध्रुवन सम्भवतः लवण ह्रास के समय बाहर की ओर समंजित कर रहे K^+ चैनल को सक्रिय करता है।

Ion Channels of Guard Cells

द्वारकोशिका के आयन चैनल वातरन्ध्र को खुलने एवं बंद करने वाले विलेय के अभिवाह का साथ देने में प्रमुख भूमिका निर्धारित करते हैं। द्वार कोशिकाओं की प्लैज्मा झिल्ली में हाइपरपोलेराइजेशन तथा डिपोलेराइजेशन होता रहता है। हाइपरपोलेराइजेशन से वे आयन चैनल खुल जाते हैं जो पोटेशियम आयन के कोशिका के अन्दर प्रवाह को अनुमत करते हैं जबकि डीपोलेराइजेशन अन्य चैनल को खोलते हैं जो पोटेशियम आयन की कोशिका के बाहर के प्रवाह के लिये उत्तरदायी होते हैं। अतः इन चैनल को K^+ inward channel तथा K^+ outward channel कहा जाता है। K^+ आयन के अन्दर तथा बाहर के प्रवाह हेतु दो प्रकोष्ठ होते हैं। प्रवाह समय निर्भर होता है। इस प्रकार के प्रवाह वाले चैनल को संशोधन (rectify) करने वाला माना जाता है तथा चैनल को संशोधक (rectifiers) कहा जाता है। द्वारकोशिका में इन संशोधकों को नियंत्रित करने हेतु अन्य कारक भी होते हैं। इन कोशिकाओं के outward rectifiers सायटोसॉलिक pH की थोड़ी सी बढ़ोतरी से सक्रिय हो जाते हैं, यह एबसीसिक अम्ल से उत्पन्न होता है। Inward rectifiers Ci – प्रोटीन द्वारा अनुकूलित होते हैं तथा मुक्त सायटोसॉलिक Ca आयन में बढ़ोतरी तथा फॉस्फटेस 2B प्रोटीन की डिफॉस्फोरिलेशन द्वारा संदमित होते हैं। नियंत्रण करने वाले ये सभी कारक द्वार कोशिका के सिग्नल ट्रांसडक्शन नेटवर्क में पाये जाते हैं। इन कारकों की समन्वित क्रिया से K^+ आयन के अंदर तथा बाहर प्रवाह को दृढ़ता से नियंत्रित करते हैं।

Inward rectifiers के संरचनात्मक लक्षण शेकर कुल (shaker family – जैसा Drosophila के उत्परिवर्ती में पाये जाते हैं) के सदृश्य होते हैं। चौथा ट्रांसमेम्ब्रेन हेलिक्स (S_4 डोमेन) लायसीन अथवा आर्जनीन धनात्मक आवेश अपशेषों के नियमित प्रतिरुप को प्रदर्शित करता है। outward तथा inward rectifiers झिल्ली वोल्टता द्वारा नियंत्रित होता है। जब झिल्ली के आर पार हाइपरपोलेराइजेशन वोल्टता लागू होती है, S_4 हेलिक्स झिल्ली को थोड़ा स्क्रू आऊट कर देता है। इससे संरुपीय परिवर्तन होता है जो "गेट" को खोल देता है तथा प्रोटीन के पृथक भाग के आर पार आयन के प्रवाह को नियंत्रित करता है। प्रत्येक उपइकाई का पोर डोमेन (P domain) पाँचवें तथा छठवें ट्रांसमेम्ब्रेन स्थान के बीच उपस्थित होता है। ये डोमेन झिल्ली के अन्दर लूप करके पुनः बाहर आ जाते हैं। P-डोमेन चैनल द्वारा अपने ही आयनिक चयनात्मकता को सम्पन्न करता है।

Ion Channels of Vacuolar Membrane

सामान्य रुप से रिक्तिका विलेय को संचयित तथा संग्रहित करते हैं। तथापि कुछ कार्यिकी परिस्थितियों (उदा. osmotic adjustment) इन कोशिकागों से विलेय का ह्रास

होता है। हायपोऑस्मॉटिक स्ट्रेस के समय आयन रिक्तिका के बाहर चले जाते हैं ताकि कोशिका की स्फीति (turgidity) बनी रहें। द्वार कोशिका के बंद होने के समय आयन द्वारा कोशिका के रिक्तिका के बाहर आ जाते हैं। आयन का ह्रास आयन चैन से होता है जो कि वोल्टता के लागू होने के जवाब में तत्काल सक्रिय हो जाता है। द्रुतगामी रिक्तिका चैनल (fast vacuolar channel) एक संयोजी धनायन के प्रति थोड़ी चयनात्मकता दर्शाते हैं। जब सायटोसॉलिक Ca^{++} सांद्रता 1 HM से अधिक होता है तब ये संदमित हो जाते हैं तथा सायटोसिलिक pH बढ़ोतरी के समय ये सक्रिय हो जाते हैं। रिक्तिका K^+ चैनल K^+ आयन के प्रति अत्याधिक चयनात्मक होते हैं तथा सायटोसॉलिक Ca^{++} आयन से सक्रिय हो जाते हैं तथा सायटोसॉलिक pH की बढ़ोतरी से संदमित हो जाते हैं।

Aquaporin

एक्वापोरिन जल संचलन हेतु अत्याधिक चयनात्मक होते हैं। Johns Hopkins (2003 के रसायन शास्त्र का नोबेल पुरस्कार विजेता) ने वृक्क तथा रक्त कोशिका प्रोटीन के जल के झिल्ली चैनल की खोज की। इस प्रकार की संरचनाओं को प्लैज्मा झिल्ली तथा रिक्तिका की झिल्ली में भी देखा गया। इलेक्ट्रॉन क्राइमोमाइक्रोस्कोपी द्वारा x-ray विश्लेषण से स्पष्ट होता है कि एक्वापोरिन की संरचना ट्रेटामर के रुप में उपइकाई की बनी होती है। प्रत्येक उपइकाई में छः ट्रांसमेम्ब्रेन हेलिक्स होते हैं। एकलक (monomer) जल चैनल बनाते हैं। इन चैनलों में बहुत पतले छिद्र होते हैं। हांलाकि एक्वापोरिन ट्रेटामर के रुप में पाये जाते हैं परन्तु ऐसा माना जाता है कि छिद्र प्रत्येक इकाई, NAP-boxes में पाये जाते हैं। NAP प्रोटीन के N- तथा C- शीर्षस्थ के अर्धांश में पाये जाने वाले Asn-Pro-Ala अवशेष है। एक्वापोरिन में NPA boxes झिल्ली में वलयित होते हैं जो कि 2 से 3 तथा 5 से 6 ट्रांसमेम्ब्रेन स्पान्स के बीच होते हैं। यह संकुचन का प्रबंध करते हैं जिससे जल चयनात्मकता प्रदान की जाती है। छिद्र प्राथमिक रुप से जल विरागी होता है तथा वरणात्मक संदयक (selection filter) के रुप में कार्य करता है। छिद्र से चार जल अणु बंधित हो सकते हैं। चैनल से जल के अणु 10^9 से 10^{11} की दर से संचालित होते हैं।

पौधें में अनेक एक्वापोरिन आईसोफॉर्म पाये जाते हैं। एक्वापोरिन प्लैज्मा झिल्ली तथा रिक्तिका झिल्ली में पाये जाते हैं। इस वर्ग के एक्वापोरिन के नैज एन्जाइम (intrinsic enzymes) को क्रमशः प्लैज्मा झिल्ली नैज प्रोटीन्स (Plasma membrane intrinsic proteins) तथा टीनोप्लास्ट नैज प्रोटीन्स (tonoplast intrinsic proteins) कहते हैं।

जब झिल्ली के दोनों ओर के विलेयों की सांद्रता बहुत अधिक भिन्न हो तो विलायक (जल) अणुओं की सांद्रण प्रवणता होती है। इस परासणीय असंतुलन (osmotic imbalance) के फलस्वरुप जल का ट्रांसमेम्ब्रेन अभिवाह होता है, तथा यह तब तक होता रहेगा जब तक झिल्ली के दोनों तरफ परासरण सामर्थ्य एक समान हो जाता है। जल के प्रवाह की दिशा दो बलों द्वारा निर्धारित होती है। यह प्लैज्मा झिल्ली अथवा कोशिका भित्ति के आर पार द्रवस्थैतिक दाब अंतर (hydrostatic pressure difference AP) तथा कोशिका के बाहर एवं अन्दर के बीच परासरण दाब अंतर (osmotic pressure difference $\Delta\pi$) हैं। जल का अभिवाह प्रेरक बल (Jv) का अनुपातिक होता है। इसे निम्नलिखित सूत्र द्वारा दर्शाया जा सकता है :–

$$Jv = Lp(\sigma P - \delta\Delta\pi)$$

उपरोक्त सूत्र में Lp प्रपोशनेलिटी का नियतांक (constant of proportionality); σ परावर्तन गुणांक (reflection coefficient) है।

झिल्ली से जल की पारगम्यता हेतु दो प्रस्ताव हैं। ये परासरणी गुणांक (osmotic coefficient Pf) तथा विसरण गुणांक (diffusion coefficient Pd) हैं।

विसरण गुणांक द्वारा जल का नेट प्रवाह होता है। जल का प्रवाह एक दिशा में होता है। विसरण गुणांक जल का छिद्र के अन्दर प्रवाह दिशा में होता है। विसरण गुणांक जल का छिद्र के अन्दर प्रवाह अथवा विलयन में वापस प्रवाह से संबंध होता है।

जल का लिपिड द्विस्तर से प्रवाह का जिम्मेवार होता है। अतः जल झिल्ली के आर पार लिपिड द्विस्तर के साथ–साथ जल चैनल प्रोटीन के आर पार भी गमन कर सकता है।

अध्याय – 2

Matabolism and Bioenergetics

जीवों को दो प्रमुख समूहों में बांटा गया है – स्वपोषी (Autotrophs) तथा परपोषी (heterotrophs) यह वर्गीकरण का जीवों द्वारा पर्यावरण से प्राप्त किये जाने वाले कार्बन के रासायनिक रुप पर आधारित है। स्वपोषी (जैसे प्रकाशसंश्लेषी जीवाणु तथा उच्च पादप) कार्बन स्त्रोत् के रुप में पर्यावरण से कार्बन डाईऑक्साइड ग्रहण करते हैं। परपोषी वायुमण्डलीय कार्बनडाईऑक्साइड का उपयोग नहीं कर पाते। ये कार्बन को आपेक्षित रुप से जटिल कार्बनिक अणु जैसे – ग्लूकोज के रुप में ग्रहण करते हैं। अतः परपोषी अन्य कार्बनिक पदार्थों पर निर्भर करते हैं। कुछ स्वपोषी जीव जैसे सायनोबेक्टिरिया, वायुमण्डलीय नाइट्रोजन का भी उपयोग करते हैं जिससे वे नाइट्रोजनयुक्त संगठन का उत्पादन करते हैं।

उपापचय (Metabolism)

उपापचय को उपचय तथा अपचय में वर्गीकृत किया गया है जो कि किसी भी कोशिका या जीव में हो रहे रासायनिक रुपांतरण का कुल योग है। उपापचय एक सफल निर्देशित कोशिका क्रिया है जिसके सभी जैवरासायनिक पथ उच्च रुप में समन्वित होते हैं। इसमें कई बहुएन्जाइमी तंत्र सम्मिलित होते हैं जो चार कार्यों हेतु समन्वय दर्शाते हैं – (1) रासायनिक ऊर्जा को प्राप्त करने हेतु : पादपों द्वारा सौर ऊर्जा ग्रहण कर उसे रासायनिक ऊर्जा में परिवर्तित करना अथवा पर्यावरण से प्रचुर ऊर्जा युक्त पोषकों के निम्नीकृत करने के गुण से (2) पोषक अणुओं को कोशिका के वृहत्णु पूर्ववर्ती (precursors) में परिवर्तित करना अर्थात् पोषक सरल यौगिकों में परिवर्तित हो जाते हैं जो वृहत्णु के जैवसंश्लेषण में पूर्ववर्ती का कार्य करते हैं। (3) एकलक पूर्ववर्ती का बहुलीकरण जैव अणु जैसे प्रोटीन्स, न्यूक्लिक अम्ल; लिपिड्स; पॉलीसैकेराइड्स तथा अन्य कोशीय घटकों में बहुलीकरण तथा (4) जैव अणुओं (biomolecules) जो कोशिका के विशिष्ट कार्यों हेतु आवश्यक है उनका संश्लेषण तथा निम्नीकरण।

जैवरासायनिक पथ में पूर्ववर्ती, एक श्रृंखलाबद्ध मध्यवर्ती (metabolic intermediates) के द्वारा उत्पाद में परिवर्तित हो जाता है। इन मध्यवर्तियों को सरल शब्दावली में उपापचयज (metabolites) कहते हैं। जैवरासायनिक पथ के समय क्रमागत पद से छोटे तथा विशिष्ट परिवर्तन होते हैं जिसमें विशिष्ट परमाणु, कार्यात्मक समूह या अणु का हटाया जाना, स्थानांतरण अथवा जोड़ा जाना होता है। सभी उपापचयी पथों के संयुक्त सक्रियता को मध्यवर्ती उपापचय (intermediary metabolism) कहते हैं।

उपचय (Anabolism)

यह पूरी तरह उपापचय की जैव संश्लेषण अवस्था है जिसमें छोटे तथा सरल पूर्ववर्ती बड़े तथा अधिक जटिल अणुओं का संश्लेषण करते हैं। जटिल अणुओं में लिपिड्स, पॉलीसैकेराइड्स, प्रोटीन्स तथा न्यूक्लिक अम्ल सम्मिलित हैं। उपचय अभिक्रियाओं में ऊर्जा निवेश की आवश्यकता होती है जो कि सामान्यतः ATP के जलीय अपघटन अथवा NADH या NADPH के अपचायक सामर्थ्य (reducing power) के मुक्त ऊर्जा के रुप में प्राप्त होती है।

अपचय (Catabolism)

यह उपापचय की निम्नीकरण अवस्था (degrative phase) है जिसमें कार्बनिक पोषण अणु (कार्बोहाइड्रेट वसा तथा प्रोटीन्स) छोटे तथा सरल अन्त उत्पादों में परिवर्तित हो जाते हैं। ये उत्पाद लेक्टिव अम्ल, CO_2, NH_3 होते हैं। अपचयी पथ से मुक्त ऊर्जा निकलती है जिसमें से कुछ ऊर्जा ATP को निर्मित करने तथा अपचायक इलेक्ट्रॉन संवाहक (NADH तथा NADPH) में संरक्षित हो जाती है।

पृथ्वी पर सूर्य की विद्युत चुम्बकीय विकिरण (Electromagnetic radiation) आधारभूत ऊर्जा का स्त्रोत है। इस ऊर्जा को स्वपोषी जीव कार्बन डाईऑक्साइड के स्वांगीकरण में उपयोग में लाते हैं। प्रकाश संश्लेषण के समय अपचयी तुल्यांक (reducing equivalents) का स्थानांतरण होता है। अपचयी तूल्यांक H_2O या H_2S से मिलते हैं जो NAD^+ या $NADP^+$ द्वारा ग्रहण किये जाते हैं एवं अंततः CO_2 में चले जाते हैं। प्रकाश संश्लेषण के समय इलेक्ट्रॉन के संवहन को प्रकाशसंश्लेषी इलेक्ट्रॉन स्थानांतरण कहते हैं। इस प्रकार के स्थानांतरण से सौर ऊर्जा ATP (ऊर्जा का सार्वभौम रुप) में परिवर्तित हो जाती है तथा इस प्रकार के फॉस्फोरिलेशन को फोटोफॉस्फोरिलेशन कहते हैं। माइटोकॉन्ड्रिया में आश्रय के ऑक्सीकरण में इलेक्ट्रॉन के हटने से मुक्त ऊर्जा द्वारा फॉस्फोरिलेशन होता है। इस प्रकार के फॉस्फोरिलेशन को ऑक्सीडेटिव फॉस्फोरिलेशन कहते हैं।

BIOENERGETICS

कोशिका की ऊर्जा अवस्था (The Energy State of Cell)

ऊर्जा वह है जिसमें कार्य करने की क्षमता हो, अर्थात् किसी पदार्थ को बदलने या संचलन करने की क्षमता हो। ऊर्जा दो एकांतरित अवस्था में पाई जाती है; स्थितिज (Potential) तथा गतिज ऊर्जा (Kinetic)। बायोएनर्जेटिक्स – ऊर्जा पारक्रमण (Energy transduction) का मात्रात्मक अध्ययन है जो कोशिका तथा प्रकृति में इन पारक्रमण के मातहत रासायनिक प्रक्रियाओं में कार्य करती है।

The laws of thermodynamics

ब्रह्माण्ड में हो रही घटनाओं के साथ–साथ ऊर्जा परिवर्तन होता है। इस अध्ययन को ऊष्मागतिक (Thermodynamics) कहते हैं। ऊष्मागतिक का पहला नियम ऊर्जा के

संरक्षण का है, इसके अनुसार ऊर्जा न तो उत्पन्न की जा सकती है और न ही नष्ट की जा सकती है। तथापि ऊर्जा को एक रुप से दूसरे रुप में परिवर्तित (पारक्रमित transduce) किया जा सकता है।

द्रव्यमान में ऊर्जा रुपांतरण के आवेष्टन की विवेचना हेतु हमें ब्रह्माण को दो भागों में बांटना होगा, तंत्र (The system - ब्रह्माण्ड का भाग जिसका अध्ययन किया जाना है) तथा आसपास का भाग (The surroundings - तंत्र के अतिरिक्त ब्रह्माण्ड का भाग)। अधिकांश ऊष्मागतिक तंत्रों में यदि पदार्थ में उसके पर्यावरण के साथ कोई परिवर्तन न हो तो उसे closed system कहते हैं; इसके विपरीत open system में पदार्थ आसपास के वातावरण से ऊर्जा का विनिमय कर सकते हैं। किसी घटना के समय तंत्र की ऊर्जा में परिवर्तनों को दो प्रकार से प्रकट किया जा सकता है। तंत्र की ऊष्मा की मात्रा में परिवर्तन (ऊर्जा प्राप्त या ह्रास करते हैं), इसे आंतरिक ऊर्जा (Internal energy E) कहा जाता है तथा (2) रुपांतरण के समय आंतरिक ऊर्जा में परिवर्तन (ΔE), अतः ऊष्मागतिक के पहले नियम को निम्नलिखित रुप में दर्शाया जा सकता है :–

$$\Delta E = Q - W$$

जहाँ Q = ऊष्मा ऊर्जा तथा W कार्य ऊर्जा है। यदि घटना के समय तंत्र में आसपास के वातावरण से ऊर्जा अवशोषित होती है तो ऋणात्मक होता है। यदि तंत्र आसपास के वातावरण पर कोई कार्य नहीं करता (आयतन में वृद्धि तथा आसपास को सम्पीड़ित करने का कार्य) तो W धनात्मक होता है और जब आसपास के वातावरण पर कार्य होता है तो W' ऋणात्मक होता है।

किसी प्रक्रिया में कार्य पूर्ण होने के पश्चात तंत्र की आंतरिक ऊर्जा कार्य प्रारंभ होते समय की आंतरिक ऊर्जा से अधिक, बराबर या कम हो सकती है। दूसरे शब्दों में ΔE धनात्मक, शून्य या ऋणात्मक हो सकता है। स्थिर दाब तथा आयतन की स्थिति में वे अभिक्रियायें जिनमें ऊष्मा का ह्रास होता है उन्हें ऊष्माक्षेपी अभिक्रिया (exothermic reaction) तथा जो ऊष्मा ग्रहण करते हैं उन्हें ऊष्माशोषी अभिक्रियायें (endothermic reactions) कहते हैं। ऊष्मागतिक का दूसरा नियम – यह सिद्धांत दर्शाता है कि ब्रह्माण्ड में हो रही घटनाओं की दिशा होती है। ये सदैव उतार की ओर होते हैं अर्थात् इनकी दिशा उच्च्व ऊर्जा अवस्था से कम ऊर्जा अवस्था की ओर होती है।

अतः किसी भी ऊर्जा रुपांतरण में यदि ऊर्जा अतिरिक्त कार्य करती है तो उपलब्धता में कमी होती जाती है।

Free Energy

वह ऊर्जा जो कुछ कार्य सकती है उसे मुक्त ऊर्जा (Free energy) कहते हैं। J.Willasd Gibbs (1878) ने ऊष्मागतिक के पहले दो नियमों के सिद्धांतों को एक सूत्र $\Delta H = \Delta G + T\Delta S$ में दर्शाया, जहाँ ΔG = मुक्त ऊर्जा में परिवर्तन अर्थात् किसी प्रक्रिया में परिवर्तन के समय कार्य करने हेतु उपलब्ध ऊर्जा, ΔH एन्थैल्पी (enthalpy) में परिवर्तन या तंत्र की कुल ऊर्जा मात्रा (हमारे लिये ΔE के तुल्यमान), T - परमतापक्रम ($^{\circ}K = {^{\circ}C} + 273$) तथा ΔE तंत्र के एन्ट्रॉपी (entropy) में परिवर्तन है। यह सूत्र दर्शाता है कि कुल

ऊर्जा में परिवर्तन कुल उपयोगी ऊर्जा (ΔG) में परिवर्तन के बराबर है तथा आगे कार्य हेतु अनुपलब्ध ऊर्जा ($T\Delta S$) है ।

इसे पुनः व्यवस्थित कर इस प्रकार लिखा जा सकता है $\Delta G = \Delta H - T\Delta S$, यह किसी विशिष्ट प्रक्रिया के स्वतः प्रवृत्ति के मापन को दर्शाता है। इससे यह अनुमान लगाया जा सकता है कि प्रक्रिया किस दिशा में एवं किस सीमा तक होगी ।

सभी स्वतः परिवर्तित ऊर्जा रुपांतरण का ΔG आवश्यक रुप से ऋणात्मक होगा अर्थात् प्रक्रिया उच्च ऊर्जा स्तर से कम ऊर्जा स्तर पर सम्पन्न होगी। ΔG का परिणाम स्वतः परिवर्तित रुप में पाई जाने वाली ऊर्जा की अधिकतम मात्रा है। कोई भी अभिक्रिया ऊष्मागतिक अथवा ऊर्जाशोषी होगी। वे जैव रासायनिक अभिक्रियायें जो ऊष्मागतिक के अनुसार होती है उन्हें ऊष्माजनिक (exergonic) कहा जाता है। इस प्रकार की प्रक्रियाओं में $-\Delta G$ होता है। इसके विपरीत, ऊष्मागतिक के प्रतिकूल अभिक्रियाओं को ऊर्जाशोषी (endergonic) कहा जाता है। इस प्रकार की अभिक्रियाओं का ΔG धनात्मक होता है। ये अभिक्रियायें स्वतः प्रेरित नहीं होती हैं।

Free Energy Changes in Chemical Reactions

कोशिका में हो रही सभी अभिक्रियायें उत्क्रमणीय (**reversible**) होती है, अतः हमें एक साथ चल रही दो अभिक्रियाओं पर ध्यान देना होगा। इन अभिक्रियाओं में एक अभिक्रिया आगे की दिशा में तथा दूसरी विपरीत दिशा में होती है। द्रव्य अनुपाती क्रिया के नियम (**Law of Mass Action**) के अनुसार अभिक्रिया की दर अभिकारकों की सांद्रता के समानुपाती होती है। निम्नलिखित परिकाल्पनिक अभिक्रिया

$$A+B \rightleftharpoons C+D$$

अभिक्रिया की आगे की दिशा में दर **A** तथा B के मोलर सान्द्रता के उत्पाद से सीधा आनुपातिक होती है। इस आगे क्रिया की दर को K_1 [A] [B] द्वारा दर्शाया जाता है, जहाँ K_1 आगे क्रिया का दर नियतांक (**rate constant**) है। विपरीत दिशा में अभिक्रिया की दर K_2 [C] [D] के बराबर होगी। सभी अभिक्रियायें धीमें दर से साम्यावस्था की ओर आगे बढ़ती है, अर्थात वह बिन्दु जहाँ आगे की ओर की अभिक्रिया तथा विपरीत दिशा की ओर की अभिक्रिया बराबर हो।

साम्यावस्था में $K_1 [A] [B] = K_2 [C] [D]$

इस सूत्र को निम्नलिखित रुप में पुनः व्यवस्थित किया जा सकता है ।

$$\frac{K_1}{K_2} = \frac{[C][D]}{[A][B]}$$

अतः साम्यावस्था उत्पादों की सांद्रता तथा अभिकारकों की सान्द्रता के अनुपात पर निर्भर करती है। यह अनुपात जो K_1/K_2 के बराबर है, उसे **k eq** साम्यावस्था नियतांक (**Equilibrium constant**) द्वारा दर्शाया जाता है। इस नियतांक से दी हुई परिस्थिति में किसी अभिक्रिया की दिशा (आगे की ओर या विपरीत दिशा) का अनुमान लगाया जा सकता है। यदि **k eq** एक से अधिक हो तो अभिक्रिया उत्पाद (**C** तथा **D**) निर्मित करने

की ओर तेज दर से आगे बढ़ेगी। इसके विपरीत यदि **k eq** का मान एक से कम हो तो अभिक्रिया विपरीत दिशा में तेज दर से होगी तथा **C** एवं **D** के व्यय पर **A** एवं **B** की सांद्रता में बढ़ोतरी होगी। अतः **k eq** से स्पष्ट छवि मिलती है कि किसी भी समय अभिक्रिया किस दिशा की ओर हो रही है। यह उस समय सभी अणुओं की आपेक्षित सांद्रता पर निर्भर होगी। एनर्जेटिक्स की शब्दावली में साम्यावस्था में अभिकारकों के तथा उत्पादों के अनुपात को समीकरण के दोनों ओर के पदार्थों के आपेक्षिक मुक्त ऊर्जा स्तर से ज्ञात किया जा सकता है। जब तक अभिकारकों के सम्पूर्ण मुक्त ऊर्जा उत्पादों के समूचे मुक्त ऊर्जा से अधिक होगी, तब तक ΔG का मान ऋणात्मक होगा तथा अभिक्रिया की दिशा उत्पाद निर्मित करने की ओर होगी। ΔG जितना अधिक होगा अभिक्रिया साम्यावस्था से उतनी ही दूरी पर होगी। जैसे जैसे अभिक्रिया आगे बढ़ती है अभिकारकों तथा उत्पादों के मुक्त ऊर्जा में अन्तर कम होता जाता है (ΔG भी कम ऋणात्मक होता जाता है)। साम्यावस्था में यह शून्य ($\Delta G = 0$) होता है।

मानक परिस्थितियों में जब प्रत्येक अभिकारक का एक अणु उत्पाद के एक अणु में परिवर्तित होता है तो मुक्त ऊर्जा के अंतर को मानक मुक्त ऊर्जा अंतर (**Standard free Energy** $\Delta G^{\circ\prime}$) कहते हैं। मानक परिस्थितियों का तात्पर्य है कि जब जल के अतिरिक्त सभी अभिकारक तथा उत्पाद **1.0 M** सांद्रता में उपस्थित हो, जल **55.6 M** की सांद्रता में हो $H^{+}.10^{-7}$ (pH 7.0) हो तथा अभिक्रिया 25°C (298°K) तथा 1atm दाब पर हो रही हों। चूँकि कोशिका में मानक परिस्थितियाँ नहीं होती है, अतः कोशीय एनर्जेटिक्स की गणना में मानक मुक्त ऊर्जा के मान में सतर्क रहना पड़ता है।

साम्यावस्था नियतांक तथा मानक मुक्त ऊर्जा अंतर के बीच के सम्बंध को निम्नलिखित समीकरण द्वारा दर्शाया जाता है।

$$\Delta G^{\circ\prime} = -RT \text{ in } k'eq.$$

जब नेचुरल लॉग (In) को log10 में परिवर्तित किया जाये तो समीकरण निम्नलिखित हो जायेगा :–

$$\Delta G^{\circ\prime} = -2.303\ RT \log k'eq.$$

जहाँ R गैस नियतांक (1.987 cal / mol °k), तथा T परम तापक्रम (298 °k) है। 1.0 का लॉग शून्य होता है। फलतः ऊपर के समीकरण के अनुसरण में वे अभिक्रियायें जिनका साम्यावस्था नियतांक एक से अधिक हो उनका $\Delta G^{\circ\prime}$ ऋणात्मक मान का होगा, जो यह दर्शाता है कि यह मानक परिस्थितियों में स्वतः पाया जायेगा। दूसरे शब्दों में दिये गये सूत्र को यदि निम्नलिखित रुप में लिखें :–

$$A+B \rightleftharpoons C+D$$

यदि $\Delta G^{\circ\prime}$ ऋणात्मक हो अभिक्रिया दाहिने ओर होगी जबकि अभिकारक तथा उत्पाद सभी की सांद्रता 1.0 M तथा pH-07 हो। ऋणात्मक मान जितना अधिक होगा अभिक्रिया दाहिनी ओर उतनी ही तेजी से होगी जब तक साम्यावस्था नहीं आ जाती। इन्हीं परिस्थितियों में यदि $\Delta G^{\circ\prime}$ धनात्मक होगा तो अभिक्रिया बायीं ओर होगी।

COMPONENTS OF ELECTRON TRANSPORT SYSTEM

Pyridine linked dehydrogenase

इन एन्जाइमों में निकोटिनेमाइड चक्र होता है जो पिरडीन के सदृश्य होता है (चित्र 2.1)। नियासिन नामक घुलनशील विटामिन निकोटिनेमाइड अर्धांश उपलब्ध करवाता है जिससे पिरडीन न्यूक्लीयोटाइड का संश्लेषण होता है। निकोटिनेमाइड उपचयन तथा अपचयन का स्थल है। कोशिका में दो प्रकार के पिरडीन न्यूक्लीयोटाइड होते हैं जिनका नाम NAD तथा NADP है। NAD निकोटिनेमाइड एडनीन डाईन्यूक्लियोटाइड मूलतः कोएन्जाइम I, को जायमेज या DPN^+ नाम से जाना जाता था। NAD P निकोटिनेमाइड एडनीन डाईन्यूक्लियोटाइड फॉस्फेट मूलतः कोएन्जइम II, या TPN नाम से जाना जाता था। ये दोनों ही दो न्यूक्लयोटाईड के बने होते हैं, जिनके फॉस्फेट समूह फॉस्फोरिक अम्ल एनाहाइड्राईड आबंध से जुड़े होते हैं। NAD का अंतः कोशिकी पूल (intracellular pool) अधिकांशतः उपचित अवस्था (oxidized state) में कायम रहता है जबकि NADP का पूल अपचित अवस्था (reduced state) में होता है।

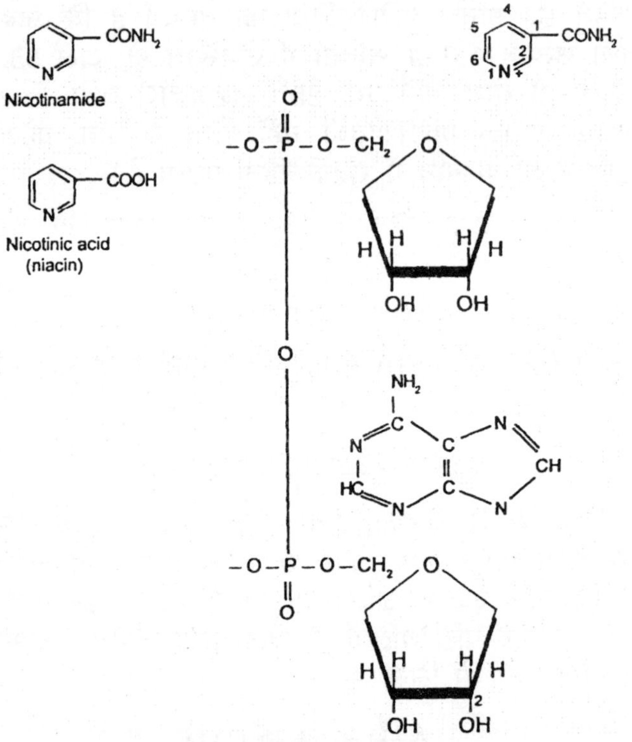

Nicotinamide

Nicotinic acid (niacin)

Fig. 2.1. Nicotinamide, Nicotinic acid

यह ध्यान देने योग्य है कि अपचय अभिक्रियाओं में ऑक्सीकृत पिरडीन न्यूक्लियोटाईड (NAD) एक सामान्य अभिकारक है तथा जैवसंश्लेषण अभिक्रियाओं में अपचित रुप (NADP) सामान्य अभिकारक है। ये न्यूक्लीयोटाइड जल्द ही उत्क्रमणीय उपचयन तथा अपचयन का अनुभव करते हैं। जब NAD^+ अथवा $NADP^+$ अपचयी आश्रय के सम्पर्क में

आते हैं तो अपचयी तूल्यांक (reducing equivalent) का इसमें स्थानांतरण हो जाता है तथा यह NADH + H^+ या NADPH + H^+ में परिवर्तित हो जाते हैं। यह देखा जा सकता है कि पिरडीन न्यूक्लीयोटाईड के उपचयी ऑक्सीकृत रुप में अपचयी रुप की तुलना में एक हाइड्रोजन परमाणु कम होता है। इसके नाइट्रोजन परमाणु में एक धनात्मक आवेश अधिक होता है जिसे अपचयन में यह दूसरा इलेक्ट्रॉन ग्रहण करने में सक्षम होता है। अपचयी तुल्यांक हाइड्राइड आयन के रुप में ग्रहण किये जाते हैं। यह निकोटिनेमाईड के 1" सिरे पर जुड़ता है। NAD^+ / NADH + H^+ तथा $NADP^+$ / NADPH + H^+ का मानक अपचयोपचय विभव (standard redox potential) क्रमशः -320mV तथा -324 mV हैं।

Flavoprotein

इन एन्जाइम में FMN (फ्लेविन मोनोन्यूक्लीयोटाईड) तथा FAD (फ्लेविन एडनीन डाईन्यूक्लियो 5 - फॉस्फेट) कोएन्जाइम होते हैं (चित्र 2.2)। ये समूह एन्जाइम से दृढ़ता से जुड़े होते हैं अतः प्रॉस्थैटिक समूह के रुप में कार्य करते हैं। शरीर में FAD तथा FMN राइबोफ्लेविन नामक विटामिन से निर्मित होते हैं। कोएन्जाइम प्रोटीन से सहसंयोजी आबंध द्वारा दृढ़ता से जुड़ा रहता है तथा अभिक्रिया के समय अलग नहीं होता है। राइबोफ्लेविन का आइसोऐलेक्जोजाइन अर्धांश अपचयी तुल्यांक को ग्रहण करता है। अपचयन के पश्चात् कोएन्जाइम क्रमशः FADH2 तथा FMNH2 में परिवर्तित हो जाता है। फलेवोप्रोटीन एन्जाइम एक अथवा दो अपचयी तुल्यांक को ग्रहण कर सकते हैं। FAD तथा FMN जब एक अपचायक तुल्यांक को ग्रहण करते हैं तो आइसोएल्क्सोजाइन चक्र का सेमीक्वीनोन रुप निर्मित होता है। $FMNH_2$ / FMN तथा $FADH_2$ / FAD युग्मों का मानक अपचयोपचय विभव क्रमशः -190 तथा -210 mV है, परन्तु जब फ्लेविन एपोप्रोटीन से जुड़ा हो तो इन मानों में काफी अन्तर होता है।

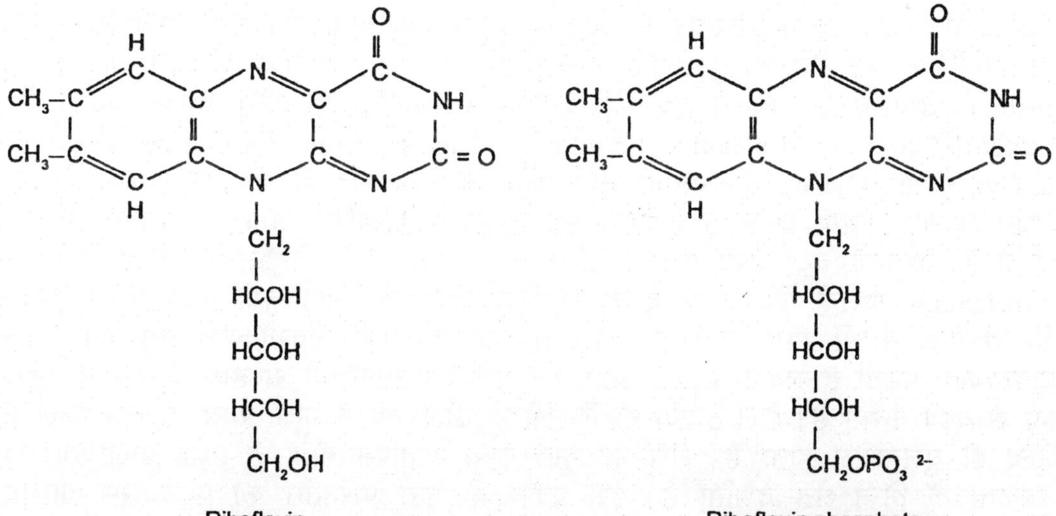

Riboflavin

2.2A

Riboflavin phosphate
(flavin mononucleotide; FMN)

2.2B

Fig. 2.2. Flavoprotein

Iron Sulphur protein : (FeS) - इन एन्जाइमों में आयरन तथा अम्ल परिवर्ती सल्फर (Acid labile sulphur) की बराबर मात्रा होती है। माइटोकॉन्ड्रिया के फैरेडॉक्सिन आयरन सल्फर प्रोटीन है। फेरिक आयन अपचयोपचय (redox) अभिक्रियाओं में भाग लेता है। ये फ्लोवोप्रोटीन (मिटेलोफ्लेवो प्रोटीन्स) तथा सायटोक्रोम b से सम्बद्ध होते हैं। मानक अपचयोपचय विभव -430 mV से +350 mV के बीच होता है।

Ubiquinone: Mortane तथा Crave ने स्वतंत्र रुप से यूबीक्वीनोन या कोएन्जाइम Q का आविष्कार किया। यह ETS में भाग लेता है तथा आश्रय के हाइड्रोजन को आणविक ऑक्सीजन तक स्थानांतरित करने में सहायता करता है। यह एन्जाइम माइटोकॉन्ड्रिया लिपिड का संघटक होता है। यह बहुत कुछ विटामिन K तथा विटामिन E के समान होता है। यूबीक्वीनोन में 1, 4-बेन्जोक्वीनोन केन्द्रक होता है जिसके C-2 पर लम्बी पॉलीआइसोप्रीनॉयड की पार्श्व श्रृंखला होती है। पॉलीआइसोप्रीनॉयड श्रृंखला में 6 - 12 आइसोप्रीन इकाई होती हे जो कि यूबीक्वीनोन के स्त्रोत् पर निर्भर करती है तथा इनके कोएन्जाइम में आइसोप्रीनॉयड पार्श्व श्रृंखला होती है। वायुजीवी (aerobic) परिस्थिति में माइटोकॉन्ड्रिया में यूबीक्वीनोन, क्वीनोन रुप में होता है तथा अवायवीय (anaerobic) परिस्थिति में यह अपचयी क्वीनोल रुप में पाया जाता है। इसका अपचयोपचय विभव + 810 mV होता है। NADP- dehydrogenase complex अथवा succinate dehydrogenase द्वारा अपचयित यूबीक्वीनोन Cyt-b/C_1 complex द्वारा ऑक्सीकृत होता है। माइटोकॉन्ड्रिया में यह संकुल 11 उपइकाईयों का बना होता है जिनमें से सिर्फ एक को माइटोकॉन्ड्रिया कूट करता है। यूबीक्वीनोन से निकटता दर्शाने वाला प्लास्टोक्वीनोन प्रकाश संश्लेषण में भाग लेता है।

Cytochrome - 1883 में Mae Munn ने सायटोक्रोम (चित्र – 2.3) का आविष्कार किया। Yaleushiji and Oleunuki (1940) ने सर्वप्रथम Cyt c_1 की पहचान कर उसे Cyt c से पृथक किया। इसका प्रास्थेटिक समूह हीम् होता है। ये टेट्रापायरॉल चक्र पोरकायरिन के बने होते हैं। इनमें Fe केन्द्रक होता है। यह एक मात्र इलेक्ट्रॉन का संवहन करता है तथा फेरस (Fe^{++}) एवं फेरिक (Fe^{+++}) अवस्था के बीच दोलन करता है। माइटोकॉन्ड्रिया में पाँच प्रकार के सायटोक्रोम पाये जाते हैं। इनका नाम Cyt b, Cyt c, Cyt c_1, Cyt a तथा Cyt a3 हैं। प्रत्येक सायटोक्रोम अपने स्वभाव के अनुसार हीम अर्धांश के कार्बन परमाणु संख्या 2, 9, 5 तथा 8 स्थानों पर प्रतिस्थापित समूह के कारण भिन्नता दर्शाते हैं। अपचयोपचय विभव में +260 mV से +290 mV की विविधता होती है। b-type cytochrome श्वसनी झिल्ली से दृढ़ता से जुड़ा रहता है। अपोपचयी कार्य के अतिरिक्त यह संरचना में भी भाग लेता है। Cyt b 565 के पूर्ण ऑक्सीकरण हेतु ATP की आवश्यकता पड़ती है जबकि Cyt b 562 एक मात्र अपचयोपचयी संवहक के रुप में प्रमुख रुप से कार्य करता है। Cyt c श्वसनी झिल्ली से ढीले रुप में जुड़ा रहता है तथा जल में जल्द ही घुलनशील होता है। अणु का पृष्ठ उच्च आवेषित होता है तथा अम्लीयता एवं क्षारकता के भिन्न क्षेत्र दर्शाता है। इस प्रकार के पृष्ठ परिवर्तन का पृथक्करण गोलीय प्रोटीन में प्रायः नहीं होता है। Cyt aa_3 (सायटोक्रोम ऑक्सीडेस) श्वसनी झिल्ली से दृढ़ता से जुड़ा रहता है। इस सायटोक्रोम में हीम् के दो अणु, कॉपर के दो अणु, तथा प्रति प्रोटीन अणु के 100 फॉस्फोलिपिड अणु पाये जाते हैं। प्रोटीन छः पॉलीपेप्टाईड श्रृंखलाओं का बना

होता है। कॉपर एक इलेक्ट्रॉन अपचयोपचय संवहक का कार्य करता है। Cyt a का मानक अपचयोपचय विभव +230 mV तथा a_3 का +375 mV होता है। इन दोनों सायटोक्रोम को प्रायः पृथक सायटोक्रोम माना जाता है हालांकि इन्हें भौतिक रुप से कभी भी एक दूसरे से पृथक नहीं किया गया है। अपचयी Cyt a_3 आणविक ऑक्सीजन को इलेक्ट्रॉन दान करता है।

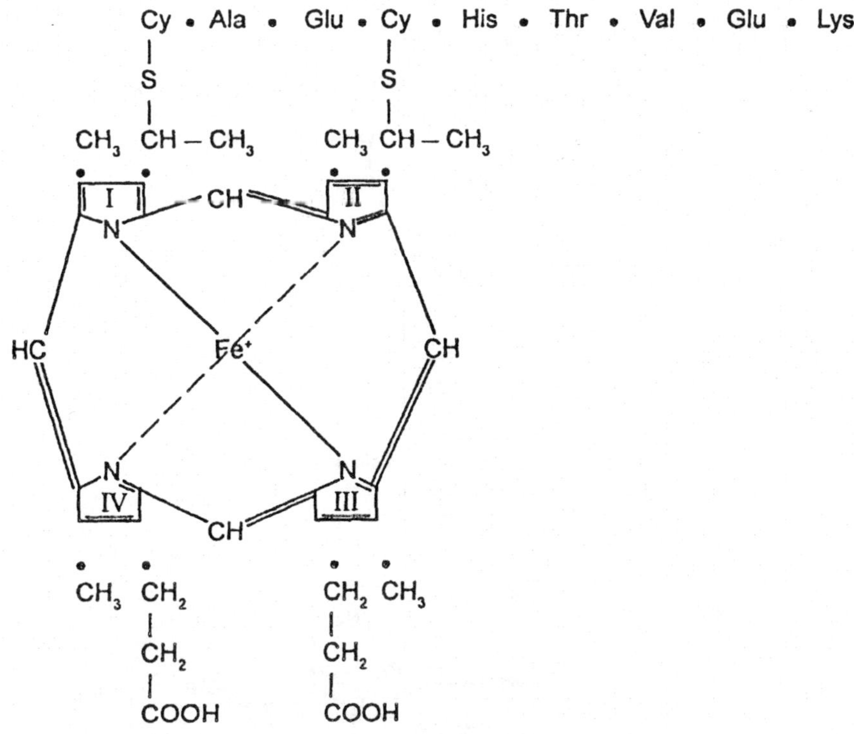

Fig. 2.3. Cytochrome C-Peptide

इलेक्ट्रॉन स्थानांतरण तथा प्रोटॉन – मोटिव फोर्स का स्थापित होना

माइटोकॉन्ड्रिया की आंतरिक झिल्ली में प्रोटॉन का आर पार संवहन इलेक्ट्रोजनित (Electrogenic) अर्थात् वोल्टेज उत्पादन करने वाला होता है। इसके परिणाम से इन्टर मेम्ब्रेन स्पेस तथा सायटोसॉल में अधिक संख्या में धनात्मक आवेश तथा मेट्रिक्स में ऋणात्मक आवेश बन जाता है। अतः प्रोटॉन प्रवणता के दो घटकों पर विचार किया जाना है। एक घटक झिल्ली के एक तरफ तथा दूसरी तरफ के विरुद्ध हाइड्रोजन आयन की सांद्रता में अंतर है; इसे pH प्रवणता (pH gradient ΔpH) कहते हैं। दूसरा घटक वोल्टेज (ψ) है जो कि झिल्ली के आर पार आवेश के पृथक्करण से उत्पन्न होता है। ऐसी प्रवणता जिसमें सांद्रता (रासायनिक) तथा विद्युत (वोल्टेज) दोनों को मिलाकर वैद्युत रासायनिक प्रवणता (Electro chemical gradient) कहते हैं। प्रोटॉन वैद्युत रासायनिक प्रवणता के दोनों घटकों में पाई जाने वाली ऊर्जा को सम्मिलित कर इसे प्रोटॉन मोटिव बल (Δp) कहते है तथा इसे मिलीवोल्ट में नापा जाता है। अतः

$$\Delta p = \psi - 2.3\ RT/F\ \Delta pH$$

चूंकि 2.3 RT/F 25°C पर 59 mV के बराबर है, इस समीकरण को निम्नलिखित रुप में लिखा जा सकता है –

$$\Delta p = \psi - 59 \Delta pH$$

जहाँ ΔpH को ऋणात्मक मूल्य में लिखा जाता है। ऐसा इसलिये क्योंकि इन्टरमेम्ब्रेन स्पेस गें मेट्रिक्स की तुलना में $[H^+]$ ज्यादा होता है।

इन्टरमेम्ब्रेन की पारगम्यता लक्षण प्रोटॉन मोटिव बल में योगदान देता है।

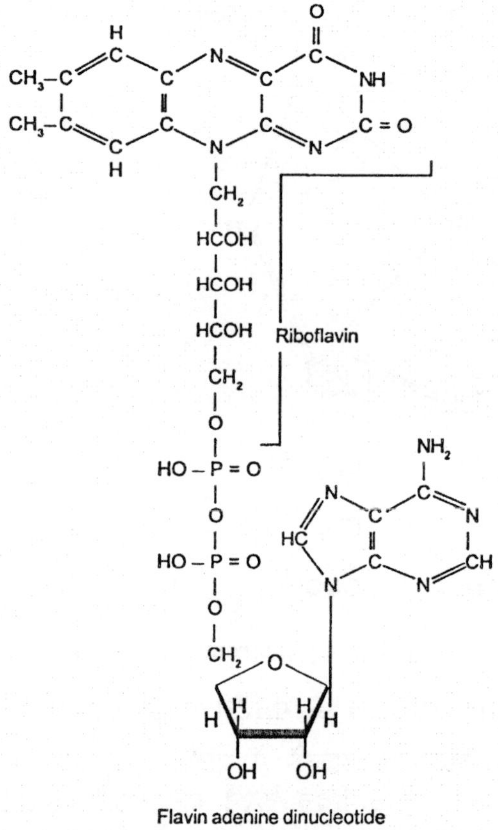

Riboflavin

Flavin adenine dinucleotide

Fig. 2.3C. Flavin adenine dinuleotide

ELECTRON TRANSPORT CHAIN (ETS)

संवाहकों द्वारा इलेक्ट्रॉन के संवाहन को इलेक्ट्रॉन संवहन श्रृंखला कहते हैं (चित्र 2.4) - ETS में धातुओं (Fe, Cu) तथा अधातु (NAD, FAD आदि) की उपस्थिति अर्थवान् होती है। धातु इलेक्ट्रॉन तथा ऑक्सीजन स्थानांतरण से सम्बद्ध नहीं होते हैं। ये वृहत् अपचयोपचय विभव की श्रेणी में कार्य कर सकते हैं। अधातु (कार्बनिक) घटक हाइड्रोजन स्थानांतरण में भाग लेते हैं। इलेक्ट्रॉन स्थानांतरण तथा इससे सम्बद्ध अभिक्रियायें ATP के संश्लेषण में भाग लेती हैं। इलेक्ट्रॉन संवहन श्रृंखला में इलेक्ट्रॉन के प्रवाह से चरणबद्ध

तरीके से ऊर्जा मुक्त होती है जिसमें से कुछ ऊर्जा ATP के रुप में संरक्षित हो जाती है। इन विशिष्ट चरणों E_0 मान में अंतर इतना अधिक सक्षम होता है ताकि इससे मुक्त ऊर्जा फॉस्फोरिलेशन के काम आ सकें। जब इलेक्ट्रॉन या हाइड्रोजन परमाणु (जिसमें इलेक्ट्रॉन हो) का एक जोड़ा उपचयनी आश्रय (oxidisable substrate) तथा अपचयन से युग्मित होता है तो बड़ी मात्रा में मुक्त ऊर्जा (ΔG) निकलती है। माइटोकॉन्ड्रिया में जब दो इलेक्ट्रॉन NADH - dehydrogenase संकुल से यूबीक्वीनोन में जाते हैं तो मेट्राक्स तरफ पर सम्भवतः चार प्रोटॉन ग्रहण किये जाते हैं तथा Cyt b/c_1 संकुल द्वारा पुनः इन्टरमेम्ब्रेन स्पेस में छोड़ दिये जाते हैं। Cyt b/c_1 Q - चक्र को उत्प्रेरित करता है जिससे जब दो इलेक्ट्रॉन का संवहन होता है तो मेट्रिक्स स्पेस से बाहर इन्टरमेम्ब्रेन स्पेस में दो अतिरिक्त प्रोटॉन का संवहन होता है। श्वसन के अन्तस्थ अवस्था में चार अपचयी तुल्यांक (reducing equivalents $4H^+ + 4e^-$) ऑक्सीजन के एक अणु में स्थानांतरित हो जाते हैं। इलेक्ट्रॉन का स्पष्ट उद्गम सायटोक्रोम सिस्टम से होता है, जबकि प्रोटॉन जलीय वातावरण से प्राप्त होते हैं। जब अपचयी तुल्यांक क्वीनोन से सायटोक्रोम तक जाता है तो ये प्रोटॉन बाहर निकल जाते हैं। माइटोकॉड्रिया में प्रोटॉन प्रवणता F - ATP synthetase द्वारा ATP संश्लेषण के उपयोग में लाया जाता है। माइटोकॉड्रिया में जैसे जैसे ADP जुड़ता है वह पूरी तरह ATP में परिवर्तित हो जाता है। कुछ आश्रयों के ऑक्सीडेशन से ATP संश्लेषण की मात्रा को जुड़े हुये ADP तथा उपयोग में लाई ऑक्सीजन के अनुपात (ADP/O) से ज्ञात किया जाता है। माइटोकॉन्ड्रिया में NADH के माध्यम से ऑक्सीकृत आश्रय का ADP/O लगभग 2.5 है, तथा सक्सीनेट के माध्यम से जिससे तुल्यांक सीधे यूबीक्वीनोन में स्थानांतरित होते हैं उनका ADP/O लगभग 1.6 है। यह प्रचलित रुप में कहा जाता है कि श्वसनी श्रृंखला में तीन युग्मन स्थल (coupling sites) होते हैं जो कि Complex I, III तथा IV से मेल खाते हैं। जब माइटोकॉन्ड्रियन श्वसनी श्रृंखला में NADH का ऑक्सीकरण होता है तो प्रत्येक युग्मन स्थल पर एक ATP बनता है जिसके परिणामस्वरुप ADP/O गुणांक तीन होता है। सक्सीनेट का ADP/O गुणांक दो होता है।

श्वसनी श्रृंखला की सभी अभिक्रियायें उपापचयन अभिक्रिया होती है। आश्रय अपचयी तूल्यांक का दान करके ऑक्सीकृत हो जाता है। अतः एक सामान्य अभिक्रिया में यदि AH_2 का ऑक्सीकरण A में होता है तो वह B को 2H दान करेगा तथा अभिक्रिया के अंत में BH_2 बनेगा।

$$\begin{array}{ccc} AH_2 & \rightleftarrows & B \\ A & & BH_2 \end{array}$$

उपरोक्त उदाहरण चार घटक तंत्र हैं इसमें दो रेडॉक्स कपल AH_2/A तथा BH_2/B होते हैं। A द्वारा प्रदान किये गये 2H को B ग्रहण करता है। 2H का स्थानांतरण $2H^+ + 2e^-$ या हाइड्राईड आयन के रुप में होता है। यह संचालन दाता (अपचयित घटक) का अदाता (एक ऑक्सीकृत घटक) के प्रति प्रवृत्ति द्वारा नियंत्रित होता है। इसका परिमाणन मानक रेडॉक्स कपल के संदर्भ में किया जाता है तथा इसे अपचयोपचय विभव (Redox Potential) कहते हैं। अपचयोपचय विभव को तापक्रम (25°C); सांद्रता ($[AH_2] = [A]$) तथा pH (7.0 अथवा अन्यथा दर्शाया न गया हो) की मानक परिस्थितियों में ज्ञात किया जाता है। इसे संकेत (E) द्वारा दर्शाया जाता है तथा मिलीवोल्ट में नापा जाता है। गैर

मानक परिस्थितियों में इसे संकेत Eh द्वारा दर्शाया जाता है। श्वसनी श्रृंखला का पहला रेडॉक्स घटक NADH + H^+ है। अपचयी तुल्यांक अंततः आणविक ऑक्सीजन द्वारा ग्रहण किये जाते हैं। NADH + H^+ / NAD^+ का अपचयोपचय विभव -320 mV है अतः तूल्यांक वर्धमान धनात्मकता (increasing positivity) की ओर गमन करता है तथा शीर्षस्थ घटक के पास जाता है जिसका अपचयोपचय विभव +820 mV होता है। इस अभिक्रिया का मानक मुक्त ऊर्जा परिवर्तन ($\Delta G°$) उपचयी तथा अपचयी युग्मकों (Eo') से सम्बंधित होता है। इसे निम्नलिखित सरल समीकरण द्वारा दर्शाया जाता है :–

$$Go' = n \times F \Delta E°$$

जहाँ n स्थानांतरित हो रहे इलेक्ट्रॉन की संख्या है F -फेराडे नियतांक है। श्वसनी श्रृंखला में -219 kJ/mol मात्रा की मुक्त ऊर्जा प्राप्त होती है।

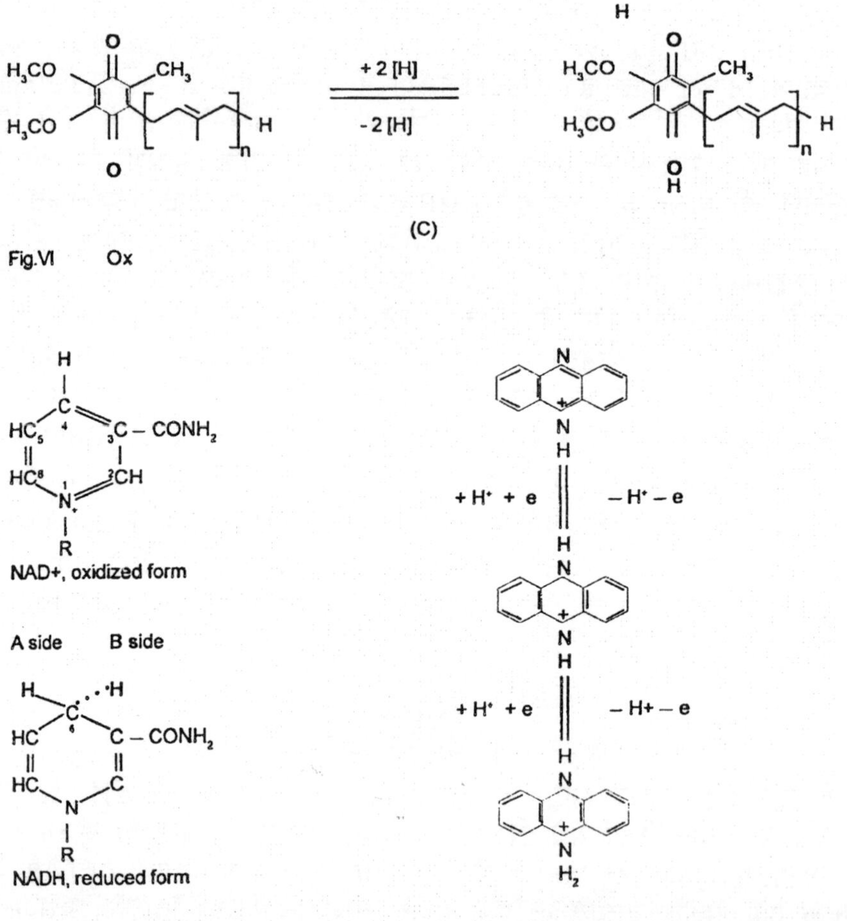

Fig. 2.4. Oxidized and reduced forms of some components of ETS.
(A) NAD+ ----NADH (B) Oxidized and reduced from riboflavin (C) Ubiquinone - Ubihydroquinone

ATP की भूमिका

ATP एन्जाइम द्वारा उत्प्रेरित उपचय तथा अपचय के बीच साझा मध्यस्थ है। Fiske and Subbarow (1929) ने स्तनधारियों की मांसपेशी से ATP को पृथक किया था। इसकी ऊर्जाचक्र में महत्वपूर्ण भूमिका है। ATP कोशिका में संचयित मुक्त ऊर्जा का रासायनिक रुप है। यह उस स्थान तक सुचालित कर दिया जाता है जहाँ ऊर्जा की आवश्यकता हो। यह AMP का व्युत्पन्न है जिसमें दो फॉस्फेट अर्धांश एन्हाइड्राइड बंध से जुड़े रहते हैं। इन आबंधों को ~ (~ को squiggle पढ़ा जाता है) द्वारा दर्शाया जाता है। इस उच्च ऊर्जा आबंध को बंध ऊर्जा से भ्रमित नहीं होना चाहिये। बंध ऊर्जा (Bond energy) वह ऊर्जा है जो दो परमाणुओं के बीच के आबंध को तोड़ने के लिये आवश्यक है। ATP का शीर्षस्थ फॉस्फेट समूह विभिन्न प्रकार के ग्राहियों में स्थानांतरित किया हो सकता है, जो कि बाद में आगे के रासायनिक पराक्रमण हेतु सक्रिय हो जाता है।

pH7 पर ट्राईफॉस्फेट पार्श्व श्रृंखला के तीन या चार हाइड्रॉक्सिल समूह पूर्णतः विघटित हो जाते हैं। कार्यिकी परिस्थितियों में यह अणु प्रबल ऋणावेशित (ATP^{4-}) होता है। यह जल्द ही द्विसंयोजक (divalent) धनायन से आबंधित हो जाता है। ATP के जलीय अपघटन से निकली ऊर्जा (.298k पर ATP का $\Delta G^{\circ\prime}$) -31 kJ mol^{-1} होती है। ATP के संश्लेषण में भी इतनी ही ऊर्जा की आवश्यकता होती है।

PHOSPHORYLATION

ADP तथा अकार्बनिक फॉस्फेट के मिलने से ATP संश्लेषण को फॉस्फोरायलेशन कहते हैं। उपापचय में, फॉस्फोरायलेशन दो क्रियाविधियों : Substrate level phosphorylation तथा Electron transport द्वारा होता है।

आश्रय स्तर फॉस्फोरायलेशन (Substrate level phosphorylation) उच्च ऊर्जा फॉस्फेट अर्धांश का ATP में मध्यवर्ती स्थानांतरण (intermediate transfer) है। ग्लायकोलिसिस की निम्नलिखित जैवरासायनिक अभिक्रिया आश्रय स्तर फॉस्फोरायलेशन का उदाहरण है –

2 - फॉस्फोग्लिसरिक $\xrightarrow{-H_2O}$ अम्ल फॉस्फोईनॉल पायरुविक अम्ल $\xrightarrow{+ADP}$ पायरुविक अम्ल

जल के स्थानांतरण के परिणामस्वरुप 2 -फॉस्फोग्लिसरिक अम्ल के फॉस्फेट का कम ऊर्जा ईस्टर आबंध, उच्च ऊर्जा आबंध फॉस्फेट में परिवर्तित हो जाता है। यह उच्च ऊर्जा आबंध फॉस्फेट बाद में ADP में स्थानांतरित हो सकता है जिससे ATP का संश्लेषण होता है।

श्वसन तथा प्रकाशसंश्लेषण आधारभूत उपापचयी प्रक्रियायें हैं जिनमें इलेक्ट्रॉन स्थानांतरण होता है। इलेक्ट्रॉन संवहन तंत्र के समय फॉस्फोरायलेशन होता है। प्रकाश संश्लेषण में फॉस्फोरायलेशन प्रकाश की उपस्थिति में होता है अतः इसे फोटोफॉस्फो–रायलेशन कहते हैं, जबकि श्वसन में ATP के उत्पादन हेतु इलेक्ट्रॉन संवहन तंत्र में ऑक्सीजन आवश्यक है अतः इसे ऑक्सीडेटिव फॉस्फोरायलेशन कहते हैं।

आश्रय के ऑक्सीकरण में इलेक्ट्रॉन के हटने से निकली ऊर्जा जो ATP के निर्माण में उपयोग में आती है; इस प्रक्रिया को ऑक्सीडेटिव फॉस्फोरायलेशन कहते हैं। Peter Mitchell (1961) ने सर्वप्रथम ATP के बनने में प्रोटॉन स्थानांतरण के महत्व को प्रस्तावित किया था। यह देखा गया है कि अक्षुण्ण माइटोकॉन्ड्रिया जब आश्रय NAD आबंध डीहाइड्रोजिनेस से बनता है तो अकार्बनिक फॉस्फेट के तीन अणु ADP से जुड़ते हैं तथा उपयोग हुये प्रति ½ O2 अणु से 3ATP अणु बनते हैं। P : O का अनुपात 3 होता है। यदि आश्रय फ्लेवो प्रोटीन आबंध डीहाइड्रोजिनेस द्वारा हो तो ATP के सिर्फ दो अणु बनते हैं (P : O = 2)।

Brittan Chance तथा उनके सहयोगियों ने संदमक (inhibitors) का उपयोग करके इलेक्ट्रॉन संवहन श्रृंखला के संवाहकों के विशिष्ट क्रम पर कार्य किया।

फॉस्फोरायलेशन की क्रियाविधि को स्पष्ट करने हेतु कुछ परिकल्पनायें प्रस्तुत की गई हैं। ये परिकल्पनायें Chemical hypothesis, conformational hypothesis तथा Chemiosmotic hypothesis है। ज्यादातर Chemiosmotic hypothesis को मान्यता प्राप्त है।

Chemical Hypothesis : States (1953) के अनुसार प्रक्रिया की सभी अवस्थाओं में रासायनिक युग्मन होता है, यह परिकल्पना आश्रय स्तर फॉस्फोरायलेशन पर आधारित है। इस परिकल्पना के अनुसार पूरी ऑक्सीकरण – अपचयन प्रक्रिया में अनुक्रमिक और नॉन फॉस्फोरायलेटिड मध्यवर्ती बनते हैं ATP का संश्लेषण होता है। Chemical hypothesis को निम्नलिखित तरह से दर्शाया जा सकता है :–

$$AH2 + B + I.OH \longrightarrow A{\sim}I + BH2 + OH{-}{-}$$

$$A{\sim}I + X.H \longrightarrow X{\sim}I + A + H+$$

$$X{\sim}I + P.OH \longrightarrow X{\sim}P + I.OH$$

$$X{\sim}P + ADP \longrightarrow ATP + XH$$

$$AH2 + B + ADP + P.OH \longrightarrow A + BH2 + ATP + H2O$$

AH_2 तथा B श्वसनी संवाहक है। X तथा I इलेक्ट्रॉन प्रवाह के परिकाल्पनिक ग्राही है। I तथा X युग्मन कारक संलग्नी (Coupling factor ligands) है जिन्हें पहचाना नहीं जा सका है, परन्तु ये जलीय अपघटन से निकली उच्च मुक्त ऊर्जा से एन्हाइड्राइड आबंध बनाने में सक्षम होते हैं। वियुग्मक ऋणायन uncoupler anion Q - द्वारा X~I पर नाभिक स्नेही (nucleophilic) आक्रमण से वियुग्मन (uncoupling) होता है जिससे X~I का जलीय अपघटन होता है तथा X.H, I.OH बनता है तथा ऊष्मा निकलती है। इस वाद का सत्यापन तभी सम्भव है जब यदि A~I, X~I तथा X~P को विलगित कर पहचान की जा सके।

Chemiosmotic Hypothesis

1961 में Mitchel ने इस वाद को प्रस्तुत किया था। इस वाद के अनुसार, श्वसनी श्रृंखला में संघटकों के ऑक्सीकरण के साथ हाइड्रोजन आयन (प्रोटॉन H^+) का संवाहन

युग्मित होता है। यह संवाहन माइटोकॉन्ड्रिया की आंतरिक झिल्ली के अन्दर तथा बाहर की ओर होता है। यह इलेक्ट्रॉन स्थानांतरण युग्मन झिल्ली के आर–पार प्रोटॉन का वैद्युत रासायनिक विभव उत्पन्न कर देता है। तदनन्तर विभव का उपयोग ADP तथा अकार्बनिक फॉस्फेट के निर्जलीकरण में होता है। बाद में **Mitchel** तथा **Jennifer Moyle** ने इस वाद को ज्यादा बढ़ाकर चार प्रमुख अभिधारणा में स्पष्ट किया :–

(1) विषमदैशिक (दिशा निर्देशित) प्रोटॉन संवाहक रेडॉक्स तंत्र।

(2) आयन अपरागम्य युग्मन झिल्ली।

(3) विशिष्ट विनियम विसरण तंत्र तथा

(4) विषमदैशिक, प्रोटॉन–संवाहन – उत्क्रमणीय ATPase

श्वसन के साथ युग्मन झिल्ली के आर–पार प्रोटॉन का बाहरी ओर संवाहन होता है। श्वसनी तंत्र का ऑक्सीकरण–अपचयन पाशों की श्रृंखला में विन्यास से प्रोटॉन का निष्कासन होता है। चार प्रोटॉन संवाहन श्वसन पाश हो सकते हैं। यह स्थानांतरित हो रहे अपचयी तुल्यांक के प्रति जोड़े पर दो प्रोटॉन के बाहर स्थनांतरण को उत्प्रेरित करता है। प्रोटॉन स्थानांतरण से ट्रांसमेम्ब्रेन pmf विकसित हो जाता है। इस pmf का परिमाण इतना होना चाहिये ताकि प्रोटॉन संवाहक ATP-ase द्वारा ATP संश्लेषण हो सकें। माइटोकॉन्ड्रिया, क्लोरोप्लास्ट अथवा जीवाणविक तंत्रों की युग्मन झिल्ली कम चालकत्व (conductance) स्वभाव की होती हैं। इसका कारण यह है कि इसके केन्द्र में निर्जल परासरण रोधक (non-aqueous osmotic barrier) उपस्थित रहता है। इसका नाम M-phase है। समुचित झिल्ली विभव के न होने पर ट्रांसमेम्ब्रेन pmf (ATP संश्लेषण हेतु आवश्यक 210m) उत्पन्न करने के लिये युग्मन झिल्ली के आरपार pH अन्तरात्मक (pH-differential) लगभग 3.5 इकाई होना चाहिये। इस प्रकार का अन्तरात्मक बनाये रखने के लिये मेट्रिक्स का pH बहुत अधिक क्षारीय होना चाहिये तथा एन्जाइम क्रिया हेतु अनुपयुक्त होना चाहिये। अतः pmf का एक भाग झिल्ली विभव का होता है जो कि विशिष्ट विनिमय विसरण तंत्र के कार्य करने से उत्पन्न होता है। ये विनिमय परासरण तंत्र वैद्युत उदासीन (Electro-neutral) धनायन प्रोटॉन एन्टीपोर्ट के समान या ऋणायन प्रोटॉन सिमपोर्ट के समान होता है। कीमोऑसमॉटिक परिकल्पना के अनुसार श्वसन की दर युग्मन झिल्ली के प्रभावी प्रोटॉन चालकत्व द्वारा निर्धारित होती है। F_1 कण आंतरिक झिल्ली पर उपस्थित होते हैं तथा माइटोकॉन्ड्रिया के मेट्रिक्स की ओर मुख किये रहते हैं। ये प्रोटीनयुक्त फॉस्फोरिलेशन करने वाले पिंड हैं जिनमें ATP-synthase पाया जाता है। यहाँ शब्द सिन्थेस का उपयोग किया गया है क्योंकि ये एन्जाइम ऐसी संघनन अभिक्रियाओं (condensation reactions) को उत्प्रेरित करते हैं जिनमें किसी भी न्यूक्लियोसाइड ट्राई फॉस्फेट की आवश्यकता नहीं होती। प्रोटॉन वैद्युत रसायन अंतर के अनुसार संचालित होते हैं तथा इसका उपयोग झिल्ली में स्थापित ATP-synthase को कार्यान्वित करता है। यह ADP तथा Pi से ATP निर्मित करता है। नियंत्रित अवस्था में ATP-synthase द्वारा प्रोटॉन का प्रवाह ADP की कमी से नियंत्रित होता है। चूंकि झिल्ली से प्रोटॉन की पारगम्यता बहुत कम होती है अतः उच्च प्रोटॉन वाहक बल (proton motive force pmf) उत्पन्न होता है। झिल्ली के आरपार आयन का संचालन **Chemical hypothesis** के

समान ही होता है। प्रोटॉन के बाहर निकलने की प्रक्रिया भिन्न होती है तथा यह प्रोटॉन ट्रांसलोकेटिंग ATPase द्वारा होती है ।

प्रकाशसंश्लेषी तंत्र में इलेक्ट्रॉन का स्थानांतरण प्रोटॉन के अन्दर की ओर संचालन द्वारा होता है। इस तरह के प्रोटॉन के अन्दर जाने की प्रक्रिया में कम से कम एक लूप द्वारा होती है। F_1 कण इन झिल्लियों के बाहरी पृष्ठ पर स्थापित होती है। इसकी क्रियाविधि का वर्णन प्रकाश संश्लेषण अध्याय में किया गया है।

प्रकाश संश्लेषण में ट्रांसमेम्ब्रेन उत्पन्न करने हेतु प्रेरित pH विभेदक (induced pH differential) (अन्दर का अम्ल) फोटोफॉस्फोरिलेशन का महत्त्वपूर्ण घटक होता है। क्लोरोप्लॉस्ट में फ्लोराइड आयन का विद्युतजन (electrogenic) प्रवेश से झिल्ली विभव समाप्त हो जाता है। क्लोरोप्लास्ट में अमोनियम आयन फोटोफॉस्फोरिलेशन का अयुग्मन कर देते हैं। तथापि इसका ऑक्सी–फॉस्फोरिलेशन पर कोई प्रभाव नहीं पड़ता है। यह तथ्य इन युग्मन झिल्ली के विभिन्न ध्रुवणा (polarity) पर प्रतिबिम्बित करता है। अतः अमोनियम आयन तभी अयुग्मन करता है जब वह झिल्ली के F1 तरफ पर (अर्थात् या क्षारीय तरफ) पर जुड़ता है।

Conformational Hypothesis

1964 में Boyer ने इस यांत्रिक रसायन (mechano-chemical) परिकल्पना को प्रस्तुत किया। यह Chemical hypothesis का रुपांतरण है। इस परिकल्पना के अनुसार श्वसन के समय निकली ऊर्जा का प्रारम्भिक संरक्षण युग्मन झिल्ली के कुछ प्रोटीन घटकों में संरुपीय परिवर्तन हो जाता है। बाद में गैर फॉस्फोरिलेटिड सहसंयोजी यौगिक के रुप में संरुपण हो जाता है। गैर–फॉस्फोरिलेटिड सहसंयोजी यौगिक सम्भवतः थायोईस्टर होते हैं। इस वाद में अब कुछ परवर्तन किये गये हैं जिसमें सहसंयोजी तथा फॉस्फोरिलेटिड मध्यवर्ती को अलग कर दिया गया है। ऑक्सी–अपचयी अवस्था में संयुग्मी प्रोटीन (conjugated protein) के प्रॉस्थेटिक समूह में एकांतरण हो जाता है, तथा एपोप्रोटीन में संरुपीय परिवर्तन होता है। संरुपीय परिकल्पना प्रस्तावित करता है कि रेडॉकस प्रेरित संरुपीय परिवर्तन श्वसन श्रृंखला के घटक I, III तथा IV में होते हैं। अतः संकुल I, III तथा IV में हुये संरुपीय परिवर्तन ऊर्जा संरक्षण के प्राथमिक परिणाम हैं। F_1 की जटिल बहुश्रृंखला स्वभाव से स्पष्ट हो जाता है कि इलेक्ट्रॉन स्थानांतरण प्रेरित संरुपीय परिवर्तन ATPase में संचालित होता है जिससे फॉस्फोरायलेशन होता है। युग्मन झिल्ली जब अर्जित होती है तो F_1 में संरुपीय परिवर्तन हो जाता है।

क्लोरोप्लास्ट में ATP संश्लेषण को भी संरुपीय परिकल्पना से समझा जा सकता है। थायलेकायड झिल्ली के अर्जित होने के पश्चात् CF_1 कण में नाटकीय संरुपीय परिवर्तन होता है।

अध्याय – 3

कोशिका जैव रसायन (Cell Biochemistry)

जैव रसायन अध्ययन में जीव (कोशिका) की रासायनिक संरचना, क्रियाविधि तथा अणुओं के बीच पारस्परिक क्रिया एवं प्रक्रियाओं को सम्मिलित किया गया है। एक कोशिका में अनेक अणु होते हैं। ये अणु रसायन के सभी सामान्य नियमों का पालन करते हैं। वृहद्णु कुछ सरल यौगिकों के बने होते हैं। मोनोसैकेराइड, अमीनो अम्ल तथा मोनोन्यूक्लीयोटाइड क्रमशः पॉलीसैकेराइड, प्रोटीन तथा न्यूक्लिक अम्ल की एकलक उपइकाई है। सरल अणु प्रायः कार्बन परमाणु के बने होते हैं जो अन्य कार्बन परमाणु सहसंयोजी बंध से तथा हाइड्रोजन, ऑक्सीजन या नाइट्रोजन से जुड़े रहते हैं।

Covalent Bond

अणु बनाने वाले परमाणु आपस में सहसंयोजी आबंध से जुड़े रहते हैं जिसमें अणु के इलेक्ट्रॉन के जोड़े साझे में होते हैं। दो परमाणुओं के बीच सहसंयोजी आबंध एक आधारभूत सिद्धांत से नियंत्रित होता है जिसके अनुसार परमाणु सबसे ज्यादा तब स्थिर होता है जब उसके बाहरी कक्ष इलेक्ट्रॉन से भरे होते हैं। फलतः कोई अणु कितनी संख्या में आबंध बना सकता है यह इस पर निर्भर करता है कि उस अणु के बाहरी कक्ष को भरने में कितने इलेक्ट्रॉन की आवश्यकता है। सहसंयोजी आबंध निर्मित होने के साथ ऊर्जा मुक्त होती है, जो कि यदि कभी आबंध टूटता है तो यह ऊर्जा पुनः अवशोषित हो जाती हैं। अधिकांश उदाहरणों में दो परमाणु आपस में आबंध से ज़ुड़ते हैं जिसमें एक जोड़े से अधिक इलेक्ट्रॉन साझेदारी करते हैं। सहसंयोजी आबंध द्विबंध या त्रिबंध हो सकते हैं, चर्तुबंध नहीं पाये जाते हैं। परमाणुओं के बीच के आबंध महत्वपूर्ण है क्योंकि इसके कारण अणुओं का आकार निर्धारित होता है। जब समान प्रकार के परमाणु आपस में जुड़ते हैं (जैसे H_2), तो दो साझेदार परमाणुओं के बाहरी कक्ष के इलेक्ट्रॉन जोड़े बराबरी से साझा करते हैं। तथापि जब दो असमान सहसंयोजी आबंध से जुड़ते हैं तो यह अनिवार्य हो जाता है कि एक परमाणु का धनात्मक आवेशित नाभिक आबंधित परमाणु के बाहरी इलेक्ट्रॉन पर ज्यादा आकर्षक बल लगता है। फलतः साझा इलेक्ट्रॉन पर ज्यादा आकर्षक बल लगाता है। परिणामस्वरूप साझा इलेक्ट्रॉन ज्यादा आकर्षक बल वाले अणु अर्थात् अधिक विद्युत ऋणात्मक परमाणु की ओर स्थापित होते हैं। किसी परमाणु की विद्युत ऋणात्मकता दो कारकों पर निर्भर करती है : (1) नाभिक में धनात्मक आवेश की संख्या (ज्यादा प्रोटॉन होने पर ज्यादा विद्युत ऋणात्मक होगा) तथा (2) नाभिक से बाहरी इलेक्ट्रॉन की दूरी (जितनी अधिक दूरी होगी उतना कम विद्युत ऋणात्मक होगा)। जैविक अणुओं में ज्यादातर सामान्य

रुप से पाये जाने वाले अणुओं में नाइट्रोजन तथा ऑक्सीजन प्रभावशाली विद्युत ऋणात्मक होते हैं।

Polar and Non Polar Molecules

अणु जैसे जल जिनमें आवेश का असम्मित वितरण होता है उन्हें ध्रुवीय अणु कहते हैं। जैविक महत्व के ध्रुवीय अणुओं एक या अधिक विधुत ऋणात्मक परमाणु जैसे O, N, S या P पाये जाते हैं। ऐसे अणु जिनमें ध्रुवीय आबंध अनुपस्थित होते हें अर्थात् जो लगभग पूरी तरह कार्बन तथा हाइड्रोजन परमाणुओं के बने होते हैं उन्हें अध्रुवी कहा जाता है। अणुओं की प्रतिक्रिया क्षमता निर्धारित करने के लिये धृवीय आबंध की उपस्थिति परम महत्वपूर्ण होती है। ऐसे अणु जैसे मोम तथा वसा जिनमें ऋणात्मक परमाणु अनुपस्थित होते हैं तुलनात्मक रुप से निष्क्रिय होते हैं।

Non covalent Bonds

अणुओं के बीच (या बड़े जैविक अणुओं के विभिन्न भागों के बीच) पारस्परिक क्रियायें विविध कमजोर बंधनों से नियंत्रित होती हैं। इन बंधनों को गैर सहसंयोजी आबंध कहते हैं। गैर सहसंयोजी आबंध साझा इलेक्ट्रॉन पर निर्भर नहीं होते बल्कि समान अणुओं या दो आपस के अणुओं के बीच धनात्मक तथा ऋणात्मक भागों में आकर्षण बल पर निर्भर होते हैं।

Ionic Bond

लवणों के कण आपस में धनात्मक आवेश Na^+ तथा ऋणात्मक आवेश Cl^- आयन के बीच विद्युत स्थैतिक आकर्षण से जुड़े रहते हैं। इस प्रकार के पूरी तरह आवेशित घटकों के बीच आकर्षण को आयनी आबंध कहते हैं।

Hydrogen Bond

जब हाइड्रोजन परमाणु का किसी विद्युत ऋणात्मक अणु विशेष रुप से ऑक्सीजन या नाइट्रोन अणु से सहसंयोजी आबंध होता है तो इलेक्ट्रॉन का एक साझा जोड़ा विद्युत ऋणात्मक परमाणु के नाभिक की ओर विस्थापित हो जाता है तथा हाइड्रोजन परमाणु को आंशिक धनात्मक आवेश के साथ छोड़ देता है (चित्र 3.1)। इसके फलस्वरुप हाइड्रोजन अणु का अनावृत्त धनात्मक आवेशित नाभिक दूसरे विद्यृत ऋणात्मक परमाणु के पर्याप्त समीप जाकर इस परमाणु के गैर साझेदार जोड़े से पारस्परिक आकर्षण स्थापित करता है। यह कमजोर पारस्परिक आकर्षण को हाइड्रोजन आबंध कहते हैं। हाइड्रोजन आबंध अधिकांश ध्रुवीय अणुओं के बीच पाये जाते हैं (चित्र 3.2)। जैसे डी.एन.ए. अणु के दोनों रज्जुक हाइड्रोजन आबंध से जुड़े रहते हैं।

Hydrophobic Intgeration and Vander Waals Force

कुछ ध्रुवीय अणु जैसे शर्करा तथा अमीनो अम्ल का जल के साथ पारस्परिक क्रिया करने की क्षमता के कारण इन्हें ''जलरागी'' या ''जल–स्नेही'' कहा जाता है। गैर ध्रुवीय अणु जैसे स्टेरॉयड या वसा अणु आवश्यक रुप से जल में अघुलनशील होते हैं। इन अणुओं

में आवेशित भाग जो इन्हें जल अणुओं के ध्रुवों की ओर आकर्षित कर सके अनुपस्थित होता है। जब अध्रुवीय रसायनों को जल में मिलाया जाता है, अध्रुवीय जलविरागी पदार्थ समुच्चय बनाने हेतु बलकृत हो जाते हैं जिससे उनका ध्रुवीय प्रतिवेश से अनावृत्त न्यूनतम हो। जल विरागी अणुओं का इस प्रकार के संघठन को जलविरागी एकीभवन **(hydrophobic integration)** कहते हैं।

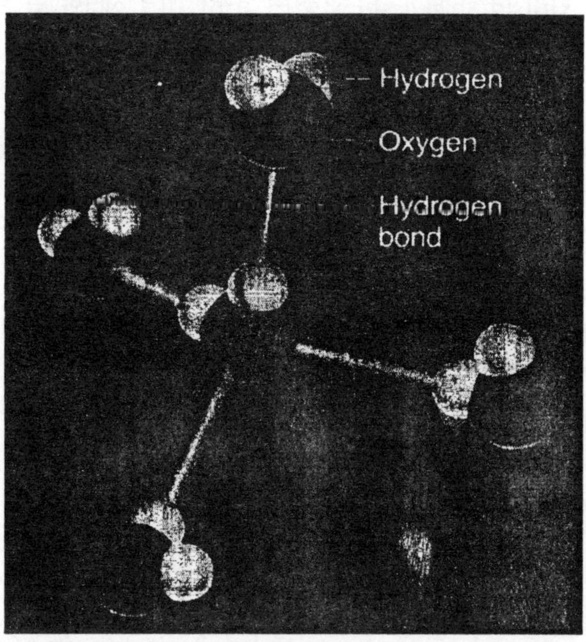

Fig. 3.1. Hydrogen bound formation between neighboring water molecules

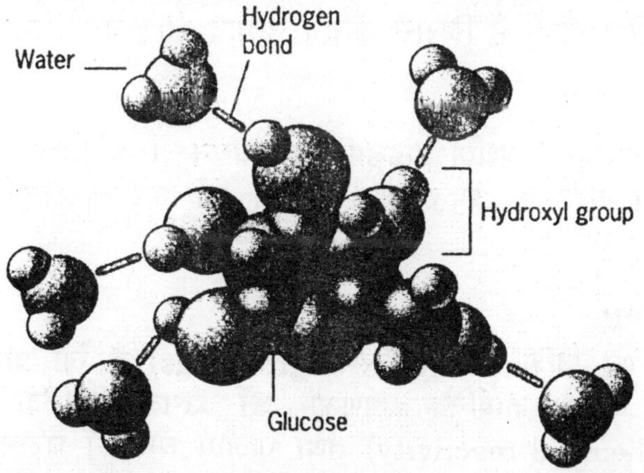

Fig. 3.2. Schematic view of the types of hydrogen bonds

यदि अस्थाई द्विध्रुव के दो अणु एक दूसरे के बहुत निकट हो तथा उपयुक्त तरीके से उनका दिग्विन्यास हो तो इनके बीच कमजोर आकर्षक बल का अनुभव होता है जिसे **Vander Waal's force** कहते हैं। यह इन दोनों को आबंध करने का कार्य करता है।

जल का जीवन सहायक लक्षण (Life supporting properties of water)

जल अत्याधिक असम्मित अणु है जिसके एक ओर O परमाणु तथा विपरीत ओर दो H परमाणु होते हैं। अणु के दोनों सहसंयोजी बंध अत्याधिक ध्रुवीय होते हैं। जल अणु के सभी तीन परमाणु हाइड्रोजन आबंध बनाने में अनुकूलित होते हैं ।

जल का जीवन सहायक लक्षण का उद्गम इन्हीं तीन लक्षणें से होता है।

Acid, Bases and Buffers

एक अणु जो हाइड्रोजन आयन को मुक्त करने में (दान करने में) सक्षम हो उसे अम्ल कहते हैं। कोई भी अणु जो हाइड्रोजन आयन को स्वीकार करने में सक्षम हो उसे क्षारक (base) कहते हैं। किसी विलयन की अम्लीयता को हाइड्रोजन आयन सांद्रता से नापा जा सकता है तथा इसे pH द्वारा दर्शाया जाता है।

$$pH = -\log [H^+]$$

उदाहरणार्थ एक घोल का pH 5 हो तो उसमें हाइड्रोजन आयन की सांद्रता 10^{-5} M होगी।

चूंकि शुद्धि जल की सांद्रता सदैव **55.51** होती है, इससे जल हेतु एक नया constant Kw (ion - product constant) बनाया जा सकता है।

$$Kw = [H^+] [OH^-]$$

जो कि 25°C पर 10^{-14} के बराबर होता है। शुद्ध जल में इन दोनों की सांद्रता लगभग 10^{-7} M होती है।

जल के विघटन का अत्यन्त कम स्तर दर्शाता है कि यह बहुत अशक्त कमजोर अम्ल है। अम्ल की उपस्थिति में हाइड्रोजन आयन की सान्द्रता बढ़ जाती है तथा हाइड्रॉक्सिल आयन की सान्द्रता गिर जाती है जिससे आयन उत्पाद 10^{-14} बना रहता है।

Buffers

रसायन जो हाइड्रोजन अथवा हाइड्रोक्सिल आयन से अभिक्रिया करते हैं तथा pH में परिवर्तन का प्रतिरोध करते हैं। बफर घोल में प्रायः एक अशक्त अम्ल तथा उसका संयुग्मी क्षारक होता है।

Functional group

ये परमाणुओं का विशिष्ट समूहीकरण (groupings) है जो प्रायः एक इकाई जैसा व्यवहार करते हैं तथा कार्बनिक अणुओं को उनके भौतिक लक्षण, रासायनिक अभिक्रियाशीलता (chemical reactivity) तथा जलीय घोल में घुलनशीलता प्रदान करता है, जैसे कार्बोक्सलिक अम्ल एवं अल्कोहल के बीच के दो ईस्टर आबंध तथा कार्बोक्सलिक अम्लों एवं अमीन के बीच के एमाईड समूह (चित्र 3.3)।

कोशिका की संरचना बनाने वाले तथा क्रिया करने वाले अणु विशाल तथा उच्च संघठित होते हैं इन्हें वृहताणु (macromolecules) कहते हैं। इन अणुओं में कुछ दर्जन से

दस लाख तक कार्बन परमाणु पाये जा सकते हैं। वृहताणुओं को चार प्रमुख वर्गों में बांटा जा सकता है प्रोटीन्स, न्यूक्लिक अम्ल, पॉलीसैकेराइड्स तथा लिपिड्स। इनमें से पहले तीन बहुलक होते हैं तथा बड़ी संख्या में कम आणविक भार के एकलक के बने होते हैं।

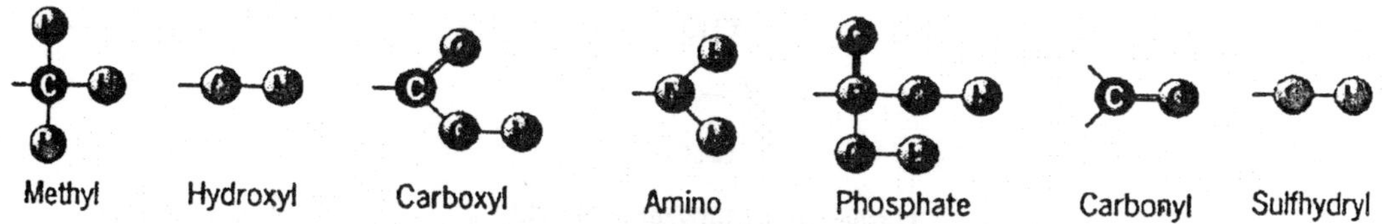

Fig. 3.3. Different functional group

BIOCHEMISTRY OF CARBOHYDRATES

कार्बोहाइड्रेट कार्बन के पॉलीहायड्रिक अल्कोहल है जिनमें सक्रिय एल्डीहाइड या कीटोन समूह होते हैं। कार्बोहाइड्रेट प्रमुख रुप से रासायनिक ऊर्जा के संग्रह तथा जैविक संरचना के निर्माण संग्रह एवं निर्माण सामग्री का कार्य करते हैं। अधिकांश शर्कराओं का सामान्य सूत्र $(CH_2O)_n$ है। शर्करा का n मूल्य उसे 7 के बीच की संख्या कोशीय उपापचय में महत्वपूर्ण होती हैं। कार्बोहाइड्रेट को तीन वर्गों; मोनोसैकेराइड, ऑलीगोसैकेराइड तथा पॉलीसैकेराइड में बांटा गया है। शब्द सैकेराइड ग्रीक भाषा के शब्द सैकेरॉन का व्युत्पन्न है जिसका तात्पर्य शर्करा है। मोनोसैकेराइड का जलीय अपघटन सरल शर्करा में नहीं किया जा सकता। ऑलिगोसैकेराइड (Oligo = few) के जलीय अपघटन से तीन से छः मोनोसैकेराइड प्राप्त होते हैं। पॉलीसैकेराइड शर्करा में बहुत से मोनोसैकेराइड एकलक होते हैं। उपइकाई एकलक ग्लायकोसाइडिक बंध से जुड़कर लम्बी रैखिक अथवा शाखित श्रृंखलाओं के रुप में होती हैं।

प्रत्येक शर्करा अणु में कार्बन परमाणुओं का बैकबोन होता है जो आपस में एकल आबंधों हाइड्रॉक्सिल समूह से रैखिक क्रम विन्यास में जुड़े रहते हैं कार्बोनिल समूह (C=O) को धारण करने वाले अपवाद होते हैं। यदि कार्बोनिल समूह आंतरिक स्थानों (कीटोन समूह बनाने वाले) पर पाये जाते हैं तो शर्करा कीटोज होते हैं जैसे फ्रक्टोज। यदि कार्बोनिल समूह शर्करा के एक सिरे पर हो तो यह एल्डीहाइड समूह बनाते हैं तथा अणु को एल्डोज करते हैं। शर्करा के चक्रीय रुप प्रायः समतल (प्लेनर) चित्रित किया जाता है जो कि पेपर के स्तर पर अभिलम्ब के रुप में होता है जिसकी मोटी लाईन पाठक के समीप होती है। H तथा OH समूह पेपर के तल पर होते हैं तथा शर्करा के चक्र के ऊपर या नीचे उभरे होते हैं। वास्तविकता में शर्करा चक्र के ऊपर या नीचे उभरे होते हैं। वास्तविकता में शर्करा चक्र समतल नहीं होता है तथा कुर्सी के समान त्रीविमीय संरुपण दर्शाता है। पेपर पर शर्करा का त्रीविमीय संरचना फिशर प्रोजेक्शन फार्मूला (Fischer projection formula) द्वारा दर्शाया जाता है।

Monosaccharide

मोनोसैकेराइड को सरल शर्करा भी कहा जाता है तथा मूलानुपाती सूत्र (Empirical formula) $(CH_2O)_n$ द्वारा दर्शाया जाता है। चार, पाँच, छः तथा सात कार्बन परमाणु बैकबोन वाले मोनोसैकेराइड को क्रमशः ट्राइओज, टेट्रोज, पेन्टोज, हेक्सोज तथा हेप्टोज

कहते हैं। (चित्र 3.4) इनमें एक असम्मित कार्बन परमाणु होता है अतः ये किरैल अणु होते हैं। प्रत्यय 'ose' निर्दिष्ट करता है कि विशिष्ट रसायन कार्बोहाइड्रेट के एल्डो समूह का है जबकि प्रत्यय "ulose" कीटो शर्करा को निर्दिष्ट करता है।

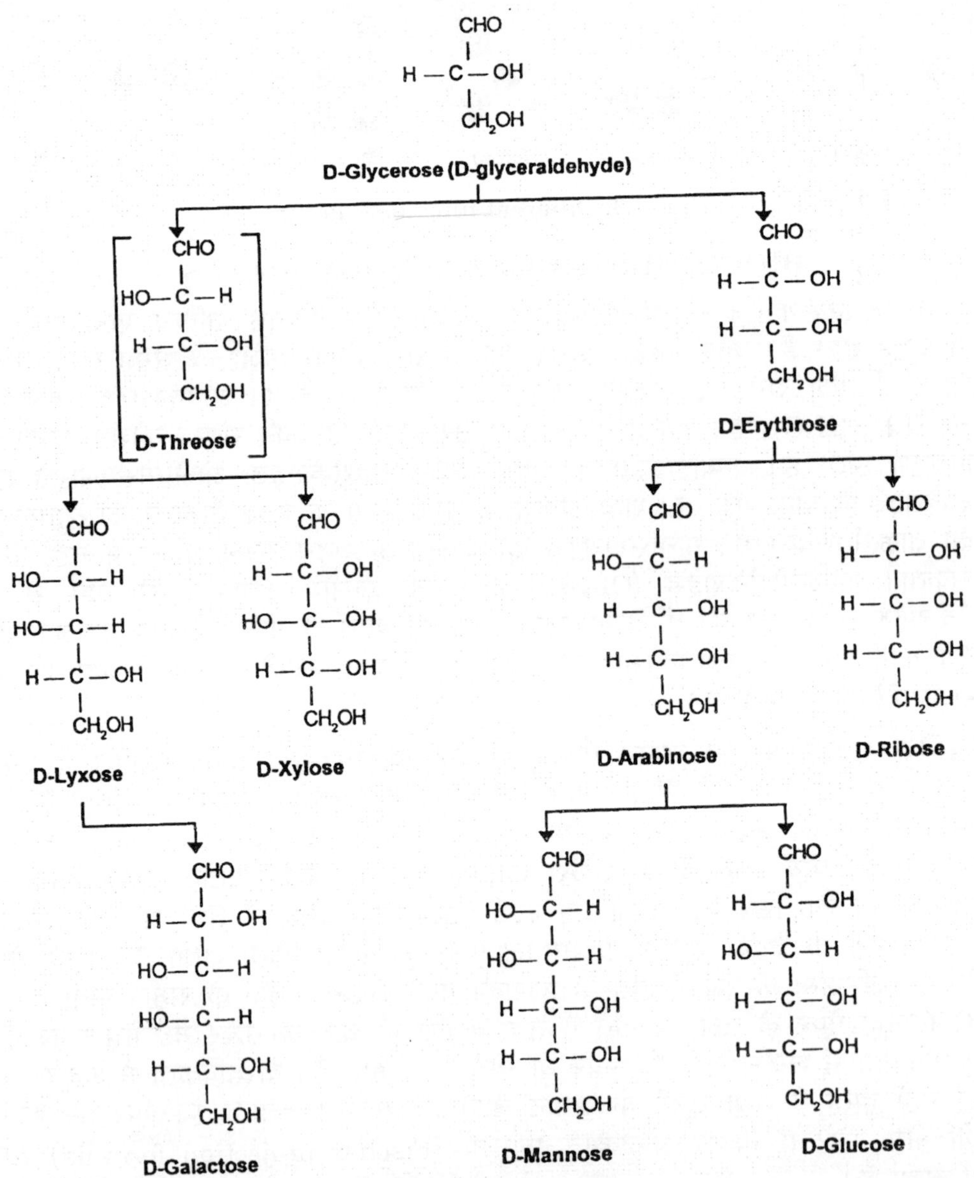

Fig. 3.4. D-Glucose

इनमें उपस्थित कार्बन परमाणुओं की संख्या के आधार पर इन्हें ट्राइओज, टेट्रोज, पेन्टोज, हेक्सोज आदि में बांटा जा सकता है। एल्डीहाइड (-CHO) अथवा कीटोन (C=O) समूह की उपस्थिति के आधार पर पर इन्हें एल्डोज या कीटोज शर्करा में बांटा जा सकता है।

क्रिष्टलीय रुप में पॉच या अधिक कार्बन परमाणु धारण करने वाले मोनोसैकेराइड चलावयव चक्र (tautomeric ring) के रुप में पाये जाते हैं। मुक्त शर्करा में प्रायः छः सदस्यीय चक्र होता है जिसमें पाँच सदस्य कार्बन तथा बचा एक सदस्य ऑक्सीजन का परमाणु होता है। छः सदस्यीय चक्र का पायरानोज चक्र (चित्र 3.5 A,B) होता है। D-ग्लूकोज का पायरानोज चक्र का बनना एल्डीहाइड तथा अल्कोहल के सामान्य अभिक्रिया का फल होता है जो कि हेमीएसीटल व्युत्पन्न बनाता है। इसमें एक अतिरिक्त असम्मित कार्बन परमाणु होता है अतः ये दो त्रिविम समावयव रुप में होते हैं। पाँच सदस्यीय चक्र में चार सदस्य कार्बन परमाणु तथा एक सदस्य ऑक्सीजन होता है पाँच सदस्यीय चक्र को फ्यूरानोज चक्र कहते हैं। ट्राइओज तथा टेट्रोज शर्करा में चक्र नहीं होते हैं। पायरेनोज प्रकार के हैक्सोजस में 1' स्थान का कार्बन असम्मित होता है। यदि 1' स्थान का हाइड्रॉक्सिल 2' स्थान के हाइड्रॉक्सिल से cis हो तो उसे α–form कहते हैं तथा यदि trans हो तो उसे β–form कहते हैं। मोनोसैकेराइड के समावयव रुप जो एक दूसरे से सिर्फ कार्बोनिल कार्बन परमाणु के संरुपण (configuration) में भिन्न हो तो उन्हें ऐनोमर कहते हैं तथा कार्बोनिल कार्बन परमाणु को एनोमेरिक कार्बन कहते हैं। सायकलेशन के पश्चात् कार्बन I' में चार विभिन्न समूह जुड़े रहते हैं तथा भिन्न ध्रुवण घूर्णन (optical rotations) होते हैं, परन्तु ये सब समान नहीं होंगे क्योंकि पूरा यौगिक दर्पण का प्रतिबिम्ब नहीं होता है। इस प्रकार से सम्बंधित यौगिकों को 'एनोमर' कहते हैं तथा सायकलाइजेशन के पश्चात् कार्बन 1 असम्मित हो जाता है तथा "एनोमेरिक कार्बन परमाणु" कहते हैं।

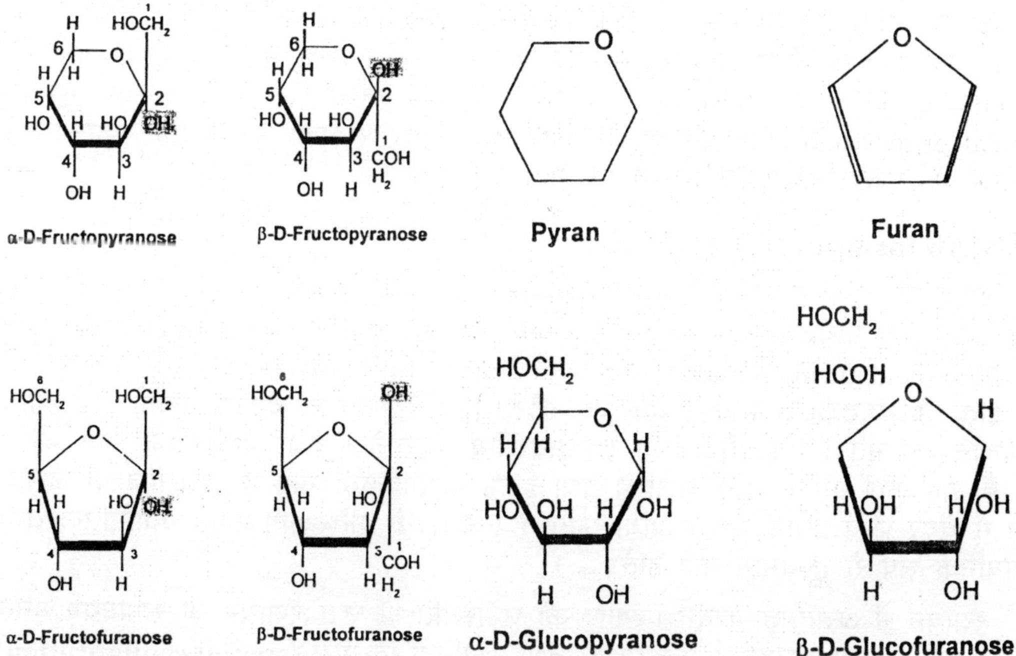

Fig. 3.5A. Furan and Pyran form of Fructose

Fig. 3.5B. Pyran and Furan Froms of Glucose

पाँच सदस्यीय चक्र को फ्यूरानोज चक्र कहते हैं पाँच सदस्यीय चक्र में चार सदस्य कार्बन तथा एक सदस्य ऑक्सीजन होता है। कीटोहेक्सोज भी α तथा β एनोमेरिक रुप में पाये जाते हैं। फ्यूरानोज चक्र के C-5 (या C-6) स्थान का हाइड्रॉक्सिल समूह C-2 स्थान के कीटो समूह से अभिक्रिया करता है। एक हेमीकीटल कीटोन तथा अल्कोहल की अभिक्रिया के उत्पाद के सदृश्य होता है।

मोनोसैकेराइड आपेक्षित रुप से मृदुल ऑक्सीकारक (oxdizing agent) जैसे फेरिक (Fe^{3+}) तथा क्यूपरिक (Cu^{2+}) आयन द्वारा ऑक्सीकृत हो जाते हैं। इस प्रकार के लक्षण वाली शर्करा को अपचयी शर्करा (reducing sugars) कहते हैं। कार्बोनिल कार्बन का ऑक्सीकरण कार्बोक्सिलिक अम्ल के रुप में होता है। घोल में D-ग्लूकोज पायरानोज रुप में होता है तथा यह थोड़ी मात्रा में खुली श्रृंखला के रुप की साम्यावस्था में होता है। खुली रूप श्रृंखला को विविध अभिकारक जैसे फेलिंग घोल, बेनेडिक्ट अभिकारक आदि का अपचय करने में सक्षम होते हैं।

जब एल्डोहेक्सो को जल में घोला जाता है तथा घोल को प्रकाशीय दूरी (optical path) में रखा जाता है ताकि उससे रेखा ध्रुवित प्रकाश (plane polarized light) गुजर सकें, तो शर्करा द्वारा प्रारम्भिक ध्रुवण घूर्णन धीरे–धीरे परिवर्तित होने लगती है जब तक कि शर्करा का संलक्षण नियत स्थिर घूर्णन न प्राप्त हो जावे। घूर्णन के इस परिवर्तित तथ्य को परिवर्ती ध्रुवण घूर्णन (mutarotation) कहते हैं। यदि D-ग्लायकोपायरानोज को जल में घोला जाये तो वह पहले +12 का घूर्णन दर्शाता है परन्तु इस मान में गिरावट होती है तथा यह +52 हो जाता है। घूर्णन के इस परिवर्तन को mutarotation कहते हैं। तथा यह α तथा β चक्र संरचना में साम्यावस्था स्थापित होने के कारण होता है। अतः α–D- ग्लूकोज का घोल अंततः समरुप साम्यावस्था मिश्रण बनाते हैं। जिसमें समरुप प्रकाशिक गुणधर्म (optical properties) होता है। एक विशिष्ट कार्बन पर संरुपण में भिन्नता दर्शाने वाले शर्कराओं का एक दूसरे का एपीमर कहते हैं।

Haworth formula

सामान्यतः इस फार्मूला का उपयोग मोनोसैकेराइड के चक्रीय रुप को दर्शाने के लिये किया जाता है। पायरानोज दो संरूपण में पाया जाता है। चेयर फार्म (chair form) तथा बोट फार्म (boat form) संरूपण। चेयर फार्म ज्यादा स्थाई होता है तथा आपेक्षित रूप से दृढ़ होता है। पाठक के निकट चक्र का छोर बोल्ड रेखाओं से दर्शाया जाता है। हेवार्थ प्रोजेक्शन का मत है कि पाँच तथा छः सदस्यीय फ्यूरानोज तथा पायरानोज चक्र प्लेनर होते हैं, यह कुछ भ्रमित करने वाला है तथा इसमें वास्तविकता नहीं है। हैक्सोज के जलीय घोल में चेयर फार्म प्रधान रूप में पाया जाता है। चेयर के प्रतिस्थापी समूह ज्यामितिक तथा रासायनिक रूप से तूल्यमान नहीं होते।

रसायन में असम्मित कार्बन परमाणु की उपस्थिति से उस रसायन के समावयव बनते हैं। ऐसे यौगिक जो संघठन में सदृश्य हो तथा स्थानिक विन्यास (spatial configuration) में भिन्न हो उन्हें त्रिविम समावयव (stereo-isomers) कहते हैं तथा इस तथ्य को त्रिविम समावयवता (stereo-isomerism) कहते हैं।

Van Hoff's Rule 'n'

Van Hoff के n नियम के अनुसार 2^n उस यौगिक सम्भावित समावयव को बराबर करता है। n उस यौगिक में उपस्थित असम्मित कार्बन परमाणु की संख्या है। किसी यौगिक के सम्भावित उस अणु में पाये जाने वाले असम्मित कार्बन परमाणुओं पर निर्भर करते हैं। सामान्यतः अणु में n चिरल केन्द्र में 2^n त्रिविम समावयव पाये जाते हैं। ग्लिसेराइड में 2' होता है अतः त्रिविम समावयव दो होंगे। एल्डोहेक्सोज में चार चिरल केन्द्र होते हैं। अतः 2n त्रिविम समावयव सोलह होंगे।

D - श्रृंखला तथा L - श्रृंखला

प्रथम कार्बन पर H तथा OH का विन्यास जो शीर्षस्थ प्राथमिक अल्कोहल कार्बन के समीप होता है जैसे ग्लूकोज में 5 कार्बन परमाणु श्रृंखला को निर्धारित करते हैं (चित्र 3.6)। जब OH समूह इस कार्बन के दायें ओर होता है तो वह D-श्रृंखला का सदस्य होता है। जब इस कार्बन पर OH समूह बायें ओर होता है तो यह L-श्रृंखला का सदस्य होता है। इस संदर्भ कार्बन में समान विन्यास के आधार पर शर्करा को D-समावयव या L-समावयव कहते हैं।

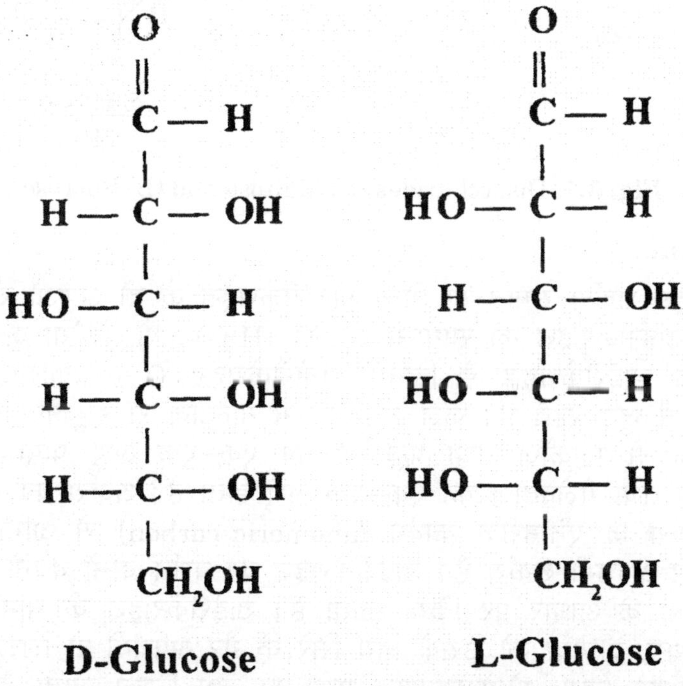

Fig. 3.6. D and L Glucose

असम्मित कार्बन की उपस्थिति यौगिकों को ध्रुवण घूर्णकता (optical activity) प्रदान करती है। जब ध्रुवण घूर्णता दर्शाने वाले किसी यौगिक के घोल से समतल ध्रुवित किरण पुंज (plane polarized beam) को गुजारा जाता है तो यौगिक के अनुसार अर्थात् प्रकाशिक समावयव (optical isomers) या प्रतिबिम्ब रूप (enantiomorphs) के आधार

पर किरण पुंज दक्षिण या वाम की ओर घूर्णित कर दी जाती है। जब किरण पुंज दक्षिण की ओर घूर्णित की जाती है तो यौगिक को दक्षिण ध्रुवण घूर्णक (dextrorotatory) (d या + संकेत) तथा जब वाम ओर घूर्णित हो तो ऐसे यौगिक को वाम ध्रुवण घूर्णक (Laevo-rotatory) (L या - संकेत) कहते हैं। एक रेसीमिक मिश्रण में दक्षिण ध्रुवण घूर्णक तथा वाम ध्रुवण घूर्णक समावयव की बराबर मात्रा होती है। अतः प्रत्येक समावयव की ध्रुवण घूर्णकता नहीं होती है।

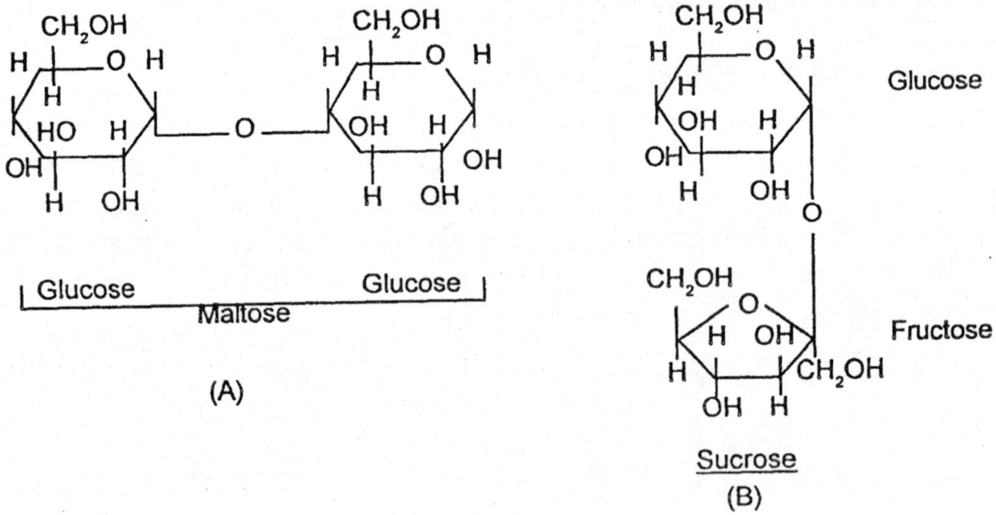

Glucose Glucose
Maltose

(A)

Glucose

Fructose

Sucrose
(B)

Fig. 3.7. Disaccharides (A) Maltose and (B) Sucrose

Diasaccharide

डाईसैकेराइड शर्करा समान या भिन्न मोनोसैकेराइड के दो अणुओं से मिलकर बनती है (चित्र 3.7)। डाईसैकेराइड को सामान्य सूत्र $C_n(H_2O)_{n-1}$ से दर्शाया जाता है। माल्टोज, सुक्रोज, लेक्टोज डाईसैकेराइड है जिनमें मोनोसैकेराइड O-ग्लायकोसाइडिक आबंध से सहसंयोजी रूप में जुड़े रहते हैं। जल अपघटन में माल्टोज से ग्लूकोज के दो अणु प्राप्त होते हैं। सुक्रोज से ग्लूकोज तथा फ्रूक्टोज का एक–एक अणु प्राप्त होता है जबकि लेक्टोज ग्लूकोज तथा गैलेक्टोज का एक–एक अणु होता है। शर्करा का एक हाइड्रॉक्सिल समूह दूसरे शर्करा के एनोमरीक कार्बन (anomeric carbon) से अभिक्रिया करता है। डाइसैकेराइड गैर अपचयी शर्करा है। डाईसैकेराइड का वर्णन दोनों बंधनी (linkage) तथा ऐनोमेरिक विन्यास के आधार पर किया जाता है। डाईसैकेराइड के नाम पद्धति के कुछ नियम हैं। सर्वप्रथम, यौगिक को उसके बायें सिरे के गैर अपचयी से लिखा जाता है। एक O के पश्चात् पहले (बायें) मोनोसैकेराइड भाग का नाम लिखा जाता है। इसके पश्चात् ऐनोमेरिक कार्बन (α अथवा β) जो पहले (बायें) मोनोसैकेराइड को दूसरी इकाई से जोड़ता है लिखा जाता है। पाँच अथवा छः सदस्यीय चक्र संरचना हेतु क्रमशः 'फ्यूरानोसिल' या 'पायरेनोसिल' शब्दावली का उपयोग किया जाता है। ग्लायकोसाइडिक आबंध जुड़े दो कार्बन परमाणुओं को निक्षिप्त पद (puren thesis) से दर्शाया जाता है तथा दोनों को जोड़ने हेतु तीर लगाया जाता है। इन नियमों के अनुसार सूक्रोज का नाम O-α–D-

ग्लूकोपायरोनोसिल फ्रूक्टोफ्यूरानोसाइड (1→2)–β–D- फ्रूक्टोफ्यूरानोसाइड (O-α-D-glucopyranosyl - (1→2)–β–D- fructofuranoside, Glc (α1→2)–Fru) है।

Polysaccharides (Glycans)

पॉलीसैकेराइड जलीय अपघटन से छः से अधिक मोनोसैकेराइड एकलक प्रदान करते हैं। इनका सामान्य सूत्र $(C_6H_{10}O_5)_n$ है। ये उच्च अणुभार के होते हैं। प्रकृति में पाये जाने वाले अधिकांश कार्बोहाइड्रेट पॉलीसैकेराइड होते हैं। पॉलीसैकेराइड को दो समूहों में बांटा गया है – होमोपॉलीसैकेराइड (Homopolysaccharide या Homoglycan) एक ही प्रकार के मोनोसैकेराइड के बने बहुलक हैं, जैसे–स्टार्च, सेल्यूलोज, डेक्सट्रिन। हेटैरोपॉली–सैकेराइड (Heteropolysaccharide या Heteroglycans) विभिन्न मोनोसैकेराइड अथवा उनके व्युत्पन्न से बने बहुलक है, *उदा.* म्यूकोपॉलीसैकेराइड (ग्लूकोसामीनग्लायकान्स)।

स्टार्च

यह पादप कोशिकाओं का सामान्य संचय पॉलीसैकेराइड है। स्टार्च में दो प्रकार के ग्लूकोज बहुलक होते हैं, एमायलोस तथा एमायलोपेक्टिन (चित्र 3.8)। एमायलोज लम्बी अशाखित श्रृंखला होती है जिसमें सभी D-ग्लूकोज इकाई (α-1-4) आबंध से जुड़े रहते हैं। एमायलोस जल में प्रायः अविलेय होता है तथा हाइड्रेटिड मिसेल बनाते हैं। एमालोपेक्टिन अत्यंत शाखित होता है। इसमें मुख्य अवलम्ब (α-1-4) आबंध का होता है जिसमें (α-1-6) आबंध पर शाखायें होती हैं।

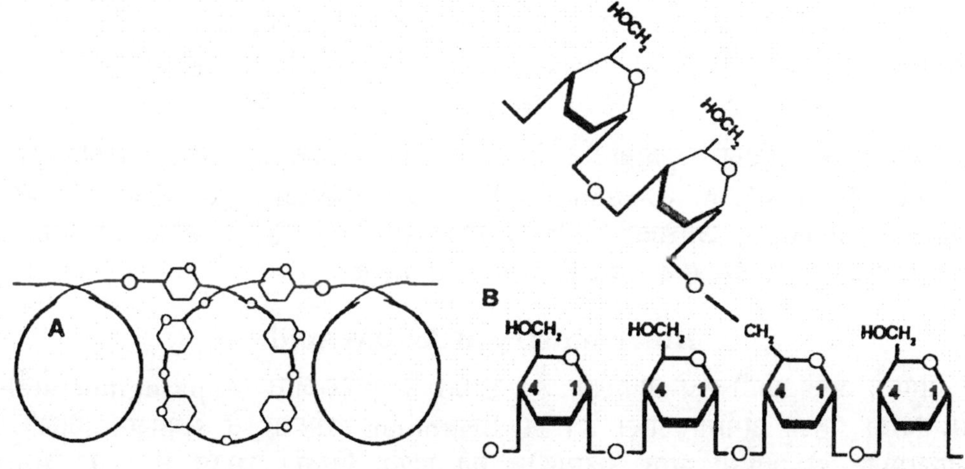

Fig. 3.8. Starch A - Amylose and B - Amylopectin

सेल्यूलोस

रेशेदार, दृढ़, जल में अविलेय पदार्थ है तथा पादप कोशिका भित्ति का संरचनात्मक पॉलीसैकेराइड है। यह होमोपॉलीसैकेराइड है जिसमें 10,000 से 15,000 D-ग्लूकोज एकलक इकाई पाई जाती है। एकलक अर्थात D-ग्लूकोज (β-1-4) आबंध से जुड़कर रैखिक बहुलक बनाते हैं। पॉलीसैकेराइड श्रृंखला एक दूसरे से समानान्तर जुड़ी रहती है।

श्रृंखला का अपचयी सिरा एक ही दिशा में होता है। आंशिक जलीय अपघटन से डाईसैकेराइड सेलोबायोज बनते हैं तथा पूर्ण जलीय अपघटन से ग्लूकोज बनते हैं। सेल्यूलोज का जलीय अपघटन सेल्यूलेज एन्जाइम द्वारा होता है। कैलोज तथा सेल्यूलोज में मुख्य अंतर यह है कि सेल्यूलोज में (1-3) β-D- ग्लूकान श्रृंखला पाई जाती है। ये श्रृंखलायें ड्यूप्लेक्स तथा ट्रीप्लेक्स के सर्पिल रूप में होती हैं।

पादप कोशिका भित्ति ग्यारह विभिन्न प्रकार की शर्कराओं का बना होता है। इनमें ऑक्सीजन परमाणु के सम्बंध में 2 संरूपण होते हैं, तथा चार विभिन्न आबंध होते हैं। कोशिका भित्ति बहुलक सघन रूप से पैक सेल्यूलोज रेशे के बने होते हैं जिनमें नियमित समानान्तर रूप से क्रम विन्यास होता है इनमें क्रिस क्रॉस स्तर के होते हैं। क्रॉस आबंध करने वाले ग्लायकान सेल्यूलोज के ढांचे को इन्टरलॉक करते हैं। क्रॉसलिंकिंग ग्लायकान सेल्यूलोज माइक्रोफाइब्रिल के साथ हाइड्रोजन आबंध बनाने में सक्षम होते हैं। पुष्पीय पौधों की प्राथमिक कोशिका भित्ति में जायलोग्लूकान्स (Xyloglucons XyGs) तथा ग्लूकोयूरोऐरेबीनोजायलान्स (Glucuroarabinoxylans) प्रमुख क्रॉसलिंकिंग ग्लूकान्स हैं। ये फाइब्रिल तीन बहुलक पदार्थों से मिलकर सीमेण्टिड होकर मेट्रिक्स के रूप में होते हैं। ये तीन बहुलक पदार्थ हेमीसेल्यूलोज, पेक्टिन तथा एक्सटेन्सिन हैं। हेमीसेल्यूलोज D-जायलान का बहुलक है। इनसे D-जायलान β(1-4) आबंध से जुड़े रहते हैं जिसमें एरेबीनोज तथा अन्य शर्करायें पार्श्व श्रृंखला के रूप में पाये जाते हैं।

पेक्टिन अत्यंत हाइड्रेटिड विषम तथा शाखित पॉलीसैकेराइड का मिश्रण होता है। पेक्टिन दो आधारभूत घटकों का बना होता है। इन घटकों का नाम होमोगैलेक्ट्यूरोनान (homogalacturonan, HQA) तथा रेमनोगेलेक्ट्यूरेनान I (rhamnogalacturonan RGI) है। RG II (1-4) α-D-GalA का बहुलक है। RG-I छड़नुमा विषम बहुलक है, जो (1-2)α-L-Rna-(1-4) α-D-GalA डाईसैकेराइड इकाई के β- विषम बहुलक है।

एक्सटेन्सिन जटिल ग्लूकोप्रोटीन है जो सेल्यूलोज फाइब्रिल से सहसंयोजी रूप में जुड़े रहते हैं। L-रेम्नोज (L-rhamnose) (6-deoxy-l-mannose) तथा L- फ्यूकोज (6-deoxy-l-galactose) कोशिका भित्ति के डीऑक्सी शर्करा है। ये डीऑक्सी शर्करा कुछ हेक्सोपायरानोज के कार्बन 6 के निर्जलीकरण से बनती हैं।

Biochemistry of Amino Acid

अमीनो अम्ल प्रोटीन के एकलक हैं। 1806 में एस्पेराजीन (Asparagine) प्रोटीन से विलग किया पहला अमीनो अम्ल है। H. Braconnot (1820) ने सर्वप्रथम जिलेटिन के हाइड्रोलायजेट से अमीनो अम्ल ग्लायसीन को पृथक किया। 1935 में W.C. Rose ने फाइब्रिन के हाइड्रोलायजेट से अमीनो अम्ल थ्रीओनीन को पृथक किया। यह प्रोटीन में पाये जाने वाला 20वाँ अमीनो अम्ल था।

अमीनो अम्ल को चार वर्गों में बांटा गया है ।

1. Nonpolar Hydrophobic R group -

Alanine (Ala), Valine (Val) Leucine (Leu), Isoleucine (Ile), Proline (Pro), Phenylalanine (Phe), Tryptophan (Trp); Methonine (Met).

2. Neutral (uncharged) polar R groups -

Glycine (Gly), Serine (Ser), Threonin (Thr), Cysteine (Cys), Tyrosine (Tyr), Asparagine (Asn), Glutamine (Gln).

3. Positively charged R group (at pH 6.0) -

Lysine (Lys), Arginine (Arg), Histadine (His).

4. Negatively charged R groups (pH 6.0 to 7.0) -

Aspartic Acid (Asp), Glutamic acid (Glu).

प्रोटीन के असाधारण अमीनो अम्ल कुछ मानक अमीनो अम्ल के व्युत्पन्न होते हैं जैसे 4-Hydroxyproline, यह अमीनो अम्ल प्रोलीन का व्युत्पन्न है तथा रेशेदार प्रोटीन कोलाजेन में प्रचुरता में पाया जाता है। Hydroxylysine अमीनो अम्ल लायसीन का 5-हायड्रॉक्सी व्युत्पन्न है। Sesmosine तथा isodesmosine रेशेदार प्रोटीन इलेस्टिन में पाया जाता है। असाधारण अमीनो अम्ल N-methyl lysine, E-N-trimethyl lysine तथा methylhistidine मानक अमीनो अम्ल के मिथिल व्युत्पन्न हैं। असाधारण अमीनो अम्ल हेतु त्रि कूट (triplet code) नहीं पाये जाते हैं। ये पैतृक अमीनो अम्ल के पॉलीपेप्टाईड श्रृंखला में जाने के पश्चात् एन्जाइम द्वारा रूपांतरण से उत्पन्न होते हैं।

300 से अधिक अमीनो अम्ल जैविक रूप में मुक्त अथवा संयुक्त रूप में पाये जाते हैं परन्तु ये प्रोटीन में नहीं पाये जाते हैं। कुछ गैर प्रोटीन अमीनो अम्ल उपापचय के महत्वपूर्ण पूर्ववर्ती या मध्यवर्ती होते हैं।

चार विभिन्न प्रतिस्थापी समूह वाले कार्बन परमाणु को असम्मित कार्बन कहते हैं। इस प्रकार के असम्मित कार्बन युक्त यौगिक में त्रिविम समावयवता (इंगिता Chirality, handedness) दर्शाते हैं। इस परिघटना में यौगिकों में प्रकाशिक सक्रियता (optical activity) होती है। यौगिक दो रूप में पाये जा सकते हैं, जो कि एक दूसरे के दर्पण प्रतिबिम्ब जैसे उपरि आरोपण नहीं होता है। ये दक्षिण ध्रुवण घूर्णक (dexorotatory d) अथवा वाम ध्रुवण घूर्णक (Levorotatory l) समावयव रूप में पाये जाते हैं (चित्र 3.9)।

क्रिस्टलीय अमीनो अम्ल में आपेक्षिक रूप से उच्च गलनांक (melting point) होता है जो कि प्रायः 200°C से ऊपर होता है। ये जल के प्रति लगाव दर्शाते हैं तथा अन्य अध्रुवीय विलायकों की तुलना में जल में शीघ्रता से घुल जाते हैं। क्रिस्टलीय रूप में तथा उदासीन जलीय रूप में अमीनो अम्ल द्विध्रुवीय आयन (dipolar ion) या ज्विटर आयन (Zwitter ion) के रूप में पाये जाते हैं (चित्र 3.10)। क्रिस्टलीय ज्विटर आयनिक अमीनो अम्ल को जब जल में घोला जाता है तो यह अम्लीय तथा क्षारीय दोनों गुणों को दर्शाता है। अतः यह उभयधर्मी आयन (Amphoteric ion) जैसा कार्य करते हैं तथा इन्हें उभयधर्मी विद्युत अपघट्य (ampholytes) कहते हैं। कुछ विशिष्ट pH पर अमीनो अम्लों में कोई भी नेट विद्युत आवेश नहीं होता है। इस pH को समविभव बिन्दु (isoelectric point) कहते हैं। इस pH पर अणु विद्युत क्षेत्र के प्रति संचालन नहीं दर्शाते हैं। समविभव pH को pHi कहते हैं। अम्ल का α–कार्बोक्सिलिक एलिफेटिक अम्ल (जैसे एसिटिक अम्ल) के कार्बोक्सिलिक समूह की तुलना में ज्यादा अम्लीय होते हैं। जबकि मोनो अमीनो मोनो

कार्बोक्सिलिक अम्लों का α–अमीनो समूह एलिफेटिक अमीन के अमीनो समूह की तुलना में निर्बल क्षारक है।

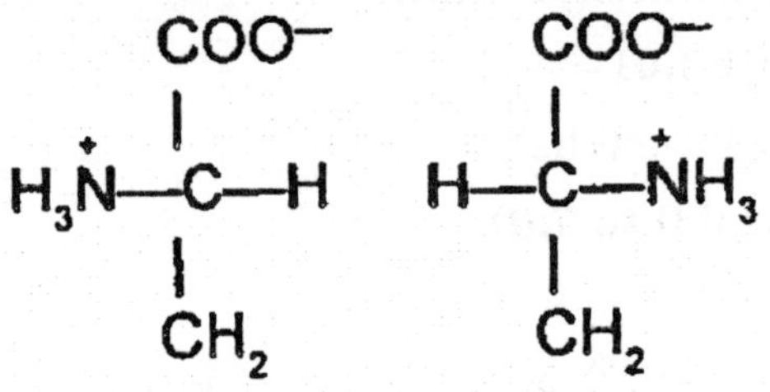

COO^-	COO^-	$COOH$	COO
$H_3\overset{+}{N}—C—H$	$H—C—\overset{+}{N}H_3$	$H_2N—C—H$	$H_3\overset{+}{N}—C—H$
CH_2	CH_2	R	R
L - Alanine	D - Alanine	Nonionic form	Zwitterionic form

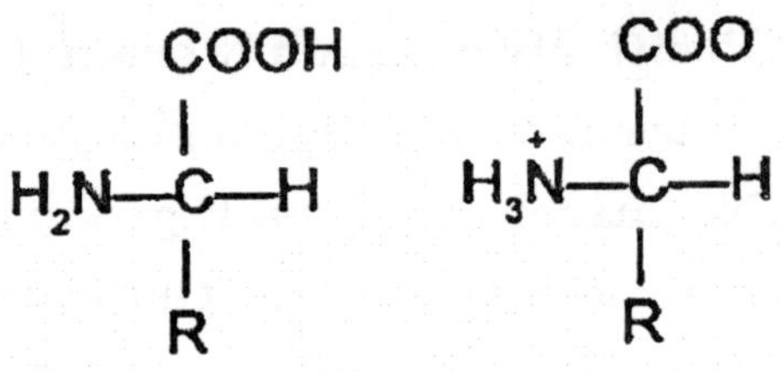

Fig. 3.9. Stereoisomerism in amino acid (Alanine) **Fig. 3.10.** Nonionic and Zwitterionic forms of Amino Acid

अमीनो अम्ल अल्कोहल से मिलकर ईस्टर बनाते हैं। विकार्बोक्सिलेशन में ये अमीन तथा एमाइड बनाते हैं। अमीनो अम्ल में ये लक्षण कार्बोक्सिलिक अम्ल अपशेष की उपस्थिति के कारण पाये जाते हैं।

अमीनो अम्ल में एक अमीनो समूह होता है, इस समूह की उपस्थिति के कारण अमीनो अम्ल अकार्बनिक खनिज अम्ल (mineral acid) बनाते हैं, एसिल एनहाइड्राइड या एसिल हेलाइड की अभिक्रिया से एसिल व्युत्पन्न बनते हैं। अमीनो समूह के ऑक्सीकरण से इमीनो समूह बनते हैं, जो जल से अभिक्रिया करके NH_2 तथा α-कीटो अम्ल प्रदान करता है। फार्मेल्डीहाइड-NH_2 समूह से अभिक्रिया करके मिथलीन यौगिक बनाते हैं। अमीनो अम्ल निनहायड्रिन, मिलॉन्स टेस्ट, साकागुची टेस्ट, हॉपकिन कोलूस टेस्ट तथा विशिष्ट रंग देते हैं।

NH_2 तथा COOH समूहों की उपस्थिति के कारण अमीनो अम्ल गुरू धातु तथा अन्य आयन (Cu^{++}, Co^{++}, Mn^{++} तथा Ca^{++}) से कुलीर समन्वय संकुल (chelated coordination complex) बनाते हैं।

Biochemistry of Proteins

प्रोटीन अत्याधिक महत्वपूर्ण जैव अणु होते हैं। प्रोटीन कार्बन, हाइड्रोजन, नाइट्रोजन तथा ऑक्सीजन के बने होते हैं, कुछ में सल्फर पाया जाता है। प्रोटीन के अम्लीय जल अपघटन से α-अमीनो अपशेष मिलते हैं। अमीनो अम्ल सहसंयोजी आबंध (पेप्टाइड आबंध) से जुड़कर लम्बी, अशाखित श्रृंखलायें बनाते हैं। एक प्ररूपी कोशिका में हजारों प्रकार के विभिन्न प्रोटीन पाये जाते हैं। ये विभिन्न महत्वपूर्ण जैविक कार्यों को करते हैं इनका सबसे महत्वपूर्ण कार्य एन्जाइम के समान क्रिया करना है। इसके अतिरिक्त ये संवाहक प्रोटीन (transport protein), पोषक तथा संचय प्रोटीन, संकुचन अथवा गतिशील प्रोटीन, संरचनात्मक प्रोटीन, नियामक प्रोटीन के रूप में भी कार्य करते हैं।

प्रोटीन सरल अथवा संयुग्मी प्रकार के होते हैं। जलीय अपघटन पर सरल प्रोटीन से सिर्फ अमीनो अम्ल प्राप्त होते हैं जबकि संयुग्मी प्रोटीन में अमीनो अम्ल के अतिरिक्त कार्बनिक अथवा अकार्बनिक घटक भी मिलते हैं। संयुग्मी प्रोटीन का गैर अमीनो अम्ल भाग को प्रॉस्थेटिक समूह कहते हैं। कार्बोहाइड्रेट युक्त संयुग्मी प्रोटीन को ग्लायकोप्रोटीन, लिपिडयुक्त संयुग्मी प्रोटीन को लाइपोप्रोटीन तथा न्यूक्लिक अम्ल संयुग्मी प्रोटीन को न्यूक्लियो प्रोटीन कहते हैं। फॉस्फोप्रोटीन का प्रॉस्थेटिक समूह फॉस्फोरिक अम्ल कार्बनिक फॉस्फेट के रूप में होता है, परन्तु यह फॉस्फेट युक्त पदार्थ जैसे न्यूक्लिक अम्ल तथा फॉस्फोलिपिड के रूप में नहीं होता है। रंगीन (वर्णक युक्त) प्रोटीन को क्रोमोप्रोटीन कहते हैं।

सरल अथवा संयुग्मी प्रोटीन से बने प्रोटीन उत्पाद व्युत्पन्न प्रोटीन होते हैं। विकृतीकृत प्रोटीन (denatured protein) या स्कंदित प्रोटीन (co-agulated protein) प्राथमिक प्रोटीन से व्युत्पन्न हैं। इनमें कुछ लक्षणों में भिन्नता होती है जैसे विलेयता, अवक्षेपण तथा क्रिस्टलीकरण। प्रोटीन के पेप्टाईड आबंध के क्रमिक जलीय अपघटन से द्वितीयक व्युत्पन्न प्रोटीन जिन्हें समान्यतः प्रोटियो, पेप्टोन्स तथा पेप्टाइड्स कहते हैं। ये अमीनों अम्ल के घटकों तथा आमाप में जटिलता दर्शाते हैं।

प्रोटीन संरूपण (Protein conformation)

यह प्रोटीन के संरचनात्मक अवस्था को कहा जाता है जिसमें किसी भी सहसंयोजी आबंध को बिना तोड़े अन्य संरचनात्मक अवस्था में अन्तर रूपांतरित हो जाते हैं। प्रोटीन को उनके कार्यात्मक संरूपण में प्राकृत प्रोटीन (native protein) कहते हैं। प्राकृत प्रोटीन का अभिलाक्षणिक त्रिविम आकार होता है। प्रोटीन का संरूपण रेशेदार अथवा गोलीय होता है। रेशेदार प्रोटीन की श्रृंखलायें एक अक्ष पर विन्यसित या कुण्डलित होती है जिससे लम्बे रेशे या शीट बनते हैं। प्रोटीन अणु की लम्बाई चौड़ाई का अक्षीय अनुपात 10 से अधिक होता है। रेशेदार प्रोटीन भौतिक रूप से दृढ़ होते हें तथा जल अथवा तनु लवण घोल में अघुलनशील होते हैं। गोलीय प्रोटीन में पॉलीपेप्टाइड श्रृंखलायें दृढ़ता से वलित होती हैं तथा संगठित गोलाकार या गोलीय आकार के होते हैं। इन प्रोटीन को लम्बाई चौड़ाई का अक्षीय अनुपात 10 से कम होता है।

प्रोटीन संरचना

प्रोटीन की रचना जटिल होती है। इनका आणविक भार ज्यादा होता है। सरलतम् प्रोटीन पॉलीपेप्टाइड की सीधी श्रृंखला का होता है परन्तु अधिकांश प्रोटीन में वलय होते हैं। प्रोटीन में कुछ बंध, श्रृंखलाओं की कुण्डली, इन कुण्डलियों में वलय तथा इन वलित कुण्डलियों का समुच्चय होता है। प्रोटीन की संरचना का अध्ययन चार स्तर में प्राथमिक, द्वितीयक, तृतीयक तथा चतुष्क संरचना के रूप में किया जाता है।

प्राथमिक संरचना

यह प्रोटीन में पेप्टाईड आबंध से जुड़े अमीनो अम्ल का अनुक्रम तथा डायसल्फाइड आबंध के स्थान का उल्लेख करता है। सीधी श्रृंखला में श्रृंखला के बायें छोर पर उपस्थित

अमीनों अम्ल पर मुक्त अमीनो समूह होता है अतः इसे N-शीर्षस्थ सिरा (N-terminal end) कहते हैं। श्रृंखला के दाहिने सिरे पर मुक्त कार्बोक्सिल समूह होता है अतः इसे C-शीर्षस्थ सिरा (C-terminal end) कहते हैं। एक प्रोटीन में शाखित पॉलीपेप्टाइड श्रृंखला हो सकती है। शाखायें डाईसल्फाइड आबंध (ये आबंध सल्फर युक्त अमीनो अम्ल से बनते हैं) की उपस्थिति अथवा दो कार्बोक्सिल समूह युक्त अमीनो अम्ल की (ग्लूटामिक अम्ल तथा एस्पारटिक अम्ल) अथवा ऐसे अमीनो अम्ल जिनमें दो अमीनो समूह हों (लायसीन, आर्जनीन) की उपस्थिति के कारण होते हैं। कुछ चक्रीय प्रोटीन में C-शीर्षस्थ तथा N-शीर्षस्थ सिरे मुक्त नहीं होते हैं। कुछ प्रोटीन में एक से अधिक श्रृंखलायें पाई जाती हैं। इन श्रृंखलाओं में अमीनो अम्ल की मात्रा तथा अनुक्रम समान या निल हो सकता है। यदि प्रोटीन में एक से अधिक श्रृंखलायें हों तो श्रृंखलाओं की संख्या को α, β, γ तथा δ नाम दिया जाता है।

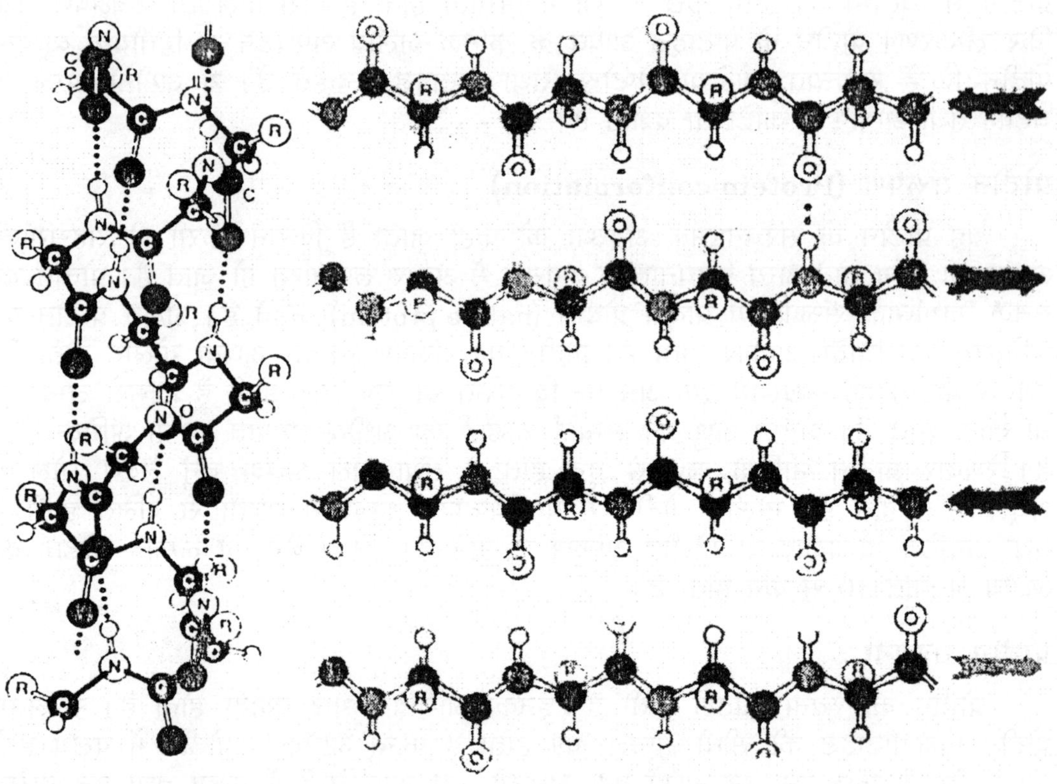

Fig. 3.11. Hydrogen bounds in a polypeptide chain with helical conformation

Fig. 3.12. The β-pleated sheet

1951 में Linus Pauling तथा Robert Covey ने प्रोटीन के द्वितीयक संरचना पर भविष्य कथन प्रस्तुत किया था। द्वितीयक संरचना का तात्पर्य प्रोटीन में वलित या कुण्डलित

होने से बनी संरचनायें हैं। यह वलन सर्पिल कुण्डलित, टेढ़ा मेढ़ा, रेखिक अथवा मिश्रित रूप में हो सकता है। द्वितीयक संरचना के कारण ही प्रोटीन में रेशेदार अथवा गोलीय संरूपण होता है। अमीनो अम्ल तथा कुछ सरल डाईपेप्टाइड एवं ट्राईपेप्टाइड के ऐक्स. किरण विवर्तन (X-ray differaction) अध्ययन से स्पष्ट होता है कि पेप्टाइड का एमाइड C-N आबद्ध सरल अमीन के C-N आबंध से छोटा होता है। कार्बोक्सिल ऑक्सीजन तथा एमाइड नाइट्रोजन के दो जोड़े इलेक्ट्रॉनों के बीच अनुनाद (resonance) अथवा आंशिक साझेदार होती है। नाइट्रोजन तथा ऑक्सीजन में क्रमशः आंशिक धनात्मक तथा ऋणात्मक आवेश होने के कारण विद्युत द्विध्रुव स्थापित हो जाता है। कार्बोनिल समूह के ऑक्सीजन परमाणु तथा एमाइड नाइट्रोजन के हाइड्रोजन परमाणु एक दूसरे के ट्रांस होते हैं। N-C_α तथा C_α-C आबंध के बीच घूर्णन होता है। घूर्णन के फलस्वरूप आबंध कोण निर्मित हो जाता है। N-C_α तथा C_α-C आबध के घूर्णन के फलस्वरूप निर्मित आबंध कोण को क्रमशः ϕ (µhi) तथा (ψ psi) कहा जाता है। ϕ तथा ψ का मान –180 तथा +180°C के बीच होता है। **The α Helix Ashbury** ने दर्शाया केश तथा ऊन के प्रोटीन की संरचना आयताकार होती है जिसमें प्रत्येक 0.54 nm पर पुर्नावृत्ति होती है। α–Helix में अमीनो अम्ल अपशेष का संरूपण $\phi = 60°$ तथा $\psi = -42°$ से 50° के बीच होता है। प्रत्येक कुंडलिनी घूर्णन में 3.6 अमीनों अम्ल सम्मिलित होते हैं। Pauling and Corey ने मॉडल प्रस्तावित किया जिसमें एक अक्ष पर पॉलीपेप्टाईड श्रृंखला के अवलंब का विन्यास कुण्डलिनी कुण्डली में होता है जिसके प्रत्येक घूर्णन में लगभग 3.6 अमीनो अम्ल अपशेष होते हैं। अमीनो अम्ल का R समूह आवलम्ब के कुछ दृढ़ कुण्डली के बाहर की ओर उभरा रहता है। कुण्डली एक पूर्ण (आवृत्ति इकाई) लम्बे अक्ष के लगभग 0.54nm (5.4 Å) तक फैला रहता है। कुण्डली हाइड्रोजन आबंध के कारण स्थाई होता है। कुण्डली में यह हाइड्रोजन आबंध कुण्डली में प्रत्येक पेप्टाइड बंधता के विद्युत ऋणात्मक नाइट्रोजन परमाणु से जुड़े हाइड्रोजन परमाणु तथा अमीनो शीर्षस्थ पर चौथे अमीनों अम्ल के विद्युत ऋणात्मक कार्बोनिल ऑक्सीजन परमाणु के बीच बनता है (चित्र 3.11)। अंतः कुण्डलिनी के सतत् कुण्डलियों के बीच अंत श्रृंखला (intra chain) हाइड्रोजन आबंध उपस्थित होते हैं। ये कुण्डलिनी के लम्बे अक्ष के समानांतर पाये जाते हैं। α–helix का स्थाइत्व पाँच कारकों द्वारा प्रभावित होता है जो कि (1) आवेशित R समूहों वाले अमीनो अम्ल के बीच विद्युत् स्थैतिक आकर्षण या विकर्षण, (2) निकटवर्ती R समूह का अम्बार या राशि, (3) अमीनो अम्ल के पार्श्व श्रृंखला के बीच पारस्परिक अर्न्तक्रिया, (4) Pro अपशेष का पाया जाना, तथा (5) कुण्डलिनी के सिरे पर अमीनों अम्लों के बीच पारस्परिक क्रिया। अमीनो अम्ल पार्श्व श्रृंखलाओं के बीच होने वाले अतिरिक्त पारस्परिक क्रियाओं से इसे स्थायित्व या अस्थायित्व प्राप्त होता है। अम्बार राशि तथा कुछ R समूह भी α–helix को अस्थिर भी कर सकते हैं। यह α–helix के निर्मित होने को रोक सकते हैं। सामान्य रूप में धनात्मक तथा ऋणात्मक आवेशित अमीनों अम्ल तीन (तथा कभी कभी चार) अमीनों अम्ल के अपशेष की दूरी पर होते हैं। इस प्रकार के अमीनो अम्लों के बीच पारस्परिक क्रिया से α–helix को व्यावर्त प्रदान करते हैं। प्रोलीन अमीनो अम्ल का नाइट्रोजन परमाणु अनम्य चक्र में होता है तथा N-C_α आबंध पर घूर्णन असम्भव हो जाता है। पेप्टाइड बंधता में इस अमीनों अम्ल का नाइट्रोजन अन्य अपशेष से हाइड्रोजन आबंध बनाने हेतु प्रतिस्थापी हाइड्रोजन

उपलब्ध नहीं करवा पाता है। प्रोलीन के इन गुणों के फलस्वरूप α–helix के निर्मित होने में लघु प्रतिबंध होता है। कुण्डलिनी के सिरे पर अमीनो शीर्षस्थ के अमीनों तथा कार्बोक्सिल शीर्षस्थ के कार्बोनिल समूह में क्रमशः धनात्मक तथा ऋणात्मक आवेश के कारण कुण्डलिनी के सिरे पर द्विध्रुवीय आवेश होता है। प्रत्येक पेप्टाइड आबंध में विद्युत द्विध्रुवीय आवेश कुण्डलिनी के आर पार हाइड्रोजन आबंध को बढ़ा देता है। इस द्विध्रुवीय आवेश का प्रभाव यह होता है कि जैसे जैसे कुण्डलिनी की लम्बाई में वृद्धि होती है नेट द्विध्रुवीय में बढ़ोतरी हो जाती है। कुण्डलिनी के दोनों शीर्षों के चारों अमीनो अम्ल कुण्डली हाइड्रोजन आबंध में पूरी तरह भाग नहीं लेते हैं।

The β - Pleated Sheath: Pauling and Corey ने देखा कि फिब्रोइन का आवलम्ब टेढ़ा–मेढ़ा होता है। इस प्रकार की पॉलीपेप्टाईड श्रृंखलायें एक दूसरे के पार्श्व में होती हैं। जो प्लीट सदृश्य संरचना बनाते हैं। यह α–helix का β–helix में संक्रमण है तथा इसे β– संरूपण कहते हैं। इसमें सम्मिलित बंधता अथवा आबंध को डाईसल्फाइड आबंध कहते हैं। दो सिस्टीन अपशेष जो एक ही श्रृंखला में अथवा अलग–अलग श्रृंखलाओं में उपस्थित हो सकते उनके बीच डाईसल्फाइड (S-S) आबंध निर्मित होता है। डाइसल्फाइड आबंध के अतिरिक्त कुछ असहसंयोजी आबंध जैसे हाइड्रोजन आबंध भी निर्मित होते हैं। β–संरूपण के पार्श्व में पाये जाने वाले पॉलीपेप्टाइड श्रृंखलायें आपस में अंर्तश्रृंखला अथवा अंतःश्रृंखला हाइड्रोजन आबंध द्वारा तिर्यक बंधन से जुड़े रहते हैं। **β–pleated sheet** में निकटवर्ती पॉलीपेप्टाइड श्रृंखलायें या तो समानांतर या प्रतिसमानान्तर हो सकती हैं।

The Tertiary Structure — यह प्रोटीन के सभी परमाणुओं का त्रिविमीय विन्यास है। Christian Anfinsen के अनुसार प्रोटीन के पॉलीपेप्टाइड श्रृंखला के अमीनो अम्ल अनुक्रम में वे सभी जानकारियाँ उपलब्ध होती हैं जो श्रृंखला को उसके स्वाभाविक तृतीयक संरचना में वलन के लिये आवश्यक होते हैं। वे अमीनों अम्ल जो पॉलीपेप्टाइड अनुक्रम में दूरी पर होते हैं तथा विभिन्न प्रकार के द्वितीयक संरचना में पाये जाते हैं, जब प्रोटीन में वलन होता है तो ये पारस्परिक क्रिया करते हैं। अमीनो अम्लों के पारस्परिक क्रिया के लिये जिम्मेवार आबंध जलविरागी पारस्परिक क्रियायें होती हैं, जो प्रायः अमीनो अम्ल (जैसे – एलानीन, ल्यूसीन, मेथियोनीन, आइसोल्यूसीन तथा फिलिनएलानीन) के गैर ध्रुवीय पार्श्व श्रृंखलाओं में पाये जाते हैं। हाइड्रोजन आबंध प्रायः अमीनो अम्ल के पार्श्व श्रृंखलाओं द्वारा बनते हैं। आयनी तथा वैद्युत स्थैतिक पारस्परिक आबंध विपरीत आवेश के ध्रुवीय पार्श्व श्रृंखलाओं के अमीनो अम्ल (जैसे क्षारिक तथा अम्लीय) के बीच निर्मित होते हैं। वॉन्डरवॉल बल अध्रुवीय पार्श्व श्रृंखलाओं तथा डाईसल्फाइड आबंध के बीच पाये जाते हैं। तृतीयक स्तर का विन्यास प्रायः गोलीय प्रोटीन (globular protein) में होता है। कुण्डलिनी तथा व्यावर्त संरचनाओं में और भी वलन होता है जिससे गोलीय, दीर्घवृत्तीय (ellipso-idal) आकार बनते हैं। कुछ प्रयोग जो यह दर्शाते हैं कि कुछ प्रोटीन का विकृतिकरण (denaturation) प्रतिवर्ती होता है इन साक्ष्यों से प्रदर्शित होता है कि गोलीय प्रोटीन की तृतीयक संरचना उनके अमीनो अम्ल अनुक्रम द्वारा निर्धारित की जाती है। राइबोन्यूक्लियेस का विकृतिकरण तथा डिनेच्यूरेशन का विशिष्ट उदाहरण है। विभिन्न प्रजातियों से प्राप्त **cytochrome C** के अमीनो अम्ल यह दर्शाता है कि कुछ स्थानों पर अमीनो अम्ल अनुक्रम

एक समान होता है तथा अन्य स्थानों पर विविधता होती है। समजात प्रोटीनों में इस प्रकार के अनेक समान अमीनो अम्ल अपशेष पॉलीपेप्टाइड श्रृंखला पर किसी क्रान्तिक बिन्दु (critical point) पर पाये जाते हैं। ये अमीनो अम्ल श्रृंखलाओं के घुमाव या मोड़ पर या उसके समीप पाये जाते हैं। गोलीय प्रोटीन का स्वाभाविक तृतीयक संरूपण पॉलीपेप्टाइड श्रृंखला का ऊष्मागतिकी रूप में सबसे स्थाई होता है। तथापि, इस संरूपण को पूर्णतः दृढ़ नहीं माना जा सकता है। मायोग्लोबिन एक छोटा गोलीय प्रोटीन है। यह मांसपेशी कोशिकाओं का ऑक्सीजन बंधन करने वाला प्रोटीन है। **1950** के दशक में **J.C.** Kendrew तथा उनके सहयोगियों ने स्पर्म व्हेल मायोग्लोबिन की ऐक्स–किरण का अध्ययन किया। प्रोटीन संरूपण आठ आपेक्षित रूप से सीधे खण्डों का आवलम्ब के रूप में होते हैं, जिनके मोड़ पर प्रतितुलन (set off) होता है। प्रत्येक सीधा खण्ड कुण्डलिनी की लम्बाई है जो सबसे लम्बी 23 अमीनों अम्लों की तथा सबसे छोटी 7 अमीनो अम्लों की हो सकती है; सभी दक्षिणावर्ती (right handed) होते हैं। अमीनो अम्ल की पार्श्व श्रृंखलायें एक संरचना को दर्शाते हैं जिसका स्थायित्व जलविरागी पारस्परिक क्रियाओं से उत्पन्न होता है। अमीनो अम्ल के ध्रुवीय समूह अणु के बाहरी पृष्ठ पर पाये जाते हैं तथा जलयोजित (hydrated) होते हैं। अध्रुवीय R समूह अणु के अन्दर की ओर पाये जाते हैं। प्रोलीन अपशेष सिर मोड़ पर पाये जाते हैं। तृतीयक संरचना के मुख्य चार तरीके होते हैं। पहले प्रकार (α/β barrel) आठ β रज्जुकों (strands) का बना होता हे जो एक चक्र में जमे होते हैं। इसके प्रत्येक रज्जुक अपने पड़ोसी से α–helix से जुड़ा रहता है। प्रदेश भाग बेरल संरचना व्यवस्थित रहती है। दूसरे प्रकार में चार कुण्डलिनी बंडल होते हैं। कुण्डलिनी हल्के से झुके होकर मध्य में एक पॉकेट बनाते हैं। ये पॉकेट धातुओं अथवा अन्य सहकारकों जो जैविक क्रियाओं के लिये आवश्यक हो के बंधन हेतु उपयोग में आते हैं। α–helix तीन पेप्टाइड लूप से जुड़े रहते हैं। तीसरे प्रकार के संरूपण मोटिफ को सेड्ल संरूपण (Saddle conformation) कहते हैं, जो एक स्थाई कोर बनाते हैं जिसके चारों ओर अनेक α–helical भाग घेरे रह सकते हैं। ये संरचनायें अनेक एन्जाइम में सामान्य रूप से पाये जाते हैं। चौथा प्रकार β–शीट का सेंडविच है। इसके परत इस प्रकार होती हैं कि शीट के रज्जुक को ऊपर से देखने पर रजाई के समान क्रॉस–हेचिंग निर्मित करती हुई लगती हैं। कुछ प्रोटीन में दो या अधिक पृथक पॉलीपेप्टाइड श्रृंखलायें या 3 इकाइयाँ होती हैं, जिनकी संरचना एक समान या भिन्न हो सकती है। दो या अधिक पेप्टाइड श्रृंखलायें आपस में गैर सहसंयोजी पारस्परिक क्रिया या सहसंयोजी क्रॉस बंधन से जुड़कर quaternary structure बनाते हैं। कुछ प्रोटीन अणु द्वितीयक या तृतीयक संरचनाओं की उपइकाईयों के बहुलीकरण से बने होते हैं। इस समुच्य को ऑलीगोमर कहा जा सकता है, तथा प्रत्येक संघठक पॉलीपेप्टाइड श्रृंखला को मोनोमर या उपइकाई कहा जाता है। उपइकाईयों के बीच पारस्परिक क्रियाओं का स्थायित्व तथा निर्देशन उन्हीं बलों द्वारा होता है, जो तृतीयक संरचना बनाते हैं। बहुलीकृत प्रोटीन सही तरीके की कार्यात्मक सक्रियता दर्शाता है। ये उपइकाईयाँ समान या असमान हो सकती हैं। उपइकाईयों का समुच्य गैर सहसंयोजी बलों द्वारा स्थाई होता है। अनेक एन्जाइम की चतुष्क (quaternary) संरचना होती है। *E. coli* का RNA polymerase, Asparatate transcarbomutase, haemoglobin बहुउपइकाई वाले प्रोटीन हैं जिनकी चतुष्क संरचना होती है। यह एन्जाइम अणु हेतु आश्रय विशिष्टता (substrate specificity) भी बनाते हैं। अनेक बहुउपइकाई प्रोटीन नियामक कार्यों को करते हैं।

कुछ कठोर उपचार जैसे ऊष्मन, अम्लों, क्षारों, लवणों, अल्कोहल, एसीटोन तथा अन्य कार्बनिक विलयनों के उपचार के फलस्वरूप प्रोटीन में विकृतिकरण हो जाता है। प्रोटीन में गैर सहसंयोजी आबंध के कारण हुई विकृतिकरण के परिणामस्वरूप द्वितीयक, तृतीयक तथा जहाँ कहीं उचित हो विन्यास में वृहत् विघटन हो जाता है। हांलाकि प्राथमिक संरचना अप्रभावित होती है। विकृतिकरण में जलीय अपघटन नहीं होता है। प्रायः विकृतिकरण अप्रतिवर्ती परिघटना है। विकृतिकरण के बाद की अवस्था में प्रोटीन अवक्षेपित हो जाते हैं तथा इस अवस्था को स्कंदक (coagulation) कहते हैं। विकृतिकरण से प्रोटीन के प्राकृतिक गुणों में हानि हो जाती है। जैसे – विलेयता में हानि, घोल की श्यानता (viscocity) में वृद्धि विसरण की दर कम हो जाती है।

BIOCHEMISTRY OF LIPIDS

लिपिड गैर ध्रुवीय जैविक अणुओं का समूह है। इनमें एक मात्र सामान्य लक्षण यह है कि ये कार्बनिक विलयनों में (जैसे– क्लोरोफार्म या बेन्जीन) में घुल जाते हैं तथा ये जल में घुलने में असक्षम होते हैं। यह लक्षण अनेक विविध जैविक कार्यों को सम्पन्न करवाने को स्पष्ट करता है। कोशिका में महत्वपूर्ण कार्यों को करने वाले लिपिड में वसा, स्टेरॉयड तथा फॉस्फोलिपिड सम्मिलित होते हैं।

Fats

यह ग्लिसेरॉल अणु का बना होता है जिसमें तीन वसीय अम्ल एस्टर आबंध से जुड़े रहते हैं। इस संयुक्त अणु को ट्राईएसिल ग्लिसेरॉल कहते हैं। वसीय अम्ल लम्बे अशाखित हाइड्रोकार्बन श्रृंखलायें हैं जिसके सिरे पर कार्बोक्सिल समूह पाया जाता है। चूंकि वसीय अम्ल के दो सिरों की संरचना भिन्न होती है अतः इनके लक्षण भी भिन्न होते हैं। हाइड्रोकार्बन श्रृंखला जलविरागी होती है, जबकि कार्बोक्सिल समूह (-COOH) जिस पर कार्यिकी pH पर ऋणात्मक आवेश होता है, जलरागी (hydrophil) होता है। दोनों जलविरागी तथा जलरागी भागों वाले अणुओं को उभयस्नेही (amphipathic) कहते हैं, इन अणुओं में असमान्य तथा जैविक महत्व के लक्षण होते हैं।

वसीय अम्ल एक दूसरे से हाइड्रोकार्बन श्रृंखला की लम्बाई तथा द्विआबंध की उपस्थिति या अनुपस्थिति के कारण भिन्न होते हैं। कोशिका में उपस्थित वसीय अम्ल प्रारूपी लम्बाई 14 से 20 कार्बन की होती है। वसीय अम्ल जिनमें द्विआबंध अनुपस्थित होते हैं, उन्हें संतृप्त कहते हैं जैसे – स्टीयेरिक अम्ल द्विआबंध वाले वसीय अम्ल को असंतृप्त कहते हैं तथा उनकी असंतृप्तता की डिग्री (द्विआबंध की संख्या), का महत्वपूर्ण परिणाम होता है। cis-विन्यास के द्विआबंध वसीय अम्ल H श्रृंखला में ऐंठ उत्पन्न कर देते हैं।

ट्राईस्टीएरेट, जिनके वसीय अम्ल में द्विआबंध अनुपस्थित होते हैं, प्राणी वसा का एक महत्वपूर्ण घटक है तथा कमरे के तापक्रम के ऊपर भी ठोस अवस्था में रहता है। इसके विपरीत वनस्पति वसा में द्विआबंध के आधिक्य से तरल अवस्था में होते हैं। इन्हें "बहुअसंतृप्त" (Polyunsaturated) कहते हैं। कमरे के तापक्रम पर तरल वसा को तेल (oil) कहते हैं।

वनस्पति तेल को रासायनिक प्रक्रिया से द्विआबंध को हाइड्रोजन परमाणु द्वारा अपचयन किये जाने को हाइड्रोजिनेशन (hydrogenation) कहते हैं तथा इससे ठोस चरबी जैसे मार्गेरीन (margarine) निर्मित होती हैं। वसा के एक अणु में तीन एक समान वसीय अम्ल होते हैं अथवा मिश्रित वसा में एक से अधिक प्रकार के वसीय अम्ल होते हैं। अधिकांश प्राकृतिक वसा जैसे Olive oil या Butter fats विभिन्न प्रकार के वसीय अम्ल के मिश्रण के अणु होते हैं।

वसा में रसायनिक ऊर्जा बहुत प्रचुर होती है, एक ग्राम वसा में ऊर्जा एक ग्राम कार्बोहाइड्रेट की ऊर्जा से लगभग दो गुनी होती है।

Steroids

ये विशिष्ट चार चक्रीय हाइड्रोकार्बन के ढांचे के चारों ओर बने होते हैं। Cholesterol एक महत्वपूर्ण steroid है।

Phospholipids

एक सामान्य फॉस्फोलिपिड की संरचना में वसा के एक अणु (triglycerol) के सदृश्य होते हैं परन्तु इसमें दो स्थान पर सिर्फ दो वसीय अम्ल श्रृंखलायें होती हैं, ये डाईएसिल ग्लिसेरॉल (diacylglycerol) होते हैं। ग्लिसेरॉल आवलम्ब का तीसरा हाइड्रॉक्सिल समूह सहसंयोजी आबंध द्वारा फॉस्फेट समूह से बंधित होता है। यह बाद में छोटे ध्रुवण समूह (जैसे – Cholive) से बंधित होते हैं। फॉस्फोलिपिड में दो सिरे होते हैं जिस पर फॉस्फेट समूह पाये जाते हैं। इसमें विशिष्ट जलरागी लक्षण होता है। दो अन्य सिरे पर दो वसीय अम्ल पुच्छ होती है जिसके कारण इनमें विशिष्ट जल विरागी लक्षण होता है।

BIOCHEMISTRY OF NUCLEIC ACID

Nucleic acid में नाइट्रोजन युक्त क्षारक, पेन्टोस शर्करा तथा फॉस्फोरिक अम्ल मायटी पाई जाती है। नाइट्रोजन युक्त क्षारक पेन्टोस शर्करा (चक्रीय शर्करा) के साथ N-α–N-glucosidic bond से जुड़कर न्यूक्लीयोसाइड बनाता है। शर्करा के हाइड्रॉक्सिल समूह के साथ फॉस्फोरिल समूहों के एस्टरीकरण न्यूक्लीयोटाइड बनते हैं। राइबोस तथा डीऑक्सीराइबोस शर्करा में मुख्य भिन्नता यह कि अवरोक्त के 2' स्थान पर ऑक्सीजन अनुपस्थित होता है।

Nitrogenous Base

न्यूक्लिक अम्ल में प्यूरीन तथा पिरमीडीन नाइट्रोजन युक्त क्षारक (चित्र 3.13) होते हैं। ये क्षारक विषम चक्रीय होते हैं जिसमें कार्बन तथा गैर कार्बन परमाणु होते हैं। ये समतल (planar) अणु हैं। पिरमिडीन (सायटोसीन, थायमीन तथा यूरेसिल) छः परमाणु तथा प्यूरीन (एडनीन एवं ग्वानीन) नौ परमाणु यौगिक हैं। नाइट्रोजन युक्त क्षारक में कीटो–इनॉल तथा अमीन–इमीनो चलावयवता (tautomerism) होती है। ये कार्यात्मक समूह अमीनो–इमीनो तथा ऑक्सो हाइड्रॉक्सी जोड़े के चलावयव मिश्रण के रूप में होते हैं। प्रोकैरेयोट तथा यूकैरेयोट दोनों में कुछ लघु तथा असमान्य क्षारक पाये जाते हैं। ये क्षारक कार्यात्मक तथा कार्यिकी रूप में महत्वपूर्ण होते हैं। 5-Methyl cytosine तथा 5-Hydroxymethyl cytosine प्राकृतिक रूप में पाये जाने वाले असमान्य पिरामिडीन हैं। जबकि, Dimethyl aminoadenine तथा 7-Methylguanine प्राकृतिक रूप में पाये जाने वाला असमान्य प्यूरीन है।

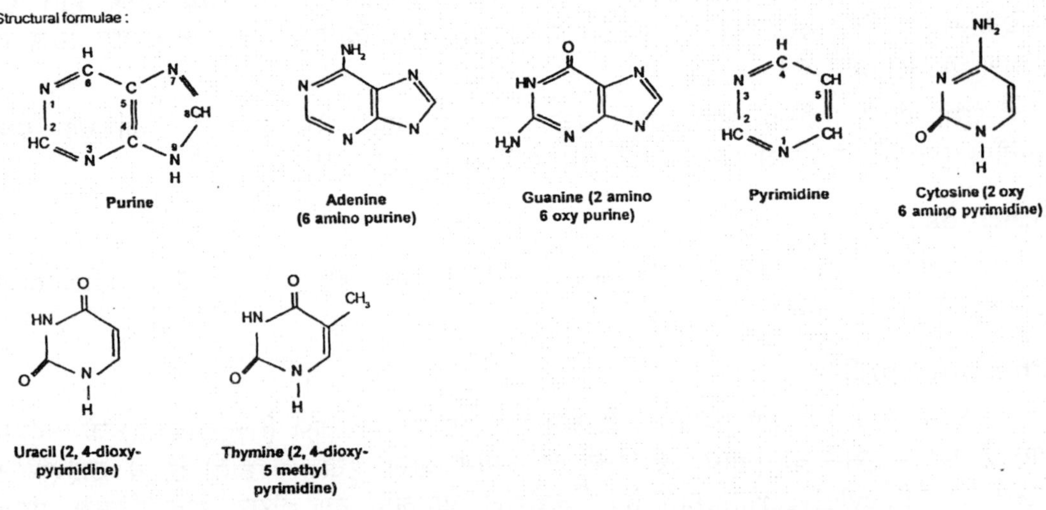

Fig. 3.13. Structures of Nitrogenous bases of Nucleic acid

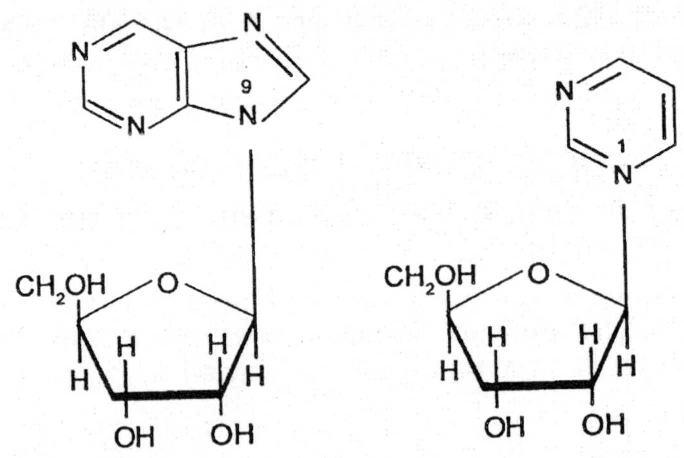

Fig. 3.14. Structure of Nucelosides

Nucleoside तथा Nucleotide

नाइट्रोजनयुक्त क्षारक तथा पेन्टोस शर्करा के सहसंयोजी N-C glycoside bond से बंधन होने पर न्यूक्लीयोसाइड बनते हैं (चित्र 3.14)। यह आबंध (β) विन्यास में होता है। पाँच नाइट्रोजनयुक्त क्षारकों के न्यूक्लीयोसाइड को एडीनोसीन (एडनीन क्षारक का न्यूक्लीयोसाइड) ग्वानोसीन (ग्वानीन क्षारक का न्यूक्लीयोसाइड), थायमडीन (थायमीन क्षारक

का न्यूक्लीयोसाइड), तथा यूरीडीन (यूरासिल का न्यूक्लीयोसाइड) होते हैं। ग्ल्याकोसाइडिक बंधन पिरिमीडीन चक्र के N_1 एवं प्यूरीन चक्र के Ng स्थान तथा पेन्टोस शर्करा के Cl स्थान पर निर्मित होता है। एक स्यूडोयूरीडीन एक असमान्य न्यूक्लीयोसाइड है जो कि यूरीडीन से इसलिये भिन्न है क्योंकि ग्ल्याकोसाइडिक आबंध यूरासीन के C तथा राइबोस में Cl स्थान के बीच होता है।

न्यूक्लीयोटाइड एकलक (monomeric) इकाई है जो पॉलीन्यूक्लीयोटाइड श्रृंखला के इमारती खण्ड के रूप में होती है। ये नाइट्रोजनयुक्त क्षारक, पेन्टोस शर्करा तथा फॉस्फोरिक अम्ल से मिलकर बनते हैं (चित्र 3.15), इसके नाइट्रोजनयुक्त क्षारक के N-ग्लायकोसाइड का फॉस्फेट एस्टर भी माना जाता है।

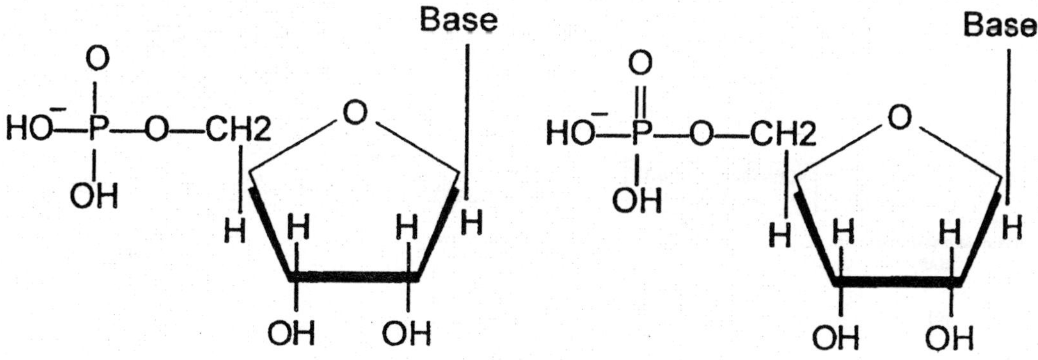

Fig. 3.15. Structures of Nucleotides

Biosynthesis of Purine Nucleotide

प्यूरीन न्यूक्लीयोटाइड का संश्लेषण तीन प्रक्रियाओं द्वारा होता है (1) एम्फीबोलिक मध्यवर्ती (synthesis denovo) द्वारा संश्लेषण, (2) प्यूरीन का फॉस्फोराइबोसिलेशन तथा (3) प्यूरीन का फॉस्फोरिलेशन।

एडीनोसीन मोनो फॉस्फेट तथा ग्वानोसीन मोनो फॉस्फेट एक सामान्य पैतृक न्यूक्लीयोटाइड, इनोसीन मोनोफॉस्फेट (IMP) द्वारा संश्लेषित होता है (चित्र 3.16 A)। IMP का संश्लेषण एम्फीबोलिक मध्यवर्ती α–D-ribose-5-phosphate (I) द्वारा रैखिक अनुक्रम में II द्वारा होता है। इस पथ के मध्यवर्ती 5-phosphoribosyl-l-pyrophosphate (PRPP) (II), 5-phospho β–D-ribosylamine (III), Glycinamide ribosyl-5-phosphate (VI), aminoimidazole ribosyl-5-phosphate (V) तथा formimidoimidazole carboxamide ribosyl-5-phosphate (XI) होते हैं। एन्जाइम IMP cyclohydrolase मध्यवर्ती (XI) के चक्र को बंद करने में सहायक होता है तथा inosine monophosphate बनाता है। यह पहला प्यूरीन न्यूक्लीयोटाइड है ।

Conversion of IMP to AMP and GMP

IMP के निर्मित होने के पश्चात्; पथ दो शाखाओं में बंट कर छोटी अभिक्रियाओं द्वारा AMP तथा GMP को निर्मित करता है (चित्र 3.16 B)। IMP से एंस्पारटेट जुड़ जाता है

तथा एडीनिलोसक्सीनेट बनाता है। एन्जाइम adenylosuccinate synthase इस अभिक्रिया को उत्प्रेरित करता है। यह अभिक्रिया ऊपरी तौर पर अभिक्रिया 8 से समानता दर्शाती है। GTP की आवश्कता होती है। एडीनोसीन 5' मोनोफॉस्फेट (AMP) से फ्यूमरेट को निर्मुक्त होने के लिये एन्जाइम adenylosuccinate उत्प्रेरित करता है जो अभिक्रिया। को उत्प्रेरित करने वाला समान एन्जाइम है। IMP को NAD^+ ऑक्सीकृत करता है इसे एन्जाइम dehydrogenase की आवश्यकता होती है तथा जेन्थोसामीन मोनोफॉस्फेट (XMP) निर्मित होता है। XMP का 6-ऑक्सी समूह ग्लूटामीन के एमाइड नाइट्रोजन द्वारा ट्रांसएमीनेटिड होता है। ट्रांसएमीनेशन अभिक्रिया 5 के समजात आगे बढ़ता है।

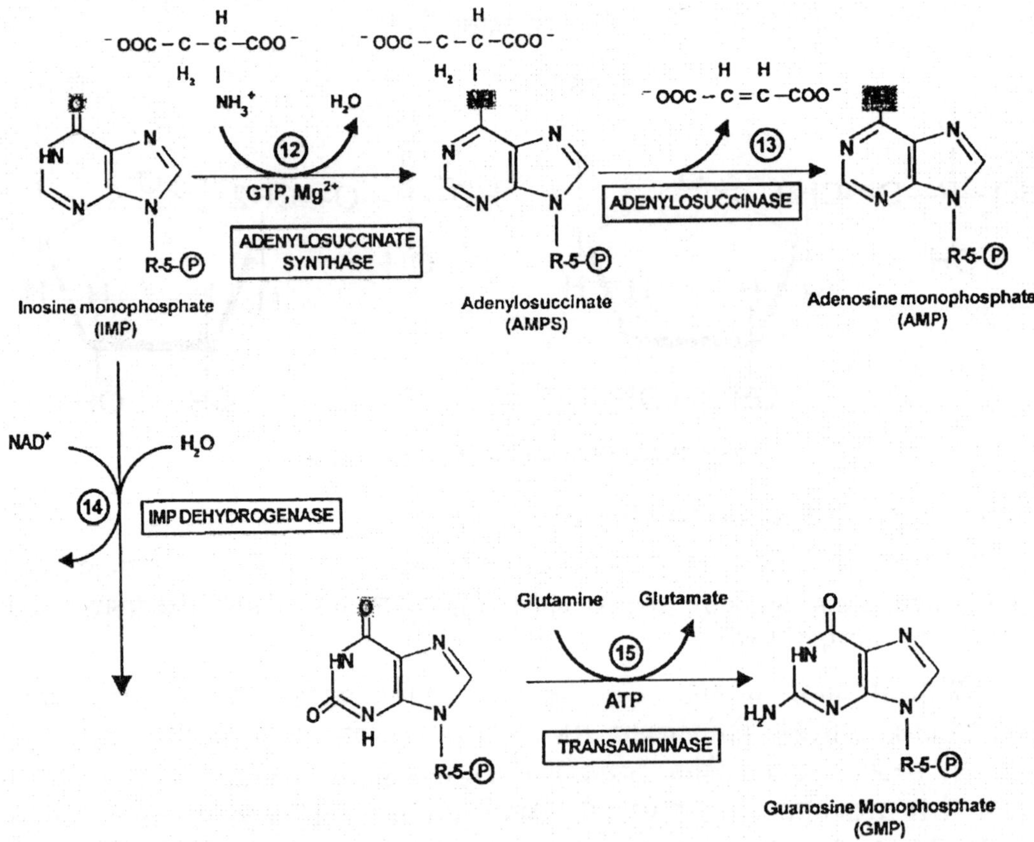

Fig. 3.16. Conversion of IMP to AMP and GMP

Synthesis of di and tri phosphate nucleotide

एन्जाइम न्यूक्लीयोसाइड मोनोफॉस्फेट काइनेस मोनोफॉस्फेट न्यूक्लीयोटाइड्स से उनके डाईफॉस्फेट न्यूक्लीयोसाइड निर्मित होने को उत्प्रेरित करता है। फॉस्फेट अर्धांश ATP द्वारा प्रदान किया जाता है। GTP पुनः ATP द्वारा फॉस्फोरिलेटेड होता है इसमें एन्जाइम nucleoside diphosphate kinase सहायता करता है। ADP ऑक्सीडेटिव फॉस्फोराइलेशन द्वारा ATP में फॉस्फोरिलेटेड हो जाता है। इसके अतिरिक्त ग्लायको–लायसिस तथा साइटिक अम्ल चक्र की अभिक्रियाओं से भी ADP से ATP निर्मित होता है।

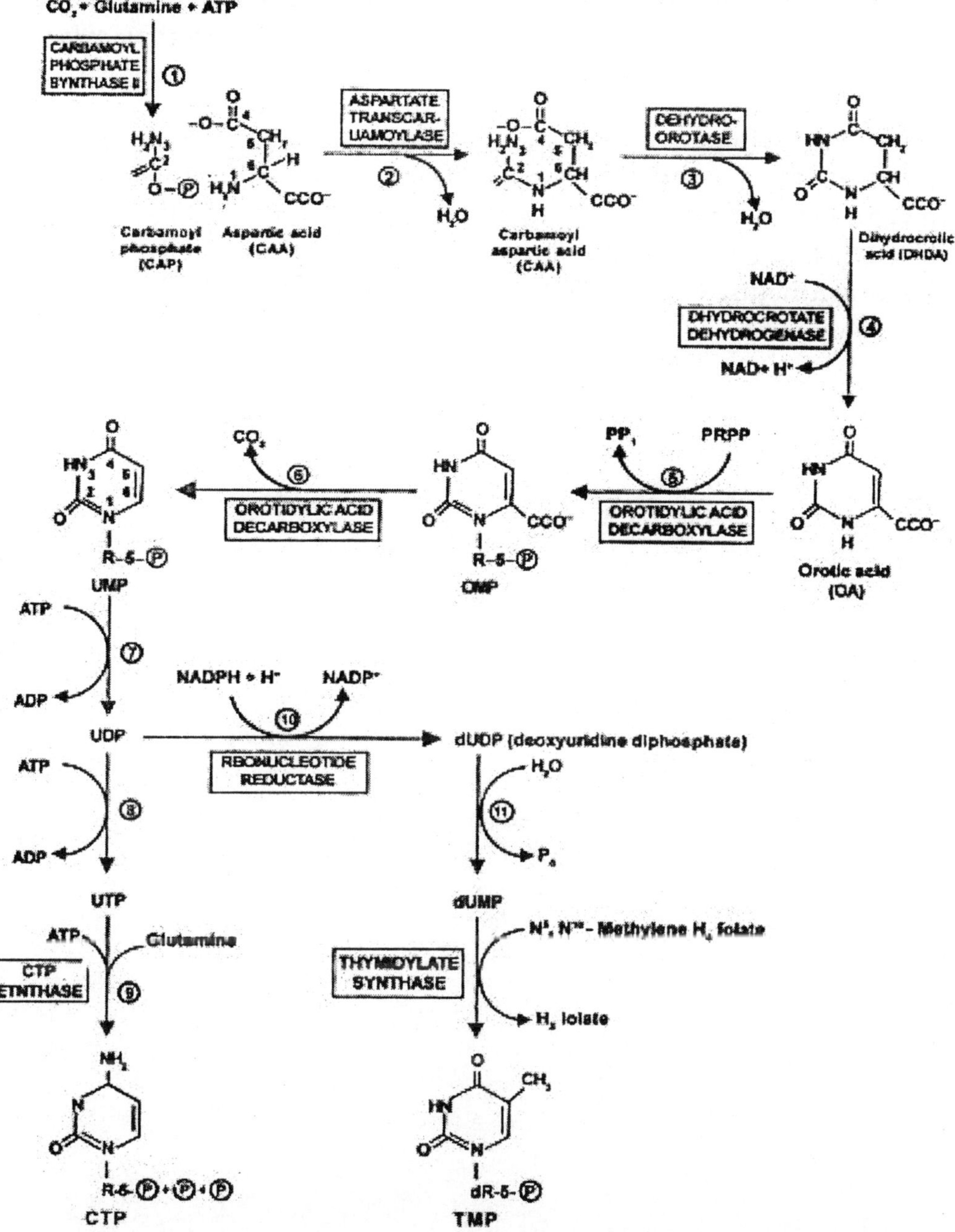

Fig. 3.17. The Biosynthetic pathway for pyrimidine nucleotides

Biosynthesis of Pyrimidine Nucleotides

पिरमीडीन न्यूक्लीयोटाइड के संश्लेषण के समय पहले छः सदस्यी पिरमीडीन चक्र बनता है (चित्र 3.17) और इसके पश्चात् यह राइबोस–5–फॉस्फेट से जुड़ जाता है। इस

प्रक्रिया में कार्बामोइल फॉस्फेट की आवश्यकता होती है। यह एस्पारटेट से अभिक्रिया करके **N-carbamoylAspartate** बनाता है। एन्जाइम **Aspartate transcarbamoylase** इस अभिक्रिया को उत्प्रेरित करता है। इस मध्यवर्ती से एन्जाइम **dihydro orotase** जल को हटा देता है तथा पिरमीडीन चक्र बंद होकर **L-dihydro orotate** बनाता है। यह यौगिक ऑक्सीकृत होकर पिरीमीडीन व्युत्पन्न **orotate** बनाता है। इस अभिक्रिया में **NAD^+** अंतिम इलेक्ट्रॉन ग्राही होता है। **PRPP** राइबोस–5–फॉस्फेट पार्श्व श्रृंखला प्रदान करता है तथा **orotidylate** का संश्लेषण होता है। अवरोक्त विकार्बोक्सिलीकृत होकर **uridylate** में परिवर्तित हो जाता है। **Uridylate** फॉस्फोरिलेट होकर **UTP** प्रदान करता है। एन्जाइम **cytidylate synthetase CTP** से **UTP** के संश्लेषण को उत्प्रेरित करता है।

अध्याय – 4

Enzyme

एन्जाइम जैवरासायनिक अभिक्रियाओं के उत्प्रेरक हैं जो आश्रय (substrate) के प्रति विशिष्टता दर्शाते हैं। ये प्रोटीन स्वभाव के होते हैं तथा कोशिका में कोलॉयड के रूप में पाये जाते हैं एवं इनका आणविक भार 12,000 से एक दशलक्ष से अधिक के बीच होता है।

1800 के आद्य में जैविक उत्प्रेरक की संकल्पना विकसित हुई। 1850 के दशक में **Loius Pasteur** ने विचार प्रस्तुत किया कि यीस्ट द्वारा शर्करा का अल्कोहल में किण्वन फरमेन्ट्स (ferments) द्वारा होता है तथा 1897 में **E. Buchner** ने यीस्ट से सार एकत्र किया अतः इसका नाम Enzyme (en in + zyme-yeast) रखा। **J.B.S. Haldane** ने एक शोध प्रबंध लिखा जिसका शीर्षक "Enzyme" रखा। 1935 में **J.J. Berzelius** ने रासायनिक उत्प्रेरण का सामान्य वाद प्रस्तुत किया तथा इसमें डायस्टेज (Diastase) को सम्मिलित किया।

एन्जाइम प्रोटीन अणु है। इन्हें क्रिया हेतु अमीनों अम्ल अपशेष मात्र की आवश्यकता होती है। तथापि कुछ एन्जाइमों को अमीनो अम्ल के अतिरिक्त समूहों की आवश्यकता होती है। ये अतिरिक्त समूह कार्बनिक यौगिक अथवा अकार्बनिक धात्विक आयन होते हैं। इस प्रकार के एन्जाइम (जिनमें प्रोटीन तथा गैर प्रोटीन अपघटक होते हैं) को होलोएन्जाइम (holoenzyme) कहते हैं तथा इसके प्रोटीन अपघटक को एपोएन्जाइम (aponzyme) कहते हैं। ये समूह कोफेक्टर अथवा कोएन्जाइम होते हैं। कोफेक्टर एक अथवा अधिक अकार्बनिक आयन (जैसे Fe^{2+}, Mg^{2+}, Mn^{2+}, या Zn^{2+}) हो सकते हैं। कोएन्जाइम जटिल कार्बनिक अथवा धात्वीय कार्बनिक अणु होते हैं। अनेक विटामिन कोएन्जाइम के पूर्ववर्ती होते हैं। कुछ धात्वीय आयन सहसंयोजी आबंध द्वारा एन्जाइम से जुड़े रहते हैं तथा इन्हें प्रॉस्थेटिक समूह कहते हैं। ये एन्जाइम की कार्यात्मकता हेतु आवश्यक होते हैं। अनेको बार इन शब्दावली (कोएन्जाइम तथा प्रॉस्थेटिक समूह) को समानार्थी शब्दों के रूप में उपयोग में लाया जाता है। इन शब्दों का भेद एपोएन्जाइम से आबंध की प्रवृत्ति पर निर्भर करता है। दृढ़ता से आबंध समूह जिन्हें डायलेसिस आदि द्वारा हटाया नहीं जा सके उन्हें प्रॉस्थेटिक समूह माना जाता है तथा जो सरलता से विघटित हो जाते हैं उन्हें "कोएन्जाइम" कहते हैं।

एन्जाइम का वर्गीकरण तथा नामकरण पद्धति (Nomenclature and Classification of Enzyme)

एन्जाइम को नाम देने का सरल तथा सुविधाजनक तरीका शब्द "ase" प्रत्यय लगाने से होता है। इस प्रत्यय को या तो आश्रय के नाम के बाद (जैसे एन्जाइम माल्टेज, सूक्रेस,

प्रोटीऐज तथा लाइपेज जो क्रमशः माल्टोज, सूक्रोस, प्रोटीन तथा लिपिड पर क्रिया करते हैं) अथवा अभिक्रिया के प्रकार (जैसे डीहाइड्रोजिनेस, हाइड्रोलेज आदि जो क्रमशः ऑक्सीकरण अभिक्रियायें करते हैं) के नाम के साथ जोड़ा जाता है ।

1961 में जीव रसायन विज्ञानियों की अंतर्राष्ट्रीय इकाई ने एन्जाइम के वर्गीकरण का तथा नामकरण की पद्धति के नये तरीके को अपनाया। **Dixson and Webb (1964) Karlson (1965)** ने एन्जाइम के गूढ़ नाम पद्धति (trivial nomenclature) तथा वर्गीकरण पद्धति के नियमों के विस्तार की रूपरेखा तैयार की। एन्जाइम के नाम में दो भाग होते हैं। पहला भाग आश्रय के नाम को दर्शाता है तथा दूसरा भाग अभिक्रिया के प्रकार को दर्शाता है। एन्जाइम को निम्नलिखित छः प्रमुख वर्गों में बांटा गया है :–

(1) **ऑक्सीडोरिडक्टेजज** (Oxidoreductases) – इस वर्ग में ऑक्सीकरण अभिक्रियाओं को उत्प्रेरित करने वाले एन्जाइमों को सम्मिलित किया गया है। उदा. सायटोक्रोम ऑक्सीडेज, अल्कोहल डीहाइड्रोजिनेज, केटालेज परॉक्सीडेज आदि।

(2) **ट्रांसफरेजज** (Transferases) – इस वर्ग में हाइड्रोजन के अतिरिक्त अन्य समूह (जैसे – अमीनो, फॉर्मिल, इथिल, एसिल, फॉस्फटेज, ग्लॉयक्सिल, थायोल, कीटॉल, एल्डॉल आदि) को स्थानांतरण करने वाले एन्जाइम को सम्मिलित किया गया है।

(3) **हाइड्रोलेजज** (Hydrolases) – इस वर्ग में 'आश्रय के जलीय अपघटन' करने वाले एन्जाइम को सम्मिलित किया गया है।

(4) **लायसेजज** (Lysases)– इस वर्ग में 'आश्रय का जलीय अपघटन' के अतिरिक्त किसी अन्य क्रियाविधि से समूहों को हटाने वाले एन्जाइमों को सम्मिलित किया गया है।

(5) **आइसोमरेजज** (Isomerases) – इस वर्ग में समावयवता करने वाले एन्जाइमों को रखा गया है। समावयवता का तात्पर्य विभिन्न परमाणुओं या समूहों का अंतः अणुक पुनर्विन्यास (intramolecular rearrangement) द्वारा आश्रय की स्थिति अथवा चाक्षुपीय (positional or optical) समावयवों में बदलना है।

(6) **लिगेजज (सिन्थीटेजज)** (Ligases / Synthetases) – इस वर्ग में सम्मिलित एन्जाइम यौगिकों को जोड़ने की अभिक्रिया को उत्प्रेरित करने वाले होते हैं। यौगिकों को जोड़ने में आवश्यक ऊर्जा ATP या इसी प्रकार के ऊर्जा आबंध यौगिकों के टूटने से प्राप्त होती है। इस वर्ग में सम्मिलित एन्जाइमों के उदाहरण सक्सिनेट थायोकायनेज, ग्लूटामीन सिंथीटेज, एसिटिल CoA कार्बोक्सिलेज है।

इस प्रकार के वर्गीकरण में प्रत्येक एन्जाइम की एक वर्गीकृत कूट संख्या होती है जो कि वर्ग, उपवर्ग, उप–उप–वर्ग तथा एन्जाइम के नाम को दर्शाता है। उदा. एन्जाइम हेक्सोकायनेज को कूट संख्या 2.7.1.1 द्वारा दर्शाया जाता है जहाँ 2 वर्ग ट्रांसफरेज दर्शाता

है, 7 उप वर्ग फॉस्फेट का स्थानांतरण दर्शाता है, उप–उप–वर्ग। अल्कोहल समूह फॉस्फेट को ग्रहण करने वाला तथा अंतिम एन्जाइम का नाम हेक्सोकायनेज दर्शाता है।

एन्जाइम अभिक्रिया की क्रियाविधि (Mechanism of Enzymatic Reaction)

एन्जाइम अपनी उत्प्रेरण क्रिया के प्रति अतिविशिष्ट होते हैं। एन्जाइम का सक्रिय स्थल (active site) एन्जाइम उत्प्रेरित अभिक्रिया में भाग लेता है। यह सरल अमीनो अम्ल अपशेष हैं। इस सक्रिय स्थल से आश्रय जुड़कर एन्जाइम आश्रय संकुल (enzyme-substrate complex) बनाता है। एन्जाइम आश्रय संकुल एन्जाइम सक्रियता का केन्द्र है तथा यह एन्जाइम उत्प्रेरित अभिक्रियाओं के गतिज स्वभाव को परिभाषित करने वाले गणितीय व्यवहार का आरम्भिक बिन्दु है।

एक एन्जाइम के उत्प्रेरण को स्पष्ट करने हेतु दो वाद प्ररतुत किये गये हैं। इन वादों को Rigid model तथा Flexible Model कहा जाता है। Rigid Model - 1894 में Emil Fischer ने Lock and key theory प्रस्तुत की जिसे rigid template model भी कहा जाता है। इस वाद के अनुसार एन्जाइम आश्रय से मिलकर एन्जाइम आश्रय संकुल बनाता है। यह संकुल उत्पाद तथा एन्जाइम में टूट जाता है।

$$E + S \rightarrow ES \rightarrow E + P$$

Michelis and Menton (1913) ने इस वाद को रूपांतरित किया। इस प्रस्तावित रूपांतरित वाद के अनुसार एन्जाइम के पृष्ठ पर कुछ विशिष्ट स्थल होते हैं। इन स्थलों को सक्रिय स्थल (active site) कहते हैं एवं इनमें विशिष्ठ समूह पाये जाते हैं जिन पर आश्रय अणु आबंध होते हैं तथा इस स्थल पर कुछ रासायनिक परिवर्तन हो जाते हैं जिससे एन्जाइम आश्रय संकुल बनता है। एन्जाइम के एक अणु से प्रति मिनिट परिवर्तित हो रहे आश्रय अणुओं को turn over number कहते हैं।

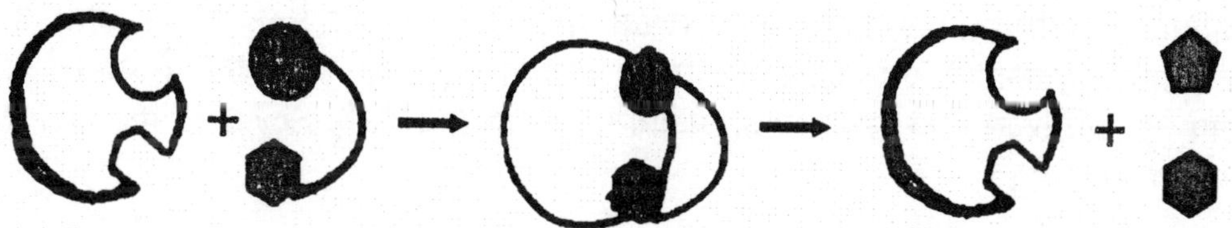

Fig. 4.1. Formation of Enzyme-Substrate complex (ES) and later ES complex into enzyme and product as proposed by Fisher.

Flexible Model या Induced Fit Model

Koshland ने इस मॉडल को प्रस्तुत किया (चित्र 4.2)। इस मॉडल के अनुसार आश्रय द्वारा एन्जाइम में संरूपणीय परिवर्तन प्रेरित होता है। यह परिवर्तन अमीनो अम्ल अवशेष अथवा होलोएन्जाइम के प्रॉस्थेटिक समूह में होता है। संरूपणीय परिवर्तन सही एवं विशिष्ट विन्यास का होता है ताकि आश्रय इससे आबंध हो सके तथा उत्प्रेरण हो सके अथवा दोनों हो सके। इसके साथ साथ अन्य अमीनो अम्ल इस अणु के अन्दर धंस सकते

हैं। क्रियाविधि को स्पष्ट करने के लिये Koshland ने अमीनो अम्ल के तीन प्रकार के अपशेषों का वर्णन किया। ये तीन प्रकार के अपशेष निम्नलिखित है –

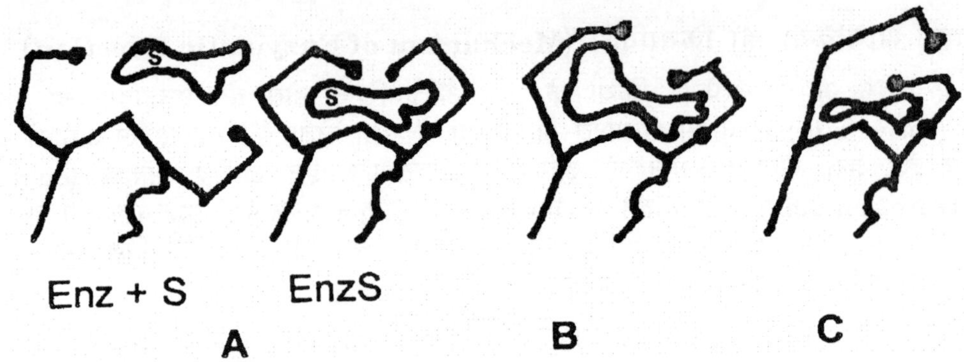

Fig. 4.2. Conformation changes in enzymes

(a) Contact residue : इसमें उत्प्रेरणीय अपशेष तथा विशिष्ट अमीनो अपशेषों को सम्मिलित किया गया है। ये आश्रय या अन्य सम्बंधित संलग्नी (ligand) से एक आबंध (0.2 nm) की दूरी पर होते हैं। कोई भी छोटा अणु जो एन्जाइम से असहसंयोजी आबंध से जुड़ जाता है उसे संलग्नी (ligand) कहते हैं ये एक्टीवेटर, आश्रय अथवा संदमक (inhibitor) हो सकते हैं।

(b) Specificity Residue : ये अमीनो अम्ल अपशेष एन्जाइम से आश्रय को आबंध करने में भाग लेते हैं। यह अनुवर्ती उत्प्रेरण प्रक्रिया में भाग लेते हैं।

(c) Catalytic Residue: अमीनो अम्ल अपशेष जो एन्जाइम क्रिया में सहसंयोजी आबंध में सीधे भाग लेते हैं।

Koshland ने अपने मॉडल को एन्जाइम कायमोट्रिप्सिन (सेरीन प्रोटियेज) की क्रियाविधि से समझाया। एन्जाइम का उत्प्रेरक गुण His-57 तथा Ser-194 में होता है जो पॉलीपेप्टाईड श्रृंखला में एक दूसरे के निकट होते हैं। इन सक्रिय स्थल के अमीनो अम्ल अपशेष के अतिरिक्त एक सहसंयोजी मध्यवर्ती बनता है जिसमें Ser 195 का OH समूह सम्मिलित होता है।

Michaelis - Menton Equation

1913 में L. Michaelis तथा M.L. Menton ने एन्जाइम क्रिया तथा उसके गतिज के एक सामान्य वाद को प्रस्तुत किया (चित्र 4.3)। इस वाद के अनुसार एक मध्यवर्ती एन्जाइम आश्रय संकुल बनने से एन्जाइमी अभिक्रियायें आगे बढ़ती हैं। सर्वप्रथम एन्जाइम आश्रय से मिलकर एन्जाइम आश्रय संकुल बनाता है। इससे उत्पाद निर्मित होता है तथा एन्जाइम का पुनर्जन्म होता है। ये अभिक्रियायें प्रतिवर्ती (reversible) होती हैं। अतः आगे की ओर तथा प्रतिवर्ती दिशा की ओर अभिक्रिया की दर के स्थिरांक में क्रमशः धनात्मक तथा ऋणात्मक अधोलिखित होते हैं। अभिक्रिया गजित को निम्नलिखित रूप में दिखलाया जा सकता है :–

$$E + S \underset{k_2}{\overset{k_1}{\rightleftharpoons}} ES \overset{k_1}{\rightarrow} \quad P + E \tag{1}$$

एन्जाइम आश्रय का वियोजन स्थिरांक (dissociation constant Km) निम्नलिखित के बराबर होगा :

$$Km = \frac{[E][S]}{[ES]} \tag{2}$$

जहाँ [E], [S] तथा [ES] क्रमशः E, S तथा ES की अणविक सांद्रता (Molar concentration) है।

यदि एन्जाइम के आरम्भिक कुल सांद्रता को [Eo] से दर्शाया जावे तो मुक्त एन्जाइम की सांद्रता [E] तथा आबंध एन्जाइम की सांद्रता [ES] होगी। अतः रामीकरण 2 को निम्नलिखित रूप में दर्शाया जा सकता है।

$$Km = \frac{[Eo - ES][S]}{[ES]} \tag{3}$$

आगे की ओर अभिक्रिया की दर निम्नलिखित होगी –

$$= [Eo - E_s][S]K_1$$

प्रतिवर्ती अभिक्रिया की दर निम्नलिखित होगी –

$$= [E.S]K_2$$

ES के वियोजन की दर (अर्थात् उत्पाद के उत्पन्न होने की दर) निम्नलिखित के तुल्यांक होगी :–

$$= [E.S]K_3$$

जब अभिक्रियायें साम्यावस्था में हों तो :–

$$= [Eo - Es].[S]K_1 = [E.S]K_2 + [E.S]K_3 = [E.S][K_2 + K_3]$$

$$= \frac{[Eo - Es][S]}{[ES]} = \frac{K_2 + K_3}{K_1} = KM$$

Km स्थिरांक को Michaelis Menton constant कहते हैं। Michaelis Menton equation एन्जाइम उत्प्रेरित अभिक्रिया की आरम्भिक दर आश्रय की सांद्रता तथा एन्जाइम के कुछ लक्षणों के बीच गणितीय सम्बंध दर्शाता है।

अर्ध उच्चिष्ट वेग (half maximal velocity) को उत्पन्न करने वाला आश्रय की सांद्रता Km मान या Michaelis Menton constant हैं। इसे प्रायोगिक रूप में Vo तथा कार्य (functions) के ग्राफ से ज्ञात किया जा सकता है। Km का विस्तार S के मोलर सांद्रता होते हैं।

सभी एन्जाइम का Km मान होता है जब S लगभग Km के बराबर हो। यह उनके आश्रय की कार्यिकी सांद्रता से सम्बंधित होता है। इस अवस्था में Vo का सीधा सम्बंध S में

परिवर्तन से होता है तथा एन्जाइम अर्ध उच्चिष्ट वेग से कार्य करता है। Michaelis Menton expression निम्नलिखित होगा –

$$Vo = \frac{V_{max}[S]}{Km + [S]}$$

यह अभिव्यक्ति अनेकों एन्जाइम के स्वभाव का वर्णन करती है तथा जिस प्रकार भी आश्रय की सांद्रता परिवर्तित होती है, यह अभिक्रिया के वेग पर सीधा प्रभाव डालती हैं।

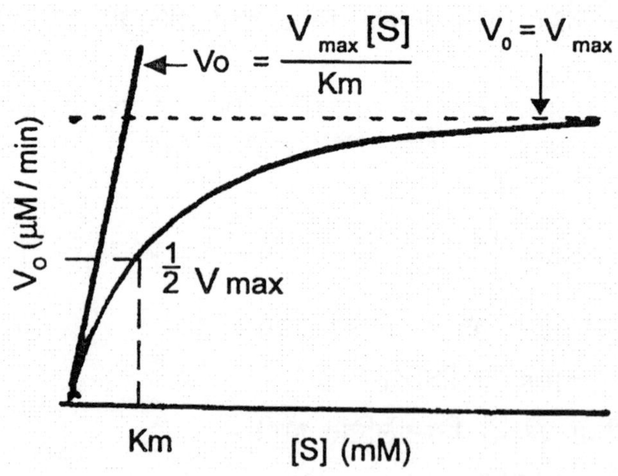

Fig. 4.3. The Kinetic parameters of enzymatic reaction

Enzyme Activity : Energy Concept

एन्जाइम जैव उत्प्रेरक है अतः ये अभिक्रिया की दर को बढ़ा देते हैं तथा अभिक्रिया की साम्यावस्था को प्रभावित नहीं करते हैं। अभिक्रिया के समय आश्रय उत्पाद में परिवर्तित हो जाता है ($S \rightarrow P$)। इस अभिक्रिया को अभिक्रिया तुल्य चित्र द्वारा अभिव्यक्त किया जा सकता है जो कि अभिक्रिया की ऊर्जस्वी दिशा है। अभिक्रिया तुल्य चित्र में तंत्र के मुक्त ऊर्जा को अभिक्रिया की प्रगति के विरूद्ध प्लॉन्ट किया जाता है। प्रत्येक अणु में उसकी आद्य अवस्था (ground state) अर्थात् जब वह सामान्य स्थाई रूप में होता है तो उसमें मुक्त ऊर्जा होती है। अतः आश्रय एवं उत्पाद में भी उनकी मुक्त ऊर्जा होती है। उत्पाद की मुक्त ऊर्जा आश्रय की मुक्त ऊर्जा से कम होती हैं अतः अभिक्रिया का $\Delta G^{0\prime}$ ऋणात्मक होता है। इस प्रकार साम्यावस्था उत्पाद के निर्मित होने को अनुमोदित करता है। यह किसी भी उत्प्रेरक से प्रभावित नहीं होती है।

इसमें संदेह नहीं किया जाना चाहिये कि अनुमोदित साम्यावस्था में आश्रय का उत्पाद में परिवर्तन तीव्रता से होता है, क्योंकि अभिक्रिया की दर आश्रय तथा उत्पाद के ऊर्जस्वी अवरोध पर निर्भर करती है। ऊर्जा अवरोधक अभिक्रिया करने वाले समूहों के संरेखण के लिये आवश्यक ऊर्जा अल्पकालिक अस्थाई आवेशों को निर्मित करने, आबंध पुनर्विन्यास, तथा किसी भी एक दिशा में अभिक्रिया होने के लिये आवश्यक अन्य रूपांतरण को चित्रित करती है। अणु एक दूसरे से तभी अभिक्रिया कर सकते हैं जब इन अवरोधकों को हटाने

के उद्देश्य से अणुओं को उच्च ऊर्जा स्तर पर उपस्थित होना आवश्यक है। ऊर्जित चोटी का शीर्ष अल्पकालिक अवस्था दर्शाता है। यह बिन्दु आश्रय अथवा उत्पाद के रासायनिक अवस्था से सम्बंधित नहीं होता है बल्कि इस बिन्दु पर S अथवा P अवस्था का बराबरी से अपक्षय सम्भव होता है अर्थात् S अथवा P दोनों में से प्रत्येक अधोगामी होंगे। यह साधारणतः क्षणिक आणविक गति है जिसमें आबंध का निर्मित होना अथवा आबंध का टूटना जैसी घटनाएं होती है। आद्य अवस्था तथा संक्रमण अवस्था (transition state) के बीच ऊर्जा के अन्तर को सक्रियण ऊर्जा (Activation energy ΔG) कहते हैं। अभिक्रिया की दर सक्रियण ऊर्जा पर निर्भर करती है। उच्च सक्रियण ऊर्जा धीमी अभिक्रिया को दर्शाता है। एन्जाइम सक्रियण ऊर्जा को कम करके अभिक्रिया की गति को बढ़ा देते हैं। अभिक्रिया साम्यावस्थ मुक्त ऊर्जा से नियंत्रित होती है तथा अभिक्रिया की दर सक्रियण ऊर्जा द्वारा होती है।

एन्जाइम के सक्रिय स्थल के अपशेष (अमीनो अम्ल अपशेष, धात्विक आयन, तथा कोएन्जाइम) आश्रय से अल्पकालिक पारस्परिक क्रिया कर उसे अभिक्रिया के लिये सक्रिय कर देते हैं। अधिकांश उदाहरणों में ये समूह सक्रियण ऊर्जा को कम कर देते हैं। ये समूह ऊर्जा को कम करके न्यूनतर ऊर्जा अभिक्रिया पथ का प्रबंध करते हैं। सक्रियण ऊर्जा को कम करने हेतु आवश्यक ऊर्जा आश्रय तथा एन्जाइम के बीच निर्बल, असहसंयोजी पारस्परिक क्रिया से प्राप्त होती है। एन्जाइमी अभिक्रियाओं में सबसे महत्वपूर्ण एन्जाइम आश्रय संकुल का बनना है। एन्जाइम तथा आश्रय के बीच पारस्परिक क्रिया तथा विशिष्ट एन्जाइम आश्रय संकुल का बनना ठीक उन्हीं बलों की मध्यस्थता से होता है जो प्रोटीन संरचना को स्थायित्व प्रदान करते हैं जिनमें हाइड्रोजन आबंध तथा जलविरागी, आयनी तथा वंडरवॉल बल सम्मिलित हैं। जब इस प्रकार के आबंध एन्जाइम तथा आश्रय के बीच निर्मित होते हैं तो कुछ मात्रा में मुक्त ऊर्जा निकलती है। एन्जाइम आश्रय से व्युत्पन्न ऊर्जा को बंधन ऊर्जा (binding energy) कहते हैं। बंधन ऊर्जा (ΔGB) मुक्त ऊर्जा का प्रमुख स्त्रोत है जो एन्जाइम द्वारा अभिक्रिया की ऊर्जाओं को कम करने के लिये उपयोग में लाई जाती है। यह विशिष्टता तथा उत्प्रेरण प्रदान करता है।

General Properties of Enzyme

एन्जाइम प्रोटीन अणु हैं जो कोशिका में कोलॉयडी रूप में पाये जाते हैं। यह कोलॉइड के सामान्य लक्षण दर्शाता है। एन्जाइम के कुछ महत्वपूर्ण लक्षणों को निम्नलिखित में संक्षिप्त वर्णन किया जा रहा है।

(1) **Substrate Specificity** : एन्जाइम अपने आश्रय के प्रति अतिविशिष्ट होते हैं तथा सिर्फ अपने विशिष्ट आश्रय से क्रिया करते हैं। यह विशिष्टता तथा विशिष्ट आश्रय अणु को अधिकांश या पूरे भाग में बहुगुणित निर्बल पारस्परिक क्रियाओं से प्राप्त होता है ।

(2) **Effect of pH** : प्रत्येक एन्जाइम एक विशिष्ट pH पर इष्टतम सक्रिय होता है, इस विशिष्ट pH पर एन्जाइम सक्रियता को अधिकतम नापा जा सकता है। (*in vivo* तथा *in vitro* अवस्था) में एन्जाइम की pH में सक्रियता में थोड़ी विविधता पाई जा सकती है। सामान्यतः सभी एन्जाइमों की सक्रियता pH 5.0

से 9.0 pH के बीच होती है। तथापि पेप्सिन नामक एन्जाइम इस रेंज के बाहर सक्रियता दर्शाता है।

(3) **Effect of Temperature** : प्रत्येक एन्जाइम की तापक्रम के प्रति अपनी चाहत होती है तथा एक एन्जाइम का दूसरे एन्जाइम से ताप गुणांक (temperature co-efficient Q_{10}) विविध होता है। चूंकि एन्जाइम प्रोटीन अणु है अतः उच्च तापक्रम पर ये विकृतिकृत हो जाते हैं तथा निष्क्रिय हो जाते हैं। एन्जाइम 55 से 60°C के बीच सक्रिय होते हैं। ऊष्मस्नेही जीवाणुओं (thermophilic bacteria) के एन्जाइम 85°C तक सक्रिय होते हैं।

(4) **Effect of Substrate Concentration** : एन्जाइम के स्थिर सांद्रता पर आश्रय की सांद्रता बढ़ने से एन्जाइम अभिक्रिया की दर में बढ़ोतरी हो जाती है। यह बढ़ोतरी आश्रय की एक विशिष्ट सांद्रता तक ही होती है तथा इस सांद्रता के ऊपर अभिक्रिया की दर संदमित हो जाती है। इष्टतम सांद्रता पर एन्जाइम का उत्प्रेरणीय स्थल पर पूरी तरह आश्रय का कब्जा होता है।

(5) **Denaturation** : जब एन्जाइम के प्रोटीन अणु में संरूपणीय परिवर्तन होता है तो वह विकृतिकृत हो जाता है। इस प्रकार का विकृतिकरण अम्ल, उच्च लवण सांद्रता, गुरू धातु लवणों, ऐल्केलॉयड अभिकारकों यहाँ तक कि UV प्रकाश से हो सकता है। विकृतिकृत एन्जाइम में उत्प्रेरण सक्रियता में ह्रास देखा गया है।

(6) **Activators and Inhibitors** : अनेक अणु तथा रसायन सक्रियण (activator) के रूप में कार्य करते हैं तथा एन्जाइम की सक्रियता को बढ़ा देते हैं। इसी प्रकार कुछ रसायन एन्जाइम सक्रियता को संदमित कर देते हैं तथा इन्हें संदमक (inhibitors) कहते हैं।

अध्याय 5

Photosynthesis

प्रकाश संश्लेषण पौधों में होने वाला सबसे महत्वपूर्ण कार्यिकी प्रक्रिया है। प्रकाश संश्लेषण का सामान्य पारिभाषिक तात्पर्य "प्रकाश की सहायता से संश्लेषण" है। पूर्व में प्रकाश संश्लेषण की परिभाषा – "प्रकाश की उपस्थिति में CO_2 का स्वांगीकरण जिससे कार्बोहाइड्रेट तथा ऑक्सीजन निर्मित होती है" दी गई थी। मोटे तौर पर देखा जाये तो प्रकाश संश्लेषण हाइड्रोन दाता (जल; जीवाणु में H_2S) तथा CO_2 के बीच होने वाली एक प्रक्रिया है। जल के ऑक्सीकरण से O_2 निष्काषित होती है तथा CO_2 के अपचय से कार्बोहाइड्रेट निर्मित होता है। इलेक्ट्रॉन्स तथा प्रोटॉन्स दो विभिन्न कार्य सम्पादित करते हैं। इलेक्ट्रॉन $NADP^+$ का अपचय करके NADPH बनाता है एवं इसका दूसरा कार्य विद्युत रासायन परिवर्तन (Electro-chemical change) स्थापित करना है। इस परिवर्तन से ऊर्जा प्राप्त होती है जो प्रोटॉन क्लोरोप्लास्ट के स्ट्रोमा से थायलेकॉयड के आंतरिक स्तर तक प्रोटॉन को पम्प कर देता है। प्रोटॉन $NADP^+$ को NADPH में अपचयित करने में भाग लेता है। प्रोटॉन का दूसरा कार्य है, यह परासरण (facilitated diffusion) द्वारा थालेकॉयड के आंतरिक सतह से प्रवणता (concentration gradient) के अनुसार गमन करता है एवं इससे संचालन से जो ऊर्जा मुक्त होती है वह ADP द्वारा ATP निर्मित होने में व्यय होती है। प्रत्येक CO_2 अणु का अपचयन हेतु 2 NADPH तथा 3ATP की आवश्यकता होती है। यह प्रक्रिया केल्विन चक्र (calvin cycle) में होती है ।

Historial Background

अठारहवीं शताब्दी के अंत में वैज्ञानिकों ने गैसों के विषय में विचार करना एवं कार्य करना आरम्भ किया। इसके पूर्व मनुष्य को पदार्थ के ठोस एवं तरल अवस्था के विषय में ही जानकारी थी। एक साधारण सा आविष्कार जिसके अनुसार वायु में गैस पाई जाती है एवं जीवों के लिये इनके महत्व की जानकारी से pneumo chemistry का जन्म हुआ। 1750 तथा 1775 के बीच प्रकाश संश्लेषण के विषय में अवधारणा बनने लगी। Priestly, Ingen Housz तथा Senebier, तीनों वैज्ञानिकों ने प्रकाश संश्लेषण के आविष्कार की आधारशिला रखी। Joseph Priestley (1771) ने ऑक्सीजन (dephlogisticated air) का अविष्कार किया एवं उन्होंने यह विचार भी प्रस्तुत किया कि प्राणियों के द्वारा छोड़ी गई गैस का पौधों द्वारा शुद्धीकरण होता है। Jan Ingen housz ने दर्शाया कि वायु के शुद्धीकरण हेतु प्रकाश की आवश्यकता होती है। उन्होंने पाया कि अंधकार में पौधों द्वारा भी यही गेस छोड़ी जाती है। Jean Senebier (1782) ने दर्शाया कि पौधों द्वारा अंधकार में एवं प्राणियों द्वारा छोड़ी गई गैस पौधों द्वारा प्रकाश की उपस्थिति में पैदा की गई शुद्ध वायु के लिये

प्रेरक का कार्य करती है। अंततः Lavoisier ने व्यवहारिक रूप में दर्शाया कि O_2 तथा CO_2 गैस है। यह ध्यान देने योग्य विषय है कि Priestly तथा Ingen-Housz ने अनुमान लगाया था कि पौधे अशुद्ध वायु को शुद्ध वायु में बदलते समय अपने स्वयं के लिये पोषण प्राप्त कर लेते हैं।

Liebig (1863) ने सर्वप्रथम प्रकाश संश्लेषण के रासायनिक वाद को प्रस्तुत किया। उन्होंने देखा कि शर्करा के बनने के साथ अम्ल का भी उत्पादन होता है। तथापि Baeyer (1870) इस मत के थे कि प्रकाश संश्लेषण की पहली अवस्था में CO_2 के अपचयन से फार्मेल्डीहाइड निर्मित होता है। इस प्रकार निर्मित फार्मेल्डीहाइड के बहुलीकरण (Polymerization) से शर्करा बनती है। Sachs (1862) ने पाया कि प्रकाश संश्लेषण के समय क्लोरोप्लास्ट में मण्डकण (Starch grains) बनते हैं। इससे यह स्पष्ट होता है कि ये काय (क्लोरोप्लास्ट) प्रकाश संश्लेषण के स्थल हैं। Stokes (1864) ने chlorophyll a तथा b एवं दो पीले carotenoids को पृथक करने का संक्षिप्त तरीका बताया। Engelmann (1883) ने प्रकाश संश्लेषण में वर्णकों (accessory pigments) की भूमिका पर प्रकाश डाला। Warberg (1919) ने सर्वप्रथम dark reaction का विचार व्यक्त किया। Ruben (1943) ने प्रकाश संश्लेषण में ATP की भूमिका पर परिकल्पना प्रस्तुत की।

प्रकाश संश्लेषण की दो अवस्थायें होती हैं। पहली अवस्था Photochemical phase तथा दूसरी अवस्था carbon fixing phase होती है। इलेक्ट्रॉन संचालन तथा फॉस्फोरायलेशन पहली अवस्था की तथा कार्बन स्थिरिकरण दूसरी अवस्था की घटनायें हैं। पहली अवस्था आंतरिक झिल्ली तंत्र (thylakoids) में होती है तथा इसमें NADPH तथा ATP उत्पाद बनते हैं। दूसरी अवस्था में जैवरासायनिक पथ होता है एवं इस पथ के एन्जाइम क्लोरोप्लास्ट के मेट्रिक्स में पाये जाते हैं। इस उपापचयी पथ में CO_2 का स्वांगीकरण होता है तथा कार्बोहाइड्रेट बनते हैं।

First Four Quanta Theory

Van Neil ने प्रकाश संश्लेषण की oxidation reduction theory प्रतिपादित की तथा एकल प्रकाश रसायनी अभिक्रिया (जल के विघटन) की परिकल्पना प्रस्तुत की। CO_2 के कार्बोहाइड्रेट में अपचयन हेतु चार हाइड्रोजन परमाणुओं की आवश्यकता होती है। Van Neil's वाद के अनुसार एक (CH_2O) समूह के निर्मित होने में जल के चार अणु तथा एक CO_2 अणु की आवश्यकता होती है। अंत में जल के तीन अणु पुनः बन जाते हैं। दो अणु पहले ऑक्सीकरण उत्पाद के dismutation तथा एक अणु मध्यवर्ती अपचयन उत्पाद के dehydration से बनता है।

First Eight Quana Theory

एक लम्बे विवाद के पश्चात प्रकाश संश्लेषण से 1/4 Quantum yield के मत को निरस्त कर दिया गया एवं 1/8 Quanta theory को प्रतिपादित किया गया। इस मतानुसार कार्बन डाई ऑक्साइड के एक अणु के अपचय हेतु कम से कम आठ Quanta अवशोषित होते हैं। इससे यह प्रश्न उठता है कि चार हाइड्रोजन परमाणुओं के स्थानांतरण हेतु आठ प्राथमिक photochemical processes का उपयोग किस प्रकार होता है। इसका

स्पष्टीकरण साधारण है कि प्रत्येक हाइड्रोजन परमाणु को दो बार प्राप्त किया जाता है, एवं इस प्रकार यह इसके अपचायन क्षमता को बढ़ा देता है। पूर्व में ऐसा माना जाता था कि प्रकाश संश्लेषण में मात्र एक **photochemical reaction** होता है, परन्तु अब यह पूर्णतः स्पष्ट हो चुका है कि प्रकाश संश्लेषण में दो **photochemical reaction** होते हैं। प्रति प्रकाश क्वांटा के अवशोषण से मुक्त हुये O_2 अणुओं की संख्या को **quantum yield** कहते हैं। प्रकाश संश्लेषण में आठ क्वांटा ऊर्जा के उपयोग से O_2 का एक अणु मुक्त होता है। अतः **quantum yield 1/8** अथवा **12%** होता है ।

The Hill Reaction

C.B. Van Neil (1941) ने हरित सल्फर जीवाणु पर शोध कार्य करते हुये निम्नलिखित अभिक्रिया सूत्र प्रस्तावित किया –

$$CO_2 + 2H_2S \rightarrow (CHOH) + H_2O + 2S$$

हरे पौधों में समानार्थी अभिक्रिया निम्नलिखित हैं :–

$$CO_2 + 2H_2O \rightarrow (CHOH) + H_2O + O_2$$

1941 में Ruben एवं उनके सहयोगियों ने *Chlorella* पर अनुसंधान किया। उन्होंने इस शैवाल की कोशिकाओं में ^{13}O से **label** कर **bicarbonate** अथवा H_2O को सप्लाई किया। निकली हुई ऑक्सीजन को **mass spectrophotometer** से नापा गया। यह देखा गया कि **isotopic** ऑक्सीजन जल से निकलती है।

Robert Hill (1937) ने देखा कि प्रकाश की उपस्थिति में विलगित क्लोरोप्लास्ट (isolated chloroplast) में फेरिक लवण सप्लाई किये जाते हैं, तो फेरिक लवण का अपचयन होकर फेरस लवण बनते हैं तथा O_2 निकलती है। इसी प्रकार अनेक उपयुक्त हाइड्रोजन ग्राहियों की उपस्थिति में विलगित प्रदीप्त क्लोरोप्लास्ट में ऊपरी तौर पर **dark reaction** के विलोम में ऑक्सीजन का उत्पादन होता है। फेरीसायनाइड (एक इलेक्ट्रॉन ग्राही) तथा क्वीनोन अथवा **dyes** (दो इलेक्ट्रॉन ग्राही) हाइड्रोजन ग्राही का कार्य कर सकते हैं। Hill ने अपने प्रयोगों में फेरी सायनाइड को हाइड्रोजन ग्राही के रूप में उपयोग किया था। Stoichemistry यह दर्शाता है कि O_2 प्रत्येक ऑक्सीजन अणु के निर्मित होने के लिये चार हाइड्रोजन तुल्यांकों की आवश्यकता होती है।

$$4\,Fe^{3+}\text{ (cynide)} + 2H_2O \xrightarrow[\text{Chloroplast}]{\text{Light}} 4Fe^{2+}\text{ (cyanide)} + 4H+ + O_2$$

O. Warburg (1948) ने दर्शाया कि कृत्रिम इलेक्ट्रॉन ग्राहियों की उपस्थिति में विलगित क्लोरोप्लास्ट से ऑक्सीजन उत्पादन हेतु क्लोराइड की आवश्यकता होती है।

Red Drop and Emerson Effect

Emerson and Levis (1943) ने **monochromatic light** का उपयोग करते हुये **quantum yield** पर कई अनुसंधान किये। उन्होंने अवलोकन किया कि 680 nm से अधिक

तरंगदैर्ध्य पर (red zone) में quantum yield में कमी आ जाती है। उन्होंने इस परिघटना को red drop नाम दिया। इस प्रकार quantum yield की गिरावट का कारण स्पष्ट नहीं था। कुछ समय पश्चात् Emerson and Chalmers ने देखा कि निम्न तरंगदैर्ध्य के प्रकाश (shorter wavelength light) के साथ यदि उच्च तरंगदैर्ध्य (long wave length) के प्रकाश के साथ अनावरित किया जाये तो quantum yield के गिरावट में बढ़ोतरी हो जाती है। इस प्रकार के बढ़ोतरी को Emerson enhancement effect कहते हैं। 1957 में Emerson तथा उनके सहयोगियों ने अवलोकन किया कि यदि 650 nm के नारंगी प्रकाश के साथ लाल प्रकाश को भी प्रदीप्त किया जावे तो 680 nm से ऊपर के spectral range के प्रकाश में नाटकीय बढ़ोतरी देखी जाती है। उन्होंने यह भी देखा कि इस बढ़ोतरी में यदि शैवाल को प्रत्येक तरंगदैर्ध्य के प्रकाश में पृथक पृथक प्रदीप्त किया जावे तो प्राप्त quantum yield दोनों तरंगदैर्ध्यों के पृथक–पृथक quantum yield के योग से भी अधिक होती है। Far red light के साथ पूरक की उपस्थिति में निकली हुई ऑक्सीजन तथा इसी की अनुपस्थिति में निकली हुई ऑक्सीजन की दर के अनुपात को Emerson effect (E) कहते हैं।

$$E = \frac{\Delta O_2 \text{ (in combined beam)} - \Delta O_2 \text{ (short wave length beam alone)}}{\Delta O_2 \text{ (long wave length beam alone)}}$$

Emerson effect से यह निष्कर्ष निकाला गया कि प्रकाश संश्लेषण में दो विभिन्न केन्द्र होते हैं। Red drop तथा enhancement effect का एक सरल स्पष्टीकरण यह है कि PSI में लम्बे तरंगदैर्ध्य का एक अभिक्रिया केन्द्र होता है जो Far red light की तुलना में ज्यादा कार्यकुशल होता है। PS II में छोटे तरंगदैर्ध्य का अभिक्रिया केन्द्र होता है अतः यह red light में ज्यादा कार्यकुशलता से कार्य करता है। यदि प्रकाश (visible light) से प्रदीप्त किया जाता है तो विभिन्न वर्णक्रम भाग में इष्टतम प्रकाश अवशोषण करने वाले दोनों photosystems सक्रिय हो जाते हैं। monochromatic light में यदि कोई एक भी photosystem कार्य करना बंद कर दे तो quantum yield में गिरावट आ जाती है ।

Robert Hill and Fay Bendal (1960) ने इलेक्ट्रॉन संचालन श्रृंखला की एक परिकल्पना प्रस्तुत की जिसमें अभिक्रिया केन्द्रों को आगे पीछे विन्यासित किया गया तथा सायटोक्रोम (Cyt b एवं Cyt f) से जोड़ा गया। 700 nm तथा 680 nm के तरंगदैर्ध्य का प्रकाश क्रमशः अभिक्रिया केन्द्र एक तथा दो को उत्तेजित करता है, Red potential के अनुसार बनाया गया अभिक्रिया चित्र zigzag विन्यास दर्शाता है अतः इसका नाम z-scheme रखा गया है।

1960 तक प्रकाश संश्लेषण के सिद्धांतों में परिवर्तन हो गये तथा इसके स्थान पर नये विचार प्रगट होने लगे, जैसे – दोनों प्रकाश अभिक्रियाओं का एक ही क्रम में कार्य करना, plastoquinone, plastocyanin तथा feredoxin जैसे – नये इलेक्ट्रॉन वाहक, coupling factor, प्रकाश द्वारा प्रेरित प्रोटॉन को स्वीकार करना, post illumination ATP synthesis, अम्ल–क्षार संक्रमण द्वारा dark phosphorylation, झिल्ली के आर पार विद्युत क्षेत्र, इलेक्ट्रॉन प्रवाह तथा ऑक्सीजन निर्गम पथ में पदानुसार चार आवेशों का संग्रहण ये सभी प्रकाश संश्लेषण प्रक्रिया को स्पष्ट करने हेतु नये विचार प्रगट हुये हैं।

PHOTOBIOLOGY

प्रकाश विद्युत चुम्बकीय विकरण का एक रूप है जिसे मनुष्य आंखों से देख सकता है। इसमें कणों तथा तरंगों दोनों के ही लक्षण पाये जाते हैं। सतत् तरंग (**wave crest**) के बीच की दूर को तरंग दैर्ध्य (λ) कहते हैं। किसी दिये गये समय में एक निरीक्षणकर्ता पास से गुजरी हुई तरंग की संख्या को आवृत्ति (**frequency V**) कहते हैं। तरंगदैर्ध्य, आवृत्ति तथा किसी तरंग की '**c**' के सम्बंध को निम्नलिखित रूप में दर्शाया जाता है –

$$c = \lambda\nu$$

प्रकाश का वेग $3.0 \times 10^8\ m^{-1}$ होता है। **400** तथा **760 nm** (**4000** से **7600**) तरंगदैर्ध्य के बीच के विद्युत चुम्बकीय विकिरण को मनुष्य अपनी आंखों से देख सकता है।

प्रकाश संश्लेषण में प्रकाश की भूमिका को स्पष्ट करने के लिये हम यह मानते हैं कि प्रकाश बहुत बहुत छोटे कणों का तरंग है जिन्हें **photons** अथवा **quanta** कहा जाता है। प्रत्येक **quanta** में ऊर्जा की कुछ मात्रा होती है जिसे **quantum** कहते हैं। ऊर्जा को **planck's law** द्वारा दर्शाया जाता है :

$$E = hv \qquad \text{or} \qquad E = hc / \lambda l$$

यहाँ **h planck's constant** (1.58×10^{-14} **calls** अथवा 6.63×10^{-14} **J/s**) तथा **V** आवृत्ति होती है।

ऊर्जा को निम्नलिखित रूप में दर्शाया जाता है :–

$$E = N\,k\,\lambda$$

यहाँ **N = Avogadro's number ¼6.02 x 1023 molecules or photons per mole) k = frequency** तथा α **= wave length** होता है। विकिरण ऊर्जा का आणविक इकाई अर्थात् **photon** के एक अणु की ऊर्जा **1 Einsteen** है।

The Action Spectrum

प्रकाश संश्लेषी वर्णक एक निश्चित तरंगदैर्ध्य के प्रकाश को अवशोषित करते हैं। **excitation** को निम्नलिखित सूत्र से दर्शाया जाता है (इसे **Bougwer - Lambert Beer Law** कहते हैं) –

$$E = Ig\ Io / I$$

यहाँ **Io** = प्रकाश की तीव्रता; **I** - घोल से गुजरने वाले प्रकाश की तीव्रता है।

शुद्धीकृत वर्णक द्वारा विविध तरंगदैर्ध्य के आपेक्षित अवशोषण को स्पेक्ट्रोफोटोमीटर द्वारा नापा जा सकता है। कुछ परिघटनाओं की तीव्रता (जैसे : प्रकाश संश्लेषण की दर) में **monochromatic light** का प्रकाश के तरंगदैर्ध्य में कार्य के रूप में निर्मित ग्राफ को **"action spectrum"** कहते हैं। **Engelmann (1882 - 84)** ने सर्वप्रथम ***Oedogonium*** तथा ***Cladophora*** के **action spectrum** को रिकॉर्ड किया।

ऑक्सीजन के अणुओं के उत्पादन की दर (P), क्वाटा (Ii) की ज्ञात संख्या, अथवा इससे अच्छा, दिये गये तरंगदैर्ध्य की कुछ संख्या में अवशोषित क्वांटा (Iα) द्वारा प्रकाश संश्लेषण को नापा जा सकता है।

विभिन्न तरंगदैर्ध्यों का प्रकाश संश्लेषण की दर के प्रभाव की तुलना से "action spectrum" प्राप्त होता है। यहाँ यह ध्यान रखा जाता है कि किसी भी तरंगदैर्ध्य की इतनी ऊर्जा का उपयोग न किया जावे जिससे प्रक्रिया संतृप्त हो जावे। विभिन्न तरंगदैर्ध्य के विकिरण पर प्रकाश संश्लेषी सक्रियता का action spectrum होता है ।

Photochemistry

पादप वर्णक प्रकाश को अवशोषित करके इस विद्युत चुम्बकीय विकिरण को रासायनिक ऊर्जा में परिवर्तित कर देते हैं। प्रकाश संश्लेषण की इस अवस्था को photochemistry कहते हैं। इसका सामान्य अर्थ यह है कि अभिक्रिया तंत्र में ही अवशोषित की गई ऊर्जा रसायनिक प्रभाव उत्पन्न कर सकती है। इलेक्ट्रॉन संचालन का महत्व अपचायक तुल्यांक (reducing equivalents) को उत्पन्न करना एवं फोटोफॉस्फोरायलेशन क्रिया करता है। सरल भाषा में प्राथमिक प्रकाश रसायनी अभिक्रियाओं (primary photochemical reaction) के दो सेट होते हैं। इनमें से पहला, एक वर्णक तंत्र द्वारा कार्बनिक आश्रय (substrate) का प्रकाश अपचयन (photo reduction) है एवं दूसरा, एक अन्य वर्णक तंत्र द्वारा जल का प्रकाश – ऑक्सीकरण (photo oxidation) है। Chl-a यदि प्रकाश उत्प्रेरक (photocatalyst) है तो पहली अभिक्रिया में यह ऑक्सीकृत होता है तथा दूसरी अभिक्रिया में यह अपचयित हो जाता है। Photochemical equivalence के नियम के अनुसार किसी अणु का प्रकाश रसायनी स्थानांतरण (photochemical transformation) एकल प्रोटॉन के अवशोषण से प्रेरित होता है। प्रकाश रसायन प्रक्रिया की ऊर्जा क्वांटम से प्रायः कम होती है। वर्णक 400 से 700 nm के बीच के प्रकाश को अवशोषित करते हैं।

Photosystem I अथवा II के Photoexcitations के फलस्वरूप एक समान ही प्रकाश रसायनी स्थानांतरण (photochemical transformation) होता है। यहाँ अवशोषित फोटॉन की ऊर्जा का महत्व नहीं होता है। Kamen (1963) के अनुसार 10^{15} से 10^{9} सेकेण्ड के बीच के अंतराल में क्वांटम अवशोषण तथा प्रक्रियायें होती हैं। ये प्रक्रियायें radiation तथा solid state physics द्वारा होती है। 10 तथा 10 सेकेंड के बीच ऑक्सीकारक तथा अपचायक निर्मित होते हैं तथा इनका समुच्य होता है तथा एक लम्बे अवशोषण के पश्चात् कार्बन डाई ऑक्साइड का स्थिरीकरण होता है।

चपटे क्षेत्र (sensor area) पर प्रति इकाई समय पर पड़ने वाली ऊर्जा की मात्रा Irradiance होती है। Grotheus तथा Draper (1872) के अनुसार विकिरण सिर्फ तभी प्रकाश रसायनी रूप में सक्रिय होता है जब उसके फोटॉन उपयुक्त प्रकाश ग्राहियों अथवा वर्णकों द्वारा अवशोषित होते हैं। 400 से 700 nm के बीच विद्युत चुम्बकीय विकिरण photosynthetically active radiation (PAR) होता है। इसे ऊर्जा (Wm^{-2}) अथवा क्वांटा ($molm^{-1}\ 5^{-1}$) द्वारा दर्शाया जाता है। जब क्वांटा के आधार पर PAR को दर्शाया जाता है, तो उसके लिये विशेष शब्दावली (photosynthetic photon flux density PPED) का उपयोग किया जाता है।

Energy transfer

क्वांटम को अवशोषित करने के पश्चात् एक वर्णक अनेक अवस्थाओं में प्रवेश करता है। प्रकाश अवशोषित कर वर्णक उत्तेजित अवस्था (excited state) में आ जाता है। अवशोषित प्रकाश के तरंगदैर्ध्य के आधार पर वर्णक एक विशिष्ट अवस्था को प्राप्त होते हैं। जब एक वर्णक अणु प्रकाश को अवशोषित करता है तो उसके अणु में इलेक्ट्रॉन के स्थान में परिवर्तन हो जाता है। आद्य अवस्था (ground state) से ऊपर की ऊर्जा अवस्था को उत्तेजित अवस्था (excited state) कहते हैं। इलेक्ट्रॉन की ऊर्जा उसके द्वारा अधिग्रहण किये गये कक्षक (orbital) पर निर्भर करती है। जब कोई अणु उत्तेजित हो जाता है, तो उसका कोई एक इलेक्ट्रॉन उच्च ऊर्जा के एक कक्षक में स्थानांतरित हो जाता है। इससे अणु रासायनिक रूप से ज्यादा प्रतिक्रियात्मक हो जाता है। द्वितीयक एकक (singlet) अवस्था में पाये जाने वाला वर्णक जब प्रथम उत्तेजित अवस्था में वापस जाता है तो तापक्रम के रूप में उसकी कुछ ऊर्जा का ह्रास हो जाता है। ऊष्मा ह्रास तथा प्रतिदीप्ति (fluorescence) के संयोजन से वर्णक अपनी उत्तेजना ऊर्जा का ह्रास कर देते हैं। **Quantum mechanics** के नियमानुसार, उत्तेजित अवस्था ऊर्जा (**Excited state energy, Eo**) में परागमन वर्णक अणु की आद्य अवस्था (ground state) तथा उत्तेजित अवस्था (excited state) ऊर्जाओं के बीच का अंतर होता है। वर्णक उत्तेजना (pigment excitation) की मात्रात्मक (Quantitative) आवश्यकता को निम्नलिखित रूप में दर्शाया जाता है:–

$$Eo - Eg = hc / \lambda$$

अणुओं में आद्य अवस्था तथा उत्तेजित अवस्था के बीच निकट का अंतर रखने वाले पदार्थ होते हैं। आणविक कम्पन (molecular vibration) तथा घूर्णन (rotation) के परिणामस्वरूप एक अणु की प्रथम तथा द्वितीय उत्तेजित एकक अवस्था (Excited singlet state) होती है। इसके दो प्रमुख अवशोषण बैन्ड (absorption bands) होते हैं। परमाणुओं में इलेक्ट्रॉन विभिन्न कक्षकों में गमन करते हैं। प्रायः एक ही कक्षक में दो इलेक्ट्रॉन पाये जाते हैं जो विपरीत स्पिन में गमन करते हैं। एक अणु दो 9 - 1 प्रकार के उत्तेजित अवस्था को दर्शाता है (चित्र 5.1)। एकक अवस्था में कक्षक के इलेक्ट्रॉन विपरीत स्पिन (प्रतिसमांतर antiparallel) गमन करते हैं। यह अवस्था कम समय की होती है। यदि इलेक्ट्रॉन एक ही स्पिन में गमन करने लगते हैं तो उसे त्रिक अवस्था (triplet state) कहते हैं। यह अवस्था लम्बे समय तक की होती हैं तथा इसे **de-excite** होने के लिये ज्यादा समय लगता है। अणुओं के **"π electrons"** जो मुख्यतः कार्बन परमाणुओं के होते हैं, प्रकाश को अवशोषित करते हैं। **"δ - orbitals"** में उच्च ऊर्जा अवस्था होती है, अतः इनके इलेक्ट्रॉनों को ऊर्जा प्रचुर अतिबैंजिनी (ultraviolet) विकिरण द्वारा ही उत्तेजित किया जा सकता है। **"π - orbitals"** अणुओं को रासायनिक स्थिरता प्रदान करते हैं। जब कोई अणु क्वांटम को अवशोषित करता है तो एक **"π - electron"** आद्य अवस्था (π) से उत्तेजित अवस्था (π*) में चला जाता है। इसे $\pi - \pi^*$ संक्रमण कहते हैं। यह **conjugated double bond** की संरचना वाले अणुओं का लक्षण होता है। ये अणु दृश्य प्रकाश (visible light) को तीव्रता से अवशोषित करते हैं। जैविक वर्णक एक अन्य प्रकार के इलेक्ट्रॉन संचरण को भी दर्शाते हैं। इनमें वे इलेक्ट्रॉन भाग लेते हैं जो आबंद्ध निर्माण में भाग नहीं लेते हैं। ये **n electron**

हैं तथा इनमें n - n* परागमन होता है। विशिष्ट कक्षक ऑक्सीजन, नाइट्रोजन तथा सल्फर परमाणुओं के लक्षण होते हैं। इनके ये कक्षक **conjugated double bond system** में पाये जाते हैं अथवा इस प्रकार के **system** से जुड़े रहते हैं।

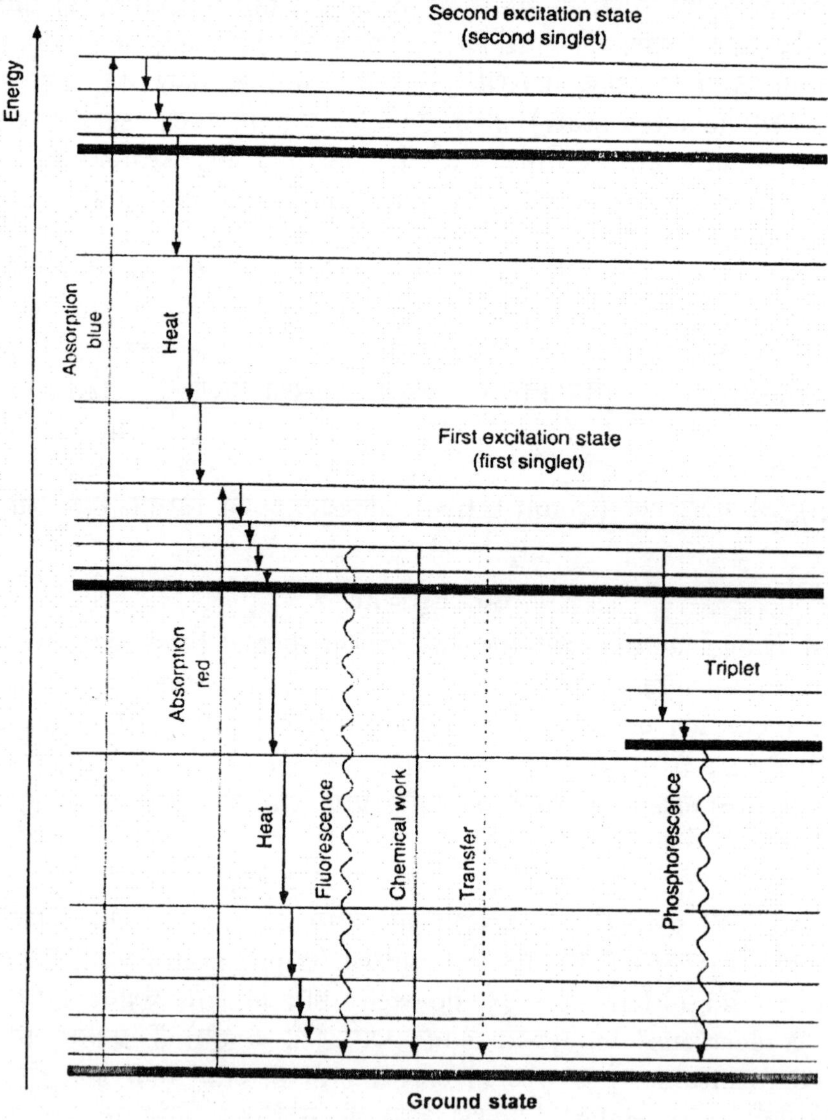

Fig. 5.1. The ground state and different excitation state of chlorophyll a molecule

जब त्रिक अवस्था के वर्णक की आधिक्य ऊर्जा किसी अन्य वर्णक (ग्राही वर्णक), में स्थानांतरित होती है, तो प्रक्रिया में एक प्रकाश रसायनी परिवर्तन होता है। इस परिवर्तन को भा–सुग्राहिता (photosensitized) कहते हैं तथा वर्णक को सुग्राहीकर (sensitizer) कहते हैं। जब किरणित वर्णक से प्रकाश उत्सर्जित होता है, तो इस उत्तेजित एकक अवस्था का आद्य अवस्था में अपक्षय हो जाता है। इस परिघटना को प्रतिदीप्ति (flurosce-

nce) कहते हैं। यह प्रक्रिया तीव्र तथा तापक्रम से मुक्त होती है। अवशोषण तथा प्रतिदीप्ति के बीच अणु द्वारा उत्तेजित अवस्था में बिताये गये औसत समय को उत्तेजित अवस्था का **natural life time** कहते हैं। यदि वर्णक बिना प्रकाश रसायनी अभिक्रिया के उत्तेजित एकक अवस्था से परागमन करके त्रिक अवस्था में जाता है तो ऊष्मा अपव्यय से अपक्षय द्वारा आद्य अवस्था में आ जाता है। इस प्रक्रिया को स्फुरदीप्त (Phosphrescence) कहते हैं। यह तापक्रम पर निर्भर करता है।

प्रकाश संश्लेषण सिर्फ मितस्थायी त्रिक का उपयोग करते हैं। यह लम्बे समय के लिये होता है जिससे सभी प्रकार की 'प्रकाश रसायनी ऊर्जा संचल' हो सकें। यह एक विशिष्ट उत्तेजित इलेक्ट्रॉनिक अवस्था है। इसका **natural life time** ज्यादा लम्बा होता है। प्रदीप्ति द्वारा इलेक्ट्रॉन से ऊर्जा का ह्रास होता है तथा आद्य अवस्था पुनः स्थापित हो जाती है या फिर ऊष्मा के रूप में छोटी मात्रा में ऊर्जा का ह्रास होता है।

एक वर्णक से दूसरे वर्णक में उत्तेजित ऊर्जा का स्थानांतरण **Forster energy transfer mechanism** अथवा **resonance** द्वारा होता है। **Theoder Forster (1948)** ने असमान वर्णक अणुओं में **absorption bands** को अतिछादित किये बिना ऊर्जा के अनुनाद (Resonance) स्थानांतरण की क्रियाविधि का विश्लेषण किया। इस उदाहरण में अवशोषण प्रक्रिया के समय अनुनाद कार्यरत नहीं होता है। इस क्रियाविधि में फोटॉन के उत्सर्जन अथवा पुनः अवशोषण की आवश्यकता नहीं होती है। ऊर्जा का स्थानांतरण लम्बे तरंगदैर्ध्य को अवशोषित करने वाले वर्णकों की दिशा की ओर होता है। **Forster** के अनुसार, असमान वर्णकों में ऊर्जा स्थानांतरण का एक आमाप में यह सम्भव है कि दाता वर्णक का प्रतिदीप्ति बैंड ग्राही वर्णक के अवशोषण बैंड को अतिछादित करता हो। दाता वर्णक के उत्तेजित इलेक्ट्रॉनिक अवस्था की कम्पन ऊर्जा (vibrational energy) का अपक्षय ग्राही वर्णक के किसी अवस्था के साथ अनुनाद दर्शाता है। अनुनाद r^6 का अनुपातिक होता है। एन्टीनी में दाता तथा ग्राही वर्णकों का सामिप्य क्रांतिक होता है। इसका कारण यह है कि ऊर्जा स्थानान्तरण की दक्षता दो अणुओं को पृथक करने वाली दूरी के छठवें घात के व्युत्क्रमानुपाती होती है। अतिछादित अवशोषण बैंड वाले अणुओं के बीच की पारस्परिक क्रिया द्विध्रुव द्विध्रुव अन्योन्य क्रिया (dipole - diple interaction) होती है। इस प्रकार की अभिक्रिया की ऊर्जा r^3 होती है, यहाँ r का अर्थ दो द्विध्रुव के केन्द्रकों के बीच की दूरी है। अति निकट सामुच्य वाले वर्णकों में excitation theory का dipole - dipole model π–इलेक्ट्रॉन कक्षकों के अतिछादित को लेते हुये विस्तरित होता है। जब अनुनादित परागमन द्विध्रुव द्वारा जब वर्णक एक दूसरे से प्रबलता से अभिक्रिया करते हैं तो वर्णकों के बीच का अनुनादित ऊर्जा स्थानान्तरण ज्यादा जल्दी होता है। अभिक्रिया का परिमाण क्रोमोफोरों के आपसी दूरी तथा आपेक्षित विन्यास पर निर्भर होता है। ऊर्जा स्थानान्तरण का अन्य उदाहरण निर्बल अथवा बलशाली अभिक्रियायें होती हैं। निर्बल अभिक्रियाओं में, जब अंतः आणविक कम्पन सम्बंध (Intramolecular vibrational relation) की तुलना में स्थानांतरण समय लम्बा होता है तो स्थानांतरण एकदिशीय होता है। दाता वर्णक अणु अपनी उत्तेजित ऊर्जा का कम्पन आद्य अवस्था (vibrational ground state) में छोड़ देता है। इसके पश्चात् यह ऊर्जा ग्राही अणु में स्थानांतरित हो जाती है। स्थानांतरण के पश्चात् ग्राही अणु कम्पन द्वारा ऊर्जा मुक्त करके तथा दाता अणु

के अनुनाद के साथ अलग हो जाता है। यदि ग्राही की उत्तेजित अवस्था उच्च कम्पनीय स्तर पर ऊष्मीय उन्नत होती है तो ऊर्जा ग्राही से दाता वर्णक में जा सकती है। यह परिघटना अप्रायिक हो सकती है परन्तु यह असम्भव नहीं है। प्रबल अभिक्रिया में कम्पनिक शिथिलन (vibrational relaxation) के समय की तुलना में स्थानांतरण का समय बहुत छोटा होता है। स्थानान्तरण द्विदिशीय होता है। इस उदाहरण में, कम्पनिक शिथिलन होने के पूर्व दाता तथा ग्राही वर्णक अणुओं के अनुनादीय कम्पनिक स्तर के बीच एक क्वांटा बार–बार स्थानांतरित होता रहता है। अन्त्य की अवस्था में प्रबल रूप से अभिक्रिया कर रहे वर्णक अणुओं के पूरे समुच्चय पर ऊर्जा विस्तारित हो जाती है।

Light Harvesting

Hoston *et al.*, (1996) ने light harvesting के विषय में विचार प्रस्तुत किये। यह photosystem में प्रकाश ऊर्जा का अवशोषण तथा तदन्तर अभिक्रिया केन्द्र तक इस ऊर्जा के स्थानांतरण की प्रक्रिया है। प्रकाश ऊर्जा का अवशोषण तथा इसका उत्तेजित वर्णक के रूप में परिवर्तन ही प्रकाश संश्लेषण की आरम्भिक क्रिया है। क्लोरोफिल तथा केरोटिनॉयड अणु LHC protein (harvesting complex) से आबद्ध होते हैं। ये थायलेकॉयड पर उपस्थित होते हैं तथा प्रकाश अवशोषित करते हैं। प्रकाश अवशोषित होने के फलस्वरूप वर्णक उत्तेजना की एकक अवस्था में चला जाता है। प्रकाश संश्लेषण में प्रकाश ऊर्जा के उपयोग में light harvesting अभिक्रियाओं का क्रम तथा ऐन्टेना वर्णकों एवं अभिक्रिया केन्द्र में प्राथमिक प्रकाश रसायन (photochemistry) द्वारा ऊर्जा का रूपांतरण होता है। अवशोषित प्रकाश की मात्रा का नियंत्रक ऐन्टेना वर्णक द्वारा होता है। यह अभिक्रिया केन्द्र के स्थानांतरण प्रक्रियाओं पर निर्भर नहीं होता है। प्राकृतिक वातावरण में पौधों को प्रकाश की तीव्रता तथा मात्रा दोनों के साथ समायोजन करना पड़ता है। दो फोटोसिस्टम में से किसी एक फोटोसिस्टम के अत्याधिक प्रेरित होने से प्रकाश का असमान उपयोग होता है जो हानिकारक होता है। उच्च पादपों में PS-I तथा PS-II के बीच अनुपयुक्त प्रकाश के वितरण को मंद करने हेतु क्रियाविधि दर्शाता है। इस क्रियाविधि को अवस्था परागमन (state transition) कहते हैं। पौधों को प्रकाश की विशिष्ट मात्रा की आवश्यकता होती है जिस पर प्रकाश संश्लेषण की दर उच्चतम (P_{max}) होती है। Harvesting center संतृप्त होने के इस स्तर के ऊपर भी प्रकाश अवशोषित करता रहता है। यह ऊर्जा Excess Excitation Energy (EEE) होती है तथा यह हानिकारक होती है।

Photosynthetic Pigment

वर्णकों में एक रासायनिक समूह होता है जिसे chromophore कहते हैं। क्रोमोफोर एक रासायनिक समूह है जो एक विशिष्ट तरंगदैर्ध्य के दृश्य प्रकाश को अवशोषित करते हैं। वर्णक कार्बनिक अणु है जिनमें conjugated bond होते हैं। इनमें नियमित एकांतरित एकल तथा द्विआबंध होते हैं। Conjugated double bond विशिष्ट रूप से स्थाई होते हैं। इनके स्थायित्व का कारण यह है कि इनका परमाणुओं के समान विन्यास की अनेक संरचनाओं के अनुनाद पारस्परिक क्रिया से प्रबलित होते हैं। वर्णक तीन प्रकार के होते हैं:– ये वर्णक क्लोरोफिल, फायकोबिलिन तथा कैरोटिनॉयड हैं।

Chlorophyll

क्लोरोफिल प्रमुख प्रकाश संश्लेषी वर्णक है (चित्र 5.2)। यह क्लोरोप्लास्ट के शुष्क भार का 10% होता है। Richard Willstatter ने क्लोरोफिल के संरचनात्मक फार्मूले का आविष्कार किया था। उनके इस अविष्कार पर उन्हें 1915 में रसायन शास्त्र पर नोबेल पुरस्कार प्रदान किया गया था। Hans Fischer (1940) ने टेट्रापालरॉल संरचना पर अनुसंधान कार्य किया। रसायन शास्त्र की भाषा में क्लोरोफिल पैतृक डाईकार्बोक्सिलिक अम्ल (क्लोरोफिलिन्स) के मिथिल पायरॉल हैं। इसे रसायन के रूप में टेट्रापायरॉल यौगिकों के रूप में वर्गीकृत किया गया है। क्लोरोफिल अणु में दो घटक होते हैं जिनमें से एक पोरफायरिन चक्र (Porphyrin ring) तथा दूसरा घटक फायटॉल श्रृंखला (Phytol chain) हैं। पोरफायरिन चक्र एक टेट्रापायरॉल है। टेट्रापायरॉल नाइट्रोजन युक्त चार संवलित उपचक्रों का बना होता है। इन उपचक्रों को पायरॉल चक्र (Pyrrole ring) कहते हैं। Mauzerall ने अपने लेख में लिखा है कि क्लोरोफिल का दीर्घचक्र पोरफायरिन न होकर क्लोरिन होता है। इनके चक्र क्लोरोफिल को प्रचुर वर्णक्रम लक्षण प्रदान करते हैं। इसके साथ क्लोरोफिल को प्रबल redox level की सप्लाई भी प्राप्त होती है। यह प्रकाश रसायन कार्य के लिये महत्वपूर्ण होता है। प्राकृतिक पायरॉल को पोरफोबिलिनोजेन कहते हैं। यह स्वयं δ–aminolevulinic acid के दो अणुओं से मिलकर बना होता है। पोरफायरिन चक्र में नाइट्रोजन के समीपस्थ कार्बन को "α" कहा जाता है तथा दूरस्थ को "β" कहते हैं जिस पर मुक्त संयोजकता होती है। पायरॉल चक्र में उनके आणविक संरचना में धात्विक परमाणुओं को आबंध करने की क्षमता होती है। क्लोरोफिल में मैग्नीशियम पोरफायरिन चक्र के केन्द्र में केन्द्रीय परमाणु के रूप में होता है। यह टेट्रापायरॉल चक्र में कुलीर (chelate) होता है। मैग्नीशियम दो N - परमाणुओं से सहसंयोजक आबन्ध द्वारा तथा अन्य दो N - परमाणुओं से उपसहसंयोजक बंध से जुड़ा रहता है। क्लोरोफिल तथा अन्य पोरफायरिन चक्रों के बीच कुछ आधारभूत भिन्नतायें होती हैं – (1) कार्बन 7 तथा 8 पर दो अतिरिक्त हाइड्रोजन परमाणु जुड़े रहते हैं। अतः क्लोरोफिल डाईहाइड्रोपोरफायरिन का व्युत्पन्न होता है। (2) III पायरॉल चक्र से सायक्लोपेन्टेन चक्र (आइसोसायकलिक चक्र) जुड़ा रहता है। इस चक्र का कार्बोक्सिलिक समूह एक मिथिल समूह से एस्टरीकृत होता है। क्लोरोफिल के पोरफायरिन में कुछ पार्श्व श्रृंखलायें होती हैं, जो पायरॉल चक्र के "β" कार्बन से जुड़ी रहती है। 1, 3, 5 तथा 8वें स्थान पर मिथिल समूह, 4 स्थान पर इथिल समूह, 2 स्थान पर विनिल समूह जुड़ा रहता है। 7वें कार्बन पर फायटॉल श्रृंखला जुड़ी होती है। फायटॉल श्रृंखला ($C_2OH_{39}OH$) जलभीरू (hydrophobic) स्वभाव की होती है। यह क्लोरोफिल को प्रकाश संश्लेषी झिल्ली से सन्निहित रखता है। यह बीस कार्बनों की श्रृंखला है जो आइसोप्रिनॉयड इकाईयों के पुर्नावृत्त इकाई के रूप में पाया जाता है। इस प्रकार बीस कार्बन की श्रृंखला चार आइसोप्रीन इकाईयों की बनी होती है। फायटॉल श्रृंखला रहित क्लोरोफिल को क्लोरोफिलाइड (chlorophyllide) कहते हैं।

क्लोरोफिल विभिन्न प्रकारों में पाया जाता है। Chl a तथा Chl b पौधों में सर्वाधिक मात्रा में पाये जाते हैं। इन दोनों में संरचनात्मक भिन्नता यह है कि Chl b के 3 कार्बन परमाणु पर फॉर्मिल अपशेष का एल्डिहाइड समूह (-CHO) पाया जाता है। इस एक मात्र सरल से भेद के कारण प्रकाश अवशोषण में बहुत बड़ा प्रभाव पड़ता है। Chl c एक

क्लोरोफिलॉयड है। इस प्रकार के क्लोरोफिल में 20 कार्बन का फायटॉल श्रृंखला के स्थान पर -CH = CH - COOH पार्श्व श्रृंखला पाई जाती है। इस प्रकार के क्लोरोफिल में 7 तथा 8 कार्बन परमाणु के बीच द्विआबंध पाया जाता है। Chl c दो रूपों में पाया जाता है तथा "C_1" तथा "C_2"- Chl C_2 में 4थे कार्बन परमाणु पर विनिल समूह पाया जाता है।

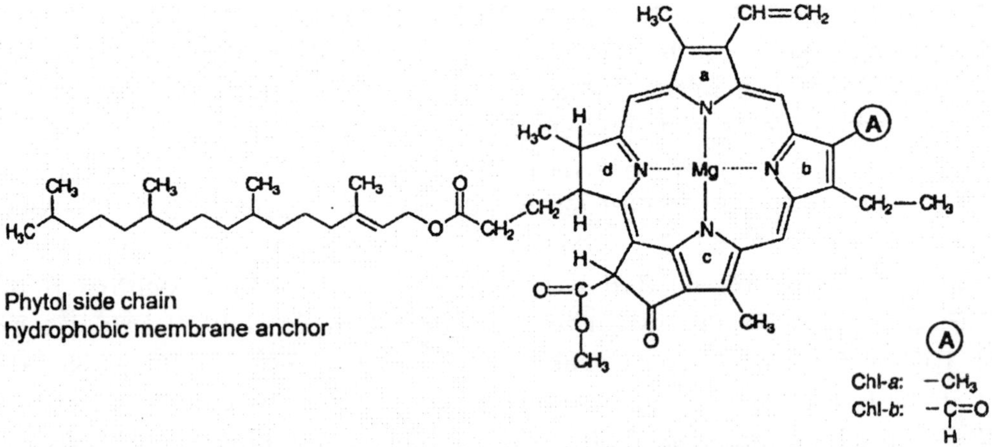

Fig. 5.2. Basic structure of chlorophyll molecule

अल्कोहलीय घोल में क्लोरोफिल में प्रतिदीप्ति गुण होते हैं। जब क्लोरोफिल को अल्कोहल में घोल कर वायु में रखा जाता है तो वह समक्रिस्टल (Alomerized) हो जाता है अर्थात् C(10) स्थान पर ऑक्सीकृत हो जाता है। क्लोरोफिल की समक्रिस्टलता का चरित्र चित्रण स्पेक्ट्रमी परिवर्तन से किया जाता है। Chl a का शुद्ध अल्कोहलीय घोल परागत प्रकाश (transmitted light) में नील हरित तथा परावर्तित प्रकाश (reflected light) में लाल होता है। इसके वैषम्य में Chl b परागत प्रकाश में पीत हरा तथा परावर्तित प्रकाश में भूरा लाल होता है। Chl a का चरित्र चित्रण दो प्रबल अवशोषण बैंड से किया जाता है। ये बैंड वर्णक्रम के नीले–बैंगनी तथा लाल भाग में होता है। पहला बेंड प्रत्येक पोरफायरिन व्युत्पन्न में समान होता है जबकि दूसरा बेंड सिर्फ क्लोरोफिल में ही विशिष्ट होता है। क्लोरोफिल विभिन्न विलायकों में भिन्न भिन्न अवशोषण शिखर (absorption peak) दर्शाता है। ईथर के घोल में Chl a दो शिखर दर्शाता है जो क्रमशः 662 nm (लाल भाग में) तथा 435 nm (बैंजनी भाग में) होते हैं। इसी प्रकार भी Chl b भी दो अवशोषण शिखर दर्शाता है। ये शिखर 642 nm तथा 453 nm के तरंगदैर्ध्य पर होते हैं। *In vivo* Chl a का अवशोषण शिखर 435 nm तथा 670 - 680 nm पर होता है। Chl b में ये शिखर 480 nm तथा 650 nm पर होते हैं। Chl c के अवशोषण स्पेक्ट्रम को क्लोरोफ्यूकिन (Chlorofucin) कहते हैं। इसका चरित्र चित्रण 630 nm के भाग में बेंड द्वारा किया जाता है।

Phycobilins

फायकोबिलिन रैखिक टेट्रापायरॉल है, अर्थात् टेट्रापायरॉल चक्र एक खुले श्रृंखला में होते हैं। टेट्रापायरोल चक्र मिथेन सेट से जुड़े रहते हैं। Oxygen 1 तथा 8 कार्बन से जुड़ा

रहता है तथा 4 एवं 5 स्थान पर प्रोपियोनिक अम्ल जुड़ा रहता है। रैखिक टेट्रापायरॉल बाइल में पाया जाता है, अतः इस वर्णक को 'बिलिन' कहा जाता है। फायकोबिलिन दो प्रकार के होते हैं; फायकोसायनिन (नीला वर्णक) तथा फायकोइरीथिन (लाल वर्णक)। जब ये वर्णक प्रोटीन से सम्बद्ध होते हैं तो उन्हें क्रमशः फायकोसायनोबिलिन तथा फायकोइरीथेबिलिन कहते हैं। फायकोबिलिप्रोटीन विषमद्विलक (heterodimer) α तथा β के बने होते हैं। इनमें उच्च आणविक भार के प्रोटीन होते हैं। प्रोटीन के साथ इनमें क्रोमोफोर (प्रॉस्थेटिक) समूह पाया जाता है जिससे वर्णक को रंग मिलता है। हांलाकि फायकोबिलिन क्लोरोफिल के समान टेट्रापायरॉल होते हैं, परन्तु इनके भौतिक तथा रासायनिक लक्षणों में भिन्नता होती है। सबसे महत्वपूर्ण भिन्नता जल में घुलनशीलता है।

C - phycocyanin का अवशोषण उच्चिष्ठ (absorption maxima) 618 nm पर होता है। r-phycocyanin 552 nm तथा 615 पर अधिकतम अवशोषण करते हैं। r-phycoerythin 540 nm से 570 nm के बीच के तरंगदैर्ध्य को अवशोषित करते हैं।

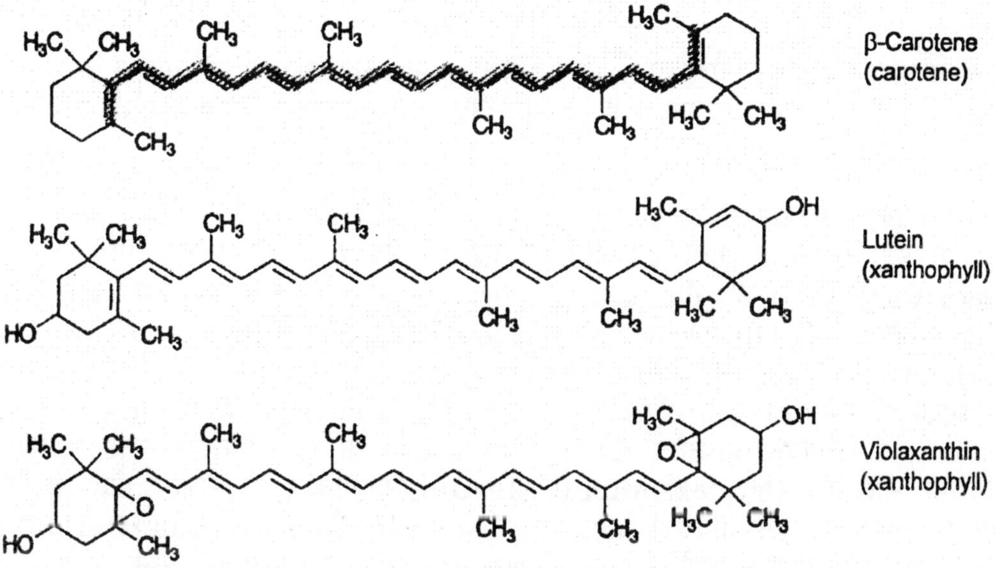

β-Carotene (carotene)

Lutein (xanthophyll)

Violaxanthin (xanthophyll)

Fig. 5.3. Structural formula of carotene and xanthophyll

Carotenoids

केराटिनॉयड लम्बे हाइड्रोकार्बन श्रृंखला के बने होते हैं। इस श्रृंखला में conjugated double-bond होते हैं एवं इस श्रृंखला को तथाकथित polyene chain कहते हैं (चित्र 5.3)। ये जल में अघुलनशील होते हैं परन्तु वसा अथवा वसा को घोलने वाले विलायकों में घुलनशील होते हैं। इन्हें दो समूहों में बांटा गया हैः केरोटीन तथा जेन्थोफिल। केरोटीन्स बहुअसंतृप्त हाइड्रोकार्बन होते हैं। जेन्थोफिल ऑक्सीजन मुक्त केरोटीन के व्युत्पन्न होते हैं। केरोटीनों के नाम का अंत -ene से होता है जबकि जेन्थोफिल के नाम का अंत -in से होता है। केरोटिनॉयड अणु चालीस कार्बन के बने होते हैं। घटकों के रासायनिक संरचना को "isoprene" कहते हैं। आइसोप्रीन पाँच कार्बन की एक असंतृप्त श्रृंखला है जिसमें मिथिल

समूह पार्श्व श्रृंखला के रूप में पाया जाता है। **Building blocks** एक लम्बी श्रृंखला के रूप में होते हैं जिसमें केन्द्रीय संरचना सात **conjugated double bond** से जुड़े चौदह कार्बन परमाणुओं की होती है। चार मिथिल समूह पार्श्व श्रृंखला के रूप में इस केन्द्रीय श्रृंखला से जुड़े होते हैं। इस केन्द्रीय श्रृंखला के दोनों छोरों पर अथवा एक छोर पर खुला अथवा बंद आयनोन चक्र (एक द्विबंधयुक्त हेक्सामिथिलीन) पाया जाता है। शीर्षस्थ चक्र एक समान अथवा भिन्न हो सकते हैं। शीर्षस्थ चक्र ही केरोटिनॉयड को भिन्नता प्रदान करते हैं। अधिकांश केरोटिनॉयड में 40 कार्बन परमाणु तथा ग्यारह अथवा अधिक द्विआबंध पाये जाते हैं।

Carotenes ये $C_{40}H_{56}$ के फार्मूला वाले समावयव रसायन हैं। α–केरोटीन तथा β–केरोटीन में दोनों सिरों पर बंद चक्र होते हैं। γ-केरोटीन में सिर्फ एक सिरा चक्रीय (inone ring) होता है अतः शीर्षस्थ द्विआबंध विलोपित हो जाता है। β–केरोटीन में प्रत्येक चक्र का द्विआबंध विलोपित हो जाता है। β–केरोटीन में प्रत्येक चक्र का द्विआबंध conjugated होता है जिसके **conjugated double bond** का अंत सीधी श्रृंखला ढांचे में होता है। α–केरोटीन में यह सिर्फ एक चक्र के लिये होता है तथा दूसरे छोर पर द्विआबंध अगले कार्बन परमाणु के बाहर होता है। इस विशिष्ट α–inone संरचना के कारण α–केरोटीन तथा β–केरोटीन में अंतर हो जाता है। β–केरोटीन में β–आयोनोन संरचना होती है।

Xanthophyll

जेन्थोफिल में ऑक्सीजन हाइड्रॉक्सिल, कीटो, एपॉक्सी, कार्बोनिल अथवा मिथॉक्सी समूह के रूप में पाया जाता है। पौधों में विभिन्न प्रकार के जेन्थोफिल पाये जाते हैं। Lutein ($C_{40}H_{56}O_2$; 3, 3' - dihydroxy - α - carotene) α केरोटीन का व्युत्पन्न है जिसके प्रत्येक शीर्षस्थ चक्र में एक अतिरिक्त हाइड्रॉक्सिल समूह होता है। Violaxanthin ($C_{40}H_{56}O_4$) में बंद आयोनोन चक्र होते हैं। एपॉक्सी समूह C 5-6 तथा 5' - 6' स्थान पर एवं हाइड्रॉक्सी समूह 3 तथा 3' स्थान पर होता है। Zeaxanthin (3, 3' dihydroxy - α - carotene) में द्विआबंध आयनोन चक्र में होता है तथा दो हाइड्रॉक्सिल समूह 3 तथा 3' स्थान पर होते हैं। Cryptoxanthin ($C_{40}H_{56}O$) जियाजेन्थिन के समान होता है परन्तु इसमें 3' स्थान पर हाइड्रॉक्सिल समूह अनुपस्थित होता है। Neoxantin ($C_{40}H_{56}O_4$) α केरोटीन का व्युत्पन्न है। इसमें 3 तथा 3' स्थान पर अतिरिक्त हाइड्रॉक्सी समूह होता है। 6' स्थान पर एक और हाइड्रॉक्सी समूह तथा 5-6 स्थान पर एपॉक्सी समूह पाया जाता है।

करोटिनॉयड के अवशोषण शिखर का परीक्षण कार्बनिक विलायकों में किया गया है। हेक्सेन में केरोटीन के अवशोषण शिखर का अवलोकन किया गया। α–केरोटीन में ये शिखर 420, 440 तथा 470 nm पर, β–केरोटीन में यह 425, 450 तथा 480 nm एवं γ– केरोटीन के लिये 440, 46 तथा 495 nm होता है। Lutein के अवशोषण शिखर का एथेनॉल में अध्ययन किया गया, यह 425, 445 तथा 475 nm होता है।

केरोटीन का एक अन्य विविध वर्ग होता है। Luteol (3, 3'-dihydroxy-α–carotene), Zeaxanthol (dihydroxy–β–carotene), fucoxanthol केरोटिनॉल के उदाहरण हैं।

β–केरोटीन, Lutein, violaxathin तथा neoxanthin, उच्च पादपों के प्रमुख केरोटिनॉयड हैं।

Photosynthetic Units and Reaction Centers

1932 में Robert Emersen तथा William Arnold ने *Chlorella* पर एक प्रयोग किया जिसमें इस शैवाल को दीप्त प्रकाश में बहुत कम समय (उदा. 10, μ sec) अनावरित किया गया। उन्होंने निष्कर्ष निकाला कि क्लोरोप्लास्ट के सभी क्लोरोफिल अणु प्रकाश ऊर्जा को रसायनिक ऊर्जा में परिवर्तित नहीं करते हैं साथ ही निष्कर्ष निकाला कि उपक्रम में पाये जाने वाले क्लोरोफिल के 2500 अणुओं द्वारा क्षणदीप्त प्रकाश में अनावरित होने पर ऑक्सीजन का एक अणु मुक्त होता है। बाद में यह स्पष्ट हो गया कि प्रकाश संश्लेषण क्लोरोफिल के 300 गुना ज्यादा अणुओं की आवश्यकता होती है। सभी 300 अणु या इसी संख्या के लगभग की संख्या के क्लोरोफिल के अणु एक साथ कार्य करते हैं तथा एक प्रकाश संश्लेषी इकाई (Photosynthetic unit) बनाते हैं। वर्णकों की छोटी संख्या का समुच्च जो प्रकाश रसायनी अभिक्रिया कर सकते हैं उसे Photosynthetic unit कहते हैं। यहाँ प्रकाश रसायनी अभिक्रिया का तात्पर्य प्रकाश क्वांटा का अवशोषण तथा पिंजरन केन्द्र (trapping center) तक विस्थापन है, जहाँ पर यह एक इलेक्ट्रॉन को निर्मुक्त करने को प्रोत्साहित करता है।

Thylakoid and location of Pigments

क्रोमेटोफोर में वर्णक पूरे थायलेकॉयड झिल्ली पर फैले रहते हैं। उच्च पादपों के क्लोरोप्लास्ट वर्णक ग्राना थायलेकॉयड में पाये जाते हैं। क्लोरोप्लास्ट की संरचना के अध्ययन से स्पष्ट होता है कि थायलेकॉयड की संरचना कोष (sac) जैसी होती हैं। Menks (1962) ने इन संरचनाओं को थायेलेकॉयड कहा। Park तथा Beggins (1964, 67) ने थायेलेकॉयड काय पर कुछ उभार जैसी संरचनायें देखीं। Park (1964) ने थायलेकॉयड काय पर कुछ गोलाकार संरचनाओं का अवलोकन किया एवं इनके लिये शब्द क्वान्टासोम (Quantasome) का उपयोग किया। क्वान्टासोम एक स्तर पर विन्यसित होते हैं। क्वान्टासोम लगभग 175Å के अमाप के होते हैं। **Freeze itching technique** द्वारा इलेक्ट्रॉन सूक्ष्मदर्शी, एक्स–किरण विवर्तन, polarization optics तथा immunological techniques शोधों से थायलेकॉयड की संरचना के अध्ययन में सहायता मिलती है। Freeze-itching technique अध्ययन से स्पष्ट होता है अतिहिमीयकृत (deep frozen) पदार्थ के planning के समय बने विभंग प्लेन झिल्ली के अन्दर केन्द्रीय लिपिड स्तर के जल विरागी भाग में होता है। विभंग प्लेन (Fracture plane) के स्थान से दो विशिष्ट विभंग फलक (fracture faces) उभरते हैं जो प्रायः समान होते हैं।

Braton and Park Model

यह प्रादर्श Freeze-itching technique के fracture plane के अवलोकन पर आधारित होता है। इस मॉडल के अनुसार, थायलेकॉयड झिल्ली दो उपइकाईयों की बनी होती है। ये उपइकाईयाँ इलेक्ट्रॉन माइक्रोग्राफ में झिल्ली पृष्ठ पर उभरे दो विभिन्न कण के रूप में दिखती हैं। इन कणों का विन्यास झिल्ली के तीन विभिन्न फलकों में होता है। बाहरी पृष्ठ 'I' में ऊबड़ खाबड़ पृष्ठ विविधता होती है। यह संरचना केन्द्रीय भाग में पाये जाने वाले अनेक बड़े कणों द्वारा निर्मित होती है। इन कणों के अतिरिक्त थायलेकॉयड के बाहरी पृष्ठ पर कुछ अन्य कण भी पाये जाते हैं। ये कण आपस में निकटता से जुड़े रहते

हैं तथा फोटोफॉस्फोरायलेशन के समय coupling factor का कार्य करते हैं। आंतरिक झिल्ली में दो प्रमुख पृष्ठ होते हैं; 'I' जिसमें 110-120 Å आमाप के अनेक छोटे कण होते हैं। यह बाहरी झिल्ली पृष्ठों से लगी हुई एक स्तर को दर्शाती है। I के नीचे का पृष्ठ फलक II हैं, जिस पर लगभग 175 Å इकाई के बड़े कण पाये जाते हैं। दो प्रकार के कण सम्भवतः ग्राना के अन्दर थायलोकॉयड झिल्लियों को जोड़े रखते हैं। **Grana stocks** की झिल्लियाँ में 120 Å व्यास के छोटे कण पाये जाते हैं। फलक II का ग्यालकोलिपिड तथा क्लोरोफिल से बना चिकना पृष्ठ इस स्तर में अनुपस्थित होता है। Park (1966) तथा Braton (1968) के अनुसार 175 Å व्यास के कण क्वान्टासोम के समदर्श होते हैं। ये प्रत्येक कण 80-90 Å अमाप के चार उपइकाईयों के बने होते हैं।

Kirk ने इलेक्ट्रॉन सूक्ष्मदर्शी के अवलोकनों तथा एक्स किरण विवर्तन के आधार पर एक प्रादर्श प्रस्तुत किया। इस मॉडल के अनुसार 120 Å तथा 175 Å आमाप के दोनों प्रकार के कण द्विस्तरीय झिल्ली के सतत् लिपिड मैट्रिक्स में धंसे रहते हैं। थायलेकॉयड झिल्ली 75-90 Å मोटी होती है। परतें एक दूसरे से स्पष्ट रूप से पृथक न होकर एक दूसरे में धंसी रहती हैं। छोटे कण झिल्ली के बाहरी पृष्ठ पर पाये जाते दिखते हैं। आंतरिक पृष्ठ के समीपस्थ कणों की परतें 'intrathylakoid space' के अन्दर धंसी रहती हैं। 160 x 180 Å के गोलाकार संरचना photosynthetic unit की संरचना के तुल्यांक संरचना को दर्शाते हैं।

Weier and Benson ने कुछ जटिल तथा असमान्य प्रादर्श प्रस्तुत किया। इस मॉडल के अनुसार झिल्ली लाइपो प्रोटीन उपइकाई की एकल परत की बनी होती है। इसमें प्रोटीन कोर का बाहरी पृष्ठ लिपिड आवरण से आवरणित होता है। जहाँ दो झिल्लियाँ संलग्न होती हैं, उस क्षेत्र को "partition" कहते हैं। इलेक्ट्रॉन सुस्पष्ट जलरागी तीन स्तर होते हैं: (1) Loculi-granule membranes से घिरा हुआ भाग (2) Fret Channel : स्ट्रोमा झिल्ली से घिरा हुआ भाग (3) क्लोरोप्लास्ट में थायलेकायड तथा स्ट्रोमा धारण करने वाला भाग। क्लोरोफिल अणुओं का विन्यास अनियमित होता है। पोरफायरिन शीर्ष उपइकाईयों के बीच के क्षेत्र में पाया जाता है। जबकि Phytol chain उपइकाई के अंदर की ओर धंसा रहता है।

विद्युत रसायनी प्रक्रियायें कार्यात्मक इकाइयों में होती है। ये इकाइयों क्लोरोप्लास्ट के अंदरी पुटिकाओं (vesicles) में पायी जाती हैं। ये थायलेकॉयड डिस्क हैं जिनमें कम से कम 105 क्लोरोफिल अणु पाये जाते हैं। डिस्क की झिल्ली पर कम से कम 200 इलेक्ट्रॉन संवहन श्रृंखलाओं का आवरण होता है। इलेक्ट्रॉन संवहन की एक श्रृंखला में दो प्रभिन्न प्रकाश रसायनी केन्द्र होते हैं। इन केन्द्रों में 300 एन्टेना क्लोरोफिल द्वारा क्वांटा सप्लाई किया जाता है।

Photosystem

प्रकाश संश्लेषी वर्णकों द्वारा प्रकाश अवशोषित किया जाता है। ये वर्णक एक समुच्च में रहकर फोटोसिस्टम बनाते हैं। ऐन्टेना वर्णकों द्वारा प्रकाश अवशोषित किया जाता है तथा यह प्रकाश रसायनी अभिक्रिया केन्द्र तक पहुँचा दिया जाता है। अभिक्रिया केन्द्र में दो फोटोसिस्टम होते हैं जिन्हें क्रमशः P_{700} तथा P_{680} से जाना जाता है। प्रकाश संश्लेषी

उपकरण (Photosynthetic) के आणविक संरचना तथा कार्य को समझने के लिये विविध तकनीकों का प्रयोग किया गया है। इन तकनीकों में चुम्बकीय अनुनाद (magnetic resonance) से लेकर X-ray sacatering शामिल होती है। Boardman (1968) ने digitonin treated chloroplast के विभेदक अपकेन्द्रण (differential centrifugation) से two pigment system को आंशिक रूप से पृथक किया भारी कण Hill reaction दर्शाते हैं जबकि हल्के कणों में $NADP^+$ का अपचयन होता है। उचित अपमार्जक उपचार (detergent treatment) से दोनों photosystem को विलगित क्लोरोप्लास्ट से अलग किया जा सकता है। Vernon एवं उनके सहयोगियों (1967, 1969) ने दोनों photosystems को पृथक करने के लिये आयनिक अपमार्जक (Triton X-100) का उपयोग किया। Polyachrylamide gel electrophoresis से निकाले गये photosystem को पृथक किया जा सकता है। Junge (1982) के अनुसार प्रत्येक ग्रेनम में PS - I तथा PS - II के लगभग 200 इकाईयाँ होती हैं। इससे यह स्पष्ट होता है कि दोनों फोटोसिस्टम बराबर मात्रा में पाये जाते हैं। Melis and Brown (1980) के मतानुसार PS - I तथा PS - II का अनुपात विभिन्न प्रजातियों में भिन्न भिन्न होता है। यह अनुपात पौधे की वृद्धि अवस्था में विविधता दर्शाता है। PS - II का PS - I के अनुपात को रससमीकरणमिति (stoichiometry) कहते हैं। हरित तथा लाल शैवाल, सायनोबैक्टीरिया तथा पौधों के लिये 0.4 तथा 1.7 के बीच विविधता होती है। इसे प्रकाश गुणता से भी नियंत्रित किया जा सकता है। दोनों फोटोसिस्टम में एक वर्णक अभिक्रिया केन्द्र तथा शेष ऐन्टेना वर्णक बनाते हैं। अभिक्रिया केन्द्र में इलेक्ट्रॉन संचालन होता है। Antenna pigments का कार्य light harvesting होता है। अधिकांश पौधों में प्रत्येक अभिक्रिया केन्द्र से 250 क्लोरोफिल अणु सम्बद्ध होते हैं। फोटोसिस्टम दो प्रकार के होते हैं जिन्हें PS - II तथा PS - I कहते हैं। PS - II एक प्रबल ऑक्सीकारक है। यह 680nm तरंगदैर्ध्य के प्रकाश को अवशोषित कर सकता है। PS - I एक प्रबल अपचायक है तथा यह 700 nm के प्रकाश का उपयोग करता है। PS - II में जल का प्रकाश अपघटन (photolysis) होता है जबकि PS - I की भूमिका NADP का अपचयन है। PS-I में Chl 'a' थोड़ी मात्रा में Chl 'b' तथा कुछ β–caroten की आवश्यकता होती है जो अनेक प्रोटीनों से असहसंयोजी बंध से जुड़े रहते हैं। Chl 'a' का एक विशिष्ट अणु जो 700 nm के साथ और छोटे तरंगदैर्ध्य के प्रकाश को अवशोषित करता है। यह अणु अभिक्रिया केन्द्र होता है तथा रसायनी वातावरण के लिये विशिष्ट होता है। अभिक्रिया केन्द्र के चारों ओर ऐन्टेना वर्णक पाये जाते हैं। वर्णकों के अतिरिक्त, फेरेडॉक्सिन के समान कम से कम दो लोहयुक्त प्रोटीन होते हैं। इन्हें Fe-S प्रोटीन कहते हैं। प्रत्येक प्रोटीन के चार आयरन परमाणु दो सल्फर परमाणुओं से आबंद्ध होते हैं। इन प्रोटीनों के चार आयरन परमाणु अभिक्रिया केन्द्र से मुक्त हुये इलेक्ट्रॉनों को ग्रहण करते हैं। सायनोबेक्टीरिया के PS - I की संरचना पर अध्ययन किया गया है, इसकी संरचना पौधों के PS - I के समान ही होती है। यह विषम त्रिलक (heterotrimer) होता है। Trimer के प्रत्येक उपइकाई में 12 विभिन्न प्रोटीन अणु होते हैं। इन प्रोटीनों से कुछ अणु आबद्ध होते हैं। इन अणुओं का वर्णन Chl 'a' के 96 अणु, अभिक्रिया केन्द्र P_{700} के दो अणु, इनसे निकटता से सम्बद्ध 4 accessory अणु होते हैं। इसके साथ ऐन्टेना वर्ण का कार्य करने वाले 90 अणु, 22 केरोटिनॉयड अणु, 4 लिपिड अणु, Fe4S के गुच्छ तथा फायलोक्वीनोन भी इन प्रोटीनों से जुड़े रहते हैं। ये बीस विभिन्न प्रोटीनों अणुओं का संकुल है। इन प्रोटीन अणुओं से भी कुछ

प्रकार के अणु आबद्ध होते हैं। इनमें 50 या अधिक Chl 'a' अणु, अभिक्रिया केन्द्र P_{680} के दो अणु, इनसे निकटता से जुड़े 2 accessory molecules होते हैं। इसके साथ pheophytin के 2 अणु, क्लोरोफिल के कुछ अणु तथा केरोटिनॉयड ऐन्टिना वर्णक का कार्य करते हैं। इन सभी प्रकार के अणुओं के साथ प्लास्टोक्वीनोन के दो अणु भी जुड़े होते हैं।

इलेक्ट्रोफोरेसिस से क्लोरोप्लास्ट के दो प्रमुख बैंड को पृथक किया जा सकता है। ये बैंड फोटोसिस्टम के अतिरिक्त पाये जाते हैं। प्रत्येक बैंड में Chl 'a', Chl 'b', जेन्थेफिल्स तथा केरोटिनायड पाये जाते हैं। इसमें बहुत थोड़ी मात्रा में केरोटीन भी होता है। ये वर्णक प्रोटीन से आबद्ध होते हैं। इन बैंड का कार्य प्रकाश का अवशोषण तथा हार्वेस्ट करना है एवं इसे उचित फोटोसिस्टम में स्थानांतरित करना है ।

Photolysis of water takes place in PS II

जल के प्रकाश से प्रेरित ऑक्सीकरण को जल का प्रकाश अपघटन (Photolysis) कहते हैं। अभिक्रिया केन्द्र में PS - II के ल्यूमेल स्थल पर जल का प्रकाश अपघटन होता है। जल के ऑक्सीकरण से O_2 मुक्त होता है। इस प्रक्रिया में चार इलेक्ट्रॉनों की आवश्यकता होती है। यह pH7 पर उच्च विद्युत धनात्मक मध्य बिन्दु विभव (+820mV) पर होता है। उत्तेजित अभिक्रिया केन्द्र (P_{680}) प्रबल ऑक्सीकारक होता है। $P_{680/690}$ का विद्युत धनात्मक विभव जल के अणु को तोड़ने के लिये आवश्यक विभव से बहुत अधिक होता है। PS - II के ऑक्सीजन मुक्त करने वाले संकुल से चार मैग्नीशियम परमाणु सम्बद्ध होते हैं। मैंग्नीज प्रमुख आवेश संचायक होता है। S - अवस्था मॉडल प्रकाश चलित आवेश संचय क्रियाविधि पर परिकल्पना प्रस्तुत करता है। इस परिकल्पना के अनुसार PS - II में बढ़ोतरी क्रम में पाँच सतत अवस्थायें होती हैं। इन अवस्थाओं को S_0 से S_4 द्वारा अभिव्यक्त किया जाता है। आवेश पृथक्करण की प्रत्येक अवस्था के बाद अभिक्रिया केन्द्र में +1 (P_{680}) आवेश में वृद्धि होती है। पाँचवीं अवस्था (S_4) प्रबल ऑक्सीकारक होता है। यह जल का ऑक्सीकरण करता है तथा इस अवस्था में ऑक्सीजन निकलता है।

Physiology of PS - II

PS - II एक समग्र संकुल है। इसमें Chl a (P_{680} अभिक्रिया केन्द्र) तथा कुछ Chl b एवं β–केरोटीन होता है। अभिक्रिया केन्द्र के इस Chl a अणु में मैग्नीशियम नहीं होता है एवं यह रंगहीन होता है। Klimov, Krasnovski (1981) तथा Cogdell (1983) ने इस अणु का नाम फियोफायटिन (Pheo) रखा। Horst Witt and Wolfgang Saenger ने एक्स किरण क्रिस्टलीकी से PS - II का त्रिवमीय संरचना का अध्ययन किया। उन्होंने *Synechococcus elongatus* नामक सायनोबैक्टीरिया के PS - II का अध्ययन किया। PS - II तथा बाद में PS - I की संरचना के अध्ययन से स्पष्ट होता है कि इन वर्णक तंत्रों की संरचना बैजनी जीवाणु के अभिक्रिया केन्द्र के समान ही होती है। PS - II में अभिक्रिया केन्द्र पर Chl a अणुओं का एक जोड़ा होता है। यह जोड़ा दो भुजाओं पर होता है जो एक फियोफायटिन अणु से जुड़े होते हैं। इसका अनुक्रम बैजनी जीवाणुओं के समान ही होता है। Pheo, P_{680} तथा प्रोटीन को P_{680} से जोड़ने वाला क्वीनोन होता है। इस क्वीनोन को Q कहते हैं एवं वह घटकों से निकटता से सम्बद्ध होता है। इसके दो प्रकार होते हैं Q_A तथा Q_B। क्वीनोन की विशेषता होती है कि यह P_{680} के उत्तेजित इलेक्ट्रॉन को ग्रहण कर

प्रतिदीप्ति का शमन कर लेता है। P-II संकुल में 20 से अधिक प्रोटीन होते हैं। एक अथवा अधिक प्रोटीन में मैंग्नीज पाया जाता है। Amesz (1983) ने इनका नाम मैंग्नीज प्रोटीन रखा। यह थायलेकॉयड झिल्ली के अंदर पार्श्व का भाग होता है। D_1 तथा D_2 नामक दो प्रोटीन इलेक्ट्रॉन स्थानांतरण प्रॉस्थेटिक समूह (जैसे P_{680}, फियोफायटिन तथा प्लास्टोक्वीनोन) से बंधित होते हैं। CP_{43} तथा CP_{47} जैसे अन्य प्रोटीन क्लोरोफिल से बंधित होते हैं। ये ऐन्टेना वर्णकों के घटक के रूप में होते हैं। प्रोटीन 33, 23 तथा 17 kDa जल के ऑक्सीकरण में भाग लेते हैं।

PS - II जल से इलेक्ट्रॉन को प्लास्टोक्वीनोन में स्थानांतरित करता है (चित्र 5.4)। PS - II का प्राथमिक इलेक्ट्रॉन ग्राही मेट्रिक्स स्थान से प्रोटॉन ग्रहण करके प्लास्टोक्वीनोन को अपचयित करता है। जब यह वर्णक तंत्र उत्तेजित होता है, जोड़े का एक Chl a अणु मुक्त हो जाता है तथा प्लास्टोक्वीनोन (Q_A^-) में जाकर प्लास्टोसेमीक्वीनोन बनाता है। प्लास्टोसेमी क्वीनोन एक सेमीक्वीनोन मूलक Q_A है। यह इलेक्ट्रॉन Q_B में स्थानांतरित हो जाता है तथा सेमीक्वीनोन Q_B बनाता है। इस क्रिया के साथ Q_A^{-} पुनः Q_A में परिवर्तित हो जाता है। इसके पश्चात् P_{680} से दूसरा इलेक्ट्रॉन Q_A को स्थानांतरित हो जाता है तथा पुनः एक अन्य Q_A^{-} बनता है। Q_A^{-} से एक इलेक्ट्रॉन Q_B^{-} में जाता है तथा Q_B^{2-} बनता है। Q_A^{-} पुनः Q_A में परिवर्तित हो जाता है। इस प्रकार से भी क्वीनोन Q_B^{-} पूरी तरह अपचयित Q_B^{2-} में बदल जाता है। झिल्ली के स्ट्रोमल पार्श्व से दो प्रोटॉन पूर्णतः अपचयित Q_B में जाते हैं तथा प्लास्टोक्वीनॉल (Q_BH_2) बनता है। PS - II संकुल से Q_BH_2 वियोजित हो जाता है तथा झिल्ली के लिपिड द्विस्तर में विसरित हो जाता है। यह एक चलनशील इलेक्ट्रॉन वाहक का कार्य करता है।

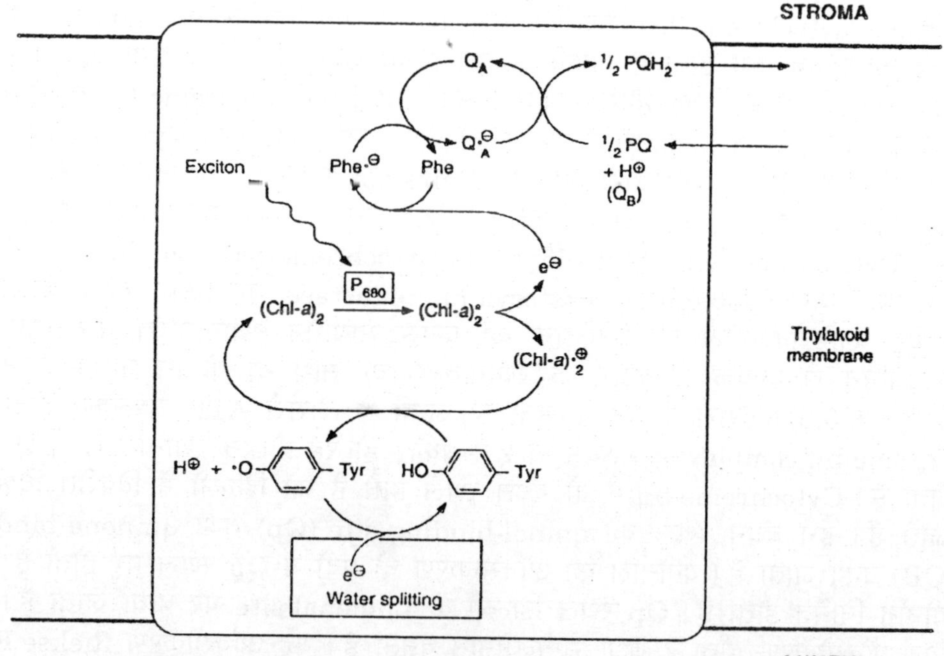

Fig. 5.4. Electron transport system in photosystem II

ऑक्सीजन प्रकाश संश्लेषण में जल 'हाइड्रोजन दाता' का कार्य करता है। वर्णक के उत्तेजित होने पर उत्पन्न इलेक्ट्रॉन की कमी की जल द्वारा पूर्ति की जाती है। अतः PS - II जल के ऑक्सीकरण से इलेक्ट्रॉन ग्रहण करता है। इलेक्ट्रॉन कमी को $(Chl\ a)^{2+}$ मूलक द्वारा व्यक्त किया जाता है। यह प्रबल ऑक्सीकारक है तथा इसका रेडॉक्स विभव लगभग + 1.1 होता है। Barber (1984) के अनुसार जल के ऑक्सीकरण के पहले पद में सम्भवतः मैंग्नीज भाग लेता है। अभिक्रिया केन्द्र के प्रोटीन में पाये जाने वाले मैंग्नीज धनायन B तथा क्रिया में भाग लेते हैं। $(Chl\ a)^{2+}$ मूलक प्रोटीन के ट्रायोसीन से एक इलेक्ट्रॉन ग्रहण करता है। ट्रायोसीन में इलेक्ट्रॉन की कमी को मैंग्नीज आयन के ऑक्सीकरण द्वारा लौटा दिया जाता है। PS - II संकुल में अनेक मैंग्नीज आयन होते हैं। इलेक्ट्रॉन संवहन प्रक्रिया के समय Mn आयन ऑक्सीकरण अवस्था Mn^{3+} तथा Mn^{4+} के बीच परिवर्तित होता है। जल से ऑक्सीजन के एक अणु को मुक्त करने के लिये अभिक्रिया केन्द्र को चार इलेक्ट्रॉनों को निकाल लेते हैं। सम्भवतः Mn आयन से चार इलेक्ट्रॉन मुक्त होते हैं। अधिक संख्या में Mn आयन होने का एक अन्य लाभ यह है कि इतनी संख्या के Mn आयन ऑक्सीजन मूलक के बनने को निम्नीकृत कर देते हैं। ऑक्सीजन मूलक लिपिड तथा प्रोटीन अणुओं के लिये हानिकारक होते हैं। Mn गुच्छ ट्रायोसीन अपशेष के द्वारा एक के बाद एक करके अभिक्रिया केन्द्र तक चार इलेक्ट्रॉन की सप्लाई करते हैं।

Role of Cytochrome b_6f

Cytochrome b_6f complex एक समग्र झिल्ली प्रोटीन है। Cyt b_6f संकुल में तीन इलेक्ट्रॉन वाहक होते हैं; एक उच्च विभव वाला C-type Cytochrome (Cytochrome f) एक उच्च विभव वाला 2Fe - 2SFe - S प्रोटीन (the Rieske Fe-S protein) तथा b-type cytochrome (cytochrome b_6) जिसमें b_l तथा b_n दो प्रकार के b-type heme होते हैं। Heme b_l का विभव कम होता है जबकि b_n का विभव उच्च होता है। तीनों वाहकों में से सिर्फ दो इलेक्ट्रॉन वाहकों को क्रिस्टलीकृत किया गया है। Cytochrome f तथा Riseke Fe-S प्रोटीन की संरचना द्वारा उनके स्वभाव की जानकारी मिलती है। Cytochrome f का हीम बंधन स्वभाव होता है जबकि Rieske Fe-S protein में Cys तथा His संलग्नी (Cys and His ligand) को Fe-S गुच्छ के प्रोटीन से असमान्य रूप से बंधित करने का स्वभाव होता है। Cytochrome b_6f माइटोकॉन्ड्रिया के Cytochrome bc1 complex के समदर्श होता है तथा यह plastoquinol-plastocyanin reductase के समान कार्य करता है अर्थात् यह प्लास्टोक्वीनोल से इलेक्ट्रॉन को प्लास्टोसायनिन स्थानांतरित कर देता है। प्लास्टोसायनिन से प्रत्येक इलेक्ट्रॉन के स्थानांतरण के साथ दो प्रोटॉन का संचलन भी होता है (चित्र 5.5)। इससे प्रोटॉन प्रवणता हो जाती है जिससे ATP संश्लेषण होता है। Cytochrome b_6f complex के माध्यम से इस प्रकार हो रहे प्रोटॉन स्थानांतरण में Q चक्र भाग लेता है। Cytochrome b_6f में दो बंधन स्थल होते हैं जो झिल्ली में विपरीत दिशा में पाये जाते हैं। इन बंधन स्थल को quinol-binding site (Qp) तथा quinone binding site (QB) कहा जाता है। क्वीनोल का ऑक्सीकरण दो पदों में Qp स्थल पर होता है तथा सेमीक्वीनोन निर्मित होता है। Qp स्थल झिल्ली के Lumenal site पर पाया जाता है। Qp स्थल का ऑक्सीकरण होता है तथा सेमीक्वीनोन बनता है। यह ऑक्सीकरण Riekse Fe-S केन्द्र में Cytochrome f द्वारा होता है जिससे बाद में प्लास्टोसायनिन बनता है। इसके

पश्चात् प्लास्टोसेमीक्वीनोल का ऑक्सीकरण कम विभव वाले हीम, b_l में हो जाता है। यह झिल्ली के **Lumenal site** पर पाया जाता है। इस ऑक्सीकरण के साथ क्वीनोल से प्रोटॉन मुक्त होकर **Lumen** में चला जाता है। इसके पश्चात् b_1 का इलेक्ट्रॉन झिल्ली के आर–पार स्थानांतरित होकर उच्च विभव हीम bh में चला जाता है। यह इलेक्ट्रॉन अब क्वीनोन अणु में स्थानांतरित हो जाता है तथा सेमीक्वीनोन बनाता है। क्वीनोन झिल्ली के स्ट्रोमल पार्श्व पर QB site से आबंद्ध होता है। सेमीक्वीनोन से क्वीनॉल बनता है जिसमें उपरोक्त वर्णन किये गये Q चक्र भाग लेता है। इस चक्र के नेट परिणमस्वरूप Qp स्थल पर एक प्लास्टोक्वीनोल अणु का ऑक्सीकरण होकर क्वीनोन (PQ) निर्मित होता है। दो इलेक्ट्रॉन का स्थानांतरण प्लास्टोसायनिन (PC) में होता है तथा चार प्रोटॉन स्ट्रोमा से क्लोरोप्लास्ट ल्यूमेन में स्थानांतरित हो जाते हैं। प्लास्टोसायनिन एक कॉपरयुक्त प्रोटीन है। **Cytochrome b_6f Complex** की अभिक्रियायें इलेक्ट्रॉन फलक्स की दर को निर्धारित करने वाली क्रियाओं में यह प्रमुख अभिक्रिया है।

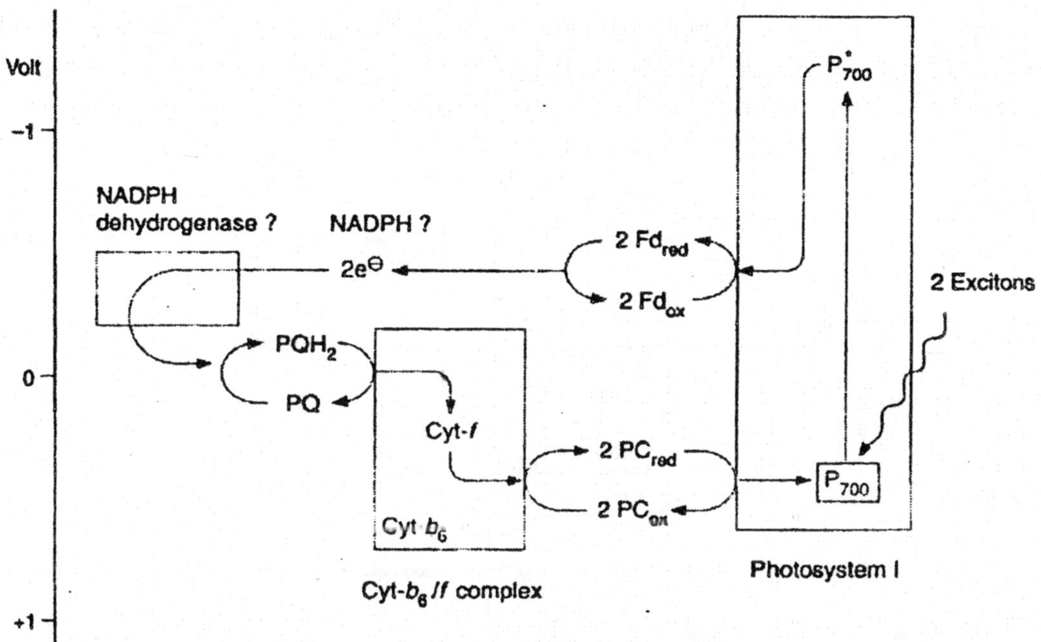

Fig. 5.5. Electron transport system between photosystem I and the cyt-b6lf

Physiology of PS - I

PS - I में प्रकाश संश्लेषी वर्णकों के साथ पंद्रह प्रोटीन उपइकायाँ भी होते हैं। इनमें से PsaA तथा PsaB इलेक्ट्रॉन स्थानांतरण के प्रमुख वाहकों के बंधन का कार्य करते हैं। P_{700}, ChlA ग्राही अणु, फायलोक्वीनोन (Vitamin K_1, एक A_1 ग्राही) तथा आबद्ध Fe-S केन्द्र PS-I के प्रमुख बंधन वाहक हैं। Psa D फेरेडॉक्सिन से तथा PsaF प्लास्टोसायनिन से बंधित होता है। 1957 में Kok ने P_{700} की खोज की। जब P_{700} को ferro-ferricyanide के साथ टाइट्रेशन किया जाता है तो यह स्पष्ट हो जाता है कि P_{700} का

मध्य बिन्दु विभव +430 mV होता है तथा यह एक इलेक्ट्रॉन स्थानांतरण कारक के समान कार्य करता है। PS-I प्रकाश आश्रित **Plastocyanin-ferredoxin oxidoreductase** के समान कार्य करता है। प्लास्टोसायनिन PS - I को इलेक्ट्रॉन दान करता है। अतः यह PS - I के अपचायक तंत्र का एक मध्यवर्ती प्लास्टोसायनिन कॉपर युक्त नीला प्रोटीन है। यह थायलेकॉयड झिल्ली के अन्दर की तरफ चैनल से लगा हुआ ढीले रूप में आबद्ध होता है। PS - I प्लास्टोसायनिन के कॉपर को अपचयित ($Cu^{2+} \rightarrow Cu^{+}$) करता है। अपचयित रूप झिल्ली पर गमन करते हुये एक इलेक्ट्रॉन को PS-I से ग्रहण करके उसे ferredoxin में पहुंचा देता है। Ferredoxin क्लोरोप्लास्ट के स्ट्रोमा में पाया जाता है। यह प्रबल अपचायक स्वभाव का होता है तथा $NADP^{+}$ का अपचयन करता है। इसका रेडॉक्स विभव -420 mV होता है। इलेक्ट्रॉन का स्थानांतरण ferredoxin - $NADP^{+}$reductase (FNR) enzyme द्वारा होता है। FNR एक FAD युक्त एन्जाइम है तथा यह थायलोकॉयड झिल्ली से ढीले रूप में आबद्ध होता है। फेरेडॉक्नि तथा FNR स्थिर वैद्युत पारस्परिक क्रियाओं (electrostatic interactions) से संकुल बनाते हैं। FNR दो इलेक्ट्रॉन को ग्रहण कर सकता है। पहले इलेक्ट्रॉन के जुड़ने अर्थात् पहले अपचयन के फलस्वरूप FAD फ्लेविन सेमीक्वीनोन अवस्था में पहुँच जाता है तथा दूसरे इलेक्ट्रॉन के जुड़ने से FAD पूर्णतः अपचयित $FADH_2$ बनाता है। अपचयित FNR ($FADH_2$) अपने दोनों इलेक्ट्रॉनों को $NADP^{+}$ में स्थानांतरित कर देता है (चित्र 5.6)।

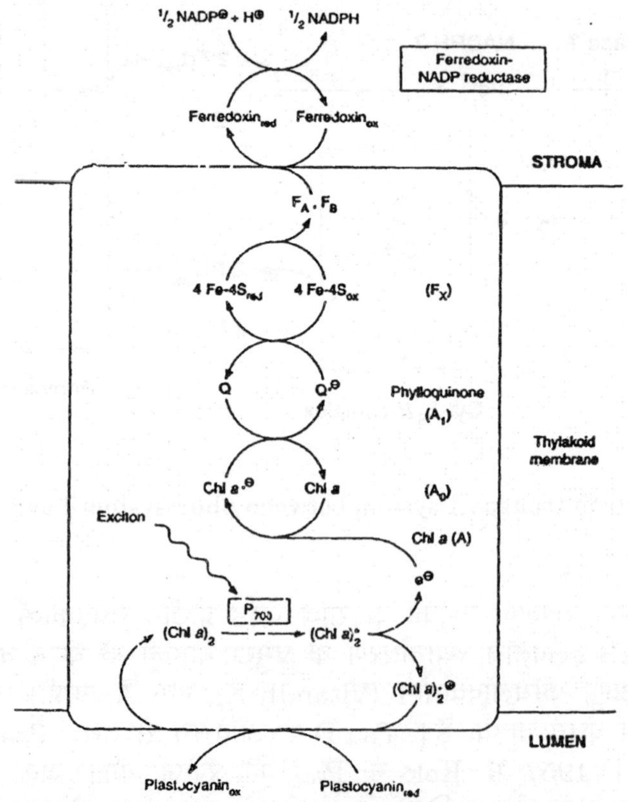

Fig. 5.6. Electron transport system in photosystem I

The Ferredoxin

PSI में निर्मित होने वाला प्रबल अपचायक X होता है जिसकी रासायनिक रूप में पहचान नहीं हो सकी है। यह अपना इलेक्ट्रॉन FRS (Ferredoxin reducing substrate) के माध्यम से फेरेडॉक्सिन में पहुँचा देता है। फेरेडॉक्सिन एक आयरन सल्फर प्रोटीन है तथा इसका रेडॉक्स विभव -0.43 V होता है। San Pietro and Lang (1956) ने सर्वप्रथम इस प्रोटीन के निष्कर्ष को प्राप्त कर उसका आंशिक शुद्धिकरण किया और उसका नाम 'Photosynthetic pyridine nucleoside reductase' (PPNR) रखा। बाद में Tagawa and Arnon (1962) ने इस प्रोटीन को शुद्ध करके इसका नाम feredoxin रखा क्योंकि इसके लक्षण 'iron redox protein' अथवा नाइट्रोजन स्थरीकरण करने वाले जीवाणुओं के ferredoxin जैसे थे। अपचयित फेरेडॉक्सिन स्वयं ऑक्सीकृत होने वाला एक प्रबल (auto oxidizable) होता है। अपचायित फेरेडॉक्सिन को फ्लेवोप्रोटीन, $NADP^+$ के प्रति लगाव होता है। अपचायक तंत्र को ferredoxin - NADP - reductase कहते हैं।

The Electron Transport System

प्रकाश संश्लेषण में इलेक्ट्रॉन जल से $NADP^+$ में स्थानांतरित होता है। इस प्रकार के स्थानांतरण के दो उद्देश्य होते हैं : पहला तो यह है कि इससे reducing equivalents ($NADPH^+$) तथा oxygen बनता है तथा दूसरा उद्देश्य थायलेकॉयड झिल्ली के आरपार प्रोटॉन का वैद्युत रसायन विभव जनित हो जाता है। यह ऊर्जा वाहक ATP के निर्मित करने में उपयोग में आता है। प्राथमिक ग्राही में इलेक्ट्रॉन का स्थानांतरण थायलेकॉयड झिल्ली को पार करता है एवं इस प्रकार झिल्ली वैद्युत रूप में आवेशित हो जाती है।

Red drop तथा Emerson enhancement effect की खोज प्रकाश संश्लेषण में इलेक्ट्रॉन संचालन श्रृंखला को समझने में आधारशिला साबित हुई। एक अन्य प्रयोग द्वारा इलेक्ट्रॉन स्थानांतरण श्रृंखला में सायटोक्रोम के ऑक्सीकरण तथा अपचयन में red तथा far-red तरंगदैर्ध्य के विरोधात्मक प्रभाव को स्पष्ट किया। लाल प्रकाश सायटोक्रोम का अपचयन करता है तथा far-red इसका ऑक्सीकरण करता है। इन प्रयोगों से प्राप्त अवलोकनों से क्लोरोप्लास्ट में इलेक्ट्रॉन संचलन श्रृंखला का मॉडल तैयार किया तथा इसे Z-scheme कहते हैं। Z-scheme के लिये आवश्यक जिरह इस तथ्य से स्पष्ट होती है कि PS-II के अभिक्रिया केन्द्र के प्रकाश अपचयित (Q) से PS-I के अभिक्रिया केन्द्र के प्रकाश ऑक्सीकारक के बीच इलेक्ट्रॉन का प्रवाह होता है। Z-scheme में दो प्रकाश रसायनी अभिक्रियाओं को समायोजित किया गया तथा इलेक्ट्रॉन का प्रवाह अचक्रीय होता है। दोनों प्रकाश अभिक्रियायें आंशिक रूप से आगे पीछे तथा सहयोग से कार्य करते हैं। इसमें ऊष्मरासायनिक प्रवणता (thermochemical gradient) के विपरीत इलेक्ट्रॉन का प्रवाह होता है। PS-I तथा PS-II के प्रकाश रसायनी सक्रिय प्रकाश क्वांटा की ऊर्जा में ट्रांसड्यूस कर देते हैं। PS-I तथा PS-II थायलेकॉयड झिल्ली के विभिन्न भागों में पाये जाते हैं। cytochrome b_6f complex स्ट्रोमा अनावरित तथा अनुलग्न झिल्लियों पर बराबरी से फैले रहते हैं। यह वितरण अभिव्यक्त करता है कि चलनशील इलेक्ट्रॉन वाहक झिल्ली संकुल को जोड़े रखते हैं। प्लास्टोसायनिन तथा प्लास्टोक्वीनोन विसरण करने वाले इलेक्ट्रॉन वाहक होते हैं।

Reductional Potential and the Z-scheme

प्रकाश संश्लेषण में इलेक्ट्रॉन जल से $NADP^+$ तक संचालित होता है। H_2O का ऑक्सीकरण कठिन है क्योंकि O_2 इलेक्ट्रॉन तथा प्रोटॉन को बराबरी से आकर्षित करते हैं, $NADP^+$ का अपचयन ऊष्मागतिकता (thermodynamically) ज्यादा सुगम होता है। प्रकाश संश्लेषण के ऑक्सीकरण अपचायन का Standard redox potentenial (Eo') -0.815 V होता है। $NADP^+$ के अपचायन हेतु यह -0.32 V होता है। H_2O से $NADP^+$ में इलेक्ट्रॉन स्थानांतरण की पूरी प्रक्रिया का Eo' -1.14 V होता है। इसे निम्नलिखित सूत्र द्वारा दर्शाया जाता है –

H_2O	$1/2\ O_2 + 2e^- + 2H^+$	E'o = -0.82 V
$NADP^+ + 2e^- + H+$	NADPH	Eo' = -0.32 V
$H_2O + NADP^+$	$1/2\ O_2$ + NADPH+ + H^+	Eo' = -1.14 V

उपरोक्त अभिक्रिया का standard Gibb's free energy लगभग 220kJ अथवा 52.6 k Cal होती है। प्राप्त उच्च धनात्मक मान प्रकाश संश्लेषण का सशक्त ऊर्जाशोषी (endergonic) स्वभाव का होता है (चित्र 5.7)।

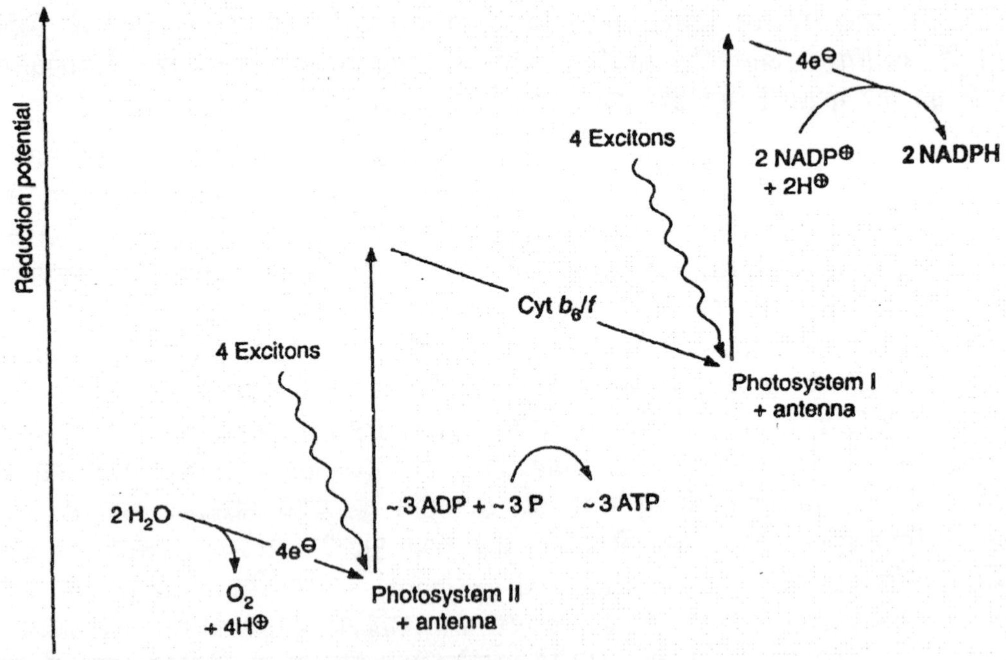

Fig. 5.7. The Z-scheme

Cyclic Electron Transport Chain

PS-II का एक संदमक dichlorophenyl-dimethyl urea (DCMU) के अनुप्रयोग से क्लोरोप्लास्ट में चक्रीय इलेक्ट्रॉन प्रवाह का अनुमोदन किया गया। चक्रीय इलेक्ट्रॉन

प्रवाह सिर्फ PS-I में होता है तथा सिर्फ ATP निर्मित होता है। चक्रीय पथ में फेरेडॉक्सिन एक स्वाभाविक कोफेक्टर के रूप में भाग लेता है। PS-I प्रकाश में फेरेडॉक्सिन को अपचयित करता है अर्थात् PS-I से निकले इलेक्ट्रॉन की $NADP^+$ के अपचयन में कोई भूमिका नहीं होती है। अपचायित फेरेडॉक्सिन (Fd red) Fdx-plastoquinone oxido reductase के साथ अनयोन्य प्रक्रिया होने को प्रस्तावित किया गया है। यह इलेक्ट्रॉनों को क्वीनोन पूल में स्थानांतरित करने हेतु अनुमत करता है। cytochrome b_6f complex द्वारा प्लास्टोक्वीनोल का ऑक्सीकरण होता है तथा प्रोटॉन झिल्ली के आर पार स्थानांतरित होता है। प्रोटॉन का स्थानांतरण सम्भवतः Q^{--} चक्र द्वारा होता है। *In vivo* में इस पथ की भूमिका पर विचार विमर्श किया जाना सुस्पष्ट है, तथापि यह निश्चित है कि यह पथ CO_2 स्थरीकरण हेतु ATP प्रदान करता है।

Photophosphorylation

प्रकाश संश्लेषी इलेक्ट्रॉन संचालन तंत्र से NADPH+ प्राप्त होता है। इस प्रकाश अभिक्रिया में NADPH+ के अतिरिक्त ATP भी बनता है। प्रकाश संश्लेषण के समय ATP का संश्लेषण प्रकाश पर आश्रित होता है अतः इसे फोटोफॉस्फोरायलेशन कहते हैं। Photophosphorylation से निर्मित ATP कार्बनडाईऑक्साइड स्वांगीकरण के लिये आवश्यक होता है। Frenkel (1954) ने *Rhodospirillum rubrum* नामक जीवाणु के कोशिका युक्त निलम्बन में फॉस्फोरायलेशन देखा। Arnon *et al.* (1954) ने प्रकाश की उपस्थिति में विलगित क्लोरोप्लास्ट में ATP synthesis का अविष्कार किया। Arnon *et al.* (1958, 1959) तथा Avron *et al.* (1958) ने कोशिकामुक्त परिस्थिति में एकीकृत युग्मित इलेक्ट्रॉन संचालन तथा ATP संश्लेषण के सीधे मापन की खोज की। विलगित क्लोरोप्लास्ट में photophosphorylation कुछ cofactors (जैसे phenazine methosulfate [PMS], riboflavin phosphate तथा ferredoxin) की उपस्थिति में फोटोफॉस्फेरायलेशन होता है। इस प्रकार के फोटोफॉस्फेरायलेशन के लिये ADP, Pi तथा Mg^{2+} की आवश्यकता होती है। फोटोफॉस्फेरायलेशन पादप कोशिका में होने वाले अन्य फॉस्फोरायलेशन से कुछ भिन्नता दर्शाते हैं। जैसे (1) ATP संश्लेषण क्लोरोप्लास्ट (lamellac) में होता है तथा अन्य एन्जाइम तंत्र अथवा कोशिकांगो से निराश्रित होता है, (2) अवशोषित फोटॉन ऊर्जा स्त्रोत का कार्य करते हैं, (3) O_2 न तो उत्पन्न होती है और न ही उपयोग में आती है, (4) फॉस्फोरायलेशन मापन योग्य किसी भी बाहरी इलेक्ट्रॉन वाला अथवा ग्राही के साथ साथ नहीं होता है।

इलेक्ट्रॉन संचालन तथा फॉस्फोरायलेशन युग्मित परिघटनायें हैं। इसके उलटे, ADP तथा Pi की उपस्थिति में एकीकृत होने वाले फॉस्फोरायलेशन में ही इलेक्ट्रॉन संचालन होता है। विलगित क्लोरोप्लास्ट में ADP तथा Pi की अनुपस्थिति में इलेक्ट्रॉन संचालन का एक "basal rate" होता है। यह दर फॉस्फोरायलेशन तंत्र की अनुपस्थिति में इलेक्ट्रॉन संचालन की छोटी मात्रा है। ADP तथा Pi को मिलाने की प्रेरणा को एक अनुपात से अभिव्यक्त किया जाता है जिसे 'Photosynthetic control' कहते हैं। यह माइटोकॉन्ड्रिया में ऑक्सीफॉस्फोरायलेशन के समय हो रहे श्वसनी नियंत्रण के समान होता है। युग्मन की मात्रा क्लोरोप्लास्ट की भौतिक अवस्था पर निर्भर करती है।

Types of Photophosphorylation

क्लोरोप्लास्ट में ATP संश्लेषण इलेक्ट्रॉन संचालन तंत्र के द्वारा होता है तथा चूँकि इलेक्ट्रॉन प्रवाह दो प्रकार का होता है अतः फॉस्फोरायलेशन भी दो प्रकार का होता है जिसे cyclic तथा noncyclic phosphorylation कहते हैं।

Cyclic Photophosphorylation

Cyclic photophosphorylation अनॉक्सी प्रकाश संश्लेषी जीवों में होने वाला एकमात्र फोटोफॉस्फोरायलेशन है। प्रकाश की उपस्थिति तथा फैरडॉक्सिन की उच्च सांद्रता में विलगित क्लोरोप्लास्ट में चक्रीय फोटो फॉस्फोरायलेशन होता है।

Chlorella में चक्रीय फोटोफॉस्फोरायलेशन से समुचित ATP संश्लेषण होता है परन्तु CO_2 स्थरीकरण हेतु दोनों प्रकार के फोटोफॉस्फोरायलेशन आवश्यक होते हैं। चक्रीय फोटोफॉस्फोरायलेशन में सिर्फ PS-I भाग लेता है। यह लम्बे दीर्घ तरंगदैर्ध्य अर्थात 680 nm से अधिक तरंगदैर्ध्य पर होता है। P_{700} से निकला इलेक्ट्रॉन FRS अथवा फेरेडॉक्सिन में जाता है तथा बाद में नीचे की ओर गमन करके PSI में वापस चला जाता है। इलेक्ट्रॉन के उतार की ओर गमन से इतनी ऊर्जा निष्काषित होती है ताकि ATP का संश्लेषण हो सके। चक्रीय फोटोफॉस्फोरायलेशन को निम्नलिखित रूप में दर्शाया जा सकता है।

$$\text{Light (Long wave length)} + ADP + Pi \rightarrow ATP + H_2O$$

ATP का संश्लेषण Cyt b_6 तथा Cyt c के बीच होता है क्योंकि इन दोनों के बीच विभव 0.32 V से अधिक होता है। उच्च पादपों में फॉस्फोरायलेशन के स्थल को निर्धारित करना तथा CO_2 स्वांगीकरण में चक्रीय फोटोफॉस्फोरायलेशन की भूमिका को अभी भी स्पष्ट मत प्राप्त नहीं हो पाया है।

Non - Cyclic Photophosphorylation

गैर चक्रीय फोटोफॉस्फोरायलेशन के समय, दोनों प्रकार के वर्णक तंत्र अर्थात् PS-I तथा PS-II भाग लेते हैं। इलेक्ट्रॉन का प्रवाह एक दिशीय होता है। PS-II द्वारा दान किया गया इलेक्ट्रॉन प्लास्टिक्वीनोन, Cyt b_6, Cyt f, प्लास्टोसायनिन से होता हुआ PSI तक जाता है। PS-I द्वारा ग्रहण किया गया इलेक्ट्रॉन फेरेडॉक्सिन में स्थानांतरित होता है जो अंततः $NADP^+$ में चला जाता है। PS-I द्वारा ग्रहण किया गया इलेक्ट्रॉन वापस PS-II में नहीं जाता है। इलेक्ट्रॉन की हानि की पूर्ति जल के अणु द्वारा होती है ऐसी मान्यता है कि PS-II से PS-I में उत्तेजित इलेक्ट्रॉनों के पथ के दौरान cytochrome b_6 तथा Cytochrome f के बीच ATP का संश्लेषण होता है। इन दोनों के बीच रेडॉक्स विभव 0.33 V होता है जो कि ATP संश्लेषण के लिये उपयुक्त होता है। जल के दो अणुओं के ऑक्सीकरण से ऑक्सीजन का एक अणु, 2 $NADH^+$ तथा 2 ATP अणु प्राप्त होते हैं। गैर चक्रीय फोटोफॉस्फोरायलेशन का Stoichiometry प्रति NADPH अणु के उत्पन्न होने पर निर्मित ATP का एक अणु अथवा P/2e अनुपात 1:0 होता है। इस प्रकार के फोटोफॉस्फो–रायलेशन के पूरी अभिक्रियाओं को निम्नलिखित सूत्र द्वारा दर्शाया जाता है –

$$2\,ADP + 2\,Pi + 2\,NADP^+ + 2H_2O \quad 2\,ATP + 2\,NADPH + H+ + O_2$$

ऑक्सीजन निर्मित करने में रूकावट डालने वाले पदार्थ गैर चक्रीय फोटोफॉस्फो–रायलेशन को संदमित करते हैं।

Pseudocyclic Photophosphorylation

1954 में Arnon एवं उनके सहयोगियों ने देखा कि CO_2 तथा $NADP^+$ की अनुपस्थिति में तथा ऑक्सीजन तथा FMN अथवा Vit. k की उपस्थिति में प्रदीप्त क्लोरोफिल ATP का उत्पादन करते हैं। इस परिघटना को FMN आश्रित ऑक्सीजन उत्प्रेरित फोटोफॉस्फोरायलेशन के रूप में वर्णित किया गया एवं इसका नाम pseudocyclic photophosphorylation रखा गया। इस प्रकार के फॉस्फोरायलेशन में FMN का अपचयन होता है तथा जल का ऑक्सीकरण होता है। Arnon ने क्रियाविधि को स्पष्ट किया। जल इलेक्ट्रॉन के स्त्रोत के रूप में कार्य करता है जिससे FMN अपचयित होता है। ऑक्सीजन अपचायित FMN को पुनः ऑक्सीकृत कर देता है। प्रदीप्त क्लोरोप्लास्ट की सहायता से FMN जल के अणु को तोड़कर पुनः जोड़ देते हैं। इस प्रक्रिया में ATP का संश्लेषण होता है। यह संश्लेषण FMN के अपचायन पर निर्भर होता है।

Physiology of Photophosphorylation

ATP संश्लेषण इलेक्ट्रॉन संचालन की ऊर्जा से युग्मित होता है। 1960 के दशक में Mitchell ने ATP संश्लेषण की क्रियाविधि का वर्णन किया। उन्होंनें फॉस्फोरायलेशन की chemiosmotic theory प्रस्तुत की। इस वाद का प्रमुख सिद्धांत यह है कि फॉस्फोरायलेशन अक्षुण्ण झिल्ली में होता है। प्रोटॉन का अंतर पारगम्यता (interinsic permiability) कम होती है। झिल्ली के विशिष्ट स्थल से वाहकों के माध्यम से इलेक्ट्रॉन झिल्ली में प्रवाह होता है। इस वाद का विस्तृत वर्णन अध्याय – 2 में किया गया है।

क्लोरोप्लास्ट के थायलेकॉयड ल्यूमेन में इलेक्ट्रॉन संचालन श्रृंखला के कुछ स्थान होते हैं। इन स्थानों पर ऊर्जा का संरक्षण होता है। इन स्थलों पर इलेक्ट्रॉन संचालन के साथ प्रोटॉन समुच्चय होता है। एक स्थल पर जल के ऑक्सीकरण से मुक्त प्रोटॉन का समुच्चय होता है। दूसरे स्थल पर प्लास्टोक्वीनॉल के ऑक्सीकरण से मुक्त हुये प्रोटॉन एकत्र होते हैं। इलेक्ट्रॉन संचालन के समय जिस प्रकार वाहकों की श्रृंखला के माध्यम से इलेक्ट्रॉन प्रवाह होता है, प्रोटॉन भी झिल्ली के आर पार युग्मन स्थल (coupling site) की ओर संचालित होता है। क्लोरोप्लास्ट में इलेक्ट्रॉन का संचालन श्रृंखला में होता है तथा प्रोटॉन स्ट्रोमा से थायलेकॉयड के ल्यूमेनल पार्श्व की ओर गमन करते हैं। प्रोटॉन के एक दिशा में प्रवाह के फलस्वरूप ल्यूमेनल पार्श्व पर प्रोटॉन की उच्च सांद्रता हो जाती है। इसके परिणामस्वरूप उत्पन्न प्रवणता प्रोटॉन मोटिव फोर्स (Proton motive force, pmf) बनाता है।

$$\Delta\,\text{pmf} = \text{pH} + D\psi$$

यहाँ pmf = proton motive force, तथा < F 128 M > Y < F 255 D > झिल्ली प्रवणता है। pmf उच्च ऊर्जा अवस्था होती है जिससे संश्लेषण होता है। Mitchell (1966), McCarty (1976) अन्दर की ओर रूके प्रोटॉन के एक mol equivalent से प्राप्त ऊर्जा का अंकगणितीय वर्णन प्रस्तुत किया।

$$\Delta G' = 1.36\,(pH) + 1.36\,(\Delta\psi / 59)$$

pmf के समझने के लिये एक सीधा सूत्र भी तैयार किया गया।

$$pmf = \Delta\mu - H+ / 96.J\ kJv^{-1}mo^{-1}$$

उपरोक्त समीकरण pH घटक तथा वैद्युत विभव घटक के बीच अर्न्तसम्बंध दर्शाता है। झिल्ली के आर पार प्रोटोन के सांद्रता के अंतर से pH घटक तथा आर पर आवेश की भिन्नता से वैद्युत विभव घटक ($\Delta\psi$) उत्पन्न होता है। क्लोरोप्लास्ट में ΔpH प्रमुख रूप से pmf में सहयोग देता है। pmf बल से ATP संश्लेषण होता है। फॉस्फोरायलेशन तथा इलेक्ट्रॉन स्थानांतरण के युग्मन में एक पुनर्भरण तंत्र (feed back system) होता है। इलेक्ट्रॉन संवहन श्रृंखला से प्रोटॉन ल्यूमेन में गमन करते हैं जिससे प्रोटॉन की ल्यूमेनल सांद्रता में बढ़ोतरी होती है। इस प्रक्रिया के फलस्वरूप उलटा दबाव बनाता है जिससे और अधिक प्रोटॉन का आना बंद हो जाता है। chemiosmotic model झिल्ली के पार हुये प्रोटॉन की संख्या तथा संश्लेषित होने वाले ATP के बीच एक निश्चित stoichiometry का अनुमान दर्शाता है। इसे सरल भाषा में H^+/ATP अनुपात कहते हैं। फोटोफास्फोरायलेशन में यह मान $4H^+/ATP$ होता है।

The ATP synthase

ATP synthase एन्जाइम pmf का उपयोग करके ADP से ATP बनाता है। इन एन्जाइम में एक जलरागी शीर्ष तथा एक जलविरागी चैनल होता है। जलरागी शीर्ष झिल्ली के स्ट्रोमल पार्श्व की ओर होता है। जल विरागी चैनल आयन का ल्यूमेन से स्ट्रोमा की तरफ सतत् विसरण करता है। स्ट्रोमा पार्श्व पर CF_0 खण्ड होते हैं। CF_0 प्रोटॉन का झिल्ली के पार गमन करवाके ATP synthase एन्जाइम के उत्प्रेरण स्थल तक पहुँचता है। CF_0 में I, II, III तथा IV उपइकाइयाँ होती हैं। थॉयलेकायड ATP synthase में CF_1 नामक ट्रांसमेम्ब्रेन खण्ड होता है। यह खण्ड वास्तव में फॉस्फोराइलेशन में भाग लेता है। CF_1 में आपेक्षित रूप से α तथा β नामक दो बड़ी उपइकाइयाँ होती हैं इसके साथ γ, δ तथा ε नामक तीन छोटी उपइकाइयाँ होती हैं। CF_1 में बड़ी उपइकाई की तीन प्रतियाँ तथा प्रत्येक छोटी इकाई की एक प्रति होती है। इससे कुल मिलाकर α_3, β_3, $\gamma\delta\varepsilon$ stoichiometry निर्मित होती है। बड़ी इकाईयाँ ADP तथा फॉस्फेट को बंधित करके ATP संश्लेषण को उत्प्रेरित करते हैं। S उपइकाई CF_0 की CF_1 से सहलग्नता बनाता है तथा γ उपइकाई एन्जाइम के माध्यम से प्रोटॉन ग्रेटिंग को नियंत्रित करता है। ε इकाई अंधकार में उत्प्रेरण को रोकता है ताकि ATP का टूटना रूक सके।

Paul Boyer ने CF_1 भाग के बंधन स्थल पर एन्जाइम ATP synthase के जुड़ने से उत्पन्न संरूपण में परिवर्तन क्रियाविधि के कारण ATP के संश्लेषण का वर्णन किया। कुछ विशिष्ट संरूपण अवस्थायें होती हैं जिन्हें Loose binding site (L), tight nucliotide binding (T) तथा open binding site (o) कहा जाता है। इन स्थलों पर न्यूक्लियोटाइड नहीं पाये जाते हैं। CF_1 भाग में nucleotide binding हेतु तीन विशिष्ट स्थल होते हैं। प्रत्येक binding site तीन संरूपण अवस्था अर्थात् L या T अथवा O में से किसी एक अवस्था में पाये जाते हैं। संरूपण क्रिया विधि के अनुसार, ADP तथा iP प्रारम्भ में खुली अवस्था के किसी एक खाली स्थल पर बंधित हो जाते हैं। जब प्रोटॉन CF_0 चैनल द्वारा

ल्यूमेन से स्ट्रोमल स्थल तक गमन करता है, ऊर्जा मुक्त होती है। इस ऊर्जा से तीन न्यूक्लीयोटाइड स्थल में क्रमावर्तन होता है। T स्थल पर आबद्ध **ATO** होते हैं। जब **ATP** मुक्त होता है, T स्थल परिवर्तित होकर O स्थल बना देता है। L स्थल पर जब आबद्ध ADP तथा Pi होता है तो यह T स्थल में परिवर्तित हो जाता है। इस प्रकार के क्रमावर्तन से ATP संश्लेषण होता है।

C_3 Plants

प्रकाश संश्लेषण के प्रकाश रसायनी अभिक्रिया से निर्मित अपचायक द्वारा अप्रकाशिक अभिक्रिया (**dark reaction**) के समय CO_2 का अपचयन होता है। यह प्रकाश संश्लेषण की ऊष्मरसायनी अवस्था है। **1950** के दशक में **Melvin Calvin, Andrew Benson** तथा **JamesA Bassham** ने सर्वप्रथम कार्बन स्थरीकरण बहुपदीय पथ का वर्णन किया तथा इस पथ को **reductive pentose phosphate cycle** कहा। **Norris** *et al.* **(1955)** के अनुसार यह पथ सभी प्रकाश स्वपोषी हरित पौधों में होती है। इन पौधों में सबसे पहला स्थाई उत्पाद **3-phosphoglycerate** नामक तीन कार्बन युक्त यौगिक होता है अतः C_3 **Plants** नाम दिया गया है। C_3 पथ का पूरी तरह विश्लेषण किया गया है। **Dark reaction** की अभिक्रियाओं को समझने के लिये अनेक तकनीकों का प्रयोग किया गया है। **Tracer technique** के अनुप्रयोग द्वारा सुगमता से कार्बन पथ को समझा जा सका है। **Isotopic carbon** के दो रूप (^{11}C तथा ^{14}C) का अविष्कार किया गया है। इन कार्बन आइसोटोप का अर्ध जीवनकाल (**half life time**) क्रमशः **20.5** सेकेण्ड तथा **5720** वर्ष होता है। रेडियोधर्मी कार्बन के उपयोग से यह जानना सम्भव हो सका है कि प्रकाश संश्लेषण के समय निर्मित कौन–कौन से कार्बनिक यौगिकों में CO_2 ($^{14}CO_2$) समाहित है। ^{14}C के अनुप्रयोग से यह समझना सम्भव हो सका है कि रेडियोधर्मी कार्बन लेबुल किये गये आश्रय (**substrate**) से एक के बाद एक कौन से कार्बनिक यौगिकों में जाता है। प्रयोग में लायी गयी प्रकाश संश्लेषण कर रही कोशिका (शैवाल कोशिका) पर सेकेण्डों अथवा मिनिटों के लिये $^{14}CO_2$ का प्रवाह किया जाता है। कोशिका निलम्बन को एकत्र कर सार (**extract**) तैयार कर सांद्रण किया जाता है। इस सार का **two-dimensional chromatogram** तैयार किया जाता है। गेगर क्रोगोटोग्राग की पहचान हेतु फिल्टर पेपर को X - किरण फिल्म शीट पर दबाया जाता है। उचित अनावरण के द्वारा इस शीट को तैयार किया जाता है। फिल्टर पेपर के कुछ स्थानों पर उपस्थित रेडियोधर्मी कार्बन द्वारा वितरित कण विकिरण एक्स किरण फिल्म पर कालेनुमा धब्बे बना देता है। रेडियोक्रोमेटोग्राम ^{14}C युक्त प्रत्येक यौगिक की पहचान की जवाबदारी पूर्ण कर लेता है। एक अन्य विधि में,रेडियोधर्मी यौगिक युक्त पेपर को काट कर **Geiger counter** द्वारा उसकी रेडियोधर्मिता का सीधा मापन किया जा सकता है। **Racker (1955)** ने ऊष्मरसायन अभिक्रिया के विश्लेषण हेतु एक अन्य विधि का वर्णन किया। इस तकनीक में प्रकाश संश्लेषण के प्रत्येक रासायनिक पद में सम्मिलित एन्जाइम को पृथक करना होता है।

Caliver तथा उनके सहयोगियों ने *Chlorella pyrenoids* अथवा *Scenedesmus obliques* शैवाल में किये गये प्रयोगों से पादप उपापचयजों (**metabolites**) में CO_2 के कार्बन पथ द्वारा बनने वाले प्रारम्भिक मध्यवर्तियों का अध्ययन किया। प्रयोगों को एक

विशिष्ट प्रकार के अभिक्रिया पात्र "lollipop" में किया गया। इस पात्र को इस प्रकार बनाया गया था ताकि छोटे समय के अन्तराल में सेम्पल को जल्दी निकाला जा सके। Chromatogram के यौगिकों को रासायनिक अभिक्रियाओं एवं रेडियोधर्मी उत्सर्जन से पहचाना गया था। Calvin (1950, 1951, 1962) Bassham and Calvin (1962) तथा Bassham *et al.* (1955) ने देखा कि रेडियोधर्मी कार्बन डाईऑक्साइड पादप कोशिकाओं के विविध वर्गों के रसायनों में पाई गई। प्रकाश के अनावरण के पाँच सेकेण्ड के पश्चात् एकत्र कर एवं नष्ट की गई कोशिकाओं ^{14}C मुख्यतः फॉस्फोग्लिसिरिक अम्ल में पाया जाता है। प्रदीप्त के पाँच सेकेण्ड के पश्चात नष्ट की गई कोशिकाओं ^{14}C युक्त फॉस्फोग्लिसेरिक अम्ल, एलानीन, एस्पार्टिक अम्ल तथा मैलिक अम्ल में देखा गया। ये यौगिक सूक्ष्म मात्रा में निर्मित होते हैं। इसी प्रकार कोशिकाओं को प्रकाश के अनावरण chromatogram के पंद्रह सेकेण्ड, एक मिनिट, तथा पाँच मिनिट बाद एकत्र करके नष्ट किया गया एवं उनमें ^{14}C युक्त यौगिकों की पहचान की गई। पाँच सेकेण्ड के पश्चात् अन्य यौगिकों के अतिरिक्त सुक्रोस की अत्यंत सूक्ष्म मात्रा तथा कुछ पेन्टोज, ग्लूकोस फॉस्फेट तथा फ्रक्टोज फॉस्फेट भी पाये गये। एक मिनिट के पश्चात् ग्लूकोज फॉस्फेट तथा फ्रक्टोज फॉस्फेट की पहचान की गई। पाँच मिनिटों के पश्चात् रेडियोधर्मी कार्बन को प्रोटीनों तक में पाया गया।

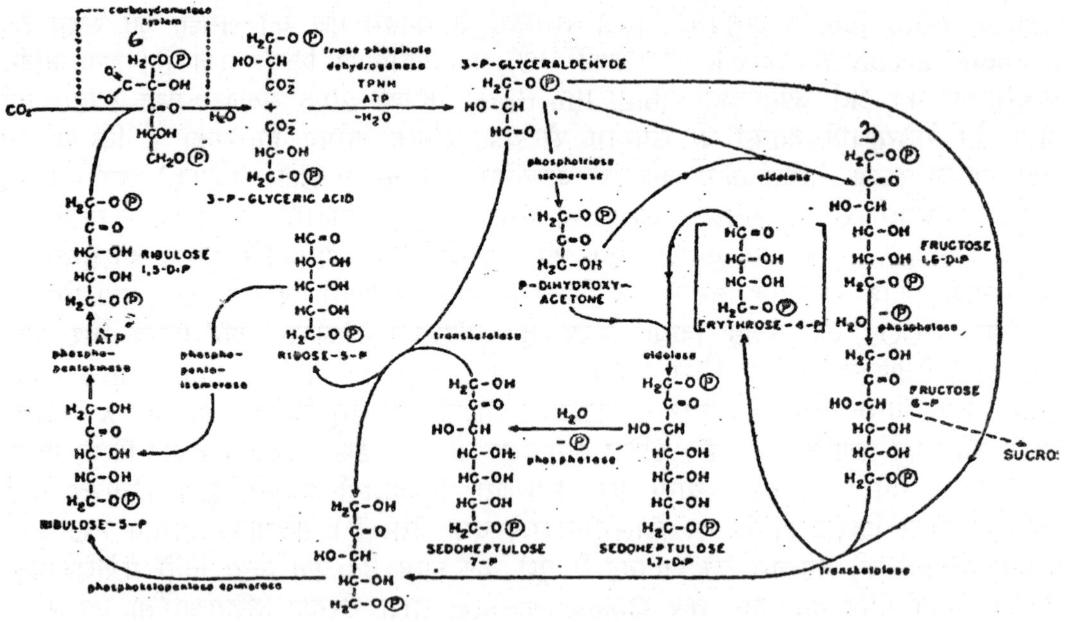

Fig. 5.8. C3 cycle - Calvin - Bassham cycle

Main features of Calvin Cycle

केल्विन चक्र (चित्र 5.8) को reductive pentose phosphate (RPP) भी कहा जाता है। इस चक्र की विशेषता यह है कि इस पथ में कार्बोहाइड्रेट निर्मित होते हैं तथा फॉस्फोरायलेटेड पेन्टोस शर्करा का पुनर्उत्पादन भी होता है। केल्विन चक्र के चार प्रमुख लक्षण हैं –

(1) Carboxylation

Ribulose 1,5 bisphosphate (RubP) से CO_2 जुड़कर 3-phosphoglycerate (PGA) के दो अणु बनाता है। इस अभिक्रिया को एन्जाइम RuBP carboxylase उत्प्रेरित करता है। इस अध्याय के आगे के खण्ड में इस एन्जाइम का विस्तृत वर्णन किया गया है।

(2) Reduction

NADPH + H+ के द्वारा PGA का अपचयन होता है जिससे फॉस्फोट्राइओज शर्करा निर्मित होती है।

(3) Regeneration

ट्राइओस फॉस्फेट के पाँच अणुओं में पुनः विन्यास होता है जिससे CO_2 ग्राही के तीन अणुओं का पुनर्निमाण होता है।

(4) Auto Catalyst

पथ में प्रवेश कर रहे CO_2 के प्रत्येक तीन अणुओं (ट्राईओज फॉस्फेट) से स्टार्च, सूक्रोज आदि प्राप्त होता है। यह **regenerative phase** में भी प्रवेश करता है, जिसे स्वउत्प्रेरण द्वारा (**autocatalytic build up**) द्वारा मध्यवर्तियों का उत्पादन होता है।

RPP पथ में विभिन्न पद होते हैं एवं सभी मध्यवर्ती फॉस्फोरायलेटिड शर्करा होते हैं। Ribulose bisphosphate (RuBP) प्राथमिक CO_2 ग्राही होता है जिससे एक स्थायी उत्पाद 3-phosphoglycerate (PGA) निर्मित होता है। RuBP के कार्बोक्सलीकरण तथा जलीय वियोजन से PGA के दो अणु निर्मित होते हैं। कार्बोक्सलीकरण एन्जाइम Ribulose-bi-phosphate carboxylase (Rubisco) अथवा कार्बोक्सिडिस म्यूटेज द्वारा उत्प्रेरित होता है। इस अभिक्रिया के आंतरिक ऑक्सीकरण अपचयन स्वभाव के कारण इस एन्जाइम का नाम Carboxydismutase रखा गया है। PGA के अपचयन से glyceral dehyde-3-phosphate (GAP) बनता है। PGA का GAP में अपचयन दो पदों में होता है, पहले पद में ATP का उपगोग करके PGA एसिल फॉस्फेट गें परिवर्तित हो जाता है। PGA kinase एन्जाइम की क्रिया से 1,3 bis phosphate (PPGA) निर्मित होता है। NADPH + H^+ द्वारा PPGA का अपचयन होता है तथा इस अभिक्रिया को एन्जाइम Triose phosphate dehydrogenase उत्प्रेरित करता है। Couple carboxyl carbonyl का redox potential लगभग -0.5 होता है। इस पद में NADPH + H^+ में उपयुक्त अपचायन शक्ति नहीं होती है। NADPH + H^+ का redox potential (Eo') -0.35 होता है जो कि कार्बोक्सिल समूह को कार्बोनिल समूह में अपचयित करने के लिये उपयुक्त नहीं होता है। अतः इस कारण से इस अभिक्रिया का ATP के जलीय अपघटन के साथ युग्मन होता है। Glyceraldehyde-3-phosphate के कुछ अणु हेक्सोज शर्करा बनाते हैं तथा शेष अणु CO_2 ग्राही का पुनर्निमाण करते हैं। ट्राईओज फॉस्फेट तथा हेक्सोज फॉस्फेट का पेन्टोज फॉस्फेट में बदलने के लिये कार्बन श्रृंखला की लम्बाई में परिवर्तन होता है। यह कार्य एन्जाइम ट्रांसकीटोलेज द्वारा होता है जो glyceraldehyde-3-phosphate से C_1 तथा C_2 कार्बन का स्थानान्तरण करता है तथा आंशिक समावयवता हो जाती है। Triose phosphate isomerase एन्जाइम फॉस्फोग्लिसरेल्डिहाइड को डाईहाइड्रॉक्सीएसीटोन फॉस्फेट में परिवर्तित कर देता है। अगली अभिक्रिया में एन्जाइम aldolase के उत्प्रेरण से फ्रक्टोज 1, 6 बाइ–फॉस्फेट (FBP) बनता है। इस अभिक्रिया में फॉस्फोग्लिसरेल्डिहाइड तथा डाईहाइड्रॉक्सी एसीटोन दोनों के एक एक अणु मिलकर फॉस्फोरिलेटेड हेक्सोज शर्करा बनाते हैं। एन्जाइम fructose 1, 6-bisphophatase द्वारा उत्प्रेरित अभिक्रिया से FBP से फ्रक्टोज–6–फॉस्फेट (F-6-P) बनता है। इस शर्करा के निर्मित अणुओं के छठवें हिस्से से ग्लूकोज बनता है जो बाद में अंततः स्टार्च में परिवर्तित हो जाता है। F-6-D के शेष अणु रिब्यूलोज फॉस्फेट के पुनर्निमाण में भाग लेते हैं। ट्रॉइओज फॉस्फेट्स तथा हेक्सोज फॉस्फेट्स से पेन्टोज फॉस्फेट्स निर्मित होने के लिये श्रृंखला की लम्बाई में परिवर्तन होता है। इस अभिक्रिया में एन्जाइम transketolase भाग लेता है तथा F-6-P से C-1 तथा C-2 को GAP में स्थानांतरित करता है। पुनर्निमाण पथ में F-6-P तथा G-3-P प्रतिक्रिया करके चार कार्बयुक्त शर्करा इरिथ्रोज–4–फॉस्फेट (E-4-P) तथा एक पाँच कार्बन शर्करा जायलोज–5–फॉस्फेट (Xu5P) बनाते हैं। टेट्रोज शर्करा (E-4-P) तथा ट्राईओज शर्करा (dihydroxy acetone phosphate) मिलकर सिडोहेप्ट्यूलोज – 1, 7-डाई फॉस्फेट (SBP) नामक शर्करा बनाते हैं। एन्जाइम aldose इन शर्कराओं को मिलाने का कार्य करता है। एन्जाइम sedoheptulose-1, 7-phosphatse के उत्प्रेरण से सिडोहेप्ट्यूलोज 1-7, डाई –फॉस्फेट से एक फॉस्फेट अर्धांश अलग हो जाता है तथा सिडोहेप्ट्यूलोज–7– फॉस्फेट (S-7-P) तथा Pi निर्मित होता है। यह एन्जाइम फ्रक्टोज–6–फॉस्फटेज से भिन्न होता है। इसके पश्चात् अगली अभिक्रिया एक अन्य ट्रांसकीटोलेज की मध्यस्थता में होती है। इस अभिक्रिया में S7P से C-1 तथा C-2 कार्बन GAP में चले जाते हैं तथा पेन्टोज फॉस्फेट्स के दो अणु बनते हैं। सिडोहेप्ट्यूलोज–7–फॉस्फेट तथा ग्लिसरेल्डीहाइड–3–फॉस्फेट मिलकर ribose-5-phosphate (RSP) तथा xylulose-5-phosphate (Xu5P) नामक दो पेन्टोज शर्करायें बनाते हैं। इस प्रकार पाँच GAP अणुओं से तीन पेन्टोज फॉस्फेट अणुओं के बनने की प्रक्रिया पूर्ण हो जाती है। अंततः दोनों पेन्टोज फॉस्फेट शर्कराओं की समावयवता के फलस्वरूप ribulose-5-phosphate (Ru5P) बन जाता है। राइबोज–5–फॉस्फेट के समावयव होने के लिये एन्जाइम phosphopentoisomerase की आवश्यकता होती है जबकि एन्जाइम epimerase के उत्प्रेरण से जाइल्यूलोज–5–फॉस्फेट में समावयवता होती है। पुनर्निमाण के अंतिम अभिक्रिया में ATP से फॉस्फेट अर्धांश निकलकर राइब्यूलोज–5–फॉस्फेट में जुड़ जाता है तथा ribulose-1, 5-bisphosphate बनता है। इस अभिक्रिया को एन्जाइम फॉस्फोपेन्टोकाइनेज उत्प्रेरित करता है।

केल्विन चक्र में मध्यवर्ती के रूप में अनेक शर्करायें बनती हैं अतः कार्बन की balance sheet को समझना आवश्यक है। निम्नलिखित समीकरणें द्वारा इस balance sheet को सरलता से समझा जा सकता है :

(1) $\text{RuDP} + 6\ CO_2 \rightarrow 12\ \text{PGA}$

(2) $12\ \text{PGA} \xrightarrow[12\ \text{ATP}]{12 \times (2H)} 12\ C_3$ (phosphoglyceraldehyde phosphate)

(3) $2C_3 \rightarrow 1C_6$ (हेक्सोज का नेट उत्पाद)

(4) $4C_3 \rightarrow 2C_6$

(5) $2C_6 + 4C_3 \rightarrow 2C_5 + 2C_7$

(6) $2C_7 + 2C_3 \rightarrow 4C_5$

(7) $6C_5 \xrightarrow{6\ ATP} 6\ RuDP$

अतः हेक्सोज शर्करा के एक अणु के संश्लेषण के लिये CO_2 के 6 अणु, ATP के 18 अणु तथा NADPH + H^+ के 12 अणु भाग लेते हैं। Bassham *et al.* (1968); Stocking and Larson (1969); Heber *et al.* (1970); Werden and Heldt (1971); Bemberge *et al.* (1975) के अनुसार RuBP के तीन अणुओं का कार्बोक्सिलीकरण होता है जिससे PGA के छः अणु बनते हैं तथा अपचयन के पश्चात् GAP के छः अणु बनते हैं। RuBP अणुओं के पुनर्निमाण हेतु GAP के मात्र पाँच अणुओं की आवश्यकता होती है। छंठवां GAP अणु जिसे CO_2 के तीन अणु के स्वांगीकरण का तुल्यांक माना जाता है। यह अणु ग्लायकोलायसिस के विलोम अभिक्रियाओं से ग्लूकोज फॉस्फेट में परिवर्तित होकर स्टार्च संश्लेषण करता है अथवा क्लोरोप्लास्ट से सायटोप्लाज्म में निर्यात् हो जाता है तथा extrachloroplastic reaction में भाग लेता है।

Enzymes of RPP

RPP चक्र की अभिक्रयाओं को उत्प्रेरित करने वाले एन्जाइम जल में घुलनशील होते हैं। ये क्लोरोप्लास्ट के स्ट्रोमा भाग में पाये जाते हैं। इस पथ में तेरह जैव रासायनिक अभिक्रियायें होती हैं तथा इनमें से मात्र तीन पदों में cofactors की आवश्यकता होती है। राइब्यूलोज–5–फॉस्फेट एक ग्राही है तथा PGA बनाता है, हांलाकि PGA सीधे रूप में नहीं बनता। Fuller and Gibbs (1959) ने विभिन्न प्रकाश स्वपोषी जीवों में एन्जाइम RuBP की उपस्थिति को दर्शाया था। CO_2 ग्राही पहले छः कार्बन का एक अस्थाई यौगिक बनाता है जिसका तुरंत विद्भन हो जाता है तथा 3 PGA के दो अणु बनते हैं। जैसा कि पहले ही वर्णन किया जा चुका है इस अभिक्रिया को एन्जाइम ribulose bisphosphate carboxylase/oxygenase (Rubisco) उत्प्रेरित करता है। क्लोरोप्लास्ट का यह घुलनशील प्रोटीन है तथा दो प्रकार की उपइकाइयों से मिलकर बनता है। इन उपइकाइयों में 56-kDA के आठ Large (L) subunit तथा 14-KDa के आठ small (S) subunit होते हैं। L-subunit में catalytic domain होता है तथा S-subunit की भूमिका के विषय में स्पष्ट जानकारी नहीं है। Rubisco activase नामक एक एन्जाइम Rubisco को सक्रिय करने के लिये विशिष्ट रूप से भाग लेता है। Rubisco कार्बोमायलेशन के माध्यम से सक्रिय होता है। ऐसा माना जाता है कि यह एन्जाइम sugar carbamylation के वियोजन को प्रेरित करता है। Rubisco में ऑक्सीजनेस सक्रियता भी होती है। यह CO_2 की जगह आणविक ऑक्सीजन को अपना आश्रय बनाता है। Rubisco से O_2 तथा Rubisco की अभिक्रिया से 3-PGA तथा 2-Phosphoglycolate नामक दो कार्बन युक्त यौगिक बनता है। अविकल्पी अवायुजीव जीवाणु (obligetely anaerobic bacteria) के Rubisco के अध्ययन से प्रतीत

होता है कि ऑक्सजीनेस सक्रियता Rubisco के अंतरंग होती है। इससे यह भी अनुमान लगाया जा सकता है कि पैतृक एन्जाइम अवायु वातावरण में पाये जाते थे। CO_2 तथा O_2 दोनों ही एन्जाइम के एक ही सतह के लिये प्रतियोगी होते हैं। इन आश्रयों के प्रति एन्जाइम की सक्रियता वातावरण में O_2 तथा CO_2 की आपेक्षित मात्रा पर निर्भर करता है। हांलाकि वायु में, कार्बोक्सिलेशन अभिक्रियायें ऑक्सीजिनेशन अभिक्रियाओं से तीन गुना ज्यादा तेजी से होती है ।

Stoichiometry and Energetics

RPP चक्र में CO_2 के प्रति अणु के स्वांगीकरण में ATP के अणु की आवश्यकता होती है जो RuSP को RuBP में परिवर्तित कर देता है। RuBP कार्बोक्सिलेशन का आश्रय होता है। इसके तदन्तर 2ATP अणुओं की आवश्यकता होती है जिससे PGA सक्रिय हो जाता है तथा PPGA बनता है। PPGA के दो अणुओं के अपचयन में NADPH + H+ के दो अणुओं की आवश्यकता होती है। GAP के एक अणु के संश्लेषण हेतु CO_2 के 3 अणु, ATP के 9 अणु तथा NADPH + H+ के 6 अणुओं की आवश्यकता होती है। इस पूरे अभिक्रियाओं को निम्नलिखित दो समीकरणें द्वारा दर्शाया जा सकता है। पहला समीकरण प्रकाश में सहकारक के उपयोग को दर्शाता है जबकि दूसरे समीकरण में CO_2 जल तथा Pi द्वारा GAP निर्मित होना प्रदर्शित किया गया है :

$$6\,(NADPH + H^+ + O_2 \rightarrow NADP^+ + H_2O) \qquad \Delta G' = -315.5 \text{ kCal}$$

$$9\,(ATP^{4+} + HO_2 \rightarrow 3ADP^{3-} + P_1^{2-} + H^+). \ \Delta G' = -68.8 \text{ kCal}$$

$$\text{Total} = \Delta G' = -384.3 \text{ kCal}$$

$$3\,CO_2 + 3H_2O + P_1^{2-} \rightarrow GAP^{2-} + 3O_2 \qquad \Delta G' = +350.4 \text{ kCal}$$

संग्रहित की गई ऊर्जा तथा उपयोग में लाई गई ऊर्जा का शेष $\Delta G' = -33.9$ kCal है। यह ऊर्जा RPP की पूरी अभिक्रियाओं का एक चक्र को पूर्ण कर सकता है। यह क्षमता 350/384 = 91% होगी।

Regulation in Calvin Cycle

केल्विन चक्र के एन्जाइम जैसे एल्डोलेज, ट्रांसकीटोलेज, ग्लिसरेल्डीहाइड–3–फॉस्फेट डीहाइड्रोजिनेस ग्लायकोलायटिक पथ में विलोम अभिक्रियाओं को उत्प्रेरित करता है। स्ट्रोमा के pH तथा Mg^{++} सांद्रता प्रमुख नियंत्रक है। Rubisco एन्जाइम को सक्रिय करने के लिये Stromal Mg^{++} सांद्रता एक महत्वपूर्ण कारक उपलब्ध साक्ष्यों से स्पष्ट होता है कि प्रकाश की उपस्थिति में स्ट्रोमा में Mg^{++} साद्रता। 1-3mM में बढ़ोत्री लगभग 3-6 mM हो जाती है। जब प्रकाश से प्राप्त H+ थायलेकॉयड ल्यूमेन में पहुँचता है, Mg^{++} ल्यूमेन से मुक्त हो जाता है ताकि धनावेश के अन्तर्वाह की पूर्ति कर सके। प्रकाश की उपस्थिति में स्ट्रोमा के pH में परिवर्तन से अन्य एन्जाइम भी सक्रिय हो जाते हैं।

रेडॉक्स आश्रित नियामक तंत्र (जिसमें फेरेडॉक्सिन, थायरेडॉक्सिन तथा एन्जाइम फेरेडॉक्सिन – थायोरेक्सिन रिडक्टेस सम्मिलित होते हैं) क्लोरोप्लास्ट के कुछ एन्जाइमों को सक्रिय करने में महत्वपूर्ण भूमिका रखते हैं। थायरेडॉक्सिन डाईसल्फाइड युक्त कम

आण्विक द्रव्यमान का प्रोटीन है। प्रकाश संश्लेषण के प्रकाशिक अभिक्रिया में प्रकाश से अपचयित फेरेडॉक्सिन बनता है। **Ferredoxin thioredoxin reductase (FTR)** के उत्प्रेरण से **reduced ferredoxin thioredoxin f** अथवा **m** से अभिक्रिया करता है। अपचयन के परिणामस्वरूप लक्ष्य के संरूपण में परिवर्तन हो जाता है तथा उसकी एन्जाइमी सक्रियता में रूपांतरण हो जाता है। अप्रकाशिक अवस्था में एन्जाइम का नियामक सल्फहिड्रिल समूह ऑक्सीकृत हो जाता है। प्रकाश में थायरेडॉक्सिन का अपचयन होता है एवं सक्रिय हो जाता है जबकि अप्रकाशिक अवस्था में ऑक्सीकृत होकर निष्क्रीय हो जाता है। यह **light reaction** को CO_2 स्थरीकरण से जोड़ देता है। एन्जाइम **Rubisco, NAD^+ - glyceraldehyde-3-phosphate dehydrogenase, sedoheptulose-1, 7 bisphosphatase, phosphoribulokinase** में इस प्रकार का नियामक क्रियाविधि होती है। **ATP sysnthase** भी इसी क्रियाविधि से नियंत्रित होता है।

Kanazawa (1970) के अनुसार कोशिका में प्रकाश संश्लेषण में परिवर्तन तथा कार्यिकी आवश्यकताओं के अनुसार मध्यवर्ती यौगिकों की सांद्रता का संतुलन रखने के लिये **rate limiting steps** होते हैं। **RuBP** का निर्मित होना तथा कार्बोक्सिलेशन, **FBP** तथा **SBP** का क्रमशः **F-6-P** एवं **S-7-P** में परिवर्तित होना, **light** के **rate limiting steps** है। अतः कार्बोक्सिलेशन अभिक्रिया की दर तथा **bisphosphate** अभिक्रिया का आपेक्षित सम्बंध ट्राइओस फॉस्फेट्स के निर्मित होने तथा उपयोग में आने की दर को निर्धारित करता है।

Sucrose Synthesis

प्रकाश संश्लेषण का मुख्य अंत्य उत्पाद सूक्रोज है जो कि मिसोफिल कोशिकाओं के सायटोसॉल में संश्लेषित होता है। यह पौधों के बाहरी भाग में आसानी से स्थानांतरित हो सकती है। **UTP** से **Glucose-1-phosphate** अभिक्रिया करके **glucose-UDP** बनाता है। यह अभिक्रिया एन्जाइम **UDP-glucose pyrophosphorylase** द्वारा उत्प्रेरित होती है एवं इस अभिक्रिया में पायरोफॉस्फेट युक्त होता है। इस अभिक्रिया के आश्रयों की क्रिया से बने उत्पाद में छोटी मात्रा में ऋणात्मक **free energy** परिवर्तन (**$\Delta G^{0'}$ = -2.88 kJ/mol**) होता है। एन्जाइम **sucrose-phosphate synthase** के द्वारा **glucose - UDP** से ग्लूकोज अर्धांश फ्रक्टोज–6–फॉस्फेट में स्थानांतरित होता है। इस अभिक्रिया में **sucrose -6-phosphate** बनता है। इस एन्जाइम द्वारा उत्प्रेरित क्रिया में मुक्त ऊर्जा (**$\Delta G^{0'}$=-5.7 kJ/mol**) होती है। एन्जाइम **sucrose - phosphate phosphatase** के द्वारा डिफॉस्फोरायलेशन होता है। सूक्रोज–6–फॉस्फेट के जलीय अपघटन से बनने वाले सूक्रोज तथा फॉस्फेट के समय मुक्त ऊर्जा में बड़ा परिवर्तन होता है (**$\Delta G^{0'}$ = -16.5 kJ/mol**) **sucrose phosphate synthase** तथा **sucrose phosphate phosphatase** एक संकुल बनाता है। सूक्रोज संश्लेषण में सहायक होती है। सूक्रोज संश्लेषण एन्जाइम **sucrose phosphate synthase** की सक्रियता से नियंत्रित होता है। **Sucrose-phosphate synthase** का फॉस्फोरायलेशन आश्रित अनुनियंत्रण में ये एन्जाइम क्रमशः **14 - 3 - 3** प्रोटीन द्वारा वृद्धि की जाती है। यह नियंत्रण **nitrate reductase** के समान ही होता है। (चित्र **5.9**)।

प्रकाश संश्लेषण न करने वाले ऊतक में एन्जाइम **sucrose synthase** पाया जाता है। यह एन्जाइम सूक्रोज के विघटन को उत्प्रेरित करता है। यह सूक्रोज का प्रयोग करने

वाले ऊतकों में उच्च सांद्रता में पाया जाता है। सूक्रोज UDP से क्रिया करके UDP ग्लूकोज तथा फ्रक्टोज बनाता है। इस प्रकार निर्मित UDP-glucose का उपयोग स्टार्च संश्लेषण में किया जाता है। जो एमायलोप्लास्ट में संग्रहित हो जाता है।

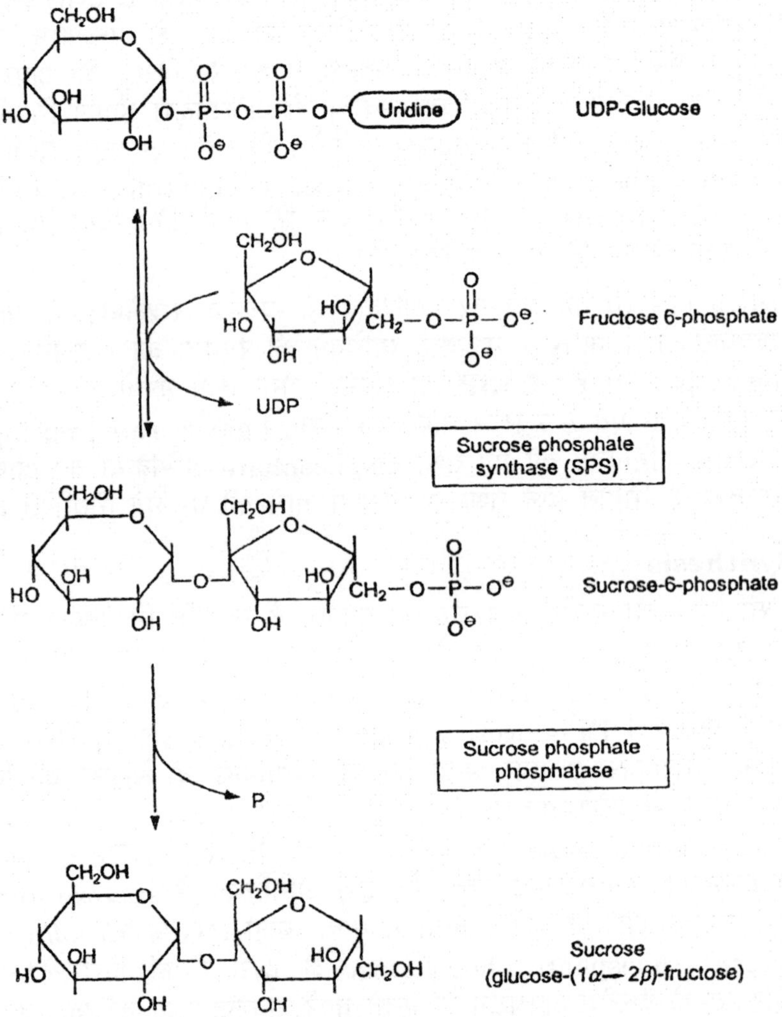

UDP-Glucose

Fructose 6-phosphate

UDP

Sucrose phosphate synthase (SPS)

Sucrose-6-phosphate

Sucrose phosphate phosphatase

P

Sucrose (glucose-(1α—2β)-fructose)

Fig. 5.9. Synthesis of sucrose

Starch Synthesis

स्टार्च संश्लेषण (Starch Synthesis) तथा संग्रहण प्लास्टिड में होता है। जब कोशिका से सूक्रोज का निर्यात् प्रकाश संश्लेषण के वेग के साथ नहीं होता तो अतिरिक्त स्थिर कार्बन हेक्सोज पूल में प्रवेश करता है तथा अंततः स्टार्च के रूप में क्लोरोप्लास्ट में संग्रहित हो जाता है। एमायलोप्लास्ट में स्टार्च ज्यादा समय तक के लिये संग्रहित रह सकता है। एमायलोप्लास्ट में स्टार्च संश्लेषण हेतु सायटोसाल कार्बन स्त्रोत प्रदान करता है।

हेक्सोज फॉस्फेट से स्टार्च संश्लेषण तीन एन्जाइमों द्वारा उत्प्रेरित होता है। ये एन्जाइम क्रमशः **ADP-glucose pyrophosphorylase, starch synthase** तथा **starch branching enzyme** (चित्र 5.10) है। इनके अतिरिक्त **pyrophosphatse** एक अन्य महत्वपूर्ण एन्जाइम है। **Starch Synthase** के अनेक **isoenzyme** होते है। स्टार्च संश्लेषण के पहले जैव रासायनिक अभिक्रिया में **GAP** का **F-6P** में परिवर्तन होता है। एन्जाइम **hexose phosphate isomerase fructose-6-phosphate** को **glucose-6-phosphate (G-6-P)** में परिवर्तित कर देता है। अगली अभिक्रिया एन्जाइम **phosphoglucomutase** द्वारा उत्प्रेरित होती है तथा छठवें स्थान का फॉस्फेट अर्धांश पहले स्थान पर स्थानांतरित हो जाता है एवं ग्लूकोज–1–फॉस्फेट **(G-1-P)** निर्मित होता है। **G-1-P** तथा **ATP** अभिक्रिया करके **ADP glucose** बनाते हैं तथा अकार्बनिक पायरोफॉस्फेट मुक्त होता है। यह अभिक्रिया एन्जाइम **ADP-glucose pyrophosphorylase** द्वारा उत्प्रेरित होती है। यह उत्क्रमणीय अभिक्रिया है। हाँलाकि स्ट्रोमा में एन्जाइम **pyrophosphatase** पायरोफॉस्फेट का जलीय विघटन करता है तथा फॉस्फेट बनाता है अतः यह अभिक्रिया अनुत्क्रमणीय हो जाती है। **Jack Preiss** ने देखा कि **ADP-glucose pyrophosphorylase** एक हेटेरोटेट्रामर है जिसमें दो बड़ी उपइकाइयाँ तथा दो छोटी उपइकाइयाँ होती हैं। यह 3-फॉस्फोग्लिसरेट द्वारा एलोस्टेरेक रूप में सक्रिय होता है तथा अकार्बनिक फॉस्फेट द्वारा संदमित होता है। प्रकाश संश्लेषी ऊतक में **Pi/3-phosphoglycerate** का अनुपात स्टार्च संश्लेषण को नियंत्रित करता है। क्लोरोप्लास्ट में जब फोटोफॉस्फोरायलेशन बहुत धीमा या बंद होने लगता है तो फॉस्फेट की सांद्रता में वृद्धि हो जाती है तथा स्टार्च संश्लेषण संदमित हो जाता है। **ADP-glucose** अपने ग्लूकोज का स्थानांतरण करता है जिससे स्टार्च अणु की एमायलोज श्रृंखला लम्बी होती जावे। **ADP**-ग्लूकोज से ग्लूकोज अर्धांश स्टार्च के पॉलीसैकेराइड श्रृंखला में स्थानांतरित होता है। यह स्थानांतरण एन्जाइम **Starch synthase** द्वारा किया जाता है। स्थानांतरित ग्लूकोज स्टार्च के पॉलीसैकेराइड श्रृंखला में शीर्षस्थ ग्लूकोज अणु के चौथे स्थान के **OH** समूह से जुड़ जाता है। **Starch synthase** वैयक्तिक ग्लूकोज को पूर्व में पाये जाने वाले एमायलोज तथा एमायलोपेक्टिन के **non-reducing** सिरे पर ($\alpha 1 \rightarrow 4$) बंध द्वारा जोड़ देता है। एनजाइम **bound starch synthase** एमायलोज संश्लेषण को उत्प्रेरित करता है। **Soluble starch synthase** ($\alpha 1 \rightarrow 4$) ग्लूकान्स को उत्पन्न करता है तदन्तर ये **branching enzyme** द्वारा परिवर्तित हो जाते हैं। **Branching enzyme** संश्लेषित हो रहे स्टार्च में ($\alpha 1 \rightarrow 6$) आबंध बनाकर **branching** करता है। **Branching enzyme** को **amylo (1 → 4), (1 → 6) trans-glucosylase** भी कहते हैं। एक विशिष्ट श्रृंखला की लम्बाई पर पॉलीसैकेराइड श्रृंखला का ग्लायकोसाइड बंध ($\alpha 1 \rightarrow 4$) पर विदलन होता है। इस विदलन के परिणमस्वरूप निर्मित एवं पृथक हुये खण्ड ($\alpha 1 \rightarrow 6$) नये आबंधों द्वारा पड़ोसी श्रृंखला से जुड़ जाते हैं। ये श्रृंखलायें एन्जाइम **starch synthase** द्वारा दीर्घीकृत होती है जब तक कि एक नई श्रृंखला विकसित न हो जावे। **Branching enzyme** के दो **isoform I** तथा **II** के विषय में जानकारी प्राप्त है। इनके कार्यों का *in vitro* वृहत् अध्ययन किया गया है तथापि *in vivo* में इसकी पुष्टि नहीं की जा सकी है। **Isoform I** का अशाखित स्टार्च (एमायलोज) के प्रति उच्च लगाव रखता है। **Isoform II** एमायलोपेक्टिन को शाखान्वित करने में भाग लेता है। यह छोटे **glucan** श्रृंखलाओं का स्थानांतरण करके **mylopectin** का अधिक शाखित रूप

को उत्पन्न करता है। Debranching enzymes शाखाओं का विदलन कर देते हैं। Branching तथा debranching एन्जाइमों की सक्रियता से स्टार्च में शाखाओं की मात्रा निर्धारित होती है।

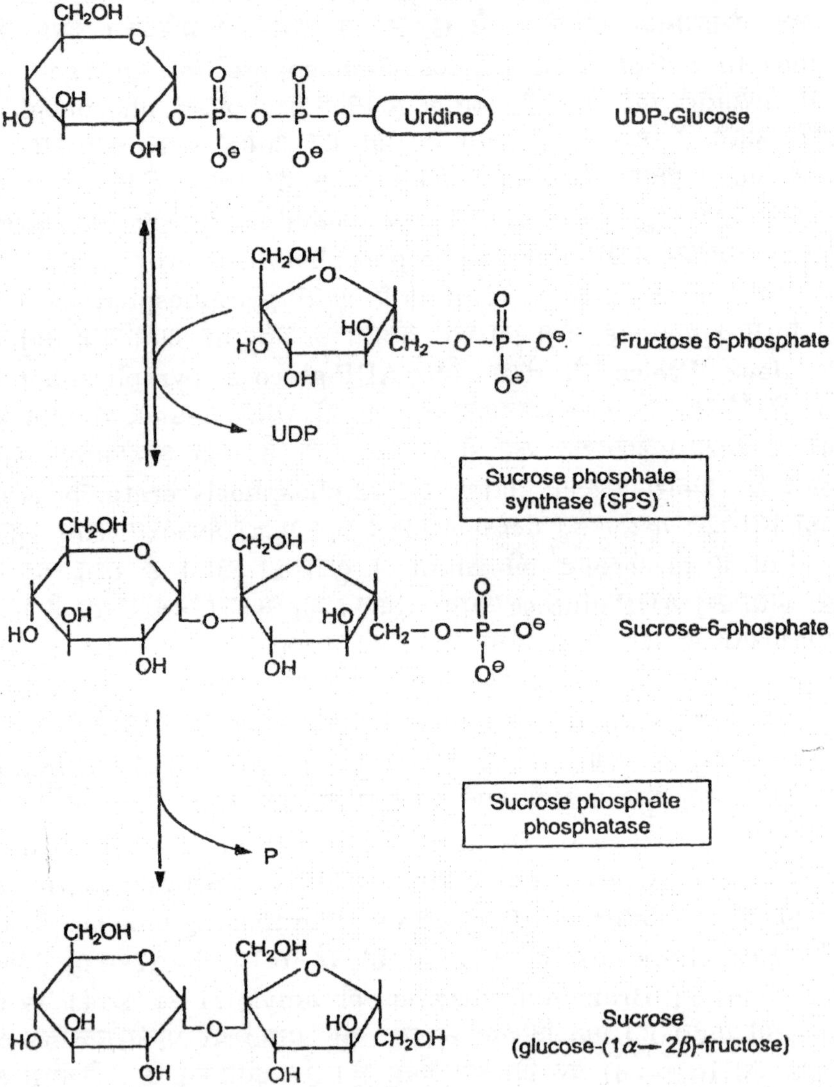

CH₂OH
OH
HO
OH
O
Uridine
UDP-Glucose
CH₂OH
HO
HO
OH
CH₂–O–P–O
Fructose 6-phosphate
UDP
Sucrose phosphate synthase (SPS)
Sucrose-6-phosphate
Sucrose phosphate phosphatase
P
Sucrose (glucose-(1α→2β)-fructose)

Fig. 5.10. Biosynthesis of starch

C_4 Plants

सभी पौधों में एन्जाइम Rubisco पाया जाता है परन्तु यह देखा गया है कि सभी पौधों में 3-PGA पहला स्थाई प्रकाश संश्लेषी मध्यवर्ती के रूप में निर्मित नहीं होता है। 1960 के दशक में पौधों की अनेक प्रजातियों में देखा गया कि जब इनमें $^{14}CO_2$ सप्लाई की जाती है तो CO_2 स्थरीकरण के पथ का पहला उत्पाद चार कार्बन का बना कार्बनिक

अम्ल होता है। Kortachak *et al.* (1957, 1965) ने पाया कि गन्ने की पत्ती में ^{14}C-लेबुल उत्पाद 3-फॉस्फोग्लिसरिक अम्ल के स्थान पर प्रायः 4 - कार्बन युक्त कार्बनिक अम्ल (malic and Aspartic acid) होते हैं। उन्होंने गन्ने में प्रकाश संश्लेषण के समय C_4 डाईकार्बोक्सिलिक अम्ल का प्राथमिक उत्पाद के रूप में निर्मित होना पाया। जब गन्ने की पत्ती में $^{14}CO_2$ को थोड़े समय के लिये सप्लाई किया गया तो प्रारम्भ में 4 कार्बन के तीन प्रकार के डाई कार्बोक्सिलिक अम्ल (oxaloacetate, malate तथा Aspartate) निर्मित होते हैं। कुछ और देर तक अनावरण पर 3-फॉस्फोग्लिसेप्ट में लेबुल कार्बन देखा गया। M.D. Hatch तथा C.R. Slack (1966) ने इस परिघटना का कई अन्य पौधों में अध्ययन किया तथा एक पथ को प्रस्तावित किया जिसे Hatch and Slack Cycle कहा।

Hatch *et al.* (1967); Slack and Hatch (1967), Johnson and Hatch (1968) ने देखा कि पादपों के कई प्रकारों में C_4 प्रकाश संश्लेषण होता है। Downton (1975), Raghvendra and Das (1978) ने पौधों के 150 वंशों में लगभग 1500 प्रजातियों की सूची तैयार की जिनमें C_4 प्रकाश संश्लेषण होता है। ये पौधे 18 पादप कुलों के सदस्य हैं। इन अठारह कुलों में से 15 कुल द्विबीज पत्री तथा 3 एकबीज पत्री प्रकार के पौधों के कुल हैं। ग्यारह वंशों में C_3 तथा C_4 दोनों प्रकार की प्रजातियाँ पाई जाती है। इन सभी पौधों में कुछ सामान्य लक्षण होते हैं। इन सभी पौधों की पत्तियों में एक समान आंतरिक संरचना होती है जिसे क्रेंज आकारिकी (`Kranz anatomy') कहा जाता है। ये पौधे वायुमण्डल में CO_2 के कम स्तर सफलतापूर्वक वृद्धि करने की क्षमता रखते है। C_4 पौधे का उद्‌गम प्रायः उष्णकटिबंधीय अथवा उप–उष्णकटिबंधीय होता है। मक्का, गन्ना, अनेक उष्ण कटिबंधीय घास तथा कुछ द्विबीजपत्री पौधे (जैसे *Amaranthus*) कुछ ऐसे पौधे हैं जो कि C_4 लेबुल पैटर्न के हैं।

The Pathway

C_4 कार्बन स्थरीकरण के सभी पथ मिसोफिल में आरम्भ होते हैं। यह पथ मिसेसफिल कोशिकाओं तथा बण्डल शीथ कोशिका के जटिल अन्योन्य प्रतिक्रिया पर आधारित होता है। PEP carboxylase के उत्प्रेरण से फॉस्फोइनॉल पायरूवेट चार कार्बन युक्त कार्बनिक अम्ल ऑक्लोएसिटेट में परवर्तित हो जाता है (चित्र 5.11)। यह एन्जाइम CO_2 पर अभिक्रिया न करके HCO_3^- पर कार्य करता है। HCO_3^- इस एन्जाइम का आश्रय है एवं जलीय साम्यावस्था कार्बन स्थरीकरण के आरम्भिक अवस्थायें ज्यादा सक्षम होती है। कार्बन स्थरीकरण में सर्वप्रथम बाहरी मिसोफिल कोशिका में HCO_3^- स्थरीकरण होता है। मिसोफिल कोशिकाओं में निर्मित कार्बनिक अम्ल बण्डलशीथ कोशिका में स्थानांतरित हो जाता है तथा CO_2 को मुक्त करता है जिसका केल्विन चक्र के माध्यम से स्थरीकरण हो जाता है।

CO_2 स्थरीकरण की पहली अभिक्रिया एन्जाइम PEP-कार्बोक्सिलेज (Phosphoenol pyruvate carboxylase) द्वारा उत्प्रेरित होती है। फॉस्फोइनॉल पायरूवेट प्राथमिक CO_2 ग्राही अणु है। इसके कार्बोक्सिलीकरण से चार कार्बन युक्त उत्पाद ऑक्जेलोएसिटेट निर्मित होता है। विभिन्न प्रजातियों में ऑक्जेलोएसिटेट का उपापचय भिन्न होता है, परन्तु सभी पौधों में C_4 अम्ल बण्डल शीथ कोशिका में स्थानांतरित हो जाता है। यह उत्पाद अस्थाई

होता है, तथा जल्द ही डी कार्बोक्सिलेशन के द्वारा मेलेट (MDH enzyme) में परिवर्तित हो जाता है तथा ट्रांसएमीशन के द्वारा Aspartate (GOT enzyme) बन जाता है। इन C_4 अम्लों का एन्जायमी विघटन हो जाता है जिससे पारूवेट बनता है तथा CO_2 मुक्त होती है। इस तरह बाद में बने 3-कार्बन मध्यवर्ती यौगिक का फॉस्फोरीलीकरण होता है जिससे PEP निर्मित होता है। इस प्रकार जायलम में CO_2 के प्रवेश के साथ C_4 चक्र सतत आगे चलता रहता है।

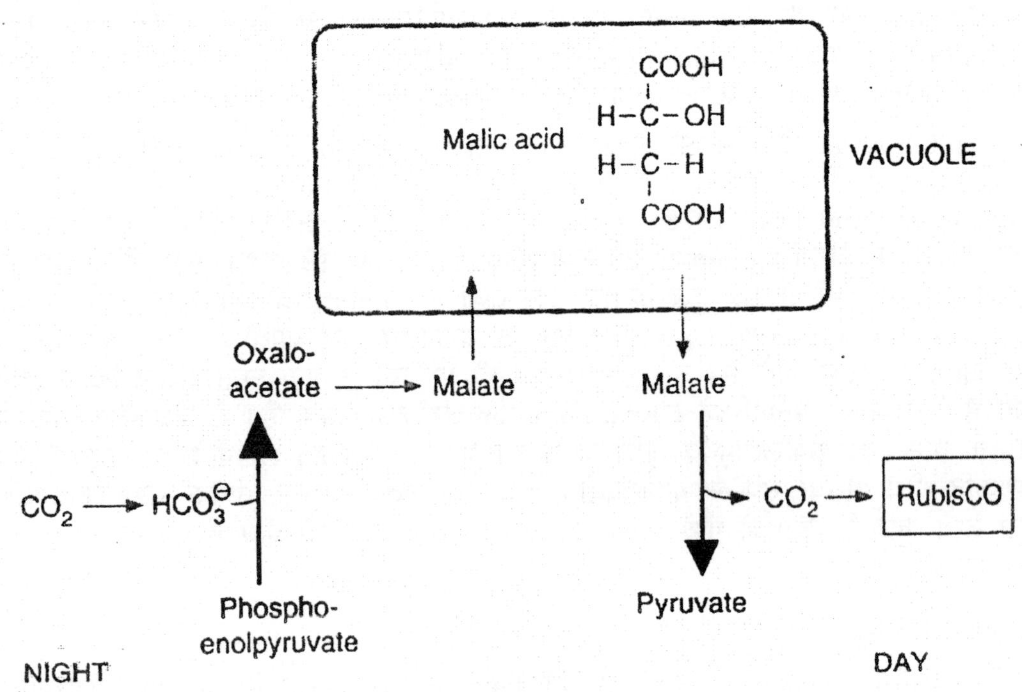

Fig. 5.11. CAM pathway

Hatch and Slack द्वारा प्रस्तावित स्कीम को रूपांतरित किया गया तथा एक प्रमुख भेद मिसोफिल कोशिकाओं तथा बण्डल शीथ कोशिकाओं के बीच जैवरासायनिक पथ को विभक्त करना था (चित्र 5.12)। Slack (1969) तथा Slack *et al.* (1969) ने मिसोफिल कोशिका तथा बंडल शीथ कोशिका से क्लोरोप्लास्ट को पृथक किया। उन्होंने पाया कि PEP carboxylase मिसोफिल कोशिकाओं में तथा RuBP carboxylase बंडल शीथ कोशिकाओं में ज्यादा सक्रिय होता है। Edwards and Black (1975) ने क्रेबग्रास (*Digitaria sanguinalis*) में देखा कि PEP carboxylase तथा $NADP^+$ malic dehydrogenase मिसोफिल कोशिकाओं में ज्यादा मात्रा में होते हैं जो अनावश्यक तथा बंडलशीथ कोशिका में पाये जाते हैं। Coombs and Baldry (1972) ने एक स्कीम प्रस्तुत की जिसमें C_3 के अस्तित्व वाले मिसोफिल कोशिकाओं तथा बंडलशीथ कोशिकाओं के क्लोरोप्लास्ट सामान्य रूप में एमायोप्लास्ट के रूप में कार्य करते हैं। इस विषय में कुछ मतभेद है कि बंडलशीथ क्लोरोप्लास्ट जिनमें C_3 चक्र होता है क्या वायुमण्डल के CO_2 का स्थरीकरण करते हैं एवं CO_2 अथवा एकांतरित पथ के द्वारा C_4 अम्ल से प्राप्त कार्बन का स्थरीकरण करते हैं।

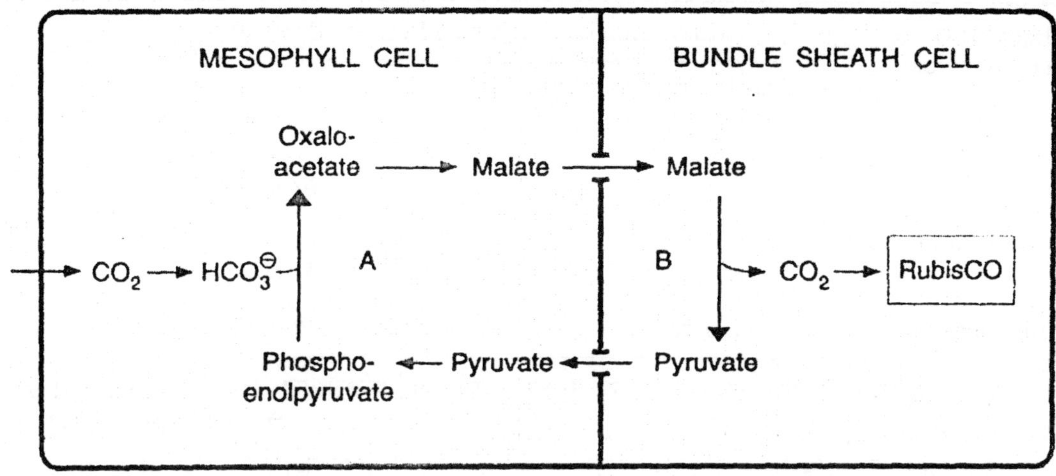

Fig. 5.12. Basic reaction of C_4 metabolism

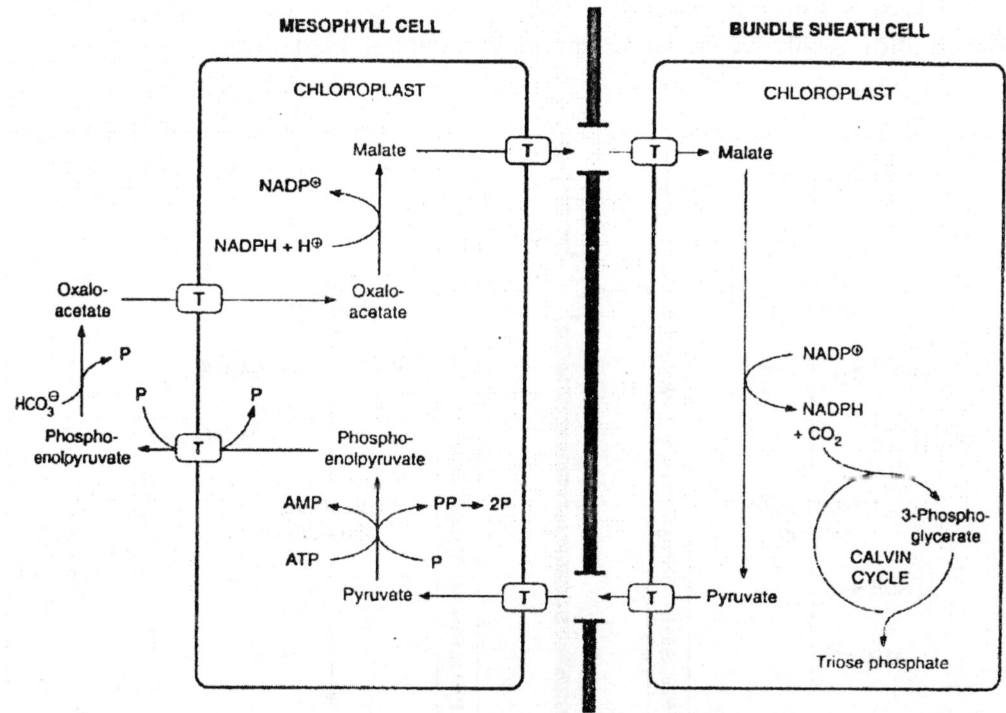

Fig. 5.13A. C_4 Cycle in maize type

C_4 प्रकाश संश्लेषण में तीन विविधतायें होती हैं (चित्र 5.13A,B)। ये भिन्नतायें मिसोफिल तथा बंडल शीथ कोशिका में C_4 अम्ल का स्थानांतरण के साथ साथ बंडल शीथ कोशिका में विकार्बोक्सिलीकरण की क्रियाविधि पर आधारित है। बंडल शीथ कोशिका में **decarboxylase enzyme** के आधार पर विविध नाम दिये गये हैं। इन समूहों को निम्नलिखित टेबिल में दर्शाया गया है –

Major BSC decarboxylase	Major substrate moving from		Examples
	MC to BSC	BSC to MC	
NADP+ malic enzyme	Malate	Pyruvate	*Zea mays, Digitaria sangunalis*
NADP+ malic enzyme	Asparatate	Alanine /Pyruvate	*Artiplex spongiosa Portulaca oleracea*
PEP carboxykinase	Aspartate	PEP	*Panicum maximum*

ऐसी मान्यता है कि C_4 अम्ल से मुक्त कार्बनडाईऑक्साइड RuBP carboxylase system में प्रवेश करता है तथा इसका स्थरीकरण केल्विन चक्र की अभिक्रियाओं द्वारा ही होता है। CO_2 के अपचयन से कार्बोहाइड्रेट निर्मित होता है। संक्षेप में C_4 पौधों में CO_2 fixing के लिये अतिरिक्त अनुक्रम होते हैं जो कि C_3 चक्र तथा RuBP carboxylase के साथ सामंजस्य बनाता है। इस प्रकार पत्ती में CO_2 का पहले PEP carboxylase द्वारा स्थरीकरण होता है जो बाद में RuBP carboxylase को दे दिया जाता है।

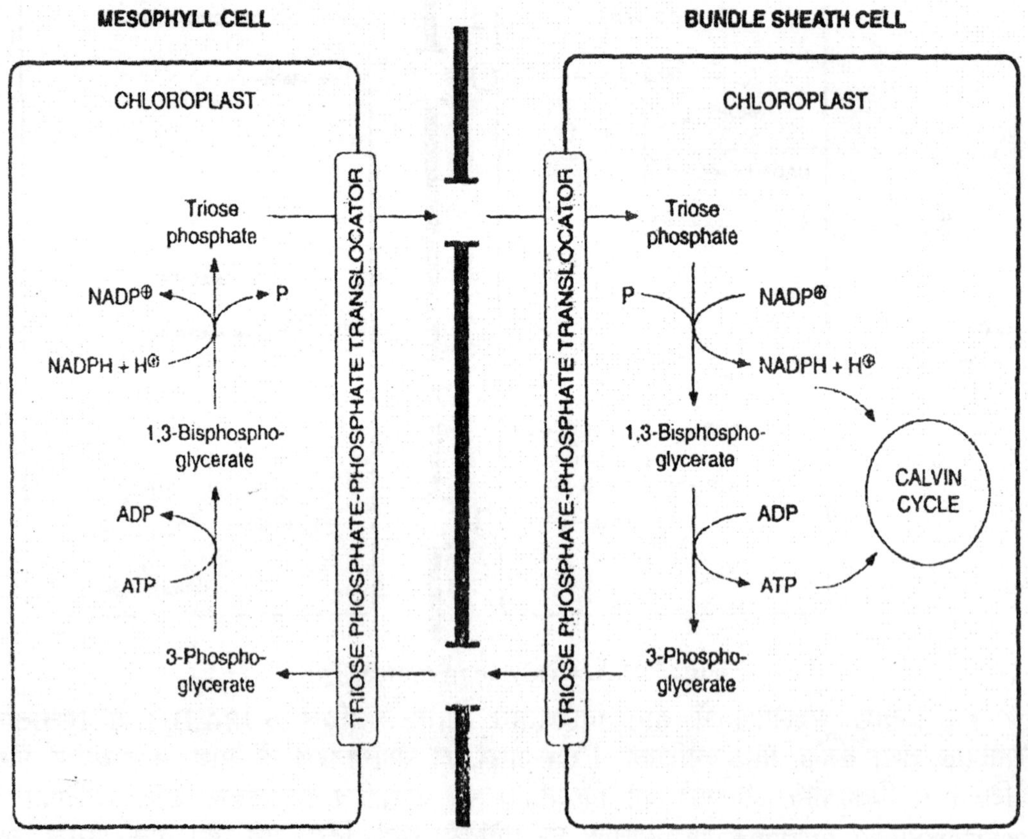

Fig. 5.13B. C_4 Cycle in maize type transfer of NADPH and ATP

Enzymes of C4 Pathway

C_4 पौधों में प्रकाश संश्लेषी कार्बन अपचयन हेतु निम्नलिखित अनुक्रम की अभिक्रियाओं का सहकारिता से अनोन्य प्रतिक्रिया होती है :

(1) Carboxylation (2) reduction and transamination (3) decarboxylation तथा (4) substrate regeneration. विभिन्न C_4 पौधों में होने वाले जैव रासायनिक पथ की प्रत्येक अभिक्रिया भिन्नता दर्शाती हैं। अध्याय के इस खण्ड में C_4 जैव रासायनिक पथ के एन्जाइमों का वर्णन किया गया है। PEP-Carboxylase आरम्भिक कार्बोक्सिलीकरण को उत्प्रेरित करता है। इस एन्जाइम का आणविक भार लगभग 4×10^5 Dalton होता है तथा इसे उत्प्रेरण हेतु Mg^{++} की आवश्यकता होती है। यह विभिन्न रूपों में पाया जाता है। पादप ऊतक में यह एन्जाइम ताप–स्थाई (heat stable) रूप में होता है। यह मिसोफिल कोशिकाओं के क्लोरोप्लास्ट में पाया जाता है। यह एन्जाइम शर्करा फॉस्फेट्स द्वारा सक्रिय होता है जबकि कार्बनिक अम्ल इसे सन्दमित कर देते हैं। $NADP^+$ Malate Dehydrogenase - Johnson and Hatch (1970) ने सर्वप्रथम इस एन्जाइम को C_4 पौधों में देखा। यह मिसोफिल कोशिकाओं के क्लोरोप्लास्ट में पाया जाता है तथा ऑक्जेलोएसिटिक अम्ल का अपचयन करता है। इस एन्जाइम को विभिन्न आणविक भार (3.9×10^4 से 1.8×10^5 dalton) के साथ अनेक रूपों में पृथक किया गया है। सल्फाइट इस एन्जाइम की सक्रियता को संदमित करता है। यह कम आणविक भार के एन्जाइम रूप को भी उभारता है। NAD^+ Malate Dehydrogenase यह Oxalo acetic acid का अपचयन करके malate बनाता है। इस अभिक्रिया की क्रियाविधि $NADP^+$ malate dehydrogenase के समान ही होती है। इस एन्जाइम की सक्रियता को C_4 पौधों की NAD-malate enzyme युक्त प्रजातियों में दर्शाया गया है। इसका आणविक भार 1.7×10^4 से 7×10^5 dalton के बीच होता है। इस एन्जाइम का 1.27×10^5 dalton आणविक भार वाला रूप Mg^{++} की उपस्थिति में स्थायित्व प्राप्त करता है। Aspartate Aminotransferase के दो isoenzymes होते हैं। इनमें से एक मिसोफिल कोशिकाओं में तथा दूसरा बण्डलशीथ कोशिका में उपस्थित होता है। दूसरा isoenzyme विपरीत अभिक्रिया को उत्प्रेरित करता है। कार्बनिक अम्लों का decarbox-ylation C_4 पौधों में होने वाली विशिष्ट परिघटना होती है। वायुमण्डल से प्राप्त CO_2 जो कार्बनिक अम्ल में समाविष्ट हो जाती है वह पुर्नस्थिरीकरण के स्थल पर मुक्त हो जाती है। इस प्रकार का विकार्बोक्सिलीकरण एन्जाइम NADP malic enzyme, NAD-malic enzyme अथवा PEP carboxykinase द्वारा उत्प्रेरित होता है। NADP-malic enzyme के दो रूप होते हैं जिनका आणविक भार क्रमशः 2.3×10^5 तथा 4.6×10^5 dalton होता है। इसे कार्य करने हेतु divalents की आवश्यकता होती है। यह NAD के साथ किसी भी प्रकार की सक्रियता नहीं दर्शाता है। यह एन्जाइम सल्फाइट, फॉस्फेट, ट्राइओज फॉस्फेट तथा AMP द्वारा संदमित हो जाता है। Davies *et al.* (1974) ने तीस प्रजातियों में इस एन्जाइम का अध्ययन किया। उन्होंने पाया कि 28 प्रजाति में allosteric properties दर्शाते हैं। NAD-malic enzyme NAD तथा Mn^{++} के साथ सबसे ज्यादा सक्रिय होते हैं। बाईकार्बोनेट द्वारा reductive decarboxylation की दिशा में यह एन्जाइम संदमित हो जाता है। PEP carboxylase एक व्युत्क्रमणीय अभिक्रिया को उत्प्रेरित करता है जिसमें Oxalo acetic acid तथा ATP की अभिक्रिया से Phospho enol pyruvate, CO_2

तथा ADP प्राप्त होता है। यह न्यूक्लियोटाइड आश्रित CO_2 का OAA में विनिमय को भी उत्प्रेरित करता है। Ray and Black (1976) ने *Panicum maximum* से इस एन्जाइम का आंशिक शुद्धीकरण किया मैलेट के विकार्बोक्सिलीकरण से पायरूवेट निर्मित होता है जबकि Oxalo acetic acid के विकार्बोक्सिलीकरण से Phospho enol pyruvate प्राप्त होता है।

Anatomical Features of C_4 Plants

C_4 पौधों की पत्तियों में एक विशिष्ट आंतरिक संरचना होती है जिसे "Kranz Anatomy" कहते हैं। उन्नीसवीं शताब्दी में सर्वप्रथम जर्मनी के वनस्पति वैज्ञानिक ने आंतरिक संरचना के इन लक्षणों का वर्णन किया था। पत्तियों में क्लोरोप्लास्ट युक्त दो प्रकार की कोशिकायें होती हैं जिन्हें मिसोफिल कोशिका तथा बंडल शीथ कोशिका कहते हैं। C_4 पत्ती का साधारण सूक्ष्मदर्शी द्वारा शारीरिक लक्षण के अध्ययन बड़े हरे बंडल शीथ कोशिकायें होती हैं जो मिसोफिल कोशिकाओं के पार्श्व में होती है। मिसोफिल कोशिकाओं की तुलना में बंडलशीथ कोशिका में क्लोरोप्लास्ट, माइटोकॉन्ड्रिया तथा पेरेक्सीसोम की मात्रा ज्यादा होती है मिसोफिल कोशिकाओं तथा बंडलशीथ कोशिका के बीच अनेक प्लाज्माडेसमेटा पाये जाते हैं। घास के शीथ कोशिकाओं के कोशिका भित्ति मोटे स्वभाव की होती हैं। क्रेबघास (*Digitaria sanguinalis*) के इलेक्ट्रॉन सूक्ष्मदर्शी अध्ययन से स्पष्ट होता है कि मिसोफिल कोशिकाओं को क्लोरोप्लास्ट की परासंरचना बंडलशीथ कोशिकाओं के क्लोरोपलास्ट से बहुत भिन्न होते हैं। बंडलशीथ कोशिकायें वाहिनी उतकों को घेरे रहती है तथा इन कोशिकाओं को मिसोफिल कोशिकायें घेरे रहती हैं। बंडल शीथ कोशिकाओं तथा मिसोफिल कोशिकाओं के क्लोरोप्लास्ट की संरचना का इलेक्ट्रॉन माइक्रोग्राफ अध्ययन इन दोनों की संरचनाओं में भिन्नता दर्शाता है जिससे इनके विशिष्ट कार्यों को समझा जा सकता है। बंड़ल शीथ क्लोरोप्लास्ट में stacked membranes नहीं होती है तथा PS II कम सक्रियता होती है जबकि मिसोफिल क्लोरोप्लास्ट में PS II तथा PS I दोनों सक्रिय होते हैं। दोनों प्रकार की कोशिकाओं को जोड़ने वाले plasmodesmata की उपस्थिति से यह अनुमान लगाया जाता है कि प्रकाश संश्लेषी मध्यवर्ती plasmodesmata द्वारा स्थानांतरित होते हैं।

C_4 पौधों में Kranz anatomy कार्बनडाईऑक्साइड स्थिरीकरण का जैवरासायन के लिये विशिष्ट होता है। जैवरासायनिक प्रजाजन (Biochemical fractionation) के विश्लेषण से स्पष्ट होता है कि केल्विन चक्र के विलक्षण एन्जाइम बंडल शीथ क्लोरोप्लास्ट में पाये जाते हैं। मिसोफिल कोशिकाओं में HCO_3^- से oxaloacetate बनता है तथा फॉस्फोइनॉल पायरूवेट (PEP) मिसोफिल कोशिकाओं के सायटोसॉल में होता है। जैसा कि पहले लिखा जा चुका है C_4 पौधों के तीन समूह होते हैं। इन समूहों के क्लोरोप्लास्ट परारचना कुछ सामान्य अंतर्सम्बन्ध दर्शाते हैं। $NADP^+$ malic enzyme समूह के पौधों के बंडल शीथ क्लोरोप्लास्ट लघुकृत विकसित होते हैं। इसके विपरीत NAD^+ malic enzyme समूह के पौधों के क्लोरोप्लास्ट में ग्राना का अच्छा विकास होता है जो कि बंडल शीथ कोशिका में अभिकेन्द्री स्थान पर होते हैं। PEP-carboxykinase समूह पौधों के क्लोरोप्लास्ट में भी ग्राना अच्छे रूप में विकसित होता है परन्तु यह बंडलशीथ कोशिकाओं में बेतरतीबी अथवा अपकेन्द्री स्थानों पर फैंले होते हैं।

C_4 Plants Environmental Regulation

C_4 प्रकाश संश्लेषण में वातावरण के कारक का महत्व है। C_4 पौधे प्रकाश की बढ़ती तीव्रता के प्रति hyperbolic response दर्शाते हैं जो सूर्य प्रकाश के पास पूर्ण मान दर्शाते हैं। *Tideotromia oblongifolia* में प्रकाश के उच्च तीव्रता के प्रति linear response दर्शाते हैं।

Hesketh (1963) का मानना था कि C_4 पौधों को C_3 पौधों की तुलना में CO_2 के कम मात्रा की आवश्यकता होती है। यह सिद्ध हो चुका है कि वायुमण्डल में CO_2 की सांद्रता के प्रति C_4 पौधे संतृप्तता दर्शाते हैं जबकि C_3 पौधे CO_2 की बढ़ोतरी में रेखिक अनुप्रभाव दर्शाते हैं। O_2 कार्बनिक अम्लों से कार्बन के C_4 cycle में प्रवाह को परिवर्तित नहीं करता है।

C_4 चक्र के कुछ एन्जाइम तापक्रम के प्रति संवेदनशीलता दर्शाते हैं। C_4 पौधों का शीत संवेदनशीलता वास्तव में प्रमुख एन्जाइम Pyruvate kinase के शीत संवेदनशील प्रभाव के कारण होता है। यह एन्जाइम पायरूवेट से Phospho enol pyruvate बनाता है। अनेक C_4 एन्जाइमों के लिये उच्च तापक्रम इष्ट होता है तथा इस पर वे अधिकतम सक्रियता दर्शाते हैं। तापक्रम में परिवर्तन से Rubisco का अपने आश्रय के प्रति लगाव को एकान्तरित कर देता है। परिणामस्वरूप जैसे ही तापक्रम में गर्मी आने लगती है Rubisco का carboxylation से oxygenation के प्रति अनुपात कम हो जाता है तथा photorespiration एवं photo-synthesis के अनुपात में गिरावट आ जाती है।

C_4 पौधे में गर्म तथा शुष्क वातावरण में प्रकाश संश्लेषण की क्षमता में सुधार तथा जल के ह्रास में कमी के लिये क्रियाविधि दर्शाते हैं। उनमें जैवरासायनिक तथा शारीरिय रूपांतरण के फलस्वरूप CO_2-trapping क्षमता में सुधर हो जाता है। इन रूपांतरणों के कारण इनमें वातरन्ध चालकत्व (stomatal conductance) को कम करने तथा कार्बन स्थिरीकरण की दर को ह्रास न करते हुये जल का संरक्षण करते हैं। C_4 पौधों में बंडल शीथ कोशिकाओं में जिसमें Rubisco पाया जाता है, में CO_2 सांद्रण कर देते हैं। CO_2 सांद्रण के प्रभाव से Rubisco की ऑक्सीजनेज सक्रियता कम हो जाती है तथा photo-respiration लगभग पूरी तरह अलग हो जाता है।

CAM Plants

1804 में de Saussure ने देखा कि प्रकाश की उपस्थिति तथा CO_2 की अनुपस्थिति में *Opuntia* में ऑक्सीजन निर्मित होती है। Crassulaceae कुल के पौधे असमान्य उपापचय दर्शाते हैं जिसे Crassulacean acid Metabolism (CAM) कहा जाता है। Tropical rain forest में होने वाले सभी cacti तथा epiphytic पौधों में इस प्रकार की उपापचयी पथ होता है। इस जैवरासायनिक पथ तथा एन्जाइमों को समझने के लिये *Kalancho daigremontiana* तथा *Bryophyllum blossfeldianum* पर प्रयोग किये गये। Pinapple तथा agave वाणिज्य रूप में महत्वपूर्ण हैं। इन पौधों में CAM पथ होता है। CO_2 स्थरीकरण रात्रि में होता है तथा कार्बनिक अम्ल मुख्यतः मेलिक अम्ल बनाते हैं जो कि दूसरे दिन तक संग्रहित रहता है। दिन के समय इस अम्ल का decarboxylation

होता है तथा एन्जाइम rubisco द्वारा केल्विन चक्र के माध्यम से पुनःस्थरीकरण होता है। रात्रि में मैलेट का संश्लेषण तथा दिन में इसका **decarboxylation** एवं **rubisco** द्वारा **CO_2-fixation** एक ही कोशिका में होता है। मांसलोद्‌भिद (succulents) तथा ऊष्णकटिबंधीय अधिपाद्‌पीय (tropical epiphytic) पौधों में ठंडे तथा आद्र (humid) रात्रि में stomata खुले रहते हैं। ये CO_2 का पौधे के अन्दर प्रवेश को अनुमत करते हैं तथा जल के ह्रास को न्यूनतम बनाये रखते हैं। CAM पौधों में Stomata दिन में बंद रहते हैं। बंद stomata में प्रकाश संश्लेषण होता है। अतः C_3 पौधों की तुलना में CO_2 स्वांगीकरण हेतु जल की मात्रा 5 से 10% तक ही होती है। यह आवश्यक नहीं है कि CAM मांसलोद्‌भिद हों। CAM पौधों में palisade parenchyma कम विकसित होता है। पत्ती तथा तने की अधिकांश कोशिकायें स्पंजी मिसोफिल होती हैं।

The Metabolic Pathway

रात्रि के समय CAM पौधों में एन्जाइम PEP carboxylase के उत्प्रेरण से CO_2 स्थरीकरण होता है तथा मैलिक अम्ल निर्मित होता है। C_4 पौधों में PEP carboxylase को संदमित करने वाली क्रियाविधि CAM पौधों में कार्य नहीं करता है। प्रकाश में एन्जाइम rubisco सक्रिय हो जाता है तथा CO_2 के refixation को उत्प्रेरित करता है। (चित्र 5.14 A,B)। रात्रि में स्टार्च का अपघटन होकर फॉस्फोइनॉल पायरूवेट (PEP) बनता है। ग्लायकोलायसिस के एन्जाइम इन अभिक्रियाओं को उत्प्रेरित करते हैं। कलोरोप्लास्ट में पाये जाने वाला का अपघटन हो जाता है तथा ट्राइओज फॉस्फेट बनता है जो कि phosphate-phosphate translocator के द्वारा सायटोसॉल में मुक्त होता है। सायटोसॉल में यह PEP में परिवर्तित हो जाता है। PEP फॉस्फोइनॉल पायरूवेट HCO_3^- के रूप में CO_2 ग्रहण करता है तथा oxaloacetate का संश्लेषण होता है। यह अभिक्रिया PEP carboxylase द्वारा उत्प्रेरित होता है। अगली अभिक्रिया में, एन्जाइम NAD-malate dehydrogenase के उत्प्रेरण से oxaloacetate का अपचयन होकर मेलेट बनता है। सायटोसॉल में इस अभिक्रिया हेतु आवश्यक NADH ट्राइओज फॉस्फेट के ऑक्सीकरण द्वारा दान किया जाता है। इस प्रकार निर्मित मैलिक अम्ल रिक्तिका में पम्प कर दिया जाता है जो कि दिन के समय तक के लिये संग्रहित हो जाता है। पम्पिंग प्रक्रिया ऊर्जा आश्रित होती है जो H+ - V - ATPase द्वारा संचालित होती है। H^+ - V - ATPase रिक्तिका की झिल्ली में पाया जाता है। मैलेट का अंतर्ग्रहण मैलेट चैनल के माध्यम से होता है जो प्रोटॉन विभव द्वारा संचालित होता है। यह तंत्र से भिन्न होता है तथा पोटेशियम आयन हेतु प्रोटॉन का विनिमय नहीं होता है। एक विशिष्ट परासरण दाब पर तीन गुना मैलेट का संग्रहण मेलिक अम्ल के रूप में होता है। दिन के समय रिक्तिका से मेलिक अम्ल मुक्त होता है तथा C_4 पौधों की क्रियाविधि के अनुसार डीकार्बोक्सिलीकरण हो जाता है। मैलेट चैनल के माध्यम से नियंत्रित वहिर्वाह (eflux) द्वारा मैलेट मुक्त होता है। विभिन्न पौधों में मैलेट का विकार्बोक्सिलीकरण में विविधता होती है। ये विविधतायें NADP-malic enzyme, NAD-malic enzyme तथा PEP carboxykinase द्वारा होती है। विशिष्ट वाहकों द्वारा मैलेट क्लोरोप्लास्ट में पहुँचाये जाते हैं। कलोरोप्लास्ट में NADP-malic enzyme मैलेट का विकार्बोक्सिलीकरण करता है तथा पारूवेट, CO_2 एवं NADPH बनता है। विकार्बोक्सिलीकरण द्वारा मुक्त CO_2 का एन्जाइम rubisco द्वारा पुनःस्थिरीकरण हो जाता

है जो केल्विन चक्र में प्रवेश करता है। एन्जाइम pyruvate phosphate dikinase पायरूवेट को फॉस्फोइनॉल पायरूवेट में परिवर्तित कर देता है। क्लोरोप्लास्ट में PEP से 3-phosphoglycerate नहीं बनता है अतः यह वाहकों के माध्यम से संचालित होता है। विनियम स्वरूप 3-phosphoglycerate दो विभिन्न वाहकों के माध्यमों से क्लोरोप्लास्ट में प्रवेश करता है। CAM पौधों में C_4 पौधों की तरह ट्राइओज फॉस्फेट – फॉस्फेट वाहक होते हैं। ये वाहक ट्राइओज फॉस्फेट, फॉस्फेट तथा 3-फॉस्फोग्लिसरेट के प्रत्युत्तर विनिमय का संवहन करते हैं। इनके अतिरिक्त PEP-phosphate translocator होते हैं। जो फॉस्फेट का प्रतिकार विनिमय करते हैं। निर्मित ट्राइओज फॉस्फेट का प्राथमिक उपयोग स्टार्च के पुनर्संश्लेषण में होता है।

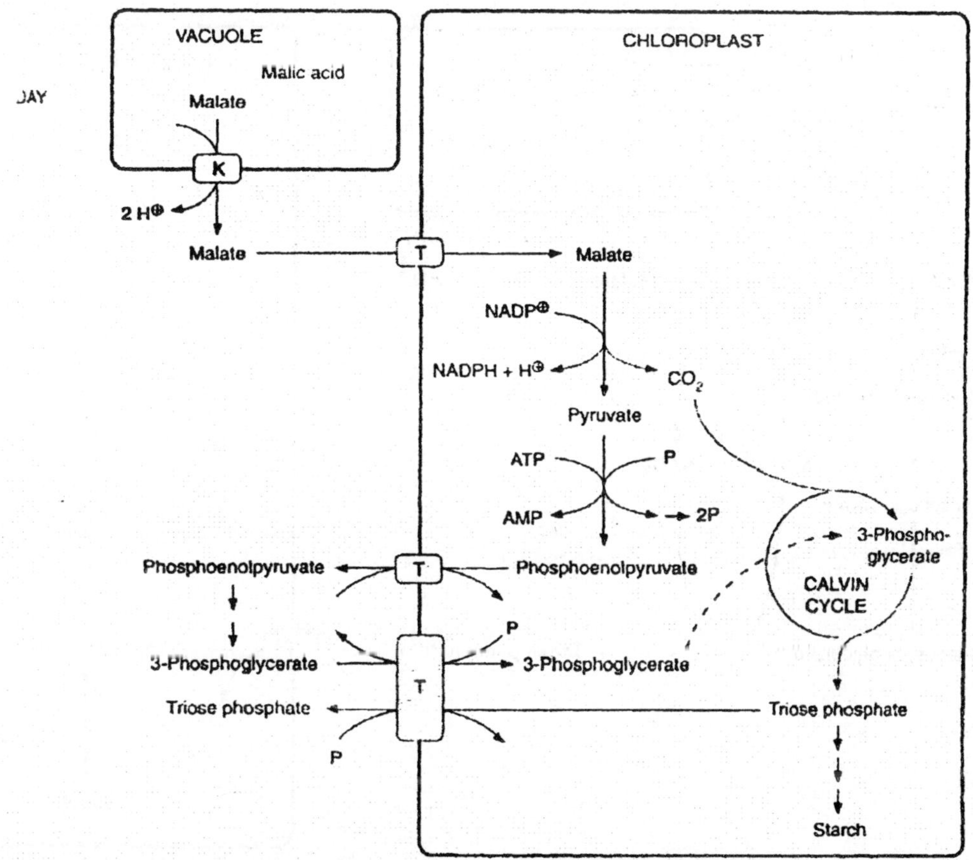

Fig. 5.14A. CAM pathway during day

Enzymes of CAM

CAM में एन्जाइमों के अनेक समूहों के बीच अन्योन्य अभिक्रिया होती है। दैनिक चक्र में दिन तथा रात्रि के समय विभिन्न एन्जाइम सक्रिय होते हैं। Dittrich (1979) ने *Kalawcho daigremontiang* में तीन एन्जाइमों का विवरण दिया जो स्टार्च का विघटन करके ग्लूकोज बनाते हैं। एन्जाइम α तथा β–amylase का सम्बंध α–glucosidase से

होता है। एनजाइम फॉस्फोरायलेज ग्लूकोज को ग्लूकोज–1–फॉस्फेट में परिवर्तित कर देता है। ग्लूकोनोजेनिक अनुक्रम में कार्बन का प्रवेश पायरूवेट के फॉस्फोरायलेशन अथवा ऑक्जेलोएसिटेट के **phosphorylative decarboxylation** द्वारा होता है। यहाँ शब्द **gluconeogenic** का प्रयोग इसलिये किया गया है क्योकि ऐसा माना जाता है कि यह एन्जाइम क्रेब्स चक्र में ही पायरूवेट के अपघटन को दूसरी दिशा में ले जाकर कार्बोहाइड्रेट के संश्लेषण हेतु उपयोग में आता है। एन्जाइम **pyruvate orthophosphate dikinase** पायरूवेट को Phospho enol pyruvate में परिवर्तित कर देता है। इसे निम्नलिखित समीकरण द्वारा दर्शाया गया है :–

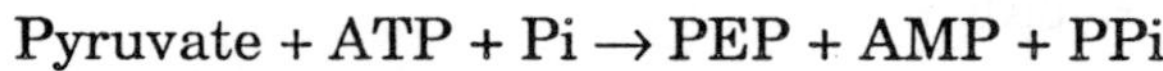

$$\text{Pyruvate} + \text{ATP} + \text{Pi} \rightarrow \text{PEP} + \text{AMP} + \text{PPi}$$

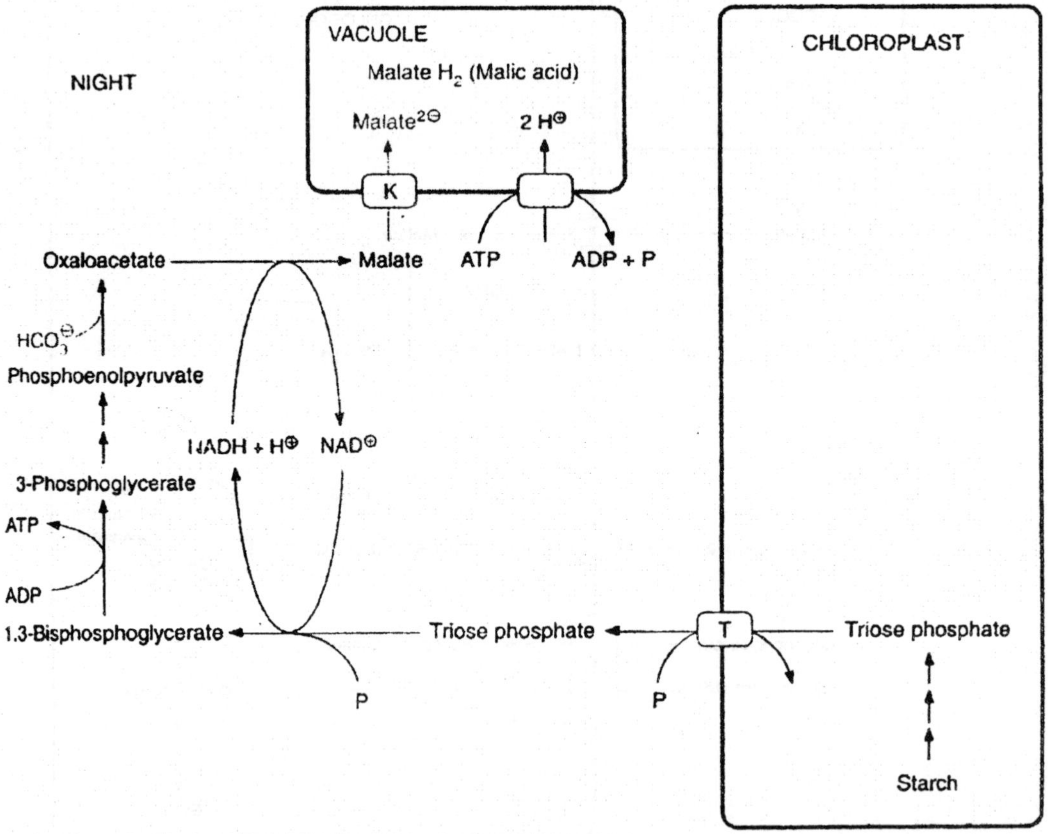

VACUOLE
NIGHT
CHLOROPLAST
Malate H_2 (Malic acid)
Malate$^{2\ominus}$
2 $H^{\oplus}$
K
Oxaloacetate
Malate
ATP
ADP + P
$HCO_3^{\ominus}$
Phosphoenolpyruvate
NADH + $H^{\oplus}$
NAD$^{\oplus}$
3-Phosphoglycerate
ATP
ADP
1.3-Bisphosphoglycerate
Triose phosphate
T
Triose phosphate
P
P
Starch

Fig. 5.14B. CAM pathway in night

एन्जाइम **Pyruvate orthophosphate dikinase** को उत्प्रेरण क्रिया के लिये Mg^{++} की आवश्यकता होती है। इस एन्जाइम द्वारा उत्प्रेरित अभिक्रिया ऊर्जा की दृष्टि से प्रतिकूल है एवं इसलिये **Phospho enal pyruvate** समुच्चय के लिये एन्जाइम **Pyrophosphatase** तथा **adenylate kinase** भाग लेते हैं। एन्जाइम **PEP carboxylase** अप्रकाश में CO_2 स्थिरीकरण को उत्प्रेरित करता है। इस अभिक्रिया में **Phospho enal pyruvate** परिवर्तित होकर **oxaloacetate** बनाता है।

$$PEP + HCO_3^{-} \rightarrow OAA + Pi$$

L - मैलेट एन्जाइम PEP carboxylase को संदमित कर देता है तथा glucose-6-P इसे सक्रिय कर देता है। Badger *et al.* (1975) ने *K. daigremontiana* से प्राप्त rubisco के kinetic properties का अध्ययन किया। इस पौधे से प्राप्त rubisco में C_3 तथा C_4 पौधों के rubisco से समानता दर्शाता है। Anderson *et al* (1952) ने NADP-dependent malic enzyme का वर्णन किया। यह मौलिक अम्ल से विकार्बोक्सिलीकरण में भाग लेता है। यह एन्जाइम सायटोप्लाज्म में पाया जाता है तथा इसे Mg^{++} अथवा Mn^{++} की आवश्यकता होती है। NAD - dependent malic enzyme माइटोकॉन्ड्रिया में पाया जाता है तथा यह Mn^{++} के लिये विशिष्ट होता है तथा Mg^{++} के साथ कार्य नहीं कर पाता। यह एन्जाइम CoA, Acetyl CoA अथवा SO_4^{2+} द्वारा सक्रियता के पश्चात् ही विशिष्ट सक्रियता दर्शाता है। Malic enzyme CAM पौधों में पाया जाता है जिनमें दोनों malic enzyme की उचित मात्रा अनुपस्थित होती है। यह एन्जाइम निम्नलिखित अभिक्रिया को उत्प्रेरित करता है।

$$OAA + ATP \rightarrow PEP + ADP$$

OAA का PEP carboxykinase द्वारा विकार्बोक्सिलीकरण न सिर्फ RuBP carboxylase के लिये CO_2 की अपूर्ति करता है बल्कि gluconeogenesis की प्रक्रिया को भी चलाता है।

CAM में दिन के समय संश्लेषित ट्राईओज फॉस्फेट का एक बड़ा भाग स्टार्च के पुनः संश्लेषण में उपयोग में लाई जाती है। स्टार्च जो कि एक रात्रि पहले उपयोग में लाया जा चुका है अतः ट्राईओज फॉस्फेट की छोटी अधिशेष मात्रा ही कार्बोहाइड्रेट के संश्लेषण में उपयोग में आती है जिसे पौधे उपयोग कर पाते हैं। ज्यादा ध्यान देने योग्य यह है कि रिक्तिका में मैलेट के संग्रहण की क्षमता सीमित होती है, अतः इस प्रकार पुनः CO_2 स्वांगीकरण की अपनी सीमायें होती हैं। इन सब कारणों से CAM पौधों में जीव भार में बढ़ोतरी प्रायः बहुत कम होती है।

अध्याय – 6

Respiration

श्वसन एक अपचयी प्रक्रिया है। इस प्रक्रिया में अकार्बनिक या कार्बनिक यौगिकों का भंजन होता है तथा ऊर्जा निकलती है। यह 50 या अधिक अभिक्रियाओं की श्रृंखला है जो विभिन्न एन्जाइम द्वारा उत्प्रेरित होती है। बड़े अणुओं के आनुक्रमिक चरणबद्ध भंजन से ऊर्जा प्राप्त होती है जो ATP में बदल जाती है। श्वसन की जैवरासायनिक पथ के मध्यवर्ती कोशिका पदार्थ के जैवसंश्लेषण के पूर्ववर्ती होते हैं। श्वसन दो प्रकार का होता है – वायुजीवी (Aerobic) तथा अवायुजीवी (Anaerobic)।

वायुजीवी श्वसन में अपचयी कार्बनिक आश्रय (कार्बोहाइड्रेट, प्रोटीन, वसा तथा कार्बनिक अम्लों) का नियंत्रित ऑक्सीकरण होता है तथा CO_2 एवं H_2O बनता है।

श्वसन से बड़ी मात्रा में मुक्त ऊर्जा निकलती है जो, कि ATP अणुओं के अम्ल एनहाइड्राइड आबंध के रूप में संरक्षित हो जाती है। श्वसन का प्राथमिक जैवरासायनिक पथ उपापचयी मध्यवर्ती प्रदान करता है जो न्यूक्लिक अम्ल, अमीनो अम्ल, वसीय अम्ल तथा अनेक द्वितीयक उपापचयजो के लिये आश्रय का कार्य करता है।

The Respiration Quotient

जब श्वसनी आश्रय पूरी तरह ऑक्सीकृत हो जाते हैं तो कोशिका द्वारा अवशोषित Q_2 का आयतन मुक्त हुई CO_2 के आयतन से ठीक संतुलित होता है। CO_2/O_2 के इस अनुपात को श्वसन भागफल (Respiratory qutient, RQ) कहते हैं।

वायुजीवी श्वसन तीन चरणों: Glycolysis, Citric Acid Cycle तथा इलेक्ट्रॉन संवहन /ऑक्सीकृत फॉस्फोराइलेशन में होता है। ग्लायकोलायसिस सायटोसालिक घुलनशील एन्जाइमों की श्रृंखला द्वारा होता है जिसमें शर्करा के ऑक्सीकृत होने से कार्बनिक अम्ल बनता है।

Glycolysis

हेक्सोज शर्करा के पायरूविक अम्ल में भंजन के जैव रासायनिक पथ को ग्लायकोलायसिस (Gr. Glyco = sweet; lysis = splitting) अथवा glycolytic pathway कहते हैं। इस जैवरासायनिक पथ के अभिक्रियाओं का अध्ययन Embden, Meyerhoff तथा Paranas ने किया था अतः इसे EMP pathway भी कहते हैं। ग्लायकोलायसिस की अभिक्रियाओं को सामान्यतः रैखिक क्रम में दर्शाया जाता है जिसमें ग्लूकोज से पारूवेट

बनता है तथा ATP एवं NADH की छोटी मात्रा में नेट उपलब्धि होती है (चित्र 6.1)। पूरी जैवरासायनिक पथ को निम्नलिखित एक रासायनिक सूत्र द्वारा दर्शाया जा सकता है–

$$\text{Glucose}+2\text{NAD}^+ +2\text{ADP}+2\text{H}_2\text{PO}_4^+ \rightarrow 2 \text{ Pyruvate} + 2\text{NADH}+\text{H}+ + 2\text{ATP} + \text{H}_2\text{O}$$

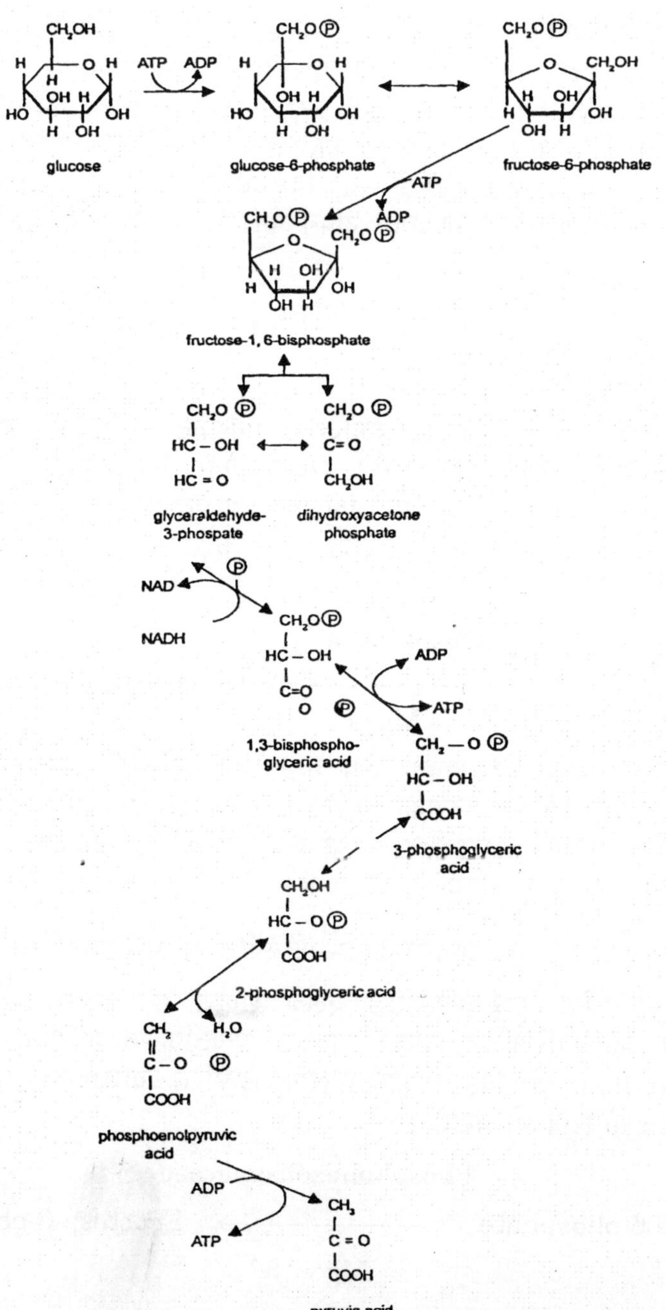

Fig. 6.1. Glycolysis (EMP pathway) - phosphoglyceric acid

स्टार्च तथा सूक्रोज के निम्नीकरण से मुक्त हेक्सोज बनते हैं। ग्लायकोलायसिस में हेक्सोज शर्करा (ग्लूकोज/फ्रक्टोज) के एक अणु के उत्प्रेरण से पारूविक अम्ल के दो अणु बनते हैं। यह दस जीवरासायनिक अभिक्रियाओं से पूर्ण होती है। इन दस अभिक्रियाओं में से पहली पाँच अभिक्रियाओं को उपक्रमात्मक अवस्था (Preparatory phase) कहते हैं जिसमें हेक्सोज शर्करा **ATP** द्वारा फॉस्फोरिलेटिड होती है। शेष पाँच अभिक्रियाओं को पे–ऑफ अवस्था (Pay-off phase) कहते हैं जिसमें ऊर्जा मुक्त होकर **ADP** का **ATP** में फॉस्फोरायलेशन के उपयोग में आती है। इस पथ के सभी मध्यवर्ती फॉस्फोरिलेटिड यौगिक होते हैं। ये मध्यवर्ती जैविकरूप से महत्वपूर्ण होते हैं क्योकि (i) ये ऋणावेशित होते हैं अतः ये कोशिका झिल्ली से अपारगम्य होते हैं, (ii) मध्यवर्ती सरलता से एन्जाइम आश्रय संकुल बना लेते हैं, (iii) फॉस्फोरिलेटिड मध्यवर्ती अपने फॉस्फेट अर्धांश को **ADP** में देकर **ATP** अणु बनाते हैं।

इस पथ की विस्तृत अभिक्रियायें निम्नलिखित हैं –

(i) ग्लूकोज का फॉस्फोरायलेशन

पहली अभिक्रिया में ग्लूकोज से ग्लूकोज–6–फॉस्फेट बनाता है। इस अभिक्रिया को एन्जाइम हेक्सोकायनेज उत्प्रेरित करता है। इस एन्जाइम को कायनेज इसलिये कहते हैं क्योंकि इसमें **ATP** के शीर्ष समूह का फॉस्फेट आश्रय ग्लूकोज (हेक्सोज शर्करा) में स्थानांतरित होता है। **Mg** आयन कोफेक्टर का कार्य करता है **ATP** फॉस्फेट अर्धांश प्रदान करता है –

$$\text{Glucose + ATP} \xrightarrow[\text{Mg++}]{\text{Hexokinase}} \text{Glucose-6-phosphate + ADP}$$

पौधों में हेक्सोकायनेज के अनेक रूप होते हैं। इन सभी आइसोएन्जाइम के लिये **ATP** फॉस्फोरिल दाता होता है, जिसकी कोशिका में उपस्थिति तथा विशेष हेक्सोज आश्रय से लगाव भिन्न भिन्न होता है। ग्लूकोज अथवा फ्रूक्टोज के लिये विशिष्ट हेक्सोकायनेज को क्रमशः ग्लूकोकायनेज या फ्रक्टोकायनेज कहते हैं।

(ii) ग्लूकोज–6–फॉस्फेट का फ्रक्टोज–6–फॉस्फेट में परिवर्तन

ग्लुकोज–6–फॉस्फेट फॉस्फोरिलेटिड एल्डो शर्करा है। इसमें प्रतिवर्ती समावयवता होती है जिससे फॉस्फोरिलेटिड कीटो शर्करा, फ्रक्टोज–6–फॉस्फेट बनती है। इस अभिक्रिया को एन्जाइम फॉस्फोहैक्सोआइसोमरेज उत्प्रेरित करता है, इस एन्जाइम को फॉस्फोग्लूकोज आइसोमरेज भी कहते हैं :–

$$\text{Glucose-6-phosphate} \xrightarrow[\text{Mg}^{++}]{\text{Phosphohexoisomerase}} \text{Fructose-6-phosphate}$$

(iii) फ्रूक्टोज–6–फॉस्फेट का फॉस्फोरिलेशन

ATP का एक फॉस्फेट अर्धांश फ्रक्टोज–6–फॉस्फेट में स्थानांतरित हो जाता है तथा फ्रक्टोज– 1, 6 डाई फॉस्फेट बनाता है। यह अभिक्रिया एन्जाइम फॉस्फोफ्रक्टोकाइनेज द्वारा उत्प्रेरित होती है –

Phosphofructokinase

Fructose-6-phosphate ——————→ Fructose-1, 6-diphosphate

(iv) फ्रक्टोज–1, 6–डाईफॉस्फेट का विदलन

फ्रक्टोज - 1, 6 डाईफॉस्फेट में विदलन होता है जिससे फॉस्फोरिलेटिड ट्राइओज शर्करा के दो अणु बनते हैं। एन्जाइम फ्रक्टोज – 1, 6 डाई फॉस्फेट एल्डोलेज इस आश्रय का एल्डॉल विदलन करता है जिससे ग्लिसरेल्डीहाइड–3–फॉस्फेट तथा डाईहाइड्रॉक्सीए–सीटोन फॉस्फेट बनते हैं :–

Aldolase

Fructose 1, 6 diphosphate ——————→ Glyceraldehyde-3-phosphate

+dihydroxyacetone phosphate

(v) ट्राईओज शर्करा का परस्पर परिवर्तन

ग्लायकोलायसिस के आगे की अभिक्रियाओं हेतु ग्लिसरेल्डीहाइड – 3 – फॉस्फेट आश्रय का कार्य करता है। अतः हेक्सोज शर्करा के विदलन से बनी दूसरी ट्राईओज शर्करा (डाईहाइड्रॉक्सी–एसीटोन फॉस्फेट) ग्लिसरेल्डीहाइड–3–फॉस्फेट में परवर्तित हो जाती है। इस अभिक्रिया को एन्जाइम ट्राईओज–फॉस्फेट–अइसोमरेज उत्प्रेरित करता है। यह एन्जाइम सायटोसॉल तथा प्लास्टिड दोनों में ही पाया जाता है।

Triose phosphate isomerase

Dihydroxy acetone phosphate ———→ glyceraldehyde-3-phosphate

(vi) ग्लिसरेल्डीहाइड – 3 – फॉस्फेट का ऑक्सीकरण

इस ट्राइओस शर्करा के ऑक्सीकरण से 1, 3 - diphosphoglycerate बनता है। एल्डीहाइड समूह फॉस्फोरिक एसिड के साथ कार्बोक्सिल एसिड एनहाइड्राइड में ऑक्सीकृत हो जाता है। इस प्रकार के एनहाइड्राइड को एसिल फॉस्फेट कहते हैं। एन्जाइम ग्लिसरेल्डीहाइड – 3 – फॉस्फेट इस अभिक्रिया को उत्प्रेरित करता है :–

Glyceraldehyde-3-phosphate

Glyceraldehyde-3-phosphate + iP + NAD^+ ———→ Dehydrogenase

1, 3-diphospoglyceric acid + NADH + H^+

मिश्रित एन्हाइड्राइड उत्पाद 1, 3 - biposphoglycerate उच्च अर्जित यौगिक है जो अपने C-1 फॉस्फेट को ADP में दान करने में सक्षम होता है। यह आश्रय स्तर फॉस्फोरिलेशन का उदाहरण है।

(vii) फॉस्फेट का स्थानांतरण

1, 3 डाई फॉस्फोग्लिसरेट के 1' स्थान पर उपस्थित फॉस्फेट अर्धांश ADP में स्थानांतरित हो जाता है तथा ATP निर्मित होता है। इस फॉस्फोरिलेशन को आश्रय स्तर फॉस्फोरिलेशन कहा जाता है। यह अभिक्रिया एन्जाइम फॉस्फोग्लिसरेट काइनेस द्वारा उत्प्रेरित होता है।

$$\text{1,3 diphosphoglycerate + ADP} \xrightarrow[\text{Kinase}]{\text{Phosphoglycerate}} \text{3-phosphoglycerate + ATP}$$

(viii) 2 - फॉस्फोग्लिसरेट का बनना

3-फॉस्फोग्लिसरेट का फॉस्फेट अर्धांश 2' स्थान पर स्थानांतरित हो जाता है। एन्जाइम म्यूटेज (3 – फॉस्फोग्लिसरेट म्यूटेस) इस अभिक्रिया को उत्प्रेरित करता है। इस एन्जाइम को Mg^{++} की आवश्यकता होती है। एन्जाइम म्यूटेस समूह आइसोमरेस का उपवर्ग है। इस प्रकार के एन्जाइम कार्यात्मक समूह को एक ही अणु को एक स्थान से दूसरे स्थान पर स्थानांतरित करते हैं।

$$\text{3 - Phosphoglycerate} \xrightarrow{\text{mutase}} \text{2 phosphoglycerate}$$

(ix) 2 - फॉस्फोग्लिसरेट का डीहाइड्रेशन

2 - फॉस्फोग्लिसरेट से जल का एक अणु अलग हो जाता है तथा फॉस्फोइनॉल पायरूवेट बनता है। यह अभिक्रिया एन्जाइम इनोलेस (2-फॉस्फोग्लिसरेट हाइड्रोलेस) से उत्प्रेरित होती है। यह एन्जाइम हाइड्राटेस है।

$$\text{2 - Phosphoglycerate} \xrightarrow{\text{enolase}} \text{2 phosphoenolpyruvate + 2}H_2O$$

(x) पायरूवेट का संश्लेषण

2 - फॉस्फोइनॉल पारूवेट का फॉस्फेट अर्धांश ADP में स्थानांतरित हो जाता है तथा ADP से ATP बनता है। इस अभिक्रिया में पारूवेट बनता है। यह अभिक्रिया एन्जाइम पायरूवेट काइनेस द्वारा उत्प्रेरित होती है। इस एन्जाइम को Mg^{++} तथा K^{+} की आवश्यकता होती है। Mg^{++} के स्थान पर Mn^{++} भी कार्य कर सकता है।

$$\text{2 Phosphoenolpyruvate + ADP} \xrightarrow{\text{Pyruvate Kinase}} \text{Pyruvate + ATP}$$

फॉस्फोईस्टर आबंध से फॉस्फोइनॉल पारूवेट के इनॉल को स्थायित्व मिलता है। फॉस्फेट समूह के हट जाने से पायरूवेट का इनॉल रूप ज्यादा स्थाई कीटो रूप में परिवर्तित हो जाता है। इससे अभिक्रिया का उत्पाद अलग हो जाता है तथा जिससे साम्यावस्था हेतु उत्पाद निर्माण हेतु अभिक्रिया संचालित होती है।

Table I. Energetics of Glycolysis (per glucose / Fructose molecule)

Reaction	Enzyme	ATP/NADH+H^+ Consumed/ produced
1. Glucose → Glucose-6-phosphate Fructose → Fructose-6-phosphate	Hexokinase	1 ATP Consumed
2. Fructose-6-phosphate → Fructose-1,6 diphosphate	Phospho-fructokinase	1 ATP Consumed
3. Glyceraldehyde – 3-phosphate → 3 phospho-glyceric acid	Glyceraldehyde -3-phosphate dehydrogenase	2 NADH +H^+ produced
4. 1,3 diphosphoglyceric acid → 3 phospho-glyceric acid	Phospho glycerate kinase	2ATP
5. Phosphoenol pyruvate → Pyruvic acid	Pyruvate kinase	2ATP

Acetyl CoA का बनना

साइट्रिक अम्ल चक्र में प्रवेश करने के पूर्व पायरूवेट का एन्जाइम पायरूवेट डीहाइड्रोजिनेस संकुल द्वारा ऑक्सीकरण तथा डीकार्बोक्सिलेशन होता है जिससे CO_2 एसिटिल CoA तथा NADH बनता है। एन्जाइम पायरूवेट डीहाइड्रोजिनेस संकुल पारूवेट का ऑक्सीडेटिव डीकार्बोक्सिलेशन को उत्प्रेरित करता है। इसे आबंध कोफेक्टर थायमीन पायरोफॉस्फेट, लाइपॉइक अम्ल तथा FAD के साथ साथ मुक्त CoenzymeA (CoASH) एवं NAD^+ की भी आवश्यकता होती है। संकुल में तीन पृथक एन्जाइम पायरूवेट डीहाइड्रोलाइपॉइल ट्रांसएसिटिलेस तथा डाईहाइड्रोलाइपोइल डीहाइड्रोजिनेस की आवश्यकता होती है। पायरूवेट डीहाइड्रोजीनेस उपइकाई में प्रोस्थेटिक समूह के रूप में थायमीन पायरोफॉस्फेट (TPP) होता है। TPP का अभिकारक समूह थायजोल चक्र होता है।

धनात्मक आवेशित–N–atom की उपस्थिति के कारण थायजोल चक्र में एसिडिक C परमाणु होता है। एक प्रोटॉन के पश्चात् कार्बोनिऑन बनता है जो पायरूवेट के कार्बोनिल समूह से आबंध बनाने में सक्षम होता है। थायजोल चक्र का धनात्मक आवेशित N परमाणु आबंध पायरूवेट का डीकार्बोक्सीलेशन को प्रेरित करता है तथा हाइड्रॉक्सीथिल TPP बनता है। इसके पश्चात् हाइड्राक्सीथिल समूह लाइपॉइक अम्ल में स्थानांतरित हो जाता है। लाइपॉइक अम्ल उपइकाई डाईहाइड्रो लाइपॉइल ट्रांसएसिटिलेस का प्रॉस्थेटिक समूह है। इसका कार्बोक्सिल समूह एन्जाइम प्रोटीन के लायसीन अपशेष से एमाईड आबंध के माध्यम से सहसंयोजी आबंध द्वारा जुड़ा रहता है। लाइपॉइक अम्ल में दो S परमाणु होते हैं जो डाईसल्फाइड आबंध से जुड़े रहते हैं। जब हाइड्रॉक्सीइथिल अर्धांश लाइपाइक अम्ल अर्धांश

में स्थानांतरित होता है तो लायपाइक अम्ल का अपचयन हो जाता है तथा डाईहाइड्रोलाइ–पॉइक अम्ल बनता है। हाइड्रोक्सिथिल अवशेष के ऑक्सीकरण से एसिटिल अवशेष बनता है। एसिटिल अवशेष थायोईस्टर आबंध से डाईहाइड्रोलीपॉइक अम्ल से जुड़ जाता है।

Acetyl CoA जैविक रूप से एक महत्वपूर्ण मध्यवर्ती है तथा अनेक जैव संश्लेषण पथ में भाग लेता है। वायुजीवी श्वसन में Acetyl CoA माइटोकॉन्ड्रिया में प्रवेश करता है जहाँ क्रेब्स चक्र के माध्यम से पूर्ण ऑक्सीकरण हो जाता है।

पायरूवेट से Acetyl CoA के बनने की क्रियाविधि को निम्नलिखित रूप में दर्शाया जा सकता है –

$$\text{Pyruvate + TPP} \xrightarrow{\text{Pyruvate dehydrogenase}} \text{Hydroxyethyl TPP} + CO_2$$

$$\text{Hydroxyethyl TPP + lipoate} \xrightarrow[\text{transacetylase}]{\text{dehydrolipoamide}} \text{6-S-acetyl-dihydrolipoate + TPP}$$

$$\text{Acetyl dihydrolipoate+ CoA} \xrightarrow[\text{transacetylase}]{\text{Dihydrolipoamide}} \text{Acetyl CoA + dihydrolipoate}$$

$$\text{Dihydrolipoate+ } NAD^+ \xrightarrow[\text{genase}]{\text{Dihydrolipoamide dehydro}} \text{Lipoate + NADH + } H^+$$

Krebs Cycle

1937 ने Hans krebs ने पायरूविक अम्ल के अपापचयी ऑक्सीकरण के चक्र को प्रस्तुत किया जिसके सभी मध्यवर्ती अम्ल थे। उन्होंने पायरूवेट ऑक्सीकरण के समय ऑक्सीजन के व्यय की दर पर विभिन्न कार्बनिक अम्लों के ऋणायन के प्रभाव का अध्ययन किया। अपने अध्ययन में उन्होंने कबूतर की छाती के टुकड़ों (कीमा) के निलंबन (suspension) का उपयोग किया। इस चक्र का पहला मध्यवर्ती एक ट्राईकार्बोक्सिलिक अम्ल साइट्रिक अम्ल है अतः इस चक्र को साइट्रिक एसिट सायकिल अथवा TCA भी कहते हैं। 1948 में Eugene kenedy तथा Albert Lehninger ने अवलोकन किया कि विलग माइटोकॉन्ड्रिया में पायरूविक अम्ल का ऑक्सीकारक अपापचयन होता है। इस चक्र में कार्बनिक अम्लों के इलेक्ट्रॉन का संचालन ऑक्सीकृत रेडॉक्स कोफेक्टर NAD^+ तथा FAD^+ से क्रमशः NADH + H+ तथा $FADH_2$ बनता है तथा कार्बन डाईऑक्साइड मुक्त होती है।

ग्लायकोलायसिस पथ में ग्लूकोज अणु के अपापचयन से निर्मित पायरूविक अम्ल आगे सक्रिय होकर Acetyl CoA में परिवर्तित हो जाता है। Acetyl CoA (CH_3-CO-S-

CoA) कोएन्जाइम। का ईस्टर है। CoA में पेन्टीथेनिक अम्ल होता है जो कि एक विटामिन है। Acetyl CoA एक महत्वपूर्ण उपापचयज है जिसका अनेक जैविक प्रक्रियाओं में महत्व होता है। यह ग्लायकोलायसिस तथा क्रेब्स चक्र के बीच एक सेतु का कार्य करता है। TCA (चित्र 6.2) के जैव–रासायनिक अभिक्रियायें निम्नलिखित हैं –

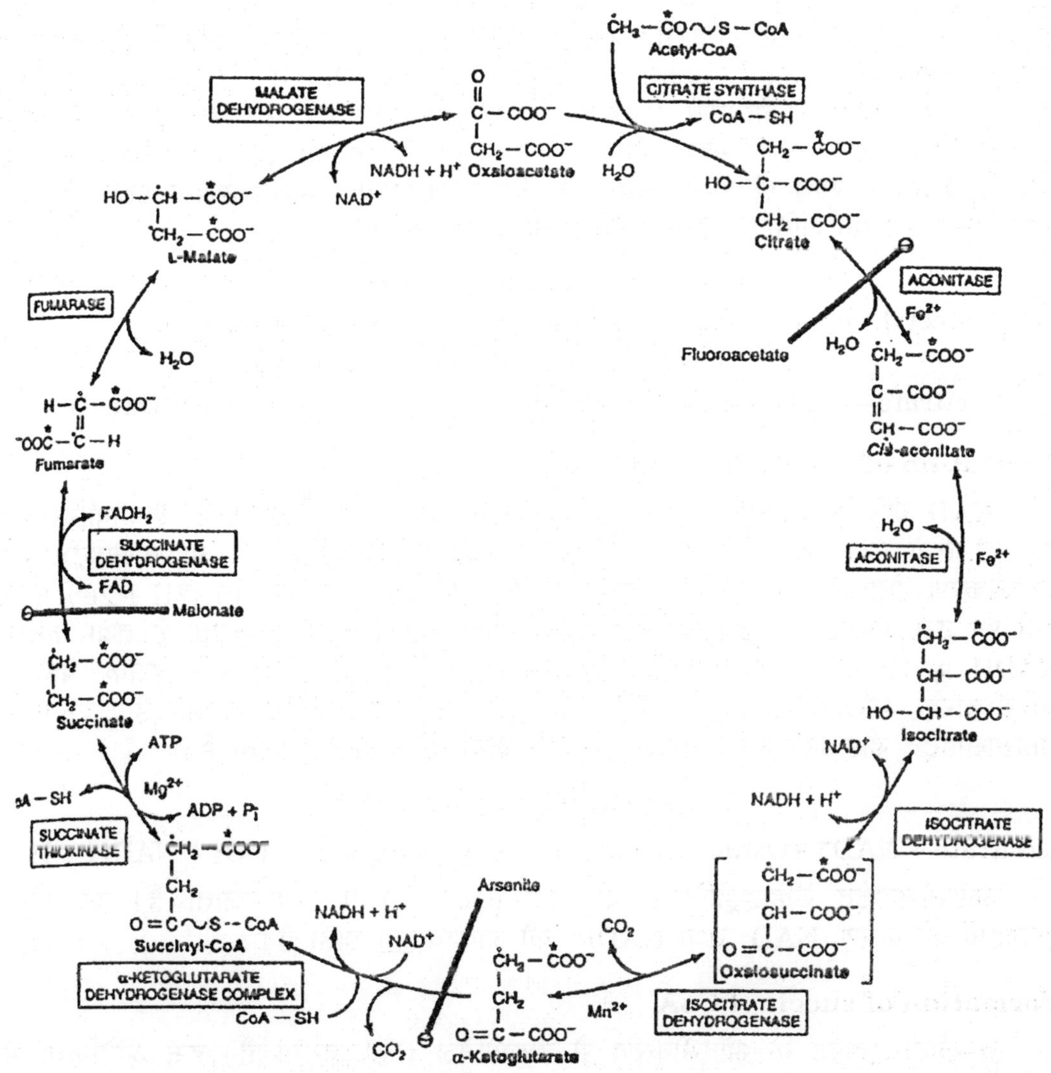

Fig. 6.2. Kreb's cycle

Citrate तथा Isocitrate Synthesis

TCA के पहला मध्यवर्ती साइट्रिक अम्ल है। Acetyl CoA एक डाईकार्बोक्सिल अम्ल (ऑक्जेलोएसिटिक अम्ल) से संघनित होकर एक ट्राईकार्बोक्सिलिक अम्ल (साइट्रिक अम्ल) बनाता है तथा CoA के थायोईस्टर बंध के जलीय अपघटन से CoA मुक्त हो जाता है।

Acetyl CoA का एसिटिल अर्धांश ऑक्जेलिक अम्ल से मिलकर साइट्रिक अम्ल बनाता है। यह अभिक्रिया एन्जाइम साइट्रेट सिन्थेस द्वारा उत्प्रेरित होती है। थायोईस्टर समूह एसिटिल अपशेष से प्रोटॉन को हटाने को प्रेरित करता है। इस प्रकार बना कार्बानायन ऑक्जेलो–एसिटेट के कार्बोनल समूह से जुड़ जाता है। साइट्रोइल CoA एक अस्थाई मध्यवर्ती है। यह एन्जाइम ATP, NADH तथा fatty acetyl CoA ईस्टर द्वारा संदमित होता है, तथापि इनका अधिक महत्व नहीं होता है। इस प्रकार बना साइट्रेट कण परिवर्तित हो जाता है तथा समावयव आइसोसाइट्रेट बनता है। H तथा OH के स्थान में परिवर्तन हो जाता है। एन्जाइम एकोनिटेस (एकोनिटेस हाइड्राटेस) इस अभिक्रिया को उत्प्रेरित करता है। इस एन्जाइम में आयरन सल्फर केन्द्र होता है। यह केन्द्र आश्रय का सक्रिय स्थल परबंधन में सहयोग करता है साथ ही साथ उत्प्रेरण के समय H_2O को जोड़ने अथवा हटाने का भी कार्य करता है। यह अभिक्रिया फ्लूरोएसिटेट द्वारा संदमित होती है।

$$\text{Acetyl CoA + oxaloacetate} + H_2O \xrightarrow{\text{citrate synthetase}} \text{Citrate + CoA}$$

$$\text{citrate} \xrightarrow{\text{aconitase}} \text{cis aconitic acid} + H_2O \xrightarrow{\text{aconitase}} \text{Isocitrate}$$

Formation of α–ketoglutarate

NAD बंधित आइसोसाइट्रेट डीहाइड्रोजिनेस के द्वारा ऑक्सीकारी डीकार्बोक्सिलेट होता है तथा CO_2, α–कीटोग्लूटारेट तथा NADH + H+ बनता है। आइसोसाइट्रेट का ऑक्सीकरण होता है तथा ऑक्जेलोसक्सीनेट बनता है एवं दो हाइड्रोजन ($2H + 2e^-$) मुक्त होते हैं। इस अपचायक तुल्यांक को NAD^+ अथवा $NADP^+$ ग्रहण करता है तथा क्रमशः $NADH + H^+$ अथवा $NADPH + H^+$ में परिवर्तित हो जाता है। इसके पश्चात् ऑक्सीकारक विकार्बोक्सिलीकरण होता है तथा α–कीटोग्लूटारेट बनता है। एन्जाइम आइसोसाइट्रेट डीहाइड्रोजिनेस संकुल इस अभिक्रिया को उत्प्रेरित करता है।

$$\text{Isocitrate} + NAD^+ + \text{Oxalosuccinate} \xrightarrow{\text{isocitrate dehydrogenase}} \alpha\text{–ketoglutarate} + CO_2 + NADH + H^+$$

आइसोसाइट्रेट डीहाइड्रोजिनेस दो रूपों (isoform) में पाया जाता है। इन दोनों एन्जाइमों को क्रमशः NAD^+ तथा $NADP^+$ की आवश्यकता होती है।

Formation of succinyl CoA

α–कीटोग्लूटारेट के ऑक्सीकरण से सक्सीनिल CoA बनता है। इस अभिक्रिया में CoA भाग तथा ऑक्सीकरण अपचयन द्वारा $NADH + H^+$ बनता है। यह अभिक्रिया एन्जाइम सक्सीनेट थायोकाइनेस (सक्सीनिल–CoA–सिन्थीटेस) द्वारा उत्प्रेरित होती है। यूकेरेयोट में यह एन्जाइम माइटोकॉन्ड्रिया से कड़े रूप में जुड़ा रहता है जबकि प्रोकेरेयोट में यह प्लैज्मा झिल्ली से जुड़ा रहता है। मेलोनेट इस एन्जाइम को संदमित करता है :–

$$\text{Succinyl CoA + GDP + Pi} \xrightarrow{\text{succinate synthetase}} \text{succinate + CoA + GTP}$$

Oxidation of Succinate to fumarate

सक्सीनेट ऑक्सीकृत होकर फ्यूमारेट बनाता है। एक फ्लेवोप्रोटीन एन्जाइम सक्सीनेट डीहाइड्रोजीनेस इस अभिक्रिया को उत्प्रेरित करता है। सक्सीनेट से मुक्त अपचायक तुल्यांक को FAD ग्रहण करता है तथा $FADH_2$ बनता है।

$$\text{Succinate} + \text{FAD} \xrightarrow{\text{succinate dehydrogenase}} \text{Fumarate} + \text{FADH}_2$$

Hydration of Fumarate

फ्यूमारिक अम्ल में जल का एक अणु जुड़ जाता है तथा मैलेट बनता है। यह अभिक्रिया एन्जाइम फ्यूमरिक हाइड्राटेस द्वारा उत्प्रेरित होती है।

$$\text{Fumarate} + H_2O \xrightarrow{\text{Fumarate hydratase}} \text{Malate}$$

Oxidation of Malate

मैलेट का ऑक्सीकरण होकर ऑक्जेलोएसिटिक अम्ल बनता है। इस प्रकार ऑक्जेलोएसिटेट पुनः प्राप्त हो जाता है। NAD^+ एक अपचायक तुल्यांक को ग्रहण करके $NADH + H^+$ बनाता है। इस क्रिया को एन्जाइम मेलेट डीहाइड्रोजिनेस उत्प्रेरित करता है:–

$$\text{Malate} + \text{NAD} \xrightarrow{\text{Malate dehydrogenase}} \text{Oxaloacetate} + \text{NADH+} + H^+$$

यह महत्वपूर्ण है कि विटामिन बी संकुल के चार घटक क्रेब्स चक्र में भाग लेते हैं। ये घटक हैं (a) राइबोफ्लेविन (b) नियासिन (c) थायमीन तथा (d) पेन्टोथेनिक अम्ल

Table II. Energetics of Kreb's Cycle (per glucose molecule)

Reaction	Enzyme	$NADH+H^+/FADH_2/$ GTP produced
1. Isocitrate → oxalosuccinate	Isocitrate dehydrogenase	2 $NADH+H^+$
2. α-ketoglutarate → succinyl CoA	α-ketoglutarate dehydrogenase	2 $NADH+H^+$
3. Succinyl CoA → succinate	Succinate thiokinase	2 GTP
4. Succinate → fumarate	Succinate dehydrogenase	2 $FADH_2$
5. L. Malate → Oxaloaxcetate	Malate dehydrogenase	2 $NADH+H^+$

Mitochondrial Electron Transport

सभी माइटोकॉन्ड्रिया में श्वसनी इलेक्ट्रॉन स्थानांतरण श्रृंखला झिल्ली आबद्ध रेडॉक्स केन्द्र में एक क्रम में पाये जाते हैं। ये केन्द्र कुछ चरणों में इलेक्ट्रॉन को $NADH + H^+$ तथा $FADH_2$ से ऑक्सीजन तक पहुँचा देते हैं तथा जल बनता है। प्रोटॉन इन्टरमेम्ब्रेन स्पेस

तक मेट्रिक्स से होकर संचलन करता है। प्रोटॉन का ऊर्जाशोषी पम्पिंग समर्थ ऑक्सीकारक के समर्थ अपचायक एजेन्ट से ऊर्जाक्षेपी इलेक्ट्रॉन स्थानान्तरण से संचालित होता है। ½ O_2 के $2e^-$ का NADH + H^+ द्वारा अपचायन में सम्मलित अपचयन विभव में अंतर 1.14V होता है। इससे प्रति ऑक्सीकृत NADH अणु से निकली 219.2 kJ मुक्त ऊर्जा रूपांतरित होती है।

Components of Electron Transport System (ETS)

माइटोकॉन्ड्रिया के इलेक्ट्रॉन संचालन श्रृंखला के चार बहुलित उपइकाई प्रोटीन संकुल होते हैं जिन्हें Complex I से IV तक कहा जाता है। Youssef Haei (1962) ने गोमांस हृदय माइटोकॉन्ड्रिया पर कार्य करते हुये चार विभिन्न संकुल विलग किया जिन्हें Complex I - IV कहा जाता है। F_0 - F_1 - ATP synthase जिसमें इलेक्ट्रॉन संचालन सक्रियता नहीं होती है को कभी–कभी Complex IV माना जाता है।

Complex I, The NADH dehydogenase

यह संकुल माइटोकॉन्ड्रिया मेट्रिक्स में साइट्रिक अम्ल सक्रियता से जनित NADH को ऑक्सीकृत करता है जिससे NAD^+ पुनः प्राप्त हो जाता है। बाद में यूबीक्वीनोन का अपचयन होता है। यह NADH से इलेक्ट्रॉन को श्वसनी श्रृंखला में पहुँचता है। NADH मेट्रिक्स में आश्रयों के निम्नीकरण से बनता है। इन एन्जाइमों में निकोटिनेमाइड चक्र होता है जो कोएन्जाइम की तरह पिरडीन के सदृश्य होता है। इस संकुल में फ्लेवोप्रोटीन के अतिरिक्त 9 पृथक आयरन सल्फर केन्द्र होते हैं। माइटोकॉन्ड्रिया में पाये जाने वाले इलेक्ट्रॉन संचालन संकुल की तुलना में इसकी सबसे ज्यादा जटिल संरचना होती है। यह 40 विभिन्न इकाइयों का बना होता है। एक भाग झिल्ली में धंसा होता है तथा परिधीय भाग मेट्रिक्स स्पेस से उभरा हुआ होता है। परिधीय भाग में NADH के लिये एकबंधन स्थल, एक बंधित फ्लेविन मोनोन्यूक्लीयोटाइड तथा कम से कम तीन Fe-S केन्द्र होते हैं। झिल्ली में और भी Fe-S केन्द्र तथा साथ ही साथ यूबीक्वीनोन हेतु बंधन स्थल होते हैं।

Complex II

पौधों में Complex II (सक्सीनेट डीहाइड्रोजिनेस) सक्सीनेट को ऑक्सीकृत करके फ्यूमारेट बनाता है। Complex I की तरह Complex II इलेक्ट्रॉन को यूबीक्वीनोन में स्थानांतरित करता है। यह संकुल कई पॉलीपेप्टाइड का बना होता है जिससे दो सक्सीनेट डीहाइड्रोजिनेस बनता है। एक झिल्ली आबंध FAD युक्त एन्जाइम होता है जो TCA चक्र की मूल अभिक्रिया को उत्प्रेरित करता है। इस संकुल में सात उपइकाई होती हैं। इसमें इलेक्ट्रॉन ग्राही एक फ्लेविन एडनीन न्यूक्लीयोटाइड (FAD), अनेक रेडॉक्स वाहक Fe-S केन्द्र, तथा एक सायटोक्रोम – b होता है। सायटोक्रोम b का कार्य स्पष्ट नहीं है। Complex II एक पथ देता है जिसमें ''कम ऊर्जा'' वाले इलेक्ट्रॉन्स सक्सीनेट से FAD तथा इससे यूबीक्वीनोन में जाते हैं। Complex II से इलेक्ट्रॉन संचालन के साथ प्रोटॉन संचालन नहीं होता है।

Complex III (4QH2 - Cytochrome C oxidoredutase or cytochrome bcl)

Complex III अपचयित यूबीक्वीनोन से सायटोक्रोम C में इलेक्ट्रॉन्स के स्थानांतरण को उत्प्रेरित करता है। यह परिधीय झिल्ली प्रोटीन है तथा किसी भी श्वसनी श्रृंखला संकुलों का एकीकृत (integral) भाग नहीं है। ऐसी गणना की गई है कि यूबीक्वीनोन से Complex III में स्थानांतरित इलेक्ट्रॉन के प्रति जोड़े के साथ चार H^+ झिल्ली के आर–पार गमन करते हैं। Complex III में लगभग 10 पॉलीपेप्टाइड होते हैं जिनमें से एक को माइटोकॉन्ड्रिया कूट करता है। इसमें अनेक हीम्स तथा एक आयरन सल्फर केन्द्र होता है।

Complex III में यूबीक्वीनोल से सायटोक्रोम C में स्थानांतरित एक जोड़ा इलेक्ट्रॉन के साथ आंतरिक झिल्ली से चार प्रोटॉन का संचालन होता है। यह क्रियाविधि जिसे Q चक्र (Q cycle) कहते हैं, ऐसा मात्र उदाहरण को प्रस्तुत करता है जिसमें इलेक्ट्रॉन स्थानांतरण श्रृंखला द्वारा प्रोटॉन संचालन को अच्छे से समझा गया है। Q चक्र के समय यूबीक्वीनोन का अपचयन होता है तथा यूबीक्वीनॉल बनता है। यह अभिक्रिया आंतरिक झिल्ली के मेटरिक्स की ओर होती है। इलेक्ट्रॉन स्थानांतरण के तीन स्थलों पर Complex I तथा II प्रत्येक में एक, तथा Complex III के Center N में यूबीक्वीनोन अपचयित होता है। यूबीक्वीनोल झिल्ली के बाहरी पृष्ठ पर विसरित होता है तथा Center P पर बंधित हो जाता है। यह केन्द्र Complex III पर यूबीक्वीनॉल का ऑक्सीकरण स्थल है। Center P पर बंधन के पश्चात् यूबीक्वीनॉल ऑक्सीकृत हो जाता है, एक इलेक्ट्रॉन Rieske Fe-S Center को अपचयित करता है तथा दूसरा Cytochrome b 566 को अपचयित करता है। यूबीक्वीनोल का यूबीक्वीनोन में ऑक्सीकरण से दो प्रोटॉन अंतर्झिल्ली अवकाश (intermembrane space) में मुक्त हो जाते हैं। Reske Fe-S center C में स्थानांतरित हो जाता है। सायटोक्रोम 560 का इलेक्ट्रॉन सायटोक्रोम 560 में स्थानांतरित हो जाता है जो इलेक्ट्रॉन को Center N के यूबीक्वीनोन में दान कर देता है।

Complex IV

(Cyt - a/a_3 complex) अथवा सायटोक्रोम ऑक्सीडेस में 13 विभिन्न उपइकाइयाँ होती हैं। इनमें से तीन उपइकाई I, II तथा III संकुल के तीन सबसे बड़े पॉलीपेप्टाइड होती हैं। ये माइटोकॉन्ड्रियल जीनोम द्वारा कूट किये जाते हैं। संकुल में एक बड़ा जलस्नेही भाग लेता है जो अन्तर्झिल्ली अवकाश में उभरा रहता है तथा Cyt c के लिये बंधन स्थल होता है।

Complex IV से इलेक्ट्रॉन स्थानांतरण की क्रियाविधि का गहन अध्ययन किया गया है। आविष्कारकों के लिये यह एक महत्वपूर्ण चुनौती है कि यह समझा सकें कि वाहक जो एक इलेक्ट्रॉन के स्थानांतरण करके O_2 को अपचयित करके जल के दो अणु बनाते हैं जो O_2 को अपचयित कार्य करने के अतिरिक्त सायटोक्रोम ऑक्सीडेस प्रोटॉन पम्प का भी कार्य करता है।

चारों रेडॉक्स माइटोकॉन्ड्रिया में पाये जाते हैं तथा उपइकाई I एवं II से कूट किये जाते हैं।

The Machinery for ATP Formation

1970 के दशक के शुरूआत में Humberto-Fernandez Moran ने माइटोकॉन्ड्रिया की आंतरिक झिल्ली के अन्दर की सतह पर गोलों के एक स्तर का अविष्कार किया जो झिल्ली से उभरे रहते हैं तथा झिल्ली से वृत (Stalks) द्वारा जुड़ा रहता है। कुछ वर्षों बाद Efraim Racker ने आंतरिक झिल्ली के गोलों को विलग किया तथा उन्हें coupling factor I या सामान्यतः F_1 कहा जाता है। Racker ने खोज किया कि ये गोले ATP का जलीय अपघटन करने वाले एन्जाइम अर्थात ATPase है। पहली नजर में वह एक विलक्षण खोज थी। यदि ऐसा माना जावे कि ATP का जलीय अपघटन उसके बनने से उत्क्रमणीय अभिक्रिया है तो F_1 का कार्य ज्यादा प्रमाण विषयक हो जाता है। इसमें उत्प्रेरण स्थल होता है जिस पर सामान्य रूप में ATP बनता है।

The structure of ATP Synthase

एन्जाइम ATP synthase दो प्रमुख घटकों का बना होता है : F_1 हेड पीस तथा एक आधारीय खण्ड (basal section F_0) जो आंतरिक झिल्ली में धंसा रहता है। दो भाग पहले वृत से जुड़े रहते हैं।

F_1 हेड पीस का आणविक भार लगभग 360000 डालटन होता है जिसमें पाँच विभिन्न पॉलीपेप्टाइड सम्मलित होती है। माइटोकॉन्ड्रियल एन्जाइम में समजात पॉलीपेप्टाइड को केन्द्रक डी.एन.ए. कूट करता है, इनका संश्लेषण सायटोसॉल में होता है तथा परागमन के पश्चात् आयात हो जाते हैं। माइटोकॉड्रिया में F_0 बेस पीस माइटोकॉन्ड्रिया की आंतरिक झिल्ली में धंसे रहते हैं तथा एक चैनल बनाते हैं जिससे प्रोटॉन का संचालन अंतर्झिल्ली अवकाश से F_1 हेड पीस की ओर होता है ।

F_0 बेस पीस में चैनल की उपस्थिति को सबसे अच्छा उन प्रयोगों में दर्शाया जा सकता है जिसमें माइटोकॉड्रिया झिल्ली को अंश में तोड़ दिया जाता है तथा ये अंश झिल्ली पुटिका (membrane vesicle) बनाते हैं। इन पुटिकाओं को सबमाइटोकॉन्ड्रियल कण (submitochondrial particles) कहते हैं। अक्षुण्ण सबमाइटोकॉन्ड्रियल कण आश्रय का ऑक्सीकरण करने, प्रोटॉन प्रवणता उत्पन्न करने तथा ATP का संश्लेषण करने में सक्षम होते हैं। यदि कणों को यूरिया से उपचारित करके F_1 गोलाओं को हटा दिया जाता है तो पुटिका झिल्ली आश्रय के ऑक्सीकरण तथा इलेक्ट्रॉन स्थानांतरण को जारी रखते हुये भी आर पार प्रोटॉन प्रवणता को बनाये नहीं रख पाते हैं। झिल्ली संचारित प्रोटॉन शिरश्च्छेदित ए.टी.पी. सिन्थेस (beheaded ATP synthase) से क्रॉस बेक हो जाते हैं तथा ऊर्जा का अपव्यय हो जाता है।

The Mechanism of ATP Formation

श्वसनी श्रृंखला से इलेक्ट्रॉन के संचालन द्वारा प्रोटॉन प्रवणता स्थापित हो जाता है तथा प्रोटॉन का झिल्ली के पार ATP synthase की मध्यस्थता में संचालन ATP बनाने का कार्य करता है।

Paul Boyer तथा उनके सहयोगियों ने एक परिकल्पना प्रस्तुत की जिसके अनुसार प्रोटॉन का विद्युत रासायनिक प्रवणता के मध्यस्थता में F_0 बेस से F_1 हेड चैनल में

संचालन से संरूपीय परिवर्तन प्रेरित होता है। इस संरूपीय परिवर्तन से प्रोटॉन का ADP, Pi तथा ATP के प्रति घनिष्ठ संबंध बदल जाता है।

कोशिका में अभिक्रियायें जलीय माध्यम में होती है जिसमें जल की सांद्रता 55M होती है तथा अभिकारक एवं उत्पाद सरलता से माध्यम में घुले रहते हैं इस प्रकार की परिस्थितियों में ADP तथा अकार्बनिक फॉस्फेट को सहसंयोजी आबंध से जोड़कर ATP बनाने में ऊर्जा की आवश्यकता होती है। ऐसा दर्शाया गया है कि एक बार ATP synthase के उत्प्रेरक स्थल से ADP तथा Pi दृढ़ता से बंध जाते हैं तो, दोनों अभिकारक अतिरिक्त ऊर्जा के निवेश के बिना ही जल्द ही संघनित होकर आबंद्ध ATP बनाते हैं। दूसरे शब्दों में Soluble ADP + Soluble Pi ⟶ Soluble ATP + H_2O

उपरोक्त अभिक्रिया को बहुत ऊर्जा निवेश (मानक अवस्था में 7.3k Cal/mol) की आवश्यकता होती है। निम्नलिखित अभिक्रिया

Enzyme bound ADP + Energy bound Pi ⟶ enzyme bound ATP+ H_2O

में साम्य स्थिरांक (equilibrium constant) 1 के समीप है ($\Delta G°=0$) एवं यह अभिक्रिया ऊर्जा के निवेश के बिना सहज भाव में हो सकती है। फॉस्फोरायलेशन में ऊर्जा न लगकर ऊर्जा की आवश्यकता अभिकारकों को एन्जाइम के उत्प्रेरण स्थल में आबंध होने अथवा उत्पाद का उत्प्रेरण स्थल से मुक्त होने या दोनों में ही होती है। ऐसा समझा जाता है कि यह प्रक्रिया निम्नलिखित रूप में होती है।

Bayer की "बाईंडिंग चेंज" परिकल्पना के अनुसार प्रत्येक F_1 हेड पीस में तीन उत्प्रेरक स्थल होते हैं जो न्यूक्लीयोटाइड के साथ घनिष्ठ सम्बंध के अनुसार तीन विभिन्न संरूपण की ओर उत्तरोत्तर खिसकते हैं। इन तीन संरूपणों का वर्णन "टाइट" (T) संरूपण (जिसमें न्यूक्लीयोटाइड (ADP + Pi) या (ATP) दृढ़ता से आबंध होते हैं), "लूज" (L) संरूपण (जिसमें ADP तथा Pi ढीले रूप में आबंद्ध होते हैं) तथा "ओपन" (O) संरूपण (चूँकि इसमें न्यूक्लियोटाइड के प्रति घनिष्ठ सम्बंध बहुत कम होता है, अतः इस स्थल को खाली माना जाता है) के रूप में किया जाता है। Step I में L संरूपण के उत्प्रेरक स्थल से ADP तथा Pi बंधन बनाते हैं। इसके पश्चात् प्रोटॉन एन्जाइम के ऐलोस्टेरिक स्थल जो अंतर्झिल्ली अवकाश की ओर जहाँ H^+ की सांद्रता अधिक होती है, उस स्थल से प्रोटॉन बंधन बना लेते हैं। एक बार आबद्ध होने के पश्चात् प्रोटॉन संरूपीय परिवर्तन को प्रेरित करते हैं जिससे ADP तथा Pi का उत्प्रेरक स्थल से घनिष्ठ सम्बंध में वृद्धि हो जाती है। इस परिवर्तन से अभिकारक एन्जाइम से ज्यादा दृढ़ता से बंध जाते हैं। इसके पश्चात् अभिकारक सहज भाव से संघनित होकर ATP बना लेते हैं। जो कि T संरूपण के सक्रिय स्थल से दृढ़ता से आबंद्ध होता है। इसके पश्चात् एन्जाइम में संरूपीय परिवर्तन हो जाता है जिसे एलोस्टेरिक स्थल, प्रोटॉन बंधन स्थल झिल्ली के मेट्रिक्स की ओर विच्छेदन में चला जाता है जहाँ H^+ की सांद्रता कम होती है। प्रोटॉन्स का मेट्रिक्स में एन्जाइम से विच्छेदन के कारण उत्प्रेरक स्थल का संरूपण परिवर्तित कर देता है, जिसे आबद्ध ATP के घनिष्ट सम्बंध में कमी आ जाती है एवं उत्पाद मेट्रिक्स में मुक्त हो जाता है। कुल नेट अभिक्रिया में ATP का संश्लेषण प्रोटॉन का अंर्तझिल्ली अवकाश से मेट्रिक्स की ओर अपने प्रवणता के अनुसार संचालन के व्यय पर होता है। ऐसा माना जाता है कि सक्रिय स्थल में

संरूपण में परिवर्तन F_1 हेडपीस का अपने वृंत के सापेक्ष में घूर्णन के साथ होने से होता है। इसके कारण F_0 चैनल से आ रहे प्रोटॉन्स की उत्प्रेरक स्थल के स्थान से निरंतर पारस्परिक क्रिया होती रहती है।

PENTOSE PHOSPHATE PATHWAY

1950 के दशक में पादप कार्यिकी वैज्ञानिकों ने देखा कि पौधों में ग्लायकोलायसिस तथा साइट्रिक अम्ल चक्र के अतिरिक्त (एक एकान्तर) होता है जिससे पौधे शर्करा का ऑक्सीकरण करके ऊर्जा प्राप्त करते हैं। **Martin Gibbs, Bernad Axerrod and Harry Beevers** अगुआ वैज्ञानिक है जिन्होंने देखा कि इस पथ के मध्यवर्ती फॉस्फोरिलेटिड पेन्टोस शर्करा है अतः इसक नाम **Pentose Phosphate Pathway** रखा। इस पथ को **Hexose Monophosphate Pathway** या **Phosphogluconate Pathway** भी कहते हैं। इस पथ के कुछ मध्यवर्ती केल्विन चक्र के समान ही है। हांलाकि, इस पथ में शर्कराओं का विघटन होता है तथा ये अन्य शर्कराओं का संश्लेषण नहीं करते हैं। ग्लायकोलायसिस के समान इस पथ की अभिक्रियायें भी सायटोसॉल में होती है। एक महत्वपूर्ण भिन्नता यह है कि इस पथ में NAD^+ के स्थान पर $NADP^+$ इलेक्ट्रॉन ग्राही का कार्य करता है।

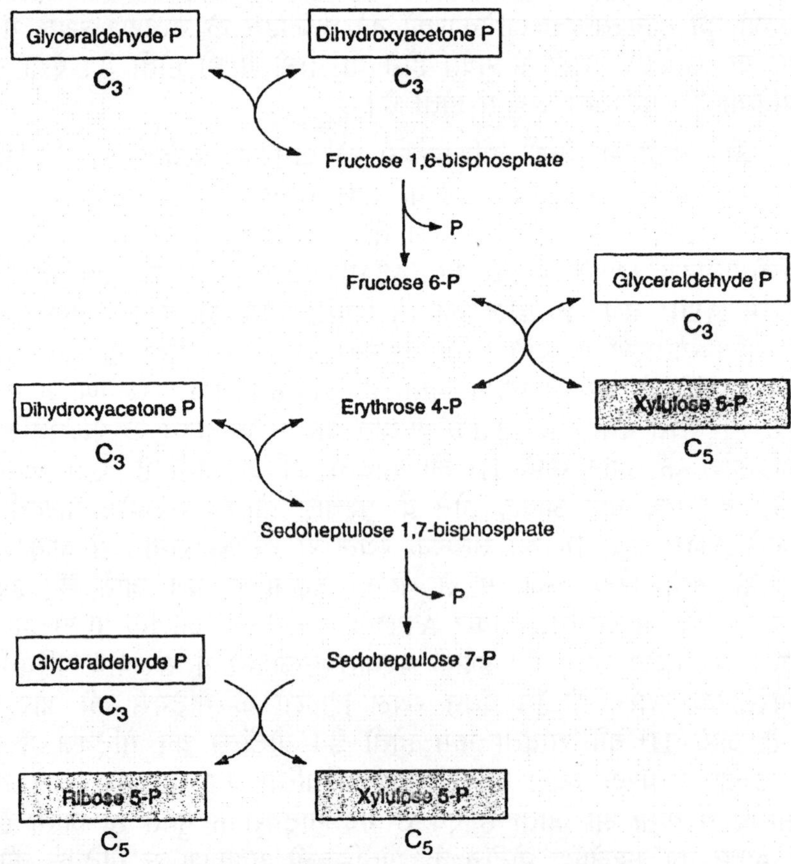

Fig. 6.3. Pentose phosphate pathway

इस पथ में पायरूवेट सीधे रूप में नहीं बनता (चित्र 6.3) एन्जाइम फॉस्फोरिलेज तथा फॉस्फोग्लूकोम्यूटेस के उत्प्रेरण से स्टार्च टूटता है तथा ग्लूकोस – 6 –फॉस्फेट बनता है। अन्य प्रकार से भी ग्लायकोलिसिस के समान ग्लूकोस फॉस्फोरिलेट होकर ग्लूकोस–6–फॉस्फेट बनाता है। ग्लूकोस–6–फॉस्फेट का विहाइड्रोजनीकरण (dehydrogenation) होता है तथा ग्लूकोस–6–फॉस्फोग्लूकोनोलेक्टोन बनता है। एन्जाइम ग्लूकोस– 6–फॉस्फेट डीहाइड्रोजिनेस इस अभिक्रिया को उत्प्रेरित करता है तथा NADP अपचयित होकर NADPH + H^+ बनता है। 6-फॉस्फोग्लूकोनोलेकटोन (लेक्टोन) का एन्जाइम लेक्टोनेस द्वारा जलीय अपघटन होता है तथा 6-फॉस्फोग्लूकोनेट बनता है। इस पथ के आरम्भिक अभिक्रियाओं में उपयोग में आने वाला डीहाइड्रोजिनेस $NADP^+$ के प्रति अतिविशिष्ट होता है। सायटोसोल में पाये जाने वाला एन्जाइम ग्लूकोस–6–फॉस्फेट डीहाइड्रोजिनेस में ऐलोस्टेरिक नियामक गुण नहीं होते हैं। तथापि एन्जाइम अपने ही एक उत्पाद NADPH से प्रबलता से संदमित होता है। इस प्रकार $NADP^+$/NADPH + H^+ का अनुपात एन्जाइम की सक्रियता को निर्धारित करता है। एन्जाइम–6–फॉस्फोग्लूकोनेट डीहाइड्रोजिनेस 6–फॉस्फोग्लूकोनेट को 3-कीटो–6–फॉस्फोग्लूकोनेट में बदल देता है। 6–फॉस्फोग्लूकोनेट के नियामक गुणों का अवलोकन किया गया है। 3-कीटो–6–फॉस्फोग्लूकोनेट विकार्बोक्सिलीकृत होकर पेन्टोस शर्करा राइब्यूलोज–5 फॉस्फेट बनाता है। यह एपीमराइज होकर जायल्यूलोस–5 फॉस्फेट तथा समावयवीकरण से राइबोस–5–फॉस्फेट बनाता है। आगे की अभिक्रियाओं को एन्जाइम ट्रांसकीटोलेज तथा ट्रांसएल्डोस उत्प्रेरित करते हैं। एन्जाइम ट्रांसकीटोलेस 2 कार्बन यौगिक (ग्लायकोएल्डीहाइड समूह) को स्थानांतरित करता है जबकि ट्रांसएल्डोलेस 3 कार्बन यौगिक (डाईहाइड्रॉक्सी एसीटोन समूह) को स्थानांतरित करता है। इस पथ की क्रियाविधि चक्रीय होती है एवं ग्लूकोज– 6–फॉस्फेट पुनः निर्मित हो जाता है। इस पथ में CO_2 के तीन अणु तथा ग्लिसरेल्डीहाइड का एक अणु बनता है। $NADP^+$ के छः अणु अपचयित होकर NADPH + H^+ बनते हैं। पेन्टोज फॉस्फेट पथ के नॉन ऑक्सीडेटिव भाग की सभी अभिक्रियायें सहज ही उत्क्रमणीय होती हैं। PPP के तीन महत्व हैं, ये क्रमशः (i) NADPH का उत्पादन, (ii) इरीथोस–4–फॉस्फेट का उत्पादन तथा (iii) राइबोस–5–फॉस्फेट का उत्पादन है।

अध्याय — 7

Photorespiration

प्रकाश की उपस्थिति में प्रकाश संश्लेषी ऊतकों से कार्बनडाईऑक्साइड के मुक्त होने को Photorespiration कहते हैं। Jackson and Volk (1970) ने Photorespiration की परिभाषा में वर्णन किया है कि "प्रकाश की उपस्थिति में होने वाली समस्त श्वसनी प्रक्रियायें, जिसमें मुक्त हुई CO_2 तथा उपयोग में लाई O_2 का जैवरासायनिक पथ पर गौर न किया गया हो।" Beevers (1971) ने Photorespiration की परिभाषा दी "प्रकाश आश्रित" O_2 तथा/अथवा CO_2 / Otto Warburg (1920) ने देखा कि शैवालों में O_2 की उपस्थिति से प्रकाश संश्लेषण संदमित हो जाता है। इस परिघटना को Warburg effect कहा गया। इस प्रभाव को C_3 पौधों में भी देखा गया, जिसका अगले पेंटाग्राम में वर्णन किया गया है। Rabinowitch (1945) इस परिघटना की परिभाषा दी कि "प्रकाश की उपस्थिति में प्रकाश संश्लेषी ऊतक में अंधकार का श्वसन होना" Decker and Tio (1959) ने सबसे पहले Photorespiration का होना तथा इसके महत्व का वर्णन किया। Zelitch (1964) ने पाया कि ग्लायकोलेट फोटोरेस्पायरेशन का प्राथमिक आश्रय होता है। उन्होंने 1971 में इस प्रक्रिया पर विस्तृत शोध किया। Tolbert (1981), Huang *et al.*, (1983) तथा Ogren (1984) ने खोजा कि Photorespiration क्लारोप्लास्ट, परॉक्सीसोम्स तथा माइटोकॉन्ड्रिया के सहकार रूप में होता है।

प्राकृतिक पर्यावरण की परिस्थितियों में rubisco एन्जाइम 3:1 के अनुपात में carboxylase तथा oxygenase स्वभाव प्रगट करता है। Rubisco के oxygenase क्रिया से रिब्यूलोज बिस फॉस्फेट परिवर्तित होकर 2-फॉस्फोग्लिसरेट बनाता है। पौधे इस यौगिक का उपयोग करने में असमर्थ होते हैं तथा फोटोरेस्पायरेट्री कार्बन ऑक्सीडेशन चक्र से इसका उपापचय हो जाता है। इस चक्र को C_2-oxidative photosynthetic carbon cycle कहते हैं। फॉस्फोग्लायकोलेट के दो अणुओं से CO_2 तथा 3-फॉस्फोग्लिसरेट का एक अणु बनता है। सामान्य परिस्थितियों में अधिकांश C_3 उच्च पौधों में Photorespiration की दर 3 से 10 mg $CO_2 dm^{-2} h^{-1}$ होती है। यह दर अप्रकाश श्वसन से 1.2 से 4.0 गुना ज्यादा होती है। जलीय पौधों में photorespiration की दर अप्रकाश श्वसन से कम होती है।

C_4 पौधों में photorespiration नहीं देखा गया है तथा C_3 पौधों में उच्च दर से होता है। इसे स्पष्ट करने के लिये ऐसा माना जाता है कि रिब्यूलोज विस फॉस्फेट का कार्बन 1 तथा 2 ग्लायकोलिक अम्ल का पूर्वगामी होता है। इसके अतिरिक्त केल्विन चक्र के rubisco तथा अन्य एन्जाइम सिर्फ बंडलशीथ कोशिका में होते हैं। इन कोशिकाओं में CO_2 की सांद्रता इतनी ज्यादा होती है कि O_2 इससे प्रतिस्पर्धा नहीं रख पाता है। केल्विन

चक्र में CO_2 स्थिरीकरण का सब्सट्रेट CO_2 होता है तथा अभिक्रिया को एन्जाइम rubisco उत्प्रेरित करता है। फोटोफॉस्फोरायलेशन के समय रिब्यूलोज बिस फॉस्फेट तथा O_2 अभिक्रिया करके 3-PGA तथा फॉस्फोग्लायकोलिक अम्ल बनाते हैं। यह अभिक्रिया rubisco द्वारा उत्प्रेरित होती है। आणविक ऑक्सीजन तथा कार्बन डाईऑक्साइड एक ही सब्सट्रेट रिब्यूलोज बिसफॉस्फेट होता है तथा एक ही एन्जाइम rubisco दोनों अभिक्रियाओं को उत्प्रेरित करता है। O_2 तथा CO_2 के बीच प्रतिस्पर्धा से C_3 पौधों में CO_2 का कम स्तर होने की तुलना में ज्यादा स्तर होने पर प्रकाश संश्लेषण के संदमन स्पष्ट होता है। सामान्यतः rubisco CO_2 के समान लगभग एक तिहाई से एक चौथाई O_2 का स्थिरीकरण करता है। Photorespiration के समय कुल अवशोषित ऑक्सीजन का दो तिहाई का स्थरीकरण होता है, शेष O_2 फॉस्फोग्लायकोलेट के ऑक्सीकरण से प्राप्त होती है।

Mechanism of Photorespiration

ग्लायकोलिक अम्ल का संश्लेषण CO_2 स्वांगीकरण के आरम्भिक उत्पाद के रूप में होता है। ग्लायकोलेट संश्लेषण के संदमक के उपयोग से किये गये प्रयोगों से स्पष्ट होता है कि प्रकाश संश्लेषण के समय ग्लायकोलेट संश्लेषण की दर नेट CO_2 स्वांगीकरण से 50% अधिक हो सकती है। Photorespiration में ग्लायकोलेट संश्लेषण तथा ऑक्सीकरण होता है। यह जैवरासायनिक पथ तीन कोशिकांगों में पूर्ण होता है। ये कोशिकांग क्लोरोप्लास्ट, परॉक्सीसोम्स तथा माइटोकॉन्ड्रिया है।

Biosynthesis of Glycolate

$^{14}CO_2$ का उपयोग करते हुये अध्ययन किये गये कायनेटिक से स्पष्ट होता है कि ग्लायकोलिक अम्ल शर्करा फॉस्फेट के C-1 तथा C-2 से बनता है। यह देखा गया है कि केल्विन चक्र के समय फॉस्फो–पेन्टोज शर्करा के ट्रांसकीटोलेज प्रकार के अभिक्रियाओं के समय सक्रिय ग्लिसरेल्डीहाइड बनता है। ट्रांसकीटोलेज दाता शर्करा से दो कार्बन अर्धांश को ग्राही शर्करा में स्थानांतरित करता है। एन्ज़ाइम transketolase में पायरोफॉस्फेट होता है। दाता तथा ग्राही शर्करायें फॉस्फोपेन्टोज शर्करा होती है। ग्राही की अनुपस्थिति में थायमीन को थायाजोलियम चक्र के स्थान 2' पर "active glyceraldehyde" बनता है। फेरीसायनाइड की उपस्थिति में विलगित एन्जाइम active glyceraldehyde का ऑक्सीकरण करता है तथा ग्लायकोलेट बनता है। Bradbeer and Racker (1961); Goldberg and Racker (1962), Holzer and Schrter (1962) के अनुसार ग्लायकोलेट के प्रत्येक अणु के संश्लेषण हेतु फेरीसायनाइड के दो अणुओं का अपचयन होता है। Griffith and Byrerrum (1959) ने तम्बाखू की पत्तियों पर अनुसंधान करते हुये इस मत का समर्थन किया कि पेन्टोज शर्करा के C-1 तथा C-2 कार्बन से ग्लायकोलिक अम्ल बनता है। Richardsan and Tolbert (1961) ने ग्लायकोलेट के संश्लेषण पर भिन्न मत प्रस्तुत किया। उन्होंने हरित पौधों में एक एन्जाइम "active phosphatase" की खोज की। यह एन्जाइम फॉस्फोग्लायकोलेट के लिये अतिविशिष्ट होता है तथा फॉस्फोग्लायकोलिक अम्ल के जलीय अपघटन को उत्प्रेरित करके ग्लायकोलिक अम्ल बनने को उत्प्रेरित करता है। ऐसा माना जाता है कि केल्विन चक्र के मध्यगामी पेन्टोज शर्कराओं के C-1 तथा C-2 के दो विखण्डों के ऑक्सीकरण से फॉस्फोग्लायकोलेट

बनता है। Kearney and Tolbert (1962) लेबल्ड CO_2 के साथ अनुसंधान करते हुये पाया कि पालक पत्ती से विलग किये गये क्लोरोप्लास्ट में प्रकाश संश्लेषण के समय बने रेडियोधर्मी उत्पादों में से फॉस्फोग्लायकोलेट एक उत्पाद होता है। फॉस्फोग्लायकोलेट photo respiration में मुक्त हुई CO_2 का स्त्रोत होता है। एक विशिष्ट phosphatase फॉस्फेट अर्धांश को हटा देता है तथा ग्लायकोलिक अम्ल बनता है। Tolbert *et al.* (1966) ने शर्करा घनत्व प्रवणता का उपयोग करने कोशिकांगों को पृथक किया तथा पाया कि माइटोकॉन्ड्रिया तथा क्लोरोप्लास्ट दोनों में ही फॉस्फोग्लिसरेट फॉस्फटेज सक्रियता पाई जाती है।

ग्लायकोलेट का संश्लेषण एक से अधिक क्रिया विधियों द्वारा होता है। Merrelt and Goulding (1967); Goulding and Merrelt (1967) ने देखा कि *Chlorella pyrenoidosa* में प्रकाश की उपस्थिति में एसिटेट से ग्लायकोलेट बनता है। उन्होंने अपने प्रयोगों में, acetate - ^3H तथा acetate - 2 - $^{14}CO_2$ का उपयोग किया। ऐसा देखा गया कि केल्विन चक्र के मध्यगामी को लेवल करने के पूर्व ग्लायकोलेट में ^3H तथा ^{14}C समविष्ट हो जाते हैं। अतः उन्होंने निष्कर्ष निकाला कि ग्लायकोलेट का संश्लेषण केल्विन चक्र के शर्करा के दो कार्बन विखण्डों से होता है। जब $^3H/^{14}C$ को एक साथ लेबल्ड एसीटेट से युग्मित किया जाता है, तो समय के साथ $^3H/^{14}C$ का अनुपात कम हो जाता है। इससे यह संकेत मिलता है कि दो स्वतंत्र जैवरासायनिक पथ द्वारा ग्लायकोलेट का संश्लेषण होता है, जिनमें से एक CO_2 तथा दूसरा एसीटेट होता है। Plamondon and Bassham (1966) ने फॉस्फोग्लिसरिक अम्ल के स्थान पर ग्लायकोलेट में $^3H/^{14}C$ के बढ़े हुये अनुपात के आधार पर निष्कर्ष दिया कि एक गैरलेबल्ड कार्बन यौगिक के अपचयन के साथ साथ $^{14}CO_2$ के द्वारा भी ग्लायकोलेट का सतत संश्लेषण होता है। ग्लायऑक्सिलेट डौरलेबल्ड यौगिक होता है।

ग्लायकोलेट ऑक्सीडेज तंत्र न होने के कारण ग्लायकोलेट आयन का क्लोरोप्लास्ट से उत्सर्जन होता है।

Glycolate Oxidase and Glyoxylate Reductase

प्रकाश की उपस्थिति में ऑक्सीजन ग्रहण करने तथा CO_2 मुक्त करने में ग्लायकोलेट ऑक्सीडेज की गुणात्मक भूमिका होती है। Zlitch and Ochoa (1953) ने पालक पत्ती से इस एन्जाइम का शुद्धीकरण किया। इस एन्जाइम में राइबोफ्लेविन फॉस्फेट (FMN) प्रॉस्थेटिक समूह होता है। Frigerio and Herbury (1958) ने इस एन्जाइम को पालक की पत्ती से शुद्धीकृत किया एवं उसके क्रिस्टल बनाकर लक्षणों का अध्ययन किया। यह फ्लेवोप्रोटीन इलेक्ट्रॉन ग्राही के रूप में O_2 के अतिरिक्त कुछ क्वीनीन्स (जैसे p-बेन्जोक्वीनोन) तथा अभिरंजक का उपयोग कर सकते हैं। अभिक्रिया के बाद अनुरूप हाइड्रोक्वीनोन बनाते हैं। Glycolate oxidase इलेक्ट्रॉन को ग्लायकोलेट से O_2 में स्थानांतरित करता है जिससे O_2 का अपचयन होता है तथा हाइड्रोजन परॉक्साइड बनता है। हांलाकि यह एन्जाइम सबसे ज्यादा ग्लायकोलेट पर सक्रिय होता है, परन्तु यह अन्य आश्रयों जैसे फिनिल लेक्टेट तथा P- हाइड्रॉक्सीलेक्टेट पर क्रिया कर सकता है।

Zelitch (1959) ने पालक पत्ती से एक एन्ज़ाइम को रिपोर्ट किया जो NADH की उपस्थिति में ग्लायॉक्सिलेट का अपचयन करता है। इस एन्ज़ाइम का नाम glyoxylate reductase दिया गया। Zelitch (1955) ने इस एन्ज़ाइम को तम्बाखू की पत्ती से शुद्धीकृत करके क्रिस्टल तैयार किया। यह NADH के लिये विशिष्ट होते है एवं पायरूवेट से अभिक्रिया नहीं करता है।

The Enzymatic Activities in Peroxisomes

NADH-glyoxylate reductase परॉक्सिसोम में सक्रिय होते हैं। (चित्र 7.1 A,B) परॉक्सीसोम सूक्ष्मकाय (microbodies) है जिसमें अनेक ऑक्सीकारक एन्जाइम होते हैं। परॉक्सिसोम में पाँच एन्जाइम होते हैं ये एन्जाइम glycolate oxidase, catalase, NADH - glyoxylate reductase, $NAD^{\pm}$ malatedehydrogenase तथा transaminase है। कोशिका के प्रकार तथा कोशिका में विभेदीकरण की अवस्था के अनुसार एन्जाइम के घटक निर्भर करता है।

निम्नलिखित अभिक्रियायें ग्लायकोलेट ग्लायॉक्सिलेट चक्र दर्शाते हैं :–

$$\text{Substrate} + NAD^+ \xrightarrow{\text{dehydrogenase}} \text{Oxidized substrate} + NADH + H^+$$

$$NADH + H+ + \text{glyoxylate} \xrightarrow[\text{reductase}]{\text{glyoxylate}} \text{glycolate} + NAD^+$$

$$\text{glyoxylate} + O_2 \xrightarrow{\text{glycolate oxidase}} \text{glycolate} + H_2O_2$$

$$H_2O_2 \xrightarrow{\text{catalase}} II_2O + ½\,O_2$$

$$\text{Substrate} + ½\,O_2 \longrightarrow \text{oxydized substrate}$$

NAD - linked dehydrogenase के साथ glyoxylate reductase सब्सट्रेट को ऑक्सीकृत करता है। NAD इलेक्ट्रॉन वाहक का कार्य करता है। ग्लायकोलेट एक अणु ऑक्सीजन ग्रहण करके ग्लायॉक्सिलेट तथा हाइड्रोजन परॉक्साइड बनाता है। ये दोनों यौगिक आविषी (Toxic) होते हैं। एन्जाइम catalase के उत्प्रेरण से H_2O_2 को जल तथा ऑक्सीजन अणु में तोड़ देता है, जबकि ग्लायॉक्सिलेट से ग्लायसीन अमीनो एसिड बनाता है।

परॉक्सीसोम में प्रकोष्ठ होते हैं जहाँ ग्लायॉक्सिलेट परिवर्तित होकर ग्लायसीन बनाता है एवं इस प्रकार आविषी प्रभाव को दूर कर देता है। प्रकोष्ठन झिल्ली से न होकर परॉक्सिमल मेट्रिक्स के विशिष्ट लक्षणों के कारण होता है। यदि परॉक्सिसोम की झिल्ली को नष्ट कर दिया जावे तब भी यह देखा गया है कि प्रोटीन परॉक्सिसोम के समान अमाप

के कणों के रूप में समुच्चय बनाकर रहते हैं। यह प्रकोष्ठन देता है तथा परॉक्सिमल अभिक्रिया बनी रहती है। परॉक्सिमल अभिक्रियाओं के मध्यवर्ती (ग्लायॉक्सिलेट, H_2O_2 तथा हाइड्रॉकसीपायरुवेट) ग्लायकोलेट ऑक्सीकरण के दौरान इन कणों से मुक्त नहीं होते हैं। एन्जाइम एक बहुएन्जायमी संकुल के रूप में होते हैं तथा एक उपापचय चैनल होता है। इस प्रकार के चैनल निर्मित होने तथा बहुएन्जाइमी संकुल में एक एन्जायमी अभिक्रिया का उत्पाद मुक्त नहीं होता है वरन् यह उत्तरवर्ती अभिक्रिया के एन्जाइम से बंधित हो जाता है तथा चैनल सतत् रहता है।

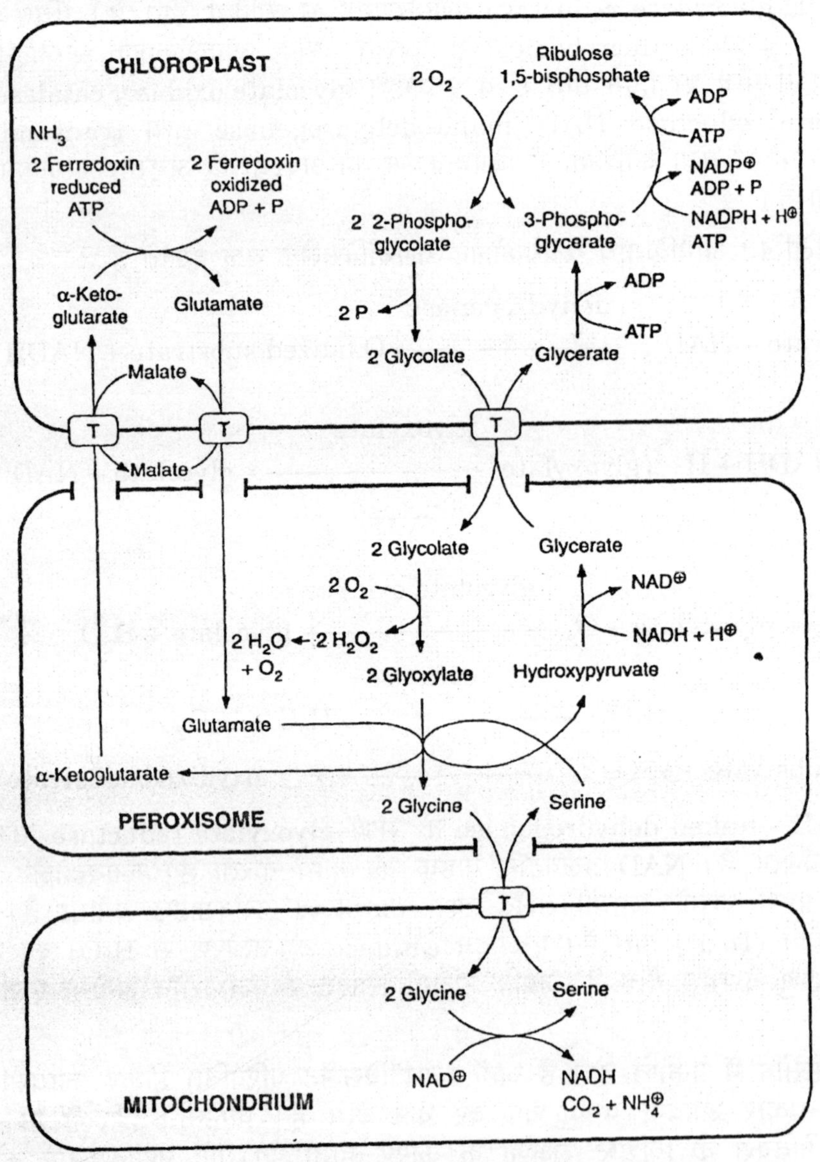

Fig. 7.1A. The cell organelles involved in photo respiration and the biochemical reaction occuring in them.

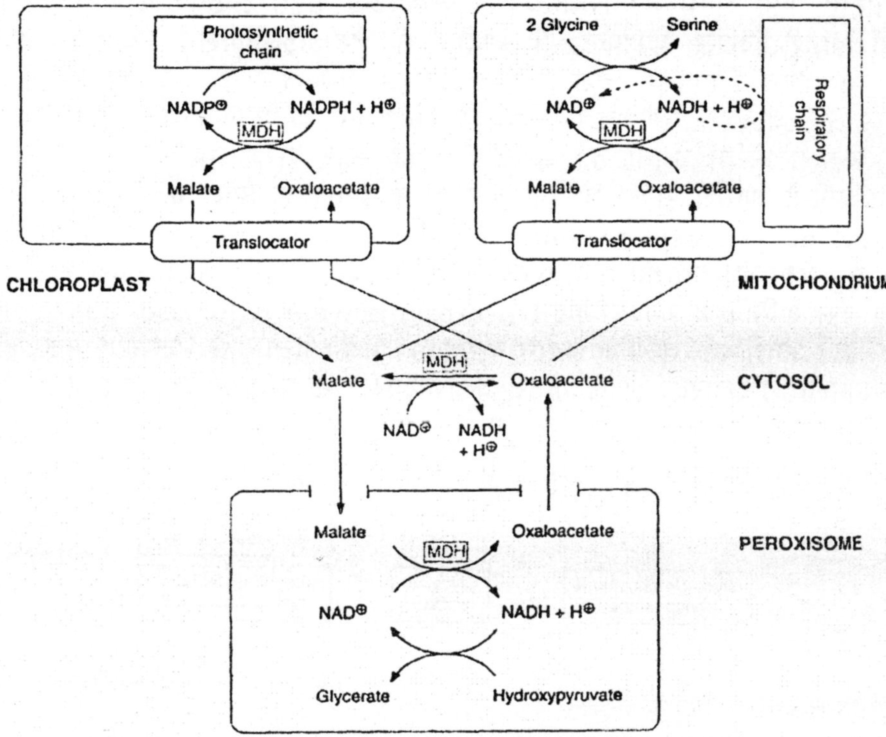

Fig. 7.1B. Transfer of reducing equivalents to peroxisomes

Fate of Glycolate Pathway

ग्लायसीन तथा सेरीम ग्लायकोलेट उपापचय के आरम्भिक उत्पाद है। ग्लायॉक्सिलेट से दो विभिन्न जैवरासायनिक पथों से अमीनो अम्ल ग्लायसीन बनता है। ये दोनों पथ परॉक्सिसोम में एक साथ क्रियान्वित रहते हैं। अधिकांश ग्लायॉक्सिलेट में ट्रांसऐमीशन अभिक्रिया होती है। ग्लूटामेट अपने अमीनो समूह का दान करता है तथा ग्लायॉक्सिलेट परिवर्तित होकर ग्लायसीन बनाता है (चित्र 7.2)। यह अभिक्रिया एन्जाइम glutamate-glyoxylate aminotransferase द्वारा उत्प्रेरित होती है। अमीनो अम्ल एलानीन भी अपना अमीनो समूह ग्लायॉक्सिलेट को दान कर सकता है। दूसरे प्रकार की ट्रांसऐलीशन अभिक्रिया एन्जाइम glyoxylate aminotransferase द्वारा उत्प्रेरित होती है तथा सेरीन का संश्लेषण होता है। ग्लायसीन के दो अणु माइटोकॉन्ड्रिया में प्रवेश करते हैं। ऐसा माना गया है कि ग्लायसीन विशिष्ट ट्रांसलोकेटर के माध्यम से माइटोकॉन्ड्रिया में प्रवेश करता है। माइटोकॉन्ड्रिया में ग्लायसीन के दो अणुओं का ऑक्सीकरण होता है जिससे सेरीन तथा CO_2 का एक एक अणु बनता है। इस अभिक्रिया में एक NH_4^+ आयन भी मुक्त होता है, जो कि ग्लायसीन संश्लेषण में पुनः भाग लेता है। ग्लायसीन का ऑक्सीकरण एन्जाइम glycine decarboxylase - serine hydroxymethyl transferase complex द्वारा उत्प्रेरित होता है। यह एक बहुएन्जाइम संकुल है तथा pyruvate dehydrogenase से समानता दर्शाता है। इस संकुल की चार उपइकाईयाँ होती हैं जिन्हें H-प्रोटीन, P-प्रोटीन, T-प्रोटीन

तथा L-प्रोटीन कहा जाता है। H-प्रोटीन में प्रॉस्थेटिक समूह लाइपॉइक अम्ल होता है, P प्रोटीन में पाइरीडॉक्सल फॉस्फेट, T प्रोटीन में टेट्राहाइड्रोफोलेट तथा L प्रोटीन में डाईहाइड्रोलायपोएट डीहाइड्रोजिनेस प्रॉस्थेटिक समूह पाये जाते हैं। इस संकुल का hydroxymethyl transferase फॉर्मिल अपशेष को ग्लायसीन के एक अन्य अणु में स्थानांतरित करता है जिससे सेरीन बनता है। सेरीन अणु का और प्रारब्ध भी होता है। इस अमीनो अम्ल का अमीनो अर्धांश मुक्त हो जाता है तथा इससे फॉस्फेट अर्धांश जुड़ जाता है। एन्जाइम serine - glyoxylate aminotransferase सेरीन को हाइड्रॉक्सीपायरूवेट में परिवर्तित कर देता है। हाइड्रॉक्सीपायरूवेट का अपचयन होता है तथा ग्लिसरेट (चित्र 7.3) बनता है। इस अभिक्रिया को एन्जाइम hydroxypyruvate reductase उत्प्रेरित करता है NADH + H+ अपचायक तुल्यांक प्रदान करता है। परॉक्सीसोम से ग्लिसरेट मुक्त होता है। इसे ग्लायकोलेट ग्लिसरेट ट्रांसलोकेटर क्लोरोप्लास्ट में स्थानांतरित कर देता है। यहाँ ATP एक फॉस्फेट अर्धांश को ग्लिसरेट में दान कर देता है, जो कि एन्जाइम glycerate kinase उत्प्रेरण से 3-फॉस्फोग्लिसरेट में परिवर्तित हो जाता है।

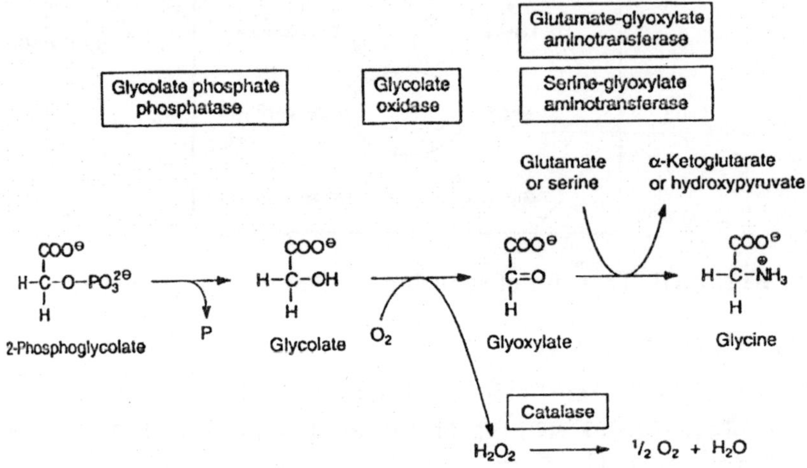

Fig. 7.2. Conversion of 2-phosphoglycolate to glycine

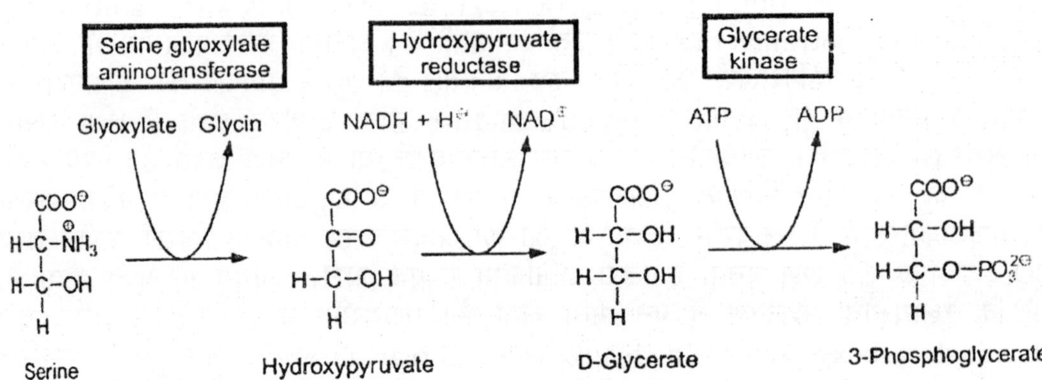

Fig. 7.3. Conversion of serine to 2-phosphoglycerate

Factors affecting Photorespiration

Photorespiration अप्रकाशिक अभिक्रिया से ज्यादा दर पर होता है। यह पूरी तरह प्रकाश संश्लेषण पर निर्भर करता है जो इस परिघटना के लिये आश्रय प्रदान करता है। Photorespiration पर CO_2 तथा O_2 की सांद्रता का सीधा प्रभाव पड़ता है। 30°C तापक्रम के बढ़ने तक फोटोरेस्पायरेशन की दर में वृद्धि होती है। प्रकाश में ग्लायकोलेट संश्लेषण सामान्य वायु की तुलना में CO_2 मुक्त वायु में 29% कम होता है। जैसे–जैसे प्रकाश की तीव्रता में वृद्धि होती है, फोटोरेस्पायरेशन भी बढ़ता है तथा अप्रकाशिक श्वसन के आगे निकल जाता है। प्रकाश की कम तीव्रता में अप्रकाश की तुलना में प्रकाशिक CO_2 का निर्माण ज्यादा होता है। अति उच्च प्रकाश तीव्रता पर फोटोरेस्पायरेशन की दर में वृद्धि नहीं होती है, जबकि प्रकाश संश्लेषण की दर में वृद्धि होती रहती है।

O_2 की सांद्रता में बढ़ोत्री से फोटोरेस्पायरेशन का उद्दीपन होता है। इससे प्रकाश की उपस्थिति में ग्लायकोलेट संश्लेषण की दर में वृद्धि होती है। ग्लायॉक्सिलेट संश्लेषण में O_2 की आवश्यकता को सम्भवतः दो कार्बन यौगिक के संश्लेषण से जोड़ा जा सकता है। यह यौगिक प्रकाश संश्लेषी अपचयन चक्र ग्लायकोएल्डीहाइड ऑक्सीकरण स्तर से उत्पन्न होता है। 400 μl^{-1} की CO_2 सांद्रता का फोटोरेस्पायरेशन पर कम प्रभाव पड़ता है। CO_2 की इस सांद्रता से अधिकता बढ़ने पर फोटोरेस्पायरेशन में बढ़ोतरी हो जाती है। CO_2 के उच्च सांद्रता पर CO_2 तथा O_2 के बीच RuBP carboxylase / oxygenase से बंधित होने में स्पर्धा होती है। इससे फोटोरेस्पायरेशन कम हो जाता है। Rubisco जब carboxylase के रूप में व्यवहार करता है तो निम्नलिखित अभिक्रिया होती है :–

$$\text{Ribulose - bis phosphate} + CO_2 + H_2O \longrightarrow \text{2PGA}$$

यही एन्जाइम oxygenase के रूप में व्यवहार करने पर निम्नलिखित अभिक्रिया को उत्प्रेरित करता है :

$$\text{Ribulose - bis - phosphate} + O_2 \longrightarrow \text{P glycolate} + \text{PGA}$$

O_2 तथा CO_2 एन्जाइम RuBP carboxylase / oxygenase के साथ प्रतिस्पर्धी पारस्परिक क्रिया करते हैं जिससे या तो CO_2 स्वांगीकरण के उत्पाद बनते हैं या फिर ग्लायकोलायटिक जैव रासायनिक पथ के आश्रय बनते हैं। इस प्रकार की पारस्परिक अभिक्रियायें पत्ती में फोटोरेस्पायरेशन तथा प्रकाश संश्लेषण दोनों की दरों को प्रभावित करते हैं। तापक्रम की बढ़ोत्री से फोटोरेस्पायरेशन की दर में वृद्धि होती है। इससे यह स्पष्ट होता है कि उच्च तापक्रम पर एन्जाइम RuBP carboxylase / oxygenase का O_2 के प्रति लगाव बढ़ जाता है तथा CO_2 के प्रति लगाव कम हो जाता है।

अध्याय – 8

Nitrogen and Sulphur Assimilation

पौधे नाइट्रोजन तथा सल्फर को मृदा घोल के साथ पारस्परिक प्रतिक्रिया से प्राप्त करते हैं। पौधों में नाइट्रोजन का बड़ा भाग प्रोटीन के रूप में होता है। पादप कोशिका यह ऑक्सीकृत अवस्था (उदा. N_2, N_2O, NO_2, NO_3) के रूप में पाया जाता है। सल्फर की मात्रा नाइट्रोजन मात्रा का पांचवाँ हिस्सा होती है। यह प्रोटीन सहित अनेक अणुओं का संघठक होता है। पौधे इन तत्वों को ऑक्सीकृत रूप में अवशोषित करते हैं तथा ऊर्जा निर्भर प्रक्रियाओं से अपचयित करते है।

The Nitrogen Cycle

वातावरण में नाइट्रोजन अनेक रूपों में पायी जाता है तथा मौलिक एवं जैविक अवस्था में परिवर्तन होता रहता है। परिस्थिति में इस प्रकार की प्रक्रियाओं को नाइट्रोजन चक्र कहते हैं। हांलाकि यह आयतन के अनुसार 78% होता है, परन्तु जीव इसका सीधा उपयोग नहीं कर पाते हैं। पत्ती में नाइट्रोजन वायु के साथ प्रवेश करती है, परन्तु चूँकि इसे स्थिर करने के लिये एन्जाइम नहीं होते हैं अतः यह वातावरण में वापस चली जाती है। पौधे नाइट्रोजन का उपयोग नाइट्रेट अथवा नाइट्राईट के रूप में करते हैं। नाइट्रोजन का स्थिरीकरण भौतिक अथवा जैविक प्रक्रियाओं द्वारा होता है। वर्षा, ज्वालामुखी क्रिया अथवा वनों में लगी आग, नाइट्रोजन स्थरीकरण की भौतिक प्रक्रियायें हैं। प्रकाशन (lightening) या uv विकिरण की उपस्थिति में N_2 या ओजोन के ऑक्सीकरण से नाइट्राइट बनता है। महासागर भी NO_3^+ का एक स्त्रोत है। वायु पोछन सफेद छत्रक जल के छोटे सूक्ष्म बूंद को ऐरोसॉल (aerosol) कहते हैं। इन सूक्ष्म बूंदों से जल का वाष्पीकरण होता है जो समुद्र के लवणों को तट रेखा के समीप के वायुमण्डल में निलम्बित रह जाते हैं। ये लवण भूमि पर वर्षा द्वारा लाये जा सकते हैं। चूंकि ये लवण अंततोगत्वा धाराओं (नदी, दरिया) द्वारा वापस समुद्र में चली जाती है अतः इन्हें चक्रीय लवण (cyclic salts) कहते हैं। पौधे नाइट्रोजन को ग्रहण करके बहुत से नाइट्रोजन युक्त यौगिक बनाता है। यह नाइट्रोजन मृत पौधे, सूक्ष्मजीवियों तथा प्राणियों एवं खाद के माध्यम से वापस वातावरण में चली जाती है। मृदा में अनेक अमीनो अम्ल भी पाये जाते हैं। ये अमीनो अम्ल सूक्ष्मजीवियों द्वारा कार्बनिक पदार्थ के क्षय से उत्पन्न होते हैं। ये जीवित जड़ों द्वारा उत्सर्जित भी होते हैं। हांलाकि ये पौधों द्वारा अवशोषित हो सकते हैं परन्तु इनका महत्व भंडारण के खूबी से होता है। मृदा में कार्बनिक नाइट्रोजन की बड़ी मात्रा होती है। कार्बनिक नाइट्रोजन के ज्यादा चलिष्णु अकार्बनिक अवस्था में परिवर्तन को खनिजीभवन (mineralization) कहते हैं। यह अनेक सूक्ष्मजीवियों जैसे जीवाणुओं, कवकों तथा एक्टीनोमायसटीज द्वारा संचालित होता है। मृदा

सूक्ष्मजीवियों द्वारा कार्बनिक नाइट्रोजन के NH_4^+ में परिवर्तन को अमोनीकरण (amonification) कहते हैं। अमोनीकरण करने वाले अनेकों सूक्ष्मजीवी हर प्रकार की मृदा में पाये जाते हैं। ये जल अवस्था जो प्रोटीन को ऑक्सीकृत कर सकने में भी पाये जाते हैं। प्रोटीन के विघटन से बने अमीनो अम्ल के जलीय अपघटन से छोटे वसीय अम्ल तथा अमोनिया, अथवा एक अल्कोहल, CO^2 तथा अमोनिया या एक एल्डीहाइड, छोटे अम्ल तथा अमोनिया बनता है। इस परिघटना को जल अपघटनीय विऐमीनीकरण (hydrolytic deamination) कहते हैं।

ऊष्ण तथा नमी युक्त मृदा में अमोनिया का आगे भी ऑक्सीकरण होता है एवं इस प्रक्रिया को नाइट्रीकरण (Nitrification) कहते हैं। पौधे नाइट्रोन को इस रूप में ग्रहण करने में सक्षम होते हैं। S. Winogradsky (1890) ने सर्वप्रथम अवलोकन किया कि नाइट्रीकरण कुछ रसायन स्वपोषित जीवाणुओं (Chemoautotropic Bacteria) के उपापचय से सम्बद्ध होता है। नाइट्रीकरण में भाग लेने वाले जीवाणुओं को नाइट्रीकारी जीवाणु (Nitrifying bacteria) कहते हैं। इन जीवाणुओं के दो प्रकार के स्वभाव होते हैं, पहले प्रकार के जीवाणु अमोनिया के ऑक्सीकरण से ऊर्जा प्राप्त करते हैं तथा दूसरे प्रकार के जीवाणु नाइट्राइट के ऑक्सीकरण से ऊर्जा प्राप्त करते हैं। नाइट्रीकरण पूर्णरूपेण वायुजीव (aerobic) प्रक्रिया है तथा + 200 mV से कम अपचयोपचय विभव (redox potential) पर यह प्रक्रिया नहीं होती है। क्षारीय pH (7-8) नाइट्रीकरण में सहायक होता है। नाइट्रीकरण के जैवरासायनिक अभिक्रियाओं का दो अवस्थाओं में अध्ययन किया जा सकता है। पहले अवस्था में इलेक्ट्रॉन के हटने से अमोनिया ऑक्सीकृत होकर नाइट्रस अम्ल बनाता है –

$$NH_3 \rightarrow NH_2OH \rightarrow (HNO) \rightarrow NO_2^-$$

दूसरे अवस्था में नाइट्रस अम्ल ऑक्सीकृत होता है तथा नाइट्रिक अम्ल बनता है। यह निम्नलिखित प्रकार से होता है।

$$HO-NO=O \xrightarrow{+H_2O} HO-N=(OH)_2 \xrightarrow{2H} HNO_3$$

इस प्रक्रिया के साथ रसायनी संश्लेषण द्वारा कार्बन डाईऑक्साइड अपचयित हो जाती है।

नाइट्रेट को अपचयित करने वाली प्रक्रिया को विनाइट्रीकरण कहते हैं। प्रोटीन का अवायुजीव विघटन (anerobic decomposition) को पूतीभवन (putrification) कहते हैं। अन्त उत्पाद प्रायः अमीनस् तथा सम्बंधित यौगिक एवं हाइड्रोजन सल्फाइड होते हैं। विनाइट्रीकरण करने वाले जीवाणु श्वसन में इलेक्ट्रॉन ग्राही के रूप में O_2 की जगह NO_3^- का उपयोग करते हैं, एवं इस प्रकार जीवित रहने के लिये ऊर्जा प्राप्त करते हैं।

Biological Nitrogen Fixation

N_2 का NH_4^+ में अपचयन करने वाली प्रक्रिया को नाइट्रोजन स्थरीकरण कहते हैं। यह सिर्फ प्रोकैरेयोटिक सूक्ष्मजीवियों द्वारा होती है। नाइट्रीकारी जीवाणु नाइट्रोजन को

नाइट्राईट तथा नाइट्रेट में परिवर्तित कर देता है। बदले में नाइट्रेट अपचयन कर अमोनिया बनाकर उपापचय में प्रवेश करता है। नाइट्रोजन स्थरीकरण अवायुजीवी प्रक्रिया है।

Hellriegel तथा Wifarth ने एक तथ्य को स्थापित किया कि लेग्यूमिनस पौधों की जड़ों में पाये जाने वाले ग्रंथियों (root nodules) में वास कर रहे कुछ जीवाणुओं द्वारा नाइट्रोजन स्थरीकरण किया जाता है। Beijerinek (1888) ने मूलग्रंथि (Root nodule) बनाने वाले जीवाणुओं का शुद्ध संवर्धन (Pure culture) तैयार किया एवं इस जीवाणु का नाम *Bacillus radicicola* रखा। बाद में इस जीवाणु का नाम *Rhizobium* रखा गया। मृदा में *Rhizobium* अवायुजीव जीवाणु है जिसकी कोशिकायें दण्डाकार होती हैं। यह जब तक जड़ों अथवा क्षतिग्रस्त अधिचर्म कोशिकाओं (epidermal cells) को संक्रमित नहीं करता, तब तक मृतजीवी (Saprophyte) के रूप में अध्यवास करता है (Hubbels, 1981; Pierce and Bauer, 1983)। मूल गोप कोशिकायें (Root cap cells) बड़ी मात्रा में पॉलीसैकेराइड तथा अन्य पदार्थों को स्त्रावित करते हैं जिससे मूलरोम के सिरे पर गोलिका बन जाते हैं। ये पदार्थ "म्यूसीजेल" बनाते हैं जो राइजोबिया को आकर्षित करता है। पौधे में जीवाणु संक्रमण सूत्र (infection thread) बनाता है। संक्रमण सूत्र विस्तारित तथा इनफोल्ड प्लैज्मा झिल्ली के बने होते हैं। सूत्र में जीवाणु संख्या में वृहत रूप में वृद्धि करते हैं जो जड़ के अन्दर की ओर फैलते हैं तथा कॉर्टेक्स कोशिकाओं के बीच भेदन करते हैं। Prazmonski (1889) ने लेग्यूम पौधों के जीवों द्वारा मूल संक्रमण की क्रियाविधि का अध्ययन किया। उनके अनुसार ग्रंथि बनाने वाले जीवाणु तीन रूपों में पाये जाते हैं – (1) वे जो संक्रमण सूत्र के पथ से सामान्य रूप में विकसित होते हैं। इस प्रकार के जीवाणु अधिकांश लेग्यूमिनस पौधों में पाये जाते हैं। (2) जो संक्रमण द्वारा विकसित होते हैं तथा दूसरी अवस्था में चलनशील रूप में परिवर्तित हो जाते हैं तथा (3) वे जो जीवाणुओं से विकसित हो रहे हैं तथा लम्बा संक्रमण सूत्र बनाते हैं। यह पौधों के ऊतक के अन्दर होते हैं तथा इनकी कोशिकायें जीवाणुसम (bacteriods) में रूपांतरित हो जाती है। सायटोप्लाज्म में जीवाणुसम प्रायः समूह में होते हैं, प्रत्येक समूह झिल्ली से घिरा होता है जिसे पेरीबेक्टीरियॉइड झिल्ली (Peribacteriod membrane) कहते हैं। पेरीबेक्टीरियॉइड झिल्ली तथा जीवाणुसम समूह के बीच के स्थान को पेरीबेक्टीरियॉइड अवकाश (Peribacteriod space) कहते हैं। इस प्रकार जीवाणु पोषक कोशिका से सायटोप्लाज्म से पृथक होता है– जिसे तथाकथित सिमबायोसोम (symbiosome) कहते हैं। पेरीबेक्टीरियॉइड अवकाश के बाहर पादप सायटोप्लाज्म में एक प्रोटीन होता है जिसे लेग हीमोग्लोबिन (leghemoglobin) कहते हैं। जड़ो में नाइट्रोजन स्थरीकरण सीधे जीवाणुसम में होता है। ग्रंथियाँ आपेक्षित रूप में सरल संरचनायें होती हैं। ये संवहन ऊतक के द्वारा जड़ से जुड़े रहते हैं जिससे इनको प्रकाश संश्लेषण से बने आश्रय उपलब्ध होते हैं। ग्रंथियों में कदाचित दर्जनों से कुछ सौ तक पादप द्वारा संश्लेषित ग्रंथि विशिष्ट प्रोटीन अथवा नोड्यूलिन (Nodulin) पाये जाते हैं। इनमें से कई नोड्यूलिन कार्बन तथा नाइट्रोजन के उपापचय में, सिम्बायोसोम झिल्ली के आर पार यौगिकों के संचालन, या कम ऑक्सीजन वातावरण स्थापित करने में सम्मिलित होते हैं।

राइजोबिया प्रजाति विशिष्ट नोड्यूलेशन कारक (Nodulation factor, Nod factors) बनाते हैं। राइजोबिया के नॉड फेक्टर लाइपो–कीटो–ऑलिगोसैकेराइड्स होते हैं जो उच्च

संरचनात्मक विशिष्टता उपार्जित करते हैं। लाइपो–कीटो–ऑलिगोसैकेराइड्स काइटिन (β–1,4 -linked N-acetyl glucosamine) के व्युत्पादित ऑलिगोमर्स् होते हैं। व्युत्पादन का उत्प्रेरण करने वाले अनेक एन्जाइम को तथाकथित पोषक वर्ग जीन (**host range gene**) द्वारा कूट किये जाते हैं। जैवरासायनिक के सीधे आमापन से स्पष्ट होता है कि लाइपोकीटो–ऑलीगो सैकेराइड्स नॉड फेक्टर्स ज्ञात नोड्यूलेशन जीन के उत्पाद हैं। नॉड फेक्टर बहुत कम सान्द्रता (10^{-9} या इससे कम) में पौधों में गहन बाह्य आकारिकी परिवर्तन उत्पन्न कर सकते हैं। अनेक पाद्प जीन जो राइजोबियल निवेशन के प्रति अनुक्रिया दर्शाते हैं, की अभिव्यक्ति नोड जीन द्वारा प्रेरित होती है। ये पोषक के विशिष्ट ग्राही काइनेस जो 'सिग्नल ट्रांसडक्शन' के भाग होते हैं, उनसे बंधन बनाते हैं। इस प्रकार "कुंजी (key)" मूल रोम को घुंघराला बनाने में तथा मूल कॉर्टेक्स कोशिका के विभाजन को प्रेरित करते हैं जिससे नाड्यूल प्राइमॉरडियम (**nodule primordium**) बनते हैं।

नाइट्रोजिनेस संकुल एन्जाइम नाइट्रोजन स्थरीकरण को उत्प्रेरित करते हैं। यह अत्यंत जटिल संकुल है जिसमें नाइट्रोजिनेस रिडक्टेंस तथा नाइट्रोजिनेस प्रमुख घटक हैं। पहला घटक 64 kDa का होमोडायमर है जबकि अवरोक्त 240 kDa हेटेराडायमर होता है (चित्र 8.1)। नाइट्रोजन के एक अणु के स्थरीकरण में कम से कम 16 ATP की आवश्यकता होती है। नाइट्रोजन स्थरीकरण (अपचयन) के पूरे रासायनिक अभिक्रियाओं को निम्नलिखित एक समीरकण में दर्शाया जा सकता है :–

$$N_2 + 6 \text{ electrons} + 8H+ + 16 \text{ ATP} \longrightarrow 2NH_4^+ + \sim 16 \text{ ADP} + \sim 16 \text{ Pi},$$

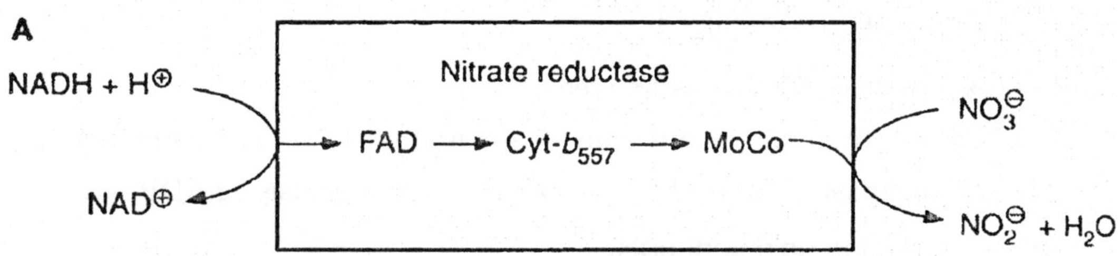

Fig. 8.1. Role of Nitrate reductase

इलेक्ट्रॉन तथा प्रोटॉन का वास्तविक स्त्रोत् कार्बोहाइड्रेट होता है जो पत्तियों द्वारा संचालित होता है। प्रकाश संश्लेषण द्वारा बनी सूक्रोस संश्लेषण स्थल अर्थात् पत्ती से जड़ों तक पहुँच जाता है। इस अभिक्रिया का यह प्रमुख ऊर्जा स्त्रोत् है। पोषक कोशिका में सूक्रोस से मैलेट बनता है जो जीवाणुसम द्वारा ग्रहण किया जाता है। राइजोबिया में माइटोकॉन्ड्रिया के समान श्वसनी श्रृंखला होती है। यह पथ श्वसनी श्रृंखला के Cyt-bc, संकुल पर शाखित हो जाता है तथा इलेक्ट्रॉन को अन्य शीर्षस्थ ऑक्सीडेस में संचालित कर देता है। नाइट्रोजिनेस रिडक्टेस घुलनशील फेरेडॉक्सिन के माध्यम से NADH से इलेक्ट्रॉन ग्रहण करता है। NADH साइट्रेट चक्र में बनता है। नाइट्रोजिनेस रिडक्टेस एक इलेक्ट्रॉन वाहक है, तथा दो एक समान उपइकाइयों का बना होता है जो एक साथ मिलकर 4Fe - 2S गुच्छ बनाते हैं। इसमें ATP हेतु दो बंधन स्थल होते हैं। नाइट्रोजिनेस ATP का जलीय विघटन द्वारा ADP बनाने के साथ अपचयित इलेक्ट्रॉन दाता (सम्भवतः फेरेडॉक्सिन या एक फ्लेवोप्रोटीन) से इलेक्ट्रॉन को N^2 में स्थानांतरित कर NH_3 में

अपचयित करता है। नाइट्रोजिनेस रिडक्टेस के अपचयन के पश्चात ATP के दो अणु इससे बंधित हो जाते हैं। इससे प्रोटीन में संरूपीय परिवर्तन हो जाता है तथा अपचयोपचय विभव -0.25 से बढ़कर -0.40 V हो जाता है। जब नाइट्रोजिनेस दो इलेक्ट्रॉन को ग्रहण करता है तो प्रोटीन से आबद्ध दो ATP का जलीय अपघटन होता है तथा ADP एवं Pi बनते हैं। इस प्रकार प्रोटीन आबद्ध ATP से मुक्त हो जाता है तथा वापस उस संरूपण में आ जाता है जिसमें अपचयोपचय विभव कम होता है। इस प्रकार एन्जाइम पुनः उस स्थिति में आ जाता है जिसमें वह फेरेडॉक्सिन से एक इलेक्ट्रॉन ग्रहण कर सकता है। अपचयोपचय सक्रियता (Redox activity) को एन्जाइम फेरेडॉक्सिन (नॉन–हीम Fe यौगिक) या फ्लेवोडॉक्सिन (FMN युक्त प्रोटीन) के कारण होती है। नाइट्रोजिनेस $\alpha_2 \beta_2$ हेटोरोटेट्रामर हैं। इस एन्जाइम संकुल में दो उपइकाई α तथा β होती है जिसका आकार तथा वलय समान होता है। टेट्रामर में दो जोड़े असमान्य धातु गुच्छ के होते हैं। सभी नाइट्रोजिनेस में दो एक समान P गुच्छ होते हैं, 8 Fe - 7S आयरन सल्फर संकुल एन्जाइम का एकीकृत संघठक है। अपचयित अवस्था में P-गुच्छ दो विकृत 4Fe - 4S घन के सदृश्य होते हैं जिसमें एक सल्फर कोने पर होता है। नाइट्रोजिनेस में धातु गुच्छ का दूसरा जोड़ा एक सिस्टीनिल सल्फर तथा एक हिस्टडीन नाइट्रोजन द्वारा धारण किये होता है। यह एक आयरन–मॉलिब्डेनम सहकारक है। पादप सम्बद्ध नाइट्रोजन स्थिरीकरण के लिये एक आवश्यक तत्व है (चित्र 8.2)। मॉलिब्डेनम तथा आयरन दोनों ही पहले अपचयित होते हैं, तथा नाइट्रोजिनेस इलेक्ट्रॉन्स को ग्रहण करके N_2 में स्थानांतरित कर NH_4^+ बनाता है तो ऑक्सीकृत हो जाते हैं। नाइट्रोजिनेस संकुल के माध्यम से इलेक्ट्रॉन पथ का आश्रय में संचालन की निम्नलिखित क्रियाविधि है –

$$\text{Fd (ox)} + \text{nH} \longrightarrow \text{Fd (red)}$$

$$\text{Fd (red)} + \text{nitrogenase} + \text{nitrogen} \longrightarrow \text{Fd (ox)} + N_2 \text{ - nitrogenase (red)}$$

$$N_2 \text{ - Nitrogenase (red)} + \text{nAP} \longrightarrow NH_3 + \text{nitrogenase} + \text{nADP} + \text{nPi}$$

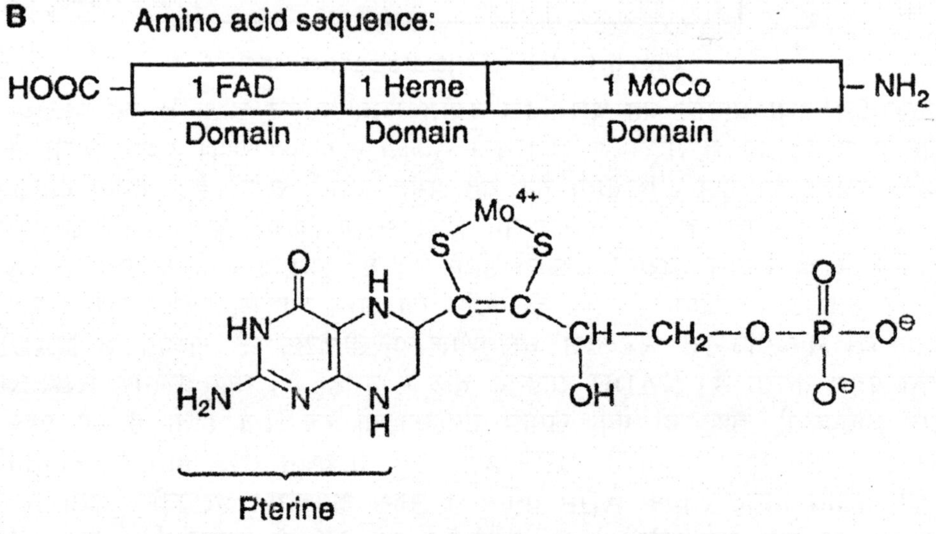

B Amino acid sequence:

HOOC – | 1 FAD Domain | 1 Heme Domain | 1 MoCo Domain | – NH_2

Pterine

Fig. 8.2. The molybdenum cofactor (MoCo)

हाइड्रोजन का उत्पादन नाइट्रोजिनेस सक्रियता का एक स्थाई लक्षण है। यह अभी भी स्पष्ट नहीं है कि नाइट्रोजन स्थरीकरण में हाइड्रोजन क्यों निकलता है। जब एक अणु अपचयित होता है तो एक हाइड्रोजन अणु निकलता है।

ग्रंथियों में ऑक्सीजन की कम सांद्रता प्रमुख है, जो जीवाणुसम में नाइट्रोजिनेस अभिव्यक्ति को नियंत्रित करता है। जीवाणुसम से ऑक्सीजन सप्लाई उसके चारों ओर उपस्थित लेंगहीमाग्लोबिन के कारण बहिष्कृत होती हैं। लेंगहीमोग्लोबिन ऑक्सीजन बंधन करने वाला पाद्प प्रोटीन है। इसकी संक्रमित कोशिकाओं को ऑक्सीजन पहुँचाने तथा नियंत्रित करने में महत्वपूर्ण भूमिका होती है। कुछ राइजोबियल प्रजातियों में, ऑक्सीजन संवेदनशील हीमोप्रोटीन काइनेस, **Fix L** नाइट्रोजन स्थरीकरण करने वाले जीन के अनुलेखन को सक्रिय करने वाला नियामक केसकेड को नियंत्रित करता है। **Fix L, Fix J** को फॉस्फोरिलेट करता है। एक बार फॉस्फोरिलेट हो जाने के पश्चात् **Fix J** अन्य नियाभक प्रोटीन के अनुलेखन को सक्रिय कर देता है। इनमें से दो **NifA** तथा **Fix K,** विविध **nif** तथा **fix** जीनों की अभिव्यक्ति को नियंत्रित कर देती है। कम ऑक्सीजन सांद्रतायुक्त ग्रंथियों के जीवाणुसम नाइट्रोजिनेस तथा डीनाइट्रोजन को अमोनिया में अपचयन हेतु आवश्यक सम्बद्ध प्रोटीन की अभिव्यक्ति करते हैं।

जीवाणुसम द्वारा उत्पादित अमोनिया पोषक कोशिकाओं में स्थानांतरित की जाती है। सायटोसॉल में यह कार्बनिक रूप ग्लूटामीन, ग्लूटामिक एसिड, एस्पेरेजीन्स तथा ऐस्पेरेजाइन में बदल जाती है। अनेक प्रजातियों ने अमोनिया का उपापचय होकर नाइट्रोजन प्रचुर युरीआइड्स (**ureides**) बनता है। पोषक कोशिका में यूरीआइड्स के बनने के लिये जटिल संश्लेषण पथ होता है। पहले इनोसीन मोनोफॉस्फेट बनता है। यह प्यूरीन जैवसंश्लेषण पथ का एक मध्यवर्ती है। इनोसीन मोनोफॉस्फेट का विघटन वाया जेन्थीन तथा यूरीइक अम्ल द्वारा होता है एवं यूरीइड्स बनता है। शीतोष्ण (**temperature**) उद्‌गम के लेग्यूमिनस पौधों में दो प्रकार के यूरीआड्स होते हैं ये : एलेन्टॉइन ($C_4H_4H_6O_3$) तथा एलेन्टॉइक एसिड ($C_4N_4H_8O_4$) हैं। इन पौधों के मूल ग्रंथियों में उच्च एस्पेरैजीन्स संघटक होते हैं। इन यौगिकों में आपेक्षिक रूप में उच्च **CN** अनुपात होता है। ये जीवाणुसम युक्त कोशिकाओं से संवहन पूल (**vascular bundle**) से लगी परिरंभ (**pericycle**) कोशिका में संचलित होते हैं। ये यौगिक अन्ततः संवहन जायलम कोशिकाओं में स्त्रावित हो जाते हैं। नाइट्रोजन युक्त यौगिकों का एक चक्र होता है जिसमें ये यौगिक संचालन से पहले जायलम में जाते हैं तथा अधिशेष नाइट्रोजन फ्लोएम द्वारा वापिस जड़ों में चली जाती है।

Assimilation of Nitrates

नाइट्रोजन का स्थरीकरण करने में पौधे नाइट्रोजन का उपयोग NO_3^+ तथा NH_4^+ के रूप में करते हैं। अकार्बनिक स्त्रोत् से कार्बनिक नाइट्रोजन का संश्लेषण तने अथवा जड़ो में होता है (चित्र 8.3)। फसलों वाले पौधे तथा अनेक जन्मजात प्रजातियाँ अधिकांश नाइट्रोजन को NO_3^+ के रूप में अवशोषित करते हैं। जबकि कोनिफर तथा घास की प्रजातियों के चरमोत्कर्ष समुदाय NH_4^+ के रूप में नाइट्रोजन अवशोषित करते हैं। **Rice (1974); Hynes and Goh (1978)** के अनुसार मृदा का कम **pH** अथवा टेनिन्स तथा फिनॉलिक यौगिकों की उपस्थिति नाइट्रीकरण को संदमित कर देता है।

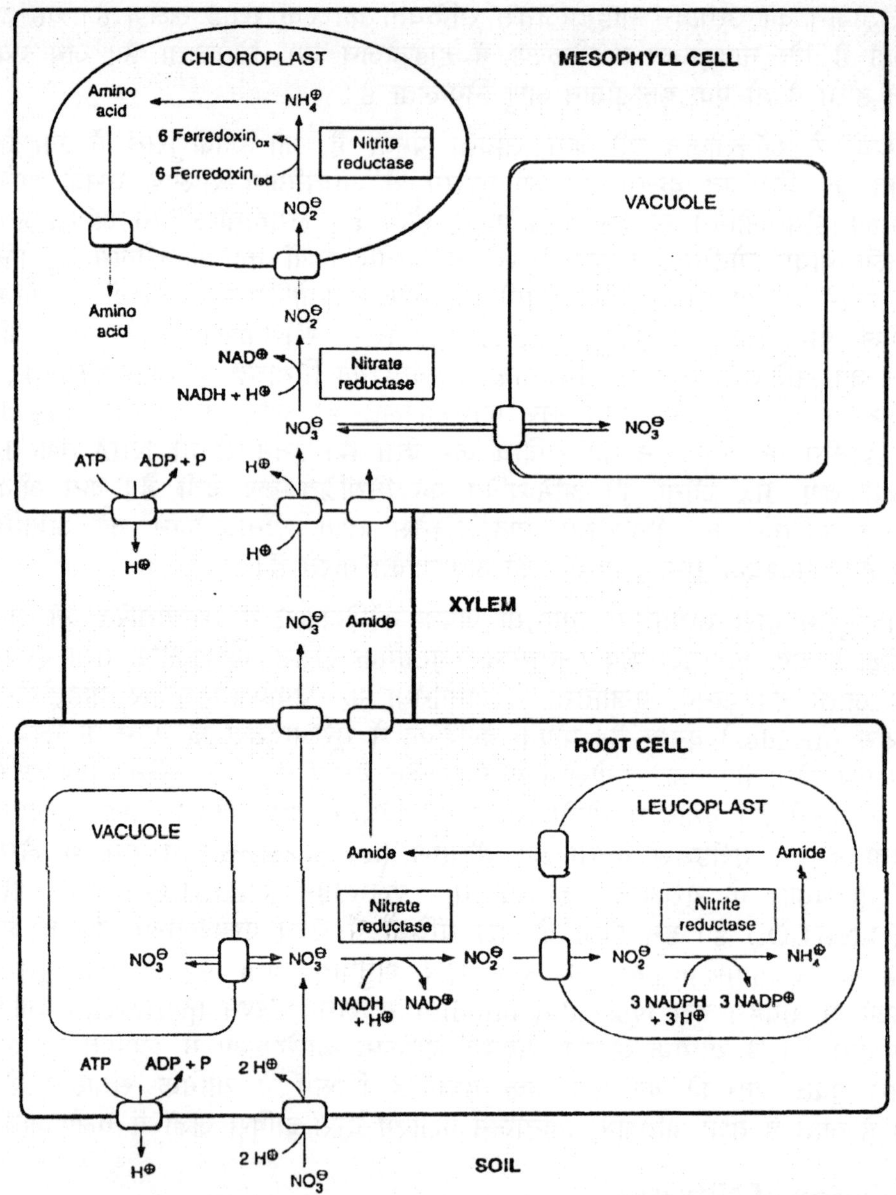

Fig. 8.3. Nitrate assimilation in the rest and mesophyll cell, mode of transport through xylem.

नाइट्रेट दो प्रकार के कार्य करता है। जिसमें पहला पोषक के समान तथा दूसरा सिग्नल के रूप में। कोशिका द्वारा नाइट्रेट को ग्रहण करने के बाद से ही स्वांगीकरण आरम्भ हो जाता है। जड़, तना तथा पत्तियों के मध्य शिरा में नाइट्रेट का संचय होता है। जड़ों की कोशिकाओं के प्लैज्मा झिल्ली में अनेक नाइट्रेट ट्रांसपोर्टर होते हैं। तनों में लम्बी दूरी के संचालन हेतु यह जायलम भी भारित हो जाता है। जायलम में NO_3^- तथा कार्बनिक

नाइट्रोजन की आपेक्षित मात्रा वातावरण की परिस्थिति पर निर्भर करती है। जड़ों की कोशिका में नाइट्रेट का संचालन दो प्रोटॉन के साथ सिमपोर्ट के रूप में आगे बढ़ता है। H+ - P -A - ATP प्लैज्मा झिल्ली के आरपार प्रोटॉन प्रवणता उत्पन्न करता है।

नाइट्रेट का अपचयन होकर नाइट्रेट बनता है ताकि वह कार्बनिक यौगिकों में समाविष्ट हो सकें। यह प्रक्रिया दो पदों में होती है। नाइट्रेट रिडक्टेस नाइट्रेट का अपचयन नाइट्राइट में करता है। नाइट्राइट रिडक्टेस नाइट्राइट का अपचयन करके अमोनिया बनाता है। नाइट्रेट रिडक्टेस (NR) दो इलेक्ट्रॉन का स्थानांतरण करता है तथा NADH (या कुछ प्रजातियों में NADPH तथा NADH दोनों) अपचायक का कार्य करते हैं। NR एक बड़ा संकुल एन्जाइम है। इसमें दो उपइकाई होती है। प्रत्येक उपइकाई में एक इलेक्ट्रॉन संवहन श्रृंखला होती है जिसमें एक FAD, सायटोक्रोम–b-type (Cyt b_{557}) का हीम तथा एक सहकारक मॉलीब्डेनम होता है। सहकारक टेरिन (Pterin) है। जिसमें पार्श्व श्रृंखला होती है। इस पार्श्व श्रृंखला में मॉलीब्डेनम दो सल्फर आबंधों से जुड़ा रहता है। इसे मॉलीब्डेनम सहकारक (MoCo) कहा जाता है। सभी रेडॉक्स वाहक एन्जाइम के प्रोटीन उपइकाई से सहसंयोजी आबंध द्वारा जुड़े रहते हैं। जब इलेक्ट्रॉन NADH से NO_2^- के नाइट्रोजन परमाणु में जाता है तो ये वाहक क्रमानुसार अपचयित तथा ऑक्सीकृत होते हैं। यह अभिक्रिया सायटोसॉल में होती है। अभिक्रिया को निम्नलिखित रूप में दर्शाया जा सकता है:–

$$NO_3^- + NADH + H^+ \xrightarrow{NR} NO_2^- + NAD^+ + H_2O$$

नाइट्रेट से उत्पन्न नाइट्राईट पत्तियों के क्लोरोप्लास्ट में अथवा जड़ों के प्राक्लवक (proplastids) में संचालित हो जाता है। इन कोशिकांगों में नाइट्राईट का अपचयन होकर NH_4^+ बनता है। इस अभिक्रिया को नाइट्राईट रिडक्टेस उत्प्रेरित करता है। पत्तियों में NO_2 का NH_4^+ में अपचयन हेतु छः इलेक्ट्रॉन की आवश्यकता होती है। ये इलेक्ट्रॉन क्लोरोप्लास्ट में गैर चक्रीय इलेक्ट्रॉन संचालन तंत्र द्वारा H_2O से प्राप्त होते हैं। प्रकाश की उपस्थिति में इलेक्ट्रॉन H_2O से फेरेडॉक्सिन में संचालित होते हैं। बाद में फेरेडॉक्सिन निम्नलिखित क्रियाविधि द्वारा NO_3^- के अपचयन हेतु छः इलेक्ट्रॉन प्रदान करता है।

$$3H_2O + 6\ Fd\ (Fe^{3+}) \xrightarrow{Light} 15O_2 + 6H^+ + 6\ Fd\ (Fe^{2+})$$

$$NO_2^- + 6\ Fd\ (Fe^{2+}) + 8\ H^+ \longrightarrow NH_4^+ + 6Fd\ (Fe^{2+}) + 2H_2O$$

$$NO_2^- + 3\ H_2O + 2H^+ \xrightarrow{Light} NH_4^+ + 15O_2 + 2H_2O$$

पत्तियों में अपचयित फेरेडॉक्सिन इलेक्ट्रॉन दाता के समान कार्य करता है, तथापि जड़ो में इलेक्ट्रॉन दाता के विषय में स्पष्ट जानकारी नहीं है।

नाइट्राइट रिडक्टेस में सहसंयोजी आबंध 4Fe - 4S गुच्छ, FAD का एक अणु तथा एक सीरोहीम होता है। ये इलेक्ट्रॉन संवहन श्रृंखला बनाते हैं। सीरोहीम एक चक्रीय टेट्रापायरॉल है जिसके केन्द्र में Fe होता है। इसमें अतिरिक्त एसिटिल तथा प्रोपियोनिल अवशेष होने के कारण ये हीम से भिन्न होते हैं। इलेक्ट्रॉन फेरेडॉक्सिन से नाइट्राईट में स्थानांतरित होते हैं।

Sulphur Cycle

सल्फर कोशिका का एक महत्वपूर्ण तत्व है। यह S-युक्त अमीनो अम्ल (सिस्टीन सिस्टाइन, हीमोसिस्टीन तथा मिथियोनीन) का घटक है। यह निराविषकारी एजेन्ट (detoxifying agent), ग्लूटाथिओन, अनेक आयरन – सल्फर गुच्छ, परॉक्सीरेडॉक्सीन्स, तथा थायोरेडॉक्सिन्स में पाया जाता है। यह विटामिन B (थायमीन, बायोटिन तथा लाइपॉइक अम्ल) का संगघठ है। सल्फर स्थलमंडल (lithosphere) में सल्फेट तथा सल्फाइड के रूप में पाया जाता है, तथा SO_4^{2-} के रूप में अवशोषित किया जाता है जो वृद्धि के लिये आवश्यक सल्फर प्रदान करता है। जड़ो में विशिष्ट ट्रांसलोकेट्र्स पाये जाते हैं जो सल्फर को ग्रहण करते हैं। सल्फर पत्तियों तक जायलम वेसेल द्वारा पहुँचता है। तीन प्रोटॉनों के साथ सल्फर सिम्पोर्ट क्रियाविधि से मिसोफिल कोशिकाओं में प्रवेश करता है। प्रोटॉन–पम्पिंग ATPase द्वारा झिल्ली के आर पार कायम प्रोटॉन प्रवणता से ट्रांसपोट होता है। इसकी अतिरिक्त मात्रा का संग्रह रिक्तिका में होता है जहाँ यह निक्षेपित हो जाता है। टोनोप्लास्ट के आरपार सल्फेट का संचालन विद्युत रसायन प्रवणता पर निर्भर करता है। सल्फेट दो इलेक्ट्रॉन ग्रहण करके सल्फाइट में बदल जाता है। एक और इलेक्ट्रॉन ग्रहण करके यह हाइड्रोजन सल्फाइड बनाता है। अपचयन जड़ तथा तना दोनों में होता है।

The SO_4^{2-} Assimilation

सल्फेट का स्वांगीकरण मुख्य रूप से क्लोरोप्लास्ट में होता है। स्वांगीकरण के समय अपचयन होता है तथा अपचायक प्रकाश संश्लेषण से प्राप्त होते हैं। जड़ो में यह प्लास्टिड में पाये जाते हैं। मिसोफिल कोशिकाओं में सल्फेट स्वांगीकरण का आधारभूत योजना नाइट्रेट स्वांगीकरण के समान ही होती है (चित्र 8.4)। सल्फेट स्वांगीकरण को अधिक ऊर्जा की आवश्यकता होती है अर्थात् इसे नाइट्रेट स्वांगीकरण की तुलना में चार गुना ज्यादा ATP की आवश्यकता होती है। सल्फेट का सल्फाइड में अपचयन 732 $kJmol^{-1}$ ऊर्जा का उपयोग करता है जबकि नाइट्रेट स्वांगीकरण के लिये 347 $kJmol^{-1}$ ऊर्जा की आवश्यकता होती है। सल्फेट स्वांगीकरण को तीन भागों में बांटा गया है, सक्रियण (Activation), अपचयन (reduction) तथा सल्फाइड का सिस्टीन में समावेशन। Activation of Sulphate सल्फेट का सक्रियण AMP के फॉस्फेट अपशेष से एनहाइड्राइड आबंध के बनने के द्वारा अग्रसर होता है। एन्जाइम ATP सल्फ्यूरिलेस SO_4^{2-} का विनिमय करता है। यह पहली अभिक्रिया को उत्प्रेरित करता है जिसमें सल्फेट ATP से अभिक्रिया करता है तथा एडीनोसीन – 5 – फॉस्फेट (एक्रोनिम APS) बनता है एवं पायरोफॉस्फेट मुक्त होता है। APS में उच्च ऊर्जा वाला फॉस्फोरिक अम्ल सल्फ्यूरिक अम्ल एनहाइड्राइड आबंध होता है जो सल्फ्यूरिक अर्धांश को उत्तरवर्ती उपापचयी अभिक्रियाओं हेतु क्षमता प्रदान करता है।

APS प्रमुख शाखा बिन्दु मध्यवर्ती है जो दो पथों में काम आता है। ये पथ सल्फेट अपचयन तथा सल्फेशन है। एन्जाइम पायरोफॉस्फेट की उपस्थिति में पायरोफॉस्फेट का विघटन होता है तथा दो अकार्बनिक फॉस्फेट निर्मित होते हैं। पौधों के कम से कम दो एन्जाइम APS काइनेस तथा APS रिडक्टेस APS का उपापचय करते हैं। इन दोनों एन्जाइमों को अब एक समान माना जाता है तथा APS सल्फोट्रांसफरेस कहा जाता है। APS सल्फोट्रांसफरेस 49-50 kDa का ट्रेटामर होता है जिसकी सभी उपइकाईयों का गतिक नियतांक (kinetic constants) एक समान होते हैं। स्वांगीकरण का दूसरा चरण अपचयन होता है जिसमें सल्फेट का अपचयन होकर सल्फाइट बनता है (चित्र 8.5)। क्लोरोप्लास्ट में APS का सल्फर फेरेडॉक्सिन द्वारा अपचयन होता है। प्राक्लवक में सम्भवतः NADPH अपचायक का कार्य करता है। अपचयन की क्रियाविधि को स्पष्ट करने के लिये दो परिकल्पनायें प्रस्तुत की गई हैं। पहले वाद को वाहक आबंध पथ (Carrier bound pathway) कहा जाता है। यह पथ उच्च पादपों तथा यूकैरेयोटिक शैवालों में होता है। दूसरा वाद सूक्ष्मजीवियों में अपचयन को स्पष्ट करता है। पहले वाद के अनुसार APS से अपचयित थायोल यौगिकों में स्थानांतरित किया जाता है। थायोल यौगिकों को पहचाना जा सका है। अपचयित यौगिक ग्लूटाथीओन होता है। इस अभिक्रिया में थायोसल्फोनेट निर्मित होता है। थायोसल्फोनेट को एक अन्य एन्जाइम थायोसल्फोनेट रिडक्टेस उत्प्रेरित करता है तथा थायोसल्फाइड बनता है :–

$$\text{APS + thiol compound (red)} \xrightarrow{\text{APS sulfotransferase}} \text{thio sulfonate + 5 AMP}$$

$$\text{Thio sulfonate + 6 feredoxin (red)} \xrightarrow{\text{Thiosulfonate reductase}} \text{thiosulfide + 6 ferredoxin (ox)}$$

APS सल्फोट्रांसफरेस तथा थायोसल्फोनेट रिडक्टेस की पहचान तथा लक्षण ज्ञात करना कठिन सिद्ध होता है। दूसरे वाद की क्रियाविधि निम्नलिखित है :–

$$\text{APS + ATP} \xrightarrow{\text{APS Kinase}} \text{PAPS + ADP}$$

$$\text{PAPS + thioredoxin (red)} \xrightarrow{\text{PAPS Reductase}} SO_3^{2+} + \text{thioredoxin}_{ox} + \text{PAP}$$

$$SO_3^{2-} + \text{6 ferredoxin (red)} \xrightarrow{\text{Sulfite reductase}} S^{2-} + \text{6 ferredoxin}_{ox}$$

APS काइनेस तथा सल्फाइट रिडक्टेस पौधों में पाये जाते हैं परन्तु PAPS रिडक्टेस पौधों में नहीं देखा गया है।

Arabidopsis में cDNA के एक वर्ग को विलग किया गया है thiol dependent APS reductase सक्रियता वाले प्लास्टिड स्थानीकृत एन्जाइम को कूट करता है। अपचयित ग्लूटाथिओन किस प्रकार इलेक्ट्रॉन दाता का कार्य करता है इसे APS-रिडक्टेस की संरचना से समझा जा सकता है। रिडक्टेस लक्षण एन्जाइम के N सिरा डोमेन पर

स्थापित होता है। C-1 सिरा डोमेन थायोरेडॉक्सिन से सम्बंधित होता है। यह अपचयोपचय सक्रिय प्रोटीन ग्लूटारेडॉक्सिन से डाईसल्फाइड मोटिफ का सहभाग करता है। इस सिरे के डोमेन में दो महत्वपूर्ण सिस्टीन अपशेष होते हैं जो दो अमीनो अम्ल की दूरी पर होते हैं। ग्लूटारेडॉक्सिन तथा थायोरेडॉक्सिन में समरूप मोटिफ होता है जिसमें अपचयोपचय सक्रिय अपशेष होता है। जब इलेक्ट्रॉन लक्ष्य एन्जाइम में शटल होता है तब इसमें डाईथीओल डाईसल्फाईड अंतर्परिवर्तन होता है।

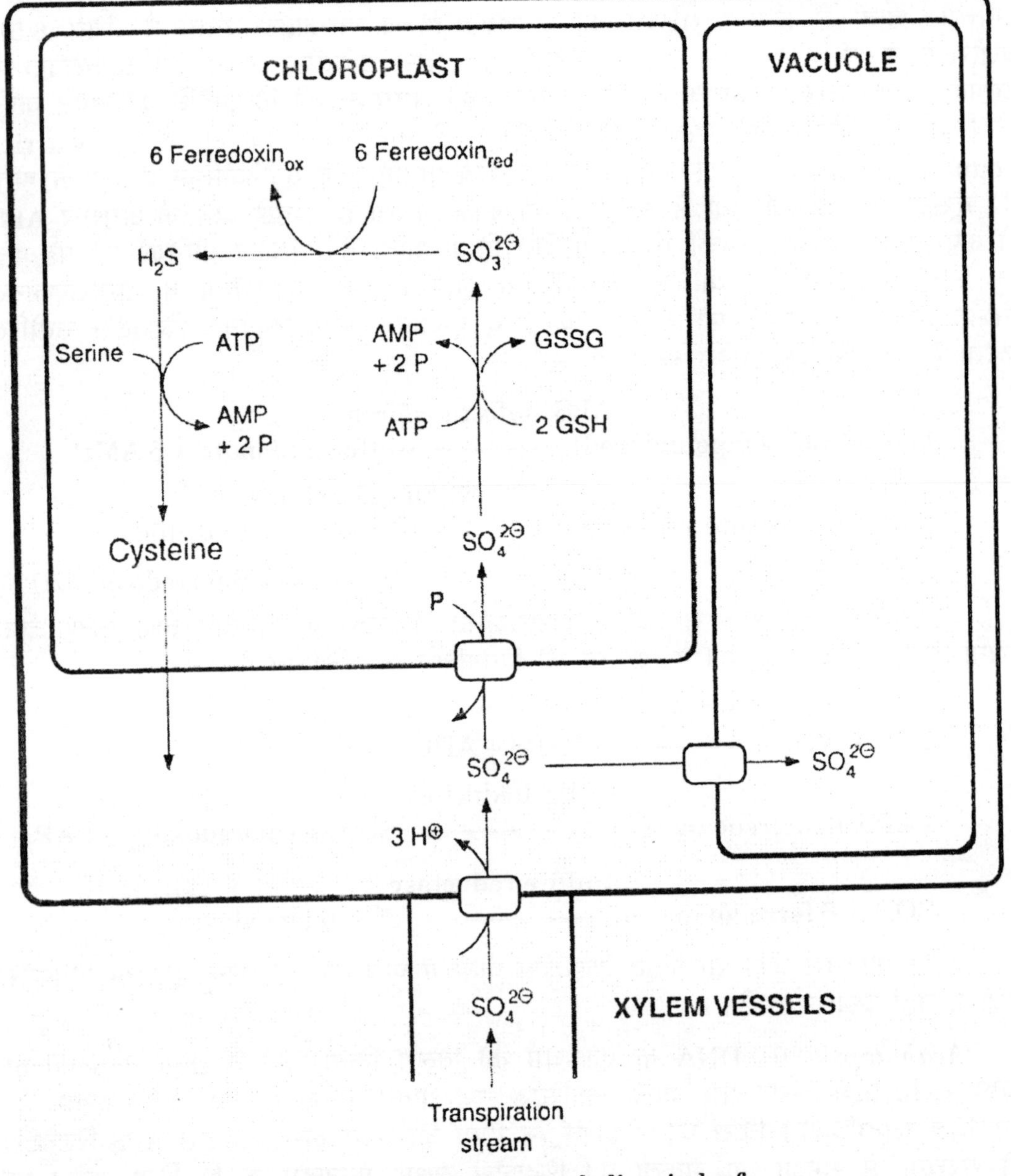

Fig. 8.4. Sulphate metabolism in leaf

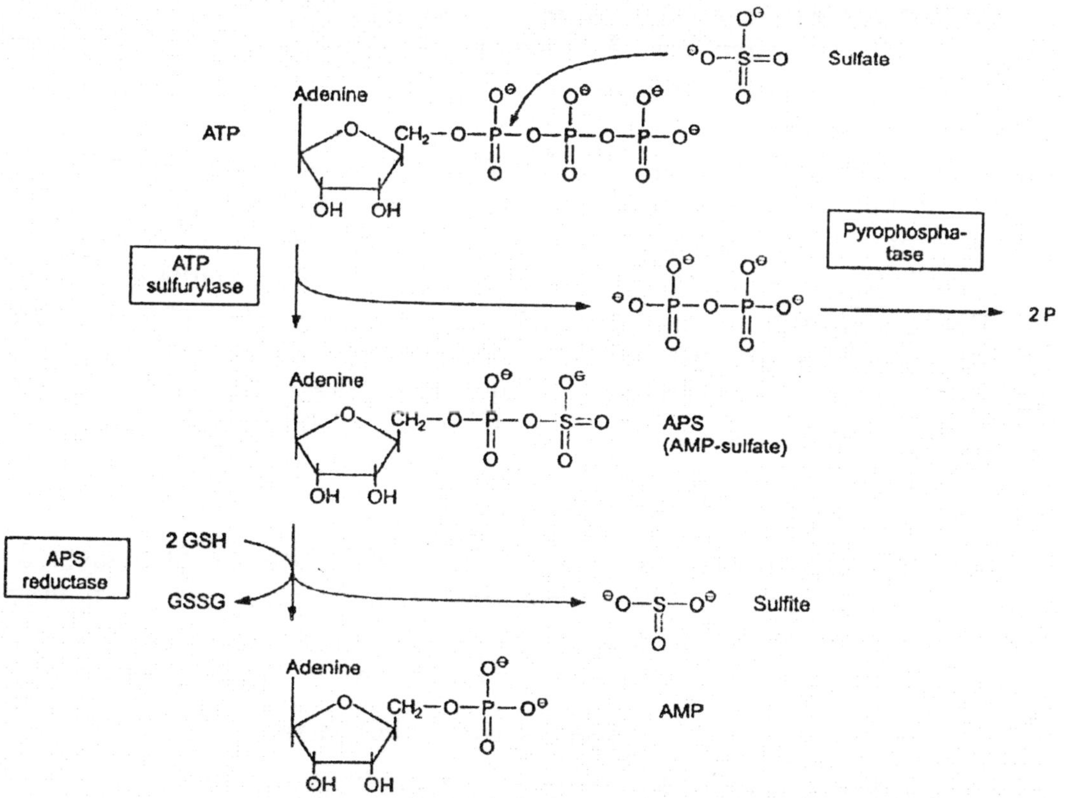

Fig. 8.5. Reduction of sulfate to sulfite

ग्लूटाथीओन (एक ट्राईपेप्टाईड) पौधों का एक प्रमुख गैर प्रोटीन थीओल है। ग्लूटाथीओन संश्लेषण में γ–ग्लूटामिल सिस्टीन सिन्थीटेस ग्लूटामेट के γ–कार्बोक्सिल समूह तथा सिस्टीन के α–अमीनो समूह के बीच पेप्टाईड बंध बनाता है।

$$\text{Glutamate + cysteine + ATP} \xrightarrow{\gamma\text{–glutamylcysteine synthetase}} \gamma\text{–glutamylcysteine}$$

दूसरे चरण में γ–ग्लूटामिलसिस्टीन के सिस्टीनिल कार्बोक्सिल समूह तथा ग्लायसीन के α–अमीनो समूह के बीच पेप्टाइड आबंध बनता है। यह अभिक्रिया एन्जाइम ग्लूटाथीओन सिन्थीटेस द्वारा उत्प्रेरित होती है।

$$\gamma\text{–Glutamylcysteine+ glycine+ ATP} \xrightarrow{\text{Glutathione synthetase}} \text{glutathione+ADP+Pi}$$

APS - सल्फोट्रांसफरेस, APS-रिडक्टेस से समरूप होता है। सल्फर की कमी में इसकी सक्रियता बढ़ जाती है, जबकि पौधों को सल्फर के अपचयित रूप से उपचारित करने पर इसका दमन होता है।

सल्फाइट रिडक्टेस से सल्फाइट अपचयित होकर सल्फाइड बनता है। यह एन्जाइम नाइट्राइट रिडक्टेस के सदृश्य होता है। एन्जाइम मुक्त सल्फाइट में छः इलेक्ट्रॉन जोड़ देता है। ये इलेक्ट्रॉन फरेडॉक्सिन द्वारा दान किये जाते हैं। सल्फाइट रिडक्टेस एक होमोऑलिगोमेरिक होमोप्रोटीन है। यह स्त्रोत के आधार पर 64 से 71 kDa के दो अथवा चार समरूप उपइकाईयों का बना होता है। प्रत्येक इकाई के C-छोर अर्धांश में एक सीरोहीम तथा एक आयरन सल्फर गुच्छ होता है। यह गुच्छ नाइट्राइट रिडक्टेस (4Fe-4S) के समान होता है। यह सजातीयता दर्शाता है कि दोनों ही रिडक्टेस अधिकुल ऋणायन अपचयोपचय एन्जाइम के सदस्य हैं। जीवाणुओं तथा यीस्ट में **NADPH-dependent sulfite reductase** होता है। ये एन्जाइम विषमावयव (heteromeric) एन्जाइम है तथा उनमें एक फ्लेवोप्रोटीन तथा एक हीमोप्रोटीन उपइकाई पाई जाती है। अन्तिम चरण में सिस्टीन का संश्लेषण होता है। सल्फाइड का संघनन O-एसिटिल सेरीन (OAS) से होता है तथा सिस्टीन निर्मित होता है। सेरीन तथा एसिटिल CoA अभिक्रिया करके OAS बनाते हैं तथा CoA मुक्त होता है। यह अभिक्रिया एन्जाइम सेरिन एसिल ट्रांसफरेस द्वारा उत्प्रेरित होती है –

अगली अभिक्रिया को एन्जाइम एसिटिल सेरीन (थीओल) लायेस उत्प्रेरित करता है। OAS तथा सल्फाइड आयन अभिक्रिया करके सिस्टीन बनाते हैं इस एन्जाइम में पायरी डॉक्सल फॉस्फेट होता है जो प्रॉस्थेटिक समूह के रूप में होता है। यदि वाहक आबंध पथ उपस्थित नहीं है तो सल्फाइड के स्थान पर थायोसल्फेट OAS से अभिक्रिया करता है –

$$\text{O-Acetylserine} + S^{2+} \xrightarrow{\text{O - Acetyl serine (thiol) lyase}} \text{Cysteine + acetate}$$

उपरोक्त अभिक्रियाओं को उत्प्रेरित करने वाले एन्जाइम संकुल में उपस्थित होते हैं। यह संकुल सेरीन एसिटिलट्रांसफरेस सक्रियता को नियंत्रित करता है। जब एन्जाइम को संकुल से मुक्त करके विलग किया जाता है तो पूरी तरह सक्रिय होता है।

अध्याय – 9

Nucleic Acid the Molecular Approach

DNA अनुवांशिक पदार्थ है। 1944 में O.T. Avery, C.M. Mcleod तथा M.Mc Carty ने जीवाणु *Diplococcus pneumoniae* पर एक प्रयोग किया एवं इस निष्कर्ष पर पहुँचे कि DNA एक transforming principle है। इस जीवाणु का अनुग्र विभेद (Non virulent strain) उग्र विभेद (virulent strain) के transforming principle को ग्रहण करके उग्र विभेद में परिवर्तित हो जाता है। इस principle को शुद्ध किया गया एवं पाया गया कि यह DNA का अणु है।

1952 में A.D. Hershey तथा M. Chase ने जीवाणुभोजी T_2 पर प्रयोग किया तथा यह पाया कि विषाणुक प्रजनन हेतु आवश्यक सूचना DNA में पाई जाती है। जीवाणुभोजी पर किये गये प्रयोग में अनुवांशिक पदार्थ की पहचान करने हेतु लेबल फॉस्फोरस तथा सल्फर (^{32}P तथा ^{35}S) का उपयोग किया गया। इस प्रकार के जीवाणुभोजी की प्रतिकृति में पाया गया कि कोशिका में ^{32}P मुक्त डी.एन.ए. पाया जाता है। चूंकि संतति विषाणु कोशिका के अन्दर उत्पन्न होती हैं, अतः कुछ संतति विषाणु में ^{32}P पाया गया परन्तु किसी में भी पैतृक भोजी का ^{35}S उपस्थित नहीं था। P न्यूक्लिक अम्ल में पाया जाता है परन्तु प्रोटीन में नहीं तथा S प्रोटीन में पाया जाता है परन्तु न्यूक्लिक अम्ल में अनुपस्थित होता है। संतति विषाणु में P की उपस्थिति स्पष्ट करती है कि DNA ही अनुवांशिक पदार्थ है।

F Miescher (1869) ने कोशिका के न्युक्लियस से पृथक किये गये पदार्थ का नाम न्यूक्लिन ("nuclein") रखा। इसमें फॉस्फोरस उपस्थित था। उन्होंने यह भी देखा कि प्यूरिन न्यूक्लियोटाइड की संख्या सदैव पिरमडीन न्यूक्लीयोटाइड की संख्या के बराबर होती है (A + G = C + T)। इसके अतिरिक्त। अपशेष की संख्या सदैव T अपशेष के बराबर होती है तथा इसी प्रकार C अपशेष की संख्या सदैव G अपशेष के बराबर होती है। Franklin तथा Wilkins ने DNA तंतु के एक्स–किरण विवर्तन प्रतिमान (X-ray differaction pattern) का अध्ययन किया जिससे यह स्पष्ट हुआ कि DNA एक से अधिक पॉली न्यूक्लीयोटाइड श्रृंखला का बना होता है। क्षारक लगभग 3Å दूरी के कोण में होते हैं। DNA तथा RNA की संरचना का विस्तृत वर्णन cell biochemistry अध्याय में किया गया है। इस अध्याय में न्यूक्लिक अम्ल के सिर्फ आणविक पक्ष का वर्णन किया गया है।

Structure of DNA

DNA पॉलीन्यूक्लीयोटाइड श्रृंखलाओं का बना होता है जो एक दूसरे पर कुण्डलित होती है। J.D. Watson तथा F.H.C. Crick (1953) ने DNA संरचना का द्विकुण्डलिनी

मॉडल प्रस्तुत किया। द्विकुण्डलिनी दक्षिणावर्ती (right handed) होते हैं तथा दो पॉलीन्यूक्लीयोटाइड श्रृंखला के बने होते हैं। ये श्रृंखलायें आपस में क्षारक जोड़ों के बीच कमजोर गैर सहसंयोजी आबंध से जुड़े रहते हैं।

DNA का तंतुक स्वभाव होता है। अणु लम्बे तथा अशाखित श्रृंखला का बना होता है। आवलम्ब एकान्तरित विन्यासित डीऑक्सी राइबोस शर्करा तथा फॉस्फेट समूह का बना होता है। ये आपस में 3 '→5' दिशा में फॉस्फोडाईइस्टर आबंध से जुड़े रहते हैं। नाइट्रोजिनस क्षारक शर्करा से जुड़े होते हैं। भौतिक रासायनिक विश्लेषण (physico - chemical analysis) जिसमें अवसादन (sedimentation), विसरण, प्रकाश प्रकीर्णन (light scattering) तथा श्यानता (viscosity) मापन तकनीक सम्मिलित है, द्वारा स्पष्ट होता है कि DNA एक अत्यंत असम्मित अणु है जिसका व्यास 20Å होता है तथा यह कई हजार Å लम्बा होता है (चित्र 9.1)। आणविक भार 5×10^6 तथा 10^9 के बीच होता है। तंतुक में दो रासायनिक श्रृंखलायें होती हैं। डी.एन.ए. का एक्स–किरण क्रिस्टलिकी अध्ययन दर्शाता है कि तंतुक अत्याधिक brefringent होते हैं जिनमें सुस्पष्ट पराबैगनी तथा अवरक्त द्विविर्णता (ultraviolet and infra red dichroism) होता है। DNA के सोडियम लवण में दो संरचनायें होती हैं। StructureA क्रिस्टलीकृत होता है जिसमें 75% आपेक्षित आर्द्रता होती है तथा लगभग 30% जल होता है। उच्च आर्द्रता में तंतुक अधिक जल ग्रहण करता है तथा लम्बाई में 30% बढ़ जाता है। यह सहक्रिस्टलीय (paracrystalline) होता है। Structure B में ध्रुववृत (meridium) पर अति प्रबल 3.4Å परावर्तन (reflexion) होता है। StructureA लगभग 30% पर लघुकृत हो जाता है। यह अक्षीय रूप में लगभग 2.5% Å पृथक होता है। इन सभी साक्ष्यों से स्पष्ट होता है कि डी.एन.ए. में दो पॉलीन्यूक्लीयोटाईड श्रृंखलायें होती हैं। दोनों रज्जुक में समान कुण्डलिनी ज्यामिति होती है परन्तु इन दोनों को क्षारक जोड़े विपरीत ध्रुवता से जुड़े रहते हैं। अक्ष की लगभग दोहरी सम्मिति होती है जो दोनों शर्कराओं तथा चारों क्षारक जोड़ों को एक ही विन्यास में स्थापित करने से सम्बंधित है। इस प्रकार के विन्यास में डी.एन.ए. की कुल संरचना में कोई भी विकृति नहीं होती है।

डी.एन.ए. अणु त्रिविमीय क्रिस्टल है। दोनों पॉली न्यूक्लीयोटाइड श्रृंखलायें एक दूसरे के पूरक होते हैं तथा एक सामान्य अक्ष पर कुण्डलित होते हैं। ये आपस में हाइड्रोजन आबंध से जुड़े रहते हैं। दोनों श्रृंखलायें दक्षिणावर्त कुण्डलिनी में होती हैं, परन्तु फॉस्फेट शर्करा आवलम्ब में परमाणुओं का अनुक्रम विपरीत दिशा में होता है। फॉस्फेट तथा शर्करा कुण्डलिनी के बाहर की ओर होते हैं जबकि क्षारक अन्दर की ओर पाये जाते हैं। फॉस्फेट परमाणु तंतुक अक्ष से 10 Å की दूरी पर होता है। दोनों श्रृंखलाओं में 34Å दूरी पर घुमाव होता है। प्रत्येक घुमाव में दस क्षारक जोड़े होते हैं। अतः प्रत्येक क्षारक जोड़े 3.4 Å की दूरी पर होती हैं। क्षारक जोड़े हाइड्रोजन आबंध से जुड़े होते हैं। जोड़ा अतिविशिष्ट होता है जिसमें एक प्यूरीन तथा एक पिरमीडीन नाइट्रोजिनस क्षारक जोड़ा बनता है। एडनीन सदैव थायमीन से जोड़ा बनाता है जबकि सायटोसीन के साथ ग्वानिन जुड़ा रहता है। पड़ोसी क्षारक जोड़े के लिये कोई प्रतिबंध नहीं होता है। क्षारक जोड़े समतल होते हैं तथा ये कुण्डलिनी अक्ष के दिशा में स्थूल रूप से अभिलम्ब रूप में एक दूसरे के ऊपर विन्यासित होते हैं। कुण्डलिनी गड्डी में क्षारकों के बीच इलेक्ट्रॉन अभ्र पारस्परिक क्रिया

(electron cloud interaction π-π) द्विकुण्डलिनी के स्थाईत्व में महत्वपूर्ण योगदान देता है। क्षारक जोड़ों की इस विशिष्टता के परिणामस्वरूप दो गूंथी श्रृंखलाओं में क्षारको के अनुक्रम के बीच पूरक सम्बंध बनता है तथा डी.एन.ए. को स्वकूट करने के लक्षण प्रदान करता है। अतः यदि एक श्रृंखला का अनुक्रम 5' - ATGTC - 3' हो तो पूरक श्रृंखला का अनुक्रम 3' - TACAG - 5' होगा। पूरक क्षारकों के बीच हाइड्रोजन आबंध कुण्डलिनी को ऊष्मागतिज स्थाईत्व तथा क्षारक जोड़ों को विशिष्टता प्रदान करता है। कभी–कभी व्यक्तिक क्षारक द्विकुण्डलिनी के बाहर उभरा हो सकता है। इस परिघटना को बेस फिलपिंग (base flipping) कहते हैं। फिलपिंग के कुछ जैविक कार्य होते हैं। क्षारक जोड़ों से उभरे दो शर्कराओं के संकीर्ण तथा विस्तीर्ण कोणों के कोण क्रमशः 120° तथा 240° होते हैं। क्षारक जोड़ों का एक दूसरे के ऊपर बनी हुई गड्डी से शर्कराओं के एक कोर पर संकीर्ण कोण निर्मित होता है तथा दूसरे कोर पर एक विस्तीर्ण कोण बनता है। इससे क्रमशः गुरू (major) तथा लघु (minor) खांच उत्पन्न होते हैं। अतः द्विकुण्डलिनी में गुरू तथा लघु खांच होते हैं। अवरोक्त रासायनिक सूचनाओं के लिये प्रचुर होता है।

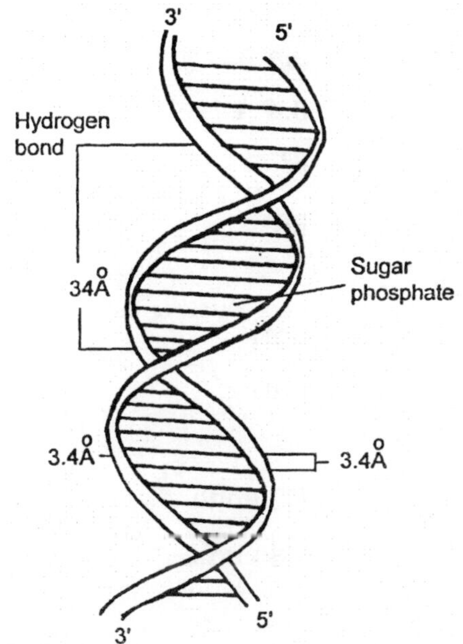

Fig. 9.1. Double Helical Structure of DNA

Z-DNA

Alexander Rich ने Z- DNA के अनेक परीक्षण किया जिसे d (C-G)^3 भी कहते हैं। यह सहजात DNA से निम्नलिखित आधार पर भिन्न है। Z- DNA के प्रति घुमाव में 12 क्षारक होते हैं। Z-DNA भाग में 2' डी–ऑक्सीराइबोस के 1' स्थान से क्षारक ग्लायकोसायडिक आबंध से जुड़ा रहता है। यह आबंध एकांतरित Syn तथा anti दो में से एक संरूपण में हो सकता है। एकांतरित anti-syn संरूपण वामवर्ती DNA के आवलम्ब को टेढ़ा मेढ़ा स्वरूप प्रदान करता है। वामवर्ती कुण्डलिनी में आधारभूत पुनरावृत्त इकाई प्रायः प्यूरीन–पिरमीडीन डाइन्यूक्लीयोटाइड होते हैं जिसमें पिरमडीन अपशेष पर ग्लायको

साइडिक आबंध anti संरूपण में होते हैं तथा प्यूरीन अपशेष में syn संरूपण में होते हैं। प्यूरीन न्यूक्लीयोटाइड पर syn संरूपण कुण्डलिनी को वामवर्तिता प्रदान करता है। G-C जोड़े विशिष्ट रूप से परिधि की ओर विस्थापित होते हैं। अतः Z-DNA रूपों में गहरे खांचें होते हैं। Z-DNA वामवर्ती होता है तथा फॉस्फोडायएस्टर आबंध में उच्च zig-zag विन्यास होता है। यदि Z-DNA प्लाज्मिड में होता है तो यह सुपरकॉयलिंग को रूपांतरित कर देता है। Z-DNA न्यूक्लियेसस के लिये कम संवेदनशील होता है। Z-क्षेत्र में एक पूर्ण कुण्डलिनी 45 Å की होती है।

सामान्य B-DNA तथा 2-DNA की तुलना

	B-DNA	**Z-DNA**
1. Helix sense	right handed	left handed
2. Residues/turn	10	12 (6 dimers)
3. Diameter	-20 Å	-18 Å
4. Rise per residue	3.4 Å	3.75 Å
5. Helix pitch	3.4 Å	45 Å
6. Base pair tilt	6°	7o
7. Rotation per residue	36°	60°
8. Glycoside torsion angle		
deoxyguanosine	anti	syn
deoxycytidine	anti	anti
9. Sugar pucker		
deoxyguanosine	C2 endo	C3 endo
deoxycytidine	C3 endo	C2 endo
10. Distance of P axis		
dep G	9 Å	8 Å
dep G	9 Å	69 Å

Replication of DNA

डी.एन.ए. जैविक अणु है जिसमें प्रतिभवन करने तथा पुत्री डी.एन.ए. बनाने की क्षमता होती है। पुत्री डी.एन.ए. में क्षारक का अनुक्रम पैतृक डी.एन.ए. अणु के समान होता है। डी. एन.ए. प्रतिकृति की dispersive, conservative तथा semiconservative विधियों को प्रस्तावित किया गया है। डिस्परसिव (Dispersive mode) में पैतृक डी.एन.ए. छोटे खण्डों में टूट जाता है। ये पूर्ववर्ती होते हैं जो डी.एन.ए. अणु के शेष अणु को पूर्ण कर देते हैं। कन्सर्वेटिव विधि (conservative method) प्रस्तावित करता है कि डी.एन.ए. अणु के दोनों

रज्जुक एक दूसरे से जुड़े रहते हैं तथा यह पुत्री डी.एन.ए. अणु के निर्माण हेतु प्रोग्राम देते हैं। डी.एन.ए. प्रतिभवन की सेमी कन्सर्वेटिव विधि (semi-conservative method) को अब सर्वाधिक स्वीकृति प्राप्त हुई है। डी.एन.ए. अणु के दोनों रज्जुक एक दूसरे से पृथक हो जाते हैं तथा प्रत्येक रज्जुक पूरक रज्जुक बनाने हेतु टेम्लेट देता है।

M.S. Meselson तथा F.W. Stahl (1958) ने इस विधि को *E. coli* पर लेबल नाइट्रोजन का उपयोग करके अनावश्यक सिद्ध किया। ^{15}N में वृद्धि किये गये संवर्धन को बाद में ^{14}N नाइट्रोजन स्त्रोत की वृद्धि करने रखा गया। इस संवर्धन माध्यम में विकसित कोशिकाओं के डी.एन.ए. क्षारक की समस्थानिकीय (isotopic) 'नाइट्रोजन' उपस्थित थी। ^{15}N नाइट्रोजन माध्यम युक्त संवर्धन माध्यम में विकसित कोशिकाओं में उच्च घनत्व (द्रव्यमान प्रति इकाई आयतन) ^{14}N में विकसित कोशिकाओं की तुलना में अधिक था। इन अणुओं को साम्य घनत्व प्रवणता अपकेन्द्रीकरण (equilibrium density gradient centrifugation) का उपयोग करके पृथक किया जा सकता है। जब गुरू लवण (heavy salt) घोल जैसे 6M CsCl को अति उच्च वेग (30,000 - 50,000 परिक्रमण प्रति मिनिट) पर 48 - 72 घंटे के लिये अपकेन्द्रित किया जाता है तो साम्य घनत्व प्रवणता स्थापित होती है। अवसादन तथा विसरण के बीच साम्यावस्था प्रावस्था में एक बढ़ते क्रम घनत्व के साथ ट्यूब में ऊपर से नीचे तक एक रैखिक प्रवणता स्थापित होती है। डी.एन.ए. अणु घोल के उस घनत्व पर स्थिर हो जाएगा, जहाँ उसका स्वयं का घनत्व बराबर हो। मिश्रित श्रृंखला का डी.एन.ए. अणु अर्थात् जिसमें एक श्रृंखला गुरू (heavy) (^{15}N) तथा एक श्रृंखला हल्की (light) (^{14}N) हो तो यदि घोल में उपस्थित है तो C_5Cl ट्यूब में दो बैंड प्रकट होंगे। इससे यह स्पष्ट हो जाता है कि सेमी कन्सर्वेटिव विधि द्वारा डी.एन.ए. प्रतिभवन होता है ।

डी.एन.ए. प्रतिभवन एक जटिल प्रक्रिया है तथा इसमें चार डीऑक्सी न्यूक्लीयोसाइड ट्राईफॉस्फेट (d GTP, d ATP, d CTP, d TTP) पूर्ववर्ती की आवश्यकता होती है। प्रक्रिया पूर्ण करने हेतु कुछ एन्जाइम, प्रोटीन कारकों की आवश्यकता होती है। डी.एन.ए. पॉलीमरेस दो द्विसंयोजक धात्विक आयनों (प्रारूपिक Mg^{2+} या $2_n{}^{2+}$) से बंधित होते हैं। ये धात्विक आयन सही क्षारक जोड़ों d NTP तथा प्राइमर के 3'OH के आसपास रासायनिक वातावरण को एकांतरित कर देते हैं। धात्विक आयन 3'OH का अपने हाइड्रोजन के प्रति लगाव को कम देते हैं।

DNA Polymease

1957 में तथा Arthur Kornberg तथा उनके सहयोगियों ने *E.coli* से एक एन्जाइम को पृथक किया तथा उसका नाम DNA polymerase अथवा कॉर्नबर्ग एन्जाइम Kornberg enzyme (चित्र 9.2) रखा। *E. coli* में पाँच प्रकार के DNA polymerase एन्जाइमों की पहचान कर उनका अध्ययन किया गया है। इन एन्जाइमों के एन्जायमेटिक लक्षणों, उपइकाई संघठन तथा बाहुल्य (abundance) द्वारा इनकी पहचान की जाती है। ये एन्जाइम Pol I, Pol II तथा Pol III, Pol IV, Pol V हैं। Pol I एक उपइकाई का बना होता है तथा यह आर.एन.ए. प्राइमर को हटाने तथा डी.एन.ए. सुधार (DNA repair) का कार्य करता है। Pol II (Din A) भी एक उपइकाई का बना होता है तथा डी.एन.ए. रिपेयर का कार्य करता है। Pol III एक कोर एन्जाइम है जिसमें तीन उपइकाई होती है तथा यह

गुणसूत्र प्रतिभवन में भाग लेता है। Pol III होलोएन्जाइम नौ उपइकाइयों का बना होता है तथा गुणसूत्र प्रतिकृति के रूप में कार्य करता है। Pol IV (Din B) सिर्फ एक उपइकाई का बना होता है तथा गुणसूत्र प्रतिभवन में कार्य करता है। Pol IV (Din B) सिर्फ एक उपइकाई का बना होता है तथा डी.एन.ए. सुधार, (Trans Lesion Synthesis TLS) के रूप में कार्य करता है। Pol V (UmuC, $UmuD_2$'C) में तीन उपइकाई होती है तथा TLS के रूप में कार्य करता है। पूर्व में DNA plymerase I को प्रमुख एन्जाइम माना जाता था जो डीऑक्सीराइबोन्यूक्लीयोटाइड्स को जोड़ने का कार्य करता था। अब यह स्थापित हो चुका है कि वास्तव में DNA polymerase III, बहुलीकरण करने वाला एन्जाइम है। Pol III अत्याधिक उच्च प्रोसेसिविटी प्रदान करता है। Pol I में 5' एक्सोन्यूक्लियेस (exonuclease) लक्षण होते हैं जो डी.एन.ए.संश्लेषण स्थल पर ऊर्ध्वप्रवाह से तुरन्त RNA अथवा DNA को हटा देते हैं। 5'एक्सोन्यूक्लियेस सक्रियता RNA-DNA बंधन को हटाने में सक्षम होता है। यह बंधन RNAse H के लिये प्रतिरोधी होता है। यूकैरियोट्स में बहुलित डी.एन.ए. पॉलीमरेस होता है। इन्हें Pol α ; Pol β; Pol γ; Pol δ; Pol ε; Pol θ;Pol ε; Pol λ; Pol μ; Pol κ; Pol η; Pol τ तथा Rov_1 कहते हैं। Pol α (Pol α / primase) चार उपइकाइयों का बना होता है जिनमें से दो उपइकाई DNA Pol α तथा दो उपइकाई Primase होती है। Pol γ तीन उपइकाइयों का बना होता है। Pol δ में 2-3 उपइकाइयाँ होती हैं तथा Pol θ में चार उपइकाईयाँ होती है, शेष पॉलीमरेस सिर्फ एक उपइकाई के बने होते हैं। Pol α ; Pol δ ; Pol ε डी.एन.ए. प्रतिकृति के लिये आवश्यक होते हैं। DNA Pol δ तथा Pol ε के साथ Pol α / primase को पॉलीमरेस स्वीचिंग कहते हैं। इन एन्जाइमों के कार्य निम्नलिखित है :–

Pol α – डी.एन.ए. प्रतिकृति के समय प्राइमर संश्लेषण

Pol β – क्षारक कर्तन सुधार

Pol γ – माइटोकॉन्ड्रिया डी.एन.ए. प्रतिकृति तथा सुधार

Pol δ – डी.एन.ए. प्रतिकृति, न्यूक्लीयोटाइड तथा क्षारक कर्तन सुधार

Pol ε – डी.एन.ए. प्रतिकृति, न्यूक्लीयोटाइड तथा क्षारक

Pol θ – क्रॉसलिंक के डी.एन.ए. का सुधार

Pol ε – ट्रांसलेशन संश्लेषण (TLS)

Pol λ – अर्धसूत्री विभाजन सम्बद्ध डी.एन.ए. सुधार

Pol μ – कायिक अति उत्परिवर्तन

Pol κ – ट्रांसलेशन संश्लेषण (TLS)

Pol η – आपेक्षित रूप में सुवाच्य TLS past cis-syn cyclobutane dimers

Pol τ – TLS, कायिक अति उत्परिवर्तन

Rev I – TLS

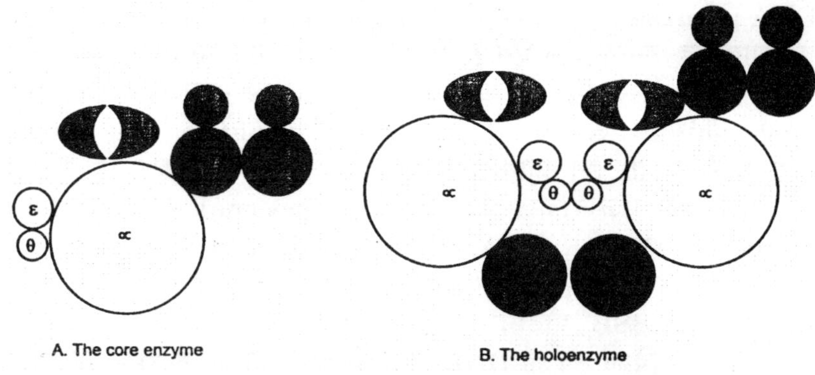

Fig. 9.2. Structure of DNA polymerase III.

DNA polymerase प्रोसेसिव एन्जाइम है अर्थात् ये प्राइमर रज्जुक में प्रति सेकेण्ड 1,000 न्यूक्लीयोटाइड जोड़ने में सक्षम होते हैं (चित्र 9.3)। प्रोसेसिविटी का तात्पर्य एन्जाइम का प्राइमर, टेम्लेट जंक्शन पर प्रत्येक बार बंधित होने में जोड़े गये न्यूक्लीयोटाइड का औसत है। प्राइमर टेम्लेट जंक्शन पर आबंध डी.एन.ए. पॉलीमरेस की संरचना दर्शाता है कि डी.एन.ए. आश्रय स्थल बड़े खाचें में होते हैं जो आंशिक बंद दक्षिणावर्ती के सदृश्य होते हैं। पॉलीमरेस के तीन डोमेन को thumb, finger तथा Palm कहते हैं। उत्प्रेरकी स्थल पाम डोमेन में पाया जाता है, जो β sheet का बना होता है। finger में उपस्थित अपशेष प्रवेश कर रहे dNTP के साथ बंधन बनाता है। Finger domain टेम्लेट भाग में क्रिया करते हैं जिसे टेम्लेट के फॉस्फोडायएस्टर आवलम्ब में लगभग 90° घुमाव उत्पन्न हो जाता है। यह सक्रिय स्थल के बाद पहले टेम्लेट क्षारक को अनावरित करता है। Thumb दो जिम्मेवारी पूर्ण करता है, यह प्राइमर तथा सक्रिय स्थल के सही स्थान को संतुलित करता है तथा यह डी.एन.ए. पॉलीमरेस एवं उसके आश्रय के बीच दृढ़ सम्बद्धता को बनाये रखता है। Sliding DNA Clamps डी.एन.ए. पॉलीमरेस से सम्बद्ध होकर उच्च प्रोसेविटी प्रदान करता है। Sliding DNA clamp एक समान उपइकाइयाँ बहुलित का बना होता है। इन उपइकाइयों के सामुच्य में बने क्लेम्प के बीच में एक छिद्र होता है जो डी.एन.ए. ड्यूप्लेक्स पर घेरा डाल सकता है तथा डी.एन.ए. एवं प्रोटीन के बीच एक या दो अणुओं के स्तर का स्थान छोड़े रहता है। Sliding clamp loaders प्रोटीन संकुल के विशिष्ट वर्ग है जो डी.एन.ए. को खोलने तथा sliding clamp को स्थापित करने को उत्प्रेरित करता है। प्रतिकृति पूर्ण हो जाने के बाद slide clamp को loaders से हटा देते हैं। sliding clamp loaders को युग्मित ATP बंधन तथा जलीय अपघटन की आवश्यकता होती है ताकि sliding clamp को primer : template junction पर सही स्थान पर स्थापित किया जा सके। Sliding clamp प्रोटीन डी.एन.ए. पर बिना वियोजित हुये सरकते हैं। Primer : template junction, पॉलीमरेस तथा नवसंश्लेषित द्विरज्जुक डी.एन.ए. से मिलकर एक संकुल बनता है। डी.एन.ए. संश्लेषण के समय यह संकुल डी.एन.ए. पर सक्षमता से संचलन करता है। Sliding Clamp के कारण पॉलीमरेस डी.एन.ए. से विसरित नहीं हो पाता है। एक बार ss DNA की प्रति पूर्णतः निर्मित हो जाये तो इस डी.एन.ए. से पॉलीमरेस मुक्त हो जायेगा तथा sliding clamp एक नये primer : template junction के रूप में कार्य करने

लगता है। DNA primase एक विशिष्ट RNA polymerase है। यह ss DNA टेम्लेट पर 5 - 10 न्यूक्लीयोटाइड लम्बा आर.एन.ए. प्राइमर बनाता है। प्राइमेस को नया आर.एन.ए. प्राइमर के संश्लेषण के लिये विशिष्ट डी.एन.ए. अनुक्रम की आवश्यकता नहीं होती है। ये प्राइमर डी.एन.ए. प्रतिभवन आरम्भ के लिये आवश्यक होते हैं तथा तदन्तर डी.एन.ए. पॉलीमरेस द्वारा आगे बढ़ता है। प्राइमेस सक्रियता को कम से कम छः अन्य प्रोटीन की आवश्यकता होती है तथा एक संकुल प्राइमोसोम (primosome) बनाते हैं। प्राइमोसोम कुछ प्रोटीन कारकों के बने होते हैं। Pri A, Pri B, Pri C, Dna T, Dna B, तथा Dna C प्राइमोसोम के छः प्रोटीन हैं। प्राइमोसोम को स्थापित करने हेतु प्रमुख घटना एक रज्जुक DNA से PriaA द्वारा SSB प्रोटीन को विस्थापित करने की क्षमता होती है। DNA helicase एक निश्चित दिशा में ss DNA पर संचालित होता है तथा डी.एन.ए. के दोनों रज्जुकों को पृथक करता है एवं रेप्लीकेशन फोर्क के शुरूआत में एक रज्जुक डी.एन.ए. बनाता है। इस प्रक्रिया को ऊर्जा की आवश्यकता होती है। डी.एन.ए. हेलीकेस का (5' $\rightarrow$ 3' अथवा 3' $\rightarrow$ 5' दिशा में) संचलन को ध्रुवणता (polarity) कहते हैं। यह दिशा सदैव विस्थापित हुये डी.एन.ए. रज्जुक की जगह आबंध डी.एन.ए. रज्जुक के अनुसार निर्धारित होती है। एन्जाइम के संचलन हेतु ऊर्जा की आवश्यकता होती है जो कि ATP के विघटन से प्राप्त होती है। दो विभिन्न हेलीकेस भाग लेते हैं। एक (helicase I अथवा II) lagging strand के टेम्लेट से जुड़ता है तथा 5' $\rightarrow$ 3' दिशा में संचालित होता है। दूसरा हेलीकेस (Rep protein) Leading strand के संश्लेषण हेतु आबंध होता है एवं 3' $\rightarrow$ 5' दिशा में संचलित होता है। Exonuclease एन्जाइम 3' $\rightarrow$ 5' दिशा में कार्य करता है तथा एक विवेचनात्मक प्रूफ रीडिंग सम्पादित करता है। डी.एन.ए. संश्लेषण की प्रूफ रीडिंग गलत क्षारक जोड़े के न्यूक्लियोटाइड को हटाने वाले न्यूक्लियेस की मध्यस्थता में होता है। यह सही न्यूक्लियोटाइड को जोड़ने हेतु दूसरा अवसर प्रदान करता है। DNA gyrase or topioisomerase डी.एन.ए. के ऋणात्मक सुपरकॉयलिंग के निर्मित होने को उत्प्रेरित करता है। प्रतिभवन के समय, एन्जाइम हेलिकेस दो रज्जुक के बीच के क्षारक भाग को अलग कर देता है। अतः फोर्क के सामने धनात्मक सुपरकायलिंग निर्मित होती है। अनुपहन डी.एन.ए. के लगभग प्रत्येक दस क्षारक जोड़े पर एक डी.एन.ए. बंध को हटाया जाना आवश्यक है। सामान्य कोशीय परिस्थितियों में डी.एन.ए. अणु अतिकुण्डलित होता है। प्रतिभवन के समय कुण्डली खोलना आवश्यक होता है ताकि दोनों रज्जुक पृथक हो सकें।

The Replisome and Replicon

सभी प्रोटीन (बहु पारस्परिक अभिक्रियायें करने वाले मशीन) जो प्रतिभवन फोर्क पर कार्य करता है को संयुक्त रूप में रेप्लीसोम कहते हैं। ये एन्जाइम आपस में समन्वयिक पारस्परिक क्रिया से कार्य करते हैं। डी.एन.ए. की प्रतिकृति करने वाली इकाई को रेप्लिकॉन कहते हैं। इसे प्रतिभवन हेतु आवश्यक तत्व के रूप में परिभाषित किया जाता है। एक रेप्लिकॉन में उद्‌गम तथा समापन स्थल होता है जिस पर प्रतिकृति का क्रमशः आरम्भन तथा समापन होता है। रेप्लीकॉन रैखिक अथवा वक्रीय हो सकते है। जीवाणुओं में एक अकेला गुणसूत्र होता है अतः रेप्लिकॉन की एक प्रति ही होती है जबकि यूकैरेयोटिक गुणसूत्र में कई रेप्लिकॉन होते हैं।

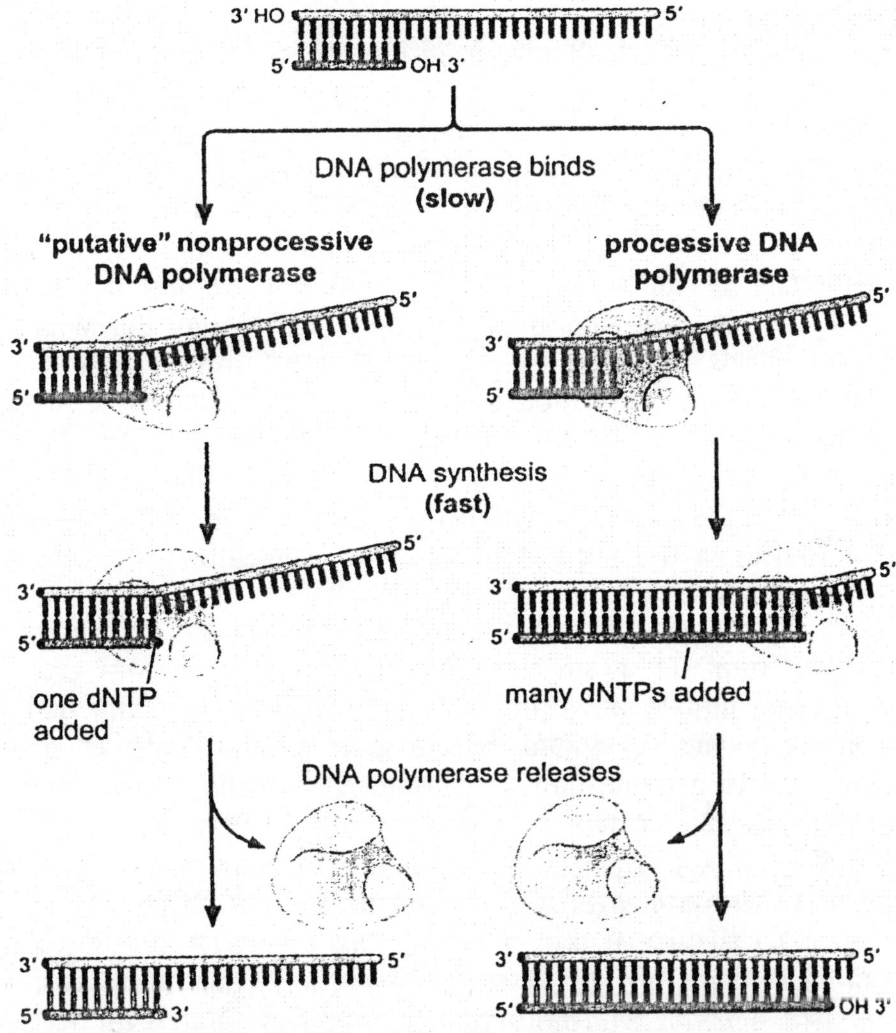

Fig. 9.3. DNA Polymerases synthesize DNA in a processive and non processive manner.

The Okazaki fragments

1968 में Reiji Okazaki तथा उनके सहयोगियों ने *E. coli* पर कार्य किया एवं 3'→5' रज्जुक की पूरक श्रृंखला के संश्लेषण को समझाया। कोशिकाओं को 20°C पर ^3H थायमीडीन पर वृद्धि करने रखा गया। डी.एन.ए. के पश्चगामी रज्जुक से एक छोटा विखण्ड जुड़ा रह जाता है। उन्होंने डी.एन.ए. के छोटे विखण्डों (1-2 kl) को जो प्रत्येक आर.एन.ए. प्राइमर से जुड़े होते हैं। इन विखण्डों को Okazaki fragments कहा जाता है, जो क्षणिक, नवजात डी.एन.ए. अणु को दर्शाते हैं। Okazaki fragments की लम्बाई प्रोकैयोरेट्स में 1,000 से 2,000 न्यूक्लियोटाइड्स तथा यूकैरेयोट्स में 100 से 400 न्यूक्लियोटाइड्स हो सकती है।

The Mechanism

DNA polymerase किसी भी चार डीऑक्सीन्यूक्लीयोसाइड ट्राईफॉस्फेट के जुड़ने के उत्प्रेरण हेतु किसी एक सक्रिय स्थल का उपयोग करता है। यह सक्रिय स्थल प्रवेश करने वाले न्यूक्लीयोटाइड की पहचान करने की जगह प्रवेश करने वाले क्षारकों के A:T या G:C क्षारक जोड़े को निर्मित करने की क्षमता को नियंत्रित करता है। डी.एन.ए. पॉलीमरेस में राइबो तथा डी–ऑक्सीराइबो न्यूक्लीयोसाइड ट्राईफॉस्फेट के बीच पहचान करने का विशिष्ट गुण होता है। न्यूक्लियोटाइड बंधन पॉकेट इतना छोटा होता है कि प्रवेश करने वाले न्यूक्लियोटाइड को उपस्थित होने के लिये अनुमत नहीं कर पाता है। यह स्थान दो अमीनो अम्लों द्वारा भरा हुआ होता है जो कि शर्करा चक्र से van der Waals सम्पर्क बनाता है। वह विशिष्ट स्थल जिस पर डी.एन.ए. के खुलने तथा प्रतिभवन का आरम्भन होता है उसे प्रतिभवन का उद्गम कहते हैं। डी.एन.ए. प्रतिभवन सिर्फ एक उद्गम स्थल से (जैसे प्रोकैरेयोट्स) अथवा बहु उद्गम स्थल (जैसे यूकैरेयोट्स) द्वारा होता है। 1963 में Francois Jacob तथा Jacques Cuzin ने रेप्लिकॉन स्थल को परिभाषित किया। Jacob तथा Cuzin ने रेप्लिकॉन मॉडल प्रस्तावित किया, जिसमें दो घटक होते हैं जो प्रतिकृति के आरम्भन को नियंत्रित करते हैं। इन स्थलों को क्रमशः replicator तथा initiator कहते हैं। cis-acting DNA अनुक्रम का पूरा सेट जो डी.एन.ए. प्रतिभवन के आरम्भन को निर्देशित करने के लिये यथेष्ठ हो उसे रेप्लिकेटर कहते हैं। रेप्लिकेटकर में प्रोटीन विशिष्ट रूप से डी.एन.ए. घटक की पहचान करता हे तथा प्रतिकृति का आरम्भन करता है उसे initiator कहते हैं। प्रतिकृति का उद्गम रेप्लिकेटर का एक भाग है, तथापि यूकैरेयोट्स में प्रतिकृति का उद्गम डी.एन.ए. अनुक्रम का एक खण्ड है जो प्रतिकृति के आरम्भन को निर्देशित करने के लिये आवश्यक होता है। रेप्लिकेटर के दो लक्षण सामान्य होते हैं। पहला लक्षण initiation protein के लिये बंधन स्थल का होना है। दूसरा लक्षण इसमें डी.एन.ए. का खण्ड होता है जो A-T प्रचुर होता है जो स्वेच्छा से न होकर जल्द ही खुल जाता है। इनीशियेटर प्रोटीन तीन कार्य करता है :– यह रेप्लिकेटर में एक विशिष्ट डी.एन.ए. अनुक्रम का बंधन करता है। डी.एन.ए. में बंधन के पश्चात् यह बंधन स्थल से जुड़े हुये डी.एन.ए. के भाग को बहुधा विकृत कर देता है अथवा खोल देता है, तथा तीसरा कार्य प्रतिकृति आरम्भन के लिये आवश्यक अतिरिक्त कारकों से पारस्परिक क्रिया करता है, अतः उन्हें रेप्लीकेटर से भर्ती कर देता है। *E. coli* में सिर्फ एक उद्गम स्थल (जो 245 bp भाग में उपस्थित होता है) तथा इसे "Oric" कहते हैं (चित्र 9.4)। "Oric" के कार्य हेतु दो पुर्नावृत्त मोटिफ होते हैं। इस भाग में 13 bp लम्बा अनुक्रम के तीन पुनरावृत्त तथा 9 bp लम्बे अनुक्रम के 4 पुनरावृत्त होते हैं। 9mer (bp) मोटिफ इनीशियेटर के लिये बंधन स्थल होता है। 13 mer (bp) मोटिक तीन बार पुर्नावृत्त होता है। यह ssDNA निर्मित करने का प्रारंभिक स्थल होता है। प्रतिकृति का आरम्भन एक संकुल प्राइमोसोम के निर्मित होने के बाद होता है। यह प्रतिकृति का आरम्भन करता है तथा आरम्भन स्थल की पहचान करके बंधित हो जाता है। Initiator ssDNA (Dna A) प्रोटीन डी.एन.ए. हेलीकेस, Dna B, तथा अन्य प्रोटीन हेलीकेस लोडर Dna C को भर्ती करता है। हेलीकेस ssDNA के चारों ओर सम्बद्ध होकर सक्रिय रूप धारण कर लेता है। एक प्रतिकृति निर्मित हो जाती है। Single strand specific DNA binding protein (SSB protein) 74kD का एक चतुष्फलक

(tetramer) प्रोटीन है। यह डी.एन.ए. के पृथक रज्जुकों से जल्द ही बंधित हो जाता है एवं बंधन स्थल डी.एन.ए. अणुओं को एवं दोनों पृथक रज्जुकों को मिलने से रोकता है। SSB का एक प्रोटीन बंधित होने के पश्चात् एक अन्य SSB को तुरन्त दूसरे रज्जुक पर ssDNA को बंधित करने को प्रेरित करता है, इसे Coperative binding कहते हैं। यह बंधन ssDNA भाग से जल्द ही सम्पन्न होता है ताकि पृथक ssDNA एक दूसरे से बंधन न बना सकें। अब Dna B प्राइमेस को सक्रिय करता है, जो एक आर.एन.ए. प्राइमर बनाता है। Dna B एक हेक्सामर है तथा प्रत्येक एकलक श्रृंखला पर एक अन्य प्रोटीन Dna C के छः अणु जुड़ जाते हैं। इस अवस्था में प्राइमर सक्रिय हो जाता है। RNA प्राइमर टम्लेट के 3' सिरे का पूरक होता है। एक बार प्राइमर का संश्लेषण हो जाता है तब एन्जाइम DNA polymerase कार्य करने लगता है तथा नये न्यूक्लियोटाइड फॉस्फोडायएस्टर बंध से जुड़ने लगता है। यूकैरेयोटिक कोशिकाओं में क्रिया विधि को समझने के लिये यीस्ट एक आदर्श प्रयोगात्मक मॉडल है। छः प्रोटीन initiator complex बनते हैं जिसे origin recognition complex (ORC) कहते हैं। इसमें एक संरक्षित अनुक्रम A-element (of replicator) तथा दूसरा कम संरक्षित B element की पहचान करता है। ORC बंधित होता है तथा ATP का जलीय अपघटन करता है। शेष पद प्रोटीन–प्रोटीन पारस्परिक क्रिया द्वारा नियंत्रित होता है। यह पद अनुक्रम स्वतंत्र होते हैं। यूकैरेयोटिक कोशिकाओं में प्रतिकृति का आरम्भन दो पदों में होता है जो कोशिका चक्र के विशिष्ट समय पर होता है। ये पद replicator selection तथा origin activation है जो कोशिका चक्र में क्रमशः G1 तथा S अवस्था में होता है। रेप्लीकेटर चयन के समय प्रतिकृति के आरम्भन करने वाले अनुक्रमों की पहचान की जाती है। इस प्रक्रिया से जीनोम के प्रत्येक रेप्लीकेटर पर बहुप्रोटीन संकुल का समुच्चय हो जाता है। उद्‌गम सक्रियता से रेप्लीकेटर सम्बद्ध प्रोटीन संकुल में डी.एन.ए. खोलने का आरम्भन तथा डी.एन.ए. पॉलीमरेस का नियोजन होता है। एक प्रीरेप्लीकेटर संकुल (pre - RCs) रेप्लीकेटर चयन में मध्यस्थता करता है। pre - RCs में चार प्रोटीन होते हैं जिनका प्रत्येक रेप्लीकेटर पर एक निश्चित क्रम में समुच्चय होता है। पहले चरण में ORC रेप्लीकेटर की पहचान करता है। एक बार ORC सम्बद्ध हो जाने पर वह दो हेलीकेस लोडिंग प्रोटीन (Cdc 5 तथा Cdt 1) का चयन करता है। अब ये प्रोटीन एक ऐसे प्रोटीन का चयन करते है जिसे यूकैरेयोटिक रेप्लीकेशन फोर्क प्रोटीन माना जाता है, यह Mcm 2-7 संकुल है। कोशिका जब G1 अवस्था से S अवस्था में प्रवेश करती है उसी समय प्रतिकृति के आरम्भन हेतु G1 अवस्था के समय निर्मित pre - RCs सक्रिय होते हैं। Ca K तथा Dd K (प्रोटीन काइनेस) Pre RCs को सक्रिय करता है ताकि प्रतिकृति का आरम्भन हो सके। ये कोशिका चक्र के सिर्फ S अवस्था में सक्रिय होते हैं। इन प्रोटीनों का कार्य लक्ष्य प्रोटीनों पर फॉस्फेट समूह को जोड़ना है। इन प्रोटीनों के फॉस्फोरायलेशन के परिणामस्वरूप अतिरिक्त रेप्लीकेशन प्रोटीनों (Pol α / primase; DNA Pol δ, Pol ε तथा चयन हेतु आवश्यक कुछ अन्य प्रोटीनों) की प्रतिकृति के उद्‌गम तथा आरम्भन पर समुच्य करना है। सर्वप्रथम DNA Pol δ तथा Pol ε सम्बद्ध होते हैं तदन्तर DNA Pol α/ primase सम्बद्ध हो जाता है। Mcm संकुल तथा DNA polymerase चयन हेतु आवश्यक अनेक कारक रेप्लीकेशन फोर्क मशीनरी का भाग बन जाते हैं। Cdc 6 तथा Cdt 1 का कार्य पूर्ण हो जाने के पश्चात् मुक्त हो जाते हैं अथवा नष्ट हो जाते हैं।

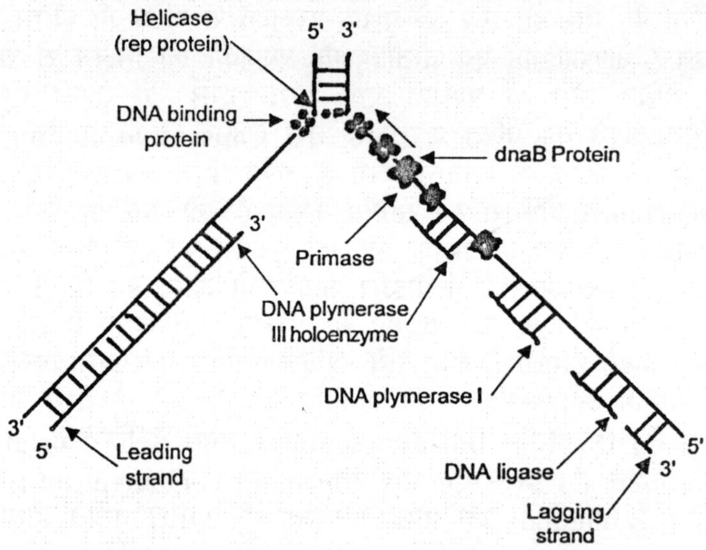

Fig. 9.4. Replication of DNA in prokaryotes

प्रतिकृति के समय डी.एन.ए के दोनों रज्जुक पृथक होकर एक ही समय पर प्रतिकृति करते हैं। नये पृथक टेम्लेट रज्जुक तथा अप्रतिकृत डी.एन.ए. द्वैध के जंक्शन को रेप्लीकेशन फोर्क कहते हैं (चित्र 9.5)। डी.एन.ए. हेलीकेस एन्जाइम रज्जुकों को पृथक कर देता है। रेप्लीकेशन फोर्क पर कार्य करने वाले हेलीकेसस षटलक प्रोटीन (hexameric proteins) होते हैं जो एक चक्र का रूप धारण कर लेते हैं। यह रेप्लीकेशन फोर्क के दो में से एक रज्जुक की घेराबंदी कर देता है। यह स्थान एक रज्जुक : द्विरज्जुक पर होता है। डी.एन.ए. का संश्लेषण 3' सिरे के दीर्घीकरण द्वारा ही होता है। अतः जैसे जैसे रेप्लीकेशन फोर्क आगे बढ़ता है सिर्फ एक ही रज्जुक का सतत संश्लेषण होता है। यह 3'→5' टेम्लेट रज्जुक का कार्य करता है तथा नये डी.एन.ए. रज्जुक के संश्लेषण को निर्देशित करता है। इस रज्जुक को अग्रगामी रज्जुक (leading strand) कहा जाता है। डी.एन.ए. अणु का दूसरा रज्जुक DNA polymerase का विपरीत दिशा में संचलन हेतु निर्देशित करता है। इसे पश्चगामी रज्जुक (lagging strand) कहते हैं। पश्चगामी रज्जुक नये पॉलीन्यूक्लीयोटायड श्रृंखला के संश्लेषण में कुछ समय लेता है। इसका मुख्य कारण यह है कि रेप्लीकेशन फोर्क को न्यूक्लियोटाइड को टेम्लेट हेतु एक समुचित लम्बाई प्राप्त करने तक कुछ रूकना पड़ता है। डी.एन.ए. पॉलीमरेस टेम्लेट श्रृंखला का पूरक पॉलीन्यूक्लियोटाइड श्रृंखला का संश्लेषण करता है। रज्जुक तथा पश्चगामी रज्जुक पर प्राइमेस का कार्य भिन्न–भिन्न होता है। अग्रगामी रज्जुक को सिर्फ एक आर.एन.ए. प्राइमर की आवश्यकता होती है जबकि पश्चगामी रज्जुक को प्रत्येक ओकाजाकी खण्ड हेतु आर. एन.ए. प्राइमर की आवश्यकता होती है। एन्जाइम RNAase H आर.एन.ए. प्राइमर को डी. एन.ए. से विस्थापित कर देता है (चित्र 9.6) यह एन्जाइम डी.एन.ए. सिरे पर सीधे बंधित राइबोन्यूक्लीयोटाइड के अतिरिक्त सभी आर.एन.ए. प्राइमरों को विस्थापित कर देता है। आर.एन.ए. प्राइमर के हटने के पश्चात् द्विरज्जुक में निर्मित अवकाश प्राइमर टेम्लेट जंक्शन का कार्य करता है। यह डी.एन.ए. पॉलीमरेस का बंधन स्थल है। यह एन्जाइम इस अवकाश

को तथा क्षारक जोड़ों को भर देता है। सुधार किये गये रज्जुक के आधार अवलम्ब पर 3' OH तथा 5' P के बीच एक खंच रह जाती है। एन्जाइम डी.एन.ए. लिगेस खांच के अवकाश को भर देता है तथा इन विखण्डों को जोड़ कर एक डी.एन.ए. रज्जुक निर्मित कर देता है। डी.एन.ए. लिगेस को निकटवर्ती 5' फॉस्फेट तथा 3' OH के बीच फॉस्फोडायएस्टर आबंध निर्मित करने हेतु उच्च ऊर्जा को फेक्टर की आवश्यकता होती है। सभी आर.एन.ए. प्राइमर के विस्थापित होने के पश्चात् तथा खांच के सील हो जाने पर डी.एन.ए. संश्लेषण पूर्ण होता है। पॉलीमरेस द्वारा बेमेल क्षारक जोड़े की पहचान होने पर प्राइमर : टेम्लेट जंकशन डी.एन.ए. पॉलीमरेस के सक्रिय स्थल से कुछ हट जाता है। इस बेमेल डी.एन.ए. का पॉम भाग से कम लगाव होता है अतः प्राइमर टेम्लेट जंकशन एक्सोन्यूक्लियेस स्थल पर संचलन करता है। जब गलत क्षारक जोड़े हट जाते हैं, तब सही जोड़ा प्राइमर टेम्लेट जंकशन डी.एन.ए. पॉलीमरेस के सक्रिय स्थल पर पुनः वापरा आ जाता है तथा डी.एन.ए. संश्लेषण आगे होने लगता है।

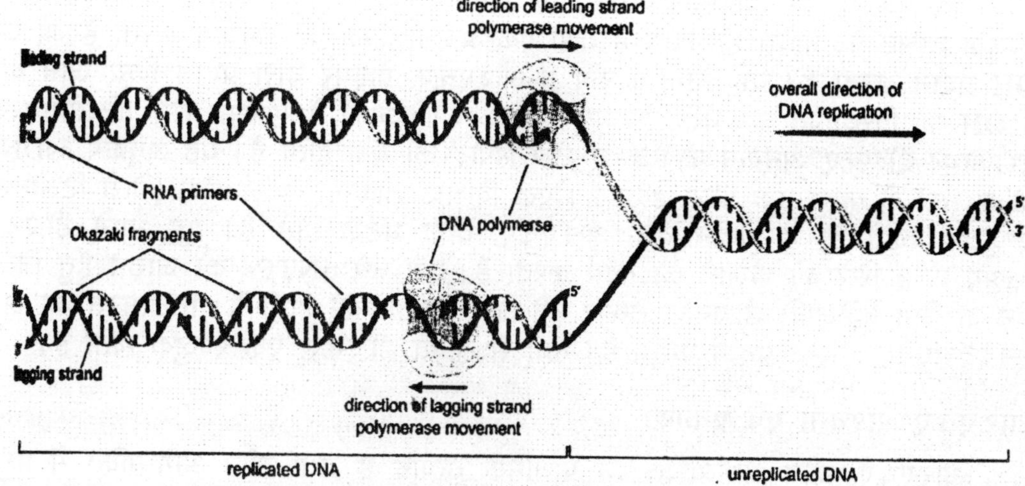

Fig. 9.5. The replication fork

डी.एन.ए. प्रतिकृति के समापन के लिये विशिष्ट परिघटनाओं के सेट की आवश्यकता होती है। चक्रीय डी.एन.ए. सुत्री अणु आपस में **catenanes** द्वारा जुड़े रहते हैं। ये **Type II topoisomerases** की प्रतिक्रिया द्वारा पृथक हो जाते हैं। यह एन्जाइम एक अणु को तोड़ता है तथा दूसरे अणु को इससे पास हाने को अनुमत करता है। *E. coli* गुणसूत्र में एक बड़ा समापन क्षेत्र (termination zone) होता है, जो Oric के व्यासीयीय विपरीत होता है, जो इस स्थान पर मिलने वाले रेप्लीकेशन फोरटिस (या द्विदिशात्मक प्रतिकृति bidirection replication) को रोक देता है। *E. coli* में समापन क्षेत्र में दक्षिणावर्त विरूद्ध फोर्क (clockwise counter fork) हेतु तीन ter sites (ter A, ter D तथा ter E) होते हैं एवं दक्षिणावर्त p फोर्क हेतु तीन ter sites (ter B, ter C तथा ter F) होते हैं। गुणसूत्र के 'ter' स्थल पर निर्मित TP ter संकुल DNA helicase अथवा DNA B को संदमित करके रेप्लीकेशन फोर्क को स्टॉल करता है। जब यह समापन क्षेत्र कार्य करता है विपरीत रेप्लीकेशन फोर्क के जुड़ने से प्रतिभवन रूक जाता है जिससे यह अनुमान लगाया जा

सकता है कि समापन क्षेत्र आवश्यक नहीं होता है। रैखिक डी.एन.ए. अणु में एक end **replication problem** होता है अर्थात् सभी नये डी.एन.ए. संश्लेषण के आरम्भन हेतु आवश्यक p आर.एन.ए. प्राइमर रेखिक गुणसूत्र के छोरों के प्रतिभवन हेतु एक असमंजस उत्पन्न कर देता है। अग्रगामी रज्जुक में यह समस्या नहीं देखी गई है क्योंकि उसे मात्र एक आर.एन.ए. प्राइमर की आवश्यकता होती है। पश्चगामी रज्जुक में ओकाजाकी खण्डों के रूप में प्रति भवन होता है, तथा प्रत्येक खण्ड को एक आर.एन.ए. प्राइमर की आवश्यकता होती है। यहाँ तक कि यदि ओकाजाकी खण्ड संश्लेषण हेतु अंतिम आर.एन.ए. प्राइमर रज्जुक के अंतिम क्षारक जोड़े के साथ अनील हो जावे तथा यह आर.एन.ए. अणु हट भी जावे, तब भी गुणसूत्र के छोर पर एक छोटा अप्रतिकृत ssDNA शेष रह जाता है। अतः डी.एन.ए. अणुओं में से एक कुछ छोटा हो जाता है। जीवाणविक कोशिकायें छोर पर डी.एन. ए. अणु के छोटे हो जाने की समस्या को हल करने के लिये कुछ तरीके अपना लेती है। यह गुणसूत्र के प्रत्येक छोर के अंतिम ओकाजाकी खण्ड के लिये आर.एन.ए. प्राइमर के स्थान पर एक प्रोटीन (प्राइमिंग प्रोटीन) का उपयोग करता है। प्राइमिंग प्रोटीन पश्चगामी रज्जुक टेम्लेट पर बंधित हो जाता है तथा एक अमीनो अम्ल का उपयोग करता है जो उसे OH प्रदान करता है। यह सामान्य रूप में आर.एन.ए. प्राइमर द्वारा प्रदान किये जाने वाले 3' OH को विस्थापित कर देता है। यूकैरेयोटिक कोशिकाओं में गुणसूत्र सिरे (टिलोमियरस) TG प्रचुर डी.एन.ए. अनुक्रम के हेड–टू–टेल रिपीट का बना होता है। यह अनुक्रम ssDNA के 5' सिरे के बाहर तक फैला होता है। एक विशिष्ट डी.एन.ए. पॉलीमरेस (जिसे टिलोमरेस एन्जाइम कहते हैं) में प्रोटीन तथा आर.एन.ए. दोनों घटक होते हैं। यह अपने डी.एन.ए. आश्रय के 3' सिरे को फैलाने का कार्य करता है। इसे नये dNTPs को जोड़ने हेतु निर्देश देने के लिये बहिजाति डी.एन.ए. टेम्लेट की आवश्यकता नहीं होती है। टिलोमरेस का आर. एन.ए. संघटक टेम्लेट प्रदान करता है। नया संश्लेषित डी.एन.ए. एक रज्जुक होता है।

आर.एन.ए. संरचना एवं प्रकार

आर.एन.ए. जीन अभिव्यक्ति का प्राथमिक उत्पाद है तथा जीन अभिव्यक्ति में प्रमुख भूमिका निभाता है। यह डी.एन.ए. की तुलना में दस गुना होता है। सामान्य रूप में आर.एन. ए. एक रज्जुक होता है। कुछ अपवाद है जैसे भोजी आर.एन.ए. द्विरज्जुक होते हैं। आर.एन. ए. तथा डी.एन.ए. में प्रमुख भिन्नता यह है कि आर.एन.ए. में थायमीन के स्थान पर यूरासिल पिरमिडीन होता है तथा डी–ऑक्सीराइबोस शर्करा के स्थान पर राइबोस शर्करा होती है। अपकेन्द्रण पर तीन प्रमुख अंश पृथक होते हैं, 235 से 255, 165 से 175 तथा 45 आर. एन.ए. कोशिका में तीन प्रकार के आर.एन.ए. पाये जाते हैं।

राइबासोमल आर.एन.ए. (rRNA) राइबोसोम का संरचनात्मक घटक होता है।

ट्रांसफर आर.एन.ए. (tRNA) छोटे आर.एन.ए. होते हैं तथा अमीनो अम्लों को पॉलीपेप्टाइड संश्लेषण के स्थल तक पहुँचाते हैं।

मेसेन्जर आर.एन.ए. (mRNA) डी.एन.ए. से पॉलीपेप्टाइड संश्लेषण स्थल तक अनुवांशिक संकेतों को ले जाता है।

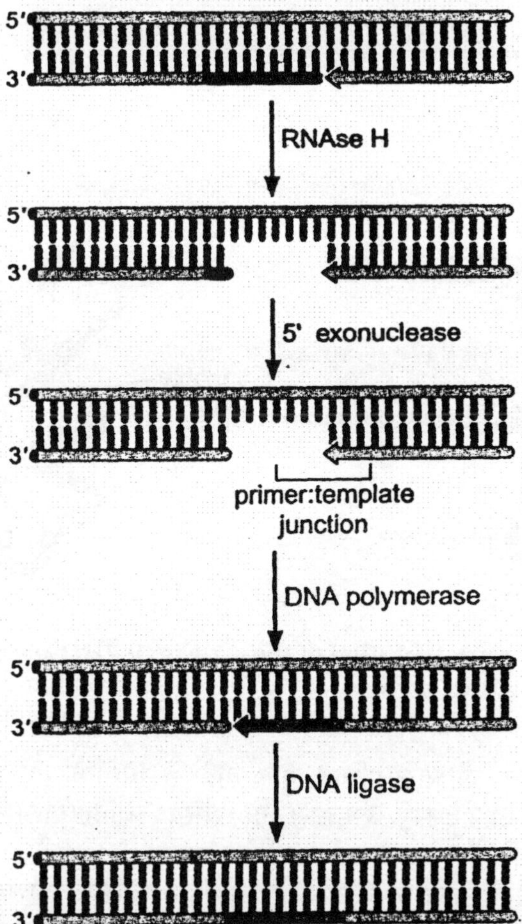

Fig. 9.6. Removal of RNA primers from newly synthesized DNA

E. coli मे (सभी प्रोकैरेयोटिक कोशिकाओं में) तीन प्रकार के आर.एन.ए. होते हैं जिन्हें **mRNA, tRNA** तथा **rRNA** कहते हैं। जबकि सभी यूकैरेयोटिक कोशिकाओं में आर.एन.ए. की चार प्रमुख श्रेणियाँ होती हैं। प्रोकैरेयोटिक कोशिकाओं में पाये जाने वाले तीन आर.एन. ए. के अतिरिक्त एक चौथी श्रेणी होती है जिसे न्यूक्लियर आर.एन.ए. (sRNA) कहते हैं। यह mRNA के सम्बंधन (RNA splicing) में भाग लेता है।

आर.एन.ए. अणु नाइट्रोजन क्षारक के अनुक्रम के रूप में एक रज्जुक डी.एन.ए. का प्रादर्श होता है। आर.एन.ए. श्रृंखलायें अपने आप में फोल्ड बैक होते हैं जिससे पूरक अनुक्रमों के छोटे खण्ड में क्षारक जोड़े बनाते हैं। जब पूरक अनुक्रमों के दो खण्ड एक दूसरे के निकट होते हैं तो एक stem-loop संरचना निर्मित होती है।

आर.एन.ए. द्वि कुण्डलिनी खण्ड के छोर पर हेयरपिन के रूप में मध्यवर्ती आर.एन.ए. लूप ऑर्डर होते हैं। ऐसे अनुक्रम जो संसक्त नहीं होते हैं उनके बीच संकुल संरचना (pseudonots) निर्मित होते हैं। आर.एन.ए. में ऐसे भाग जिनमें क्षारक जोड़े नहीं होते हैं,

उनके आधार अवलम्ब पर अत्याधिक घूर्णन स्वतंत्रता देखी जा सकती है। इस गुण के कारण आर.एन.ए. तृतीयक संरचना बना सकता है।

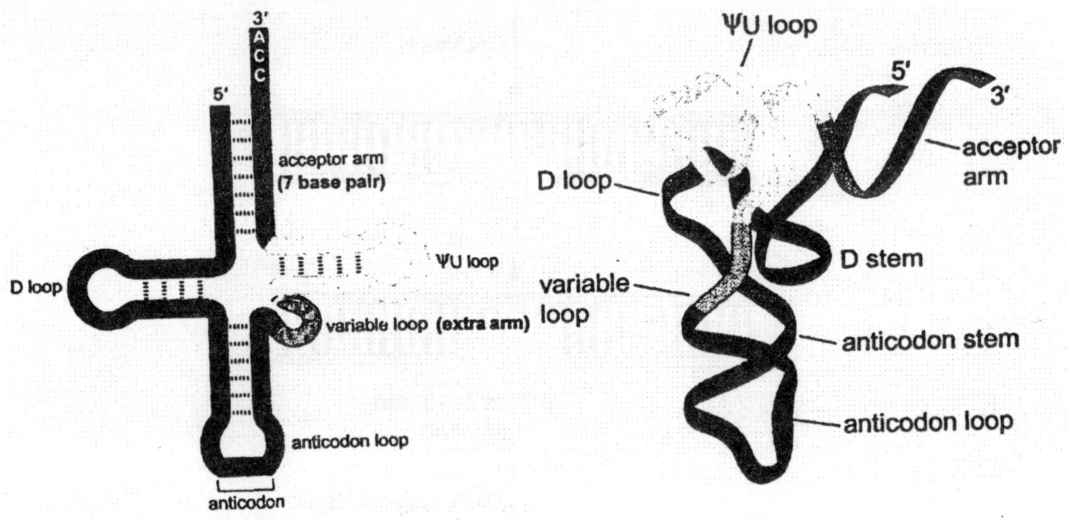

Fig. 9.7A. Cloverleaf representation of the secondary structure of tRNA

Fig. 9.7B. Conversion between the cloverleaf and the actual three dimensional structure

आर.एन.ए. में कुछ जैवरासायनिक गुण होते हैं जिनके कारण ये उत्प्रेरक के समान कार्य करता है। यह आर.एन.ए. सम्बंधन के समय न्यूक्लियोटाइडों के बीच सहसंयोजी आबंध को तोड़ने एवं निर्मित करने को उत्प्रेरित करता है। राबोजाइम विशिष्ट संरचनायें हैं जो अपने एक या अधिक संघठक न्यूक्लीयोटाइडों के विशिष्ट रासायनिक समूहों को अत्यंत क्रियाशील बना देते हैं। ये पॉलीन्यूक्लियोटाइड श्रृंखलाओं के विदलन तथा पुनः संयोजन को उत्प्रेरित करते हैं।

Messenger RNA

mRNA डी.एन.ए. के आनुवांशिक सूचनाओं का वहन करता है। यह कोशिका में पाये जाने वाले कुल आर.एन.ए. का एक छोटा भाग (5% से 10%) है। mRNA बहुत ही विसमजातीय होता है तथा 5s से कम से 30s से अधिक होता है। इसका संश्लेषण डी.एन.ए. टेम्प्लेट द्वारा अनुक्रमण (transcription) प्रक्रिया द्वारा होता है। यह अनेक पॉलीपेप्टाइड श्रृंखलाओं के अमीनो अम्लों के अनुक्रम की सूचना रखता है। इसे पॉलीसिस्ट्रॉनिक mRNA कहते हैं। पॉलीसिस्ट्रॉनिक mRNA (Polycistronic mRNA) अणु में वे जीन पाये जाते हैं जो प्रायः एक उपापचयी पथ के विभिन्न प्रोटीनों को कूट करते हैं। mRNA के सभी क्षारक पॉलीपेप्टाइड श्रृंखला में ट्रांसलेट नहीं होते हैं। पॉलीपेप्टाइड श्रृंखला का आरम्भ आरम्भन कूट से होता है। ये कूट mRNA के 5' P शीर्ष पर दूरस्थ में पाये जाते हैं। आरम्भन कूट के पहले पाये जाने वाले आर.एन.ए. खण्ड को लीडर (Leader) कहते हैं। कुछ उदाहरणों में, इसमें नियामक अनुक्रम पाये जाते हैं जो

प्रोटीन संश्लेषण की दर को प्रभावित करते हैं। Polycistronic mRNA अणुओं में दसों क्षारक लम्बे स्पेसर अनुक्रम (spacer sequence) पाये जाते हैं जो कूट करने वाले अनुक्रमों को पृथक करते हैं। यह आर.एन.ए. कुछ समय के लिये ही होता है एवं इसी कारण से इसका तीव्र टर्नओवर होता है। आर.एन.ए. का आणविक भार प्रायः 5,00,000 - 2,00,000 के बीच होता है।

Transfer RNA (tRNA)

tRNA छोटे एक रज्जुक अणु होते हैं जो 4S होते हैं तथा इनमें 73 से 93 न्यूक्लियोटाइड पाये जाते हैं। अमीनो अम्ल tRNA अणु के 2' या 3' शीर्ष पर जुड़ता है, यह शीर्ष प्रायः एडनीन होता है। अमीनो अम्ल अपने कार्बोक्सिल समूह राइबोस शर्करा से एस्टर, आबंध द्वारा जुड़ा रहता है। आंतरिक पूरक क्षार अनुक्रम छोटे द्विरज्जुक भाग बनाते हैं। ये द्विरज्जुक स्टेम कुछ वलय संरचनाओं को पृथक करते हैं। इन संरचनाओं को लूप कहते हैं। द्विविमीय रूप में tRNA अणु को प्लेनर क्लोवर लीफ के रूप में बनाया जाता है। त्रिविमीय संरचना ज्यादा जटिल होती है। क्लोवर लीफ मॉड्ल, में पूरक क्षार जोड़े के भाग को स्टेम तथा एक रज्जुक भाग को लूप कहते हैं। क्षारक जोड़े वस्तुतः निश्चर अथवा सुरक्षित होते हैं। क्षारक जोड़ा परम्परागत प्रकार (A/U तथा C/G) होता है। तथापि, असमान्य क्षार जोड़े भी अवसरिक पाये जाते हैं। सभी tRNA में असमान्य क्षारक होते हैं। ये क्षारक चार मानक क्षारकों के रूपांतरण से बनते हैं। ग्राही भुजा (acceptor arm) में क्षारक जोड़ा स्टेम पाया जाता है। इस स्टेम का गैर जोड़े वाले भाग के 3'OH समूह अमीनो अम्ल बंधन के स्थल होते हैं। जब tRNA अपने प्रतिकूट (anticodon) के अनुकूल अमीनों अम्ल से चार्ज हो जाता है तो उसे अमीनो एसिल tRNA कहते हैं। प्रतिकूट भुजा (anticodon arm) में एक लूप होता है जिसमें प्रतिकूट (anticodon) पाया जाता है। इसमें कूट का पूरक क्षारक अनुक्रम होता है। अनर्थक कूट (nonsence codon) के प्रतिकूट नहीं पाये जाते हैं। स्यूडोयूरीडीन (एक रूपांतरित क्षारक) की उपस्थिति के कारण इसका नाम TψC भुजा दिया गया है। D भुजा में एक अन्य असमान्य क्षारक डाईहाइड्रोयूरीडीन पाया जाता है। D लूप में चार अपशेषों तक विविधता पाई जाती है। सबसे सामान्य संरचना से सम्बंधित अतिरिक्त न्यूक्ल्याटाइड पाये जाते हैं जिन्हें 17 : 1 तथा 20 : 1 तथा 20 : 2 द्वारा दर्शाया जाता है। इससे यह दर्शाया जाता है कि न्यूक्लियोटाइड अनुक्रम के 17 तथा 18 स्थान के बीच एवं 20 तथा 21 स्थान के बीच अतिरिक्त न्यूक्लियोटाइड स्थापित होते हैं। TψC भुजा तथा प्रतिकूट भुजा के बीच एक अतिरिक्त भुजा होती है। इस अतिरिक्त भुजा के स्वभाव के आधार पर tRNA को दो वर्गों में बांटा गया है : Class I-tRNA तथा Class 2 - tRNA / Class 1 कुल tRNA का लगभग 75% प्रतिनिधित्व करता है। इसमें 3-5 क्षारक पाये जाते हैं। Class 2 में 13-21 क्षारक होते हैं तथा एक स्टेम में 5 क्षारक जोड़ा स्टेम हो सकता है।

प्रत्येक tRNA की द्वितीयक संरचना सुसम्बद्ध L-shaped तृतीयक संरचना बनाता है जिसका 3' सिरे से आबंध अमीनो अम्ल (प्रतिकूट जो mRNA से बंधित होता है) से दूरस्थ होता है। tRNA पर द्विरज्जुक स्टेम पाये जाते हैं। दो द्विकुण्डलिनी एक दूसरे के समकोण पर पाये जाते हैं। ग्राही स्टेम (acceptor stem) तथा TψC स्टेम एक अन्य सतत्

द्विकुण्डलिनी बनाते हैं जिनके बीच एक गैप होता है। द्विकुण्डलिनी के बीच के भाग जहाँ L-shape में मोड़ बनता है उसमें TψC लूप तथा D लूप पाये जाते हैं।

अनुवांशिक कूट (Genetic code)

1961 में Nirenberg ने संश्लेषित पॉलीन्यूक्लियोटाइड पर कार्य किया। उन्होंने दर्शाया कि पॉली यूरीडिलिक अम्ल [poly (U)] फिनिल एलानीन के समुच्य को निर्देशित करता है। संश्लेषित पॉलीपेप्टाइड पॉलीफिनिलएलानीन होती है। अध्ययन के एक अन्य तरीके में, एक त्रिन्यूक्लियोटाइड का उपयोग कूट के अनुकरणात्मक हेतु किया गया। इससे अनुकूल अमीनोएसिल tRNA राइबोसोम से बंधित हो जाता है। कूट के अर्थ को अमीनो एसिल tRNA के अमीनो अम्ल घटक से अनुमानित किया जा सकता है। अनुवांशिक सूचना का पॉलीपेप्टाइड में ट्रांसलेशन राइबोसोम पर होता है। इन सूचनाओं का वहन tRNA द्वारा होता है। डी.एन.ए. में चार नाइट्रोजन क्षारक होते हैं एवं इनका विभिन्न संयोजन पॉलीपेप्टाइड संश्लेषण में भाग लेने वाले बीस अमीनों अम्लों को कूट करते हैं। एक विशिष्ट अमीनों अम्ल के आर.एन.ए. के अनुकूल अनुक्रमों को कूट कहते हैं। तीन क्षारकों के संयोजन (त्रिक triplet $4^n = 64$) कूट बनाते हैं। चार नाइट्रोजन युक्त क्षारकों के संयोजन से चौसठ कूट बनते हैं जिनमें से इकसठ कूट बीस अमीनो अम्ल को कूट करते हैं। आनुवांशिक कूट सार्विक (universal) होते हैं। आनुवांशिक कूट गैर अंशछादन (nonoverlapping) होते हैं तथा इनमें विराम दि–विधान (punctauation) होते हैं। तीन कूट किसी भी अमीनो अम्ल को कूट नहीं करते इन्हें अनर्थक कूट (nonsence codon) कहते हैं। UAA, UAG तथा UGA अनर्थक कूट है जबकि AUG आरम्भन कूट है तथा पॉलीपेप्टाइड श्रृंखला का आरम्भन करता है।

General features of genetic code

आनुवांशिक कूट अपह्रासि (degenerate) होते हैं अर्थात् बहुल कूट (multiple code) एक ही अमीनों अम्ल का कूटवाचन (decode) करते हैं। जैसा कि निम्नलिखित टेबिल में दर्शाया है कि अनेक अमीनो अम्लों एक कूट से अधिक कूटों द्वारा विशिष्ट होते हैं। UUV तथा UUC फिनिल एलानीन को कूट करते हैं, अतः इन्हें समानार्थ (synonym) कहते हैं। अपभ्रष्टता (degeneracy) प्रायः पहले दो न्यूक्लियोटाइड के तुल्यता पर निर्भर करता है। आनुवांशिक कूट असंदिग्ध (unambiguous) होते हैं अर्थात् एक विशिष्ट कूट सिर्फ एक अमीनो अम्ल को कूट करते हैं। अपह्रासि तथा असंदिग्ध के बीच भेद पहचानना महत्वपूर्ण होता है। प्रत्येक कूट का प्रतिकूट होता है। mRNA के किसी कूट के लिये tRNA की एक प्रजाति में विशिष्ट प्रतिकूट होता है। प्रत्येक tRNA सिर्फ एक अमीनो अम्ल के लिये चार्टड् होता है, अतः कोई भी एक अमीनो अम्ल mRNA के कूट द्वारा कोड किया जावेगा। Francis Crick (1966) ने wobble concept प्रस्तावित किया। इस विचार के अनुसार 5' सिरे का क्षारक अन्य दो क्षारकों जैसा त्रिविमीय सीमित नहीं होता है। अतः यह कूट में पाये जाने वाले 3' सिरे के अनेक क्षारकों के साथ हाइड्रोजन आबंध बना सकता है। कूट के आठ वर्ग हैं जिनमें से सभी चार कूटो में पहले दो क्षारकों का समान अर्थ होता है। जोड़े टेबिल में दर्शाये गये हैं। ऐसे सात कूट जोड़े हैं जिनका अर्थ समान होता है चाहे तीसरे स्थान पर कोई भी पिरमडीन उपस्थित हो, तथा ऐसे पाँच कूट जोड़े हैं जिनमें या तो प्यूरीन

उपस्थित हो सकता है तथा उसके द्वारा कूट किया गया अमीनो अम्ल परिवर्तित नहीं होता है। **Wobble concept** का एक उदाहरण मात्रा स्थान पर उपस्थित **U** है जो कि एडनीन अथवा ग्वानीन के साथ जोड़ा बना सकता है। मात्रा नियम किसी भी एक **tRNA** अणु को चार विभिन्न कूटों की पहचान करने की आज्ञा नहीं देता है। कूट अत्याधिक अतिरिक्त **(reductant)** होता है। एक अमीनो अम्ल एक से अधिक कूट द्वारा कोड किया जा सकता है। सिर्फ ट्रिप्टोफैन तथा मिथयोनीन मात्र एक ही कूट के लिये विशिष्ट होते हैं। कूट प्रतिकूट बंधन को समझने में दो विचार उभरते हैं। कूट में तीसरे नाइट्रोजन युक्त क्षारक की पहचान महत्वपूर्ण नहीं होती। किसी जीव से पृथक किये गये प्रभिन्न **tRNA** की संख्या कूट की संख्या से कम होती है। अतः कुछ **tRNA** अणुओं में प्रतिकूट एक से अधिक कूट के साथ जोड़ा बना सकते हैं। इन लक्षणें को वॉवल परिकल्पना से स्पष्ट किया गया है। यह कूट के प्रथम दो स्थानों के क्षारकों की तुलना में कम सरल आवश्यकता होती है। कूट तथा प्रतिकूट के बीच प्रथम दो क्षारकों का सामान्य रूप से जोड़ा बनता है जबकि तीसरा क्षारक भिन्न प्रकार का हो सकता है। जैसे **U** के साथ **G** जोड़ा बना सकता है। यीस्ट के **tRNA**^{ala} के प्रतिकूट के अध्ययन के समय यह विचार स्पष्ट हुआ। इसमें न्यूक्लियोसाइड इनोसीन पहले स्थान पर होता है तथा यह कूट के तीसरे क्षारक (प्रतिकूट के पहले स्थान) के साथ जोड़ा बनाता है।

कुछ प्रजातियों में सार्विक अनुवांशिक कूट परिवर्तित हो जाते हैं। इस तरह के परिवर्तन माइटोकान्ड्रिया जीनोम में ज्यादा सामान्य रूप से पाये जाते हैं। परिवर्तन के जातिवृत्तीय वंशवृक्ष **(phylogenetic tree)** से स्पष्ट होता है कि एक सार्विक कूट था जो माइटोकॉन्ड्रिया के विकास के साथ विविध रूप में परिवर्तित होता रहा है। न्यूक्लियर जीनोम में ये कदाचनिक **(sporadic)** होते हैं तथा प्रायः सिर्फ समापन कूट को प्रभावित करते हैं। सूक्ष्मजीवियों में, सार्विक समापन कूट कुछ अमीनो अम्ल को कूट करते हैं जैसे ***Mycoplasma capricolum*** **UGA** ट्रिप्टोफेन को कूट करता है, ***Tetrahymena thermophila*** में **UAA** तथा **UAG** ग्लूटामीन को कूट करता है। अन्य सामान्य प्रकार के परिवर्तन में **tRNA** का ह्रास होता है। यह ह्रास एक कूट प्रतिक्रिया करता है ताकि कूट किसी भी अमीनों अम्ल के लिये विशिष्ट नहीं रह जाता।

अध्याय 10

Amino Acid Metabolism

Biosynthesis of Amino Acid

अमीनो अम्ल संश्लेषण में, 'अकार्बनिक नाइट्रोजन' कार्बनिक अम्लों में दो पथों द्वारा समावेशित होती है। दो पथों में अमोनियम आयन का स्वांगीकरण होकर अमीनो अम्ल L-glutamate बनता है। अमोनियम अर्धांश अन्य कार्बनिक अम्लों में स्थानांतरित होकर अन्य प्रकार के अमीनो अम्ल बनाते हैं।

Reductive Deamination

रिडक्टिव डीएमीनेशन में अमोनियम आयन सीधा α–ketoglutarate अमोनियम आयन ग्रहण करके L-glutamic acid बनाता है। यह अभिक्रिया एन्जाइम glutamate dehydrogenase द्वारा उत्प्रेरित होती है तथा NADPH + H+ हाइड्रोजन दाता के रूप में कार्य करता है –

$$\alpha\text{–ketoglutaric acid} + NH_4^+ \xrightarrow{\text{Glutamate dehydrogenase}} \text{L-glutamic acid}$$

अमीनो अम्ल संश्लेषण के विभिन्न पथ चित्र 10.1, 10.2, 10.3, 10.4 तथा 10.5 में दर्शाये गये हैं।

Glutamate Synthetase Pathway

इस पथ को 'glutamine synthetase pathway' भी कहते हैं। यह प्रक्रिया अमोनियम की कम सांद्रता में होती है। इस पथ के पहले पद में, L-glutamate अमोनियम आयन से अभिक्रिया करके amino amide L-glutamine बनाता है। इस अभिक्रिया में ऊर्जा ATP से प्राप्त होती है। L-glutamine तथा α–ketoglutarate अभिक्रिया करके L-glutamine के दो अणु प्रदान करते हैं। ये अभिक्रियायें क्रमशः एन्जाइम glutamine synthetase तथा glutamate synthetase द्वारा उत्प्रेरित होती है। NADPH + H+ अपचायक बल के रूप में कार्य करता है।

$$\text{Glutamate} + NH_4^+ \longrightarrow \text{Glutamine} + H_2O$$

$$\text{Glutamine} + \alpha\text{–ketoglutarate} \longrightarrow 2\ \text{Glutamate}$$

ग्लूटामेट के संश्लेषण के पश्चात् ट्रांसएमीशन द्वारा छः आवश्यक अमीनो अम्लों का संश्लेषण होता है। ये अमीनो अम्ल छः अमीनो अम्ल के कुलों के पूर्वगामी के रूप में कार्य

करते हैं। जिससे सभी बीस अमीनो अम्ल बन जाते हैं जो प्रोटीन संश्लेषण के लिये आवश्यक होते हैं।

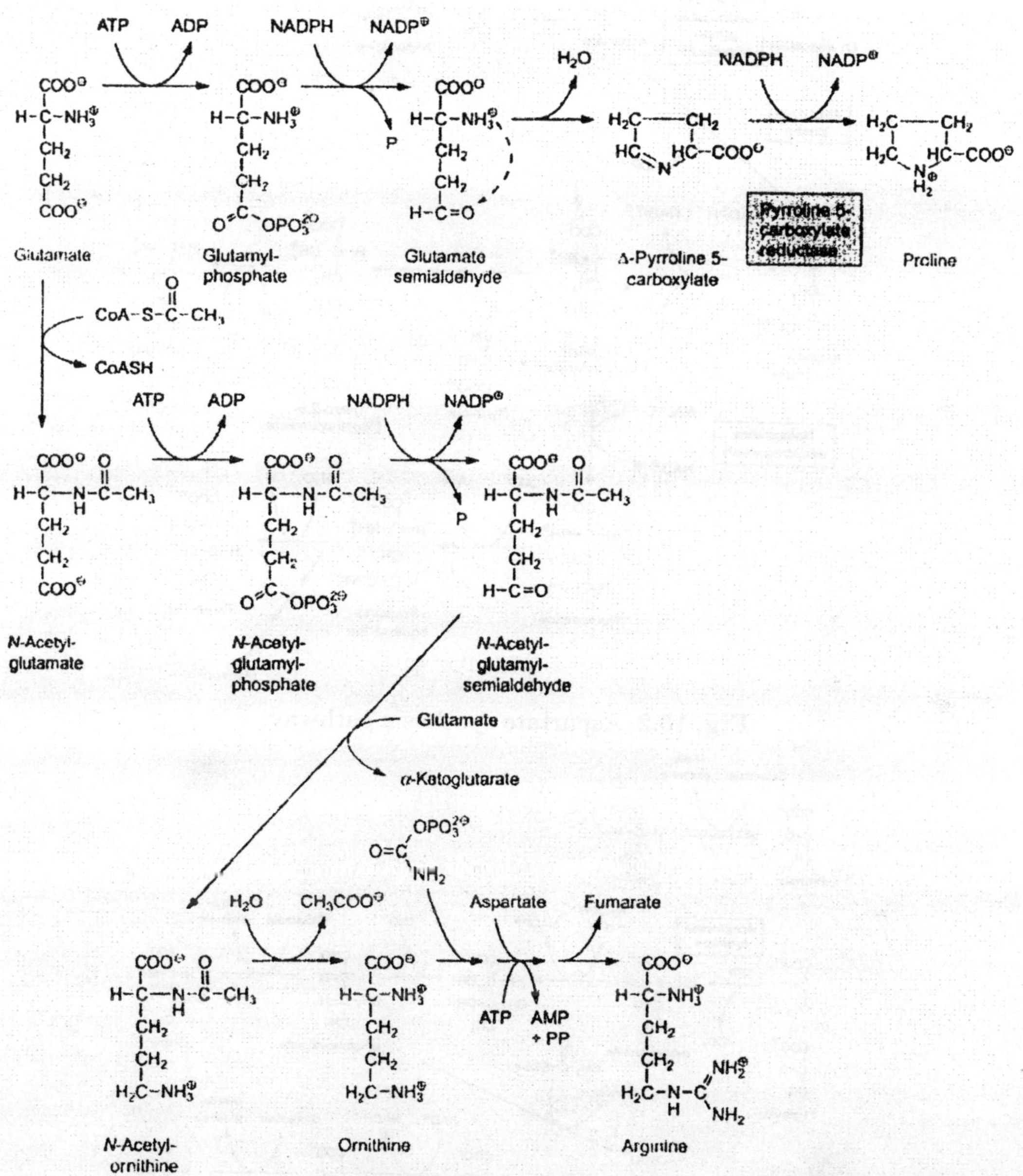

Fig. 10.1. Pathway for the formation of amino acid from glutamate.

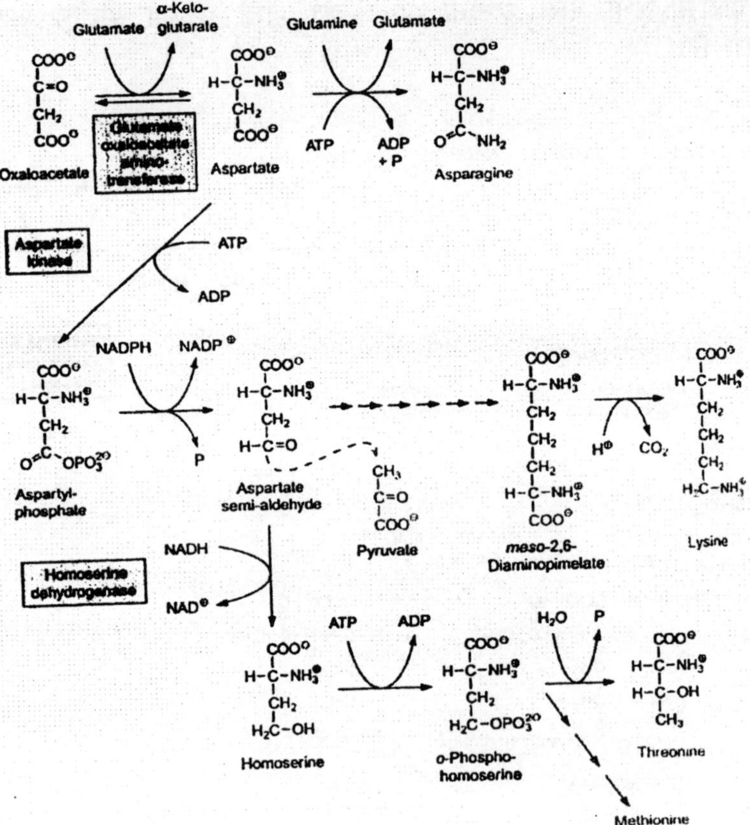

Fig. 10.2. Aspartate synthesis pathway

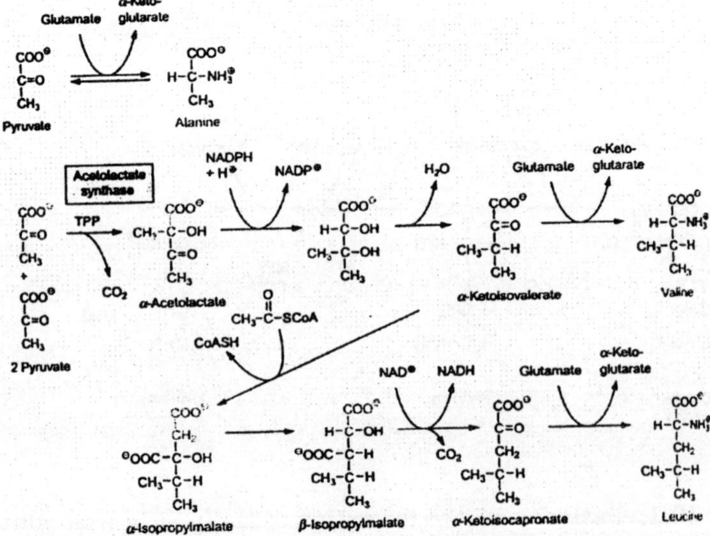

Fig. 10.3. Synthesis of amino acids from pyruvate

Threonine deaminase

α-Keto-butyrate

Acetolactate synthase

Threonine

H_2O

H_2O

$NH_4^{\oplus}$

CO_2

Pyruvate

NADPH + $H^{\oplus}$

$NADP^{\oplus}$

H_2O

Glutamate

α-Ketoglutarate

Isoleucine

Fig. 10.4. Pathway for the synthesis from theronine and pyruvate

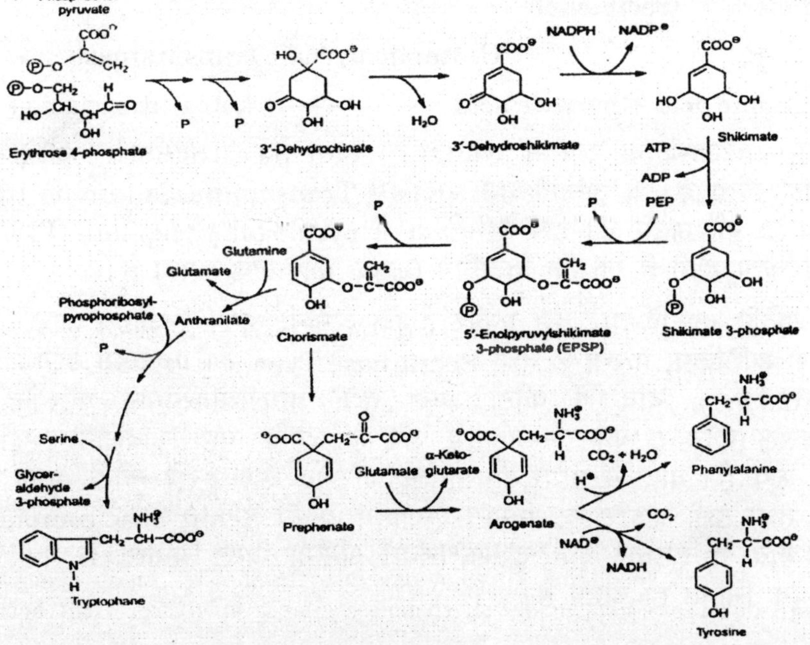

Fig. 10.5. Shikimate pathway (Synthesis of Aromatic Amino Acid)

Catabolism of Amino Acids

प्रोटीन के अपघटन से अमीनो अम्ल प्राप्त होते हैं। जहाँ तक अमोनिया समूह की बात है, अमीनो अम्ल के अपचय का वर्णन निम्नलिखित प्रकारों में किया जा सकता है–

(1) Transmination

(2) Deamination (a) Oxidative deamination

(b) Nonoxidative deamination

(3) Transdeamination

Transdeamination

सर्वप्रथम Braunstein तथा Rizman ने मांसपेशियों में Transdeamination का अवलोकन किया। Lichstein and Cohen (1944) ने इस अभिक्रिया को जीवाणुओं में दर्शाया।

1 (+) glutamic acid + oxaloactic acid $\rightarrow$ α–ketoglutaric acid + 1(-) Aspartate

ट्रांसएमीनेशन एक प्रतिवर्ती अभिक्रिया है जिसमें एक अमीनो अम्ल का अल्फा अमीनो समूह एक अन्य कीटो अम्ल के अल्फा कार्बन परमाणु पर स्थानांतरित हो जाता है एवं एक नया अमीनो अम्ल बनता है। ट्रांसएमीनेशन की सामान्य प्रक्रिया को निम्नलिखित रूप में दर्शाया जाता है –

Amino acid + organic acid $\rightarrow$ New amino acid + New keto acid

(donor) (recipient)

Glutamic acid + pyruvic acid $\xrightarrow{\text{Glutamic pyruvic transaminase}}$ ketoglutaric acid+ alanine

NH_2 अंतःआणविक रूप में स्थानांतरित होता है। ट्रांसएमीनेशन अभिक्रिया में NH_3 निर्मित नहीं होता है। ये अभिक्रियायें एन्जाइम Transaminases (amino transferases) द्वारा उत्प्रेरित की जाती हैं। इस अभिक्रिया में pyridoxal phosphate (PLP) कोएन्जाइम की आवश्यकता होती है जो कि विटामिन B_6 का कोएन्जाइम रूप है।

क्रियाविधि का विस्तार इस प्रकार है कि अमीनो अम्ल एन्जाइम आबंध पायरीडॉक्सन फॉस्फेट से अभिक्रिया करता है तथा Schift base Type का एन्जाइम आबंध संकुल बनाता है। Schift base बाद में कीटो अम्ल तथा पायरीडॉक्सामीन फॉस्फेट बनाता है। पायरीडॉक्सल फॉस्फेट एक एल्डीहाइड रूप है जबकि पायरीडॉक्सामीन फॉस्फेट उसका एमीनेटेड रूप है। बाद में पायरीडॉक्सामीन फॉस्फेट एक दूसरे कीटो अम्ल से अभिक्रिया करता है तथा इसी प्रकार का सामान एन्जाइम आबंध Schift base complex बनाता है। अवरोक्त बाद में टूटकर एक दूसरा (नया) अमीनो अम्ल बनाता है एवं पायरीडॉक्सल फॉस्फेट पुनः निर्मित हो जाता है।

ट्रांसएमीनेशन अभिक्रयाओं की कुछ सीमायें हैं। जैसे (I) Group transaminases and Specific Transaminases तथा (II) Alanine Transaminase (or Alanine aminotransferase).

Group Transaminases and Specific Transaminases

समूह ट्रांसएमीनेसस तथा विशिष्ट अभिक्रियायें – अधिकांश अमीनो अम्ल donor I के रूप में तथा कीटो अम्ल अदाता के रूप में कार्य कर सकते हैं। अदाता कीटो अम्ल TCA के मध्यवर्ती होते हैं। ये **α–keto (oxo) glutarate** या **oxalo-acetate** या पायरूवेट हो सकते हैं। इन कीटो अम्ल से निर्मित नये कीटो अम्ल ग्लूटामिक एसिड, एस्पारटिक एसिड तथा एलानीन होते हैं। एन्जाइम **transaminases,** जो इन कीटो अम्लों को उनके ग्राही अमीनो अम्ल में परिवर्तित करते हैं उन्हें **group transaminases** कहते हैं।

कुछ अमीनो अम्ल ट्रांसएमीनेशन में भाग नहीं लेते जैसे लायसीन, थ्रीयोलीन तथा प्रोलीन। ट्रांसएमीनेशन **α–H_2** समूह तक सीमित नहीं होता है। **Orthine** का **NH_2** समूह जल्द ही ट्रांसमिटिड होकर **glutamate–γ–semialdehyde** बनाता है।

Deamination

जैसा कि नाम से स्पष्ट है डीएमीनेशन का तात्पर्य अमीनो अम्ल से अमीनो समूह का ह्रास है। यह दो प्रकार का होता है **oxidative deamination** तथा **non oxidative deamination.**

Oxidative Deamination

एन्जाइम **amino acid oxidase deaminase** अमीनो अम्ल के डीएमीनेशन को उत्प्रेरित करता है। अमीनो अम्ल के प्रकार (**D** अथवा **L** अमीनो अम्ल) के आधार पर एन्जाइम का नाम **D-amino oxidase** तथा **L-amino oxidase** रखा गया है। दोनों ही प्रकार के एन्जाइम फ्लेवोप्रोटीन होते हैं। **D-amino acid oxidase** में **FAD** कोएन्जाइम होता है जबकि **L-amino acid oxidase** में **FMN** कोएन्जाइम होता है।

अभिक्रिया की क्रियाविधि दो पदों में पूर्ण होती है। पहले पद में एन्जाइम के प्रभाव से अमीनो अम्ल का विहाइड्रोजन हो जाता है तथा **α–imino acid** बनता है। फ्लेविन निर्मुक्त हाइड्रोजन को ग्रहण करता है। दूसरे पद में **α–imino acid** का जल की उपस्थिति में अपने आप में विदलन होता है तथा α–कीटो अम्ल एवं अमोनिया निर्मित होता है। अपचयित फ्लेवोप्रोटीन का आणविक ऑक्सीजन द्वारा सीधा आश्रय स्तर पर पुनः ऑक्सीकरण किया जाता है एवं सायटोक्रोम अथवा अन्य इलेक्ट्रॉन वाहक के भाग लिये बिना **H_2O_2** निर्मित होता है। निर्मित **H_2O_2** आविषालु होता है एवं तुरन्त **O_2** तथा **H_2O** में परिवर्तित हो जाता है। यह अभिक्रिया एन्जाइम केटालेज द्वारा उत्प्रेरित होती है।

$$\alpha\text{–amino acid} \xrightarrow[\text{Flavin} \quad \text{Flavin - }H_2]{\text{Amino acid oxidase}} \alpha\text{–imino acid} \xrightarrow{H_2O \quad NH_3} \alpha\text{–keto acid}$$

$$\text{Flavin Flavin - }H_2 \longrightarrow H_2O_2 \xrightarrow{\text{Catalase}} H_2O + O_2$$

Non oxidative Deamination

कुछ अमीनो अम्ल डीएमीनेटिड होते समय ऑक्सीकृत नहीं होते हैं। इस अभिक्रिया में अमोनिया निर्मित होता है। हाइड्रॉक्सी अमीनो अम्ल (सेरीन, थ्रीयोनीन) Acid dehydrases नामक विशिष्ट एन्जाइम द्वारा डीएमीनेटिड होते हैं, इसे कोएन्जाइम Pyridoxal - P (B6 - P) की आवश्यकता होती है :

$$\text{Serine} + H_2O \longrightarrow \text{Imino acid}$$

$$\text{Imino acid} + H_2O \longrightarrow \text{Pyruvic acid} + NH_3$$

Deamination of Histidine

हिस्टडीन नॉन–ऑक्सीडेटिवली डीएमिनेटिड होता है। अमोनिया तथा यूरोनिक अम्ल उत्पाद होते हैं। यह अभिक्रिया एन्जाइम histidase द्वारा उत्प्रेरित होती है :

$$\text{Histidine} \xrightarrow{\text{Histidase}} NH_3 + \text{Uronic acid}$$

Deamination of Cysteine

Cysteine के डीएमीनेशन में पहले H_2S अलग होता है तथा imino acid निर्मित होता है। इसे desulfhydration कहते हैं। यह अभिक्रिया एन्जाइम desulfhydrase द्वारा उत्प्रेरित होती है। इस प्रकार निर्मित इमीनो अम्ल अपने आप में जलापघटित होता है तथा अमोनिया निर्मुक्त होता है एवं पायरूविक अम्ल निर्मित होता है :

$$\text{L-cysteine} \xrightarrow{\text{desulf hydrase}} \text{imino acid} + H_2S$$

$$\text{Imino acid} + H_2O \longrightarrow \text{Pyruvic acid} + NH_3$$

Deamination of L-Glutamic acid (Transdeamination)

L-glutamic acid विशिष्ट एन्जाइम L-glutamate dehydrogenase से deaminated होता है। यह एन्जाइम चार पॉलीपेप्टाइड श्रृंखलाओं का बना होता है तथा प्रत्येक श्रृंखला में Zn आयन होता है। इस एन्जाइम को NAD^+ या $NADP^+$ कोएन्जाइम की आवश्यकता होती है। पहली अभिक्रिया में α–imino glutaric acid निर्मित होता है। इस imino acid से जल का एक अणु जुड़ जाता है तथा α–keto glutaric acid निर्मित होता है, अमोनिया मुक्त होती है।

$$\text{L-glutamate} \xrightarrow{\text{L-glutamate dehydrogenase}} \alpha\text{–imino glutaric acid}$$

α–imino glutaric acid ⟶ α–keto glutaric acid + NH_3

NAD+ / NADP+ NADH + H+ / NADPH + H+

Deamination of Threohine

थ्रीओनीन का डीएमीनेशन से α–oxobutyrate बनता है। Enzyme threonine dehydratase इस अभिक्रिया को उत्प्रेरित करता है।

Deamination of glycine

ग्लायसीन के anaerobic deamination से अमोनिया, CO_2 तथा एसिटिक अम्ल निर्मित होते हैं

$$\text{glycine} + H_2O \longrightarrow NH_3 + CO_2 + \text{acetic acid}$$

Pathway of Amino acid degradation

प्रोटीन में 20 अमीनो अम्ल होते हैं जिनमें विविध कार्बन ढाँचे होते हैं। इसके अनुरूप अम्ल अपघटन के 20 विभिन्न पथ होते हैं। ये 20 पथ होकर सिर्फ पाँच उत्पाद बनाते हैं जो सभी TCA में प्रवेश करते हैं। यहाँ से कार्बन ग्लूकोनियोजेनेसिस या कीटोनेसिस क्रिया में प्रवेश करते हैं, या फिर ये पूर्णतः ऑक्सीकृत होकर CO_2 तथा H_2O बनाते हैं। दस अमीनो अम्ल के पूरे अथवा आंशिक कार्बन ढांचे अंततः टूटकर एसिटिल CoA बनाते हैं। पाँच अमीनो अम्ल α–कीटो ग्लूटारेट में, चार अमीनो अम्ल सक्सीनिल CoA में, दो फ्यूमारेट में तथा दो ऑक्सेलेज में हो जाते हैं।

(1) Ten Amino acids are degraded to Acetyl CoA

दस अमीनो अम्ल के कार्बन ढाँचे acetyl - CoA प्रदान करते हैं जो सीधे TCA cycle में प्रवेश करता है। दस में पाँच अपघटित होकर पायरूवेट के माध्यम से एसिटिल CoA बनाते हैं। अन्य पाँच एसिटिल CoA में एवं अथवा acetoacetyl CoA में परिवर्तित हो जाते हैं। Acetoacetyl CoA का विदलन होता है तथा एसिटिल CoA बनता है। पायरूवेट के माध्यम से प्रवेश करने वाले पाँच अमीनो अम्ल alanine, glycine, serine, cysteine तथा tryptophan है। छः अमीनो अम्ल ट्रिप्टोफेन, लायसीन, फिनिल एलानीन, टायरोसीन, ल्यूसीन तथा आइसोल्यूसीन के कार्बन ढाँचे के भाग से एसिटिल CoA एवं अथवा aceto-acetyl CoA बनता है। अवरोक्त परिवर्तित होकर acetyl CoA बनाता है।

(2) Five amino acid is converted in α–keto glutarate

पाँच अमीनो अम्ल (argine, histidine, glutamate, glutamine तथा proline) के कार्बन ढाँचे α–कीटोग्लूयटारेट के माध्यम से TCA चक्र में प्रवेश करते हैं। Proline, glutamate तथा glutamine में पाँच कार्बन का ढांचा होता है। प्रोलीन में कार्बोक्सिल समूह से सबसे दूरस्थ कार्बन के ऑक्सीकरण द्वारा चक्रीय संरचना खुल जाती है एवं schiff base बनता है। Schiff base के जल अपघटन से linear semialdehyde (gluta-mate semialdehyde) बनता है। यह उसी कार्बन पर आगे ऑक्सीकृत होकर ग्लूटामेट बनाता है। ग्लूटामीन की क्रिया अथवा अनेक में से किसी भी अभिक्रिया (जिससे ग्लूटामीन

एमाइड नाइट्रोजन को किसी ग्राही को दान कर देता है), से ग्लूटामीन परिवर्तित होकर ग्लूटामेट बनाता है। ग्लूटामेट का **trans-amination** या **deamination** से **TCA** चक्र का मध्यवर्ती **α–keto glutarate** बनता है। **Arginine** तथा **histidine** में चार निकटवर्ती कार्बन होते हैं तथा छटवां कार्बन नाइट्रोजन परमाणु के माध्यम से जुड़ा रहता है। अतः इन दोनों अमीनो अम्लों के अपचय से ग्लूटामेट में परिवर्तित होना प्रोलीन या ग्लूटामीन का ग्लूटामेट में परिवर्तन से कुछ ज्यादा जटिल होता है। **Arginine** यूरिया चक्र में पाँच कार्बन ढाँचे **ornithine** में परिवर्तित हो जाता है तथा **ornithine** ट्रांसएमीनेटेड होकर ग्लूटामेट सेमीएल्डीहाइड बनाता है। **Histidine** का पाँच कार्बन ग्लूटामेट में परिवर्तन 4 बहुपद पथ द्वारा होता है, अतिरिक्त कार्बन एक पद से हटाया जाता है जिसमें **tetrahydrofolate** एक कोफेक्टर के रूप में उपयोग मे लाया जाता है।

(3) Four Aminoacids are converted into succinyl CoA

Methionine, iso leucine, threonine तथा **valine** के कार्बन ढाँचे के अपघटन के पथ द्वारा **succinyl CoA** बनता है, जो कि **TCA** का एक मध्यवर्ती है –

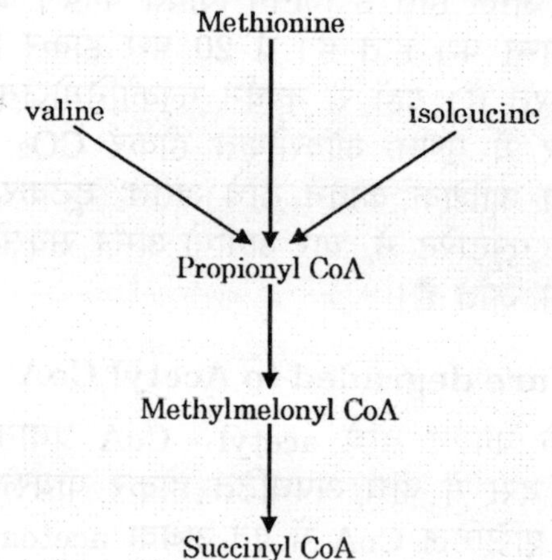

(4) Asparagine and Aspartate are degraded to oxaloacetate

Asparagine तथा **Aspartate** का कार्बन ढांचा **oxaloacetate** के माध्यम से **TCA** में प्रवेश करता है। **Asparagine** का जल अपघटन एन्जाइम **Asparaginase** द्वारा उत्प्रेरित होता है तथा **Aspartate** बनता है जो कि **α–ketoglutarate** के साथ ट्रांसएमीनेशन अभिक्रिया द्वारा **glutamate** तथा **oxaloacetae** बनाता है। अवरोक्त **TCA** में प्रवेश करता है।

(5) Some amino acids can be converted to glucose other to ketone

छः अमीनो अम्ल (वे अमीनो अम्ल जिनका अपघटन **acetoacetyl CoA** / या **acetyl CoA** होता है, तथा इस श्रेणी में **tryptophan, lysine, phenylalanine, trysosine, leucine** तथा **iso leucine** भी सम्मिलित है) के कार्बन परमाणु कीटोन बनाते हैं। ये अमीनो अम्ल कीटोजेनिक होते हैं। अमीनो अम्ल, पायरूवेट, α–कीटोग्लूटारेट, सक्सीनिल

CoA, फ्यूमारेट तथा ऑक्सेलोएसिटेट में परिवर्तित हो सकते हैं। ये अमीनो अम्ल ग्लूकोनियोजेनेसिस पथ द्वारा ग्लूकोस में परिवर्तित हो जाते हैं। इन अमीनो अम्लों को ग्लूकोजेनिक अमीनो अम्ल कहते हैं।

अध्याय – 11

Protein Synthesis

पौधों में प्रोटीन संश्लेषण सायटोसॉल, प्लास्टिड्स तथा माइटोकॉन्ड्रिया में होता है। अतः पौधों में तीन प्रकार के राइबोसोम्स, तीन प्रकार के tRNAs तथा प्रोटीन संश्लेषण के सहायक कारकों के तीन सेट होते हैं। सायटोसॉल, प्लास्टिड्स तथा माइटोकॉन्ड्रिया के राइबोसोम का अवसादन स्थिरांक (sedimentation constant) 80S होता है तथा यह एक छोटी उपइकाई (40S) तथा एक बड़ी उपइकाई (60S) में वियोजित होता है। माइटोकॉन्ड्रिया के राइबोसोम का आमाप लगभग 78S होता है। आमाप एक प्रजाति से दूसरी प्रजाति में भिन्न भिन्न हो सकता है। प्लास्टिड्स के राइबोसोम का आमाप 70S होता है। सायटोप्लाज्म में लगभग 20,000 विभिन्न प्रकार के प्रोटीनों का संश्लेषण होता है, जबकि माइटोकॉन्ड्रिया तथा क्लोरोप्लास्ट में क्रमशः लगभग 50-100 तथा 30-40 प्रोटीन संश्लेषित होते हैं। क्लोरोप्लास्ट तथा माइटोकॉन्ड्रिया में प्रोटीन संश्लेषण की क्रियाविधि प्रोकेरेयोटिक पद्धति की होती है ।

पौधों में सायटोसॉल में प्रोटीन संश्लेषण एक स्थिर दर से नहीं होता है तथा यह अनेक कार्यिकी तथा वातावरण परिवर्ती पर निर्भर करता है। यह बीज अंकुरण के समय, भ्रूणोद्भव (embryogenesis) के समय, प्रकाश द्वारा तथा हार्मोन्स द्वारा नियंत्रित होता है। विपत्ति के समय जैसे अवायुजीवन (anaerobiosis) ऊष्मा प्रघात (Heat shock) अथवा विषाणुओं के संक्रमण के समय सायटोसॉलिक प्रोटीन संश्लेषण कम हो जाता है।

Some Concepts and Definitions

The Central Dogma : 1958 में Crick ने प्रस्तावित किया कि सायटोप्लाज्म में mRNA के माध्यम से आनुवांशिक सूचना का स्थानांतरण होता है। mRNA का ट्रांसलेशन प्रोटीन की भाषा में होता है। सूचना एक दिशा की ओर प्रवाह करती है। इस पूरे संकल्पना को आणविक जीव विज्ञान का सेन्ट्रल डोग्मा कहते हैं। इसके अनुसार एक बार सूचना "information" (नाइट्रोजिनेस क्षार अथवा अमीनो अम्ल का अनुक्रम) प्रोटीन में चला जाता है तो वह वापस नहीं आ सकता है। न्यूक्लिक अम्ल से न्यूक्लिक अम्ल, अथवा न्यूक्लिक अम्ल से प्रोटीन में सूचना का स्थानांतरण सम्भव है परन्तु प्रोटीन से प्रोटीन में अथवा प्रोटीन से न्यूक्लिक अम्ल में सूचना का स्थानांतरण असम्भव होता है।

Upstream and Downstream

क्षारक जोड़े जो आरम्भिक बिन्दु के पूर्व में पाये जाते हैं उन्हें ऊर्ध्वप्रवाह (upstream) कहते हैं जबकि आरम्भ बिन्दु से बाद के क्षारक जोड़ों को अनुप्रवाह (down stream) कहते हैं।

Transcription Bubble

अनुलेखन डी.एन.ए. के उस स्थल से आरम्भ होता है जहाँ डी.एन.ए. के दोनों रज्जुक अस्थाई रूप से पृथक हो जाते हैं तथा एक रज्जुक का उपयोग आर.एन.ए. रज्जुक के संश्लेषण हेतु टेम्लेट के रूप में होता है। विस्तारण अभिक्रिया की अवस्था के अनुसार अनुलेखन बबल की लम्बाई विविध हो सकती है। यह 12-22 bp लम्बा हो सकता है। बबल के अग्र छोर पर डी.एन.ए. की कुण्डली खुल जाती है तथा पिछले छोर पर पुनः कुण्डली बन जाती है।

Pyrophosphorolytic and Hydrolytic editing

ये RNA polymerase के प्रूफरीडिंग कार्य है। पायरोफॉस्फोरोलिटिक सम्पादन में, एन्जाइम अपने सक्रिय स्थल को सरल पश्च–अभिक्रिया हेतु उपयोग में लाता है। यह पायरोफॉस्फेट के पुनः समावेशन द्वारा गलत निविष्ट राइबोन्यूक्लीयोटाइड को हटा देता है। इसके पश्चात् आर.एन.ए. की वृद्धि कर रही श्रृंखला में एन्जाइम अन्य राइबोन्यूक्लीयोटाईड को समावेशित कर देता है। हाइड्रोलिटिक सम्पादन में पॉलीमरेस एक या अधिक न्यूक्लीयोटाइड्स से बेकट्रेक करते हुये आर.एन.ए. उत्पाद का विद्लन त्रुटिपूर्ण अनुक्रमों को हटा देता है।

Exons and Introns

यूकैरोयोट्स के प्रायमरी ट्रांसक्रिप्ट में एक्सॉन होते हैं जो इन्ट्रॉन द्वारा अवरूद्ध होते हैं। mRNA के न्यूक्लीयोटाईड अनुक्रम जो अमीनो अम्ल को कूट करते हैं उन्हें एक्सॉन कहते हैं जबकि कूट न करने वाले अनुक्रमों को इन्ट्रॉन्स कहते हैं। अवरोक्त स्प्लाईसिंग द्वारा हटा दिये जाते हैं।

Rho factor

Roberts (1969-70) ने सर्वप्रथम इन कारकों को पहचाना था। यह प्रोटीन कारक हैं जो RNA polymerase को अनुलेखन पूर्ण करने के लिये सक्षम बनाता है।

Primary Transcript

अनुलेखन के तत्काल उत्पाद को प्राइमरी ट्रांसक्रिप्ट कहते हैं। यह प्रायः अस्थाई होता है। प्रोकैयोट्स में इसका शीघ्रता से विघटन (mRNA) या विदलन होता है जिससे परिपक्व उत्पाद (rRNA तथा tRNA) प्राप्त होते हैं। यूकैरेयोट्स में यह संसोधित होता है। mRNA का तीन प्रकार का संसाधन होता है जो कि केपिंग, पॉलीएडीनिलेशन तथा स्पलायसिंग होता है।

Aminoacyl tRNA Synthetase

ये एन्जाइम एक अमीनो अम्ल तथा उसके अनुरूप tRNA हेतु अतिविशिष्ट होते हैं। कुछ अमीनो अम्लों के लिये दो या अधिक अनुरूप tRNA होते हैं तथा प्रायः एक ही प्रकार का अमीनो एसिल tRNA सिन्थीटेस उन सभी को अमीनोएसिटिलेट करता है। अमीनोएसिल tRNA सिन्थीटेस में दो संयोजन स्थल होते हैं : इनमें से एक अमीनो अम्ल

के पार्श्वसमूह की पहचान करता है तथा दूसरा उस tRNA की पहचान करता है जो उस अमीनो अम्ल के लिये विशिष्ट होता है। अमीनोएसिल tRNA सिन्थीटेस अमीनो अम्ल को tRNA के राइबोस शर्करा के 3' OH पर जोड़ता है जबकि अन्य उसे 2' OH पर जोड़ते हैं।

Initiation Factor

प्रोकैरेयोट्स में कम से कम तीन initiation factor होते हैं : IF_1, IF_2 तथा IF_3। 30S उपइकाई पर mRNA के विशिष्ट रूप से बंधन हेतु IF_1 की आवश्यकता होती है। यह tRNA को छोटी उपइकाई के उस भाग से बंधन करने में अवरोध उत्पन्न करता है जो A-स्थल का भाग बनता है। IF-2 एक GTPase है। यह विशिष्ट initiator tRNA से बंधित हो जाता है तथा उसके राइबोसोम में प्रवेश को नियंत्रित करता है। IF_3 छोटी उपइकाई से बंधन बनाता है तथा उसका बड़ी इकाई से पुनः सम्बद्ध होने में, अथवा आवेशित tRNAs से बंधन होने में अवरोध उत्पन्न करता है। यूकैरेयोट्स में initiation factor के विभिन्न वर्ग होते हैं (eukaryotic initiation factors eIF)। यूकैरेयोट्स के इन initiation factor के विभिन्न वर्ग, उनके सदस्य तथा कार्य हैं : eIF_1 (eIF1, eIF1A) का initiation complex के निर्मित होने की बढोतरी में अनेक प्रभाव रखता है। eIF2 (eIF2, eIF2B, eIF2C) इस कारक की सामान्य भूमिका Metu tRNA की GTP - निर्भर पहचान तथा न्यूक्लियोटाईड विनिमय होती है। eIF_3 (eIF_3) राइबोसोमल उपइकाइयों के वियोजन में भाग लेता है तथा Met~tRNA को 40S उपइकाई में बंधन हेतु प्रोत्साहित करता है। eIF4 (eIF4A, eIF4B, eIF4E, eIF (150) 4F, eIFG, eIFH) में 5'cap mRNA की पहचान की जिम्मेवारी लेता है, तथा 40S उपइकाई को mRNA से बंधन बनाता है, तथा mRNA के द्वितीयक संरचनाओं की कुण्डली को खोल देता है। eIF5 (eIF5) यह कारक eIF2 GTPase सक्रियता को प्रोत्साहन देता है तथा कारकों को राइबोसोम से मुक्त करवाता है। eIF6 (eIF6) की भूमिका स्पष्ट नहीं है, तथापि यह 60S उपइकाई से पारस्परिक क्रिया करता है। पौधों में eIF4 के दो रूप होते हैं : eIF4F तथा eIF(150) 4F अवरोक्त सायटोस्केलेटन से पारस्परिक क्रिया कर सकता है। इसके परिणामस्वरूप, यह कुछ mRNA के ट्रांसलेशन को कोशिका के विशिष्ट स्थान पर सीमित रखने में मदद करता है।

Peptidyl Transferase Center and Decoding Center

राइबोसोम में दो उपइकाइयाँ होती हैं। बड़ी उपइकाई में पेप्टाइडिल ट्रांसफरेस सेंटर होता है। यह पेप्टाइड आबंध बनाने को उत्प्रेरित करता है। छोटी इकाई में डीकोड सेन्टर होता है जिसमें mRNA के कोडॉन इकाईयों को आवेशित tRNAs पढ़ता है या "डीकोड" करता है।

TRANSCRIPTION

अनुलेखन (Transcription) का तात्पर्य उस प्रक्रिया से है जिसमें DNA से न्यूक्लियोटाइड अनुक्रम सूचना RNA तक स्थानांतरित होती है (चित्र 11.1)। अनुलेखन रासायनिक तथा एन्जाइमी रूप से DNA प्रतिकृति से बहुत कुछ समानता रखती है। दोनों

ही प्रक्रियाओं में पॉलीमेरायजिंग एन्जाइमों की आवश्यकता होती है जो कि न्यूक्लिक अम्ल के एक रज्जुक को संश्लेषित करता है। यह **DNA** के, एक रज्जुक का पूरक होता है। **DNA** के इस समान रज्जुक को कोडिंग रज्जुक कहते हैं जबकि दूसरे रज्जुक को टेम्लेट रज्जुक कहते हैं। प्रोकैरेयोट्स तथा यूकैरेयोट्स ट्रांसक्रिप्ट तथा पॉलीपेप्टाईड संश्लेषण हेतु उपयोग में लाये गये **mRNA** के सम्बंध में कुछ भिन्नता दर्शाते हैं। जबकि यूकैरेयोट्स में आर.एन.ए. प्रोसेसिंग प्रक्रिया से प्रायमरी ट्रांसक्रिप्ट का **mRNA** में परिवर्तित होना आवश्यक होता है।

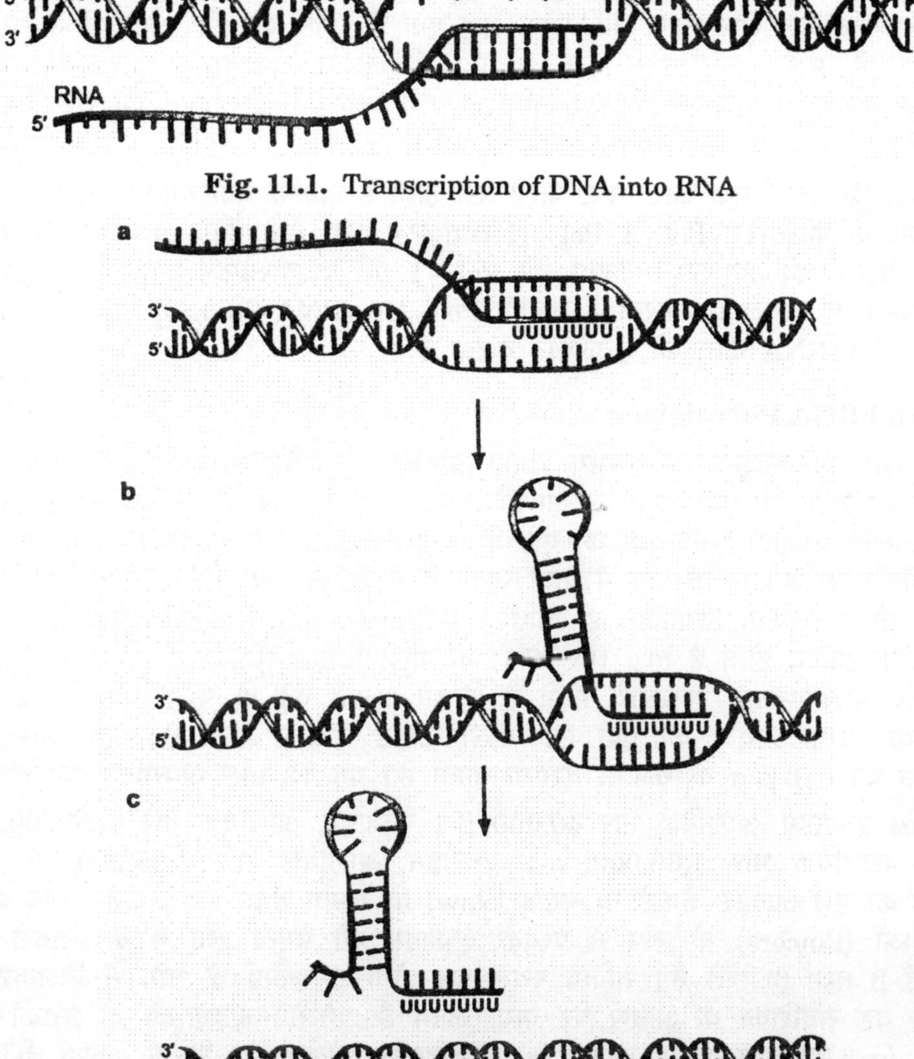

Fig. 11.1. Transcription of DNA into RNA

Fig. 11.2. Steps of Transcription A-B Elongation C-Termination

RNA Polymerase

एन्जाइम RNA polymerase सभी कोशिकाओं में आवश्यक रूप से एक ही अभिक्रिया करता है तथा अनुलेखन की तीनों अवस्थाओं में (Initiation, elongation and termination) में आलिप्त होता है। इसे प्राइमर की आवश्यकता नहीं होती है तथा यह de novo अनुलेखन आरम्भ कर देता है। जब आर.एन.ए. पॉलीमरेस जीन के प्रारम्भ में विशिष्ट भाग प्रोमोटर से बंधित होता है तो अनुलेखन आरम्भ हो जाता है। इलांगेशन के समय एन्जाइम टेम्प्लेट के साथ आगे बढ़ता है एवं आर.एन.ए. संश्लेषण करता है। जब यह एन्जाइम टर्मीनेटर अनुक्रम के पास जाता है तो आर.एन.ए. संश्लेषण का टर्मिनेशन हो जाता है (चित्र 11.2)। इस क्रिया को ट्रांसक्रिप्शन यूनिट में एक से अधिक जीन सम्मिलित हो सकते हैं। मल्टीपिल आर.एन.ए. पॉलिमरेस अणु एक ही जीन को एक समय में अनुलेखित कर सकते हैं, प्रत्येक पॉलीमरेस दूसरे के पीछे निकटता से अनुसरण करता है। इसके फलस्वरूप कोशिका कम समय में एक जीन से बड़ी संख्या में ट्रांसक्रिप्ट का संश्लेषण कर सकती है।

जीवाणु में सिर्फ एक आर.एन.ए. पॉलीमरेस होता है जबकि यूकैरेयोटिक कोशिकाओं में तीन प्रकार के पॉलीमरेस Pol - I, Pol - II तथा Pol - III होते हैं। Pol - II सभी प्रोटीन के लिये RNA का अनुलेखन करता है। Pol - I बड़े राइबोसोमल आर.एन.ए. (rRNA) पूर्ववर्ती जीन का अनुलेखन करता है जबकि Pol - III tRNA जीनो, कुछ छोटे नाभिकीय जीन तथा 5S rRNA जीन का अनुलेखन करता है ।

Bacterial RNA Polymerase

E. coli की कोशिका में लगभग 7000 आर.एन.ए. पॉलीमरेस पाये जाते हैं। *E. coli* के पूरे एन्जाइम या होलोएन्जाइम का आणविक भार 465 kD होता है। निवेशन माध्यम की अपनी प्रबलता एन्जाइम सक्रियता का एक विवेचनात्मक प्राचल होता है। *E. coli* का आर. एन.ए. पॉलीमरेस डाइमर के रूप में पाया जाता है परन्तु जब आयनिक सांद्रता को बढ़ाया जाता है तो मोनोमर में वियोजित हो जाता है। Travers and Burgess (1969) ने पाया कि एकलक सक्रिय होता है तथा चार प्रकार के पॉलीपेप्टाइड श्रृंखलाओं का बना होता है। इसमें पाँच पॉलीपेप्टाइड श्रृंखलायें होती हैं जिनमें अल्फॉ की दो पॉलीपेप्टाइड श्रृंखलायें, बीटा तथा सिग्मा प्रत्येक की एक एक पॉलीपेप्टाइड श्रृंखला होती है। अतः आर.एन.ए. पॉलीमरेस को $\alpha_2 \beta \beta' \sigma$ के रूप में दर्शाया जाता है। यह 13-14S अवसादन का होता है जिसमें α_2 एन्जाइम, आणविक भार 40,000; β-1 एन्जाइम, आणविक भार 1,55,000; β-1 एन्जाइम आणविक भार 1,65,000; σ-1 एन्जाइम, आणविक भार 1,95,000 होता है। एन्जाइम का पूर्ण आकार केकड़े के नखर (claw) के समान होता है। केकड़े नखर के दो संदशिकाओं (Pincers) के रूप में प्रत्येक एन्जाइम की प्रमुख रूप में बड़े सबसे बड़ी उपइकाई β तथा β' होते हैं। सक्रिय स्थल इन दोनों उपइकाई के भाग में मिलकर बने होते हैं। यह संदंशिका के आधार पर पाया जाता है। होलोएन्जाइम को दो घटकों कोर एन्जाइम ($\alpha_2 \beta \beta'$) तथा सिग्मा कारक (σ) में बांटा जा सकता है। सिग्मा कारक डी.एन.ए. के प्रोमोटर स्थल पर बंधित होते हैं। प्रारम्भन (initiation) के पश्चात् जब आर.एन.ए. श्रृंखला 8 से 9 क्षारक लम्बा हो जाता है तो सिग्मा कारक निर्मुक्त हो जाता है तथा कोर

एन्जाइम डी.एन.ए. से लगा रहा रह जाता है एवं दीर्घीकरण (elongation) होता रहता है। सिग्मा कारक सिर्फ प्रारम्भन में शामिल होता है। मुक्त सिग्मा कारक पुनः अन्य कोर एन्जाइम के उपयोग हेतु उपलब्ध होता है।

Transcription Process in Prokaryotes

आर.एन.ए. पॉलीमरेस डी.एन.ए. के प्रोमोटर अनुक्रम से बंधन बनाता है। प्रोमोटोर पॉलीमरेस में संरचनात्मक परिवर्तन होते हैं ताकि प्रारम्भन आगे बढ़ सके। *E. coli* में प्रमुख σ कारक को σ^{70} कहते हैं। प्रोमोटर तथा σ^{70} युक्त पॉलीमरेस में दो संरक्षित अनुक्रम होते हैं। ये अनुक्रम प्रत्येक छः न्यूक्लीयोटाइड के होते हैं जो 17-19 गैर विशिष्ट न्यूक्लीयोटाइड के लम्बे खण्ड से पृथक होते हैं। ये अनुक्रम आर.एन.ए. संश्लेषण के स्टार्ट पाईंट से σ^{70} ऊर्ध्व प्रवाह से लगभग 10 क्षारक जोड़े तथा 35 क्षारक जोड़े पर उपस्थित होते हैं। इन अनुक्रमों को -35 (माइनस 35) तथा -10 (माइनस 10) भाग या तत्व कहा जाता है जो संख्या स्कीम पर आधारित होता है। विभिन्न प्रोमोटर की तुलना से एक सर्वसम्मत अनुक्रम को व्युत्पन्न किया जा सकता है। सर्वसम्मत से निकटता वाले प्रमोटर प्रायः "मजबूत" होते हैं। डी.एन.ए. पर एक transcription bubble बनता है जो डी.एन.ए. के क्लोज्ड सिस्टम तथा ओपन सिस्टम के बीच का संक्रमण होता है। इस संक्रमण के समय, एन्जाइम में संरचनात्मक परिवर्तन होते हैं, डी.एन.ए. की द्विरज्जुक टेम्लेट तथा नॉन टेम्लेट रज्जुक को दर्शाता है। यह "मेल्टिंग" अनुलेखन के आरम्भ स्थल से -11 तथा +3 स्थानों के बीच होता है। दीर्घीकरण के समय, द्विरज्जुक डी.एन.ए. एन्जाइम के सामने संदंशिका के बीच चला जाता है। उत्प्रेरण विदर (catalytic cleft) के खुली जगह पर रज्जुक पृथक हो जाते हैं तथा राइबोन्यूक्लीयोटाईड्स निश्चित चैनलों के माध्यम से सक्रिय स्थल में प्रवेश करते हैं। अनुलेखन बायें (ऊर्ध्वप्रवाह) से दायें (अनुप्रवाह) की दिशा में बढ़ता है। यह mRNA लेखन को सामान्य 5'→3' दिशा में अनुकूलन करता है। सभी न्यूक्लिक अम्ल न्यूक्लीयोसाइड 5' ट्राईफॉस्फेट पूर्ववर्ती से संश्लेषित होते हैं। आने वाला नया न्यूक्लीयोटाइड श्रृंखला के आखिरी न्यूक्लीयोटाइड से 3' - OH सिरे पर जुड़ जाता है। संघनन अभिक्रिया के समय प्रवेश कर रहा न्यूक्लीयोटाइड से शीर्ष दो फॉस्फेट समूह अलग हो जाते हैं, शेष रह गये फॉस्फेट समूह का उपयोग श्रृंखला से फॉरफोडायईस्टर आबंध द्वारा जोड़ने के काम आता है। सिर्फ वे ही न्यूक्लीयोटाइड डायएस्टर आबंध बनाते हैं जो टेम्लेट क्षारक से मैच करते हैं। वृद्धि कर रहे आर.एन.ए. श्रृंखला से सिर्फ आठ या नौ न्यूक्लीयोटाइड डी.एन.ए. टेम्लेट से क्षारक जोड़े बनाये रखते हैं। दीर्घीकरण के समय ट्रांसक्रिप्शन बबल डी.एन.ए. अणु के विच्छेद से आगे बढ़ता है। आर.एन.ए. श्रृंखला में जुड़ रहे प्रत्येक न्यूक्लीयोटाइड पर एन्जाइम डी.एन.ए. पर 1 bp आगे बढ़ता है। आर.एन.ए. मुक्त एक रज्जुक श्रृंखला के रूप में उभरता है। आर.एन.ए. पॉलीमरेस दो प्रकार के प्रुफरीडिंग का कार्य करता है जिन्हें पायरोफॉस्फोरोलिटिक सम्पादन तथा हाइड्रोलिटिक सम्पादन कहते हैं। समापन स्थल (Termination site) पर उस बिन्दु की पहचान की जाती है जिसके आगे श्रृंखला में और क्षारक नहीं जुड़ पाते हैं। टर्मीनेटर अनुक्रम दीर्घीकरण पॉलीमरेस को डी.एन.ए. से वियोजित होने तथा आर.एन.ए. श्रृंखला को निर्मुक्त करने के लिये प्रेरित करता है। जीवाणुओं में समापन Rho – निर्भर अथवा Rho - स्वतंत्र हो सकता है। Rho - निर्भर में अनुलेखन के समापन के लिये rho - कारक आवश्यक होता है जबकि rho - स्वतंत्र में

किसी भी अतिरिक्त कारकों की आवश्यकता नहीं होती है। आर.एन.ए. श्रृंखला में जब अंतिम क्षारक जुड़ता है तो ट्रांसक्रिप्शन बबल समाप्त हो जाता है तथा RNA-DNA संकर विच्छेदित हो जाता है। अनुलेखित आर.एन.ए. टेम्पलेट से सम्बद्ध रहता है जब तक कि उपस्थित rho - कारक उसे निर्मुक्त न कर दें।

Transcription in Eukaryotes

यूकैरेयोट्स में अनुलेखन प्रक्रिया तथा पॉलीमरेस प्रोकैरेयोट्स के समान होता है, तथापि कुछ भिन्नतायें होती हैं। यूकैरेयोट्स में तीन प्रकार के पॉलीमरेस Pol I, II तथा III पाये जाते हैं। इसके अतिरिक्त प्रमोटर विशिष्ट तथा सफल उपक्रमण (initiation) हेतु अनेक उपक्रमण कारकों की आवश्यकता होती है। इन उपक्रमण कारकों को सामान्य उपक्रमण कारक (general transcription factors, GTF_5) कहते हैं। GTF_5 पॉलीमरेस को प्रोमोटर से बंधन बनाने में तथा DNA के गलन में सहायक होता है।

The Polymerase and GTFs

यूकैरेयोट्स में प्रोमोटर के TATA अनुक्रम पर पूर्व उपक्रमण संकुल (pre-initiation complex) बनता है। इस अनुक्रम की TFIID नामक GTF पहचान कर लेता है। TDIIF का तात्पर्य Pol II के लिये अनुलेखन कारक (Transcription factor) है, D किसी व्यक्तिगत कारक के लिये होता है जो A, B, या इस प्रकार हो सकता है। TFII एक बहु उपइकाई संकुल है। TFIID का TATA हेतु बंधन कारक को TBP (TATA binding protein) कहते हैं, TFIID के दूसरे संघठक को TAFs (TBF associated factors) कहते हैं। TBP से दस TAFs सम्बद्ध होते हैं। जिनमें से, दो TAFs DNA के प्रमोटर से बंधन बनाता है। TFIIB कारक एकल पॉलीपेप्टाइड का बना होता है। यह TATA बंधित TBF तथा पॉलीमरेस के बीच सेतु बनाता है। TFIIE तथा TFIIF में दो उपइकाई होती है। Pol II से TF IIF बंधित हो जाता है तथा DNA-TBP-TFIIB संकुल को स्थाई बना देता है। TFII H में नौ उपइकाई होती है। इसकी दो उपइकाई ATPase के रूप में तथा एक उपइकाई प्रोटीन काइनेस के रूप में कार्य करती है। Pol II के बड़ी उपइकाई में एक C-टर्मीनल डोमेन (C-Terminal Domain, CTD) होता है, जिसमें हेप्टापेप्टाइडस की आवृति होती है। मेडियेटर CTD 'tail' से सम्बद्ध होता है। मेडियेटर TF II H में CTD काइनेस को नियंत्रित करके उपक्रमण में सहायक होता है। कुछ सक्रियक प्रोटीन (activator proteins) होते हैं, जो पॉलीमरेस प्रोमोटर को भरने में सहायता करते हैं तथा बंधन को स्थाई बनाते हैं।

rRNA को कूट करने वाले सिर्फ एक जीन को अनुलेखित करता है। इस जीन की अनेक प्रतियाँ होती हैं, तथा किसी अन्य जीन की तुलना में उच्च स्तर पर अभिव्यक्ति करता है। इस जीन के प्रोमोटर में दो घटक होते हैं, कोर घटक तथा UCE (upstream control element)। SLI तथा UBF कारक भी उपक्रमण के लिये आवश्यक होते हैं। SLI, में TBP तथा Pol - I के लिये तीन विशिष्ट TAFs शामिल होते हैं। कुछ Pol - III प्रोमोटर में दो भाग होते हैं जिन्हें BoxA तथा Box B कहते हैं तथा ये एक छोटे घटक से पृथक होते हैं। अन्य Pol - III में BoxA तथा Box C होते हैं, तथा शेष अन्य में Pol - II

के समान TA TA घटक होते हैं। tRNA तथा ss rRNA के लिये जीन में क्रमशः BoxA प्लस Box B तथा BoxA प्लस Box C पाये जाते हैं।

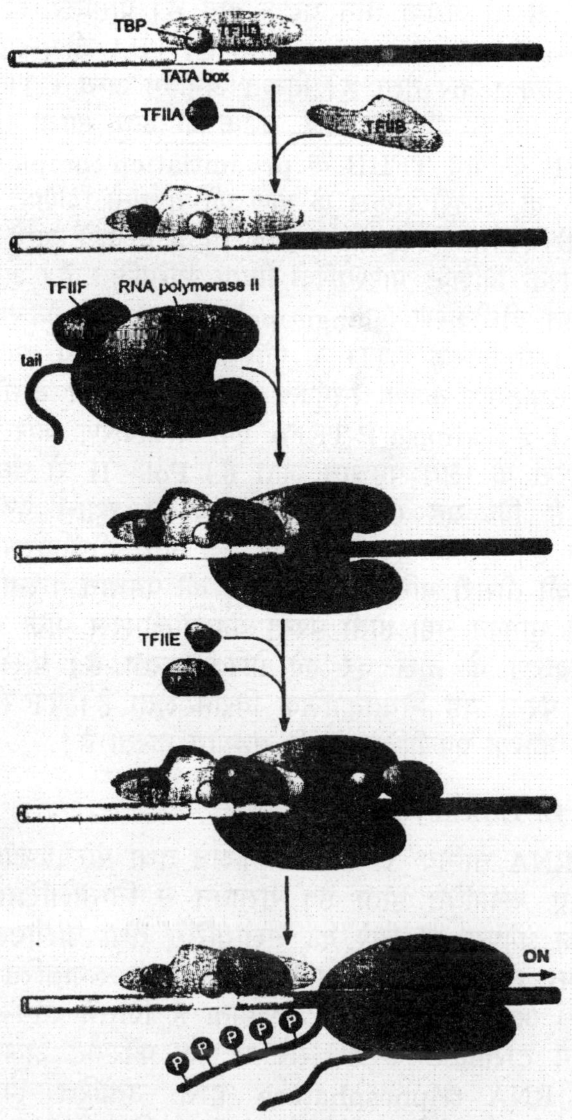

Fig. 11.3. Transcription initiation by RNA polymerase II.

The Trancription Process in Eukaryotes

अनुलेखन में शामिल Pol - II प्रमुख पॉलीमरेस हैं (चित्र 11.3)। परिशुद्ध अनुलेखन हेतु Pol - II को घटकों के न्यूनतम सेट की आवश्यकता होती है जिसे कोर प्रमोटर कहते हैं। यह लगभग 40 न्यूक्लियोटाइड लम्बा होता है, जो अनुलेखन आरम्भ स्थल से ऊर्ध्वप्रवाह तथा अनुप्रवाह तक फैला रह सकता है। Pol - II कोर प्रोमोटर में चार घटक

होते हैं। ये TF II B recognition element (BRE), TATA element (or box), initiator (Inr) तथा downstream promoter element (DPE) है। प्रारूपिक एक प्रोमोटर में इन चार में से दो अथवा तीन घटक होते हैं। प्रोमोटर, GTFs तथा पॉलीमरेस से बने संकुल को Pre-initiation complex कहते हैं। TBA डी.एन.ए. के TATA अनुक्रम से बंधन बनाकर उसे विकृत कर देता है। विकृत अनुक्रम अन्य GTFs के लिये प्लेटफार्म प्रदान करता है। TBP की β- शीट TATA घटक के लघु खांचा (minor groove) की पहचान करता है। TBP के बाद TFIIB के pre initiation complex में प्रवेश करता है। TFIIB - TBP - DNA के नरनर्री संकुल के कण की संरचना विशिष्ट TFIIB - TBP तथा TFIIB - DNA सम्पर्क दर्शाता है। इसमें TATA घटक के बड़े खांचे ऊर्ध्वप्रवाह तथा लघु खांचे अनुप्रवाह की क्षारक विशिष्ट पारस्परिक क्रिया सम्मिलित है। अनुलेखन के उपक्रमण (initiation) के पश्चात दीर्घीकरण (elongation) होता है। दीर्घीकरण कारक GTFs को विस्थापित कर देते हैं। ये कारक CTD के फॉस्फोरिलीकृत रूप का अनुकूलन करते हैं। इसके परिणामस्वरूप उपक्रमण कारक निर्मुक्त हो जाते हैं तथा दीर्घीकरण हेतु आवश्यक कारक भाग लेने लगते हैं। kinase P-TEFb एक दीर्घीकरण कारक है। यह अनुलेखन सक्रियक द्वारा पॉलीमरेस के लिये पहचाने जाते हैं। Pol - II से बंधन बनाने के पश्चात् इसका पहला कार्य है कि यह CTD आवृत्ति के 2 स्थान पर सेरीन अपशेष को फॉस्फोरिलेट कर देता है। इसकी दूसरी भूमिका एक अन्य दीर्घीकरण कारक hSPT5 को सक्रिय करना है। इसकी तीसरी भूमिका TAT-SF1 की पहचान करना है। TF II S प्रोटीन कह उपक्रमण में कोई भूमिका नहीं होती परन्तु यह पॉलीमरेस पॉज समय के अंतराल को नियंत्रित करके दीर्घीकरण के कुल दर को प्रेरित करता है। पॉलीमरेस सतत् रूप में अनुक्रमण नहीं करता परन्तु यह नियतकालिक विराम लेता है। TF II S विराम काल को कम कर देता है। यह कारक प्रूफरीडिंग में भी सहयोग करता है।

RNA Processing in Eukaryotes

यूकैरेयोट्स में RNA नाभिक से बाहर निकलने तथा पॉलीपेप्टाईड संश्लेषण में भाग लेने के पूर्व आर.एन.ए. संसाधित होता है। संसाधन में निम्नलिखित प्रक्रियायें सम्मिलित होती हैं : 5' सिरे का केपिंग, 3' सिरे का स्प्लायसिंग तथा पॉलीएडीनिलेशन। केपिंग में आर.एन.ए. के सिरे पर तीन एन्जाइमी अभिक्रियाओं द्वारा रूपांतरित ग्वानीन क्षारक जुड़ जाते हैं (चित्र 11.4)। आबंध असामान्य 5'-5' होता है जिसमें तीन फॉस्फोटेस सम्मिलित होते हैं। पहले पद में ट्रांसक्रिप्ट के 5' सिरे से एक फॉस्फेट अलग हो जाता है। यह अभिक्रिया एन्जाइम RNA triphosphatase द्वारा उत्प्रेरित होती है। दूसरा पद guanyltransferase द्वारा उत्प्रेरित होता है तथा ट्रांसक्रिप्ट के 5' सिरे पर GTP जुड़ जाता है। अंतिम पद में मिथिल समूह के जुड़ जाने से न्यूक्लीयोटाइड रूपांतरित हो जाता है। यह पद एन्जाइम methyl transferase द्वारा उत्प्रेरित होता है। आर.एन.ए. जब 20-40 न्यूक्लीयोटाइड लम्बाई का होता है उस समय कोड हो जाता है। आर.एन.ए. की यह लम्बाई उस समय होती है जब अनुक्रमण उपक्रमण से दीर्घीकरण की संक्रांति अवस्था में होता है। केपिंग के पश्चात् पुच्छ आवृत्ति में Ser 5 का डिफॉस्फोरिलेशन केपिंग मशीनरी को वियोजित कर देता है। आर.एन.ए. स्प्लायसिंग में आगे भी फॉस्फोरिलेशन होता है। दो निरंतर transeterification reaction द्वारा आर.एन.ए. स्प्लायसिंग होती है।

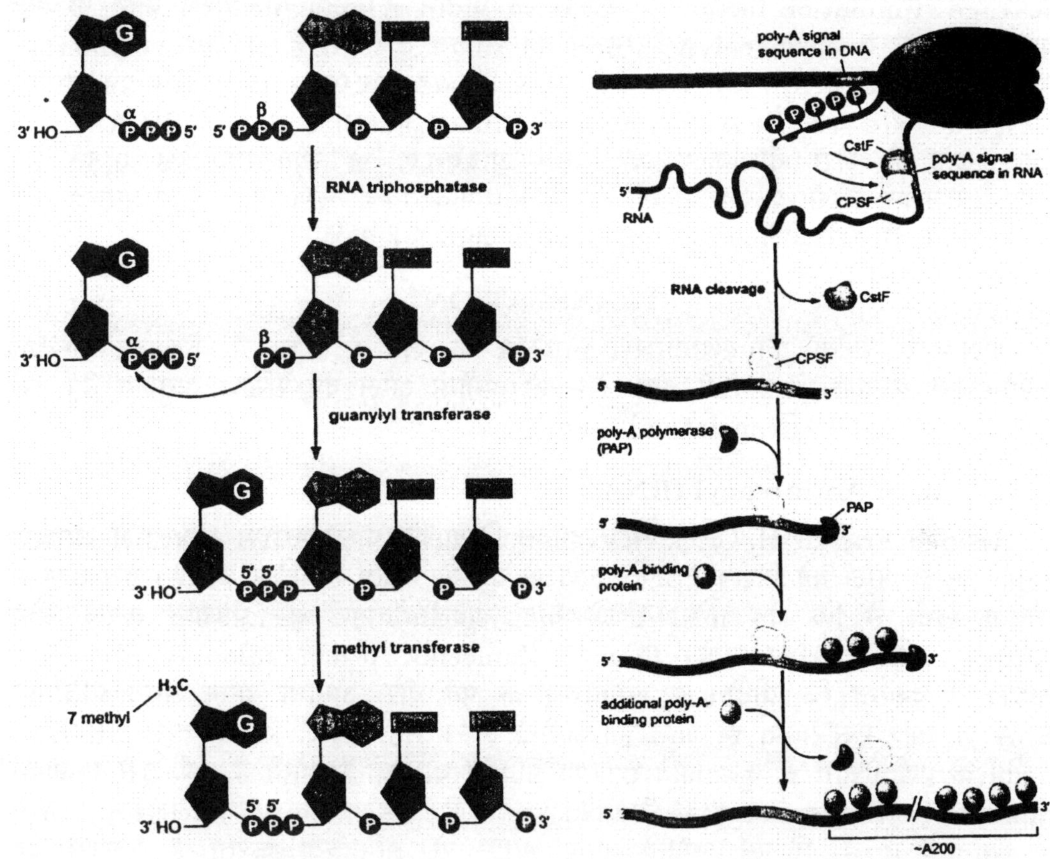

Fig. 11.4. The structure and formation of the 5' RNA cap

Fig. 11.5. Polyadenylation and termination

ये अभिक्रियायें एक बड़े आणविक मशीन जिसे स्प्लाइसियोसोम (spliceosome) कहते हैं की मध्यस्थता से होती है। प्रायमरी ट्रांसक्रिप्ट में विशिष्ट अनुक्रम एक्सॉन्स तथा इन्ट्रान्स के बीच की सीमाओं को निर्धारित करता है। ये अनुक्रम यह अंकित करते हैं कि स्प्लायसिंग कहाँ होगी। इन्ट्रॉन्स के 3' तथा 5' सिरे की सीमाओं को क्रमशः 3' splice site तथा 5' splice site कहते हैं। ट्रांसएस्टरीफिकेशन अभिक्रिया में pre mRNA के फॉस्फोडायएस्टर बंध टूटते हैं तथा नये आबंध निर्मित होते हैं। **Polyadneylation** : यह अनुलेखन के समापन से नजदीकी से जुड़ा रहता है (चित्र 11.5)। इस प्रक्रिया में पॉलीएडीनिलेशन के लिये आवश्यक एन्जाइम की पहचान में पॉलीमरेस CTD पुच्छ सम्मिलित होती है। जब पॉलीमरेस जीन के अंत तक पहुँचता है, वह कुछ विशिष्ट अनुक्रमों का अनुलेखन करता है। यह घटना उस आर.एन.ए. के पॉलीएडीनीलेशन के एन्जाइम के स्थानांतरण को प्रोत्साहित करती है। इसके फलस्वरूप तीन प्रक्रियायें आरम्भ होती है : दूत (message) का विदलन, उसके 5' सिरे पर अनेक एडनीन अपशेषों का जुड़ना, तदनन्तर पॉलीमरेस द्वारा अनुलेखन का समापन। CPSF (cleavage and polyadenylation specificity factor) तथा CstF (cleavage stimulation factor) दो CTD के प्रोटीन हैं। जब पॉलीमरेस जीन के अंत तक पहुँचता है, ये कारक polyA सिग्नल्स को सक्रिय कर देते हैं। PolyA polymerase एन्जाइम पॉली एडीनीलेशन की मध्यस्थता करता है। यह आर.एन.ए. के 3' सिरे पर लगभग 200 एडनीन जोड़ देता है। ATP पॉलीएडीनीलेशन का पूर्ववर्ती है तथा यह RNA में उसी तरह जुड़ता है जैसे दीर्घीकरण के समय आर.एन.ए. से न्यूक्लीयोटाइड जुड़ते हैं। पॉलीएडीनीलेशन के समय एडनीन को टेम्लेट की आवश्यकता नहीं होती है। परिपक्व आर. एन.ए. नाभिक से सायटोप्लैज्म में स्थानांतरित हो जाता है।

TRANSLATION

DNA के संदेश का स्थानांतरण mRNA के रूप में होता है, जिसका अनुवाद पॉलीपेप्टाइड श्रृंखला के रूप में होता है। यह अमीनो अम्ल का रैखिक अनुक्रम है। इस प्रक्रिया को स्थानांतरण (translation) कहते हैं।

Formation of Amino acyl tRNA

1955 में Francis H. Crick ने प्रस्तावित किया कि पॉलीपेप्टाइड श्रृंखला में समावेश के पूर्व अमीनो अम्ल को विशेष एडॉप्टर अणु से जुड़ना पड़ता है (चित्र 11.6)। इस अणु में विशेषता होती है कि वह mRNA के कूट न्यूक्लीयोटाइड की पहचान करके सीधे पारस्परिक अभिक्रिया कर सके। Paul C. Zamecnik तथा Mahlon B. Hoagland (1957) ने दर्शाया कि प्रोटीन में समावेशन के पूर्व बीस अमीनो अम्ल अपने प्रतिनिधि tRNA के साथ एस्टरीकृत हो जाते हैं। अमीनों अम्ल सह संयोजी आबंध द्वारा tRNA के 3' शीर्ष के एडीनोसीन से जुड़ जाते हैं। यह प्रक्रिया दो पदों में होती है तथा इसे एन्जाइम amino acyl tRNA synthetase उत्प्रेरित करता है। पहला पद एडीनिलिलेशन (AMP का स्थानांतरण) है, जिसमें अमीनो अम्ल ATP से अभिक्रिया करता है जिससे वह एडीनिलिलेटिड होता है तथा पायरोफॉस्फेट के निर्मुक्त होने से युग्मित होता है। एडीनिलिलेशन के फलस्वरूप अमीनो अम्ल उच्च ऊर्जा एस्टर आबंध से एडिनिलिक अम्ल से जुड़ जाते हैं। एस्टर आबंध एडीनिलिक अम्ल के कार्बोनिल समूह तथा AMP के पायरोफॉस्फोरिल समूह के बीच निर्मित होता है। दूसरे पद में, एडीनिलिलेटिड अमीनो अम्ल tRNA के 3' सिरे पर 2' या 3' हॉइड्रॉक्सिल समूह पर स्थानांतरित हो जाते हैं तथा AMP निर्मुक्त होता है। इस पद को चार्जिंग कहते हैं :

(i) $E + ATP + \text{amino acid} \longrightarrow E(aa \sim AMP) + iPP$

(ii) $E(aa \sim AMP) + tRNA \longrightarrow aa \sim tRNA + AMP + E$

tRNA synthetase के दो वर्ग होते हैं। Class I अमीनो अम्ल का tRNA के 2'OH के साथ जुड़ने को उत्प्रेरित करता है तथा यह प्रायः एकलक होता है, जबकि अमीनो अम्ल का tRNA के 3'OH सिरे पर जुड़ने की अभिक्रिया को Class II synthetase उत्प्रेरित करता है। यह प्रारूपीद्विलक (dimeric) अथवा चतुर्लक (tetrameric) होता है। प्रायः एक ही अमीनो अम्ल के लिये कई प्रकार के tRNA होते हैं। इन्हें isoacceptors कहते हैं। इस प्रकार के isoacceptor tRNA अणु जो विभिन्न कूट के लिये बंधन बनाते हैं एक ही प्रकार के aminoacyt tRNA Synthetase से सक्रिय होते हैं।

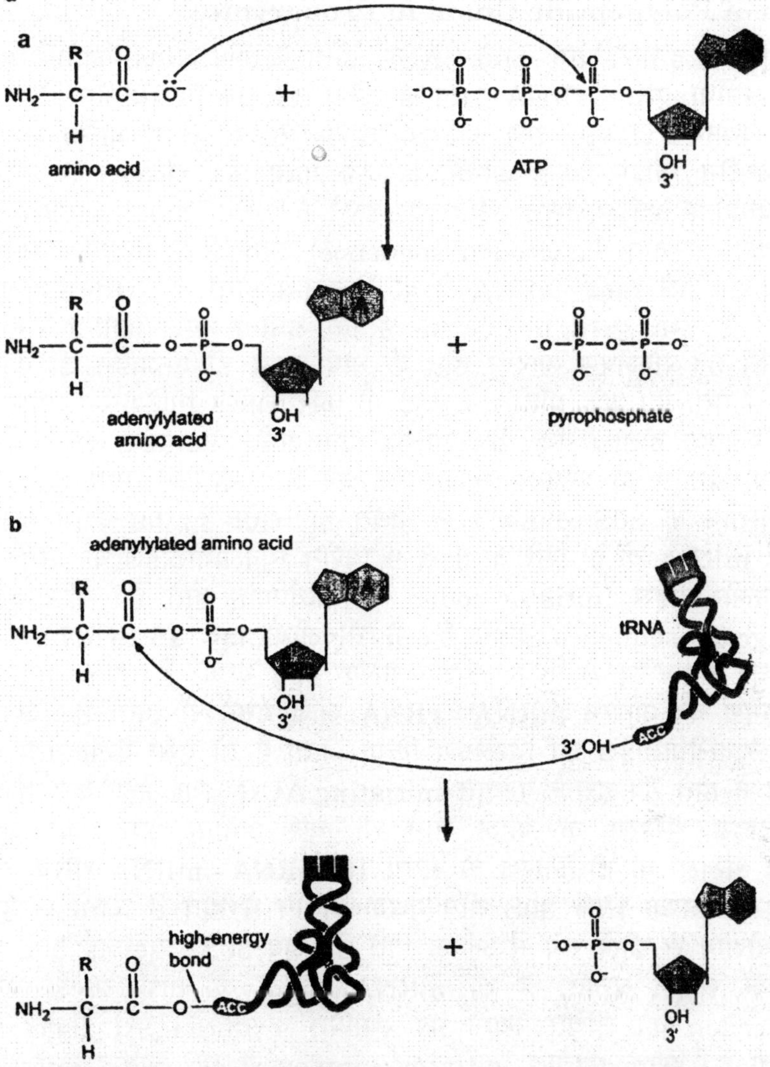

Fig. 11.6. The two steps of aminoacyl-tRNA charging

एक अमीनो एसिल t~RNA सिन्थीटेस एक ही अमीनो अम्ल तथा उसके निश्चित tRNA के लिये विशिष्ट होता है। Aminoacyl t~RNA synthetases तथा tRNA के बीच की पारस्परिक क्रिया को "द्वितीयक अनुवांशिक कूट" (second genetic code) कहते हैं। अनुवांशिक, जैवरासायनिक तथा एक्स-रे क्रिस्टलीय साक्ष्यों से पता चलता है कि विशिष्टता निर्धारक अणु के दो दूरस्थ छोरों पर पाये गुच्छ के रूप में होते हैं : दूसरे सिरे को प्रतिकूट पाश (anticodon loop) कहते हैं। इस प्रकार की पहचान का tRNA संरूपण भी महत्वपूर्ण होता है।

Initiation of Polypeptide Chain

पॉलीपेप्टाइड संश्लेषण में उपक्रमण अतिविशिष्ट एवं जटिल प्रक्रिया है।

Initiation of Polypeptide Chain in Prokaryotes

जीवाणुओं में इनीसियेशन कोडॉन AUG होता है तथा N-फॉर्मिलमिथियानिल t~RNA इनीशियेटर अमीनो एसिल tRNA होता है (चित्र 11.7)। मिथियोनीन tRNA जुड़ जाता है। सभी मिथियोनिन tRNA अणु फार्मिलेटिड नहीं हो सकते हैं, बल्कि सिर्फ एक tRNA फॉर्मिलमिथियोनीन फॉरम्यूलेशन अभिक्रिया कर पाता है। tRNA के कुछ अणु जिन्हें $tRNA_{meti}$ कहते हैं फॉरम्यूलेशन अभिक्रिया करते हैं। दोनों Met ~ tRNA प्रकारों में एक समान प्रतिकूट अनुक्रम (anticodon sequence) होते हैं। उपक्रमण करने वाले तथा दीर्घीकरण करने वाले met ~ tRNA में दो भिन्नतायें होती हैं : tRNA अर्धांश अपने आप में भिन्न होते हैं तथा दूसरी भिन्नता यह है कि अमीनो अम्ल अमीनो समूह की अवस्था भिन्नता दर्शाते हैं। संश्लेषण आरम्भ होने के बाद जल्द ही एन्जाइम डी फॉर्मलेस फार्मिल समूह को हटा देता है। शुद्ध प्रोटीन में कोई भी फॉरमेलेटिड मिथ्योिनीन समूह नहीं होता है, इससे यह भी स्पष्ट होता है कि डीफॉरमलेस (एक अमीनोपेप्टाइडेस एन्जाइम) के जुड़ने के बाद में अनेक प्रोटीन के शीर्षस्थ मिथ्योिनीन को हटा देता है। प्रोकैरेयोट्स में mRNA पहले राइबोसोम के 30S उपइकाई से बंधित हो जाता है। यह ध्यान देने योग्य है कि कुछ विशिष्ट mRNA के 5' सिरे के 3 से 9 प्यूरीन न्यूक्लीयोटाइड का समूह विशिष्ट होता है। यह न्यूक्लीयोटाइड initiator codon के ऊर्ध्वप्रवाह होते हैं। पॉलीप्यूरीन स्ट्रेच को Shine Dalgrano sequence कहते हैं। ये न्यूक्लीयोटाइड 16 SrRNA के 3' सिरे पर पिरमडीन प्रचुर अनुक्रमण से पूरक अपशेष क्षारक जोड़े बनाते हैं। अतः यह स्पष्ट हो जाता है कि उपक्रमण का आरम्भ mRNA - rRNA जोड़े बनने से होता है। जब mRNA का लगभग 30 न्यूक्लीयोटाइड का विश्लेषण किया जाता है तो ऐसा देखा गया है कि AUGs लगभग बीच में होते हैं। इसके पश्चात् initiating AUG तथा अन्य कूट होते हैं जो अपने ही पॉलीपेप्टाइड श्रृंखला के पहले तीन या चार अमीनो अम्ल को कूट करते हैं। पॉलीपेप्टाइड श्रृंखला के दीर्घीकरण के समय 16S rRNA - mRNA क्षारक जोड़े वियोजित हो जाते हैं। ये कारक सिर्फ 30S तीन पृथक प्रोटीन में होते हैं जिन्हें उपइकाई कहते हैं तथा ये राइबोसोम से ढीले रूप में आबद्ध होते हैं। जब 30S उपइकाई 50S उपइकाई IF3 के साथ एक संकुल बनाता है तो mRNA संकुल के साथ आबंद्ध बनाता है तथा initiation codon को उचित स्थान पर स्थापित करता है। इस संकुल के साथ IF3 आबंद्ध बनाता है। इसके पश्चात initiator complex से IF, आबंद्ध बनाता है, बाद में f-met-tRNA समावेशित होता है। Initiation codon AUG f-met; tRNA की पहचान करता है। GUG या कभी कभी UUG उपक्रमण में भाग ले सकते हैं। इन कूट की उतने अच्छे से पहचान नहीं हो सकती है। यदि AUG के स्थान पर GUG हो तो उपक्रमण क्षमता आधी रह जाती है और यदि UUG हो तो वह इसके भी आधी होती है। Initiating tRNA तथा GTP, IF2 से बंधन बनाते हैं तथा परिणामस्वरूप बना संकुल बाद में 50S उपइकाई से मिलकर 70S पूर्ण initiation complex बनाता है। GTP का जलीय अपघटन होकर GDP + iP बनता है। उपक्रमण पूर्ण होने के बाद IF1, IF2 तथा IF3 निर्मुक्त हो जाते हैं।

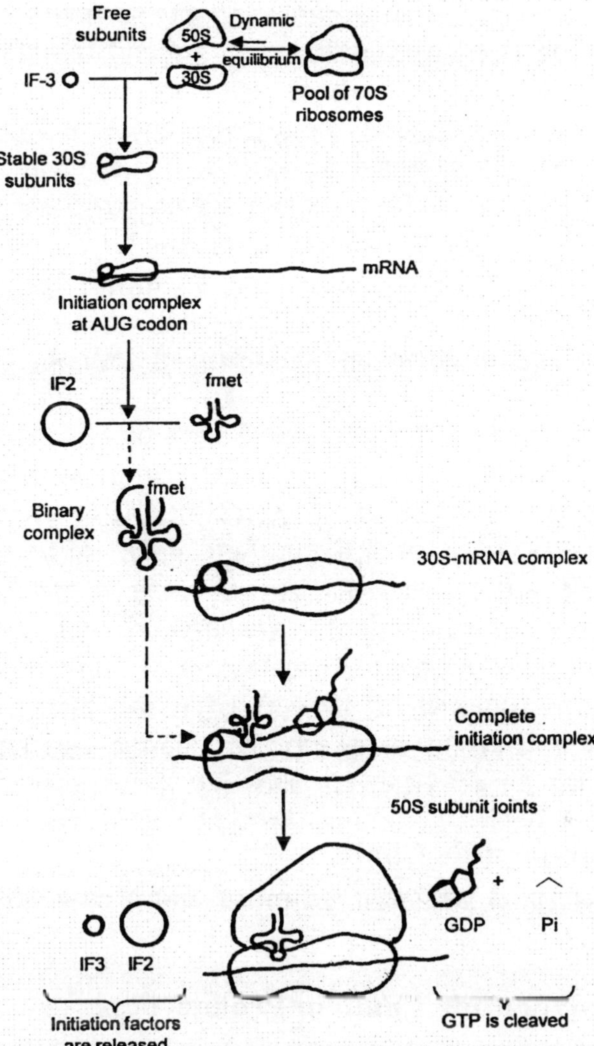

Fig. 11.7. Stages of inition of polypeptide chain

Initiation in Eukaryotes

यूकैरेयोट्स में पॉलीपेप्टाइड संश्लेषण का उपक्रमण लगभग जीवाणु के समान होता है, तथापि कुछ भिन्नतायें होती हैं। ये भिन्नतायें घटनाओं के क्रम तथा accessory factors की संख्या में होती है। राइबोसोम की छोटी उपइकाई 40S होती है। यह उपइकाई पहले mRNA के 5' सिरे की पहचान करती है तथा बाद में उपक्रमण स्थल की ओर गमन करता है।

प्रोकैरेयोट्स के विपरीत यूकैरेयोट्स में initiator tRNA का छोटी उपइकाई से बंधन सदैव mRNA से सम्बद्ध होने के बाद होता है। उपक्रमण की शुरूआत तथाकथित ternary complex बनने के बाद होती है। अमीनो एसिलेटेड tRNA (Met-tRNA) से

eIF2 तथा **eIF5B, charged initiator tRNA** से पहचान करते हैं। दोनों **GTP** बंधन प्रोटीन से बना संकुल **Met-tRNA; Met** को छोटी उपइकाई की भविष्य के **Psite** (जिसे **435 pre-initiation complex** कहते हैं) के स्थान पर जोड़ देता है। अन्य **eIF** भी उपक्रमण प्रक्रिया में समावेशित हो जाते हैं। उपक्रमण कारक के **eIF4** वर्ग कैप संरचना की पहचान करते हैं तथा **40S** उपइकाई एवं **mRNA** के पारस्परिक क्रिया को सरल बना देते हैं। **eIF4F** तीन उपइकाई प्रोटीन है पहचान की मध्यस्थता करता है। तीन उपइकाई प्रोटीन सीधे **5'cap** से जुड़ जाता है तथा अन्य दो उपइकाई गैर विशिष्ट रूप से **RNA** से सम्बद्ध हो जाते हैं। उपइकाई को सही **AUG** कूट की पहचान करना आवश्यक है ताकि **mRNA** का वाचन आरम्भ हो सके। शुरूआत कूट की पहचान **initiation tRNA** के प्रतिकूट तथा शुरूआत कूट के क्षारक जोड़े के माध्यम से होती है। सही क्षारक जोड़ों से **eIF2** तथा **eIF3** निर्मुक्त हो जाते हैं। प्रारूपी में, **Met-tRNA** आबंध **40S** उपइकाई कैप से दूर **mRNA** पर **5'→3'** दिशा में गमन करता है। इस प्रक्रिया को **scanning** कहते हैं। अधिकांश उदाहरणों में सिर्फ पहला **AUG** का उपयोग स्थानांतरण के आरम्भ स्थल के रूप में किया जा सकता है। चयन प्रक्रिया में **AUG** तथा **40S** उपइकाई पर **ternary complex** से आबंद्ध **met-tRNA** के बीच हाइड्रोजन आबंद्ध निर्मित हो जाता है। अंत में छोटी उपइकाई जिससे **mRNA** तथा **met-tRNA** सम्बद्ध है उस पर सही विन्यास से राइबोसोम की बड़ी उपइकाई जुड़ जाती है। इस अवस्था में **GTP** का जलीय विघटन हो जाता है तथा **eIF2** निर्मुक्त हो जाता है। यूकैरेयोट्स में नॉनट्रांसलेटेड **5'** लीडर बहुत छोटा होता है। यह प्रायः **100** क्षारक से छोटा होता है। नॉनट्रांसलेटेड **3'** क्षारक कुछ बड़ा होता है जो कि कभी कभी **-1000** क्षारक होता है। उपक्रमण **met-tRNA** द्वारा होता है। यह फॉर्मेलेटेड नहीं होता है। इसे $tRNA_{meti}$ कहते हैं।

Elongation of Polypeptide Chain

पॉलीपेप्टाइड श्रृंखला के दीर्घीकरण का तात्पर्य अमीनो अम्ल का आनुक्रमिक रूप से जुड़ना है (चित्र 11.8)।

Elongation of Polypeptide Chain in Prokaryotes

उपक्रमण संकुल जिसके **P-** स्थल पर अमीनोएसिल **tRNA** हो वह दीर्घीकरण हेतु तैयार होता है। पॉलीपेप्टाइड श्रृंखला के दीर्घीकरण में प्रवेश करने वाला अमीनो एसिल **tRNA** राइबोसोम के **A** स्थल में जाता है तथा **P** स्थल में अमीनो अम्ल से पेप्टाईड आबंध बनाता है। आने वाले अमीनो एसिल **tRNAs** दीर्घीकरण कारक **(EF-Tu)** द्वारा **A** स्थल पर पहुँचा दिये जाते हैं। **EFTu** कारक **tRNA** के **3'** सिरे से बंधन बनाता है जिससे युग्मित अमीनो अम्ल को प्रच्छादित करते हैं। इस पारस्परिक क्रिया से आबंध अमीनो एसिल **tRNA** को पेप्टाईड आबंध बनाने में अवरोध उत्पन्न करता है जब तक कि **EF-Tu** मुक्त नहीं हो जाता है। **GTP** ऊर्जा स्त्रोत का कार्य करता है। **GTP** तथा **AA ~ tRNA** से **EF-Tu** बंधन बनाकर **AA ~ tRNA - Tu - GTP** संकुल बनाता है। यह संकुल राइबोसोम के **A** स्थल पर स्थानांतरित होता है तथा **EF-Tu-GTP** संकुल एवं फॉस्फेट निर्मुक्त हो जाता है। **EF-Tu** की **GTPase** सक्रियता पूरे जैवसंश्लेषण प्रक्रिया की दर तथा संरूपण में महत्वपूर्ण योगदान करती है। प्रत्येक अमीनो अम्ल के लिये दो अणुओं का

जलीय अपघटन होता है तदनन्तर में वृद्धि कर रही पॉलीपेप्टाइड श्रृंखला से जुड़ जाते हैं। **EFTs** का कार्य **GTP** का पुर्ननिर्माण है। **EF-Ts, GDP** को **EF-Tu** से स्वमेव विस्थापित कर देता है तथा **EF-Tu.Ts** संकुल बनाता है। अवरोक्त को **T-factor** कहते हैं। **T-factor, GTP** से मिल जाता है तथा **GTP-EF-Tu** संकुल निर्मित होता है तथा **EF-Ts** निर्मुक्त हो जाता है। **EF-Tu-GTP** अब किसी अन्य **AA ~ tRNA** से आबंध बनाता है एवं इस प्रकार पूरे चक्र की पुनरावृत्ति होती है (चित्र 11.9)।

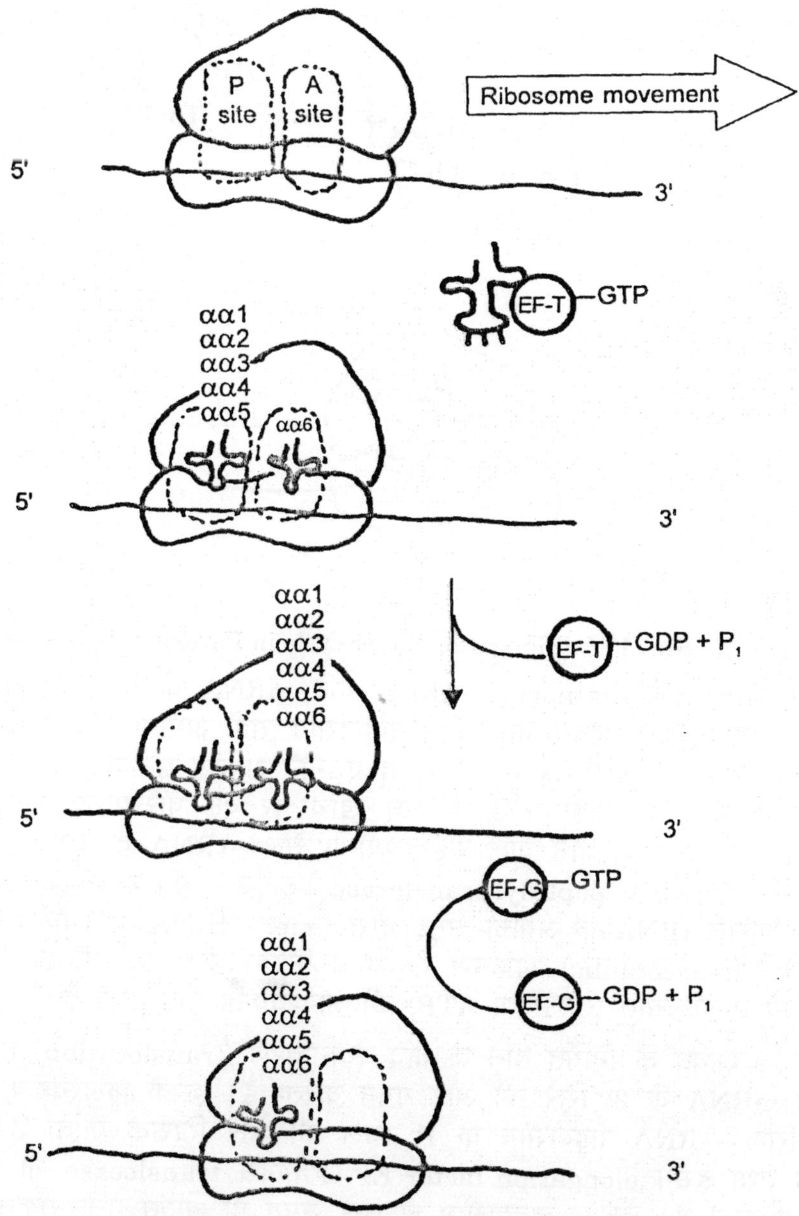

Fig. 11.8. Steps of Elongation in Prokaryotes

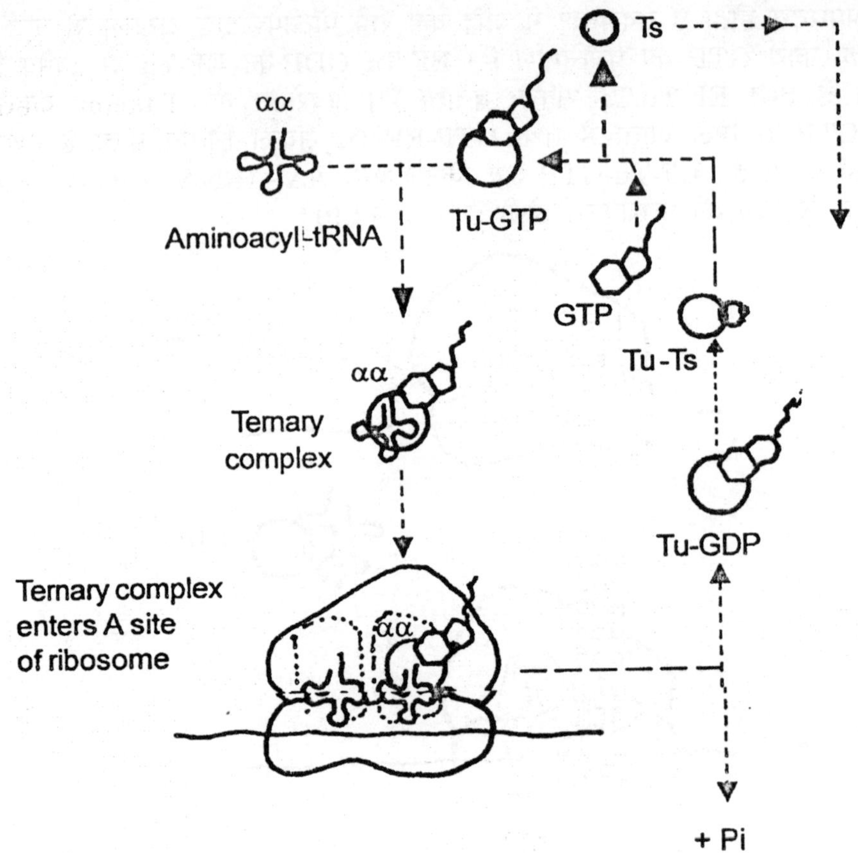

Fig. 11.9. Elongation factor cycle in Parokaryotes

प्रवेश करने वाला aminoacyl ~ tRNA यदि mRNA के लिये उचित होता है तो कूट प्रतिकूट हाइड्रोजन आबंध बनाते हैं। राइबोसोम सही अमीनो एसिल के tRNA का चयन भी करता है। 16SrRNA के दो सतत् एडनीन अपशेष प्रतिकूट तथा कूट के प्रथम दो क्षारकों के बीच बने सही जोड़े के लघु खांच पर दृढ़ पारस्परिक क्रिया करता है। इससे। स्थल पर स्थापित होने वाले सही अमीनोएसिल ~tRNA के चयन के प्रति निष्ठा दर्शाई जाती है। एन्जाइम peptidyl transferase पेप्टाइड आबंध बनाने को उत्प्रेरित करता है। अमीनो एसिल tRNA के अमीनो समूह द्वारा f met ~ tRNA के कार्बोक्सिल समूह पर नाभिक स्नेही (nucleophilic) आक्रमण से आबंध निर्मित होता है। पेप्टाइड आबंध निर्मित होने के लिये ऊर्जा स्त्रोत् (GTP या ATP) की आवश्यकता नहीं होती है।

पेप्टाईड आबंध के निर्मित होने के बाद स्थानांतरण (translocation) होता है अर्थात् राइबोसोम mRNA के 3' सिरे की ओर गमन करता है। इसके फलस्वरूप A स्थल का अमीनो एसिल ~tRNA राइबोसोम के P स्थल की ओर खिसक जाता है। यह जटिल प्रक्रिया है तथा इसमें elongation factor EF-G (जिसे translocase भी कहते हैं) की आवश्यकता होती है। EF-G राइबोसोम से उस समय ही आबंध बना सकता है जब वह GTP से सम्बद्ध होता है। EF-G-GTP राइबोसोम संकुल पहले स्थानांतरण करता है

जिसके साथ P स्थल के निर्मुक्त tRNA का निष्कासन युग्मित होता है। GTP का जलीय अपघटन होकर GDP तथा अकार्बनिक फॉस्फेट बनता है तथा EF-G पुनः उपयोग में आने के रूप में प्राप्त होता है। राइबोसोम की छोटी उपइकाई में परिवर्तन भी स्थानांतरण में योगदान देता है। इस प्रक्रिया के पश्चात् 70S राइबोसोम का। स्थल खुल जाता है तथा एक अन्य अमीनो एसिल ~tRNA को ग्रहण करने के लिये तैयार हो जाता है।

EF-Tu तथा EF-G उत्प्रेरक प्रोटीन है जो राइबोसोम पर tRNA loading, पेप्टाइड आबंध निर्मित करने तथा स्थानांतरण के उपयोग में आते हैं। ये GTP से जुड़ने के बाद सक्रिय होते हैं। जब चक्र पूर्ण हो जाता है तथा GTP का जलीय अपघटन होता है, दोनों प्रोटीनों को उनसे आबंध GDP का निर्मुक्त कर देना पड़ता है तथा नये GTP से बंधन बनाते हैं। EF-Ts एक GTP विनिमय कारक के रूप में क्रिया करता है ।

Elongation of Polypeptide Chains in Eukoryotes

यूकैरेयोटिक कोशिकाओं में पॉलीपेप्टाइड का दीर्घीकरण समान क्रियाविधि द्वारा होता है। 80S राइबोसोम में तीन स्थल होते हैं जिन्हें P (peptidyl - tRNA - binding site), A (aminoacyl-tRNA binding site या decoding site) तथा E (Exit site) कहा जाता है। जैसा कि उपक्रमण में लिखा जा चुका है कि initiator aminoacyl ~tRNA पहले P स्थल से बंधन बनाता है। अतः P स्थल उपक्रमण में भाग लेता है तथा अपने अमीनोएसिल ~tRNA को वृद्धि कर रहे पॉलीपेप्टाईड श्रृंखला अर्थात् प्रवेश कर रहे aa ~ tRNA को दान कर देता है।। स्थल पर नया प्रवेश कर रहा aa ~ tRNA कूट के अनुक्रम से बंधन बनाता है जबकि E-स्थल का खाली tRNA निर्मुक्त हो जाता है। दो यूकैरेयोटिक elongation factor (eEF) पॉलीपेप्टाईड के दीर्घीकरण में भाग लेते हैं। eEF1α, GTP से बंधन बनाता है तथा अनुरूप अमीनोएसिल tRNA को A स्थल पर ले जाता है। इस अवस्था में, GTP का जलीय अपघटन होकर GDP तथा अकार्बनिक फॉस्फेट बनाता है। इस अभिक्रिया से सप्लाई की गई ऊर्जा का उपयोग स्थल पर aa ~ tRNA के बंधन के लिये होता है। बाद में, eEF1α से बंधा GDP का विनिमय GTP के लिये होता है जिसकी मध्यस्थता eEF1 $\beta\gamma$ द्वारा की जाती है। अब eEF1α-GTP अगले चक्र के लिये तैयार हो जाता है। EF-G का कार्य eEF2 द्वारा किया जाता है। राइबोसोम mRNA के तीन क्षारक अनुप्रवाह में स्थानांतरण करता है। इस प्रकार, E स्थल पर आया हुआ मुक्त tRNA निर्मुक्त हो जाता है। पेप्टाईड से भारित tRNA, P स्थल पर पहुँच जाता है। एक तीसरा aa ~ tRNA अब खाली A स्थल से बंधन बनाता है तथा दीर्घीकरण चक्र आगे के लिये बढ़ जाता है।

जब राइबोसोम mRNA को समझने लगता है तब वह अनुप्रवाह गमन करता है। इसके फलस्वरूप स्टार्ट कूट अभिदर्शित होता है तथा यह दूसरे राइबोसोम को ट्रांसलेशन के उपक्रमण के लिये उपक्रमण कर देता है। एक ही mRNA अनेक पॉलीपेप्टाइड श्रृंखला के लिये टेम्लेट देता है, किसी भी एक समय, mRNA की लम्बाई में बनी पॉलीपेप्टाईड श्रृंखला पर 5' सिरे पर पॉलीपेप्टाईड श्रृंखला सबसे छोटी होती है तथा क्रमशः 3' सिरे की ओर लम्बी होती जाती है। पॉलीसोम साईज में बहुत विविधता होती है जो कि mRNA श्रृंखला के अमाप तथा राइबोसोम कितना ज्यादा निकटता से पैक है, दोनों पर निर्भर करता है।

Termination of Polypeptide Chain

पॉलीपेप्टाईड जैवसंश्लेषण सतत् रूप से चलता रहता है जब तक तीन स्टॉप कूट में से कोई एक कूट A स्थल में प्रवेश नहीं करता है। UAA, UAG तथा UGA तीन अनर्थक कूट (nonsence codon) होते हैं जो किसी भी अमीनो अम्ल को कूट नहीं करते हैं। इन कूटों को तीन नामों से जाना जाता है। ये प्रेरणार्थक नाम उनकी खोज से जुड़े हैं। UAG को एम्बर कोडॉन (Amber codon), UAA को ओकर कोडॉन (Ochre codon) तथा UGA को ओपल कोडॉन (Opal codon) कहते हैं। Release factors प्रोटीन होते हैं जो अनर्थक कूट की पहचान कर सकते हैं। ऐसी मान्यता है कि प्रोटीन आर.एन.ए. पारस्परिक क्रिया पहचान में मध्यस्थता करता है। रिलीज कारक के दो वर्ग होते हैं। प्रोकैरेयोट्स में RF1 तथा RF2 को Class I रिलीज कारक वर्ग में सम्मिलित किया गया है। RF1 स्टॉप कोडॉन UAG की पहचान करता है तथा RF2 स्टॉप कोडॉन UAG की पहचान करता है। UAA दोनों कारकों अर्थात् RF1 तथा RF2 द्वारा पहचाना जाता है। यूकैरेयोट्स में एक मात्र Class I रिलीज कारक का वर्ग होता है जिसे eRF1 कहते हैं तथा यह तीनों स्टॉप कोडॉन की पहचान करता है। Class II रिलीज कारक पॉलीपेप्टाइड श्रृंखला के निर्मुक्त होने के बाद राइबोसोम से Class I रिलीज कारक को वियोजित करता है। प्रोकैरेयोट्स में तीसरा रिलीज फैक्टर RF3 तथा यूकैरेयोट्स का eRF3 वर्ग Class II में सम्मिलित किये गये हैं। यह कारक GTP द्वारा नियंत्रित होता है, तथापि यह स्पष्ट नहीं है कि समापन के लिये GTP का जलीय अपघटन आवश्यक है या नहीं। सभी Class I रिलीज कारक एक संरक्षित, तीन अमीनो अम्ल अनुक्रम GGQ (glycine - glycine glutamine जो कि पॉलीपेप्टाइड निर्मुक्त होने के लिये आवश्यक होता है) का साझा करते हैं। रिलीज कारको का एक संकुल जिसमें eRF1 तथा GTP आबंध eRF3 सम्मिलित होता है। स्थल पर अभिदर्शित स्टॉप कोडॉन से बंधन बनाता है। समापन के समय अंतिम tRNA वियोजित होकर पॉलीपेप्टाईड श्रृंखला को निर्मुक्त कर देता है। Peptidal transferase अंतिम tRNA तथा पूर्ण पॉलीपेप्टाइड श्रृंखला के एस्टर आबंध का जलीय अपघटन कर देता है। 30S राइबोसोम उपइकाई mRNA से निर्मुक्त हो जाती है। राइबोसोम के निर्मुक्त होने में एक अन्य प्रोटीन कारक भाग लेता है।

Post Transitional Modification of Protein

राइबोसोम से निर्मुक्त पॉलीपेप्टाइड उचित सबसेल्यूलर स्थान पर पहुँच जाता है तथा इसमें कुछ परिवर्तन होते हैं। प्रोटियोलिटिक क्रिया से कुछ अमीनो अम्ल यहाँ तक कि पॉलीपेप्टाइड का एक खण्ड अलग कर दिया जाता है। नई संश्लेषित पॉलीपेप्टाइड श्रृंखला में वलय होना आवश्यक है ताकि यह त्रिविम संरचना ग्रहण कर सके तथा जैविक क्रियाओं को करने के योग्य हो जावें। पॉलीपेप्टाईड सर्वप्रथम ऐसे द्वितीयक संरचना में वलय करता है ताकि उसमें द्वितीयक संरचना के सभी घटक पाये जावें। आंशिक रूप से वलित अणु को मोल्टेन ग्लोब्यूल (molten globule) कहते हैं। अवरोक्त एक आरम्भिक पदार्थ है जिससे प्रोटीन की अंतिम त्रिविमिय संरचना उभरती है। प्रोटीन का वलय होना मोल्यूक्यूलर चेपरोन्स (molecular chaperons) नामक प्रोटीन के समूह से नियंत्रित होता है। यह पॉलीपेप्टाइड के उचित वलय को प्रेरित करता है तथा वलन तरीके जो प्रोटीन के समूहन अथवा गैर कार्यात्मक प्रोटीन उत्पाद बनाते हैं को निग्रह करता है।

अध्याय – 12

Fat Metabolism

वसा (Fat) ग्लिसेरॉल तथा वसा अम्ल के संघनन अभिक्रिया से निर्मित होते हैं। वसा का संश्लेषण विपटन प्रक्रिया का उत्क्रमणीय नहीं होता है। वसा अम्ल के संश्लेषण में ATP की उपस्थिति में सायटोप्लाज्म में उपस्थित एसिटिल CoA के कार्बोक्सिलीकृत होने से तथा मेलोनिल CoA बनता है। इसके पश्चात् मेलोनिल भाग सायटोप्लाज्म में उपस्थित एसिटिल केरियर प्रोटीन (ACP) के SH समूह में स्थानांतरित हो जाता है। अभिक्रियाओं की लम्बी श्रृंखला के पश्चात् वसा अम्ल बनता है। यह श्रृंखला लम्बाई में C_2 खण्ड में बढ़ती है जो एसिटिल CoA से आता है। लम्बी वसा एसिटिल CoA उत्पन्न होने तक इस प्रक्रिया की पुनरावृत्ति होती रहती है तथा यह श्रृंखला एन्जाइम सिन्थीटेस से मुक्त हो जाती है। माइटोकॉन्ड्रिया में एसिटिल CoA वसा अम्ल की छोटी श्रृंखला से बारम्बार संघनित होता रहता है तथा एक लम्बी श्रंखला निर्मित होती है।

वसा अम्ल जैव संश्लेषण के समय अभिक्रियाओं की पुनरावृत्त श्रृंखला एसिटिल CoA का एसिटिल अर्धांश 16 से 18 कार्बन लम्बा एसिल समूह के साथ समावेशित होता जाता है। इस संश्लेषण में उपयोग में आने वाले एन्जाइम एसिटिल CoA कार्बोक्सिलेस (ACCase) तथा फेटी एसिट सिन्थेस (FAS) हैं। फेटी एसिड सिन्थेस वास्तव में अनेक एन्जाइम का संकुल है जिसका प्रत्येक एन्जाइम एसिटिल CoA तथा मेलोनिल CoA को 16:0 तथा 18:0 वसा अम्ल में परिवर्तित करने में उत्प्रेरित करता है। एसिल केरियर प्रोटीन (ACP) एक आवश्यक प्रोटीन सहकारक है तथा इसे प्रायः FAS का संघटक माना जाता है (चित्र 12.1)।

वसा अम्ल के संश्लेषण का आरम्भन एसिटिल CoA का ATP निर्भर कार्बोक्सिलीकरण से होता है तथा मेलोनिल CoA बनता है। इसके पश्चात् मेलोनिल समूह ACP में स्थानांतरित हो जाता है। मेलोनिल अर्धांश के तदनन्तर विकार्बोक्सलीकरण संघनन अभिक्रियाओं को आगे बढ़ाने का कार्य करता है जिससे एसिटेट "प्राइमर" के C_1 तथा ACP से जुड़ा मेलोनिल समूह के C-2 के बीच कार्बन कार्बन आबंध बनता है। आरम्भ में इस दो कार्बन श्रृंखला की लम्बाई में विस्तारण से एसिटोएसिटिल निर्मित होता है, तदनन्तर तीन अभिक्रियायें अपचयन, निर्जलीकरण तथा पुनः अपचयन से पूर्णतः अपचयित acyl - ACP निर्मित होता है। तीन चरणों में बढ़ने वाला यह अनुक्रम जैवरासायनिक पथों में पाये जाने वाला सामान्य अनुक्रम है। β-ऑक्सीकरण तथा साइट्रिक अम्ल चक्र में भी अभिक्रियाओं की यही श्रंखला होती है परन्तु विपरीत तरीके से होती है।

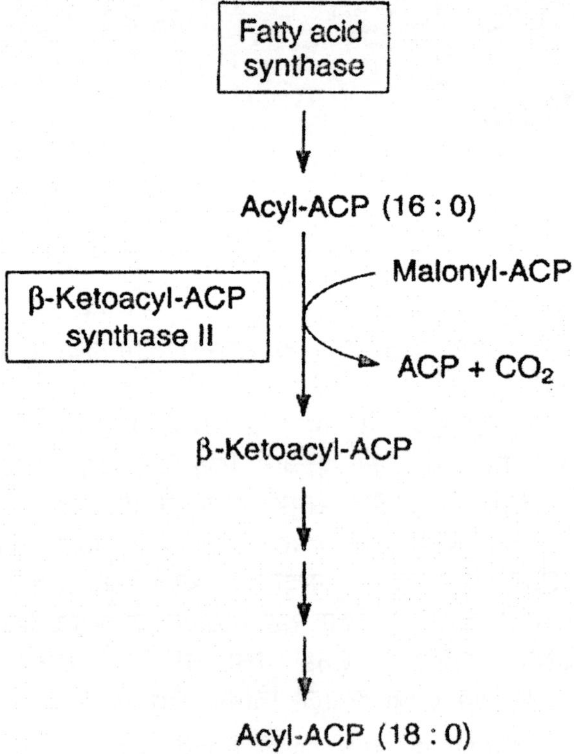

Fig. 12.1. Elongation and denaturation of fatty acid in plaslids.

Biosynthesis of saturated fatty acid

पौधे वसा अम्ल को ज्यादा दूरी तक संचालित करने में सक्षम नहीं होते हैं। बीज तथा फलों के अतिरिक्त वसा अम्ल का संश्लेषण कोशिका की आवश्यकतानुसार ही होता है। चूँकि प्रत्येक कोशिका का झिल्ली लिपिड में वसा अम्ल घटक के रूप में पाया जाता है अतः प्रत्येक कोशिका में झिल्ली लिपिड का संश्लेषण करने वाले एन्जाइम पाये जाते हैं। इसी प्रकार वसा अम्ल के संश्लेषण के एन्जाइम भी प्रत्येक कोशिका में पाये जाते हैं। पौधों में वसा अम्ल का **de novo** संश्लेषण सदैव प्लास्टिड में होता है। हरे रंग की कोशिका में क्लोरोप्लास्ट में, गैर हरे रंग की कोशिका में ल्यूकोप्लास्ट तथा रंगीन कोशिकाओं में क्रोमोप्लास्ट में वसा अम्ल का संश्लेषण होता है।

हांलाकि पादप कोशिका के ER की झिल्ली में भी वसा अम्ल संश्लेषण के एन्जाइम पाये जाते हैं, परन्तु ये एन्जाइम वास्तव में प्लॉस्टिड में पूर्व में निर्मित वसा अम्ल के रूपांतरण में भाग लेते हैं। इन रूपांतरण वसा अम्ल में श्रृंखला का विस्तारण तथा द्विआबंध बनना सम्मिलित होता है। वसा अम्ल श्रृंखला के विस्तारण को एन्जाइम इलॉन्गेसस उत्प्रेरित करता है जबकि द्विआबंध बनाने को डीसेट्यूरेसस उत्प्रेरित करता है।

एसिटिल CoA संतृप्त वसा अम्ल के संश्लेषण का पूर्ववर्ती है। सर्वप्रथम कुल वसा अम्ल का संश्लेषण सायटोसॉल में होता है (चित्र 12.2)। वसा अम्ल संश्लेषण के

अधिकतम अभिक्रियाओं को सायटोप्लाज्म में उपस्थित एन्जाइम फैटी एसिड सिन्थीटेस काम्पलेक्स उत्प्रेरित करता है। यह सात प्रोटीन के गुच्छ से बना होता है। कार्बोहाइड्रेट अथवा अमीनो अम्ल से प्राप्त एसिटिल CoA वसा अम्ल के सभी कार्बन का स्त्रोत् होता है, तथापि पाल्मिटिक अम्ल के संश्लेषण में आवश्यक आठ एसिटिल इकाइयों में सात मेलोनिल CoA से प्राप्त होते हैं तथा सिर्फ एक एसिटिल CoA द्वारा दिया जाता है। मेलोनिल CoA, एसिटिल CoA तथा HCO_3^- के कार्बोक्सिलीकरण अभिक्रिया से मिलता है। एक एसिटिल अवशेष तथा सात मेलोनिल अवशेष में अनुक्रमिक संघनन होता है। पाल्मिटिक अम्ल के संश्लेषण में CO_2 के सात अणु मुक्त होते हैं, NADPH अपचायक का कार्य करता है–

$$\text{Acetyl CoA} + 7\ \text{malonyl CoA} + 14\ \text{NADPH} + 14\ H^+ \longrightarrow$$
$$\text{Palmitic acid} + 7\ CO_2 3\ \text{CoA} + 14\ \text{NADP} + 6\ H_2O$$

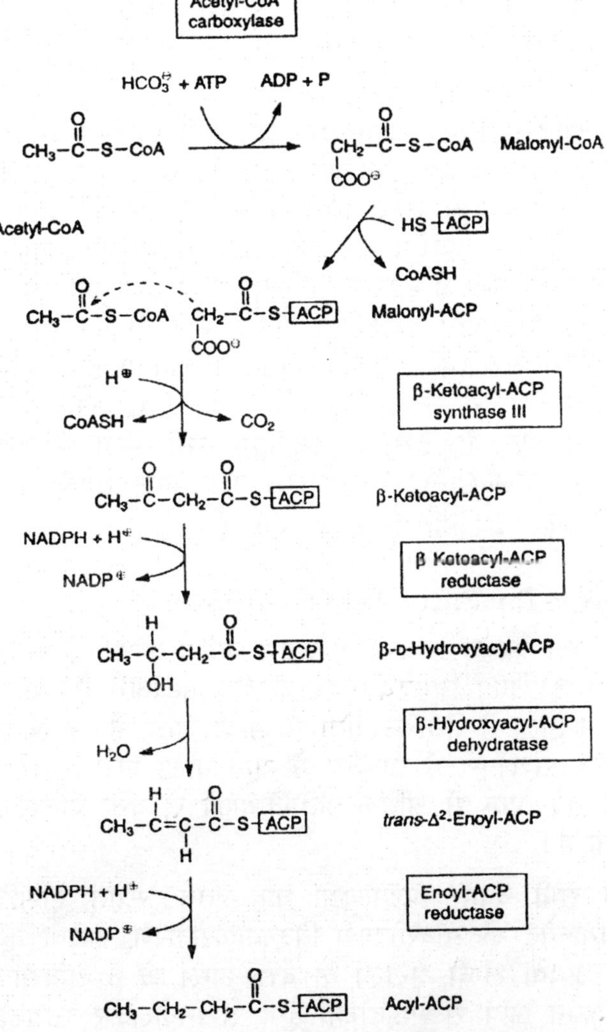

Fig. 12.2. Biosynthesis of fatty acids

एसिटिल CoA का एक अणु प्राइमर के रूप में अर्थात् प्रक्रिया को आरम्भ करने के लिये आवश्यक होता है। एसिटिल समूह के दो कार्बन समूह नवनिर्मित पाल्मिटिक अम्ल के शीर्षस्थ कार्बन अणु (15 तथा 16) बन जाते हैं। अतः वसा अम्ल संश्लेषण में वृद्धि कर रही श्रृंखला के एसिटिल CoA के कार्बोक्सिल सिरे पर आनुक्रमिक एसिटिल अवशेष प्रक्रिया में प्रवेश कर रहे मेलोनिल CoA के मेलोनिक अवशेष का तीन में से दो कार्बन द्वारा प्राप्त होता है। मैलोनिक अम्ल का तीसरा कार्बन अर्थात् अनइस्टरीफाइड कार्बोक्सिल समूह CO_2 के रूप में बाहर निकल जाता है। अंतिम उत्पाद पाल्मिटिक अम्ल का एक अणु होता है। अभिक्रियाओं के अनुक्रम पर **F. Lynin** की **S.J. Wakil** की तथा **P.R. Vagelos** की प्रयोगशाला ने स्पष्ट किया था।

वसा अम्ल संश्लेषण का एक विशिष्ट लक्षण यह है कि श्रृंखला की लम्बाई के एसिल मध्यवर्ती थायोईस्टर होते हैं। ये थायोईस्टर वसा अम्ल ऑक्सीकरण के समान CoA से न होकर कम आणविक भार वाले संयुग्मित प्रोटीन एसिल केरियर प्रोटीन (ACP) के होते हैं। यह प्रोटीन पाल्मिटिक अम्ल के पूर्ण संश्लेषण में आवश्यक छः अन्य एन्जाइम प्रोटीन से संकुल बना सकता है।

फैंटी एसिड सिन्थीटेस (FAS) वसा अम्ल की सभी एन्जाइम सक्रियता ACCase को दर्शाता है। ये क्रियायें ACCase के अतिरिक्त होती हैं। सभी जीवों में FAS आवश्यक रूप में एक समान होते हैं। प्रकृति में स्पष्ट भिन्नता वाले FAS के दो प्रकार होते हैं। प्राणि तथा यीस्ट Type I FAS का उपयोग करते हैं। यह एक बहुक्रियाशील एन्जाइम संकुल है जो बड़े उपइकाई का बना होता है। इसके विपरीत पौधों तथा जीवाणुओं में Type II FAS होता है जिसमें एन्जाइम सक्रियता व्यक्तिगत प्रोटीन में होती हैं। इसे वसा अम्ल संश्लेषण में लिप्त अन्य क्रियाओं से सरलता से पृथक किया जा सकता है। Type II FAS में ACP भी सम्मिलित हैं। अनेक प्रोटीन से बना प्लास्टिड का FAS संकुल अनेक जीवाणुओं के FAS संकुल के समान होता है, इसे प्रोकैरेयोटिक वसा अम्ल सिन्थेस संकुल कहते हैं। Type II FAS द्वारा एसिटिल CoA से बना C_{18} वसा अम्ल संश्लेषण हेतु 48 अभिक्रियायें होती हैं जिसमें कम से कम 12 विभिन्न प्रोटीन होते हैं।

The Carbon Source for Fatty Acid Synthesis

सभी वसा अम्ल का कार्बन अवलंब संश्लेषण का प्रारम्भिक आश्रय एसिटिल CoA है। अनेक आश्रायों में यह कोशिका उपापचय का केन्द्रीय मध्यवर्ती है। यह कोशिका में दर्जनों अभिक्रियाओं में उत्पन्न होता है तथा उपयोग में लाया जाता है। हाल ही तक यह निश्चित नहीं था कि वसा अम्ल संश्लेषण में उपयोग में आने वाला एसिटिल CoA किस अभिक्रिया का उत्पाद है। जहाँ तक एक से अधिक अभिक्रियाओं से बना एसिटिल CoA वसा अम्ल संश्लेषण में भाग लेता है।

वसा अम्ल के सभी कार्बन परमाणुओं का अंततः स्त्रोत् एसिटिल CoA है। यह माइटोकॉन्ड्रिया में पायरूवेट के ऑक्सीकारी विकार्बोक्सिकरण, अथवा कुछ अमीनो अम्ल के ऑक्सीकारी विघटन, अथवा लम्बी श्रृंखला के वसा अम्ल के β–ऑक्सीकरण से प्राप्त होता है। एसिटिल CoA अपने आप से माइटोकॉन्ड्रिया से निकलकर सायटोसॉल में नहीं पहुँच

पाता है, तथापि उसका एसिटिल समूह किसी अन्य रासायनिक रूपों में झिल्ली से स्थानांतरित हो सकता है। TCA के प्रथम पद में निर्मित साइट्रेट माइटोकॉन्ड्रिया की झिल्ली से सायटोप्लाज्म तक ट्राईकार्बोक्सिलिक संवहन तंत्र द्वारा संचालित हो सकता है। सायटोसॉल में साइट्रेट से एसिटिल CoA पुनः निर्मित हो सकता है। इस अभिक्रिया को एन्जाइम ATP साइट्रेट लायेस (जिसे साइट्रेट विदलन एन्जाइम भी कहा जाता है) उत्प्रेरित करता है।

Citrate + ATP + CoA ⟶ Acetyl CoA + ADP + Pi + Oxalocetate

माइटोकॉन्ड्रिया के समान प्लास्टिड में पायरूवेट डीहाइड्रोजिनेस होता है जिससे पायरूवेट ऑक्सीकृत होकर एसिटिल CoA बनाता है, इसके साथ NAD अपचयित होता है, परन्तु यह स्पष्ट नहीं है कि स्थिरीकरण के उत्पादों से एसिटिल CoA किस प्रकार बनता है। जब क्लोरोप्लास्ट में रेडियोएक्टीव चिन्हित एसीटेट को सप्लाई किया जाता है तो यह बहुत जल्द वसा अम्ल में समावेशित हो जाता है।

दूसरे पथ में एसिटिल CoA का एसिटिल समूह एन्जाइमी प्रक्रिया से कारनीटीन में स्थानांतरित हो जाता है जो वाहक का कार्य करता है। एसिटिलकारनीटीन माइटोकॉन्ड्रिया झिल्ली से सायटोसॉल के CoA में स्थानांतरित हो जाता है तथा एसिटिल CoA पुनः निर्मित हो जाता है।

Formation of Malonyl CoA : Acetyl CoA Carboxylase

कोशिका में मेलोनिल CoA अनेक जैवरासायनिक पथों में उपयोग में आता है, परन्तु प्लास्टिड में मैलोनिल CoA का एक मात्र प्रारब्ध वसा अम्ल संश्लेषण हैं। अतः प्लास्टिड में Accase अभिक्रिया वसा अम्ल संश्लेषण का प्रथम पद है। अनेक साक्ष्यों से स्पष्ट होता है कि प्लास्टिड Accase सक्रियता दृढ़ता से नियंत्रित होती है। एक बड़े भाग का नियंत्रण वसा अम्ल संश्लेषण के कुल प्रक्रिया की दर को नियंत्रित करता है। क्लोरोप्लास्ट में मेलोनिल CoA की सांद्रता दिन रात संक्रमण में जल्द ही परिवर्तित होती है तथा वसा अम्ल संश्लेषण के आनुपातिक होता है। प्लास्टिड में वसा अम्ल संश्लेषण में आश्रय तथा उत्पाद का विश्लेषण दर्शाता है कि यह नियंत्रण Accase अभिक्रिया में होता है। अतः प्लास्टिक स्थानिक Accase एन्जाइम अत्यंत नियंत्रित एन्जाइम जिस पर पुनर्निवेश (Feed back) तथा अन्य जैव रासायनिक नियंत्रण लागू होते हैं।

पाल्मिटिक अम्ल के 16 में से 14 कार्बन का तात्कालिक पूर्ववर्ती मेलोनिल CoA होता है। सायटोसॉल में मेलोनिल CoA एक संकुल एन्जाइम Acetyl CoA कार्बोक्सिलेस द्वारा उत्प्रेरण से बनता है। इस अभिक्रिया में एसिटिल CoA तथा बाइकार्बोनेट कार्बोक्सिलीकरण क्रिया करते हैं।

$$\text{Acetyl - CoA} + HCO_3^- + H^+ + \text{ATP} \longrightarrow \text{Malonyl CoA} + \text{ADP} + \text{Pi}$$

HCO_3^- का कार्बन CO_2 से ज्यादा सक्रिय होता है। यह मेलोनिल CoA का दूरस्थ मुक्त कार्बोक्सिल समूह बन जाता है। उपरोक्त अभिक्रिया में कुल तीन अन्तर्वर्ती अभिक्रियायें होती हैं।

Acetyl-CoA कार्बोक्सिलेस में बायोटिन प्रॉस्थेटिक समूह के रूप में होता है। बायोटिन का कार्बोक्सिल समूह बायोटिन कार्बोक्सिल वाहक प्रोटीन के विशिष्ट लायसीन अवशेष से **E** - अमीनो समूह से एमाइड आबंध से आबद्ध होता है। यह एक **Acetyl - -NH** समूह बनाता है जो HCO_3^- के साथ कार्बामेट बनाता है। यह अभिक्रिया **ATP** के जलीय अपघटन से संचालित होती है। एसिटिल **CoA** में कार्बोक्सिलेशन हेतु दो पद आवश्यक है:–

(1) ATP के व्यय पर बायोटिन कार्बोक्सिलेस द्वारा बायोटिन का कार्बोक्सिलीकरण हो जाता है।

(2) कार्बोक्सिल ट्रांसफरेसस द्वारा बाइकार्बोनेट एसिटिल **CoA** में स्थानांतरित हो जाता है।

बायोटिन कार्बोक्सिल केरियर प्रोटीन, बायोटिन कार्बोक्सिलेस, तथा कार्बोक्सिल ट्रांसफरेस तीनों एन्जाइम मिलकर एक बहुएन्जाइमी संकुल बनाते हैं। चूँकि बायोटिन वाहक प्रोटीन से लम्बे तथा लचीले हाइड्रोकार्बन श्रृंखला से जुड़ा रहता है, यह बहुएन्जाइमी संकुल के कार्बोक्सिलेस तथा कार्बोक्सिल ट्रांसफरेस से एकांतरित रूप में अभिक्रिया कर सकता है।

सहसंयोजी आबंध बायोटिन दो चरणों की अभिक्रिया चक्र में CO_2 अणु का मध्यवर्ती वाहक के रूप में कार्य करता है।

एसिटिल **CoA** (एक एलोस्टेरिक एन्जाइम) द्वारा उत्प्रेरित अभिक्रिया प्राथमिक नियामक, अथवा वसा अम्ल के जैव संश्लेषण की दर को सीमित करने वाला पद होता है। एसिटिल **CoA** कार्बोक्सिलेस उसके सकारात्मक माड्यूलेटर (साइट्रेट या आइसोसाइट्रेट) की अनुपस्थिति में वस्तुतः निष्क्रीय होता है।

एसिटिल **CoA** कार्बोक्सिलेस निष्क्रीय एकलक रूप तथा सक्रिय बहुलक रूप दोनों में पाया जाता है। निष्क्रीय एन्जाइम एकलक का आणविक भार **4,10,000** होता है तथा इसमें HCO_3^- (एक बायोटिन प्रॉस्थेटिक समूह) के लिये, एक एसिटिल **CoA** के लिये तथा एक साइट्रेट के लिये बंधन स्थल होता है। साइट्रेट निष्क्रीय एकलक तथा सक्रिय बहुलक के बीच साम्यावस्था स्थापित करता है, यह अवस्था सक्रिय बहुलक की ओर होती है :–

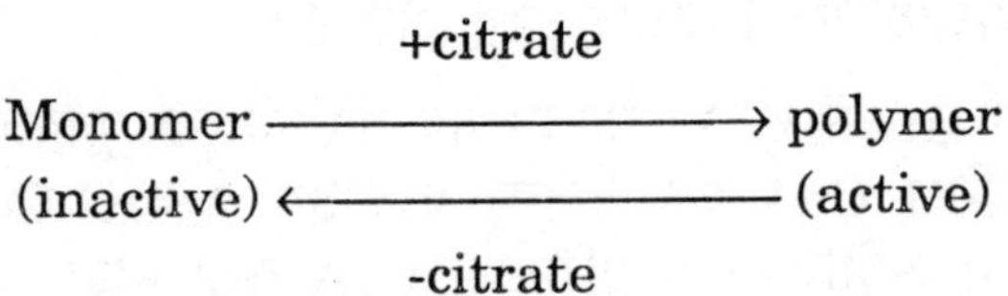

वास्तव में एसिटिल **CoA** कार्बोक्सिलेस अभिक्रिया अधिक जटिल होती है। एन्जाइम के एकलक रूप में चार विभिन्न उपइकाइयाँ होती हैं। मेलोनिल **CoA** के संश्लेषण की अभिक्रियाओं के अनुक्रम का निष्कर्ष एकलक की चार उपइकाइयों के अध्ययन से ज्ञात किया गया है। इनमें से एक उपइकाई बायोटिन कार्बोक्सिलेस (BC), पहली अभिक्रिया को उत्प्रेरित करता है। इस अभिक्रिया में दूसरी उपइकाई से सहसंयोजी आबंध से जुड़े

बायोटिन अवशेष (जिसे **Biotin Carboxylase Carrier Protein (BCCP)** कहते हैं) का कार्बोक्सिलीकरण होता है –

कुल अभिक्रियाओं का दूसरा पद तीसरे प्रकार की उपइकाई (जिसे **Carboxyl Transferase (CT)** कहते हैं) द्वारा उत्प्रेरित होता है।

$$\text{Biotin-BCCP} + HCO_3^{-} + H+ + \text{ATP} \xrightarrow{\text{BC subunit}} \text{Carboxy biotin BCCP} + \text{ADP} + \text{Pi}$$

कुल अभिक्रियाओं का दूसरा पद तीसरे प्रकार की उपइकाई (जिसे **Carboxyl Transferase (CT)** कहते हैं) द्वारा उत्प्रेरित होता है :–

$$\text{Carboxy biotin - BCCP - Acetyl - CoA} \xrightarrow{\text{CT subunit}} \text{Biotin - BCCP} + \text{Malonyl CoA}$$

इन अभिक्रियाओं में कार्बोक्सिल वाहक प्रोटीन का बायोटिन अवशेष झूलने वाले अंग जैसा कार्य करता है। यह बायोटिन कार्बोक्सिलेस उपइकाई से बाईकार्बोनेट आयन को एसिटिल **CoA** में स्थानांतरित करता है। एसिटिल **CoA,** कार्बोक्सिल ट्रांसफरेस उपइकाई के सक्रिय स्थल से आबंध होता है। एन्जाइम के निष्क्रीय एकलक रूप में परिवर्तन तब होता है जब प्रत्येक एकलक की चौथी उपइकाई में साइट्रेट आबंध हो जाता है।

Plants Contain both homomeric and heteromeric forms of Accase

Accase वसा अम्ल संश्लेषण के आरम्भिक पद को उत्प्रेरित करता है। प्लास्टिड के **Accase** में चार उपइकाई होती हैः बायोटिन कार्बोक्सिल केरियर प्रोटीन (**BCCP**), बायोटिन कार्बोक्सिलेस (**BC**), तथा कार्बोक्सिल ट्रांसफरेस (**CT**) का λ तथा β–उपइकाई। ये चार उपइकाई **650 k Da** का विषमावयव संकुल बनाते हैं जो झिल्ली से सम्बद्ध होता है। तीन उपइकाई केन्द्रक के तीन भिन्न जीन द्वारा कूट किये जाते हैं जबकि चौथी उपइकाई (β–CT) को क्लोरोप्लास्ट जीनोम कूट करता है। सायटोसॉल में **Accase** का रूप बड़ा (**500 kDa** से अधिक) एक समभागी प्रोटीन है। उपरोक्त वर्णित चार उपइकाई एकमात्र पॉलीपेप्टाइड के डोमेन में संघटित होते हैं, जिनमें से दो सम्बद्ध होकर समभागी बनाते हैं। प्राणियों तथा कवकों में पाये जाने वाला **Accase** की संरचना, इसी के समान होती है। अभी तक परीक्षण किये गये लगभग सभी एकबीज पत्री तथा द्विबीजपत्री पौधों में दो प्रकार के **Accase** होते हैं, यह प्लास्टिड में पाये जाने वाला विषमावयव, बहुइकाई रूप होता है तथा सायटोसॉल में समभागी रूप में पाया जाता है।

The Reactions of the Fatty - Acid Synthetase System

एक बार एसिटिल **CoA** से कुछ जटिल एसिटिल **CoA** कार्बोक्सिलेस अभिक्रिया से मेलोनिल **CoA** निर्मित हो जाये, तब वसा अम्ल संश्लेषण की आगामी अभिक्रियायें छः अभिक्रियाओं का अनुक्रम फेटी एसिड सिन्थीटेस सिस्टम के छः एन्जाइमों द्वारा उत्प्रेरित

होता है (चित्र 12.3)। इस सिस्टम का सांतवा प्रोटीन एसिल केरियर प्रोटीन है जिसकी अपनी कोई एन्जाइमिक सक्रियता नहीं होती है तथा इससे वसा अम्ल की श्रृंखला सहसंयोजी आबंध से जुड़ी होती है।

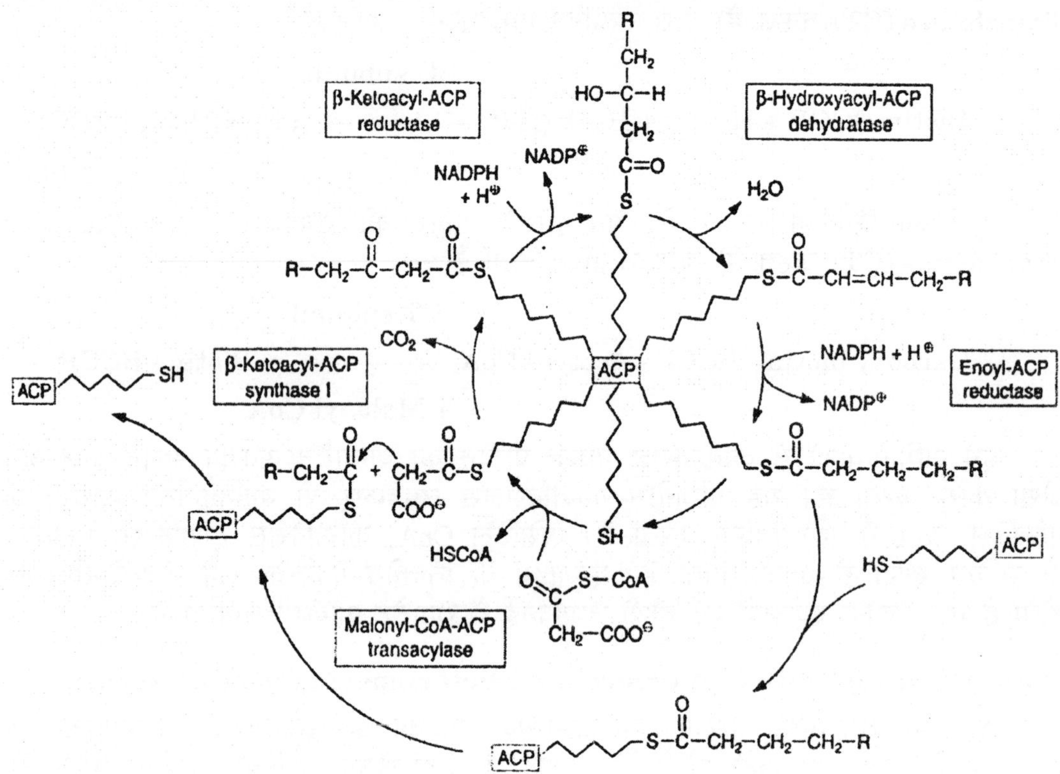

Fig. 12.3. The interplay of the various enzymes during fatty acid synthesis

Acyl Carrier Protein (ACP)

एसिल केरियर प्रोटीन को सर्वत्र ACP से संकेतिक किया जाता है। सर्वप्रथम Vagelos तथा उनके सहयोगियों ने इस प्रोटीन का *E. coli* से शुद्ध रूप से विलग किया उसके पश्चात् कई अनेक स्त्रोतों से इसका अध्ययन किया गया है। यह छोटा प्रोटीन है तथा लगभग 80 अमीनों अम्ल लम्बा होता है। इसकी पॉलीपेप्टाईड श्रृंखला के मध्य के समीप उपस्थित सेरीन अवशेष से फॉस्फोपेन्टाथीनीन (प्रॉस्थेटिक समूह) सहसंयोजी आबंध से जुड़ा रहता है। ACP का एकमात्र सल्फहिड्रिल समूह प्रॉस्थेटिक समूह (4' फॉस्फोपेन्टेथीनीन) द्वारा प्रदत्त किया जाता है, इससे एसिल मध्यवर्ती इस्टरीकृत होता है। यह प्रोटीन के सेरीन अपशेष 36 से सहसंयोजी आबंध से जुड़ा रहता है। 4' फॉस्फोपेन्टाथीनीन अर्द्धांश को एन्जाइम के सदृश्य होता है। जिसका यह व्युत्पन्न होता है। वसा अम्ल में संश्लेषण में ACP का कार्य वसा अम्ल ऑक्सीकरण में CoA के कार्य के सहधर्मी होता है। यह एक स्थिरक के समान कार्य करता है जिस पर एसिल मध्यवर्ती इस्टरीकृत होते हैं।

The Priming Reaction

फैटी एसिड सिन्थीटेस सिस्टम को तैयार करने के लिये पहले एसिटिल CoA, ACP के सल्फहिड्रिल समूह से अभिक्रिया करता है। सिन्थीटेस सिस्टम के छः एन्जाइम में से एक एन्जाइम ACP एसिल ट्रांसफरेस इस अभिक्रिया को उत्प्रेरित करता है।

$$\text{Acetyl - S - CoA + ACP - SH} \rightarrow \text{Acetyl - S - ACP + CoA - SH}$$

यह एसिटिल समूह ACP में नहीं रहता बल्कि यह फेटी–एसिड–सिन्थेस संकुल के एक अन्य एनजाइम β–कीटो एसिल – ACP – सिन्थीटेस के विशिष्ट सिस्टीन अपशेष में स्थानांतरित हो जाता है। यह अभिक्रिया निम्नलिखित रूप में होती है :–

$$\text{Acetyl - S - ACP + Synthase - SH} \rightarrow \text{ACP - SH + Acetyl - S - Synthase}$$

इस अभिक्रिया में β–कीटोएसिल – ACP सिन्थीटेस की सरलता हेतु सिन्थेस लिखा जाता है। इस अभिक्रिया के साथ फेटी–एसिड सिन्थेस संकुल उन अभिक्रियाओं को करने के लिये तैयार हो जाता है जो श्रृंखला में दो कार्बन इकाई विस्तारण के लिये आवश्यक होती है।

The Malonyl Transfer Step

अगली अभिक्रिया – ACP मेकोनिल ट्रांसफरेस से उत्प्रेरित होती है तथा मेलोनिल – CoA बनता है। ACP के 4' फॉस्फोपेन्टाथीन भुजा के - SH समूह से एसिटिल CoA कार्बोक्सिलेस अभिक्रिया करता है तथा CoA मुक्त हो जाता है एवं मेलोनिल - S - ACP बनता है :

$$\text{Malonyl - S - CoA + ACP - SH} \rightarrow \text{Malonyl - S - ACP + CoA - SH}$$

इस पद तथा आरम्भिक पूर्वगत् अभिक्रियाओं के फलस्वरूप मेलोनिल समूह ACP के साथ इस्टरीकृत हो जाता है तथा एसिटिल समूह β–कीटोएसिल ACP सिन्थीटेस अणु के SH समूह से एस्टरीकृत हो जाता है।

The Condensation Reaction

अनुक्रम की अगली अभिक्रिया β–कीटोएसिल ACP सिन्थेस से उत्प्रेरित होती है। इस एन्जाइम के सिस्टीन अपशेष से एस्टरीकृत एसिटिल समूह ACP के मेलोनिल समूह के कार्बन परमाणु 2 पर स्थानांतरित हो जाता है। इस अभिक्रिया में मेलोनिल अपशेष का कार्बोक्सिल समूह CO_2 के रूप में मुक्त होता है –

$$\text{Acetyl-S-Synthase+Malonyl-S-ACP} \rightarrow \text{Acetoacetyl-S-ACP+}CO_2\text{+Synthase-SH}$$

इस प्रकार मुक्त हुआ CO_2 वही कार्बन परमाणु है जो एसिटिल CoA कार्बोक्सिलेस अभिक्रिया में HCO_3^- के रूप में जुड़ा था। CO_2 का मुक्त होना इस अभिक्रिया को अनुक्रमणीय बना देता है। इस प्रकार निर्मित एसिटोएसीटेट ACP से थायोएस्टर के रूप में आबंधित रहता है। यह NADPH से अपचयित होकर β-D- हाइड्रॉक्सीएसिल -ACP बन जाता है। जल के अणु के मुक्त हो जाने के बाद कार्बन–कार्बन–द्विआबंध NADPH से अपचयित होकर Acyl ACP बन जाता है। सारांश में वसा अम्ल संश्लेषण में HCO_3^- की

उत्प्रेरक की भूमिका होती है क्योंकि यह CO_2 के रूप में पुनर्जीवित हो जाता है। यह वसा अम्ल संश्लेषण में दो कार्बन अपशेषों का पूर्ववर्ती है। यदि एसिटोएसिटिल का निर्माण एसिटिल CoA के दो अणुओं से तथा एन्जाइम एसिटिल - CoA - एसिटिल ट्रांसफरेस की क्रिया से होता है

Acetyl - S - COA + acetyl - S - COA → Acetoacetyl - S - COA + COA - SH

अभिक्रिया प्रबल ऊर्जाक्षेपी होती है तथा साम्यावस्थ दायीं ओर संश्लेषण की दिशा में होती है। चूँकि मेलोनिल अपशेष का विकार्बोक्सिलीकरण प्रबल ऊर्जाक्षेपी होती है, जिससे यह प्रबलता से ऊष्मागतिक के कारण पूर्णता की ओर बढ़ता है।

The First Reduction Reaction

वसा अम्ल संश्लेषण का प्रारम्भिक अपचयन पद 3-कीटो–एसिल–ACP का 3-हाइड्रॉक्सीएसिल-ACP में परिवर्तन हैं। अब एसिटोएसिटिल – S - ACP का NADPH अपचयन करता है जिससे β–हाइड्रॉक्सीब्यूटिरिल – S - ACP बनता है। यह अभिक्रिया β–कीटोएसिल - ACP रिडक्टेस द्वारा उत्प्रेरित होता है –

Acetoacetyl - S - ACP + NADPH + H+ → D-β.hydroxybutyrl - S -ACP+ $NADP^+$

3 - कीटोएसिल - ACP रिडक्टेस एक टेट्रामर है जिसके कम से कम दो समावयव होते हैं। यह विचारणीय हैं कि उत्पाद β – हाइड्रॉक्सी अम्ल का D - त्रिविम समावयव होता है जबकि वसा अम्ल के ऑक्सीकरण में समावयव का L - विन्यास होता है।

The Dehydration Step

अगली अभिक्रिया में D-β – हाइड्रॉक्सीब्यूट्रिल -S-ACP का निर्जलीकरण होता है तथा अनुरूप ट्रांस–α, β या Δ^2 अनसेट्यूरेटेड एसिल -S-ACP (क्रोटोनिल-S-ACP) बनाता है। इस अभिक्रिया को एन्जाइम इनॉइल-ACP- हाइड्राटेस उत्प्रेरित करता है।

$CH_3CHOH{\bullet}CH_2{\bullet}CO$ - S - ACP ⟶ CH_3-CH=CH-CO=S-ACP+H_2O

The Second Reduction Step

क्रोटोनिल - S - ACP का अपचयन होता है तथा ब्यूटिरिल- S - ACP बनता है। इनॉइल ACP रिडक्टेस (NADPH) उत्प्रेरक का कार्य करता है। *E. coli* में NADPH इलेक्ट्रॉन दाता का कार्य करता है।

Crotonly - S - ACP + NADPH + H+ ⟶ Butyryl - S - ACP + $NADP^+$

माइटोकॉन्ड्रिया में होने वाले वसा अम्ल के ऑक्सीकरण के अनुरूप इस अभिक्रिया में भिन्नता है। फ्लेवोप्रोटीन के स्थान पर पिरडीन न्यूक्लीयोटाइड भाग लेता है। चूँकि वसा अम्ल ऑक्सीकरण में आवश्यक फ्लेवोप्रोटीन की तुलना में $NADP^+$/NAD^+ युग्म का मानक विभव ज्यादा ऋणात्मक होता है, NADPH वसा अम्ल के अपचयन निर्माण को अनुकूल करता है।

ब्यूटिरिल ACP निर्मित होने के साथ ही पाल्मिटाइल S-ACP बनने की दिशा में सात अभिक्रियाओं का चक्र पूर्ण हो जाता है। दूसरे चक्र को प्रारम्भ करने के लिये ब्यूटिरिल

समूह ACP से स्थानांतरित होकर β–कीटोएसिल - ACP - सिन्थेस अणु के -SH समूह में स्थानांतरित हो जाते हैं। इस प्रकार ACP को इस प्रकार बना दिया जाता है कि वह एक अन्य मेलोनिल - CoA से मेलोनिल समूह को ग्रहण कर सकें। चक्र की पुनरावृत्ति होती है, अगले चरण में मेलोनिल - S - ACP का ब्यूटिरिल - S - β – कीटोएसिल ACP सिन्थेस का संघनन करता है तथा β –कीटोहेक्सोनिल - S - ACP तथा CO_2 बनता है।

सात पूर्ण चक्र के पश्चात् पॉल्मिटॉइल - ACP अंत उत्पाद होता है। पाल्मिटॉइल समूह को थायोएस्टरेस द्वारा हटाया जा सकता है जिससे मुक्त पॉल्मिटिक अम्ल प्राप्त होता है, अथवा यह ACP से स्थानांतरित होकर CoA में चला जाता है या फिर यह सीधे फॉस्फोलिपिड्स तथा ट्राईएसिल ग्लिसेरॉल्स में समावेशित किया जा सकता है।

यह ध्यान देने योग्य है कि अधिकांश जीवों में वसा अम्ल सिन्थेस सिस्टम पॉल्मिटिक अम्ल के उत्पादन के बाद रूक जाता है तथा स्टियेरिक अम्ल नहीं बनाता। स्टियेरिक अम्ल में पॉल्मिटिक अम्ल से दो कार्बन अधिक होते हैं एवं इस प्रकार भौतिक गुणों में ज्यादा अंतर नहीं दर्शाया जाता है। सिस्टम को श्रृंखला विस्तार विशिष्टता β –कीटोएसिल ACP सिन्थेस द्वारा प्रदत्त होती है। यह ACP से टेट्राडेकानॉइल समूह (14 कार्बन) को सक्रियता से ग्रहण करता है परन्तु हेक्साडेकानॉइल समूह (16 कार्बन) को ग्रहण नहीं करता। इसका कारण यह हो सकता है कि एन्जाइम में संतृप्त एसिल समूह का बंधन स्थल श्रृंखला लम्बाई की विशिष्ट लम्बाई का ही समायोजन कर सकता है। इसके अतिरिक्त, पाल्मिटॉइल – CoA वसा अम्ल सिन्थीटेस सिस्टम के लिये पुनर्निवेश संदमक के रूप में कार्य करता है।

कार्बन परमाणु की विषम संख्या वाले संतृप्त वसा अम्ल का संश्लेषण भी फेटी–एसिट सिन्थटेस सिस्टम से होता है। इस प्रकार में संश्लेषण को तैयार करने हेतु आरंभिक अणु प्रोपियोनिल – S - ACP (एसिटिल–S-ACP के स्थान पर) होता है जिसमें निरंतर दो कार्बन इकाई मेलोनिल – S - ACP द्वारा जुड़ती जाती है।

Thioesterase reactions terminate the fatty acid biosynthesis cycle

वसा अम्ल संश्लेषण के प्रत्येक चक्र द्वारा एसिल श्रृंखला मे दो कार्बन जुड़ जाते हैं। प्रारूपिक रूप में वसा अम्ल संश्लेषण का अंत 16 : 0 या 18 : 0 में होता है जबकि अनेक अभिक्रियाओं में से एक अभिक्रिया प्रक्रिया को रोक देती है। सबसे सामान्य अभिक्रिया थायोएस्टरेस द्वारा ACP से एसिल अर्धांश का जलीय अपघटन है, अथवा एसिल ट्रांसफरेस द्वारा ACP से एसिल अर्धांश का ग्लिसरोलिपिड में सीधा स्थानांतरण अथवा एक एसिल ACP डीसेट्यूरेस अभिक्रिया है। थायोइस्टरेस अभिक्रिया से सल्फहिड्रिल ACP प्राप्त होता है।

पौधों में दो प्रमुख प्रकार के एसिल ACP थायोइस्टरेस FatA तथा Fat B पाये जाते हैं। हांलाकि, दोनों ही प्रकार में अभिक्रियाओं के उपापचयी परिणाम समान होते हैं। ACP से एसिल अर्धांश के विदलन से विस्तारण रूक जाता है तथा एक अस्पष्ट क्रियाविधि से एसिल समूह को प्लास्टिड के बाहर निर्यात कर दिया जाता है।

The Prokaryotic and Eukaryotic Pathway

प्लास्टिड में लिपिड जैवसंश्लेषण में, एसिल –ACP से एसिल समूह सीधे ग्लिसेरॉल –3 - फॉस्फेट में स्थानांतरित हो जाता है। पहले एसायलेशन पद में अधिकतर एक 18:1- कम आवृत्ति में 16 : 0 -, तथा बहुत कम 18 : 0 - एसिल समूह 1 स्थान पर एस्टरीकृत होता है। C-2 स्थान सदैव 16 : 0 - अपशेष से एस्टरीकृत होता है। चूँकि यह विशिष्टता सायनोजीवाणु में भी देखी गई है अतः प्लॉस्टिड में ग्लिसरोलिपिड संश्लेषण को प्रोकैरेयोटिक पथ कहते हैं।

ER झिल्ली में ग्लिसरोलिपिड संश्लेषण में एसिल अर्धांश का स्थानांतरण एसिल CoA में होता है। यहाँ पर भी पुनः C_1 स्थान पर हाइड्रॉक्सिल समूह एक 18:1-, 16:0- अथवा 18 : 0- एसिल अपशेष से एस्टरीकृत होता है। परन्तु C-2 स्थान सदैव कुछ विसंतृप्त 18 : n एसिल अपशेष से एस्टरीकृत होता है। ER झिल्ली में ग्लिसरोलिपिड पथ को यूकेरैयोटिक पथ कहते हैं।

विशिष्ट इलॉन्गेस सिस्टम लम्बी श्रृंखला वसा अम्ल का उत्पादन करता है।

वसा अम्ल संश्लेषण में प्रायः C_{16} तथा C_{18} वसा अम्ल बनता है। हांलाकि पौधों में लम्बे वसा अम्ल की अनेक आवश्यकतायें होती हैं। सभी पौधे मोम बनाते हैं जो C_{26} से C_{32} वसा अम्ल से प्राप्त होता है। स्पिन्गोलिपिड में प्रायः C_{22} तथा C_{24} वसा अम्ल होते हैं। कुछ पौधों में ट्राईएसिलग्लिसेरॉल में C_{20} तथा C_{22} वसा अम्ल की बड़ी मात्रा होती है।

पौधे तथा अधिकांश अन्य यूकैरेयोटिक जीवों में विशिष्ट इलॉन्गेस सिस्टम होता है जिससे वसा अम्ल C_{18} के आगे विस्तारण होता है। हांलाकि इलॉन्गेस की एन्जामोलॉजी को अच्छे से नहीं समझा जा सका है तथापि दोनों सिस्टम (FAS तथा इलॉन्गेस) में अनेक महत्वपूर्ण भिन्नतायें ज्ञात है :–

(1) फेटी एसिट इलॉन्गेस सायटोसॉल में स्थापित होता है तथा झिल्ली आबद्ध होता है।

(2) प्रक्रिया में ACP सम्मिलित नहीं होता है।

(3) इलॉन्गेस 3 - कीटोएसिल – CoA सिन्थेस (elongase KCS) मेलोनिल CoA को एसिल प्राइमर से संघनन को उत्प्रेरित करता है।

The ER membrane is the site of fatty acid elongation and desaturation

प्लास्टिड 16 : 0-, 18 : 1-, तथा कम सीमा में 18 : 0- एसिल अपशेष बनाता है। तथापि, कुछ संग्रह लिपिड्स में ज्यादा लम्बी श्रृंखला के वसा अम्ल होते हैं। यह मोम के लिये भी लागू होता है जो लम्बी श्रृंखला वसा अम्ल (C_{20} - C_{24}) के एस्टर है जिसमें बहुत लम्बी (C_{24} - C_{32}) एसिल अल्कोहल श्रृंखला होती है। वसा अम्ल का C_{18} से अधिक विस्तारण इलॉन्गेस द्वारा उत्प्रेरित होता है जो ER झिल्ली में स्थापित होता है। वसा अम्ल संश्लेषण के समान ही विस्तारण होता है। प्रमुख भिन्नता यह है कि भिन्न एन्जाइम

सम्मिलित होते हैं तथा एसिल एवं मेलोनिल अपशेष, एसिल थायोएस्ट्रस के रूप में सक्रियक होते हैं।

ER झिल्ली एसिल अपशेष के आगे विसंतृप्त होने का स्थल है। विसंतृप्त हेतु पहले एसिल समूह फॉस्फोलिपिड जैसे फॉस्फाटिडिलकोलीन में समावेशित हो जाता है ER झिल्ली से आबद्ध डीसेट्यूरेस ओलिएट (18:1) को लिनोलियेट (18:2) में तथा बाद में लिनोलिनेट (18:3) में परिवर्तित कर देता है। ग्लिसेरॉल के C-2 स्थान पर 18:2 अथवा 18:3 एसिल अपशेष का विनिमय 18:1 एसिल अपशेष के लिये हो सकता है, बाद में यह आगे भी विसंतृप्त हो सकता है।

The first double bond in newly formed fatty acid

प्लास्टिड स्ट्रोमा में बना स्टियेरॉइल – ACP विसंतृप्त हो जाता है तथा ओलिऑइल – ACP बनता है (चित्र 12.4)। इस अभिक्रिया को मोनोऑक्सीजिनेशन माना गया है। ऐसा इसलिये कहा गया है क्योंकि O_2 अणु का एक O परमाणु अपचयित होकर जल बनाता है तथा दूसरा O परमाणु वसा अम्ल के हाइड्रोकार्बन श्रृंखला में हाइड्रॉक्सिल समूह के रूप में समावेशित हो जाता है। तदनन्तर H_2O के मुक्त होने से कार्बन–कार्बन द्विआबंध बनता है, यह β–हाइड्रॉक्सि एसिल – ACP - डीहाइड्राटेस के अनुरूप होता है। यह वसा अम्ल संश्लेषण के विपरीत cis विन्यास का होता है। मोनोऑक्सीजिनेशन को दो इलेक्ट्रॉन की आवश्यकता होती है, जो NADPH द्वारा फेरेडॉक्सिन की मध्यस्थता से प्राप्त होते हैं। जीवाणुओं, पौधों तथा प्राणियों में मोनोऑक्सीजिनेस व्यापक रूप में होता है। अधिकांश प्रकारों में एक विशिष्ट (सायटोक्रोम P_{450}) O_2 को सक्रिय करता है। तथापि, Stearoyl - ACP - desaturase में O_2 अणु di-iron-oxo-cluster से अभिक्रिया करता है। Iron - sulphur cluster अपोपचय वाहक है जिसमें Fe - परमाणु प्रोटीन से सिस्टीन अपशेष के माध्यम से जुड़े रहते हैं। डीसेट्यूरेस के di-iron-oxo-cluster में दो आयरन परमाणु एन्जाइम के ग्लूटामेट तथा एस्पारटेट के कार्बोक्सिल समूह से आबद्ध होते हैं। दो Fe परमाणु + IV, + III तथा + II ऑक्सीकरण अवस्थ के एकान्तरित होते हैं। दो Fe परमाणुओं से बंधन बनाकर O_2 अणु सक्रिय हो जाता है।

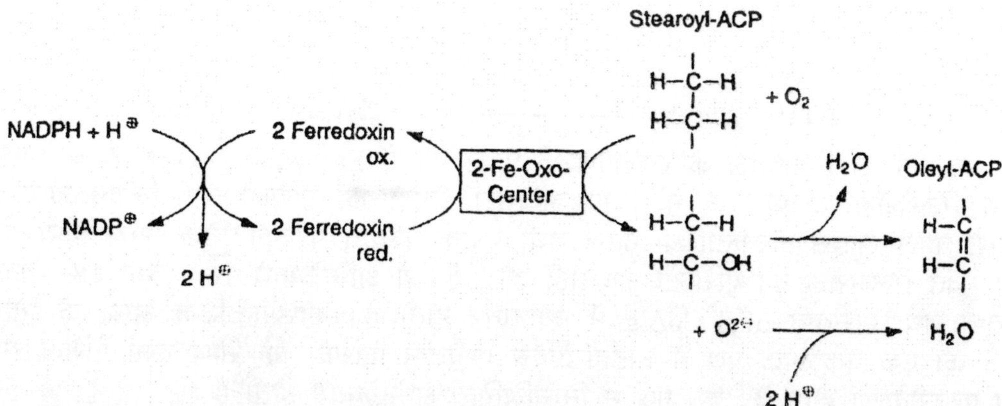

Fig. 12.4. Desaturation of Stearoyl-ACP to Oleyl-ACP as catalyzed by stearoyl-ACP-desaturase

Stearoyl - ACP - desaturase एक घुलनशील प्रोटीन है तथा क्लोरोप्लास्ट एवं अन्य प्लास्टिड में पाया जाता है। यह एन्जाइम इतना अधिक सक्रिय होता है कि सामान्य रूप में बना **Stearyol - ACP** लगभग पूरी तरह **Oleyl - ACP** में परिवर्तित हो जाता है। यह घुलनशील डीसेट्यूरेस वसा अम्ल में सिर्फ एक द्विआबंध को सन्निविष्ट करने में सक्षम होते हैं। आगे के द्विआबंध को अन्य डीसेट्यूरेस उत्प्रेरित करते हैं। ये एन्जाइम **ER** झिल्ली के एकीकृत प्रोटीन होते हैं तथा सिर्फ झिल्ली लिपिड के घटक वसा अम्ल से अभिक्रिया कर पाते हैं। इस कारण से इन्हें एसिल लिपिड डीसेट्यूरेस कहा जाता है। झिल्ली आबद्ध डीसेट्यूरेस को पूर्व में दर्शाये **ACP** डीसेट्यूरेस के समान इनको O_2 तथा अपचयित फेरेडॉक्सिन की आवश्यकता होती है। इनमें इलेक्ट्रॉन संचालन तंत्र भिन्न होता है। आवश्यक अपचायक तुल्यांक **FAD** अंतर्विष्ट **NADH** - सायटोक्रोम **b-5** रिडक्टेस के माध्यम से **NADPH** से सायटोक्रोम b_5 में स्थानांतरित हो जाता है। इसके पश्चात् यह वास्तव में डीसेट्यूरेस में जाता है जिसमें दो **Fe** परमाणु होते हैं, जो सम्भवतः प्रोटीन के हिस्टडीन अपशेष से आबद्ध होता है। यह कुल एसिल लिपिड में हाइड्रॉक्सिल समूह (हाइड्रॉक्सिलेसस) एपॉक्सी समूह (एपाक्सीजिनेस) संयुग्मित द्विआबंध (**Conjugated double bond**) (कॉन्ज्यूगेसस) तथा कार्बन त्रिआबंध (एसिटिलनासेस) को सन्निविष्ट करने को उत्प्रेरित करते हैं।

Biosynthesis of Triacylglycerols

ग्लिसेरॉल संश्लेषण हेतु **NADP-linked dehydrogenase** द्वारा डीहॉइड्रॉक्सीएसीटोन फॉस्फेट अपचयित हो जाता है तथा ग्लिसेरॉल फॉस्फेट बनता है। अवरोक्त से एन्जाइम फॉस्फटेस, फॉस्फेट समूह को अलग कर देता है।

ट्राईग्लिसेरॉल के संश्लेषण हेतु दो प्रमुख पूर्ववर्ती : **L** ग्लिसेरॉल – **3** – फॉस्फेट तथा **Fatty acyl - CoA's** की आवश्यकता होती है। **L - Glycerol - 3 - phosphate** दो विभिन्न स्त्रोतों से प्राप्त होता है। इसका सामान्य पूर्ववर्ती डाईहाइड्रॉक्सीएसीटोन फॉस्फेट है जो ग्लायकोलायसिस के एल्डोलेस अभिक्रिया में निर्मित होता है। यह ट्राईएसिल ग्लिसेरॉल के विघटन से निर्मित मुक्त ग्लिसेरॉल से भी बन सकता है। इसके लिये ग्लिसेरॉल काइनेस की आवश्यकता होती है :–

$$\text{ATP + glycerol} \xrightarrow{Mg^{++}} \text{L - glycerol - 3- phosphate + ADP}$$

ट्राईएसिल ग्लिसेरॉल के संश्लेषण के पहले पद में **Fatty acyl - CoA** के दो अणुओं द्वारा ग्लिसेरॉल फॉस्फेट के मुक्त हाइड्रॉक्सिल समूहों का ऐसिलीकरण किया जाता है। इससे पहले लाइसोफॉस्फेटीडिक अम्ल तथा उसके पश्चात् फॉस्फेटिडिक अम्ल प्राप्त होता है। मुक्त ग्लिसेरॉल का ऐसिलीकरण नहीं होता है। ये अभिक्रियायें **16** - तथा **18** - कार्बन संतृप्त तथा असंतृप्त **acyl CoA's** में ज्यादातर होती हैं। फॉस्फोटिडिक अम्ल के निर्मित होने का एक वैकल्पिक पथ में डाईहॉड्रॉक्सि एसीटोन फॉस्फेट के साथ वसा ऐसिल समूह का एस्टरीकरण होता है। इस पथ में निम्नलिखित अभिक्रियायें होती हैं :–

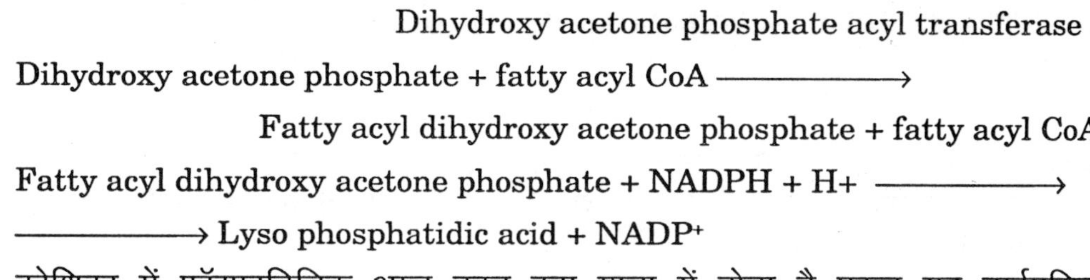

Dihydroxy acetone phosphate acyl transferase

Dihydroxy acetone phosphate + fatty acyl CoA ⟶

Fatty acyl dihydroxy acetone phosphate + fatty acyl CoA

Fatty acyl dihydroxy acetone phosphate + NADPH + H+ ⟶

⟶ Lyso phosphatidic acid + $NADP^+$

कोशिका में फॉस्फाटिडिक अम्ल बहुत कम मात्रा में होता है परन्तु यह ट्राईएसिल ग्लिसेरॉल्स तथा फॉस्फोग्लिसेराइड्स के संश्लेषण के महत्वपूर्ण मध्यवर्ती है।

ट्राइएसिल ग्लिसेरॉल्स पथ में फॉस्फाटिडिक अम्ल का फॉस्फाटिडेट फॉस्फाटेस द्वारा जलीय अपघटन होता है तथा डाईएसिल ग्लिसेरॉल्स बनता है :–

L. Phosphatidic acid + H_2O ⟶ diacylglycerol + Pi

डाइएसिल ग्लिसेरॉल एसिल ट्रांसफरेस की क्रिया से डाईएसिलग्लिसेरॉल, **fatty acyl CoA** के तीसरे अणु से अभिक्रिया होती है तथा ट्राईएसिल ग्लिसेरॉल प्राप्त होता है:–

Fatty acyl CoA + diacylglycerol ⟶ triacyl glycerol + CoA

परिपक्व बीजों में लिपिड की मात्रा बीजों के शुष्क भार का 45% तक हो सकती है, परन्तु कुछ उदाहरणों में जैसे रिसिनस में यह 85% तक हो सकती है। ट्राईएसिलग्सिरॉल संश्लेषण का पूर्ववर्ती पुनः ग्लिसेरॉल 3 - फॉस्फेट होता है। इसके संश्लेषण के कम से कम चार पथ हैं जिनमें से निम्नलिखित प्रमुख दो पथ हैं :

1. ग्लिसेरॉल के C-1 तथा C-2 स्थानों पर हाइड्रॉक्सिल समूहों के एसिलिकरण से फॉस्फाटिडिक अम्ल बनता है। फॉस्फेट अपशेष के जलीय अपघटन के पश्चात् C-3 स्थान भी एसिलिकृत हो जाता है। इन एसिलीकरण हेतु सायटोसॉलिक Acyl CoA की पूरी राशि उपलब्ध होती है परन्तु यूकैरेयोटिक पथ के कारण स्थान–स्थान मुख्यतः V-18 एसिल अपशेष द्वारा एस्टरीकृत होता है।
2. फॉस्फाटीडिलकोलीन पहले बनता है। आगे इसका एसिल अपशेष विसंतृप्त हो जाता है। CMP में स्थानांतरण से कोलीन फॉस्फेट अपशेष का विदलन हो जाता है, तथा अनुरूप डाईएसिल ग्लिसेरॉल का तीसरे एसिल अपशेष द्वारा एस्टरीकरण हो जाता है। यह पथ बहुधा उच्च असंतृप्त ट्राईएसिल ग्लिसेरॉल के संश्लेषण में सम्पन्न होता है।

Lipid Catabolism

बीज अंकुरण के समय लाइपेस का संश्लेषण होता है, जो ट्राईएसिल ग्लिसेरॉल के जलीय अपघटन को उत्प्रेरित करता है तथा ग्लिसेरॉल एवं वसा अम्ल बनाता है। लाइपेस तेल काय (oil bodies) के ओलियोसिन्स से बंधित हो जाते हैं। ट्राईग्लिसेरॉल के जलीय अपघटन से निर्मित ग्लिसेरॉल, ग्लिसेरॉल–3–फॉस्फेट में फॉस्फोरिलेशन के पश्चात्, ग्लूकोनियोजेनेसिस पथ में पहुँच सकता है। निर्मुक्त किये गये वसा अम्ल पहले CoA - thioesters के रूप में सक्रिय होते हैं तथा बाद में β–ऑक्सीकरण से acetyl CoA के रूप

में विघटित हो जाते हैं। यह प्रक्रिया विशिष्ट परॉक्सीसोम में होती है जिसे ग्लायाक्सीसोम कहते हैं।

हालांकि सिद्धांततः β–ऑक्सीकरण, वसा अम्ल संश्लेषण के उत्क्रमण को प्रदर्शित करता है, परन्तु कुछ विशिष्ट भिन्नता है जो इन दो उपापचयी पथों के विपरीत दिशा में परिचालन हेतु उच्च उपापचयी फ्लक्स के योग्य बनाती है। β–ऑक्सीकरण तथा वसा अम्ल संश्लेषण में निम्नलिखत भिन्नतायें होती हैं :–

1. **Acyl-CoA** विहाइड्रोजनीकरण में, **FAD - dependent oxidase** द्वारा हाइड्रोजन स्थानांतरित होता है तथा H_2O_2 बनता है। एक केटालेस इस H_2O_2 को उसके बनने के स्थान पर अनुत्क्रमणीय रूप में हटा देता है तथा जल एवं ऑक्सीजन बनता है।

2. Enoyl - CoA के हाइड्रोजनीकरण के समय β - L - Hydroxyacyl CoA निर्मित होता है जो कि संश्लेषण के समय बने समरूप D - ऐनौन्टिओमर अनुरूप से वैषम्य होते हैं।

3. कोशिका में हाइड्रोजन का NAD तंत्र में स्थानांतरण होता है। यह उच्चता से ऑक्सीकृत हो जाता है तथा अभिक्रिया को हाइड्रॉक्सी एसिल CoA ऑक्सीकरण की दिशा में आगे बढ़ाता है। यह स्पष्ट नहीं है कि परॉक्सीसोम्स में निर्मित NADH का उपयोग किस अभिक्रिया में होता है।

4. एक अनुत्क्रमणीय अभिक्रिया में, CoA~SH मध्यस्थ थायोलायसिस द्वारा β-ketoacyl CoA का विदलन होता है। β-कीटोएसिल CoA से एसिटिल CoA का एक अणु बनता है तथा कोई एक एसिल CoA दो कार्बन से लघुकृत हो जाता है।

असंतृप्त वसा अम्ल के विघटन के समय, उदाहरणार्थ Oleic acid के विघटन के समय बने मध्यवर्ती उत्पाद आइसोमरेस द्वारा परिवर्तित हो जाते हैं एवं द्विआबंध को Δ^2-rans-enoyl-CoA में स्थानांतरित कर देते हैं, यह β-ऑक्सीकरण का मध्यवर्ती है।

β-oxidation takes place in peroxisomes and glyoxysomes

प्राणि कोशिकाओं में वसा अम्ल के ऑक्सीकरण का प्रमुख स्थल माइटोकॉन्ड्रियल मेट्रिक्स होता है। इसके विपरीत पौधों में वसा अम्ल ऑक्सीकरण पत्तियों के ऊतक में प्रमुखता से परॉक्सीसोम में तथा अंकुरित हो रहे बीजों में ग्लायॉक्सीसोम में होता है। प्राणियों के विपरीत पौधों में β-ऑक्सीकरण पथ का उपयोग सिर्फ उपापचयी ऊर्जा के उत्पादन हेतु नहीं किया जाता है। परॉक्सीसोम तथा ग्लायॉक्सीसोम के β-ऑक्सीकरण की भूमिका संचित लिपिड से जैवसंश्लेषक पूर्ववर्ती उपलब्ध करवाना है। अंकुरण के समय बीजों में संचित ट्राईएसिलग्लिसेरॉल्स ग्लूकोस तथा विविध आवश्यक उपापचयजों में परिवर्तित हो जाता है। ट्राईएसिलग्लिसेरॉल्स से निर्मुक्त वसा अम्ल सक्रिय होकर अपने CoA व्युत्पन्न बनाते हैं तथा ग्लॅायक्सीसोम में ऑक्सीकृत हो जाते हैं जो परॉक्सीसोम में होने वाले चार पदों की प्रक्रिया के समान ही होती है। निर्मित हुआ एसिटिल CoA ग्लॅायाक्सीलेट चक्र में माध्यम से ग्लूकोनियोजेनेसिस के लिये C_4 पूर्ववर्ती बनाते हैं। परॉक्सीसोम के समान

ग्लायॉक्सीसोम्स में केटालेस की उच्च सांद्रता होती है। β-ऑक्सीकरण में उत्पन्न H_2O_2 को केटालेस जल तथा ऑक्सीजन के अणु में परिवर्तित कर देता है।

प्राणि माइटोकॉन्ड्रिया में, β-ऑक्सीकरण के चारों एन्जाइम में प्रत्येक पृथक, घुलनशील प्रोटीन है। इनकी संरचना ग्राम ग्राही जीवाणुओं में अनुरूप एन्जाइम के समान होती है। इसके विरीत परॉक्सीसोम तथा ग्लायॉक्सीसोम के एन्जाइम प्रोटीन का एक संकुल बनाते हैं। माइटोकॉन्ड्रिया में वसा अम्ल के ऑक्सीकरण के समान, मध्यवर्ती CoA व्युत्पन्न होते हैं तथा प्रक्रिया में चार पद होते हैं :–

(i) Δ^2-trans असंतृप्त संरचना में निर्जलीकरण

(ii) जल का संयोजन जिसके परिणामस्वरूप द्विआबंध का बनना

(iii) β-hydroxy-acyl-CoA का कीटोन में ऑक्सीकरण

(iv) CoA ~ SH द्वारा थायोलायटिक विदलन।

परॉक्सीसोमल तथा माइटोकॉन्ड्रियल पथों में भिन्नता प्रथम पद में होती है। परॉक्सीसोम में फ्लेवोप्रोटीन डीहाइड्रोजिनेस जो द्विआबंध को सन्निविष्ट करते हैं, इलेक्ट्रॉन को सीधे O_2 में पहुँचा देते हैं तथा H_2O_2 निर्मित होता है। यह प्रबल तथा सम्भवतः क्षति पहुँचाने वाला ऑक्सीकारक है। तुरन्त ही केटालेस इसका विदलन करके H_2O तथा O_2 में परिवर्तित कर देता है। इसके विपरीत माइटोकॉन्ड्रिया में प्रथम ऑक्सीकरण से हटाये गये इलेक्ट्रॉन श्वसनी श्रृंखला के माध्यम से O_2 तक पहुँचता है तथा जल बनाता है, इस प्रक्रिया के साथ साथ ATP संश्लेषण होता है। परॉक्सीसोम में वसा अम्ल के विघटन के प्रथम ऑक्सीकरण से मुक्त ऊर्जा ऊष्मा के रूप में अपव्यय हो जाती है।

The biochemical steps of β-oxidation

माइटोकॉन्ड्रिया में वसा अम्ल का ऑक्सीकरण तीन पदों में होता है। β-ऑक्सीकरण के पहले पद में वसा एसिल श्रृंखला के कार्बोक्सिल सिरे से कार्बन के दो आनुक्रमिक कार्बन इकाई का ऑक्सीकारक पृथक्करण हो जाता है। पॉल्मिटिक अम्ल 16 कार्बन का वसा अम्ल है जिसमें सात ऑक्सीकारक अनुक्रमों में से प्रत्येक पद में एसिटिल CoA के रूप में दो कार्बन का ह्रास होता है। सात चक्रों के अंत में पॉल्मिटेट के दो कार्बन एसिटिल – CoA अणु के रूप में शेष रह जाते हैं (चित्र 12.5)। डीहाइड्रोजिनेसस की क्रिया द्वारा वसा अम्ल अपशेष से एसिटिल CoA के प्रत्येक अणु बनने में चार हाइड्रोजन परमाणुओं (दो जोड़ा इलेक्ट्रॉन तथा चार H^+) का पृथक्करण होता है।

वसा अम्ल ऑक्सीकरण के दूसरे चरण में एसिटिल CoA के एसिटिल अपशेष का ऑक्सीकरण साइट्रिक अम्ल चक्र द्वारा होता है तथा CO_2 बनता है। इस प्रकार वसा अम्ल ऑक्सीकरण से बना एसिटिल CoA अंतिम चरण में ऑक्सीकरण के सामान्य पथ में प्रवेश करता है। इसका ऑक्सीकरण ग्लायकोलिसिस तथा पायरूवेट ऑक्सीकरण से बने एसिटिल CoA के ऑक्सीकरण के समान होता है।

वसा अम्ल ऑक्सीकरण के पहले दो पद अपचयित इलैक्ट्रॉन वाहक NADH तथा $FADH_2$ का उत्पादन करते हैं, जो कि तीसरे पद में इलेक्ट्रॉन को माइटोकॉन्ड्रिया के

श्वसन श्रृंखला में दान कर देता है। इस श्रृंखला के माध्यम से इलेक्ट्रॉल ऑक्सीजन तक पहुँचाये जाते हैं। इस इलेक्ट्रॉन प्रवाह के साथ ADP तथा ATP में फॉस्फोरायलेशन युग्मित होता है। अतः वसा अम्ल ऑक्सीकरण से मुक्त हुई ऊर्जा ATP के रूप में संरक्षित हो जाती है।

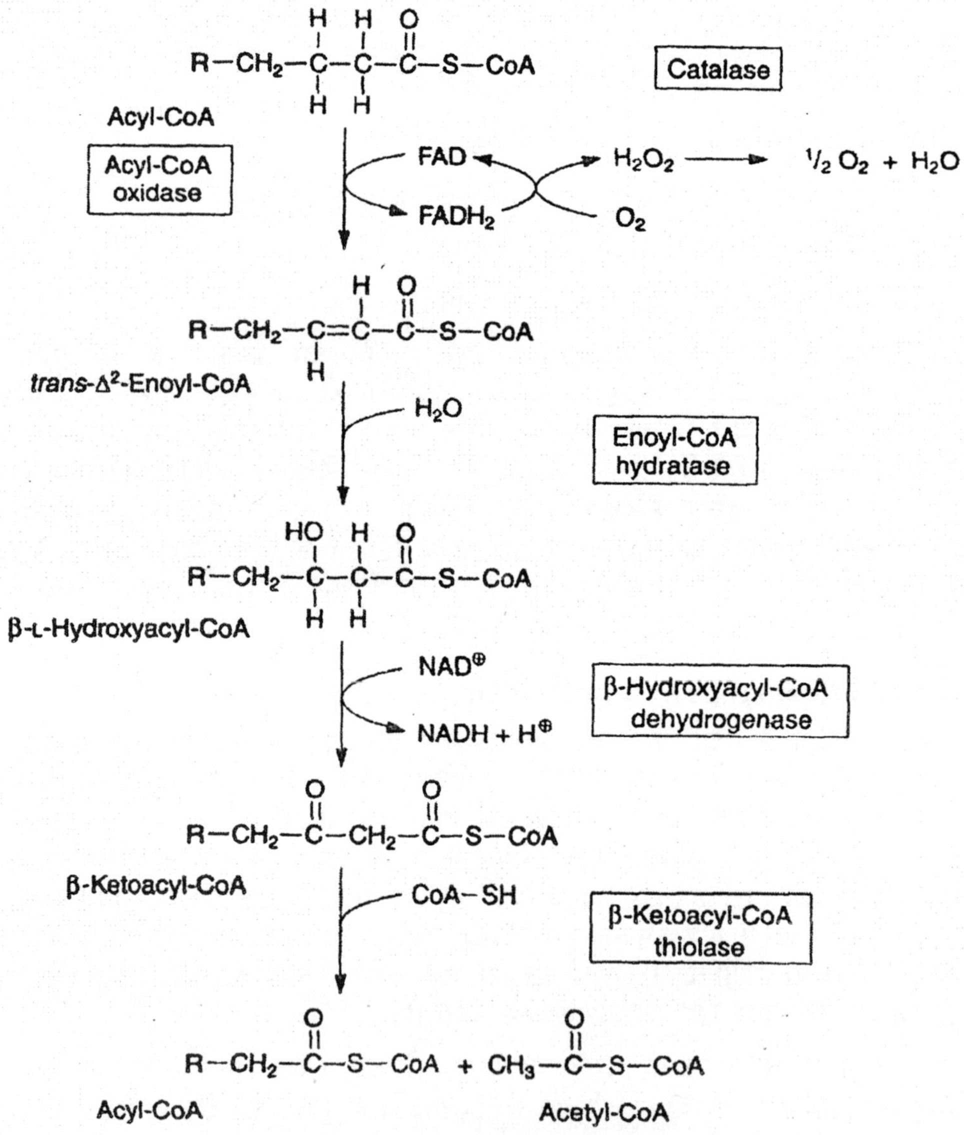

Fig. 12.5. β-oxidation of fatty acids

β–oxidation of saturated fatty acids has four basic steps

वसा अम्ल के ऑक्सीकरण की पहली अवस्था में एन्जाइम उत्प्रेरित चार पद होते हैं। पहले विहाइड्रोजनीकरण से α तथा β कार्बन परमाणुओं (C-2 तथा C-3) के बीच द्विआबंध

बन जाता है जिससे trans - Δ^2 - enoyl - CoA बनता है। Δ^2 संकेत द्विआबंध के स्थान को दर्शाता है। नव निर्मित हुआ द्विआबंध में ट्रांस विन्यास होता है (प्राकृतिक रूप में पाये जाने वाला असंतृप्त वसा अम्ल में सामान्यतः सिस–विन्यास होता है)।

इस पहले पद हेतु एन्जाइम acyl - CoA dehydrogenase की आवश्यकता होती है। इस एन्जाइम में **FAD** प्रॉस्थेटिक समूह के रूप में पाया जाता है। एसिल **CoA** से पृथक हुये इलेक्ट्रॉन **FAD** में स्थानांतरित हो जाते हैं। डीहाइड्रोजिनेस का अपचयित रूप तत्काल इलेक्ट्रॉन वाहक, **electron transfering carrier flavoprotein (ETFP)** को एक इलेक्ट्रॉन स्थानांतरित कर देता है। **ETFP** माइटोकॉन्ड्रिया के श्वसन श्रृंखला का एक एकीकृत प्रोटीन है। एसिल **CoA** डीहाइड्रोजिनेस के **$FADH_2$** से इलेक्ट्रॉन के जोड़े का श्वसनी श्रृंखला के माध्यम से O_2 तक स्थानांतरण से प्राप्त ऊर्जा से **ATP** के दो अणु बनते हैं।

Acyl - CoA - dehydrogenase से उत्प्रेरित ऑक्सीकरण साइट्रिक अम्ल चक्र के सक्सीनेट डीहाइड्रोजिनेस के समरूप होता है। दोनों ही अभिक्रियाओं में एन्जाइम आंतरिक झिल्ली से आबद्ध होता है, तथा कार्बोक्सिलिक अम्ल के α तथा β कार्बन के बीच द्विआबंध सन्निविष्ट हो जाते हैं। **FAD** इलेक्ट्रॉन ग्राही होता है तथा अभिक्रिया से इलेक्ट्रॉन अंततः श्वसन श्रृंखला में प्रवेश करते हैं। ये इलेक्ट्रॉन ऑक्सीजन तक पहुँच जाते हैं तथा इलेक्ट्रॉन के प्रत्येक जोड़े के साथ **ATP** का सहवर्ती संश्लेषण होता है।

वसा अम्ल ऑक्सीकरण चक्र के दूसरे पद में जल का अणु **trans-Δ^2-enoyl-CoA** के द्विआबंध में जुड़ जाता है तथा β हाइड्रॉक्सीएसिल **CoA** का **L** - त्रिविम समावयवी निर्मित होता है। यह अभिक्रिया इनॉइल – **CoA** – हाइड्राटेस द्वारा उत्प्रेरित होती है तथा यह साइट्रिक अम्ल चक्र के फ्यूमारेस अभिक्रिया के समरूप होती है।

तीसरे पद में β-हाइड्रॉक्सीएसिल - **CoA** - डीहाइड्रोजिनेस की क्रिया से **L-β**-हाइड्रॉक्सीएसिल-**CoA** का विहाइड्रोजनीकरण होता है तथा β-कीटोएसिल-**CoA** बनता है, **NAD^+** इलेक्ट्रॉन ग्राही का कार्य करता है। यह एन्जाइम पर विशिष्ट रूप में **L**-त्रिविम समावयवी पर क्रिया करता है। इस क्रिया में निर्मित **NADH** अपने इलेक्ट्रॉन को **NADH** डीहाइड्रोजिनेस (**Complex I**) को दान कर देता है। अवरोक्त श्वसनी श्रृंखला का एक इलेक्ट्रॉन वाहक होता है। β-हाइड्रॉक्सिएसिल - **CoA** - डीहाइड्रोजिनेस द्वारा उत्प्रेरित अभिक्रिया साइट्रिक अम्ल चक्र के मैलेट डीहाइड्रोजिनेस की निकटता से समरूप होता है।

वसा अम्ल ऑक्सीकरण चक्र का चौथा तथा अंतिम पद एसिटिल-**CoA**-एसिटिल ट्रांसफरेस द्वारा उत्प्रेरित होता है। यह एन्जाइम β-कीटो एसिल **CoA** का मुक्त कोएन्जाइम-**A** के साथ अभिक्रिया को प्रेरित करता है। यह वास्तविक वसा अम्ल से कार्बोक्सी शीर्ष के दो कार्बन खण्डों को एसिटिल कोएन्जाइम **A** के रूप में विच्छेदित कर देता है। दूसरा उत्पाद वास्तविक वसा अम्ल, जो दो कार्बन छोटा हो गया है, उसका कोएन्जाइम **A**-थायोईस्टर होता है। इस अभिक्रिया को थायोलिसिस कहते हैं तथा यह जलीय अपघटन से समानरूपता रखता है। यह इसलिये क्योंकि β-कीटोएसिल-**CoA** का कोएन्जाइम **A** के थायोल समूह के साथ विदलन होता है।

वसा अम्ल में मिथलीन (-CH_2-) को जोड़ने वाला कार्बन–कार्बन एक आबंध आपेक्षित रूप से स्थिर होता है। β-ऑक्सीकरण अनुक्रम इन आबंधों को तोड़ने की समस्या का एक सुचारू समाधान है। β-ऑक्सीकरण की प्रथम तीन अभिक्रियायें बहुत कुछ C-C स्थाई आबंध को स्थापित करने का प्रभाव रखती हैं, जिसमें इनमें से एक कार्बन परमाणु (α-कार्बन, C_2) दो कार्बोनिल कार्बन से बंधित होता है। β-कार्बन (C_3) की कीटोन भूमिका उसे थायोलेस द्वारा उत्प्रेरित कोएन्जाइम **A** के **SH** समूह द्वारा न्यूक्लिओफिलिक आक्रमण हेतु अच्छा स्थान बनाती है। शीर्ष समूह **-CH_2-CO-S-CoA** को एक अच्छा अवशेष समूह बनाने में कार्बन की अम्लीयता की भूमिका होती है, इससे α-β-आबंध के टूटने को सरल बना देता है।

अध्याय – 13

Signal Transduction

सिग्नल ट्रांसडक्शन एक जटिल प्रक्रिया है जिसमें सूचनाओं का एक पथ सम्मिलित होता है। यह एक परिघटना है जिसमें सूचना कोशिका के अन्दर (यहाँ तक कि कोशिका के केन्द्रक तक) प्लैज्मा झिल्ली के आर–पार पहुँचाई जाती है। कोशिका किसी सिग्नल के प्रति संवेदनशील सिग्नल बनाती है तथा सिग्नल ट्रांसडक्शन कोशिका की वह सक्षमता है जिसमें कोशिका प्लैज्मा झिल्ली के बाहर से आ रहे सिग्नल के अनुसार कार्य करती है। कोशिका बाह्य स्पंदन उद्दीपनों (Extra cellular stimuli) को प्रथम दूत (primary messenger) कहते हैं। G प्रोटीन से पारस्परिक क्रिया के फलस्वरूप बना उद्दीपन एवं उसका कोशिका में मुक्त होना द्वितीयक दूत (secondary messenger) होता है। पादप कोशिका द्वारा स्वीकार किये गये सिग्नल, कार्यिकी, बाह्य आकार तथा विकास को एकांतरित कर देते हैं। कोशिका पर्यावरण से प्राप्त उद्दीपन पर प्रतिक्रिया व्यक्त करता है जिसमें कोशिका के अन्दर के प्रकोष्ठों में सूचना को सम्प्रेषित करते हैं। सामान्य रूप से उद्दीपन एक अणु है जो अन्य कोशिका द्वारा कोशिका बाह्य अवकाश में स्त्रावित होता है। हांलाकि उद्दीपन का उद्गम अन्य कोशिका के सम्पर्क द्वारा अथवा अकोशीय आश्रय द्वारा होता है। कुछ सिग्नल का वहन जाइलम तथा फ्लोएम द्वारा होता है। कोशिका पृष्ठ के ग्राहियों द्वारा ग्रहण किये गये सिग्नल का स्वभाव कोशिका के अन्दर मुक्त हुये सिग्नल से पूरी तरह भिन्न होता है। पाद्प कोशिका परिस्थिति (जैसे – प्रकाश, खनिज पोषकों, कार्बनिक उपापचयजों, गुरूत्व, जल स्तर, स्फीति (turger) मृदा लक्षण, यांत्रिक तनाव, पवन, ऊष्मा, शीत, हार्मोन, pH, गैसों, धावों तथा रोगों से सम्बंधित सिग्नलों को झिल्ली ग्राहियों द्वारा ग्रहण करते हैं।

कुछ आधारभूत संकल्पना

सिग्नल ट्रांसडक्शन एक असाधारण विशिष्ट तथा बारीक संवेदनशील परिघटना है। सिग्नल ट्रांसडक्शन की विशिष्टता सिग्नल तथा ग्राही आणविक पूरकता के बीच कुछ निर्बल प्रकार के बल (असहसंयोजी) द्वारा उपार्जित होती हैं। सिग्नल ट्रांसड्यूसर की असाधारण संवेदनशीलता हेतु तीन कारक महत्व रखते हैं : सिग्नल अणुओं हेतु ग्राहियों का उच्च लगाव, लिगेंड–ग्राही के पारस्परिक प्रतिक्रिया के लिये सहयोगशीलता तथा एन्जाइम केसकेड द्वारा सिग्नल का विस्तारण। एकीकरण में सिग्नल ट्रांसडक्शन तंत्र का एक प्रमुख विचारशील लक्षण यह है कि तंत्र बहुलित सिग्नलों को ग्रहण करने की क्षमता रखता है तथा कोशिका अथवा जीव की आवश्यकताओं के अनुसार उपयुक्त एकीकृत अनुक्रिया उत्पन्न करता है।

The Recepters and Ligands : ग्राही प्रोटीन होते हैं जो सिग्नल से बंधित होते हैं। दूसरे शब्दों में सर्वप्रथम ग्राही सिग्नल को संवेदित करता है। ये सीमित बाहुल्य में पाये जाते हैं तथा इनमें जैविक रूप से सक्रिय अणुओं का चयन करने का गुण होता है। अधिकांश ग्राही प्लैज्मा झिल्ली में पाये जाते हैं। कुछ सायटोसॉल अथवा अन्य कोशीय प्रकोष्ठों में पाये जाते हैं। कुछ ट्रांसमेम्ब्रेन प्रोटीन ग्राहियों में C-शीर्ष भाग प्रोटीन काइनेज द्वारा फॉस्फोरिलेटिड होता है। झिल्ली विभव ग्राहियों जैसा कार्य कर सकते हैं। पौधों में ग्राहियों का एक अन्य वर्ग होता है जिसे रिसेप्टर लाइक प्रोटीन काइनेस कहते हैं, जो कि एक बड़ा एक्स्ट्रा सायटोप्लैज्मिक डोमेन है। यह एक मात्र झिल्ली वितरित खण्ड तथा एक सायप्लैज्मिक डोमेन का बना होता है। अंर्तकोशीय झिल्लियों में भी ग्राही पाये जाते हैं जो Ca^{2+} चैनल जैसा कार्य कर सकते हैं। Ca^{++} में बढ़ोतरी को सिग्नल का केन्द्र माना जाता है। मुक्त Ca^{++} की सांद्रता में बढ़ोतरी अनुप्रवाह लक्ष्यों (downstream targets) को सक्रिय कर देता है। यह परिघटना आरम्भिक सिग्नल को अंतिम प्रभाव में ट्रांसड्यूस कर देती है। वोल्टेज गेटेड Ca^{++} पारगम्य चैनल प्लैज्मा झिल्ली में पाये जाते हैं। ये चैनल झिल्ली विध्रुवण (membrane depolarization) द्वारा सक्रिय किये जाते हैं। झिल्ली विभव में रूपांतरण विभवता गेटिड चैनलों के समूह को खोल देते हैं। यह Ca^{++} के प्रवेश को अनुमति देता है तथा इस तरह ट्रांसडक्शन अनुक्रम को सक्रिय कर देता है। लिगेन्ड एक एजेण्ट है जो कोशिका के बाहरी पृष्ठ पर ग्राही से बंधित होता है। लिगेन्ड का स्वभाव महत्वपूर्ण नहीं होता है। कोशिका बाह्य डोमन के लिगेन्ड सायटोसॉलिक डोमन अथवा अंतर्कोशीय डोमेन की सक्रियता को प्रेरित करता है ।

ग्राही लिगेन्ड बंधन प्रतिवर्ती होता है जो तंत्र को लिगेन्ड सांद्रता में परिवर्तन के प्रभाव की अनुमति प्रदान करता है। लिगेन्ड अपने ग्राही के विशिष्ट स्थल से बंधित होता है। बंधन अपेक्षाकृत उच्च घनिष्ठता के होते हैं तथा कुछ लिगेन्ड सांद्रता पर संतृप्त होते हैं। लिगेन्ड का अपने विशिष्ट ग्राही से बंधन ग्राही के संरूपण में परिवर्तन का कारण बनता है। इससे G-प्रोटीन के प्रति घनिष्ठता बढ़ जाती है। लिगेन्ड बंधित ग्राही G-प्रोटीन से बंधित हो जाता है। G-प्रोटीन उपखण्ड में इसका विस्तृत वर्णन किया गया है।

Genetic and Epigenetic Informations

जेनेटिक इन्फॉर्मेशन का तात्पर्य कोशिका में संकेतों का सामान्य प्रवाह है अर्थात् DNA→RNA→प्रोटीन→समलक्षणी (phenotype) हैं। जिस पर्यावरण में पौधा वृद्धि कर रहा है उस पर्यावरण द्वारा समलक्षणी लक्षणों का प्रबल रूपांतरण है को एपीजेनेटिक इन्फॉर्मेशन संकल्पना कहते हैं। इन उदाहरणों में समलक्षणी लक्षण की रचना प्रबल जीन (Epistatic gene) तथा बहुप्रभावी जीन (pleiotropic gene) द्वारा होती हैं। बहुप्रभावी जीन बहुल विशेषकों (traits) को प्रभावित करता है। ये लक्षण पर्यावरण के अनुसार बदलते रहते हैं। यह विविधता जीवभार की उत्पादकता, वृद्धि की अवधि, शाखान्वित होना फोटोसिन्थेट का प्रजनन तथा वर्धी संरचनाओं में पृथक्करण तथा प्रतिबल (stress) के प्रति प्रभाव है।

Glucagen and Epinephrine

ग्लूकागॉन तथा एपीनेफरीन प्रथम दूत (messenger) है। Rodbell तथा उनके सहयोगियों ने उद्दीप्त एडीनिलिल सायक्लेस पर ग्लूकागॉन तथा एपीनेफरीन की सक्रियता

पर कार्य किया तथा 1971 में उन्होंने इस शोध पर शोधपत्रों की एक श्रृंखला को प्रकाशित किया। ये यौगिक एक ही कार्य कर (एडीनीलिल सायक्लेस) को सक्रिय करते हैं। ग्लूकागॉन 29 अमीनो अम्ल का छोटा प्रोटीन है। एपीनेफरीन छोटा जलरागी अमीन है। अध्ययन का पहलू विलगित प्लैज्मा झिल्ली पर ग्लूकागॉन अणु का अपने अनुरूप ग्राही से बंधन के स्वभाव पर आधारित था। इन अध्ययनों से यह स्थापित हो गया कि एडीलिनिल सायक्लेस की सक्रियता हेतु GTP की आवश्यकता होती है। 1970 के दशक के मध्य में प्लैज्मा झिल्ली में GTPase की उपस्थिति का अवलोकन किया गया। Cassel and Selinger ने प्रस्तावित किया कि GTPase द्वारा GTP का जलीय अपघटन एडीलीनिल सायक्लेस सक्रियता को रोक देता है जिससे एन्जाइम निष्क्रीय अवस्था में वापस चला जाता है।

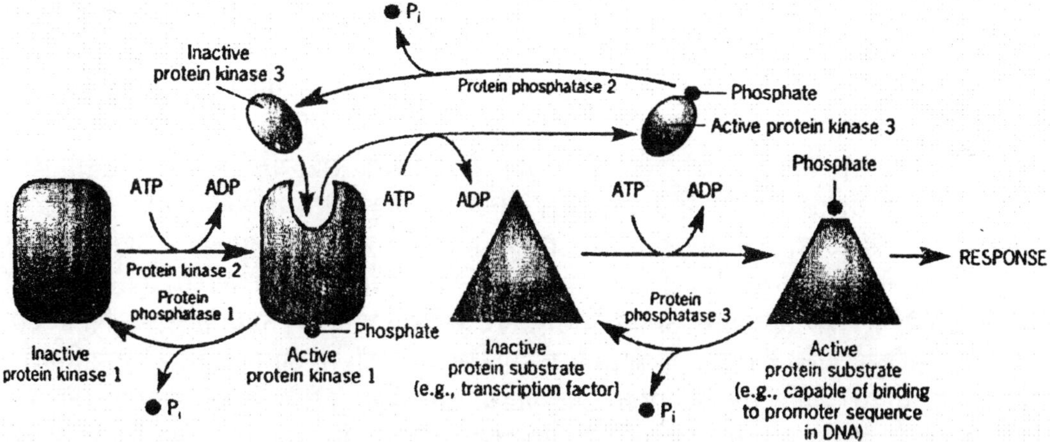

Fig. 13.1. Signal transuction pathways involving primarily of protein kinases and protein phosphatases

The Second Messenger

यह स्वेच्छा से विसरणशील अणु है जो कोशिका बाह्य से कोशिका के अन्दर प्रमुख लक्ष्य एन्जाइम तक सूचनाओं के सम्प्रेषण में शामिल होता है। पादप कोशिका में $[Ca^{2+}]_I$ अनेक सिग्नलों को ट्रांसड्यूस करता है। यह एक प्रमुख सेकेण्ड्री मेसेन्जर हैं। सिग्नलिंग के समय $[Ca^{2+}]_I$ की बढ़ोतरी (Ca^{2+} ट्रांसिएन्ट) अनुक्रिया के आरम्भन से प्रायः सम्बद्ध रहता है। $[Ca^{2+}]_I$ में परिवर्तन विविध अनुक्रियाओं को आरम्भ करता है जो कोशिका संरचना के अनुसार तरह तरह के होते हैं तथा सिग्नलिंग तंत्र के विशिष्ट घटकों के बीच पारस्परिक क्रिया के लिये संवेदनशील होते हैं। इसी प्रकार प्रोटीन काइनेस सर्वव्यापी होते हैं तथा कोशिका सैकड़ों प्रोटीन काइनेस का उपयोग करती है। कोशिका को लगभग 3% से 4% जीनोम में वे जीन होते हैं जो प्रोटीन काइनेस अधिकुल (Superfamily) के सदस्यों को कूट करते हैं (चित्र 13.1)। इस अधिकुल के सदस्य ATP से लक्ष्य प्रोटीन के सेरीन, थ्रीओनीन अथवा टायरोसीन अमीनो अम्ल पार्श्व श्रृंखला तक γ–फॉस्फेट के उत्क्रमणीय स्थानांतरण को उत्प्रेरित करते हैं। अतः प्रोटीन काइनेस को दो वर्गों में बांटा गया है, सेरीन/थ्रीओनीन अपशेष अथवा टायरोसीन अपशेष। कुछ प्रोटीन काइनेस तीनो अमीनो

अम्लों को फॉस्फोरिलेट करते हैं। टायरोसीन अपशेष को फॉस्फोरिलेट करने वाले प्रोटीन काइनेस पादप कोशिका में दुष्प्राय होते हैं।

Signal Transduction Pathway

पाद्प कोशिका में सिग्नल ट्रांसडक्शन पथ के दो प्रमुख अवयव होते हैं : अंतःकोशीय Ca^{2+} $[Ca^{2+}]_I$ तथा प्रोटीन काइनेस एन्जाइम (जो फॉस्फोरिलेशन करते हैं)। सिग्नल ट्रांसडक्शन की रूचिकर भूमिका यह है कि पथ का एक प्रोटीन श्रृंखला के दूसरे प्रोटीन की सक्रियता को बदल देता है। यह बदलाव फॉस्फेट समूहों को जोड़ने या हटाने के कारण होता है। जब सिग्नल ग्राही से सम्बद्ध एन्जाइम सक्रिय हो जाता है तथा वह दूसरे एनजाइम के अनेकों अणुओं की सक्रियता को उत्प्रेरित करता है, तो इनमें से सभी अणु तीसरे एन्जाइम के अनेको अणुओं को सक्रिय करते हैं इन अनुक्रियाओं से एन्जाइम केसकेड का विस्तारण होता है। सिग्नल पथ में प्रारूपिक रूप से प्रोटीन काइनेस तथा फॉस्फटेस होते हैं। प्रोटीन काइनेस ATP से लक्ष्य प्रोटीन के अमीनो अम्ल में फॉस्फेट को स्थानांतरित करता है, यह विशिष्ट प्रोटीन फॉस्फेट की क्रिया से प्रतिसन्तुलित होता है। फॉस्फटेस एन्जाइम प्रोटीन से फॉस्फेट को हटा देता है। ये कोशिय सक्रियता में तीव्र उत्क्रमणीय परिवर्तन को निर्देशित करते हैं। इनमें से कुछ एन्जाइम सायटोप्लैजिकक प्रोटीन में घुलनशील होते हैं, अन्य इन्टीगरल मेम्ब्रेन प्रोटीन होते हैं। सामान्य रूप से ये फॉस्फोरिलेट अथवा डीफॉस्फोरिलेट करते हैं। इन एन्जाइम के लिये अन्य एन्जाइम आश्रय (substrate) होते हैं। इनमें से कुछ एन्जाइम अनेक प्रोटीन पर सक्रिय होते हैं। जबकि अन्य सिर्फ एक प्रोटीन पर सक्रिय होते हैं। इन एन्जाइमों के प्रोटीन आश्रयों में आयन चैनल, ट्रांसक्रिप्शन कारक तथा विविध प्रकार की नियामक उपइकाइयाँ सम्मिलित होती हैं। अवस्तर में फॉस्फेट समूह के जुड़ने अथवा अलग होने के परिणामस्वरूप प्रोटीन में संरूपीय परिवर्तन हो जाता है। इन परिवर्तनों को सक्रियता के उद्दीपन अथवा संदमन के लिये जिम्मेवार माना जाता है जिससे विशिष्ट अनुक्रिया होती हैं। सिग्नल ट्रांसडक्शन पथ के आरम्भ होने या समाप्त होने में GTP-बंधन प्रोटीन सम्मिलित होते हैं। सिग्नलिंग के समय GTP दूत को "सेल्यूलर इनफॉर्मेशन सरकिट्स" के साथ–साथ संचारित करता है। प्लैज्मा झिल्ली के बाहर की ओर ग्राहियों में सिग्नल पदार्थ के लिये बंधन स्थल होता है तथा सायटोप्लाज्मी स्थल की ओर G-प्रोटीन के बंधन हेतु स्थल होता है। अतः ये बाहरी सिग्नलों को अन्दर की ओर ले जाने के लिये उपयुक्त प्रकार से व्यवहार करते हैं। हाल ही में एक अन्य द्वितीय दूत (second messenger) हेतु चैनल cyclic ADP - ribose (cADPR) को प्रस्तुत किया गया है। यूकेरेयोटिक कोशिका के प्रोटीन काइनेस अधिकुल में Cyclin-dependent-protein-kinase (CDK) सम्मिलित होता है। CD Kinases समसूत्री विभाजन में सम्मिलित अनेक प्रोटीन को सक्रिय करता है। सायक्लिन (Cyclin) इस अधिकुल का एक प्रोटीन है जिसका कोशिका चक्र में सार्थक कार्य होता है। Nitrogen activated protein kinases (NAPK) इस अधिकुल का एक अन्य सदस्य हैं। इसकी प्रोटीन काइनेस केसकेड में महत्वपूर्ण भूमिका होती है। यह प्रोटीन केसकेड अन्य प्रोटीन काइनेसेस के फॉस्फोरिलेशन से नियंत्रित होते हैं। MAP - Kinase तंत्र रोगजनक प्रतिरक्षक तंत्र के सिग्नल केसकेड में सम्मिलित होता है। विविध प्रकार के पदार्थ जिनमें से कुछ पदार्थों के स्वभाव की जानकारी नहीं है

तथा ये सभी समसूत्री विभाजन का उद्दीपन करते हैं, को सामूहिक रूप माइटोजेन (Mitogen) कहते हैं। G-प्रोटीन्स तथा पादप हार्मोन माइटोजने के रूप में कार्य कर सकते हैं।

यह स्पष्ट मत है कि सिग्नल सायटोसॉलिक कैल्शियम $[G^{2+}]_I$ द्वारा ट्रांसड्यूस होते हैं। कोशिकायें सिग्नल को ग्रहण करती है तब Ca^{2+} चैनल अल्पस्थायी रूप में खुल जाते हैं तथा $[Ca^{2+}]_I$ की तीव्रता से बढ़ोतरी होती है इस अवस्था में Ca^{2+} बंधन प्रोटीन सक्रिय हो जाते हैं। प्लैज्मा झिल्ली टोनोप्लास्म तथा एन्डोप्लैज्मिक रेटीकुलम झिल्ली में पाये जाने वाले ATPase की सक्रिता से $[Ca^{2+}]_I$ सिग्नल संघनित हो जाते हैं। $[Ca^{2+}]_I$ को सिग्नलिंग प्रक्रिया के दो सिद्धांत निर्धारित करते हैं। पहला सिग्नल उद्दीपन से झिल्ली के आर पार $[Ca^{2+}]_I$ अथवा Ca^{2+} फ्लक्स में दृष्टव्य परिवर्तन होना चाहिये। दूसरा $[Ca^{2+}]_I$ के परिवर्तन से सम्बद्ध कार्यिकी प्रभाव का दृष्टव्य $[Ca^{2+}]_I$ अल्पस्थायी की नकल से कृत्रिमता से दुगुनीकृत होना चाहिये।

पैच क्लेम्प तकनीक से स्पष्ट हो गया है कि पौधों में Ca^{2+} चैनल के तीन वर्ग होते हैं। ये तीन वर्ग वोल्टेज गेटेड चैनल्स (voltage gated channels) ग्राही एवं द्वितीयक दूत नियंत्रित Ca^{2+} चैनल्स (receptor and second messenger regulated Ca^{2+} channels), तथा स्ट्रेच Ca^{2+} चैनल्स (stretch Ca^{2+} channels) हैं। वोल्टेजगेटेड के खुलने की प्रायिकता झिल्ली विभवता की एक निश्चित मान से निर्धारित होती है। Ca^{2+} चैनल्स का दूसरा वर्ग रिक्तिका तथा ER एवं केन्द्रक झिल्ली में ज्यादा संभावना से उपस्थित पाये जाते हैं। इस प्रकार के रिक्तिका झिल्ली के Ca^{2+} चैनल्स द्वितीयक दूत सायक्लिक न्यूक्लियोटाइड (second mesenger cyclic ADP ribose) द्वारा खुलते हैं। स्ट्रेच चैनल्स झिल्ली में तनाव का संवेदन करते हैं तथा जब तनाव में बदलाव आता है तब ये खुल जाते हैं। इस प्रकार के चैनल यांत्रिक सिग्नल तथा स्फीति स्थिति पर कार्यान्वित होते हैं।

अनेक सिग्नल्स समक्रमिक प्रकार से मिलकर पारस्परिक क्रिया करके अंतिम प्रभाव उत्पन्न करते हैं। विभिन्न सिग्नलिंग पथ प्रायः आपस में अन्तः सम्बद्ध होते हैं। इस प्रकार की क्रिया का यह लाभ है कि विविध प्रकार के असम्बंधित लिगेन्ड के सिग्नल्स एक सामान्य (effector) को सक्रिय करने में प्रबन्ध कर लेते हैं। सिग्नलिंग पथों का अंत (apoptosis) में होता है। कोशिका की योजना के अनुसार मृत्यु है।

सिग्नल ट्रांसडक्शन की क्रियाविधि

सिग्नल ट्रांसडक्शन के लिये विभिन्न मॉडल को प्रस्तावित किया गया है, जो कि (1) **Cyclic AMP mediated signal transduction; (2) Cyclic GMP mediated signal transduction, (3) G-protein mediated signal transduction; (4) Inosital mediated signal transduction; (5) Ca^{++} mediated signal transduction; (6) Protein kinase mediated signal transduction** तथा **(7) Ras mediated signal transduction** है। इनमें से कुछ मॉडल प्राणि कोशिकाओं की क्रियाविधि को स्पष्ट करते हैं। इस अध्याय में सिर्फ पादप कोशिका में सिग्नल ट्रांसडक्शन का वर्णन किया गया है।

G-Protein

Alfred Gilman (1980) ने GTP-binding प्रोटीन का शुद्धीकरण किया G-प्रोटीन (अथवा G-बंधन प्रोटीन) GTP अथवा GDP से बंधन करके दो संरूपीय अवस्था के बीच बदल सकते हैं (चित्र 13.2)। GTP के जलीय अपघटन से सम्बद्ध होकर GTPase खाली अवस्था से सक्रिय अवस्था में बदल जाता है। GTP का GDP में जलीय अपघटन से प्रोटीन निष्क्रीय हो जाता है तथा तदनन्तर GDP के विघटन से प्रोटीन वापस खाली अवस्था में आ जाता है।

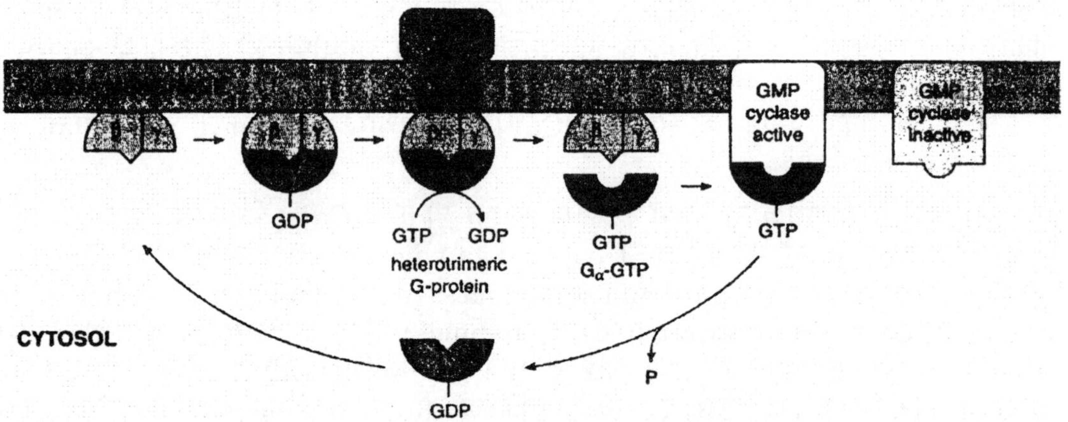

Fig. 13.2. Scheme of the function of a G-protein

यह विषमायव (heteromeric) प्रोटीन प्लैज्मा झिल्ली में स्थापित ग्राही प्रोटीन से पारस्परिक क्रिया करता है। GTP-बंधन प्रोटीन के SDS-PAGE अध्ययनों से यह स्थापित हुआ है कि यह प्रोटीन तीन पृथक पॉलीपेप्टाइड का बना होता है जिनका आणविक भार 52, 45 तथा 35 KDa होता है। यह प्रोटीन तीन विभिन्न उपइकाई Gα, Gβ तथा Gγ का बना होता है। Gα में GTP या GDP हेतु बंधन स्थल होता है तथा बंधन के फलस्वरूप उपइकाई में संरूपीय परिवर्तन हो जाता है। इस संरूपीय परिवर्तन के कारण Gα अन्य दो इकाइयों से अलग हो जाता है। Gα–GTP विभिन्न एन्जाइमों जो सिग्नल ट्रांसडक्शन हेतु दूत का कार्य करते हैं उनके लिये सक्रियक (activator) का कार्य करता है। यह GMP-Cyclase phospholipase C(PLC), GMP-cyclase का उद्दीपन कर सकता है तथा GTP से guanosine 3'-5' monophosphate (CGMP) दूत पदार्थ (messenger substance) बनाता है (चित्र 13.3)। Phospholipase C के उद्दीपन से Ca^{2+} दूत के रूप में मुक्त हो जाता है। Gα–GTP की अर्ध आयु (half life) छोटी होती है, तथा अन्तर GTPase (intrinsic GTPase) की सक्रियता से आबंधित GTP का जलीय अपघटन होता है तथा GDP बनता है। इस संकुल के संरूपीय परिवर्तन (चित्र 13.4) से Gα मुक्त होता है और इस प्रकार अपनी सक्रियक कार्य को असंयुक्त कर देता है। इस अवस्था में Gα शेष दो उपइकाई (द्विलक, dimer) से मिलकर त्रिलक (trimer) बनाता है एवं अगले चक्र में प्रवेश करने की स्थिति में आ जाता है। अन्य वर्ग एकलकी (monomeric) GTPase में **Ras, Ypt, Rab, Sec, Rho** तथा **EFT_4** सम्मिलित होते हैं। **Ras** अधिकुल के एकलक G–प्रोटीन के विविध नियामक कार्य होते हैं जैसे कि प्रतिरक्षा अभिक्रियाओं का नियंत्रण,

AGA प्रतिक्रियायें, पुटिका संचालन (vesicle transport) कोशिका ध्रुवणता तथा परागनलिका एवं मूल रोम की वृद्धि। इन प्रोटीनों में सिर्फ एक उपइकाई होती है तथा heteromeric G-protein के α–उपइकाई से सम्बंधित होती है। ये सायटोसॉल में उपस्थित होते हैं। इनमें GDP/GTP तथा कार्यकर डोमेन से बंधन हेतु डोमेन पाये जाते हैं। सिग्नल के उद्दीपन से ये विनिमय कारक (Exchange factor) से पारस्परिक क्रिया करते हैं, जो GTP/GDP विस्थापन से GDP-आबंध निष्क्रीय रूप को GTP-सक्रिय रूप में परिवर्तित कर देता है। सक्रिय GTP रूप Gα–GTP क्रियाविधि जैसा ही कार्यकर प्रोटीन से पारस्परिक क्रिया करता है। कार्यकर डोमेन पारस्परिक क्रिया में भाग लेता है।

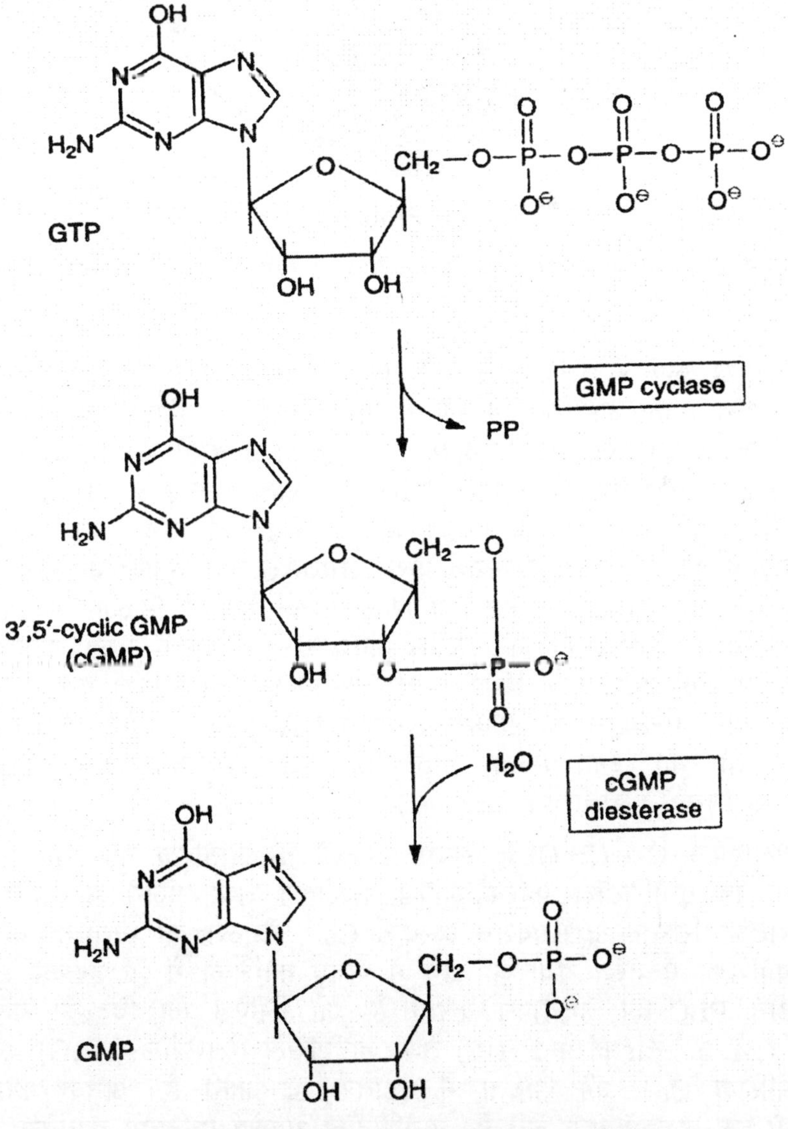

Fig. 13.3. Formation of GMP from GTP.

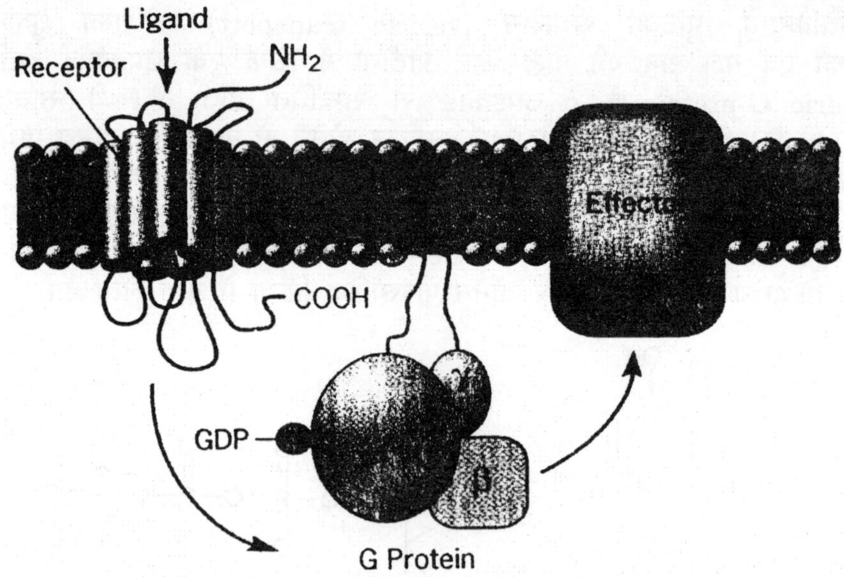

Fig. 13.4. The membrane-bound machinery for a heterotrimeric G protein.

Calcium

Ca^{++} प्रमुख रूप से प्लैज्मा झिल्ली, एण्डोप्लैजिम्क रेटीकुलम, सायटोसॉलिक भाग तथा माइटोकॉन्ड्रिया की आंतरिक झिल्ली में पाया जाता है। जितनी पादप कोशिकाओं में Ca^{2+} की सांद्रता एण्डोप्लैजमिक रेटीकुलम में अधिकता में होती है। सायटोसॉलिक भाग में Ca^{2+} की सांद्रता 10/M जितनी कम होती है। यदि सांद्रता में 1×10^5 M की बढ़ोतरी हो जावे तो कोशिका क्षतिग्रस्त हो सकती है। कोशिका Ca^{2+} की उच्च सांद्रता को सहन नहीं कर पाती क्योंकि यह Mg^{2+} से प्रतिस्पर्धा करने लगता है तथा अंततः कोशिका के उपापचय पर प्रतिकूल प्रभाव डालता है। पादप कोशिकाओं के प्लैज्मा झिल्ली में Ca^{2+}-ATPase डोमेन पाये जाते हैं। यह ATP के जलीय अपघटन से निकली मुक्त ऊर्जा का उपयोग करके विद्युत रसायनी प्रवणता के विपरीत सायटोसॉलिक बाह्य प्रकोष्ट में Ca^{2+} का संचालन कर देता है। दोनों एन्जाइमों के सक्रिय स्थलों को ATP के उपयोग के लिये एस्पारटिल अपशेष मध्यवर्ती की आवश्यकता होती है। यह फॉस्फोरिलेशन/डीफास्फोरिलेशन अभिक्रियाओं से नियंत्रित होती है।

फॉस्फोलाइपेस C - (PLC) - प्लैज्मा झिल्ली के आंतरिक पृष्ठ का एक महत्वपूर्ण कार्यकर है। यह इनोसिटॉल फॉस्फोलिपिड संश्लेषण तथा मंजन में शामिल होता है। फॉस्फोइनोसिटॉल सिग्नल ट्रांसडक्शन केस्केड Ca^{2+} चैनल्स को नियंत्रित करता है। इसे पहले प्राणिकोशिका में देखा गया था बाद में पादप कोशिका में भी इसकी खोज की गई थी। G-प्रोटीन PLC का उद्दीपन करता है, जो लिपिड का विदलन करता है तथा इनोसिटॉल 1, 4, 5 - ट्राईफॉस्फेट (IP_3) तथा डाईएसिल ग्लिसेरॉल (DAG) बनता है। IP_3 से सायटोसॉलिक Ca^{2+} की सांद्रता में बढ़ोतरी हो जाती है। अनेक काइनेसस तथा फॉस्फेट्स भी इस चक्र में भाग लेते हैं। इनोसिटॉल अवशेष एन्जाइम काइनेस द्वारा 4' तथा

5' स्थान के हाइड्रॉक्सिल समूह को फॉस्फोरिलेट कर देता है। PLC-फॉस्फेटाइडिलि–नेसिटॉल – 4, 5 विस्फॉसफेट (PIP_2) के आश्रय का विदलन होता है तथा दो उत्पाद बनते हैं। ये उत्पाद इनोसिटॉल 1,4,5-ट्राईफॉस्फेट (IP_3) तथा डाईएसिलग्लिसेरॉल (DAG) हैं। पहला घुलनशील द्वितीय दूत है जबकि अवरोक्त झिल्ली से आबद्ध रहता है। DAG प्लैज्मा झिल्ली में कार्य करता है जहाँ यह संभावनीय बिलकुल गतिशील होता है। DAG प्लैज्मा झिल्ली में रहकर प्रोटीन काइनेस (PKC) नामक एन्जाइम को सक्रिय करता है। PKC विविध प्रकार के लक्ष्य प्रोटीन्स के सेरीन तथा थ्रिओनीन को फॉस्फोरिलेट करता है। फॉस्फोटाइडिलिनोसिटॉल (PI) से PIP_2 के निर्मित होने को दो प्रकार के काइनेस उत्प्रेरित करते हैं। PI पहले फाटिडिलिनोसिटॉल 4-फॉस्फेट में बदलता है तदनन्तर PIP_2 में परिवर्तित हो जाता है। झिल्ली का रूपांतरित लिपिड पुटिका (vesicle) स्थानांतरण के लिये सिग्नल का कार्य करता है। गौधों में ग्राही लाल अथवा नीले प्रकाश से सक्रिय होता है तो फलस्वरूप G-प्रोटीन के GTP के लिये आबंध GDP का विनिमय होता है। GTP पर आबंध α उपइकाई मुक्त होता है तथा PLC को सक्रिय कर देता है। IP_3 एक छोटा, जल में घुलनशील अणु हैं। यह सायटोप्लाज्म में मुक्तता से विसरित होता है तथा रिक्तिका एवं रूक्ष एण्डोप्लाज्मिक रेटिकुलम के विशिष्ट Ca^{2+} चैनल्स से आबंध हो जाता है। इससे परिणामस्वरूप अंततः सायटोप्लाज्म में Ca^{2+} मुक्त हो जाते हैं। पौधों में फॉस्फोइनोसिटॉल केसकेड की पर्यावरण से कोशीय कार्यों तक सिग्नल को पहुँचाने में महत्वपूर्ण भूमिका होती है। Ervin Neher and Best Sakmann द्वारा विकसित पैच क्लेम्प तकनीक से दर्शाया गया है कि पौधों में IP_3 से रिक्तिका में तथा अन्य Ca^{2+} संग्रहागार से Ca^{2+} खुल जाते हैं।

The calcium-calmodulin Mediated Signal Transduction

केल्मोड्यूलिन घुलनशील प्रोटीन है जो प्रमुख रूप से सायटोसॉल में पाया जाता है (चित्र 13.5) तथापि, यह केन्द्रक प्रकोष्ठों में भी पाया जाता है तथा प्लैज्मा झिल्ली से चिपका हुआ हो सकता है। इसका आणविक द्रव्यमान 15.17 KDa होता है। यह प्राणि तथा पादप कोशिका दोनों में ही केल्शियम ग्राही का कार्य करता है। इन दोनों प्रकारों की कोशिकाओं में अमीनों अम्लों के अनुक्रम में भिन्नता होती है। गौधों में केलेगोड्यूलिन बंधन प्रोटीन के विशेष रूप मायोसिन–V, काइनेसिन, NAD^+-काइनेसिन, NAD^+ काइनेस, ग्लूटामेट डीकार्बोक्सिलेस, प्रोटीन काइनेस तथा Ca^{2+}ATPase है। यह एक अम्लीय प्रोटीन है जिसमें एक नम्यकुंडलिनी (flexible helix) पाई जाती है जिसके प्रत्येक सिरे पर दो लूप पाये जाते हैं। अणु में चार Ca^{2+} बंधन प्रदेश या लूप पाये जाते हैं। इन प्रत्येक लूप में बारह अमीनो अम्ल होते हैं तथा इन लूप में एस्पारटेट तथा ग्लूटामेट प्रचुरता में होते हैं। लूप के दोनों ओर दो कुंडलिनी पायी जाती है जिसके कारण इसे हेलिक्स–लूप–हेलिक्स प्रोटीन कहा जाता है। कभी कभी इन लूपों को EF hands भी कहा जाता है क्योंकि इन लूपों में ग्लूटामेट (E) तथा फिनिल एलानीन (F) पाया जाता है। जब चारों EF पर Ca^{2+} उपस्थित होता है, तो प्रोटीन में संरूपीय परिवर्तन हो जाता है। जब अंतः कोशीय [Ca^{2+}] लगभग 10^{-6}M (1 MM) से बढ़ जाता है तब केलमोड्यूलिन से Ca^{2+} का बंधन होने लगता है। यह तृतीयक संरचना में संरूपीय परिवर्तन को संचालित करता है। संरूपीय परिवर्तन के कारण जल विरागी डोमेन उभर जाते हैं। यह पैच में मिथीयोनीन, ल्यूसीन तथा फिनिलएलानीन समृद्ध होता है। लक्ष्य प्रोटीन अर्थात् कुछ प्रोटीन काइनेस (केलमोड्यूलिन

बंधन काइनेस, CBK) इन पैच की पहचान कर लेता है तथा केलमोड्यूलिन से संयोग कर लेता है। इसके फलस्वरूप लक्ष्य प्रोटीन सक्रिय हो जाते हैं। केल्मोड्यूलिन बंधन प्रदेश में मीथियोनीन प्राधान्य से पारस्परिक क्रिया लचकदार हो जाती है। Ca^{2+} केलमोड्यूलिन अन्य प्रोटीनों से भी बंधन बनाते हैं। पादप केल्मोड्यूलिन एक्टिन तंतु बनाने में, सायटोप्लाज्मिक प्रवाही (Cytoplasmic streaming), ध्रुवण वृद्धि तथा कोशिका विभाजन चक्र में भी महत्वपूर्ण होता है। अतः Ca^{2+} केलमोड्यूलिन सिग्नल ट्रांसडक्शन श्रृंखला का महत्वपूर्ण सदस्य है (चित्र 13.6)।

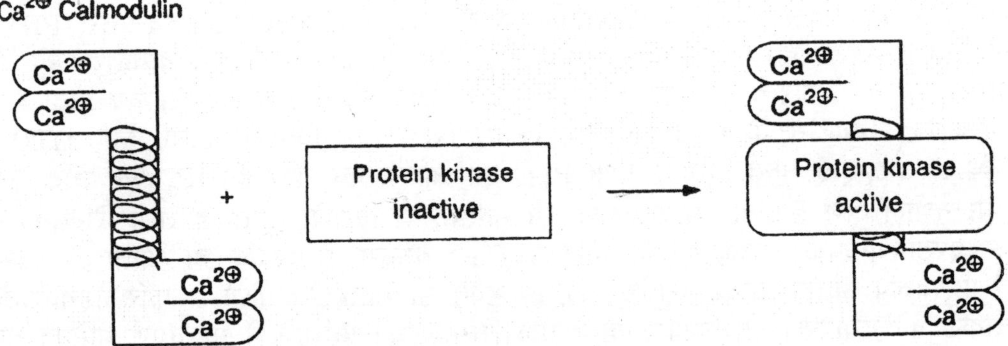

Fig. 13.5. Clamodulin protein

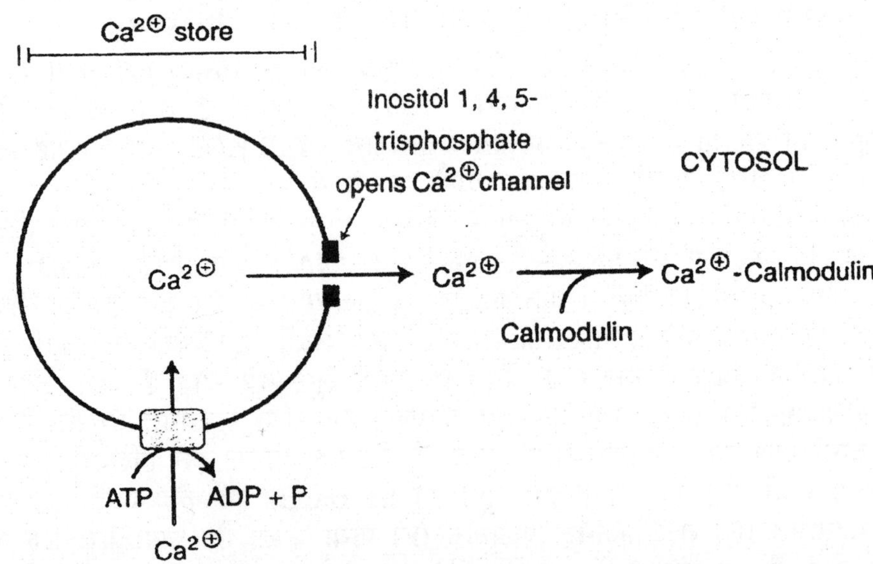

Fig. 13.6. Calcium-Calmodulin channel

Cyclic Nucleotide

1965 में Sutherland ने cyclic AMP की खोज की। यह सभी प्राणि ऊतकों, कवकों तथा जीवाणुओं में पाया जाता है। इन जीवों में यह सामान्य रूप से द्वितीयक दूत के रूप

में कार्य करता है। हालांकि पादप कोशिका में इसकी भूमिका स्पष्ट नहीं है। प्राणि कोशिकाओं में अनेक विभिन्न प्रकार के एडिनिल सायक्लेस एन्जाइम CAMP के संश्लेषण में भाग लेते हैं। एन्जाइम एडीनिल सायक्लेस बड़ा प्रोटीन है तथा आइसोफार्म में पाया जाता है। इनमें से कुछ आइसोफार्म सायटोप्लाज्म में पाये जाते हैं जबकि शेष प्लैज्मा झिल्ली में स्थापित होते हैं। कुछ रूप Ca^{2+} निर्भर होते हैं। यह एन्जाइम कुछ सिग्नलों, (जो विशिष्ट प्रकार के G-प्रोटीन के मध्यस्थ होते हैं) के द्वारा सक्रिय अथवा संदमित हो जाते हैं। हाल में उच्च पौधों में CAMP को रिपोर्ट किया गया है जिसका अनुक्रम एडीनिल सायक्लेस के समान होता है। पौधों में CAMP कुछ विशिष्ट प्रक्रियाओं में शामिल होता है। इन प्रक्रियाओं में वे सिग्नल सम्मिलित किये गये हैं जो वातरंध्रों के बंद होने का आरम्भन करते हैं तथा एडीनिल सायक्लेस ट्रांसड्यूस होता है (चित्र 13.7)। द्वार – कोशिका चेनलों की सक्रियता CAMP-dependent phosphorylation से रूपातरित हो जाती है। क्लोन्ड पादप पोटेशियम चैनल प्रोटीन में भी CAMP बंधन प्रदेश होते हैं। CAMP पराग नलिका वृद्धि को भी नियंत्रित कर सकते हैं। इसका प्रमुख कार्य प्राथमिक हारमोनल दूत को कोशिका पृष्ठ से कोशिका के अन्दर संचारित करना है। पौधों में द्वितीयक दूत के रूप में पौधों में इसकी भूमिका पर कार्य होना अभी शेष है।

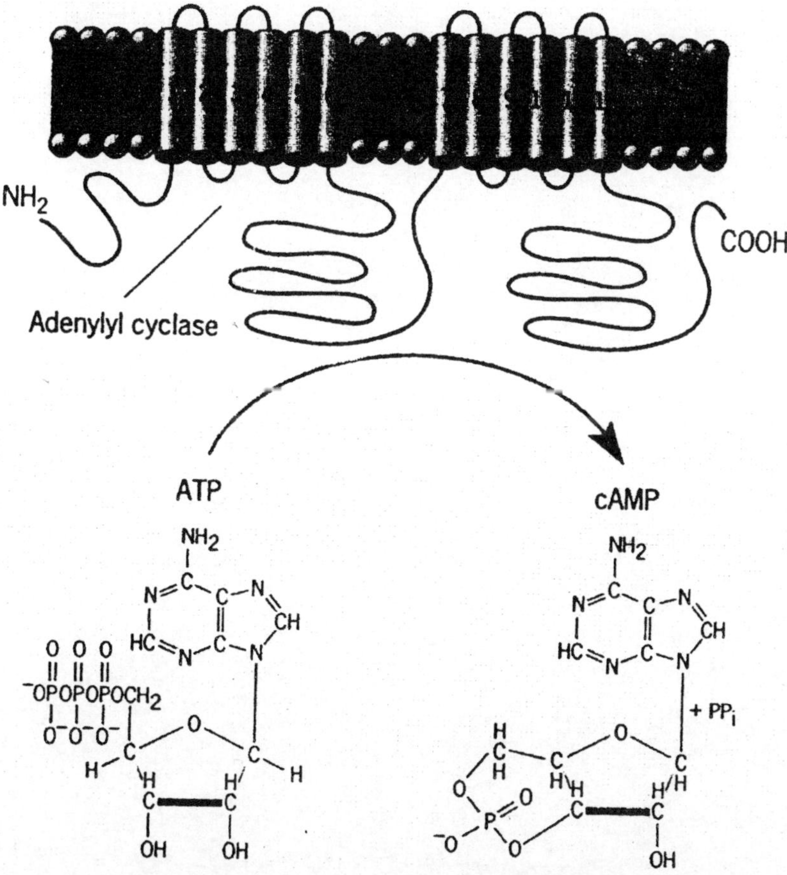

Fig. 13.7. The formation of cyclic AMP from ATP

सायक्लिक 3'-5' ग्वानोसीन मोनोफॉस्फेट (CGMP) प्राणि कोशिका तथा जीवाणुओं में पाये जाने वाला सामान्य द्वितीयक दूत है। CGMP में उत्पादन ग्वानिलेट सायक्लेस की सक्रियता से होता है तथा GTP आश्रय के रूप में कार्य करता है। पादप कोशिकाओं में CGMP कवकीय आक्रमण के सिग्नल को ट्रांसड्यूस करने में भाग लेता है। यह फायटोक्रोम द्वारा मध्यस्थ लाल किरणों के सिग्नलों के ट्रांसडक्शन में भी भाग लेता है। यह जिबरेलिन सिग्नल में भी भाग लेता है जो एल्यूरोन एमायलोस के संश्लेषण को नियंत्रित करता है।

अध्याय – 14

Plant Growth Regulators and Elicitors

पादप हार्मोन एक कार्बनिक यौगिक (Signal अणु) है जिसका संश्लेषण पौधे के एक भाग में होता है तथा दूसरे भाग में संचालित किया जाता है। इस स्थल पर यह बहुत कम सान्द्रता में कार्यिकी अनुप्रभाव दर्शाता है। 1930 के दशक में एक विचार उभरा कि पौधे के विकास के समय कुछ वृद्धि यौगिक प्रेरक एजेन्ट के समान कार्य करते हैं। ये पदार्थ कोशिका तथा ऊतक की परस्पर अभिक्रिया एवं कोशिका वृद्धि को प्रेरित करता है। हार्मोन प्रायः 1 mm अथवा इससे कम आंतरिक सांद्रता में प्रभावी होते हैं। पौधों में कई प्रकार के विविध संरचना तथा कार्य करने वाले हार्मोन होते हैं (चित्र 14.1)। पाद्प हार्मोन के प्रकारों तथा उनके कार्यों का सूक्ष्म विवरण निम्नलिखित है –

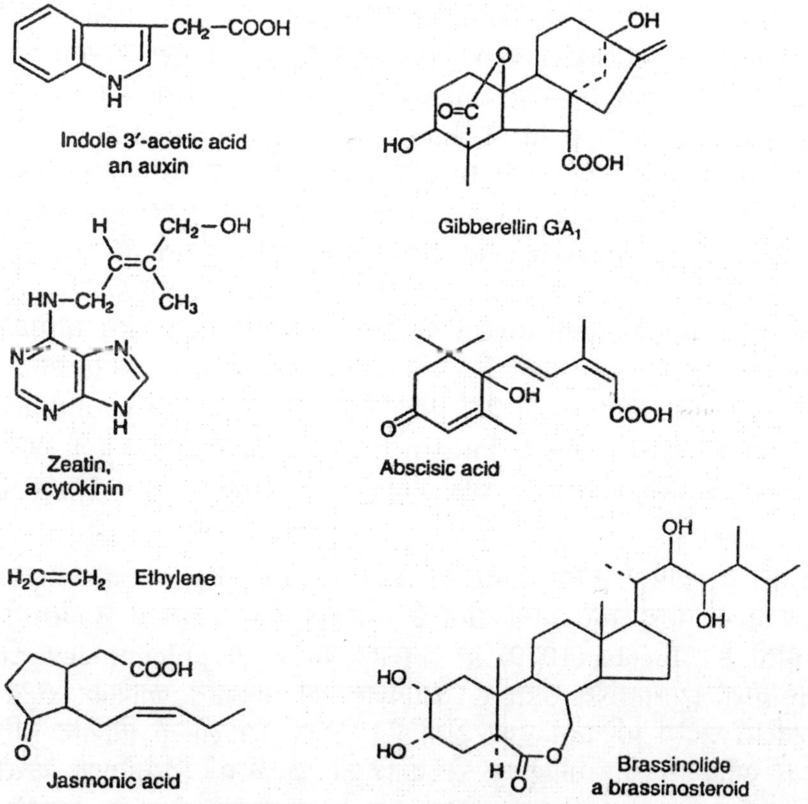

$CH_2{-}COOH$

Indole 3′-acetic acid
an auxin

Gibberellin GA_1

Zeatin,
a cytokinin

Abscisic acid

$H_2C{=}CH_2$ Ethylene

Jasmonic acid

Brassinolide
a brassinosteroid

Fig. 14.1. The phytohormones.

Auxins (Indole Acetic Acid)

यह indole से व्युत्पन्न होता है तथा अग्रस्थ भाज्यों तक (apical meristem) में पाया जाता है। यह अग्रस्थ प्रभावित (apical dominance) तथा अनुवर्तन (tropism) से सम्बद्ध होता है। यह प्रायः कोशिका विभाजन तथा विभिन्नीकरण को प्रभावित करता है। इसके अतिरिक्त यह तने का दीर्घीकरण उद्दीपन, केम्बियम कोशिका विभाजन प्रेरण तथा जड़ों के आरम्भन कार्यों में भी भूमिका निभाता है। Gibberellins जिब्बरलेन का व्युत्पन्न है तथा पर्व (internodes) के दीर्घीकरण वृद्धि को प्रेरित करता है। Cytokinin एक phenylated adenine है तथा कोशिका विभाजन को प्रेरित करता है। Abscisic Acid जो कि carotenoids से निर्मित होते हैं तथा जल के संतुलन को नियंत्रित करते हैं। ABA वृद्धि में संदमक होता है। Ethylene पौधे का अंर्तजात पादप वृद्धि नियंत्रक है तथा फल में परिपक्व होने में इसकी महत्वपूर्ण भूमिका होती है। Jasmonic acid वृद्धि सदमक fatty acid का व्युत्पन्न है तथा यह पौधों को रोग का प्रतिरोध करता है। Brassino steroids एक स्टेरॉयड पाद्प हार्मोन है तथा इसका मुख्य कार्य कोशिका विकास को नियंत्रित करना है। पेप्टाइड हार्मोन पौधों के विकास को नियंत्रित करते हैं।

INDOLE - 3- ACETIC ACID

Frists Went (1926) ने जौ के रोप Coat seedling के शीर्ष से एक पदार्थ को पृथक किया जो वृद्धि का प्रेरक होता है तथा इसका नाम "auxin" रखा। बाद में इसकी पहचान indoleacetic acid (IAA) के रूप में की गई। पूर्व में ऐसा मानना था कि IAA एक मात्र auxin है। 1982 में Wightman and Lighty ने पाया कि दो अन्य यौगिक जिन्हें 4-chloro-indoleacetic acid (4-chloro IAA) तथा phenylacetic acid (PAA) कहा गया, उन्हे भी auxin माना गया। IAA के अतिरिक्त कुछ अन्य पदार्थों में भी auxin के लक्षण देखे गये जैसे phenylacetic acid. तने की वृद्धि के मुख्य भाग में IAA सांद्रित रूप में होता है। Indole-3-butyric acid उच्च पौधों में पाया जाता है तथा इसमें auxin activity पाई जाती है। यह मूल निर्मित होने को प्रेरित करता है। कुछ यौगिकों को कृत्रिम रूप से तैयार किया गया है जिनमें auxin के समान लक्षण होते हैं। इन यौगिकों को वृद्धि नियंत्रक (growth regulators) कहते हैं। जब IAA का कार्बोक्सिल समूह अन्य अणुओं से सहसंयोजी बंध से जोड़ा जाता है तो इस प्रकार निर्मित व्युत्पन्न को bound auxin कहते हैं। एक अच्छे रूप में इसे conjugated auxin कहते हैं, क्योंकि सहसंयोजी आबद्ध यौगिक conjugates होते हैं तथा auxin के साथ हाइड्रोजन बंध अथवा अन्य निर्बल बंध से जुड़े होते हैं।

Auxin तने के शीर्ष में पाया जाता है। Auxin transport के कुछ महत्वपूर्ण लक्षण यह हैं कि इसका परिवहन बहुत धीमा होता है तथा इसके संचालन में उपापचयी ऊर्जा की आवश्यकता होती है। Jacobs (1979) के अनुसार यह न तो phloem sieve tubes और न ही xylem द्वारा स्थानांतरित होता है। ऑक्जिन का परिवहन कोशिका से कोशिका के बीच ऊर्जा आश्रित ध्रुवीय परिवहन द्वारा होता है। प्लैज्मा झिल्ली के विशिष्ट बहिःर्वाह तथा अंतर्वाह् वाहक ऑक्जिन का कोशिका से कोशिका के बीच स्थानांतरण करते हैं। इन वाहकों का असम्मित वितरण ध्रुवीय स्थानांतरण का मुख्य कारण होता है। झिल्ली से आबद्ध

बहिःर्वाह वाहक प्रोटीन पुटिका परिवहन द्वारा झिल्ली के भाग में व्युत्क्रम तरीके से स्थानांतरित होते हैं। Goldsmith (1977) ने ऑक्जिन के ध्रुवीय परिवहन को स्पष्ट करने के लिये chemiosmotic hypothesis को प्रस्तावित किया। इसके अनुसार प्लैज्मा झिल्ली में ATP के जलीय अपघटन से मुक्त की गई ऊर्जा का कोशिका द्वारा उपयोग किया जाता है तथा यह ऊर्जा सायटोसॉल से कोशिका भित्ति में H^+ को पम्प कर देती है। इस प्रकार कोशिका भित्ति का pH लगभग 5.5 होता है। इससे ऑक्जिन के कार्बोक्सिल समूह का कम अपघटन होता है। सायटोसॉल का pH 7 के आसपास होता है। इस प्रकार की कार्यिकी परिस्थितियों में, अनावेशित ऑक्जिन कोशिका भित्ति से सायटोसॉल की ओर गमन करता है। यहाँ जाकर उच्च pH के कारण कार्बोक्सिल समूह नियोजित हो जाता है तथा यह ऋणात्मक आवेश धारण कर लेता है। चूँकि सायटोसॉल में आवेशित ऑक्जिन की सांद्रता हो जाती है तो ऊष्मागतिकी के कारण इसका बाहर की ओर संचलन होने लगता है। ऐसा माना जाता है कि झिल्ली के कुछ वाहक आवेशित ऑक्जिन को कोशिका भित्ति की ओर स्थानांतरित करते हैं। ऑक्जिन का कोशिका से बाहर जाने का स्थान ठीक उस स्थान के विपरीत होता है जहाँ से इसने कोशिका में प्रवेश किया था। इस स्थान पर pH में कमी से अधिकांश ऑक्जिन अनावेशित हो जाते हैं। यह समझना कि आवेशित ऑक्जिन कोशिका के आधारीय भाग से किस प्रकार बाहर की ओर स्थानांतरित होते हैं, इसके लिये कोशिका को इस प्रकार ध्रुवीय होना चाहिये ताकि यह एक सिरे से अवशोषण कर सके तथा विपरीत सिरे से स्त्राव कर सके। Naphthyl thalamic acid (NPA) तथा 2, 3, 5-tribenzoic acid (TIBA) ऑक्जिन के ध्रुवीय स्थानांतरण के प्रबल संदमक है। NPA द्वारा ट्रांसपोर्टर को अवरूद्ध करना तथा उसी स्थल पर TIBA द्वारा अवरूद्ध करना ऑक्जिन के ध्रुवीय स्थानांतरण को स्पष्ट करता है ।

ऑक्जिन के संश्लेषण विभिन्न पौधों में भिन्न भिन्न प्रकार से होता है। IAA संश्लेषण के लिये tryptophan पूर्ववर्ती (precursor) का कार्य करता है। इसके अतिरिक्त ट्रिप्टोफेन के पूर्वगामी भी I AA संश्लेषण के पूर्वगामी के रूप में कार्य कर सकते हैं। संश्लेषण तीन पृथक तरीके से हो सकता है : इन्हें इण्डोल– 3 पायरूविक अम्ल, इण्डोल–3– एसिटाल्डॉक्समीन तथा ट्रिप्टामीन पथ कहते हैं। बन्द गोभी में IAA संश्लेषण L-ट्रिप्टोफेन पूर्वगामी से तथा झिल्ली से आबद्ध एन्जाइमों द्वारा होता है। पथ इण्डोल–3–एसीटेल्डॉक्सीम तथा इण्डोल–3–एसिटोनाइट्राइल के माध्यम से आगे बढ़ता है। एन्जाइम Nitrilase के उत्प्रेरण से इण्डोल–3–एसिटोनाइट्राइल IAA में परिवर्तित हो जाता है। IAA संश्लेषण के मुख्य पथ इण्डोल–3–पायरूविक अम्ल तथा इण्डोल–3–एसिटेल्डीहाइड द्वारा होता है। इण्डोल–3–एसिटेल्डीहाइड से पार्श्व पथ संश्लेषण द्वारा इण्डॉल–3–एथेनॉल तथा उसके conjugates बनते हैं। इण्डोल– 3–पायरूविक अम्ल के माध्यम से L-tryptophan द्वारा IAA संश्लेषण के निम्नलिखित मध्यवर्ती होते हैं। L-tryptophan→ indole-3-pyruvic acid→ indole-3-acetaldehyde → IAA। मक्का के एक ट्रिप्टोफ़ेन असर्वसंश्लेषी उत्परिवर्तनज (auxotrophic mutant) orange pericarp (orp) में L-tryptophan से अनाश्रित IAA जैवसंश्लेषण देखा गया है। orp उत्परिवर्तनज के बीज में L-tryptophan के दो precursors में सान्द्रता बढ़ी हुई देखी गई है। ये पूर्ववर्ती antranilate तथा indole है। IAA पूर्ववर्ती सम्भवतः ट्रिप्टोफेन संश्लेषण का

इण्डोल मध्यवर्ती होता है। यह एन्थ्रानिलेट से अनुप्रवाह तथा L-ट्रिप्टोफेन से ऊर्ध्वप्रवाह होता है। *Arabidopsis* के तीन उत्परिवर्तनज trpl, trp 2 तथा trp-3 में ट्रिप्टोफेन असर्वसंश्लेषी होते हैं। पादप प्रजातियाँ ट्रिप्टोफेन आश्रित तथा ट्रिप्टोफेन अनाश्रित IAA संश्लेषण में भिन्नता दर्शाती है। यह ध्यान देने योग्य है कि एक ही जीवन चक्र की विभिन्न अवस्थाओं में इस प्रकार के जैवरासायनिक पथ में पाये जा सकते हैं।

Philips (1971b) Leshmen (1973), Davis (1973) तथा Ray (1974) ने सबसे पहले ऑक्जिन क्रिया के जैव रासायनिक आधार को स्पष्ट किया। कोशिका वृद्धि में ऑक्जिन की भूमिका को समझने के लिये दो प्रभावों पर गौर किया जाना चाहिये : जब IAA को कटे हुये ऊत्तक पर डाला जाता है तो कुछ मिनिटों के पश्चात् दृढ़ कोशिका भित्ति में शिथिलन होने लगता है। यह देखा गया है कि ऑक्जिन द्वारा वृद्धि की बढ़ोतरी में RNA तथा प्रोटीन दोनों का लगातार बनते रहना आवश्यक होता है। Rayle and Cleland (1979), Cleland (1980), Taiz (1984) ने एक परिकल्पना पर विचार किया जिसे "acid growth hypothesis" कहते हैं। इस परिकल्पना के अनुसार ऑक्जिन के प्रभाव से ग्राही कोशिकाओं द्वारा आसपास की प्राथमिक भित्ति में H^+ का स्त्राव होने लगता है इसके फलस्वरूप भित्ति की pH में कमी आ जाती है जिससे भित्ति में शिथिलन होता है तथा वृद्धि होने लगती है। आगे के अध्ययन से स्पष्ट होता है कि ऑक्जिन प्लैज्मा झिल्ली के H^+ - P - ATPase को सिग्नल ट्रांसडक्शन श्रृंखला द्वारा सक्रिय करता है। इस क्रिया में सम्भवतः प्रोटीन काइनेस भाग लेता है। इन प्रोटीनों के कारण कोशिका भित्ति वाले भाग में अम्लीयकरण हो जाता है। इसके फलस्वरूप कोशिका भित्ति के शिथिलन करने वाले एन्जाइम सक्रिय हो जाते हैं तथा इस प्रकार स्फीति प्रेरित (turgor driven) कोशिकायें बड़ी हो जाती हैं। 14.3.3 प्रोटीन नियामक प्रोटीन का कार्य करते हैं। इन प्रोटीनों में यह लक्षण होता है कि वे अनेक प्रकार के प्रोटीनों से बंधन बनाकर उनकी सक्रियता को बदल देते हैं। 14.3.3 प्रोटीन बहुकार्यात्म प्रोटीन का कुल है तथा एक ही पौधे में इसके कई isoform पाये जाते हैं। ये प्रोटीन छः अमीनो अम्ल के साथ लक्ष्य प्रोटीन के एक विशिष्ट बंधन स्थल से जुड़ जाते हैं। इसमें 4 स्थान पर सेरीन फॉस्फटेज होता है। अतः 14.3.3 प्रोटीन पौधों की प्लैज्मा झिल्ली के H^+ - P - ATPase की सक्रियता के लिये नियामक होते हैं। कटे ऊत्तक में IAA डालने के एक घंटे पश्चात् दूसरा प्रभाव सामने आता है। इस अवस्था में वृद्धि के लिये आवश्यक प्रोटीनों का संश्लेषण होता है। अतः इस प्रकार ऑक्जिन की जीन अभिव्यक्ति पर प्रभाव की जाँच की जा सकती है।

IAA केम्बियम में कोशिका विभाजन का उद्दीपन करता है, पार्श्व कलिकाओं की वृद्धि का दमन करके apical dominace को बढ़ाता है, तथा भ्रूणविकास को नियंत्रित करता है। IAA की कम सांद्रता मूल दीर्घीकरण (root elongation) को प्रेरित करता है। तथापि उच्च सांद्रता इसे संदमित करती है। ऐसे अनेक साक्ष्य हैं जिससे स्पष्ट होता है कि तने का ऑक्जिन मूल के आरम्भन को प्रबल रूप से प्रभावित करता है। ऑक्जिन के प्रभाव से तने में अपस्थानिक जड़ों का भी विकास होता है। अधिकांश प्रजातियों में शीर्षस्थ कलिका पार्श्व (अक्षीय) कलिकाओं पर संदमक प्रभाव डालता है। इसके फलस्वरूप अक्षीय कलिकाओं का विकास धीमा अथवा समान हो जाता है। इस परिघटना को apical dominance कहते हैं। Thimann and Skoog (1933, 1934) के मतानुसार ऑक्जिन

पार्श्व कलिकाओं को संदमित कर देता है। Jacobs *et al.* (1959) ने इसके विरूद्ध मत दिया। Libbert (1964) ने apical dominance में ऑक्जिन की भूमिका पर अपना मत प्रस्तुत किया। Hillman (1984) ने apical dominance की व्याख्या की। हार्मोन स्तर तथा कलिका वृद्धि संदमन से इसके अंतःसम्बंध का विश्लेषण करना कठिन होता है। भ्रूणोद्भव (embryogenesis) के आरम्भ के समय ऑक्जिन ध्रुवणता के मुख्य अक्ष के बनने को नियंत्रित करता है, जिसमें क्रमशः शीर्ष की ओर तना तथा इसके विपरीत मूल (जड़) का विभज्योतक बनता है।

IAA पत्तियों तथा फलों पर विलग परत (abscissian layer) के बनने को रोकते हैं अर्थात् ये इथलीन के प्रति विरोधी होता है। IAA की सांद्रता बढ़ने पर इथलीन संश्लेषण प्रेरित हो सकता है। ऑक्जिन फल बनने को प्रेरित करता है।

GIBBERELLINS

जापान में *Gibberella* नामक कवक से धान में उत्पन्न रोग का अध्ययन किया गया। इस रोग में तने में अतिदीर्घता देखी गई। Eiichi Kurozawa (1926) ने *Gibberelka fuzikuroi* से gibberellins को विलगित किया। वे bakanac (foolish seedling disease of rice) के कारक एजेण्ट की खोज कर रहे थे। यह पदार्थ अप्राकृतिक वृद्धि को प्रेरित करता था। Brain and Hemming (1955) ने देखा कि जब मटर के बौने पौधे में GA_3 के कुछ माइक्रोग्राम डाले जाते हैं तो बौने पौधों में सामान्य लम्बे पौधे में डाले गये GA_3 की तुलना में ज्यादा दीर्घीकरण होता है। सभी प्रकार के gibberellins में gibbane ढांचा होता है। जिब्बरेलिन के संरचनात्मक विश्लेषण से स्पष्ट होता है कि जिब्बरेलिन एक समान संरचनाओं के विविध प्रकार के पदार्थों का मिश्रण होता है। इस प्रकार की संरचना वाले यौगिक पौधों में भी पाये जाते हैं तथा पादप हार्मोन के समान कार्य करते हैं। Radley (1956, 1958); Radley and Dear (1958), Phinney *et al.* (1957) ने GA का bioassay किया। GA उच्च पादपों के निष्कर्ष में पाया जाता है। जिब्बरेलिन टेट्रासायक्लिक डाइटरपीन्स का समूह है। पौधों में लगभग 125 प्रकार के जिब्बरेलिन की पहचान की जा चुकी है तथा उनकी पहचान के क्रम में इनका नम्बर किया गया है, तथापि इस प्रकार संख्या देना संरचनात्मक सम्बंधों अथवा कार्यों के विषय में कोई जानकारी नहीं देता है। हाइड्रॉक्सिल समूह के स्थान तथा द्विआबंध की संतृप्तता के आधार पर ये भिन्नता दर्शाते हैं। GAs को दो समूहों में बांटा गया है (C_{20} GAS तथा C_{19}) GAS में या तो S-Lactone ring होता है अथवा इनका लक्षण C_{20} से होता है जो मिथिल, हाइड्रॉक्सीमिथिल, एल्डीहाइड अथवा कार्बोक्सिल समूह के रूप में होता है। C_{19} GAS में एक कार्बन परमाणु अनुपस्थित होता है तथा इनमें γ-लेक्टोन चक्र पाया जाता है। GA1 तथा GA4 सबसे महत्वपूर्ण जिब्बरेलिन्स होते हैं ।

जिब्बेरेलिन्स में क्रिया के एक से अधिक प्राथमिक स्थल होते हैं। तने के दीर्घीकरण में जिब्बरेलिन्स की सामान्य भूमिका में तीन योगदान करने वाली घटनायें होती हैं। जो कि – (1) तने के शीर्ष पर कोशिका विभाजन का उद्दीपन, (2) पॉलीसैकेराइड्स का जलीय अपघटन, तथा (3) कोशिका भित्ति प्लैस्टिकता में बढ़ोतरी है। जिब्बरेलिन कोशिका को G1 अवस्था में प्रेरित कर जल्द S अवस्था में प्रवेश करवाकर कोशिका विभाजन को प्रेरित

करता है। यह S अवस्था को छोटा भी कर देता है। जिब्बरेलिन स्टार्च, फ्रूक्टान्स तथा सूक्रोज का जलीय अपघटन करता है, जिससे ग्लूकोज तथा फ्रक्टोज अणु निर्मित होते हैं। इन मोनोसैकेराइड्स का उपयोग श्वसन में होता है तथा ऊर्जा प्रदान की जाती है। यह कोशिका के जल क्षमता को अधिक ऋणात्मक बना देता है। इसके फलस्वरूप जल का कोशिका के अन्दर की ओर प्रवाह होता है एवं कोशिका में फैलाव होता है।

कलिकायें जिब्बरेलिन संश्लेषण का सक्रिय स्थल होती हैं। इसके विपरीत पर्व भाग **(internode)** में **GA** संश्लेषण नहीं होता है। अपरिपक्व बीजों में पौधे के अन्य भाग की तुलना में अपेक्षित रूप से ज्यादा मात्रा में जिब्बरेलिन पाया जाता है। **Jones** तथा **Phillips (1964)** ने विसरण तकनीक से प्रयोग करके देखा कि परिपक्व पत्तियों में जिब्बरेलिन संश्लेषण की कम क्षमता होती है। जड़ो में भी जिब्बरेलिन की समुचित मात्रा में संश्लेषण होता है। जिब्बरेलिन हाइड्रोकार्बन ***ent - gibeberellane*** के व्युत्पन्न होते हैं। इनमें से अधिकांश जिब्बरेलिन्स जैव संश्लेषण पथ के मध्यवर्ती अथवा उपउत्पाद होते हैं परन्तु ये सभी पादप हार्मोन के समान कार्य नहीं कर पाते हैं। **GA_1** संश्लेषण हेतु आईसोप्रिनॉयड (जिरानिल जिरानिल पायरोफॉस्फेट) पूर्ववर्ती होता है तथा **ent - kaurene** एक मध्यवर्ती होता है। जैवरासायनिक पथ में तेरह अभिक्रियायें होती हैं। नॉनमिवोलोनेट, पायरूवेट/ग्लिसरेल्डिहाइड–3–फॉस्फेट पथ द्वारा आइसोप्रिनॉयड निर्मित होता है। आरम्भिक पदों में आइसोपेन्टिनिल डाईफॉस्फेट बनता है जो जिरेनिल डाई फॉस्फेट में परिवर्तित हो जाता है। संश्लेषण टरपेनॉयड जैवरासायनिक पथ द्वारा होता है। जिरेनिल–जिरेनिल डाईफॉस्फेट के संश्लेषण तथा इसका **ent-kaurene** में परिवर्तन एन्जाइम **terpene cyclase** द्वारा उत्प्रेरित होता है। जिरेनिल – जिरेलिन के दो पदों में चक्रीकरण से **ent - kaurene** का संश्लेषण होता है। इस क्रिया में **copalyl diphosphate** मध्यवर्ती बनता है। इन दो पदों में एन्जाइम **copalyl diphosphate synthase (CPS)** तथा **ent-kaurene synthase (kS)** की आवश्यकता होती है। **GA_{12} - aldehyde** के माध्यम से **ent-kaurene** का ऑक्सीकरण होकर **bioactive G_9 - GAS** निर्मित होते हैं। एन्जाइम **cytochrome P_{450} monooxygenase** तथा **α–ketoglutarate - dependent dioxygenase** के उत्प्रेरण से **GA_{12}-aldehyde** का ऑक्सीकरण होता है। **GA_{12}-aldehyde** का **G_{19}-GAS** में परिवर्तन कुछ जैवरासायनिक अभिक्रियाओं के पथ द्वारा होता है। यह या तो **'early β–hydroxylation pathway'** अथवा **"non-13-hydroxylation pathway"** के माध्यम से आगे बढ़ता है। अभिक्रियाओं के दोनों सेटों में 7-ऑक्सीकरण, 13-हाइड्रॉक्सीलेशन, 20-ऑक्सीकरण तथा 3β–हाइड्रॉक्सीलेशन होता है। दोनों जैवरासायनिक पथों में भिन्नता यह हे कि जैवरासायनिक पथ में **early 13-hydroxy-lation pathway** से **GA_{20}** तथा **GA_1** बनते हैं जबकि **non-13-hydroxylation pathway** से **GA_9** तथा **GA_4** निर्मित होता है। **C_{20}-GAS** में **C-20** स्थान पर लगातार ऑक्सीकरण के फलस्वरूप **CO_2** का ह्रास होता है तथा **C_{19}-GAS** निर्मित होते हैं। **GA 20 - oxidase** एन्जाइम द्वारा ऑक्सीकरण होता है। कुछ उदाहरणों में जिब्बरेलिन संश्लेषण प्रकाश द्वारा फायटोक्रोम के माध्यम से नियंत्रित होता है। पालक का पौधा **short day** से **long day plant** में परिवर्तित हो सकता है। पालक पत्ती में **GA_{53}** तथा **GA_{19}** दोनों **GA-20 oxidase** द्वारा ऑक्सीकृत होते हैं। इस एन्जाइम की सक्रियता **long day** में बढ़ जाती है तथा **short day** में कम हो

जाती है। long day पालक पौधे में भी ent - kaurene संश्लेषण में बढ़ोतरी कर देता है। GA_{53} oxidase तथा GA_{19} oxidase की सक्रियता photoperiod द्वारा नियंत्रित होती है।

जिब्बरेलिन अनेक अक्षुण्ण पौधों में वृहत् प्रकार से वृद्धि को प्रेरित करता है। ये तना दीर्घीकरण में उद्दीपन, विशेष तौर पर तने के पर्व में वृद्धि में अहम् भूमिका निभाते हैं। अधिकांश द्विबीजपत्री तथा कुछ एकबीजपत्री में जिब्बरेलिन उपचार के अनुप्रभाव से तेज वृद्धि होती है। मक्का, धान तथा मटर में सिर्फ GA_1 तना दीर्घीकरण को नियंत्रित करता है। GA_3 का रोजेट पौधों में विशिष्ट प्रभाव यह होता है कि यह पुष्पन के लिये तने को ऊपर की ओर बढ़ाता है तथा पुष्पन का नियंत्रण भी करता है। ये उन पौधों में भी पुष्पन करने की क्षमता रखते हैं जिन्हें सामान्य रूप से दीप्तिकालिक सिग्नल अथवा वसंतीकरण (vernalization) की आवश्यकता होती है। GAS कोनिफर में cone निर्मित होने को प्रेरित करते हैं। Michniewiez तथा Lang (1962) ने प्लॉटिंग तथा पुष्पन प्रभाव के लिये जिब्बरेलिन 19 का परीक्षण किया। उन्होंने पाया कि GA_7 पुष्पन के लिये सबसे प्रभावी होता है। फलों का समय के पहले बनना तथा उनकी वृद्धि करना भी जिब्बरेलिन का अतिरिक्त कार्य होता है। शीतोष्ण (temperate) भाग में वृद्धि कर रहे सदाबहार तथा पर्णपाती (deciduous) वृक्षों तथा झाड़ी में जिब्बरेलिन कलिका प्रसुप्ति को दूर करने में विशेष रूप से सहायक होता है। यह सम्भवतः बीजावरण (seed coat) का मृदुकरण करके बीज प्रसुप्ति का अंत करके बीजों के अंकुरण हेतु आवश्यक एन्जाइमों की जीन की अभिव्यक्ति करता है। अंकुरण के बाद जल्द ही जिब्बरेलिन बीज में संग्रहित बहुलक को सूक्रोज तथा संचालित हो सकने वाले अमीनो अम्ल तथा एमाइड्स में परिवर्तित कर देता है। अतः जिब्बरेलिन बीज के संग्रहण कोशिकाओं से भोज्य पदार्थ तथा खनिज तत्वों के संचालन को प्रेरित करता है। ये पदार्थ विशेष रूप से पौधे के उस अवस्था में संचालित होते हैं जब वह मृदा से खनिज पोषकों को अवशोषित करने में असक्षम होता है। GA जौ के ऐल्यूरोन परत में α–amylase तथा अन्य एन्जाइमों का *de novo* संश्लेषण करता है। जौ सहित घास के बीजों में GA स्कुटेलम तथा भ्रूण के अन्य भागों में संश्लेषित होता है। स्कूटेलम एल्यूरोन परत से ज्यादा महत्वपूर्ण होता है। यह बहुत सारी प्रजातियों में भ्रूणपोष (endosperm) संग्रहण का पाचन करने वाले एन्जाइम को स्त्रावित करते हैं।

CYTOKININS

सायटोकायनिन्स कोशिका द्रव्य विभाजन (cytokinesis) का उद्दीपन करते हैं। R. Horgan (1984) ने सायटोकायनिन्स की परिभाषा दी – "वे पदार्थ जो ऑक्जिन के इष्टतम उपस्थिति पर तम्बाखू के पिथ अथवा इसी प्रकार के समान आमापन ऊतक (जिसकी इष्टतम परिभाषित माध्यम में वृद्धि की जा रही हो) में कोशिका विभाजन को प्रेरित करते हैं ।" Gottlieb Harlandt ने खोज में पाया कि विभिन्न पौधों के वेसक्यूलर ऊतक में एक यौगिक पाया जाता है, यह कोशिका विभाजन को प्रेरित करता है जो कार्क केम्बियन का बनना तथा आलू के ट्यूबर में घाव भरने का कार्य करता है, तथापि वे इस यौगिक की पहचान नहीं कर पाये थे। Johannes van overbeek ने पाया कि अपरिपक्व नारियल के दूधिया भ्रूण पोष में कुछ यौगिक होते हैं जो कोशिका द्रव्य विभाजन को प्रेरित करते हैं। Folke Skoog तथा उनके सहयोगियों द्वारा ऊतक संवर्धन में ऑक्जिन उद्दीपन

से पाद्प वृद्धि पर अनुसंधान किया जा रहा था, उन्होंने पाया कि यदि वेसक्यूलर ऊतक के एक टुकड़े को तम्बाखू के तने के पिथ भाग के ऊपर रखा जावे तो पिथ कोशिकाओं में बहुत तेजी से कोशिका विभाजन होने लगता है। उन्होंने इस यौगिक की पहचान करने का प्रयास किया बाद में यह देखा गया कि यीस्ट निष्कर्ष में एडनीन के समान यौगिक अत्यन्त सक्रिय होता है। Carlos Miller (1954) ने एक सक्रिय यौगिक की खोज की। यह यौगिक herring sperm DNA का काल प्रभावित विखण्डन अथवा निर्जमीकरण से प्राप्त हुआ था। इसका नाम kinetin रखा गया। यह यौगिक पौधों में नहीं पाया जाता है। Letham (1974) ने जियाटिन (Z) तथा जियाटिन राइबोसाइड [9R] Z की पहचान की जो जैविक रूप से सक्रिय सायटोकायनिन होते हैं। Z के cis isomer { cis-Z, cis [9R - 5'P]Z तथा cis - [9R - 5' - P] Z } प्राकृतिक रूप से पाये जाने वाले सायटोकायनिन्स होते हैं। संरचनात्मक रूप से ये एडनीन व्युत्पन्न होते हैं जिसके N_6 अमीनो समूह सेआइसोपेन्टीनिल आधारित पार्श्व श्रृंखला जुड़ी होती है। एडनीन का अमीनो समूह हाइड्रॉक्सिलेटेड आइसोप्रीन अपशेष के trans - position से जुड़ा रहता है। सायटोकायनिन्स की पार्श्व श्रृंखला जैविक सक्रियता के लिये अनिवार्य संरचनात्मक आवश्यकता होती है।

सायटोकायनिन एडनीन व्युत्पन्न है जिसकी आधारभूत संरचना 'प्यूरीन चक्र' है। इसकी पार्श्व श्रृंखला में कार्बन तथा हाइड्रोजन प्रचुर मात्रा में होते हैं। यह श्रृंखला चक्र के शीर्ष पर उभरे नाइट्रोजन से जुड़ी रहती है। प्रत्येक सायटोकायनिन क्षारक मुक्त रूप अथवा न्यूक्लियोसाइड के रूप में होता है जिसमें राइबोस समूह 9' नाइट्रोजन परमाणु से जुड़ा रहता है। जब राइबोस का 5' कार्बन फॉस्फेट द्वारा एस्टरीकृत होता है तो न्यूक्लियोसाइड परिवर्तित होकर न्यूक्लियोटाइड बनाता है।

जियाटिन तथा जियाटिन ट्राइबोसाइड का परिवहन जाइलम द्वारा होता है। चालनी नालिका (sieve tubes) में भी सायटोकायनिन्स पाये जाते हैं। निर्लिप्त पत्तियों में किये गये प्रयोगों से स्पष्ट होता है कि सायटोकायनिन परिवहन सम्भवतः प्लोएम द्वारा होता है। अन्य प्रयोगों से स्पष्ट होता है कि सायटोकायनिन प्लोएम में सरलता से फैले हुये नहीं होते हैं। युवा पत्तियाँ, फल तथा बीज जो परिवहन कुण्ड माने जाते हैं स्वयं की इच्छा से जायलम अथवा फ्लोएम के द्वारा अन्य भागों में सायटोकायनिन्स का परिवहन नहीं करते हैं। यह एक सम्भावित निष्कर्ष हो सकता है कि सायटोकायनिन का जायलम के माध्यम से जड़ों में वितरण के अतिरिक्त तने में परिवहन सीमित होता है ।

विभिन्न ऊतकों में सायटोकायनिन की क्रिया की अलग–अलग क्रियाविधि होती है। इसका प्राथमिक प्रभाव समान होता है। द्वितीयक प्रभाव भिन्न प्रकार का हो सकता है। यह प्रभाव लक्ष्य कोशिका के कार्यिकी अवस्था पर निर्भर करता है। सायटोकायनिन बहुत कम सांद्रता में पाये जाते हैं अर्थात् 0.01 से 1 HM तक हो सकता है। अतः आरम्भन अवस्था के समय विस्तारण आवश्यक होता है। ऐसा माना जाता है कि सायटोकायनिन का RNA तथा एन्जाइम बनने में प्रोत्साहक प्रभाव होता है। कोशिका को G_2 से समसूत्री विभाजन की ओर संक्रमण बढ़ जाने से कोशिका विभाजन प्रेरित होता है। यह प्रक्रिया प्रोटीन संश्लेषण की दर में बढ़ोतरी के फलस्वरूप हो पाती है। इनमें से कुछ प्रोटीन एन्जाइम हो सकते हैं जो समसूत्री विभाजन के लिये आवश्यक होते हैं। सायटोकायनिन पॉलीसोम की संख्या में बढ़ोतरी करते हैं जिससे प्रोटीन संश्लेषण का translation अवस्था पर प्रभाव पड़ता है।

Salisbury तथा Ross ने निर्लिप्त बीजपत्रों में कोशिका के फैलाव में सायटोकायनिन के प्रभाव का अध्ययन किया। जब मूली के बीज पत्रों को मंद प्रकाश में वृद्धि कराया जाता है तो देखा गया है कि ये सायटोकायनिन reducing sugars के आंतरिक उत्पादन को बढ़ा देते हैं। Reducing sugar के रूप में ग्लूकोज तथा फ्रक्टोज निर्मित होता है। यह परासरणीय क्रिया के द्वारा जल का अंर्तप्रवाह होने लगता है जिससे वृद्धि होती है। सायटोकायनिन्स कोशिका भित्ति को भी मृदु कर देते हैं इसके प्रभाव से उपस्थित स्फीति दाब पर भी अव्युत्क्रमणीय ढंग से जल्द फैलाव होने लगता है। भित्ति का मृदु होना वृद्धि में बढ़ोतरी के लिये स्फीति दाब में बढ़ोतरी से ज्यादा महत्वपूर्ण होता है। अम्लीकरण के कारण भित्ति का मृदुकरण नहीं होता है। भित्ति को मृदु करने वाले एन्जाइमी तंत्र के विषय में अभी भी जानकारी उपलब्ध नहीं है।

सायटोकायनिन संश्लेषण मुख्य रूप से विभाज्योतक में होता है। सायटोकायनिन्स के संश्लेषण की प्रमुख क्रियाविधि *de novo* जैव संश्लेषण होती है। जियाटिन का संश्लेषण AMP तथा डिमिथिल एलिल पायरोफॉस्फेट (DMAPP) से होता है। 1978 में यह स्पष्ट हो गया कि [9R - 5P] iP का सीधा पूर्वगामी 5' - AMP होता है। यह अभिक्रिया dimethyl allyl diphosphate : 5'-AMP transferase (अथवा isopentenyl transferase) द्वारा उत्प्रेरित होती है। DMAPP पार्श्व श्रृंखला अर्धांश एक मात्र स्वीकार किये जाने वाला दाता होता है। अगले चरण में trans-hydroxylase द्वारा उत्प्रेरित पार्श्व श्रृंखला का ट्रांस–हाइड्रॉक्सीलेशन होता है। इस अभिक्रिया में [9R - 5'P] iP परिवर्तित होकर [9R - 5'P] Z बनता है, अंतिम रूप में [9R - 5P] Z का विफॉस्फोरिलीकरण होकर [9R] Z बनता है। यह अभिक्रिया 5'nucleosidase एन्जाइम द्वारा उत्प्रेरित होती है। एन्जाइम adenosine nucleosidase [9R] Z का विदलन करता है तथा Z बनता है। एक अन्य एकांतरित जैवरसायन पथ में [9R - 5P] iP का विफॉस्फोरिलीकरण होता है तथा [9R]iP बनता है। इससे राइबोज मुक्त हो जाता है तथा iP प्राप्त होता है। बाद में [9R]iP तथा iP के उपापचय से क्रमशः [9R] Z तथा Z बनते हैं। कुछ tRNAS के न्यूक्लियोटाइड होते हैं जिनके क्षारक रूपांतरित हो जाते हैं तथा उनसे सायटोकायनिन्स प्राप्त होते हैं। इन न्यूक्लियोटाइड्स के क्षारकों में रूपांतारण से सायटोकायनिन अर्धांश प्राप्त होता है। ये सायटोकायनिन्स प्रमुख से [9R] iP, cis [9R] Z तथा उनके 2-मिथिलथायो व्युत्पन्न होते हैं। न्यूक्लियोटाइड सायटोकायनिन्स के विफॉस्फोरिलीकरण से न्यूक्लियोसाइड सायटो–कायनिन प्राप्त होते हैं। राइबोज के मुक्त हो जाने से यह मुक्त क्षारक सायटोकायनिन प्रदान करता है। एन्जाइम cytokinin oxidase सायटोकायनिन का विघटन करता है। यह एन्जाइम तंत्र पाँच कार्बन के पार्श्व श्रृंखला को हटा देते हैं तथा मुक्त एडनीन प्राप्त होता है।

सायटोकायनिन तथा ऑक्जिन के संयोग होने पर कोशिका विभाजन में बढ़ोतरी हो जाती है। ऑक्जिन/सायटोकायनिन के उच्च अनुपात पर तना बनना प्रेरित होता है। द्विबीजपत्री बीजपत्र तथा पत्तियों में सायटोकायनिन कोशिका के फैलाव में बढ़ोतरी करता है। वृद्धि का प्रमुख कारक जल का अंर्तप्रवाह है जिससे कोशिकाओं में फैलाव होता है। ऊतकों के शुष्क भार में बढ़ोतरी नहीं होती है। सायटोकायनिन की भूमिका क्लोरोप्लास्ट विकास तथा क्लोरोफिल संश्लेषण को प्रेरित करती है। यह वातरन्ध्रों के खुलने को प्रेरित

करता है तथा ऑक्जिन प्रेरित apical dominance का दमन करता है। द्विबीजपत्री पौधों में सायटोकायनिन पार्श्व कलिका विकास को प्रेरित करता है। सायटोकायनिन एक अन्य महत्वपूर्ण कार्य पौधों के अंगों विशेष रूप से पत्तियों में जीर्णता का संदमन करना है। सायटोकायनिन्स द्वारा जीर्णता की प्रक्रिया प्राकृतिक तथा आंशिक रूप से जड़ों द्वारा नियंत्रित होती है। सायटोकायनिन पत्तियों में वृद्ध भाग से अनेक विलायकों के परिवहन का कारक होता है।

ABSCISIC ACID

1950 दशक के प्रारम्भ में Thomas Bennett - Clark तथा Ned kefford, पाद्प निष्कर्ष में अंतर्जात् ऑक्जिन के अध्ययन करते समय एक अम्लीय यौगिक का अनुसंधान किया जो प्रांकुर–चोल (coleoptile) दीर्घीकरण को संदमित करता है। इस रसायन को β–inhibitor complex माना गया। 1960 के दशक में पाद्प कार्यिकी वैज्ञानिकों ने विलगन (abscission) त्वरित करने वाले यौगिक तथा प्रसुप्ति प्रेरित करने वाले यौगिक को पृथक किया। इनका नाम क्रमशः "abscisin II" तथा "dormin" रखा गया। 1965 में Frederick Addicott एवं उनके सहयोगियों ने abscisin II की संरचना का वर्णन करते हुये इसका नाम 'abscisic acid' (ABA) रखा। उन्होंने यह भी पाया कि इसमें 'dormin' के समान ही लक्षण होते हैं। ABA पत्तियों तथा फलों के झरने का प्रेरण कारक होता है। हांलाकि बाद में यह ज्ञात हुआ कि इस पाद्प हार्मोन का मुख्य कार्य जल के संतुलन को बनाये रखना तथा बीज एवं कलिका प्रसुप्ति को प्रेरित करना है।

ABA का परिवहन जड़ों से पत्तियों तक जाइलम वेसल्स के द्वारा वाष्पोत्सर्जन प्रवाह द्वारा होता है। पैरेन्कायमा कोशिकाओं में ABA का संचालन जिब्बेरेलिन के समान ही होता है।

ABA का 1' कार्बन चिरल होता है। प्राकृतिक रूप से पाये जाने वाला ABA एक (S) एनैन्टियोमर होता है जबकि बाजार में उपलब्ध ABA रेसिमिक मिश्रण होता है। [(S) - ABA तथा (R) - ABA] दोनों एनैन्टियोमर के जड़ 2-cis द्विआबंध प्रकाश द्वारा समावयवता के फलस्वरूप 2 - trans - समावयव [(S)-2-trans ABA तथा (R)-trans ABA] बनते हैं।

ABA का प्रभाव ऊतकों के आधार पर होता है। इसके तीन प्रमुख प्रभाव होते हैं – (i) जड़ों की प्लैज्मा झिल्ली पर प्रभाव (ii) अनुलेखन (transcription) में संदमन तथा (iii) स्थानांतरण (translation) में संदमन। जड़ की झिल्लियाँ ज्यादा धनावेशित हो जाती हैं। इसके प्रभाव से संभवतः कोशिका से k^+ आयन का तेजी से ह्रास होता है तथा शायद ABA में क्षमता होती है कि ऑक्जिन प्रेरित वृद्धि को तीव्रता से संदमित करता है।

ABA का संश्लेषण उन ऊत्तकों (पत्तियों तथा जड़ों में भी) में होता है जहाँ जल की कमी को सीधा नियंत्रण किया जाता है। यह आइसोप्रिनॉयड उपापचय का उत्पाद है। क्लोरोप्लास्ट तथा अन्य प्लास्टिड्स में मिथेलोनिक अम्ल जैव रासायनिक पथ से 15-कार्बन सेसक्वीटर्पीनायड का संश्लेषण होता है। पौधों में ABA संश्लेषण हेतु ABA तत्काल पूर्ववर्ती का कार्य करता है, तथापि गैस क्रोमोटोग्राफी से प्राप्त परिणामों से स्पष्ट होता है कि जल पत्तियों में ABA संश्लेषण हेतु 1'-deoxy ABA तत्काल पूर्ववर्ती नहीं होता है।

इन परिणामों में यह जानकारी मिलती है कि ABA का संश्लेषण पूर्व निर्मित पूर्ववर्ती संश्लेषण होता है जिसमें 1' तथा 4' स्थानों पर ऑक्सीजन होता है। ABA का संश्लेषण विओलाजेन्थिन के ऑक्सीकरण के माध्यम से होता है। **Robert Creelman** तथा **Jan Zeevaast (1984)** ने देखा कि ABA के जैव संश्लेषण पथ में C_{40} जेन्थोफिल मध्यवर्ती होते हैं। मक्का के ABA - deficient viviparous (vp) उत्परिवर्तनज में किये गये अध्ययनों से ABA संश्लेषण के विषय में कुछ विचार प्रगट किये गये हैं। Geranyl geranyl diphosphate synthase आइसोपेन्टिनिल डाईफॉस्फेट के साथ तीन सतत् संघनन को उत्प्रेरित करता है। β–कैरोटीन से जिआजेथिन के उपापचय के पश्चात् जिआजेन्थिन एन्थ्राजेन्थिन के माध्यम से all trans violaxanthin बनता है। यह दो इपॉक्सीकरण (epoxidation) पदों द्वारा पूर्ण होता है। All trans violaxanthin के माध्यम से या 9 cis violaxanthin दोनों के माध्यम से all trans violaxanthin, 9 cis-neoxantin में परिवर्तित हो जाता है। 9-cis neoxanthin के ऑक्सीकारक विदलन से पहला cis मध्यवर्ती जेन्थोजिन निर्मित होता है। ABA जैव संश्लेषण पथ के अंतिम अभिक्रिया की पूर्व की एक अभिक्रिया जिसमें पहले जेन्थोलिन परिवर्तित होकर ABA-एल्डीहाइड बनाता है। इस अभिक्रिया में 4-हाइड्रॉक्सिल समूह का ऑक्सीकरण कीटोन समूह में हो जाता है। इस अभिक्रिया में अन्य परिवर्तनों में 2'-3' विसंतृप्तीकरण तथा एपॉक्साइड चक्र का 1' - 2' स्थान पर खुलना सम्मिलित होता है। ABA एल्डीहाइड के I-CHO समूह के ऑक्सीकरण से ABA निर्मित होता है। यह अभिक्रिया एन्जाइम ABA aldehyde oxidase द्वारा उत्प्रेरित होती है।

जैसा कि पूर्व में लिखा जा चुका है, ABA की भूमिका जल संतुलन को बनाये रखने की होती है। जल की कमी के समय वातरंध्र के बंद होने के लिये नाइट्रिक अम्ल के कारण यह सम्भव होता है। ABA सजीव प्रजता (vivipary) को भी दूर करता है।

Ethylene

Dimithy N. Neljubow ने सर्वप्रथम इथलीन के प्रभावों का अवलोकन किया। यह जीर्णता को प्रेरित करता है। इस कार्यिकी अवस्था में विघटन आरम्भ होता है। प्रोटीन का अपघटन होकर अमीनो अम्ल बनते हैं। ये अमीनो अम्ल कुछ आयनों (जैसे Mg^{++}) के साथ फ्लोएम के माध्यम से बाहर की ओर प्रवाह होते हैं तथा इनका पुनः उपयोग किया जाता है। एक वर्षीय पौधे पुनः बीज निर्माण हेतु इन पदार्थों का पुनः उपयोग करते हैं जबकि बहुवर्षीय पौधे तना अथवा मूल में इन्हें संग्रहित कर लेते हैं। अनेक यांत्रिक तथा प्रतिबल प्रभावों के समय इथलीन उत्पादन देखा गया है। तने अथवा पत्तियों का रगड़ना, दाब में बढ़ोतरी, परजीवी सूक्ष्मजीवियों अथवा कीटों के आक्रमण, जल तथा सूखे की अवस्था में इथलीन उत्पादन देखा गया है।

ऑक्जिन द्वारा इथलीन उत्पादन का अत्याधिक उद्दीपन होता है। पौधे तथा तने के अग्रस्थ भाग में उच्च इथलीन उत्पादन देखा गया है। ATP के उपयोग से मिथियोनीन में एडनीन जुड़कर S-एडीनोसिल मिथियोनिन (S-adenosylmethionine (SAM)) बनाता है जो कि इथलीन संश्लेषण का पूर्ववर्ती होता है। SAM पॉलीएमीन्स के संश्लेषण में भाग लेता है यह वृहत आयाम के मिथॉइलेशन अभिक्रियाओं में सहभागी होता है। एन्जाइम

amino cyclopropane carboxylate synthase (ACC synthase) एक सायक्लोप्रोपेन बनाता है। ACC synthase अनेक आइसोफार्म में पाया जाता है। इसमें सात अतिसंरक्षित भाग होते हैं जिनमें से पाँचवें भाग में लाइसीन अपशेष होता है जहाँ सक्रिय स्थल पर SAM तथा पायरिडॉक्सल–S-फॉस्फेट अभिक्रिया करता है। इस अभिक्रिया में S-एडिनोसिल मिथियोनीन के सल्फर परमाणु के धनावेश का विदलन हो जाता है। तदनन्तर 1-अमीनोसायक्लेप्रोपेन –1–कार्बोक्सिलिक अम्ल (ACC) का ऑक्सीकरण एन्जाइम ACC-oxidase द्वारा होता है एवं इथलीन CO_2, HCN तथा जल निर्मित होते हैं। ACC तथा पॉलीएमीन्स दोनों के संश्लेषण में SAM के अमीनो प्रोपिल समूह का सहभागी होना आवश्यक होता है। HCN defoxify हो जाता है तथा β–सायनोएलानीन बनता है। β–सायनोएलानीन का आगे उपापचय होता है तथा एस्पेराजीन अथवा γ–ग्लूटामिल–β–सायनोएलानीन बनता है। फल के परिपक्व होने के समय ACC-oxidase की सक्रियता में बढ़ोतरी हो जाती है। जीर्णता तथा परिपक्वन के समय अनुलेखन में बढ़ोतरी से प्रेरित होकर ACC oxidase में बढ़ोतरी होती है ।

इथालीन का प्रभाव कार्यिकी परिघटना पर आधारित होता है। लक्ष्य ऊतकों में एन्जाइम संश्लेषण में बढ़ोतरी देखी गई है। विलगन में भाग लेते समय इथलीन विलगन स्थान पर सेल्यूलेज तथा कोशिकाभित्ति को विघटन करने वाले एन्जाइमों के संश्लेषण में बढ़ोतरी करता है। यदि ऊतक में घाव हो जाता है तो इथलीन के प्रभाव से फिनिलएलानीन अमोनिया लायेज प्रगट होता है। जो कि फिनॉलिक यौगिकों के निर्मित होने के लिये महत्वपूर्ण एन्जाइम है। फिनॉलिक यौगिकों की घाव को भरने में महत्वपूर्ण भूमिका होती है। फलों के परिपक्वन में इथलीन का महत्वपूर्ण कार्य होता है। जिससे फल कोशिकाओं में आवश्यक एन्जाइम निर्मित होते हैं। पौधे इथलीन की एक छोटी मात्रा का उपापचय करते हैं तथा इसकी छोटी मात्रा आबद्ध होती है। उपापचय के फलस्वरूप CO_2 इथलीन ऑक्साइड तथा इथलीन ग्लायकॉल निर्मित होता है। ऐसा निष्कर्ष निकाला गया है कि उत्पन्न उपापचयज तथा बंधित सक्रियता में एक सहसंबंध होता है। अतः उपापचयजों का इथलीन ऑक्सीकरण तथा कार्यिकी कार्य आश्रित अनुक्रमों में होते हैं।

Brassionosteroids

Brarsinosteroids (BRc) स्टेरॉयड पादप हार्मोन है जिसे परागकणों से विलग किया गया था। यह पादप विकास को नियंत्रित करता है। चालीस से अधिक BRs की पहचान की जा चुकी है। ब्रेसीनोलाइड (C_{28}-BR) सबसे ज्यादा प्रभावी BRs है। यह शैवाल, फर्न, नग्नबीजी तथा आवृतबीजी पौधों में पाया जाता है परन्तु सूक्ष्मजीवियों में इसका अभाव होता है।

BRs को सबसे पहले *Brassica napus* के मधुमक्खी द्वारा एकत्र परागकणों से एकत्र किया गया था। BRs का रासायनिक स्वभाव C_{27}-C_{28} तथा C_{29} स्टेरॉयड होता है जिसके। तथा B चक्रों एवं पार्श्व श्रृंखलाओं में विभिन्न घटक होते हैं।

पादप में स्टेरॉल्स का संश्लेषण सायक्लोऑर्टीनॉल द्वारा होता है। पादप स्टेरॉल्स का एक विशेष लक्षण होता है कि इसमें C_1 अथवा C घटकों द्वारा C-24 पर एल्कायलेशन होता है। ब्रेसीनोलॉयड संश्लेषण पथ के अध्ययन *Catheranthus roseus* के संबंधित

कोशिकाओं में किया गया था। BPs के संश्लेषण हेतु केम्पेस्टेरॉल (C_{28}) पूर्वगामी होता है। तीन मध्यवर्तियों के माध्यम से केम्पेस्टेरॉल से 5α–केम्पेस्टानॉल बनता है। 6α–हाइड्रॉक्सीकेम्पेस्टेनॉल का संश्लेषण होता है जिसका ऑक्सीकरण होकर 6-ऑक्सोकेम्पेस्टेनॉल बनता है। यह अभी भी स्पष्ट नहीं है कि 5–ऑक्सोकेम्पेस्टेनॉल का किस प्रकार C-22 हाइड्रॉक्सीलेशन होता है जिससे केथास्टीरोन निर्मित होता है। केथास्टीरोन के C-23 पर हाइड्रॉक्सीलेशन से टिएस्टीरोन निर्मित होता है। टिएस्टीरोन का 3 डीहाइड्रॉटिएस्टीरोन के माध्यम से उपापचय होता है तथा टाइफास्टीरॉल बनता है। सतत् ऑक्सीकरण तथा अपचयन के फलस्वरूप 3α–हाइड्रॉक्सिल का एकीकरण होकर 3β–हाइड्रॉक्सिल समूह बनता है। 3–हाइड्रोटिएस्टीरॉन के माध्यम से टाइफास्टीरॉल पुनः टिएस्टीरॉल में परिवर्तित हो जाता है। पौधों में 6-Deoxybassinosteroids (6-deoxy BRs) उच्च सांद्रता में पाया जाता है। इसके β–चक्र में ऑक्सीजन नहीं पाया जाता है। *Catharanthus* की कोशिकाओं में 5–डीऑक्सोकेटास्टीरॉन से केस्टास्टीरॉन तथा ब्रेसीनोलाइड बनता है। यह 3–डीहाइड्रो–6–डीऑक्सोकेस्टास्टीरॉन के माध्यम से 6–डी ऑक्सोकेस्टास्टीरॉन का संश्लेषण करता है। 5-α–केम्पास्टीनॉल से केस्टास्टीरॉन के संश्लेषण के जैवरासायनिक पथ को C-6 ऑक्सीकरण पथ कहते हैं। *Arabidopsis* तथा *Pisum sativum* के उत्परिवर्तनजों के अध्ययन से ब्रेसीनोलाइड संश्लेषण का एकांतरित जैव रासायनिक पथ होना स्पष्ट होता है। इस जैवरासायनिक पथ के अंत में केस्टास्टीरॉन का 6–ऑक्सी समूह का लेक्टोन (6-oxo-4-oxa) में ऑक्सीकरण होता है तथा ब्रेसीनोलाइड बनता है।

Arabidopsis, Pisum sativum तथा टमाटर के उत्परिवर्तनजों में किये गये अध्ययन से ब्रेसीनोस्टीरॉइड्स के कार्यों का विवरण समझा गया है। जिन उत्परिवर्तनों में अध्ययन किया गया है उनमें विकास से सम्बंधित त्रुटि देखी गई है जेसे वृद्धि, शीर्षस्थ का ह्रास होना तथा निषेचता (fertility) में कमी होना। BR जैवसंश्लेषण तथा संवेदनशीलता से स्पष्ट होता है कि BRs पादप कोशिकाओं की वृद्धि तथा दीर्घीकरण को प्रेरित करते हैं।

Arabidopsis के उत्परिवर्तनज को प्रकाश तथा अंधकार में वृद्धि करवाकर BRs की फोटोमॉर्फोजेनेसिस में भूमिका का अध्ययन किया गया, तथापि फोटोमार्फोजेनेसिस में BRs की सहभागिता के विषय में स्पष्ट मत नहीं बन पाया है।

ब्रेसीनोस्टेरॉयड् तनें की वृद्धि का उद्दीपन करते हैं, पत्तियों में वलन तथा जाइलम में विभेदीकरण करता है। यह मूल वृद्धि तथा एन्थोसायनिन निर्मित होने को विलम्ब कर देता है। BRs के अनुप्रयोग से प्रोटॉन पम्प का सक्रिय होना सेल्यूलोज माइक्रोफाइब्रिल का पुनः विन्यास, जायलोजेनेसिस, तथा इथलीन उत्पन्न को प्रेरित करता है ।

Jasmonic Acid

Jasmonic acid (JA) तथा अन्य सम्बंधित यौगिक (मिथिल जेसमोनेट) को वृद्धि संदमक माना जाता है। यह प्रतिरक्षा अनुप्रभाव में भाग लेता है। ट्यूबरोनिक अम्ल (12-हाइड्रॉक्सीजेस्मोनिक अम्ल) का 12-O-β- ग्लूकोसाइड को आलू के ट्यूबर को प्रेरित करने वाले कारक के रूप में पहचाना गया था। इसे *Botryodiplodia theobromae* कवक से पृथक किया गया था। JA वसा अम्ल से बनते हैं। (+)-7-आइसोजेस्मोनेट, तथा मिथिल

(+)–जेस्मोनेट क्रमशः (+)-JA तथा (+) मिथिल जेस्मोनेट के त्रिविम समावयवी (stereo isomers) होते हैं। पादप में ये सक्रिय कारक होते हैं।

α-लिनोलेनिक अम्ल cis-पॉली–असंतृप्त वसा अम्ल है JA का पूर्वगामी होता है। α-लिनोलेनिक अम्ल का संश्लेषण झिल्लियों में होता है। इसके संश्लेषण में अभिक्रियाओं के रूप तथा भाग लेने वाले एन्जाइम स्तनधारियों में वसा अम्ल के उपापचय में भाग लेने वाले एन्जाइमों से समानता दर्शाते हैं। इस क्रिया में भाग लेने वाले प्रमुख एन्जाइम **lipoxygenase, allene oxide synthase** (AOS) तथा **allene oxide cyclase** हैं। α-लिनोलेनिक अम्ल का ऑक्सीकरण एन्जाइम Lipoxygenase द्वारा उत्प्रेरित होता है तथा 13(s) हाइड्रोपरॉक्सीलिनोलेनिक अम्ल बनता है। AOS 13 (s) हाइड्रोपेरॉक्सीलिनोलेनिक अम्ल को 12, 13 (s) एपॉक्सीलिनोलेनिक अम्ल में परिवर्तित कर देता है। अगली अभिक्रिया में एन्जाइम **allene oxide cyclase** 12, 13(s) एपॉक्सीलिनोलेनिक अम्ल का चक्रीकरण करता है तथा 12-ऑक्सो–सिस– 10, 15 - फायटोडिनॉइक अम्ल (12-oxid-PAD) निर्मित होता है। यह सायक्लोपेन्टानोन व्युत्पन्न है। एन्जाइम 12-oxo-PAD reductase के उत्प्रेरण से 12-oxo-PAD के अपचयन होता है तथा 3-ऑक्सो-2- (cis-2-पेन्टिनिल) सायक्लोपेन्टेन–1–ऑक्टेनॉइक अम्ल बनता है। यह β-ऑक्सीकरण के तीन चक्रों के पश्चात् (+)–7– आइसोजेस्मोनिक अम्ल बनाता है। (+)-7 आइसोजेस्मोनिक अम्ल से (-)-JA बनता है, तथापि इसमें भाग लेने वाले एन्जाइमों के विषय में स्पष्ट जानकारी नहीं है। (-)-JA परिवर्तित होकर मिथिल (–)–जेस्मोनेट बनाता है।

पत्तियों पर (–) जेस्मोनिक अम्ल के अनुप्रयोग से प्रकाश संश्लेषण में भाग लेने वाले केन्द्रक तथा क्लोरोप्लॉस्ट के जीनों की अभिव्यक्ति को कम कर देता है। (-)-JA फलों के परिपक्वन तथा वर्णक निर्मित होने को प्रेरित करता है। पौधे के विकसित हो रहे जनन ऊतकों में (-)-JA उच्च सांद्रता में होता है। अतः यह निष्कर्ष निकाला जा सकता है कि JA को पुष्प, फल तथा बीज बनने में विशिष्ट भूमिका होती है। पौधों के कीटों तथा रोगों का प्रतिरोध करने में JA की प्रमुख भूमिका होती है। प्रोटीयेज संदमक का प्रेरित होना सम्भवतः कुछ कीटों के प्रति लक्ष्य बनाता है। यह कीटों के लिये आविष है क्योंकि यह उनमें प्रोटीन के पाचन को रोक देते हैं। घावयुक्त पौधों तथा रोगाणु से मिले (ऑलिगोसैकेराइड्स) अथवा सिस्टेमिन पेप्टाइड से पौधों में (-)-JA का संग्रहण देखा गया है। (-)-JA प्रतिकवकीय (antifungal) प्रोटीन (ऑस्मोटिन तथा थियोनिन) की अभिव्यक्ति को सक्रिय करता है। यह फायटोएलेक्सिन से सम्बंधित एन्जाइमों (chalcone synthase, phenylalanine amino lyase तथा hydroxymethyl-glutaryl-CoA reductase) को प्रेरित करता है।

POLYAMINES

पॉलिएमीन्स कोशिकाओं की वृद्धि तथा विकास के लिये आवश्यक होता है। यह पौधों में GAS तथा सायटोकायनिन्स की तुलना में ज्यादा पाया जाता है। Putrescine, spermidine, तथा spermine ऐसे पॉलीएमीन्स हैं जो प्रायः पौधों में पाये जाते हैं। पॉलीएमीन्स अनेक अभिक्रियायें या उद्दीपन करते हैं जो DNA, RNA तथा प्रोटीन के संश्लेषण में भाग लेते हैं। ये पॉलीकेटोनिक स्वभाव के होते हैं। अतः इनमें DNA, RNA,

फॉस्फोलिपिड्स तथा अम्लीय प्रोटीन्स जैसे एनायनिक समूहों के प्रति आकर्षण दर्शाते हैं। ये झिल्लियों तथा कोशिका भित्तियों में पाये जाने वाले अनायनिक समूहों के प्रति भी आकर्षण दर्शाते हैं। इनके पॉलीकेटॉयनिक स्वभाव के कारण पॉलीएमीन्स के संचरण में सीमायें बताते हैं।

पॉलीएमीन्स में दो अथवा अधिक अमीन समूह होते हैं जिसमें लायसीन तथा आर्जनीन सम्मलित होते हैं। कुछ पॉलीएमीन्स के रासायनिक सूत्र निम्नलिखित हैं :–

Putrescine - $(NH_2 (CH_2)_4 NH_2)$

Spermidine - $(NH_2 (CH_2)_3 NH (CH_2)_4 NH_2)$

Spermin - $(NH_2 (CH_2)_3 NH (CH_2)_4 NH (CH_2)_3 NH_2)$

Cadaverine - $(NH_2 (CH_2)_5 NH_2)$

पॉलीएमीन्स के कार्य करने की क्रियाविधि को सही प्रकार से नहीं समझा जा सका है। ऐसी मान्यता है कि इनमें धनात्मक आवेश के अमीनों समूह केन्द्रक तथा राइबोसोम के **DNA** तथा **RNA** के ऋणात्मक आवेशित फॉस्फेट से संयोग करते हैं। इस संयोग के कारण ट्रांसक्रिप्शन तथा ट्रांसलेशन में बढ़ोतरी हो जाती है। पॉलीएमीन्स झिल्लियों को स्थायित्व प्रदान करते हैं जो कि झिल्ली में प्रोटीनों तथा फॉस्फोलिपिडों के बीच सीधे संयोग के कारण होता है। यह अभी भी सिद्ध नहीं हुआ है।

L-आर्जनीन **putrescine** का पूर्वगामी होता है। संश्लेषण दो प्रकार से हो सकता है। एन्जाइम **orginine decarboxylase** के उत्प्रेरण द्वारा **L**-आर्जनीन से एग्माटाइन बनता है। एन्जाइम **ornithine decarboxylase, L**-ऑरनिथिन को पूट्रेसिन में बदल देता है। एन्जाइम **ornithine decarboxylase** एन्जाइम **orginine decarboxylase** की तुलना में कम सक्रिय होता है। **ornithine decarboxylase** सक्रियता तथा कोशिका विभाजन के बीच एक सकारात्मक सम्बंध होता है। पूट्रेसीन का स्पर्मीडीन में परिवर्तन कोशिका विभाजन की दर को नियंत्रित करने में महत्वपूर्ण होता है। एन्जाइम **spermidine synthase** के उत्प्रेरण द्वारा पूट्रेसीन से स्परमेडीन बनता है तथा एन्जाइम **spermine synthetase** स्परमीडीन से स्परमीन बनने को नियंत्रित करता है। ये एन्जाइम विकार्बोक्सिलीकृत **S-adenosyl-L-methionine (SAM)** से अमीनोप्रोपिल समूह को उनके अपने अपने सब्सट्रेट में स्थानांतरित कर देते हैं। **L**-लायसीन **cadaverine synthesis** का पूर्वगामी है। इसमें एन्जाइम **Lysine decarboxylase** इस अभिक्रिया में भाग लेता है। एन्जाइम **S-adenosyl L-methionine decarboxylase** के उत्प्रेरण से **SAM** से **d SAM** बनता है। **SAM** से पॉलीएमाइड्स बनते हैं।

वास्तविकता में पॉलीएमीन्स हार्मोन नहीं है परन्तु ये अनेक प्रकार के प्रमुख उपापचयी जैव रासायनिक पथ में हिस्सा लेते हैं। पॉलीएमीन्स वृहत् कार्यिकी अनुप्रभाव को उत्पन्न करते हैं। ये प्रक्रियायें कोशिका विभाजन, ट्यूबर निर्मित होना, मूल संदमन, भ्रूणोद्भव (embryogenesis) पुष्प का विकास तथा फल का परिपक्व होना है।

Salicylic Acid

Salicylic acid का रोग प्रतिरोध में प्रमुख भूमिका होती है। यह दलपुँज की जीर्णता को विलम्बित कर देत है तथा पुष्पन को प्रेरित करता है। यह ताप जनकता को नियंत्रित करता है। ताप जनकता (Thermogenesis) पाद्प माइटोकॉन्ड्रिया की विशिष्ट परिघटना है। इस अवस्था में इलेक्ट्रॉन प्रवाह का बड़ा भाग सायटोक्रोम श्वसन पथ से हटकर सायनाइड असंवेदनशील गैर फॉस्फोरिलीकरण इलेक्ट्रॉन संचालन पथ में चला जाता है। इस एकांतरित पथ में ऊष्मा के रूप में ऊर्जा मुक्त होती है। Adriaan van Herk (1937) के अनुसार voodoo lily में जल विलेय पदार्थ "calorigen" से तापजनता का आरम्भ होता है। यह यौगिक ऊपरी तथा निचले स्पेडिक्स के बीच पाये जाने वाले पुंकेसरी (Staminate) पुष्प के आद्यको (primordia) में बनता है। इस पदार्थ को बाद में सेलिसिलिक अम्ल के रूप में पहचाना गया है।

तम्बाखू में सेलिसिलिक अम्ल के जैवसंश्लेषण का अध्ययन किया गया है। TMV से निवेशित तम्बाखू में मुक्त तथा संयोजित सेलिसिलिक अम्ल के स्तर को देखा गया है। SA का संश्लेषण trans-cinnamic acid से होता है जिसमें phenyl-propanoid पथ का एक पार्श्व श्रृंखला भाग लेती है। जैव संश्लेषण के समय ट्रांस सिन्नेमिक अम्ल से बेन्जाइक अम्ल बनता है जो कि एक अनुमानित एन्जाइम NADPH-dependent cytochrome P_{450} mono oxygenase को सक्रिय कर देता है। बेन्जाइक अम्ल के 2-हाइड्रॉक्सीलेशन से SA निर्मित होता है। यह अभिक्रिया Benzoic acid-2-hydroxylase से उत्प्रेरित होती है। SA आगे चलकर salicylic acid-2-0-β-glucoside में परिवर्तित हो जाता है यह एक SA संयोजक है जिसका समुच्चय TMV संक्रमण के पश्चात् होता है।

SA की प्रमुख भूमिका है पाद्प रोग प्रतिरोध में भाग लेना। इसकी क्रियाविधि को इस प्रकार समझा जा सकता है कि पौधे रोगाणुजनक के भेदन के आरम्भिक स्थान को चारों ओर से उतकक्षय घाव (necrotic lesion) बनाकर रोगाणु को सीमित कर देता है। SA के प्रतिरोध के समय pathogenesis-related (PR) protein के सीरमीय पाँच कुल का संश्लेषण होता है। इन कुलों में से दो hydrolytic β-1, 3 glucanases तथा chitinases को कूट करते हैं। अन्य कुलों की अभिव्यक्ति की पहचान अभी तक नहीं हो सकी है परन्तु ये सभी बड़ी संख्या में रोगाणुओं के लिये रोग प्रतिरोध से सम्बद्ध होते हैं।

Phytohormones and Signal Transduction Chain

ऑक्जिन से बंधन करने वाले प्रोटीन ऑक्जिन ग्राही (auxin receptor) के समान कार्य कर सकते हैं। ये अज्ञात ऑक्जिन सिग्नल ट्रांसडक्शन श्रृंखलाओं को सम्भवतः तथाकथित Aux / IAA प्रोटीन्स कहा जाता है। Aux / IAA प्रोटीन्स ग्राही प्रोटीन्स होते हैं, जो आगे के नियामक प्रोटीनों से बंधन करते हैं। इन प्रोटीनों को तथाकथित auxin responsive factors (ARF) कहा जाता है। *Arabidopsis* में 25 विभिन्न जीनों की पहचान की गई है जो Aux / IAA protein को कूट करते हैं तथा 20 जीन सिग्नल ट्रांसडक्शन श्रंखला के माध्यम से ARF को कूट करते हैं। ऑक्जिन से Aux / IAA repressor proteins का यूबीक्वीटिन के साथ संयोजन होता है, जहाँ दमनक (repressor) प्रोटियोसोम मशीनरी के माध्यम से विघटन के लिये लेबल होता है। पौधों में यूबीक्वीटिन

अत्यंत संरक्षित प्रोटीन के रूप में होता है जिसमें 76 अमीनों अम्लों के एक समान अनुक्रम होता है। अणु के कार्बोक्सिल छोर पर एक ग्लायसीन अपशेष होता है। यह सिरा बाहर की ओर अनावरित होता है। लक्ष्य प्रोटीन का लायसीन अपशेष यूबीक्वीटिन के ग्लायसीन अपशेष के कार्बोक्सिल समूह के बीच तथाकथित 150-peptide बंधन बनाता है। यूबीक्वीटिन के माध्यम से लक्ष्य प्रोटीनों का विघटन तीन भिन्न भिन्न एन्जाइमों द्वारा होता है। ये एन्जाइम ubiquitin-activating enzyme (E1), ubiquitin-conjugating enzyme (E2) तथा ubiquitin-protein ligase (E3) है। प्रोटियोसोम बहुएन्जाइम संकुल होते हैं तथा प्रोटीन के नियंत्रित विघटन के लिये अत्यंत संरक्षित मशीनरी होती है ।

प्लैज्मा झिल्ली में जिब्बरेलिन ग्राही पाये जाते हैं तथापि इस प्रकार के ग्राहियों के स्वभाव के विषय में जानकारी नहीं है। जिब्बरेलिन जीन अभिव्यक्ति को प्रभावित करते हैं। ग्राही से जीन क्रिया तक के सिग्नल ट्रांसडक्शन में सम्भवतः विषम त्रितयी (heterotrimeric) G प्रोटीन, CGMP, Ca^{++}, केल्मोड्यूलिन तथा प्रोटीन काइनेज के केस्केड भाग लेते हैं। प्रोटीन काइनेज सम्भवतः MAPK तथा CDPR प्रकार के होते हैं। ये विविध जीनों के अनुलेखन कारकों को अनुकूल बना लेते हैं। GA का एक प्रभाव DELLA प्रोटीन (जो कि एक दमनक प्रोटीन है) की क्रिया को मंद करना है। यह प्रोटीन वृद्धि को दबा देता है। यह GA आश्रित् प्रोटीन काइनेस केसकेड के कारण होता है। DELLA प्रोटीन का फॉस्फोरिलीकरण होता है एवं इस प्रकार प्रोटियोलिटिक अपघटन के लिये लेबल हो जाता है। यह अपघटन ऑक्जिन क्रिया के समान प्रोटियोसोम मशीनरी द्वारा होता है।

सायटोकायनिन ग्राही द्वितयी (dimeric) हिस्टडीन काइनेज होते हैं। जैसा कि नाम से स्पष्ट है हिस्टडीन काइनेज में दो हिस्टडीन तथा दो एस्पार्डिल अपशेष होते है। प्लैज्मा झिल्ली में इस ग्राही की स्थिति दर्शाता है कि ग्राही स्थल कोशिका बाह्य प्रकोष्ट की ओर होता है तथा काइनेज सायटोप्लाज्म की ओर होता है। जब सायटोकायनिन्स बंधन बनाते हैं, दो हिस्टडीन काइनेजज अपने हिस्टडीन अपशेष को परस्पर फास्फोरायलेट कर देता है। इस क्रियाविधि को ऑटोफास्फोरायलेशन कहते हैं। तदन्तर, प्रेषक प्रोटीनों के हिस्टडीन अपशेष अथवा एस्पार्टिल अपशेष में फॉस्फेट समूह स्थानांतरित हो जाता है। प्रेषक प्रोटीन (transmitter protein) केन्द्रक में चला जाता है एवं अनुलेखन कारक के रूप में कार्य करते हैं एवं इस प्रकार अनेक जीनों की अभिव्यक्ति को नियंत्रित करते हैं।

ABA action का सिग्नल ट्रांसडक्शन श्रृंखला G-प्रोटिनों, प्रोटीन काइनेजज, प्रोटीन फॉस्फाटेजज को व्यस्त रखता है। वाहक घटक cyclic ADP ribose (cADPR) का संश्लेषण भी भाग लेता है। ABA action के एक अन्य सिग्नल ट्रांसडक्शन श्रृंखला में फॉस्फोइनोसिटॉल पथ के माध्यम से Ca^{++} आयन मुक्त होते हैं। यह phospholipase G की मध्यस्थता में होता है। सायटोसॉलिक केल्शियम आयन के स्तर में बढ़ोतरी से परिणामस्वरूप वातरंध्र को खोलने वाले आयन चैनल सक्रिय हो जाते हैं। cADPR अथवा फॉस्फोइनोसिटॉलट्राई फॉस्फेट के कारण भी Ca आयन का स्तर बढ़ सकता है। प्रोटीन काइनेस केसकेड अनुलेखन कारकों को अनुकूल कर देता है।

इथलीन ग्राही में अत्यधिक उच्च घनिष्ट सम्बंध होता है। इसमें हिस्टडीन रिसेप्टर काइनेज का एक द्वितयी होता है। ऑटोफॉस्फोरायलेशन के पश्चात् फास्फेट समूह लक्ष्य

प्रोटीन के हिस्टडीन अथवा एस्पार्टिल समूह में स्थानांतरित हो जाता है। कॉपर सहकारक इथलीन को ग्राही द्वितयी के बंधन में भाग लेता है। इस अवस्था में काइनेज अक्रिय हो जाता है तथा ऑटोफॉस्फोरायलेश में बाधा डालता है। इथलीन ग्राही के फॉस्फोरायलेशन अवस्था में सिग्नल संचरण नियंत्रित होता है। संचरण प्रोटीन काइनेज केसकेड के माध्यम से होता है। जिसमें **MAPKR** तथा **MAPK** अनुलेखन कारक के रूप में भाग लेता है जो कि कुछ जीनों की अभिव्यक्ति को नियंत्रित करता है।

पौधों में ब्रेसिनोलाइड ग्राही (receptor like kinase, RLK) से पारस्परिक क्रिया करते हैं। ये ग्राही RLK के समान हो सकते हैं। यह सम्भवतः MAP काइनेज केस्केड से संम्बंध रखता है जो अनुलेखन कारकों को नियंत्रित करता है।

SA एक प्राथमिक लम्बी दूरी का सिग्नल होता है जो फ्लोएम द्वारा संचारित होता है। SA पौधे के असंक्रामित भाग से संक्रमण स्थल तक संचारित होता है। स्वस्थ ऊत्तकों में यह systemic acquired प्रतिरोध अनुप्रभाव को विकसित करता है। अंतर्जात् SA सिग्नल ट्रांसडक्शन में प्रमुख भूमिका करता है जो PR प्रोटीनों को कूट करने वाले जीनों को सक्रिय करता है। अतः अतिसंवेदी अनुप्रभाव तथा उपार्जित सर्वांगी (acquired - systemic) प्रतिरोध स्थापित हो जाता है।

Application of Phytohormone in Agriculture

पादप जीनोम के अनुक्रम तथा सम्बद्ध जीन तकनीकों के अनुसंधान से यह समझना सरल हो सका है कि पादप हार्मोन में homeostasis के नियंत्रण में जीन तथा एन्जाइम की क्या सहभागिता होती है। हार्मोन के उचित अनुप्रयोग के लिये विभिन्न हार्मोन की पारस्परिक क्रिया को समझना आवश्यक है। पर्यावरण कारकों जैसे दीप्तिकाल (photo period) तापक्रग, जल तथा पोषक सप्लाई से पादप हार्मोन की मात्रा किस प्रकार प्रभावित होती है यह समझना आवश्यक है। सभी प्रकार की जानकारियों से एक मॉडल तंत्र तैयार किया जा सकता है जिसे फसलों के पौधे पर उपयोग में लाया जाये। इससे कृषि तथा आर्थिक रूप से महत्वपूर्ण विशेषक (trait) में सुधार सम्भव हो सकेगा।

रसायन वैज्ञानिक द्वारा तैयार किये गये कुछ यौगिक अनेक कार्यिकी अनुप्रभाव के कारक होते हैं। इन्हें वृद्धि नियंत्रक (growth regulators) कहा जाता है। नेफथालीन एसिटिक एसिड (NAA), इन्डोब्यूटेरिक एसिड (IBA), 2, 4 - डाईक्लोरोफिनॉक्सीएसिटिक एसिड (2, 4 D), 2, 4, 5 - ट्राईक्लोरोफिनॉक्सीएसिटिक एसिड (2, 4, 5 - T) तथा 2-मिथिल– 4–क्लोट्रोफिनॉक्सी एसिटिक एसिड (MCPA) अच्छे वृद्धि माने गये हैं। कृत्रिम ऑक्जिन जैसे 2, 4 D तथा NAA का उद्यान कृषि में मूलों के प्रेरिट करने हेतु वृहत् उपयोग किया जाता है। यह फलों के निर्मित होने की शुरूआत करता है तथा फल को विकसित करता है।

2, 4D, NAA तथा कुछ अन्य सम्बंधित यौगिक प्रभावी होते हैं। चार ऑक्जिन **2,4D, 2,4,5-T, MCPA** पिकोनिलिक अम्ल के व्युत्पन्न हैं जो एकबीज पत्री की तुलना में द्विबीजपत्री पर ज्यादा प्रभावी होते हैं। इनकी चौड़ी पत्तियों के प्रति चयनात्मकता अनाज फसलों में चौड़ी पत्ती के द्विबीजपत्री खरपतवार को नष्ट करने के लिये उपयोगी हैं, को निर्बल क्षारक (जैसे अमोनिया, एमीन्स) के लवणों, अम्ल अथवा एस्टर के रूप में तैयार

किया जाता है। इसे किसी तेल अथवा डिटर्जेंट में मिलाया जाता है ताकि जब इसका पत्ती पर छिड़काव किया जावे तो क्यूटिकल पर फैलकर भेदन कर सके।

अनाज फसलों पर जिब्बरेलिन के अनुप्रयोग से आश्चर्यजनक उत्पाद मिले हैं जिससे हरित क्रांति ने जन्म लिया है। रिटारडेन्ट (वृद्धि संदमक) जिब्बरेलिन जैव संश्लेषण के संदमक है। यदि इन यौगिकों का अनाज के खेत पर छिड़काव किया जावे तो इससे वृंत की वृद्धि में कमी हो जाती है। अनाज वृंतों में दृढ़ता बढ़ती है तथा उसी समय बीजों का जीव द्रव्यमान बढ़ता है। जिब्बरेलिन का अनुप्रयोग (**parthenocarp**) विकसित लम्बे बीज रहित अंगूर के लिये किया जाता है। GA1 कोशिकाओं के विस्तारण का कारक होता है।

अध्याय – 15

Photomorphogenesis

प्रकाश एक महत्वपूर्ण कारक है, जो पौधे की वृद्धि को अंकुरण से पुष्प बनने तक के विकास को नियंत्रित करता है। प्रकाश द्वारा संरचना विकास (morphogenesis) के नियंत्रण को फोटोमॉर्फोजेनेसिस कहते हैं। उच्च पार्थिव पौधों का फोटोमॉर्फोजिनेसिस प्रायः लम्बे प्रकाश तरंगों पर निर्भर करता है। अधिशेष प्रकाश जैसे पर्वतों पर प्रबल U~ विकिरण के कारण पर्वसंधियों के दीर्घीकरण पर समर्थ न्यूनीकृत होना, स्वांगीकरण पृष्ठ में कमी, एन्थेसायनेस के उत्पादन की प्रबलता में वृद्धि एवं प्रायः पौधे के क्षीण विकास को पांडुरता (etiolation) कहते हैं तथा पौधों को पांडुरित (etiolated) कहते हैं।

प्रारम्भ में ही यह समझना आवश्यक है कि प्रकाश द्वारा फोटोमॉर्फोजिनेसिस उत्पन्न करना तथा प्रकाश संश्लेषण में प्रकाश की भूमिका में क्या भिन्नता है। प्रकाश संश्लेषण कम मात्रा में उपस्थित प्रकाश उन विकास प्रक्रियाओं के आरम्भन को प्रवर्तित करता है जो सम्पूर्ण होने के लिये प्रकाश संश्लेषी उत्पादों पर निर्भर करता है। अन्य उदाहरण में प्रकाश मोड्यूलेटर के रूप में कार्य करता है। कुछ प्रकाश प्रेरित अभिक्रियायें कार्यिकी परिघटनाओं के संदमन तथा बढ़ोतरी दर्शाते हैं। प्रकाश के प्रभाव से निम्नलिखित में बढ़ोतरी देखी गई है – (i) बीजपत्र के पृष्ठ क्षेत्रफल (ii) बीज पत्राधार (hypocotyl) की ऋणात्मक भूमिक्षेपी (geotropic) अभिक्रिया (iii) क्लोरोफिल का संश्लेषण (iv) केरोटिनायड का संश्लेषण (v) बीजपत्र में आर.एन.ए. तथा प्रोटीन संश्लेषण। जबकि प्रकाश बीजपत्राधार का दीर्घीकरण तथा बीजपत्रों से संरचरण को संदमित करता है। प्रकाश निम्नलिखित को प्रेरित करता है:– (i) बीजपत्राधार हुक तथा बीजपत्राधार पर रोम का विकास (ii) प्राथमिक पत्तियों का विकास तथा पर्ण आद्यक (leaf primordia) एवं जायलम घटकों का विकास। यह संग्रहित वसा एवं प्रोटीन अपघटन को वृहत करता है।

Phytochrome

फायटोक्रोम एक प्रकाशग्राही (photoreceptor) है, यह एक वर्णक है जिसे पौधे प्रकाश को पहचानने के लिये उपयोग में लाते हैं। यह प्रकाश (लाल तथा फार–रेड) को अवशोषित करता है तथा फोटोमॉर्फोजेनेसिस उत्पन्न करने में प्रभावी होता है। अनेक पुष्पीय पौधे इसका उपयोग पुष्पन के नियंत्रण में करते हैं। यह प्रकाश संश्लेषी जीवों के अधिकांश अंगों में पाया जाता है। बीजों का अंकुरण होने से लेकर नवोद्भिद (seedling) के हरे होने तक फायटोक्रोम सहभागी होता है। यह पूर्ण सूर्यप्रकाश अथवा छाया में पत्तियों के प्रकाश संश्लेषी उपकरण के अनुकूलन में सहयोग करता है। फायटोक्रोम के P_r तथा P_{fr} दो आइसोफॉर्म होते हैं जो क्रमशः 660 nm तथा 730 nm पर प्रकाश अवशोषित करते हैं।

Sterling Hendricks तथा **Harry Borthwick** ने फायटोक्रोम वर्णकों की खोज की थी। **Harey A. Borthwick, Briggs, Sterling B. Hendricks** ने फायटोक्रोम पर आरम्भिक अध्ययन किया था। **W.W. Gasner** तथा **H.A. Allard** ने सर्वप्रथम पुष्पन पर प्रकाश तथा अंधकार समयकाल के प्रभाव का अवलोकन किया। **Cocklebur** एक अल्प प्रदीप्तकाल पौधा **short day plant** है। यदि अप्रकाशिक कालखण्ड को लाल रंग के प्रकाश द्वारा क्रम भंग कर दिया जावे तो पुष्पन नहीं होता है। बाद में यह भी देखा गया कि लाल रंग का प्रकाश अन्य तरंगदैर्ध्य से ज्यादा अधिक प्रभावी होता है। यह प्रभाव मात्र लम्बी रातों को क्रम भंग करने का नहीं था जो **Cockleburs** तथा **Biloxi soyabean** में पुष्पन को प्रभावित करता है बल्कि मटर की पत्तियों के फैलाव को भी प्रदर्शित करता है। कुछ दीर्घ प्रदीप्तकाली पौधों में जब अप्रकाशिक कालखण्ड को लाल प्रकाश द्वारा क्रम भंग किया जाता है तो पुष्पन प्रेरित होता है। **Borthwick and Hendricks** ने लाल प्रकाश का कुछ प्रसुप्त बीजों (**dormant seeds**) के अंकुरण में सम्बंध का अवलोकन किया। उन्होंने एक स्पेक्ट्रम लेख (**spectograph**) तैयार किया तथा **Grand Rapids Lettuce** बीजों के अंकुरण में क्रिया स्पेक्ट्रम (**action spectrum**) प्राप्त किया जिसमें लाल रंग में एक शिखर (**peak**) दिखा जो अंकुरण को प्रेरित करता है। कुछ अन्य प्रयोगों में देखा गया है कि एक नीला वर्णक लाल प्रकाश को अवशोषित करता है। **1959** में **Warren Butler (a biophysicist)** तथा **Harold W. Siengeliman (a biochemist)** ने स्पेक्ट्रोमीटर का उपयोग कर फायटोक्रोम वर्णक की पहचान की। साठ तथा सत्तर के दशकों में अनेक पौधों से फायटोक्रोम को शुद्ध किया गया तथा अनेक वैज्ञानिकों ने न सिर्फ *in vivo* बल्कि *in vitro* में भी इस वर्णक के फोटोरिवर्सिबिल्टी को दर्शाया। **Peter Quail and Clark Lagarias (1983)** ने फायटोक्रोम अणु के रासायनिक शुद्धीकरण को बतलाया। **Hershey** तथा **Quail (1987)** ने फायटोक्रोम अणु का रासायनिक शुद्धीकरण किया।

फायटोक्रोम अप्रकाशिक में P_r के रूप में निर्मित होते हैं तथा एक निश्चित स्तर तक पहुँचने तक एकत्रीकृत रहते हैं। 660 nm के तरंगदैर्ध्य की उपथिति में P_{fr} में परिवर्तन हो जाता है 730 nm तरंगदैर्ध्य पर P_{fr} पुनः P_r में परिवर्तित हो जाता है। लाल प्रकाश में अनावरण के पश्चात् P_{fr} का रूपांतरण एक तीव प्रकिया होती है। P_{fr} जैविक रूप में सक्रिय तथा P_r निष्क्रीय होता है। दोनों रूपों में फायटोक्रोम की कुल मात्रा के P के अनुपात को ψ द्वारा दर्शाया जाता है एवं इसकी अभिव्यक्ति निम्नलिखित है :–

फार–रेड भाग (720 nm से ऊपर) में P_{fr} बिल्कुल नहीं होता है। अतः ψ शून्य होता है जबकि 667 nm पर 80% फायटोक्रोम P_{fr} में परिवर्तित हो जाता है अतः ψ का मान 0.8 होता है। तीव्र सूर्य प्रकश में, लाल संघठक फार रेड संघठक की तुलना में प्रबल होता है, ψ का 0.6 मान होता है।

फायटोक्रोम घुलनशील द्विलक (dimer) प्रोटीन है। इस प्रोटीन के साथ बिलिन क्रोमोफोर प्रॉस्थेटिक समूह होता है जिसे प्रायः फायटोक्रोमोबिलिन कहते हैं। यह फायकोबिलिन तथा एक बाईल वर्णक बिलूरूबिन से निकटता से सम्बंधित होता है। एकलक एक एपोप्रोटीन (चित्र 15.1) का होता है। फायटोक्रोम का आणविक भार 120,000 से 127,000g mol^{-1} के बीच होता है। एकलक (monomer) में सिस्टीन का एक सल्फहिड्रिल समूह होता है जो प्रॉस्थेटिक समूह से जुड़ा रहता है तथा क्रोमोफोर के रूप में कार्य करता

है। यह एक खुली श्रृंखला टेट्रापायरॉल हैं जो प्रत्येक एकलक में N-शीर्षस्थ भाग से जुड़ा रहता है। यह प्रकाश को अवशोषित करता है तथा फायटोक्रोम प्रभाव उत्पन्न करता है। एपोप्रोटीन के साथ टेट्रापायरॉल के स्वप्रेरित बंधित होने के परिणामस्वरूप फायटोक्रोम Pr (0 = red) बनते हैं। फायटोक्रोम का अवशोषण स्पेक्ट्रम (absorption spectrum) लाल अवशोषण करने वाले तीव्र नीले रूप (P_r) वर्णक क्रम के लाल भाग में (660 nm) पर तथा फार रेड अवशोषण करने वाले फायटोक्रोम का हरे रूप का अवशोषण फायटोक्रोम (P_{fr}) स्पेक्ट्रम 730 nm पर होता है। प्रकाश के 660 nm तरंगदैर्ध्य के अवशोषण के परिणामस्वरूप **trans** से **cis** विन्यास में परिवर्तित हो जाते हैं। इससे प्रोटीन में संरूपीय परिवर्तन होता है। P_r का परिवर्तित तथा सक्रिय रूप P_{fr} (far red) होता है। जब लाल प्रकाश द्वारा P_r का परिवर्तन P_{fr} में होता है तो टेट्रापायरॉल में द्विआबंध का विन्यास एकांतरित हो जाता है। P_{fr} का संयुग्मित द्विआबंध तंत्र में P_r से एक द्विआबंध कम होता है।

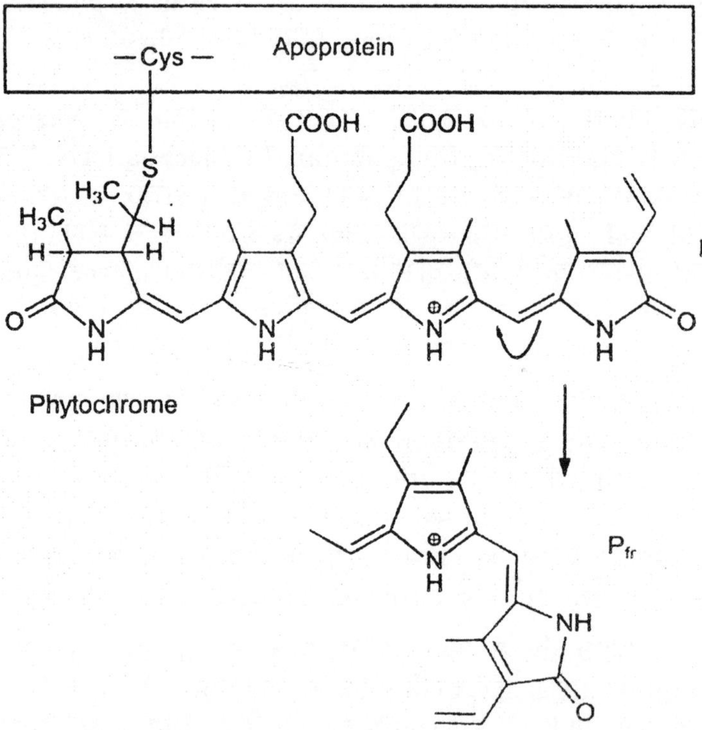

Fig. 15.1. The chromophore of phytochrome

पुनर्योगज डी.एन.ए. तकनीक के अनुप्रयोग तथा अनेक पौधों के जीनोमिक लाइब्रेरियों के विश्लेषण से एक विशिष्ट परिणाम स्पष्ट होता है कि निम्न पादपों की एक अथवा दो जीनों की तुलना में उच्च पादपों मे बहू फायटोक्रोम जीन होते हैं (Mathews and Sharroek, 1997) | *Arabidopsis thaliana* एक प्रादर्श पौधा है। इस पौधे में पाँच प्रकार के फायटोक्रोम (PHYA से PHE) तक का अध्ययन किया गया है। निगमित अपचित अमीनो अम्ल के अनुक्रम को देखते हुये इन सभी के N-शीर्षस्थ भाग मोटे तौर पर समानता

दर्शाते हैं जबकि C-शीर्षस्थ छोर में कुछ विविधता होती है। फायटोक्रोम A फार रेड भाग में प्रकाश को नियंत्रित करता है, जबकि फायटोक्रोम B लाल प्रकाश में नियंत्रण करता है। फायटोक्रोम C, D तथा E विशिष्ट कार्य करते हैं। इन कार्यों का विवरण अभी भी स्पष्ट नहीं है। PHYA, PHYB तथा PHYC के अमीनो अम्ल अनुक्रमों में एक बराबर अप्रसारी (divergent) होते हैं तथा एक दूसरे के प्रति 50% समजातता दर्शाते हैं।

फायटोक्रोम प्रभाव के अनेक रूपों का वर्गीकरण उच्च किरणन अभिक्रिया (High irradiance reaction HIR) तथा प्रेरण अभिक्रिया (induction reaction) के रूप में किया गया है। यह किरणन के प्रभाव तथा समय पर आधारित है। फायटोक्रोम वर्णक के अवशोषण स्पेक्ट्रम तथा विविध कार्यिकी अनुक्रिया के क्रिया स्पेक्ट्रम से यह निष्कर्ष प्राप्त हुआ है कि फायटोक्रोम कुछ कार्यिकी अनुक्रिया उत्पन्न करता है। ये अनुक्रियायें फायटोक्रोम के अवशोषण स्पेक्ट्रम तथा पादप अनुक्रिया के क्रिया स्पेक्ट्रम की समानता इस तथ्य का साक्ष्य है। एक अन्य महत्वपूर्ण साक्ष्य यह है कि लाल तरंगदैर्ध्य द्वारा उत्पन्न अनुक्रिया तत्काल तदनन्तर फार रेड तरंगदैर्ध्य में अनावरण द्वारा लगभग सदैव निष्प्रभावित हो जाता है। लाल अथवा फार रेड तरंगदैर्ध्य के बहुत कम किरणन स्तर फायटोक्रोम को एक रूप से दूसरे रूप में परिवर्तित करने में सक्षम होता है। यह अनुक्रिया को भी उत्पन्न करता है। क्लोरोफिल द्वारा अवशोषित प्रकाश, P_{fr} द्वारा फायटोक्रोम में उत्पन्न अनुक्रिया के क्रिया स्पेक्ट्रम तथा अनुक्रिया हेतु आवश्यक प्रकाश की मात्रा दोनों को ही एकांतरित कर देता है। यह आवश्यक प्रकाश P_r द्वारा अवशोषित किया जाता है।

Cryptochrome

बैंगनी तथा नीले प्रकाश को अवशोषित करने वाले वर्णक को क्रिप्टोक्रोम कहते हैं। प्रकाशानुवर्तन तथा स्टोमेटा के खुलने को नीला प्रकाश विशिष्ट रूप से नियंत्रित करता है। पौधों में भी नीले तथा uv प्रकाश के लिये प्रकाशग्राही (photoreceptors) पाये जाते हैं। सत्तर के दशक में शब्द क्रिप्टोक्रोम की रचना की गई। इस नाम को नीले प्रकाश मध्यस्थ अनुक्रिया को उत्पन्न करने के जिम्मेवार वर्ण के गुप्त (cryptic प्रत्यक्षा) स्वभाव के कारण रचित किया गया। Wald and Du Buy (1934) के अनुसार क्रोमोफोर सम्भवतः कैरोटिनॉयड होते हैं। Galston (1949) के अनुसार प्रकाशग्राही फ्लेविन हो सकते हैं। क्रिप्टोक्रोम के अनुक्रम में डी.एन.ए. फोटोलायेज से समानता होती है, यह फ्लेवोप्रोटीन का एक असाधारण वर्ग है जो नीले प्रकाश पर निर्भर इलेक्ट्रॉन संचलन अभिक्रियाओं को नियंत्रित करता है। फोटोलायेज फ्लेविन तथा डियेजाफ्लेविन दोनों से ही बंधित होता है। तीन प्रोटीनों को नीले प्रकाश ग्राही के रूप में पहचाना गया है। ये प्रोटीन cryptochrome 1, cryptochrome 2 तथा कोटोट्रॉपिन है। क्रिप्टोक्रोम में एक फ्लेविन तथा एक टेरिन (pterin) समूह पाये जाते हैं जबकि फोटोट्रॉपिन में एक फ्लेविन नीला प्रकाश अवशोषण करने वाले वर्णक के रूप में पाया जाता है। Malhotra *et al.* (1995) ने *Sinapin alba* में फ्लेविन तथा टेरिन क्रोमोफोर दोनों की उपस्थिति का अवलोकन किया। Koornneef *et al.* (1980) ने प्रादर्श पौधे *Arabidopsis* से एक लम्बा बीज पत्राधार उत्परिवर्ती (hy4) को विलग किया जो कि बीजपत्र वृद्धि संदमन B प्रकाश के लिये असंवेदनशील था। Ahmad and Cashmore (1993) ने इस उत्परिवर्ती पर कार्य किया तथा (RY) जीन की पहचान

की जो नीला प्रकाश ग्राही हेतु कूट करता है। इस प्रकाशग्राही का N-शीर्षस्थ संरक्षित था परन्तु C-शीर्षस्थ छोरों पर विविधता दर्शाता है। यह जीन एक प्रोटीन को कूट करता है जिसमें 681 अमीनो अम्ल अनुक्रम होते हैं तथा आणविक भार 75.8 kDa होता है। अतः क्रिप्टोक्रोम **CRY1** जीन द्वारा कूट किया जाता है। यह ग्राहियों के वर्ग का सदस्य है। **CRY1** एपो प्रोटीन से सम्बद्ध क्रोमोफोर की पहचान से सम्बंधित सबसे निर्णायक साक्ष्य प्रोटीन डाटाबेस में अनुक्रम समजातता की खोज से प्राप्त हुआ है। इस जीन द्वारा कूट किये गये प्रोटीन की N-शीर्षस्थ की सूक्ष्मजीवियों के डी.एन.ए. फोटो–लायेज के अनुक्रम से उच्च एकात्मता होती है। Lin *et al.* (1966) ने *Arabidopsis* से CRY-2 जीन की खोज की, यह एक प्रोटीन को कूट करता है जिसमें N-शीर्षस्थ भाग (RY-) के साथ उच्च समजातता होती है परन्तु C-शीर्षस्थ ऐसा नहीं होता है। CRY 2 प्रोटीन बहुत ही प्रकाश परिवर्ती होता है। Huala *et al.* (1977) ने NPH-1 के N-शीर्षस्थ सिरे पर दो विशिष्ट तथाकथित LOV डोमेन्स पाये जाने का अवलोकन किया। यह अनेक जीवों में यह फ्लेविन से बंधित होने के लिये तथा प्रोटीन के रेडॉक्स तथा विभवता का संवेदन के लिये जाना जाता है।

क्रिप्टोक्रोम से काइनेस सक्रियता भी ठीक हो जाती है। कुछ कार्यिकी अध्ययन जैसे नीले प्रकाश से प्रेरित ऋणायन चैनल का खुलना तथा द्वार कोशिकाओं (gaurd cells) से प्रोटॉन का निष्कासन जैसे साक्ष्यों से यह समझना सम्भव है कि क्रिप्टोक्रोम किस प्रकार कार्य करते हैं। Khurana and Poff (1989), Konjevic *et al.* (1992) ने *Arabidopsis* के दो प्रकार के उत्परिवर्ती को प्राप्त किया (i) Jk218 उत्परिवर्ती "null mutant" जो कि एक पार्श्वी नीले विकिरण के प्रति पूर्णतः प्रकाशनुवर्ती सक्रियता की कमी दर्शाता है (ii) Jk224 उत्परिवर्ती जिसमें प्रकाशनुवर्ती सक्रियता आंशिक रूप से एकांतरित हो जाती है। Reymond *et al.* (1992) ने वन्य प्रारूप *Arabidopsis* तथा Jk 224 उत्परिवर्ती का उपयोग करके कुछ आधारभूत अवलोकन किये। वन्य प्रारूप (wild type) के बीज पत्राधार के प्लैज्मा झिल्ली के अंश में 120 kDa का एक प्रोटीन होता है जिसमें नीले विकिरण में फॉस्फोरायलेशन हो सकता है तथापि Jk224 उत्परिवर्ती काफी हद तक क्षीण हो जाता है। गैर विकिरित खण्ड में विकिरित झिल्ली खण्ड को मिला देने पर, सिर्फ प्रदीप्त झिल्ली की तुलना में अधिक फॉस्फोरायलेशन दर्शाते हैं। इससे यह स्पष्ट होता है कि सिर्फ 120 kDa प्रोटीन में ही स्वफॉस्फोरायलेशन नहीं होता वरन् प्रोटीन गैर प्रदीप्त सूचक में भी फॉस्फोरिलेशन होता है तथा 120 kDa प्रोटीन एक काइनेस है जो अन्य आश्रयों को भी फॉस्फोराइलेट करता है। Lis cum and Briggs (1995) ने न्यूट्रॉन के तीव्र बौछार द्वारा *Arabidopsis* का एक प्रकाशानुवर्ती उत्परिवर्ती (nph) तैयार किया। इस उत्परिवर्ती का उपयोग करके putative kinase को कूट करने वाले जीन का क्लोनन किया गया है। उत्परिवर्ती nph 1 में कार्यात्मक 120 kDa प्रोटीन नहीं पाया जाता है तथा यह Jk 224 का विकल्पी (allelic) होता है। मेपिंग अध्यन से स्पष्ट होता है कि NPHI जीन क्रोमोसोम III में स्थापित होती है। यह जीन ऊपरी तौर पर 996 अमीनों अम्ल अपशेष के प्रोटीन को कूट करता है जैसा कि cDNA अनुक्रम से निगमन होता है। cDNA अनुक्रम का Gene Bank अनुक्रम तथा अन्य डाटाबेस की तुलना से स्पष्ट होता है कि कूट किये गये प्रोटीन का C-शीर्षस्थ serine-threonine kinase के समान होता है। सेरीन थ्रीयोनीन काइनेस में

11 अनुक्रम होते हैं तथा PVPk कुल में सम्मिलित किया गया है। *NPH-1* प्रकाश नियंत्रित काइनेस को किस प्रकार कूट किया जाता है विषय का अध्ययन किया गया है। Ahmad *et al.* (1998) ने देखा कि cry1/cry 2 द्विउत्परिवर्ती में न तो प्रकाशनुवर्ती अनुक्रिया होती है और न ही 120 kDa प्रोटीन का फॉस्फोरायलेशन होता है। तथापि किसी एकल उत्परिवर्ती में प्रकाशानुवर्तिता पर उतना अधिक प्रभाव नहीं देखा गया है। इससे यह तथ्य उभरता है कि cry 1 अथवा cry 2 की pterin अथवा flavin अर्धांश में फोटॉन की अवशोषित ऊर्जा काइनेस में स्थानांतरित हो जाती है। यह ऊर्जा काइनेस में संरूपीय परिवर्तन कर देती है। जैसा कि Huala ने अवलोकन किया कि LOV (Light, oxygen and voltage sensitive) डोमेन में प्रदर्शित होता है कि 120 kDa NPH 1 प्रोटीन में फ्लेविन बंधित डोमेन होता है जो दो अणुओं के बीच अंतर्आणवीय सिग्नल का स्थानांतरण करता है। इन अणुओं में से एक को प्राथमिक रूप से प्रकाशग्राही तथा दूसरे को काइनेस माना जा सकता है ।

The Chimeric Photoreceptors

Chimeric photoreceptors का तात्पर्य है कि दो प्रकाशग्राही के कार्य एक ही अणु में समाहित हो। *Adiantum* में काइमेरिक संवेदी प्रकाशग्राही की खोज की गई। Nozye *et al.* (1998) ने मत प्रस्तुत किया कि यह नया फाटोक्रोम दोनों नीले तथा लाल/फॉर रेड की क्रियाओं की मध्यस्थता कर सकता है। N शीर्षस्थ एक सही फायटोक्रोम के समान होता है, परन्तु C-शीर्षस्थ *NPH1* समजातीय के पूर्ण लम्बाई के समरूप होता है। इस पौधे का एक गैर प्रकाशानुवर्ती बीज पत्राधार उत्परिवर्ती होता है तथा इसे nph1 कहा गया। यह नीले प्रकाश में प्रकाशनुवर्ती अनुक्रिया को दर्शाने में असमर्थ होता है। NPH1 को प्रोटीन काइनेस सक्रियता को अनुक्रम विश्लेषण तथा जैव रासायनिक अध्ययनों द्वारा स्थापित किया गया है। LOV 1 तथा LOV 2, NPH 1 डोमेनों के विशिष्ट अमीनों अम्ल अनुक्रम होते हैं। ये जीवाणु तथा यूकेरेयोट्स के प्रोटीनों के बीच समानता दर्शाते हैं। प्रकाश, ऑक्सीजन तथा विभवता LOV (light, oxygen and voltage senstive) को नियंत्रित करते हैं। ये प्रोटीन रेडॉक्स सेनसिंग में भाग लेते हैं ।

बैजनी जीवाणु (*Rhodospirillum centenum*) तथा अवपंक कवक (slime molds) में प्रकाशग्राही (एक फायटोक्रोम) होता है जिसके केन्द्रीय भाग में सामान्यतः बिलिन क्रोमोफोर जुड़ा रहता है तथा नील हरित शैवालों के समान हिस्टडीन जैसा C-शीर्षस्थ भाग होता है। N-शीर्षस्थ अनुक्रम से एक β-hydroxycinnamic acid अर्धांश सहसंयोजी आबंध से जुड़ा रहता है। यह लाल प्रकाश के स्थान पर नीला प्रकाश अवशोषित करता है यह एक काइमेरिक ग्राही है जिसमें दो प्रकाशग्राहियों के कार्य एक ही अणु में समाहित होते हैं।

Mechanism of Photoreceptor Action

विभिन्न पादप कार्यिकी विशेषज्ञों द्वारा फायटोक्रोम क्रिया के सम्भावित तरीके के अध्ययन हेतु प्रयोग किये गये हैं एवं क्रियाविधि को समझने के लिये विविध विचार प्रस्तुत किये गये हैं परन्तु कोई एक मत जो संतोषजनक साक्ष्य प्रस्तुत कर सके अभी तक सामने नहीं आया है। अनेक पौधों में क्लोरोप्लास्ट का विन्यास फायटोक्रोम द्वारा नियंत्रित होता है ताकि प्रकाश अनुकूलतम अवरूद्ध हो सके।

Haupt (1970) ने *Mougeotia* में क्लोरोप्लास्ट विन्यास पर सूक्ष्म किरण पुंज किरणन (microbeam irradiation) का अध्ययन किया। इस हरे शैवाल में किरणन पर एक निर्णायक अनुक्रिया देखी गयी। किरणन क्लोरोप्लास्ट में न होकर कोशिका के परिधि भाग में होता है। ध्रुवीय लाल अथवा फार रेड प्रकाश का उपयोग करके देखा गया है कि पोलाराइजर को 90° के कोण से घुमाया जाता है तो रेड/फार रेड व्युत्क्रमीय प्रभाव प्राप्त होता है। अतः यह निष्कर्ष निकाला गया कि फायटोक्रोम अणु झिल्ली से घनिष्ठता से जुड़े रहते हैं। यह झिल्ली प्लैज्मा झिल्ली भी हो सकती है। इन वर्णकों के झिल्ली से सम्बद्ध होते हुये भी एक रूप से दूसरे रूप में बदलने पर पुनः विन्यास होता है। कुछ वैज्ञानिकों का मत है कि फायटोक्रोम प्लैज्मा झिल्ली में स्थापित होने के विपरीत सायटोप्लाज्म में बहुत ज्यादा बिखरे हुये रहते हैं या फिर कुछ कोशिकांग जैसे मायटोकॉन्ड्रिया, क्लोरोप्लास्ट या केन्द्रक में पाये जाते हैं। फायटोक्रोम झिल्ली की पारगम्यता को नियंत्रित करते हैं जैसे आयन चैनलों की सक्रियता के ऊँचे–नीचे होने के द्वारा विशिष्ट आयनों का संचालन। कैल्शियम आयन पर सबसे अधिक ध्यान दिया गया है। अप्रकाश में वृद्धि किये गये बीजपत्राधार से विलगित प्रोटोप्लास्ट पर अध्ययन किया गया जिसमें लाल प्रकाश द्वारा प्रेरित Ca^{2+} का अंतर्वाह (influx) तथा फार रेड तरंगदैर्ध्य के प्रभाव से Ca^{2+} का बहिर्वाह (efflux) का अध्ययन किया गया है। तीव्र अंतर्वाह तथा बहिर्वाह की परिघटना को फायटोक्रोम संचालन (Phytochrome transformation) कहते हैं। फायटोक्रोम नियंत्रित कुछ अनुक्रिया पर cGMP की मध्यस्थता के साक्ष्य प्राप्त हुये हैं तथापि यह स्पष्ट नहीं है कि cGMP या Ca^{2+} के स्तर को फायटोक्रोम किस प्रकार एकांतरित कर देता है। ऐसी सम्भावना है कि फायटोक्रोम G प्रोटीन के साथ अन्योन्य क्रिया करता है, जो बाद में ग्वानिल सायक्लेस अथवा फास्फोलाइपेस C को सक्रिय करता है। फायटोक्रोम का G-प्रोटीन के साथ अन्योन्य क्रिया से Ca^{2+} चैनल को खोल देता है (चित्र 15.2)।

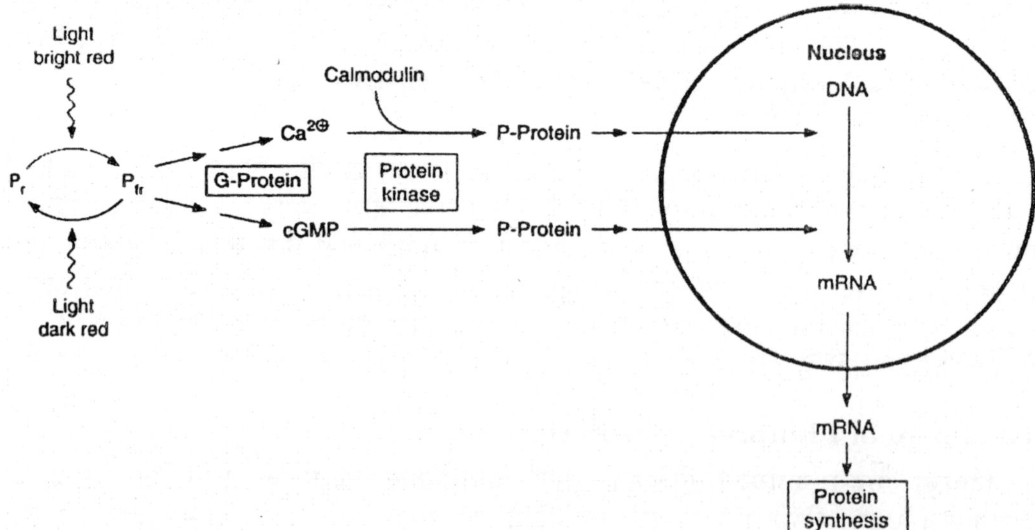

Fig. 15.2. Signal Transduction chains for the effect of phytochrome on gene expression.

Datta *et al.* (1985) ने देखा कि लाल किरणन केन्द्रक के तीन प्रोटीनों में फॉस्फोरायलेशन कर देते हैं। लाल प्रकाश के प्रभाव को फार रेड प्रकाश उल्टा कर देता है। अतः यह निष्कर्ष निकाला गया कि फायटोक्रोम संचालन से कुछ प्रोटीन काइनेस सक्रियता सम्बद्ध होती है। Wong and Lagarias (1989) फायटोक्रोम के ऑटोफॉस्फोरायलेशन तथा परिणामस्वरूप प्रोटीन काइनेस सक्रियता के मत में हैं। उन्होंने पाया कि फायटोक्रोम स्वयं में फॉस्फोप्रोटीन है जिसमें 0.5 mol P प्रति द्विलक (dimeres) पाया जाता है तथा N-शीर्षस्थ पर 8 सेरीन अपशेष का गुच्छ पाया जाता है। उच्च पादपों में यह सम्भव है कि हिस्टडीन के स्थान पर सेरीन का फॉस्फोरायलेशन होता हो। Lapko *et al.* (1977) के अनुसार लाल प्रकाश से Ser-7 फॉस्फोलीकृत होता है। Ser-7 के अतिरिक्त यह निश्चित है कि लाल प्रकाश Ser-598 को ज्यादा विशिष्टता से फॉस्फोरिलीकृत करता है। Pr तथा Pfr दोनों के N. Terminal extension region (NTE) के Ser-7 पर फॉस्फोरायलेशन एक समान होता है जबकि एक Pfr में hinge region के भाग का Ser 598 फॉस्फोरिलीकृत होता है। Park *et al.* (2000) तथा Kim *et al.* (2002) के अनुसार चूँकि Ser 598 का फॉस्फोरायलेशन सिर्फ Pfr में होता है, अतः ऐसा माना जाता है कि Ser 598 का फॉस्फोरायलेशन तथा डीफॉस्फोरायलेशन फायटोक्रोम स्पिनलिंग के स्विच के समान कार्य करता है। अन्य सेरीनों में अप्रकाश तथा प्रकाश में बढ़े बीजपत्राधार दोनों में बराबरी से फॉस्फोरिलीकृत होते हैं।

आनुवांशिक अभियांत्रिकी तकनीक द्वारा फायटोक्रोम क्रिया के प्रणाली के विस्तार पर अध्ययन किया गया। mRNA का ट्रांसलेशन cDNA के रूप में करके क्लोनन किया गया। *Arabidopsis thaliana* में सबसे छोटा जीनोम होता है। पाँच जीन फायटोक्रोम को कूट करती हैं प्रोटीन विश्लेषण के परिणामों से स्पष्ट होता है कि दो विभिन्न प्रकार के प्रकाशग्राही पाये जाते हैं। पांडुरित (etiolated) ऊतक का Type - I फायटोक्रोम, तथा हरे ऊतक का Type - II फायटोक्रोम Type - I को जीन PhyA कूट करता है तथा इसे PhytochromeA कहते हैं। Type - II फायटोक्रोम कुछ विषमांगी होता है। यह कम से कम दो पॉलीपेप्टाइड श्रृंखलाओं का बना होता है। जो कि प्रतिरक्षी रूप में सम्बंधित नहीं होता है। फायटोक्रोम के पॉलीपेप्टाइड श्रृंखलायें अमीनो अम्ल अपशेष के होते हैं, तथा दोनों श्रृंखलायें क्रोमोफोर से बंधित होकर दो डोमेन में वलित होती है। क्रोमोफोर समूह फायटोक्रोमों को प्रकाश सिग्नल से प्रतिक्रिया करने के लिये प्रेरित करता है, जबकि विभिन्न प्रोटीन संरचनायें इन सिग्नल को विभिन्न ग्राहियों के प्रति प्रबंध करके अनेक कार्यिकी अभिक्रियाओं के लिये प्रेरित करती है।

The Signal Transduction Chain

प्रकाशग्राही सम्भवतः अनुलेखन कारकों की सक्रियता को सिग्नल ट्रांसडक्शन श्रृंखलाओं के द्वारा प्रभावित करते हैं, जिसमें कोशिकाद्रव्यी Ca^{++} सांद्रता तथा प्रोटीन काइनेस में परिवर्तन सम्मलित होता है। प्रोटीन काइनेस प्रोटीन को फॉस्फोरिलीकृत करके उसके संरूपण में परिवर्तन कर देता है। यह प्रोटीन फॉस्फाटेस से निकट संयुग्मन के साथ कार्य करके फॉस्फेट समूह को अलग कर देता है, तथापि क्रिप्टोक्रोम्स तथा फोटोट्रॉपिन के सिग्नल ट्रांसडक्शन श्रृंखलायें अभी भी स्पष्ट नहीं हैं। फोटोट्रॉपिन एक ग्राही काइनेस

(receptor kinase) है। नीले प्रकाश में अनावरण होने पर यह अपने प्रोटीन काइनेस सक्रियता से स्वयं फॉस्फोरिलीकृत (autophosphorylated) हो जाता है। क्रिप्टोक्रोम में नीला प्रकाश निर्भर फॉस्फोरायलेशन होता है। **Pfr** तथा यूबीक्वीटिन के संयोजन द्वारा फायटोक्रोम A के सिग्नल कार्य का समापन हो जाता है। जो कि इसे प्रोटिआसोम पथ द्वारा प्रोटियोलिटिक विघटन के लिये निर्देश देता है। *Arabidopsis* के कुल जीनों में से 10% जीन का अनुलेखन फायटोक्रोम A द्वारा प्रभावित होता है। **NDPK** का प्रकाश निर्भर फॉस्फोरायलेशन फायटोक्रोम मध्यस्थ सिग्नलिंग में इसके सम्भावित कार्य को दर्शाता है। इस पौधे में, न्यूक्लियोसाइड डाईफॉस्फेट काइनेस $(NDPK)_2$ को फायटोक्रोम A (Phy A) के C-शीर्षस्थ डोमेन का उपयोग करके **phytochrome interacting protein** के रूप में पहचाना गया हैं। डोमेन अध्ययन से स्पष्ट होता है कि फायटोक्रोम के C-शीर्षस्थ का **PER-ARNT-SIM domain A, NDPK-2** के लिये बंधन स्थल होता है। फायटोक्रोम **NDPK-2** C-शीर्षस्थ विखंड तथा **NDPK-2 hexameric** संरचना दोनों की ही पहचान करके बंधन को पूर्ण करता है। **His-197-surrounding** अपशेष उत्परिवर्तियों के अध्ययन से स्पष्ट होता है कि **Nucleotide bonding pocket** के अन्दर His - 197 से H-bonding **NDPK-2** के कार्य करने के लिये विवेचनात्मक होता है। His-197, NDPK2-**auto-phosphorylation** तथा **phosphorylated NDPK2** एवं उसके काइनेस आश्रय के बीच फॉस्फोस्थनांतरण को त्वरित करता है। **NDPK** एक सर्वव्यापी एन्जाइम है। इसका प्रमुख कार्य **NTP** से **NDP** में फॉस्फेट का स्थानांतरण हैं। अतः जीवों में यह एन्जाइम न्यूक्लियोसाइड ट्राईफॉस्फेट स्तर को बनाने के उपयोग में आता है। अब इसे बहुकार्यात्मक एन्जाइम के रूप में माना जाता है। यह वृद्धि, विकास तथा सिग्नल ट्रांसडक्शन प्रक्रियाओं में नियामक के रूप में भाग लेता है। **GTP** की सप्लाई हेतु **NDPK** सक्षम है, अतः यह G-प्रोटीन मध्यस्थ सिग्नलिंग में भाग लेता है। यह ग्वानीन न्यूक्लियोसाइड कारक के साथ साथ **GTPase activating** प्रोटीन के रूप में भी कार्य करता है। सक्रिय फायटोक्रोम Pfr अनुलेखन कारकों के माध्यम से जीन अभिव्यक्ति को प्रभावित करता है। फायटोक्रोम अनेक जीनों की अभिव्यक्ति को नियंत्रित करता है। अतः विभिन्न प्रकारों के सिग्नल ट्रांसडक्शन श्रृंखलायें हिस्सेदार होती है। PhytochromeA तथा B सायटोसॉल में पाये जाते हैं तथा केन्द्रक में सक्रिय रूप (Pfr) में प्रवेश करते हैं (चित्र 15.3)। केन्द्रक में इनमें से प्रत्येक **Phytochrome interacting factor** (PIF_3) से सम्बद्ध हो सकते हैं। PIF_3 मूलरूप में **helix - loop helix** अनुलेखन कारक है जो विविध प्रकाश द्वारा सक्रिय होने वाले जीनों के प्रमोटर भाग फायटोक्रोम मध्यस्थ बंधन दर्शाते हैं। PiF_3 संकुल तथा Pfr का जीन के प्रमोटर भाग से बंधित होने पर जीन नियंत्रित होता है। कुछ पौधों में प्रोटीन काइनेस सक्रियता भी देखी गई है। अतः यह निष्कर्ष निकाला जा सकता है कि फायटोक्रोम अनुलेखन कारकों को नियंत्रित करने वाले प्रोटीन काइनेस केसकेड से बंधित होता है। टमाटर के एक उत्परिवर्ती में कोशिकाओं में फायटोक्रोम अनुपस्थित होने के कारण कोशिकायें हरे रंग की होने में असक्षम होती है। Ca^{2+} आयन तथा केल्योड्यूलिन की एक कोशिका में माइक्रो इन्जेक्शन देने पर इन कोशिकाओं में फायटोक्रोम की सक्रियता को प्रेरित किया जाता है। इससे प्रकाश संलवन संकुल (light harvesting complexes) कारक संश्लेषण को प्रेरित कर देता है। इन परिणामों से यह स्पष्ट होता है कि Ca^{2+} फायटोक्रोम से सिग्नल ट्रांसडक्शन में संदेशवाहक के रूप में भाग लेता है। फायटोक्रोम

एन्जाइम Chalcone synthase को भी प्रेरित करता है। पूर्व में वर्णन किये गये उत्परिवर्तियों में cGMP के इन्जेक्शन से Chalcone synthase प्रेरित हो सकता है। अतः यह निष्कर्ष निकाला जा सकता है कि Pfr प्रेरित सिग्नल ट्रांसडक्शन श्रृंखलाओं में Ca^{++} हेतु cGMP एक अन्य दूत (messenger) के रूप में भाग लेता है। G-प्रोटीन दोनों ट्रांसडक्शन श्रृंखलाओं में भाग लेता है ।

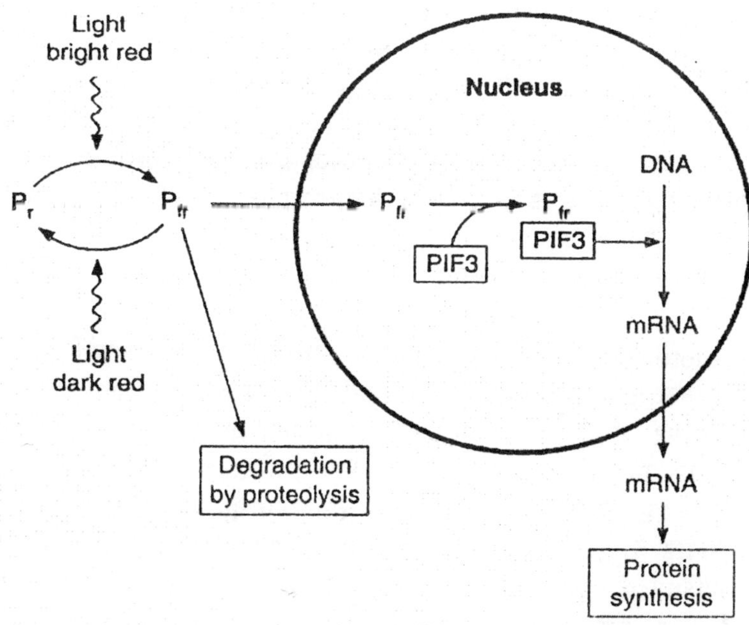

Fig. 15.3. Effect of phytochrome A and B on gene expression.

फायटोक्रोम अनुलेखन के नियंत्रण के साथ पाश हो जाता है। इस तथ्य से वैज्ञानिक प्रकाश प्रेरित अनुलेखन के उत्पन्न करने वाले विशिष्ट **DNA recognition sequences** की खोज कर सके हैं। **Morelli** *et al.* (1985) ने दर्शाया कि जीन अभिव्यक्ति के प्रकाश उत्प्रेरित नियंत्रण हेतु 33 क्षारक जोड़ों का अनुक्रम आवश्यक होता है। इसमें **TATA-Box** सम्मिलित होता है। यह जीन **RuBP carboxylase** की छोटी उपइकाई हेतु जीन से पहले होता है। अब तक अनेक प्रोटीन/एन्जाइम के प्रकाश प्रेरित अनुलेखन के जीन का अध्ययन किया जा चुका है।

Seed Germination

ऐसे बीज जिन्हें, अंकुरण हेतु प्रकाश की आवश्यकता होती है उन्हें फोटोडॉर्मेन्ट कहा जाता है। अंकुरण कर रहे बीज में प्रकाश तथा तापक्रम के बीच अन्योन्य प्रक्रिया होती हैं। **1907** में **Kinzel** ने **1964** प्रजातियों का अध्ययन किया तथा यह पाया कि प्रकाश की उपस्थिति में **672** प्रजातियों में बीज अंकुरण बढ़ा होता है। उन्होंने यह भी देखा कि अंधकार से आपेक्षित सूर्य प्रकाश में **258** प्रजातियों में बीज अंकुरण संदमित हो जाता है। **Far red** तथा नीला प्रकाश संदमक होता है। **Far red light** बीज अंकुरण हेतु आवश्यक **Pfr** के स्तर को घटा देता है। नीला प्रकाश **blue complex** को प्रभावित करता है एवं इस

प्रकार संदमक होता है। बीज अंकुरण हेतु आवश्यक Pfr की मात्रा महत्वपूर्ण होती है क्योंकि बीज अंकुरण को बढ़ोतरी करने हेतु ψ का मान 0.01 तक कम तथा 0.06 तक उच्च हो सकता है। Pfr द्वारा नियंत्रित रासायनिक अभिक्रियायें अत्यन्त तापक्रम संवेदी होती हैं। उच्च तापक्रम पर, Pfr पुनः Pr से परिवर्तित हो जाता है जिससे उसका स्तर कम हो जाता है। फोटोडॉर्मेन्ट तथा गैर फोटोडॉर्मेन्ट बीजों में जल का संदमन एक सामान्य लक्षण है, जो बीजों का जलीकरण (hydration) कर देता है तथा बीज फूल जाते हैं। जब बीज जल शोषित हो जाते हैं तब प्रकाश प्रसुप्ति (dormancy) को तोड़ देता है। जल शोषण बीजावरण (seedcoat) तथा फलावरण (fruitcoat) की पारगम्यता पर निर्भर करता है। एक पर्याप्त जलीकृत बीज में, Pr का रूपांतरण Pfr में हो जाता है। कुछ बीज मृदा के अन्दर अनेक वर्षों तक जीवनक्षण होते हैं। ये बीज प्रकाश तापक्रम तथा आर्द्रता के उचित संयोजन का इंतजार करते हैं ताकि Pr का रूपांतरण Pfr में हो सकें। इस प्रकार के बीजों में सूखे बीज में भी फायटोक्रोम अनेक वर्षों तक स्थिर रहता है। जब बीज परिपक्व होने लगता है उस समय भ्रूण में क्लोरोफिल की मात्रा एक महत्वपूर्ण कारक होती है। यह निर्धारित करता है कि क्या बीज photodormant होगा। परिपक्वन के समय जिन भ्रूणों पर मातृक ऊतक (meternal tissue) का आवरण होता है उनमें क्लोरोफिल की उच्च मात्रा होती है। क्लोरोफिल लाल तरंगदैर्ध्यों को अवशोषित करते हैं, तथा Pfr निर्मित होने को रोकते हैं। इस प्रकार के बीजों के अंकुरण हेतु प्रकाश की आवश्यकता होती है ताकि यह लाल तरंगदैर्ध्यों को अवशोषित कर सकें एवं Pfr निर्मित कर सकें। यहाँ Pfr अंकुरण को प्रेरित करता है। यह स्पष्ट है कि Long day पौधों में फोटोडार्मेट बीज होते हैं। बीजपत्राधार मुलांकुर (hypocotyl-radicle) ऊतक तथा बीज पत्रों में Pfr निर्मित होता है। यह मूलांकुर कोशिकाओं की वृद्धि क्षमता में बढ़ोतरी कर देता है। यह दीर्घीकरण भाग (elongation region) की कोशिकाओं Pfr विशेष रूप से सक्रिय होता है। यहाँ यह इन कोशिकाओं के जल विभव (water potential) को घटा देता है ताकि ये मृदा से ज्यादा सरलता से जल अवशोषित कर सकें तथा अंकुरण हो सके। फोटोडॉर्मेन्ट बीजों में मूलांकुर वृद्धि करने में असक्षम होता है क्योंकि यह अपने आवरण की परतों को तोड़ने में उचित बल के प्रयोग में असक्षम होता है।

फोटोडॉर्मेन्ट बीजों का अंकुरण ऑक्जिन द्वारा प्रोत्साहित नहीं होता है। यह गैर प्रसुप्ति बीजों (nondormant seeds) के लिये भी प्रभावी नहीं होता है। फोटोडॉर्मेन्ट बीजों के अंकुरण हेतु प्रकाश के प्रतिस्थापित रूप में gibberellin सबसे अधिक प्रभावी होता है। कुछ प्रकारों में cytokinins भी सहायक हो सकते हैं परन्तु यह परिमाण तक नहीं होता है। अतः यह निष्कर्ष निकाला जा सकता है कि Pfr जिब्बरेलिन अथवा सायटोकायनिन का संश्लेषण करके प्रकाश प्रसुप्ति (photodormancy) को तोड़ सकता है।

Seedling and Vegetative Growth

घास तथा धान्य अनाज के बीजों का अंकुरण होता है तथा प्रांकुरचोल (Coleoptile) दीर्घीकृत हो जाता है। यह दीर्घीकरण तब तक होता रहता है जब तक कि प्रांकुरचोल का शीर्ष मृदा को तोड़ नहीं देता है। स्कूटेलम (Scutellum) तथा प्रांकुरचोल के आधार के बीच उपस्थित पहले पर्व (internode) को बीज पत्र मध्यक (mesocotyl) कहते हैं। बीज

पत्र मध्यक का दीर्घीकरण प्रकाश के लिये बहुत अधिक संवेदनशील होता है। बीज पत्र मध्यक दीर्घीकृत होता है जिसे पत्तियाँ मृदा की सतह के बाहर आ जाती हैं। प्रायः अपस्थानिक जड़ें मध्यक ठीक ऊपर निकल आती है। मध्यक, प्रांकुरचोल तथा प्रांकुरचोल द्वारा आवरित पत्तियों का दीर्घीकरण आवश्यक है ताकि पत्तियाँ प्रकाश में आ जावे। प्रांकुरचोल में बंद पत्तियाँ बीजों के अंकुरण के बाद दीर्घीकृत होती है। प्रांकुरचोल के दीर्घीकरण की यह अवस्था पत्तियों की दीर्घीकरण के बराबर अथवा उससे अधिक होना चाहिये अन्यथा पत्तियाँ प्रांकुरचोल के बाहर वृद्धि करके मृदा के अंदर ही निकल आयेगी। मृदा के पृष्ठ पर प्रकाश पत्तियों के लम्बे होने को प्रोत्साहित करती है। इस प्रकार निकलने वाली पहली पत्ती प्रांकुरचोल शीर्ष को तोड़ती है तथा प्रांकुरचोल दीर्घीकरण को रोक देता है। इसका कारण यह है कि सम्भवतः शीर्ष से दीर्घीकरण कर रही कोशिकाओं तक ऑक्जिन का संचालन नीचे की ओर नहीं हो पाता है। फायटोक्रोम द्वारा सूर्य प्रकाश के प्रति अनुक्रिया (**response**) के कारण पत्ती का दीर्घीकरण तथा प्रांकुरचोल के संदमन जैसी वृद्धि की परिघटनायें होती हैं। मक्का के बीज को मृदा के पृष्ठ के पास ही बोया जाता है। बीज पत्र मध्यक (**mesocotyl**) बहुत कम लम्बा होता है। पहली दो पत्तियाँ प्रांकुरचोल के अन्दर लिपटी हुयी होती हैं। प्रकाश के अनावरण के बाद ये पत्तियाँ फैलने लगती हैं। अवतल की ओर कोशिकाओं की तीव्र वृद्धि के कारण पत्तियॉं खुलने लगती हैं। यह सिद्ध हो चुका है कि **Pfr** लिपटी हुई पत्तियों में जिब्बरेलिन संश्लेषण करता है, इस संश्लेषण के परिणामस्वरूप पत्तियाँ खुलने लगती है। सायटोकायनिन की भूमिका के विषय में स्पष्ट जानकारी नहीं है।

द्विबीजपत्री पौधों में बीजों में अंकुरण प्रायः भूम्यूपरिक (**epigeal**) होता है। मटर में बीजों की अधोभूमिकी (**hypogeal**) अंकुरण होता है। द्विबीजपत्री पौधों में जब बीजों का अंकुरण होता है तो तने के शीर्ष पर एक हुक बनता है। अंकुरण के तत्काल बाद, इथलीन के प्रभाव तथा बीजपत्राधार (**hypotcotyl**) या बीजपत्रोपरिक (**epicotyl**) के दोनों ओर असमान वृद्धि के कारण यह हुक निर्मित होता है। द्विबीजपत्री नवोद्भिद (**seedling**) के बीजपत्रोपरिक (**epicotyl**) अथवा बीजपत्राधार (**hypocotyl**) को सीधा करने में फायटोक्रोम भाग लेता है। जब हुक मृदा के ऊपर आ जाता है, **Pfr** के माध्यम से लाल प्रकाश की क्रिया से हुक का खुलना प्रोत्साहित होता है। प्रकाश पर्णफलक (**leaf blade**) के फैलाव, पर्णवृत दीर्घीकरण, क्लोरोफिल निर्माण तथा क्लोरोप्लास्ट विकास में वृद्धि करता है।

उच्च प्रदीपन अभिक्रियाओं (**High Irradiance reaction, HIR**) द्वारा प्रकाश प्रेरित पत्तियों में वृद्धि होती है। **Pfr** ग्लूटामिक अम्ल से **S**-अमीनो लेव्यूलिनिक अम्ल (**ALA**) संश्लेषण का आरम्भन करता है। लाल अथवा नीले प्रकाश के उच्च प्रकीर्णन में ही **ALA** क्लोरोफिल में परिवर्तित हो जाता है। क्लोरोफिल निर्माण पर प्रबल रूप में क्लोरोप्लास्ट का विकास निर्भर करता है। जब बीजपत्र तथा पत्तियों में प्रकाश संश्लेषण प्रारंम्भ होता है, तो प्रकाश तने के दीर्घीकरण को संदमित कर देता है।

Effect of Light on Pigments

प्रकाश क्लोरोप्लास्ट विन्यास को प्रभावित करता है। प्रकाश के उच्च प्रदीपन पर क्लोरोप्लास्ट कोशिकाओं के आरीय (**radial**) भित्ति पर पंक्तिबद्ध होकर एक दूसरे को

अतिछादित कर देते हैं। इस प्रकार के विन्यास से ये अपने आपको प्रकाश से होने वाली क्षति से सुरक्षित कर लेते हैं। जब प्रकाश तीव्रता कमजोर होती है, क्लोरोप्लास्ट दो समूहों में पृथक हो जाते हैं। इनमें से एक समूह प्रकाश स्त्रोत् के समीपस्थ तथा दूसरा समूह प्रकाश स्त्रोत के दूरस्थ सिरे पर होता है। इस प्रकार के विन्यास अधिकतम प्रकाश को अवशोषित करने में सहायक होते हैं। प्रकाश द्वारा निर्देशित इस प्रकार के संचालन से क्लोरोप्लास्ट का प्रकाशानुवर्ती (phototactic) स्वभाव स्पष्ट होता है। इस प्रकार के संचालन में फायटोक्रोम भाग नहीं लेते हैं बल्कि क्रिप्टोक्रोम भाग लेते हैं। यह आवश्यक नहीं है कि क्लोरोप्लास्ट प्रकाश के सीधे सम्पर्क में आ जाये। इसकी जगह प्रकाश कोशिका में किसी अन्य स्थान पर अवशोषित होता है एवं कोशिका द्रव्य प्रवाह (Cytoplasmic streaming) के माध्यम से क्लोरोप्लास्ट का संचालन करता है। माइक्रोफिलामेंट तथा माइक्रोट्यूब्यूल (microtubules) के बीच अन्योन्य प्रक्रिया के फलस्वरूप प्रवाह होता है।

प्रकाश एन्थोसायनिन तथा अन्य फ्लेवोनाइड वर्णकों के संश्लेषण को प्रोत्साहित करता है। इन वर्णकों का संश्लेषण पौधे के किसी एक अथवा अधिक अंगों के विशिष्ट कोशिकाओं में सम्पन्न होता है। एन्थोसायनिन संश्लेषण पत्तियों में तथा सेव फल के हरे चर्म में होता है। प्रकाश द्वारा प्रकाश संश्लेषी क्रिया द्वारा एन्थोसायनिन संश्लेषण की बढ़ोतरी होती है। क्रिया स्पेक्ट्रम (action spectrum) यह दर्शाता है कि लाल, फार रेड तथा नीला प्रकाश एन्थेसायनिन संश्लेषण के लिये अधिकतम अनुक्रिया प्रदान करता है। फ्लेवोनायड संश्लेषण हेतु फॉस्फोइनॉल पायरूवेट तथा इरिथो–4 फॉस्फेट की आवश्यकता होती है। ये शर्करायें B-चक्र हेतु कार्बन अणु तथा। चक्र हेतु एसिटेट इकाई प्रदान करते हैं। जीर्णता (senescence) के समय अनेक शरद (autumn) पत्तियों में फ्लेवेनॉयड का संचयन प्रोटीन के जलीय अपघटन फिनिलएलानीन प्रगटन तथा चक्र B निर्माण में फिनिल एलानीन के उपयोग के बीच सम्बंध को प्रदर्शित करता है। यह अभिक्रिया फिनिलएलानीन अमोनिया लायेज द्वारा उत्प्रेरित होती है तथा अनेक पौधों में विविध अंगों में प्रकाश द्वारा उत्प्रेरित होता है। फिनिल एलानीन अमोनिया लायेज लिग्निन संश्लेषण में भी भाग लेता है।

प्रकाश जाइलम निर्माण को प्रोत्साहित करता है। यह जाइलम को वेसक्यूलर केम्बियम से विभेदीकरण तथा जाइलम कोशिका भित्तियों में लिग्निन निर्माण को भी प्रोत्साहित करता है।

अध्याय – 16

Physiology of Flowering

पुष्प एक रूपांतरित प्ररोह है तथा इसके सभी अंग रूपांतरित पत्तियाँ हैं। पुष्प कृषि के लिये महत्वपूर्ण होते हैं। बहुत सारे पौधें में पुष्प का बनना आंतरिक कारकों द्वारा नियंत्रित होता है जबकि कुछ पौधें में यह निश्चित पर्यावरण की अवस्थाओं पर निर्भर रहता है। पुष्प निर्मित होने के समय विभाज्योतक ऊतक (meristematic tissue) तने को परिमित कर देता है जिससे अतिरिक्त तने नहीं बनते हैं। पुष्प मुख्य तने के शीर्षस्थ विभाज्योतक (apical meristem) से निर्मित हो सकते हैं या सिर्फ पार्श्व कलिकाओं के विभज्योतक से बनते हैं। यहाँ तक कि वृक्ष स्तम्भ के छाल से निकली कलिकायें भी पुष्प बना सकती हैं। जब पुष्प शीर्षस्थ निर्मित होता है तो यह तने की वृद्धि को रोक देता है, जबकि पार्श्वपुष्पों में मुख्य तना वृद्धि कर सकता है। पुष्प का बनना दीप्तिकाल (photoperiod) प्रकाशगुण तथा तापक्रम द्वारा नियंत्रित होता है। इसके अतिरिक्त, फोटो–प्रेरित (photoinduced) से एक संचार्य (transmissible) सिग्नल विभाज्योतक तक जाता है जहाँ पुष्प निर्मित होता है। पुष्पीय सिग्नल (हार्मोन) के स्थल पर पत्तियाँ बनना बंद हो जाती है तथा पुष्प बनने लगता है। एक बार पुष्प निर्मित हो जावे तो आगे का विकास भी दीप्तिकाल द्वारा प्रबलता से प्रभावित होता है। लिंग अभिव्यक्ति तथा बीज का भरना भी दीप्तिकला द्वारा प्रभावित होता है।

Photoperiodism

Darwin ने प्रकाशनुवर्तन (phototropism) पर प्रकाश के प्रभाव की जानकारी दी थी। 1920 में Garner तथा Allard ने दीप्तिकालिता (phototropism) की खोज की तथा समझाकर स्पष्ट किया। प्रकाश में पौधे के अनावरण के समय की अवधि को दीप्तिकला (photoperiod) तथा प्रकाश एवं अंधकार के अवधि के प्रभाव को दीप्तिकालिता (photoperiodism) कहते हैं। विविध प्रकार के पौधों में दीप्तिकाल पुष्प के बनने को नियंत्रित करते हैं। ऐसा देखा गया है कि दिन का अंतराल (प्रकाश अंतराल) इतना महत्वपूर्ण नहीं होता है। वास्तव में अंधकार का समय पुष्प बनने के उद्दीपन के लिये निर्णायक होता है। दीप्तिकाल के आधार पर पौधों को तीन श्रेणियों में वर्गीकृत किया गया है। (1) Short day plants (SDP) इस श्रेणी के पौधों में पुष्पन (flowering) अंधकार के लम्बे अंतराल/दिन के छोटे अंतराल पुष्पन को प्रेरित करता है, (2) Long day plants (LDP) पुष्पन कम समय के अंधकार/लम्बे दिनों की अवस्था में प्रेरित होता है, *Arabidopsis* एक विकल्पी (facultative) लम्बे दिनों का पौधा है तथा (3) Day neutral plant (DNP) पुष्पन दीप्तिकाल द्वारा प्रभावित नहीं होता है। कुछ पौधों में द्विदीप्तिकाल (double photoperiod) की आवश्यकता होती है। ये LSDPS होते हैं जिन्हें LDS के बाद SDS की आवश्यकता

होती है। इस प्रकार के पौधों का वर्णन द्वैत दिन काल (Dual Day length) के रूप में किया जाता है जैसे – *Bryophyllum, Cestrum* इन पौधों को यदि लगातार लम्बे समय के दिनों में अथवा लगातार छोटे दिनों में रखा जाये तो ये कायिक (vegetative) रह जाते हैं परन्तु यदि पहले लम्बे दिन फिर छोटे दिन (long short day plants) या विलोमन **short long day plants** में रखा जावे तो इनमें पुष्पन होने लगता है। तापक्रम तथा दीप्तिकाल के बीच पारस्परिक अभिक्रिया सुस्पष्ट है। कुछ पौधों में शीतकाल में अनावरण के अनुभव के बाद पुष्पन शुरू होता है। दो कार्यिकी अवस्थायें होती हैं फोटोफिलिक (photophilic) तथा स्कोटोफाइल (skotophile)। Photophilic अवस्था में प्रकाश के अंतराल के प्रारम्भ से कार्यिकी सक्रियता होती है। प्रकाश के लम्बे अंतराल (अर्थात् 9 -12 घंटे) बाद संदमन प्रारम्भ होता है तथा पौधा स्कोटोफाइल में प्रवेश करता है अर्थात् यह अंधकार को पसंद करने की अवस्था होती है। अगली फोटोफिलिक अवस्था कुछ घंटे बाद पुनः शुरू हो जाती है जो कि सूर्योदय से बहुत पहले होती है एवं इस तरह वास्तविक दिन तथा रात्रि के एकांतरण अवस्था से स्वतंत्र होती है।

Role of Phytochrome

पुष्प की बाह्य आकारिकी व्यक्तिक प्रजनन तंत्र तथा जनन प्रत्याभूति दोनों को प्रभावित करती है। किसी जीव के विकास का कौशल ताकि यह स्थानीय परिस्थितियों के साथ अनुकूलन कर सके तथा मैच कर सके, इसे समलक्षणीय, सुगम्यता कहते हैं। आनुवांशिक स्तर पर विकास की जानकारी प्लैस्टिकता के विकासीय अध्ययन को बता सकता है। पूरक के बाह्य आकारिकी को प्रभावित करने वाले आनुवांशिक तथा वातावरण के कारक व्यक्तिक उपयुक्तता से प्रासंगिक होता है।

Karl C. Hammer तथा Jomes Banner (1938) ने रात्रि क्रमभंग परिघटना (night interruption phenomenon) की खोज की। प्रयोगों की एक श्रृंखला में उन्होंने अवलोकन किया कि दिन में क्रमभंग से बहुत कम या नहीं प्रभाव पड़ता, परन्तु प्रकाश द्वारा रात्रि क्रमभंग से SDPs में पुष्पन संदमित हो जाता है तथा LDPs में पुष्पन प्रेरित हो जाता है।

H. Mohr and P. Schopfer (1978) ने फायटोक्रोम के प्रभाव की दृष्टि से SDPs तथा LDPs को निम्नलिखित में विभेदित किया :–

Long Day Plants : Short day + उचित P_{fr} (स्कोटोफाइल अवस्था के मध्य में) पुष्पीय हार्मोन का उत्पादन।

Short Day Plants : Short day + उचित P_{fr} (स्कोटोफाइल अवस्था के मध्य में) पुष्पीय हार्मोन का उत्पादन नहीं होता है।

यह स्पष्ट हो गया है कि अन्य तरंगदैर्ध्य के प्रकाश की तुलना में लाल किरणों का प्रकाश ज्यादा प्रभावी होता है। इस परिघटना की क्रिया स्पेक्ट्रा (Action spectra) अन्य फायटोक्रोम अनुक्रिया से विशिष्ट होती है। प्राथमिक निष्कर्ष यह हो सकता है कि फायटोक्रोम प्रकाश भंग होने को बाहरी रूप में पहचान लेता है तथा इसकी प्रभावशीलता प्रदीपन के समय पर निर्भर करती है। किसी एक समय पर फायटोक्रोम के दो रूपों के

अनुपात के अपरोक्ष मापन को समझने के लिये – **Null response technique** का अनुप्रयोग किया जाता है। इस तकनीक में पौधें को **red** तथा **far red light** में अनावरित किया जाता है। ऐसा मिश्रण जो प्रदीपन के समय पर कोई अनुक्रिया न दर्शाये उसे P_{fr}/P_{Total} के रूप में मापा जाता है। विभिन्न पौधों पर किये गये प्रयोगों से प्राप्त परिणामों से यह सामान्य रूप से निष्कर्ष निकाला जाता है कि **HIR** क्रियाशील हो सकता है। फायटोक्रोम मध्यवर्ती **short day plants** में पुष्पन रात्रि भंग होने पर संदमन तथा **long day plants** में पुष्पन को प्रोत्साहित करने में भूमिका निभाते हैं। **short day plants** में लाल प्रकाश ज्यादा प्रभावी होता है जबकि **long day plants** में **red** तथा **far red** का मिश्रण प्रभावी होता है।

Phytochromes and red : far red wavelengths affect floral phenotypes: यह निम्नलिखित तुलनात्मक आधार पर स्थापित हुआ : (1) वन्य रूप *Arabidopsis thaleana* तथा *Brassica rapa* पौधों में सूर्य प्रकाश के **high red : far red** लक्षण vs पत्तियों की छाया के प्ररूपी **low red : far red** का अनुभव करते हैं तथा (2) *A. thaliana* के वन्य रूप तथा फायटोक्रोम कमी वाले पौधे पुष्प बाह्य आकारिकी के कुछ विशिष्ट लक्षण दर्शाते हैं। **Low red : far red** मे अनावरित वन्य रूप में दलपुंज तथा स्त्रीकेसर (pistel) की लम्बाई में कमी परन्तु दलपुंज की तुलना में पुतंतु (filament) की लम्बाई बड़ी देखी गई है यह तुलना **high red : far red** में अनावरित पौधे से की गई है। *Brassica rapa* पौधे गुणात्मक रूप में इसी प्रकार की अनुक्रिया दर्शाते हैं। *A. thaliana* के **phytochrome A** अभाव वाले उत्परिवर्ती में छोटे पुष्प अर्थात् छोटी पंखुड़ी, स्त्रीकेसर तथा पुतंतु देखे गये हैं, जबकि **phytochrome B** अभाव वाले उत्परिवर्ती में लम्बे पुतंतु देखे गये हैं। *A. thaliana* के सभी **PHY** जीन भी पुष्प में सक्रिय होते हैं। **Phytochrome A** तथा **PHYB** की अभिव्यक्ति पंखुड़ी के अतिरिक्त सभी पुष्पीय अंगों में देखी जा सकती हैं। **PHYD** तथा **PHYE** की अभिव्यक्ति बाह्यदल में देखी जा सकती है। **PHYE** को पुतंतु के सिरों पर देखा जा सकता है।

Growth-chamber तथा **green-house** प्रयोगों से भी **red : far red** तथा फायटोक्रोम के पुष्पीय बाह्य आकारिकी पर प्रभाव को समझा जा सकता है। *A. thaliana* तथा *B. rapa* के वन्य रूपों की कलिकाओं को **high and low red : far red** परिस्थितियों में अनावरित किया गया। ये परिस्थितियाँ क्रमशः सूर्यप्रकाश तथा **foliar-shade** वातावरण के समान है। *A. thaliana* के वन्य रूप की तुलना **phytodnome A, B** या **D** की कमी वाले मोनोजेनिक उत्परिवर्ती से की जाती है। *A. thaliana* तथा *B. ropa* के वन्य रूपों में **high red : far red** अवस्था में पुष्पों के खुलने तथा इसकी तुलना **low red : far red** अवस्था में पुष्पों के खिलने से की जावे तो या तो पंखुड़ी, स्त्रीकेसर अथवा पुतंतु की लम्बाई में अर्थपूर्ण भिन्नता देखी जा सकती है। वन्य रूप तथा फायटोक्रोम की कमी वाले पौधों में भी पुष्प के विकास में भिन्नता देखी जा सकती है ।

Florigen

Chailakhyan (1930) ने शब्द Florigen (La flora : flower; ar genna to beglet) बनाया। उन्होंने एक परिकल्पना प्रस्तुत की कि SD-treated leaf के हार्मोन को

शीर्षस्थ विभाज्योतक में संचालित किया जावे तो इस हार्मोन के प्रभाव से इस स्थान पर पत्तियाँ बनाना बंद हो जायेगा तथा पुष्पन होने लगेगा। **Lona (1946)** तथा **Thurlow (1948)** ने देखा कि **SDP** (*Xanthium strumarium*) में यदि प्रकाश प्रेरित (photoinduced) एक पत्ती को काटकर यदि किसी अन्य पौधे में ग्राफ्ट करके गैर प्रेरित (non induced) **LD** अवस्था में रखा जावे तो यह ग्राफ्ट की गई पत्ती से पौषक पौधे में पुष्पन पुष्प लगता है। इससे यह निष्कर्ष निकलता है कि ग्राफ्ट की पत्ती **LD** परिस्थिति में रखने के बाद भी उसमें **florigen** बनता है। विभिन्न अनुक्रिया प्रकारों को दर्शाने वाले अनेक विविध किस्म या प्रजातियों को एक दूसरे से ग्राफ्ट किया जावे तो पुष्पन होने लगता है। एक ग्राफ्ट प्रयोग में प्रेरित *Xanthium strumarium* (एक **SDP**) को *Silene armeria* (एक **LDP**) में ग्राफ्ट करने से पुष्पन होने लगता है। इस प्रयोग से यह प्रदर्शित होता है कि एक अनुक्रिया प्रकार (**SDP**) से उत्पन्न **florigen** को दूसरे अनुक्रिया प्रकार (एक **LDP**) में ग्राफ्ट कर देने पर अवरोक्त को प्रेरित करने में सक्षम होता है। एक अन्य ग्राफ्ट प्रयोग में, अनेक प्रजातियों के पौधे जिन्हें सिर्फ एक प्रेरण चक्र (inductive cycle) की आवश्यकता होती है, कि पत्तियों को इस चक्र के बाद विविध समय पर अलग कर दिया गया, कुछ समय बाद पुष्प बनने के स्तर को पत्ती को अलग किये जाने के समय के कार्य के लिये प्लॉट किया गया। **SDPs** में प्रेरण लम्बे अंधकार समय के तुरंत बाद पत्तियों को अलग कर दिया जाये तो पौधा कायिक रह जाता है तथा पुष्प नहीं बनते हैं। जब **LDPs** पौधे की पत्तियों को लम्बे प्रकाश अवधि के बाद अलग कर दिया जावे तो इसी प्रकार के परिणाम देखे गये हैं।

पुष्प बहुकारकी प्रक्रिया से नियंत्रित होते हैं। अनेक अणु पुष्पन को प्रेरित करते हैं परन्तु इनमें से कोई भी अणु पुष्पन को प्रवर्तित नहीं कर पाता है। Gibberellic acid (GA) एक महत्वपूर्ण अणु है जो पुष्पन को प्रेरित करता है। एक **longday plant** *Sinopsis alba* में पुष्पन अनेक अणुओं से नियंत्रित होता है जिसमें पादप हार्मोन तथा अन्य सामान्य उपापचयज सम्मिलित है। *Arabidopsis* तथा *S.alba* में **GA, cytokinins,** सूक्रोज तथा पॉलीएमीन पुष्प बनने को प्रेरित करते हैं। *Arabidopsis* के **gal-3** नामक उत्परिवर्ती में **GA** की कमी होती है। जब इस उत्परिवर्ती को **longday** में उगाया जाता है, तो वन्यरूप की तुलना में उत्परिवर्ती में पुष्पन देर से होता है। इसके अतिरिक्त पौधे को **non-inductive short days** में उगाया जाता है तो उत्परिवर्ती में पुष्पन होता है जब तक कि इसमें **GA** का अनुप्रयोग नहीं किया जाता। पुष्प को प्रेरित करने वाले सिग्नल फ्लोएम द्वारा संचारित होते हैं।

A long, MSU - DOE (1984) ने निम्नलिखित निष्कर्ष प्रस्तुत किये :

1. पौधों की पत्तियों में हार्मोन जैसे पदार्थ (**Florigen**) उत्पन्न होते हैं, या कुछ पदार्थों का संकुल हो सकता है जो तने के विभाज्योतक में संचारित होता है तथा उसे कायिक वृद्धि से पुष्प बनाने की अवस्था में बदल देता है।

2. **Florigen** प्रजाति विशिष्ट नहीं होती है, यह समान प्रजातियों के सदस्यों में, तथा एक वंश के सदस्यों से विभिन्न वंशों के सदस्यों में स्थानांतरित हो सकता है। अंतरण की क्षमता ग्राफ्ट के द्वारा स्वीकार किये जाने तक सीमित रहती है। दोनों साझेदार के फ्लोएम

के बीच एक अच्छा सम्बंध आवश्यक है। एक बीजपत्री पौधों में ग्राफ्टिंग करना बहुत कठिन होता है तथा ग्राफटिंग से फ्लोरीजेन का स्थानांतरण असफल रहा है परन्तु इसे एक बीजपत्री हेतु आवश्यक तकनीक द्वारा दर्शाया जा सकता है।

3. कार्यिकी रूप में फ्लोरिजेन विशिष्ट नहीं होता है। किसी भी कठिनाई के बिना इसका विनिमय **short day, long day** तथा **day neutral** पौधों के बीच किया जा सकता है। इसकी बहुत सम्भवना है कि यह सभी पौधों में एक समान होता है। **Short day** तथा **long day** पौधों के बीच मुख्य भिन्नता यह है कि फ्लोरिजेन का उत्पादन सिर्फ एक विशिष्ट प्रेरित प्रकाश प्रोग्राम में बनते हैं जो कि दोनों प्रकारों में भिन्न है।

कुछ संदमक भी पुष्प के बनने को प्रभावित करते हैं। **Short day** अवस्था में उत्पन्न स्थानांतरण करने योग्य पदार्थ जो पुष्प बनने को दबा देते हैं। उन्हें **Antiflorigen** कहते हैं। **Dostal and Hosek (1937)** ने देखा कि *Circaca* को यदि **auxin** दिया जावे तो यह पुष्प के बनने को संदमित कर देता है। **Bonner and Thurlow (1949), Van Denffer (1950),** ने प्रस्तुत किया कि **auxin** पुष्प के बनने को संदमित कर देता है। वर्धक **(promoter)** तथा संदमक **(inhibitor)** दोनों ही पुष्प के बनने को प्रभावित करते हैं। यदि पौधे की एक पत्ती को उचित दीप्तिकाल परिस्थितियों में अनावरित करके प्रेरित किया जाये तब भी पुष्प के बनने को गैर प्रेरित पत्ती संदमित कर देगी। **Lang (1961)** के अनुसार ऑक्जिन संदमकता से निर्मुक्त कर देने से पुष्प बनने की नियंत्रण क्रियाविधि नहीं है। तथापि ऑक्जिन पुष्प बनने की कृषिजोपजाति **(cultivar)** प्रक्रिया को रूपांतरित कर सकता है। **Lang *et al.* (1977)** ने तम्बाखू के **SD** तथा **DN** कृषिजोपजाति पर ग्राफ्ट किया। इस कृषिजोपजाति को प्रकाश की विविध अवस्थाओं में बढ़ने दिया गया। जब **SDs** में अनावरित किया गया तो **Sd** ग्राफ्ट भागीदार **DNPs** को जल्द पुष्पन का कारक बना। **LDs** में भी **LD** भागीदार ने **DN** भागीदार को जल्द पुष्पन में वर्धक का कार्य किया। अतः इस प्रकार सकारात्मक क्रियाशील पुष्पन वाले हार्मोन की उपस्थिति स्पष्ट होती है।

The Genetic Aspect

अनेक उदाहरणों में ग्राफ्टिंग प्रयोगों के परिणाम जानने के बाद, वैज्ञानिकों ने आगे अध्ययन किया तथा दीप्तिकला के प्रति विपरीत अभिक्रियायें देखी। एक ही प्रजाति के किस्मों के बीच देखा गया है कि छोटी संख्या की जीन दीप्ति कालिक अभिक्रिया को नियंत्रित कर सकती है। **Brener (1931), Little and Kantor (1941), Laibach (1947)** ने देखा कि एकमात्र जीन दीप्तिकालिक अभिक्रिया को नियंत्रित कर सकती है। बाद में यह स्पष्ट किया गया कि पुष्प बनने को प्रेरित करने वाले सिग्नल का उत्पादन, संचारण या बोध होने में अनेकों जीन भाग लेते हैं।

पुष्पन में जीनों के प्रभाव को समझना आवश्यक है। उत्परिवर्ती के अध्ययन से पत्तियों में पुष्पी **(floral)** सिग्नल के उत्पादन तथा विभज्योतक में पुष्पी सिग्नल की संवेदनशीलता में सम्मिलित जीनों की पहचान में सहायक होता है। वन्य रूप की तुलना में *Arabidopsis* के उत्परिवर्तनज में एक सामान्य अवलोकन कि किसमें पुष्प पहले और किसमें बाद में बनते हैं इस सामान्य अवलोकन द्वारा यह निष्कर्ष निकाला जा सकता है कि पुष्प का बनना अनुवांशिक रूप से कई कारकों पर निर्भर करता है। ऐसे जीन जो पुष्प बनने को दबा देते

हैं कि जानकारी उन उत्परिवर्तजनों से प्राप्त हो सकती है जिसमें जल्दी पुष्प बनते हैं, जबकि ऐसे उत्परिवर्तनज जिनमें पुष्प देर से बनते हैं द्वारा उन जीन की पहचान की जा सकती है जो पुष्प के बनने में प्रवर्धक का कार्य करते हैं। *Arabidopsis* में देर से पुष्प बनाने वाले दो समलक्षणी (phenotype) उत्परिवर्ती जीन Constants(w) तथा Luminid-ependens (LD) के एलील के समरूप होते हैं। CO एक अभिज्ञात उत्क्रमण कारक जो zinc-finger protein से समानता दर्शाता है। CO का अस्थानिक अभिव्यक्ति पुष्पन वाले जीनों को प्रेरित करके पुष्पन में वर्धक का कार्य करता है, अर्थात् यह फ्लोरीजेन जीन को सक्रिय करने में सम्मिलित होता है। जीन FRIGIDA (FRI) का प्रभावी एलील *Arabidopsis* में देरी से पुष्पन को नियंत्रित करता है। प्राकृतिक अवस्था में, FRI शीत का संवेदन करके पुष्पन को नियंत्रित करता है। इस जीन के विश्लेषण से स्पष्ट होता है कि शीत का लम्बा उपचार भी तने के शीर्ष पर पुष्प बनने को नियंत्रित करता है। देर से पुष्प बनाने वाले समलक्षणी बसंतीकरण (vernalization) उपचार से विपरीत हो जाते हैं। FRI तथा Flowering Locus C के मिश्रित अभिव्यक्ति बसंतीकरण की आवश्यकता को बदल देता है। स्पष्ट रूप से FRI शीत तापक्रम का संवेदन करके पुष्प बनने को नियंत्रित करता है। बसंतीकरण द्वारा सायटोसीन डीमिथइलेशन प्रेरित होता है। *Thlaspi arvense* में KAH जीन एन्जाइम ent - Kaurenoic acid hydroxylase को कूट करता है, यह GA के जैवसंश्लेषण के लिये आवश्यक होता है। इस पौधे में KAH के अनुक्रमण सक्रीयता तथा सायटोसीन डीमिथाइलेशन के बीच एक पारस्परिक सम्बंध स्थापित हो जाता है। इससे यह ज्ञात होता है कि बसंतीकरण KAH अभिव्यक्ति को सक्रिय कर सकता है तथा सम्भवतः पुष्पन को प्रेरित करने में अन्य जीन भी सम्मिलित होते हैं। Superman (SUP) जीन विभिन्न पुष्पांगों की पहचान करता है। यह निश्चित हो चुका है कि जीन को नियंत्रित करने में मिथायलेशन सम्मिलित होता है। Leafy (LFY), Apetalai (API) तथा Cauli-flower (CAL) जीन पुष्पी विभाज्योतक की पहचान को परिभाषित करने में भाग लेते हैं। ये जीन पुष्पन को प्रेरित करने वाले सिग्नल का अंतिम लक्ष्य होते हैं। यह स्पष्ट नहीं है कि इन जीनों के उत्पाद पुष्प प्रवर्धक सिग्नल से परोक्ष अथवा अपरोक्ष रूप में पारस्परिक अभिक्रिया करते हैं। LFY जीन दो कार्य करता है, इसकी भूमिका पूष्पी विभज्योतक को परिभाषित करने में तथा पुष्पन के समय को प्रभावित करने में होती है। *Arabidopsis* का LFY उत्परिवर्ती में पुष्प हरे रंग के होते हैं तथा इसमें बाह्य दलपुँज जैसे जायांग जैसे चक्र पाये जाते हैं। वन्य रूप पौधे की तुलना में इस उत्परिवर्ती में पुष्पक्रम की ज्यादा शाखायें होती हैं। यह जीन अपरिमित (indeterminate) तने को परिमित (determinate) तने में बदल देता है। इसके दूसरे ओर, LFY की अस्थानिक अभिव्यक्ति पुष्पन को जल्दी प्रेरित करता है तथा प्ररोह को पुष्पन हेतु परिवर्तित करता है। Terminal Flower I (TFLI) जीन विभाज्योतक की पहचान करता है। अप्रभावी उत्परिवर्ती (TFLI) में पार्श्व शाखायें नहीं होती हैं तथा पुष्पों की संख्या कम होती है। इसमें पुष्प जल्दी बनते हैं तथा प्राथमिक पुष्पक्रम शाखाओं में शीर्षस्थ पुष्प पाये जाते हैं। यह जीन परिमित प्ररोह को अपरिमित प्ररोह में बदलना प्रदर्शित करता है। अप्रभावी उत्परिवर्तन TFLI तथा LFY विपरीत परिघटना को व्यक्त करते हैं। *Arabidiopsis* में तीन अन्य जीन हैं जो पुष्पी विभाज्योतक के परिमितता को प्रभावित करते हैं। इन्हें API, APEALA 2 (AP 2) तथा CFL कहा जाता है। API तथा Fl की पुष्पी विभज्योतक के विशिष्टीकरण में कुछ

प्रारंभिक भूमिका होती है। LFY तथा API जीन की अभिव्यक्ति पुष्प में अंग आद्यक (primordia) के विकास के पूर्व पुष्पी विभाज्योतक में प्रदर्शित होती है। कायिक प्रावस्था में LFY की अभिव्यक्ति कम मात्रा में होती है तथा यह दीप्तिकाल उपचार से पुष्प के प्रेरित होने अथवा GA की अनुक्रिया द्वारा बढ़ जाती है। API पुष्पी आद्यक पुष्पीप्रेरण के प्रारम्भ होने के एक या दो दिनों बाद अभिव्यक्त होता है। AP-2 पूरे जीवनचक्र में अभिव्यक्त होता है। TFLI की अभिव्यक्ति प्राथमिक प्ररोह विभाज्योतक के शीर्ष उभार से बिलकुल नीचे लगी कोशिकाओं के विकास में हमेशा होती रहती है। अप्रभावी उत्परिवर्ती ap1 तथा ap2 Lfy समलक्षणी को बढ़ावा देते हैं। Cal apl उत्परिवर्ती ज्यादा उच्च अपरिमित होते हैं। अतः पुष्पी विभाज्योतक को बहुत ज्यादा अतिउत्पादित करता है। इसके परिणामस्वरूप फूलगोभी जैसा पुष्पक्रम विकसित होता है।

THE CONSTANS AND HE PHLOEM MOBILE SIGNALS

Brain G. Ayre and Robert Turgeon (2004) ने खोज की कि पादप प्रोटीन Constans सिग्नल–फ्लोरीजेन को उत्पन्न करने में महत्वपूर्ण भूमिका निभाते हैं। Suarez-Lopez (2001) के अनुसार Constans दीप्तिकाल अवबोधन (जनन वृद्धि हेतु संक्रमण) तथा long day परिस्थितियों में उत्क्रमण स्तरों के संचय की मध्यस्थता करता है। *Arabidopsis* पर एक अध्ययन किया गया, जिसमें सभी Constans प्रोटीन को खत्म कर दिया गया हो। इससे प्राप्त निष्कर्ष से समझा जा सकता है कि Constans एक सिग्नल है जो पुष्पन में भाग लेता है। Constans जीन (CO) की एक प्रति को galactinol synthase promoter के नियंत्रण में प्रवेश कराया गया। अवरोक्त द्वारा प्रोटीन सिर्फ पत्तियों में बनता है। इस सिग्नल की पुष्पन में नाटकीय भूमिका देखी गई। यह निष्कर्ष निकाला गया कि Constans की भूमिका के सम्बंध में दो सम्भावनायें हैं। एक सम्भावना यह है कि यह पूरे पौधे में से पुष्प बनने के स्थल तक संचारित होता है। संचारण फ्लोएम के माध्यम से होता है। अन्य सम्भावना यह है कि Constans फ्लोएम के अन्दर एक अन्य कारक से पारस्परिक क्रिया करता है जो पुष्प बनने के स्थान तक संचारित हो जाता है। *Arabidopsis* का पौधा जिसमें Constans नहीं था को एक अन्य पौधों (जिसकी पत्तियों में Constans का संश्लेषण हो रहा हो) में ग्राफ्ट करने से आगे साक्ष्य प्राप्त हुये हैं। परिणामों को कुछ इस प्रकार समझाया गया है कि Constans या अन्य कारक जिससे यह पारस्परिक क्रिया करता है, ग्राफ्ट सन्धि पौधे के पुष्पन सिग्नल वाले भाग में संचलन करता है। पौधे के ये वे भाग हैं जो किसी भी प्रकार के प्रोटीन विहीन होते है। यह अभी भी सन्देहपूर्ण है कि Constans वास्तव में पुष्पन हार्मोन है। Ayre के अनुसार "यह किसी अन्य अनुप्रवाह कारक से पारस्परिक क्रिया करता होगा जो पुष्पन क्रिया के स्थल तक संचालित होता है। यह अभी स्पष्ट नहीं है कि Constans इस सिग्नल को उत्पन्न करने वाला महत्वपूर्ण कारक है।" Ayre (2005) ने फ्लोरीजन तथा फ्लोएम के माध्यम से Long-distance सिग्नल के लिये अनुवांशिक प्रस्ताव का आगे भी अध्ययन किया।

Putterell *et al.* (1995) ने *Arabidopsis* में देखा कि समयुग्मजी उत्परिवर्ती (CO) में Long day अवस्था में पुष्पन देर से होता है, जबकि CO की अति अभिव्यक्ति करने वाले पौधों में पुष्पन जल्दी होता है। उन्होंने ट्रांसजेनिक *Arabidopsis* में MGAST

प्रोमोटर को CO से स्थापित करना चाहा कि CO फ्लोएम मोबाईल सिग्नल के अनुप्रवाह अथवा ऊर्ध्वप्रवाह होता है। ट्रांसजेनिक वन्य रूप तथा **CO1** में लघु नाड़ियों में CO की अभिव्यक्ति गैर प्रेरित, **short day** अवस्था में पुष्पन के लिये संक्रमण को बढ़ावा देता है। ऐसी धारण दी गई है कि CO फ्लोएम में मोबाइल प्रेरक (stimullant) को उत्पन्न करने में भाग लेता है। **Flowering Locus T (FT)**, CO का अनुप्रवाह लक्ष्य होता है। CO की अभिव्यक्ति में असक्षम कोशिकाओं में दर्शाया गया है कि **FT** तथा CO अभिव्यक्ति पेटर्न के सहसम्बन्ध यह दर्शाता है कि CO कोशिका में प्ररोक्ष रूप में जीन अभिव्यक्ति को प्रेरित नहीं करता है।

फ्लोएम संचालन प्रवाह में एक सक्षम सिग्नलिंग यौगिक को निवेशित किया गया। बाद में अवलोकन किया गया ताकि उन ऊतकों में जहाँ यह यौगिक नहीं डाला गया था उनमें इसका प्रभाव समझा जा सके। यह एकांतर प्रस्ताव है जिससे **Long distance** सिग्नलिंग में सम्मिलित यौगिकों की पहचान की जा सके। इसके लिये, कम्पेनियम कोशिका विशिष्ट प्रोमोटर का उपयोग किया जाता है। यह सक्षम सिग्नल को उत्पन्न करने वाले जीन को अभिव्यक्त करता है। *Arabidopsis* में Ats UC2 का उपयोग फ्लोएम विशिष्ट प्रोमोटर के रूप में किया जाता है। प्रोमोटर जीन CMGAS 1 जो गैलेक्टीनॉल सिन्थेस को कूट करता है, इसे *Cucumis melo* से विलगित किया गया है। यह लघु नाडियों के कम्पेनियन कोशिकाओं के लिये विशिष्ट तथा अनुपम है। इस पौधे में सार्थक मात्रा में आलिगोसैकेराइड्स (रेफिनोस तथा स्टेकिओस) संचालित होता है तथा फ्लोएम में बहुलक ट्रेप क्रियाविधि से भरता है। रेफिनोस तथा स्टेकिओस के संश्लेषण हेतु गेलैक्टीनॉल, गेलेक्टोसिल का दाता होता है। Kim *et al.* (2001) के अनुसार टमाटर में ग्राही ऊत्तकों के बाह्य आकारिकी परिवर्तन फ्लोएम में L_6T_6 उत्क्रमण कारक mRNA की उपस्थिति से सहसम्बंधित होता है। 2002 में उन्होंने गत रखा कि प्रधान नाभिकीय स्थानीकरण के बाद भी अनुक्रमण कारक प्रोटीन प्लाज्माडेसमेटा के माध्यम से गुजरता है। Wu *et al.* (2003) ने भी इसी प्रकार का मत व्यक्त किया है।

अध्याय – 17

Transformation and Transposons

पुनर्योगज डी.एन.ए. तकनीक का सूक्ष्मजीवियों के साथ वृहत् उपयोग किया गया है। इसका उपयोग पौधों में जीन परिचालन में भी किया गया है। यह तकनीक पौधों के अनेक रूप जिनमें उच्च उत्पादकता तथा पोषकता हो को विकसित करने में सहायक रही हैं। यदि सिर्फ एक पादप कोशिका में आनुवांशिक यांत्रिकी की गई हो तथा यदि जीन स्थानांतरण सक्षम हो तो संक्रमणी जीन (transient gene) को परिणात्मक रूप में नापा जा सकता है। इसे प्रायः mRNA के मापन के स्थान पर संक्रमण जीन द्वारा कूट किये गये प्रोटीन का मापन किया जाता है। यदि ट्रांसजीन का पादप कोशिका के जिनोम में समाकलन हो जाता है तो वह वंशागत होगा। यदि ट्रांसजीन मुक्त कोशिका का कृत्रिम अवस्था में संवर्धन किया जाता है तो वह पौधे में विकसित होगा। यह पादप कोशिका की पूर्णशक्ति (totiopotent) स्वभाव के कारण होता है। इस प्रकार प्राप्त ट्रांसजेनिक कोशिका का विकास ट्रांसजेनिक पौधे में हो जावेगा। यदि यह ट्रांसजेनिक पौधा निषेच्य होगा तो वह अंकुरणक्षम (viable) बीज उत्पन्न करेगा, एवं इस प्रकार वांछित विशेषक (trait) सतत् पीढ़ियों में चला जायेगा। DNA-delivery systems तथा अभिव्यक्ति वाहकों (expression vectors) के अनेक प्रकार हैं जो पौधों की कोशिकाओं की बड़ी श्रेणी में प्रभावक होते हैं।

पौधे जिस परिघटना से ट्रांसजीन को ग्रहण करते हैं उसे transformation कहते हैं। दूसरे शब्दों में, DNA उपचारित प्रोटोप्लॉस्ट अथवा अक्षुण्ण कोशिका द्वारा उन्नत पौधों के जीनोम में बाहरी जीन का स्थाई समाकलन है। ये ट्रांसजीन पौधों में प्लाज्मिड वाहक का उपयोग करके स्थानांतरित किया जा सकता है। उच्च पादपों में सबसे सफल स्थानांतरण तंत्र अर्बुद (tumour) क्रिया विधि प्रेरित करने वाले मृदा जीवाणु *Agrobacterium* से उत्पन्न किया गया है। *Agrobacterium tumifaciens* किरीट फिटका रोग (crown gall disease) तथा *Agrobacterium rhizogenes* रोमिल मूल (hairy root) उत्पन्न करते हैं। ट्रांसजीनों को भौतिक विधियों द्वारा भी स्थानांतरित किया जा सकता है ।

Transformation using Plasmid of Agrobacterium : Molecular Biology of the Crown Gall

Agrobacterium एक ग्राम अग्राही non-sporing, चलनशील, दण्डाकार जीवाणु है। जैवरासायनिक परीक्षणों तथा कार्बोहाइड्रेट्स के उपयोग के आधार पर *Agrobacterium* के विभेदों को तीन biovars में वर्गीकृत किया गया है। इस जीवाणु की दो प्रजातियों में प्लाज्मिड पाये जाते हैं। *Agrobacterium tumifaciens* में Ti तथा *Agrobacterium rhizogenes* में Ri प्लाज्मिड पाया जाता है। A *tumifaciens* पौधों में किरीट पिटिका

अर्बुद (crown gall tumour) उत्पन्न करता है। संक्रमित पौधों में साधारण वृद्धि आनुवांशिक स्थानांतरण विघ्न उत्पन्न करता है जिससे पिटिकायें निर्मित होती हैं। 1907 में Jeft Schell ने पाया कि उग्र जीवाणु में प्लाज्मिड पाये जाते हैं जिनमें पौधों को संक्रमित करने की क्षमता होती है। इस जीवाणु के Ti प्लाज्मिड के आनुवांशिक अभिव्यक्ति से अर्बुद निर्मित होते हैं। Ti plasmid (tumour inducing) में विशिष्ट जीन होते हैं जिसे T-DNA (Transferred DNA) कहते हैं। यह पौधों के जीनोम में समाकलित हो जाता है तथा इसके द्वारा संश्लेषित प्रोटीन से अर्बुद बनता है। A. *tumifaciens* सिर्फ द्विबीजपत्री पौधों में crown gall उत्पन्न करता है। प्रायः यह तने के आधार पर पाये जाने वाले घावों द्वारा पौधों में प्रवेश करता है। घाव स्थल जीवाणु की चलनशील कोशिकाओं को रसायन अनुचलन (chemotaxis) द्वारा आकर्षित करता है। Crown पर संक्रमण होता है, तथा संक्रमण स्थल पर संक्रमित कोशिकायें प्रचुर मात्रा में उत्पन्न होती है तथा पिटिका अथवा अर्बुद निर्मित करती है। यह भी अवलोकन किया गया है कि संवेदनशील पौधे कुछ फिनॉलिक रसायनों को (acetosyringone and hydroxyacetosyringone) (चित्र 17.1) स्त्रावित करते हैं तथा मृदा में पाये जाने वाला यह जीवाणु इससे आकर्षित होता है। Ti प्लाज्मिड युक्त जीवाणु घाव के फिनॉलिक रसायनों को पहचान लेते हैं अतः घाव की ओर प्रबलता से आकर्षित होते हैं। Acetosyringone बहुत कम सांद्रता में होने पर भी जीवाणु को आकर्षित कर लेता है। ये यौगिक vir जीनों की सक्रियता को प्रेरित करते हैं। vir जीन Ti प्लाज्मिड (चित्र 17.2) में उपस्थित होते हैं तथा उग्रता के लिये जिममेवार होते हैं। vir भाग में 8 ओपेरॉन के साथ 25 जीन होते हैं, इनमें से 6 (virA तथा vir G के अतिरिक्त) T-DNA स्थानांतरण के लिये विविध प्रोटोनों को कूट करते हैं। विविध vir जीनों का आनुवांशिक विश्लेषण से स्पष्ट होता है कि virA तथा vir G दो घटकों तंत्र का बना होता है जो vir भाग के अभिव्यक्ति के लिये आवश्यक होता है।

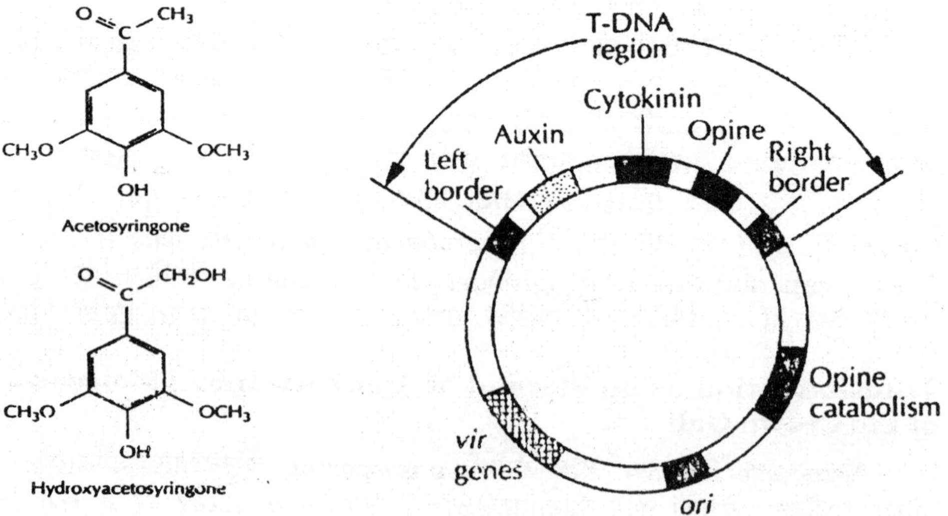

Fig. 17.1. Structure of Acetosyringone, Hydroxyacetosyringone

Fig. 17.2. The Ti plasmid

vir भाग के ये जीन अपने आप स्थानांतरित नहीं होते हैं, ये सिर्फ T-DNA के स्थानांतरण को प्रेरित करते हैं। दो vir जीन, virA तथा vir G की अभिव्यक्ति अहेतुक (constitutive) होती है तथा अन्य जीनों के प्रेरण की मध्यस्थता में सम्मिलित होते हैं। ऐसी परिकल्पना की गई है कि virA प्रोटीन फिनॉलिक प्रेरक अणुओं के लिये संवेदन वाले होते हैं। यह जीन सकारात्मक नियामक क्रियाविधि दर्शाता है। उपयुक्त प्रेरण अवस्था में virA एक विशिष्ट हिस्टडीन अपशेष पर स्वयं फॉस्फोरिलेट हो जाता है। यह झिल्ली सम्बद्ध प्रोटीन है जो प्रेरण यौगिकों की उपस्थिति को मानीटर करती है। इसके पश्चात् प्रेरक की उपस्थिति की सकारात्मक नियामक प्रोटीन की ओर सिग्नल कर दिया जाता है तथा इसके फलस्वरूप अन्य vir जीन प्रेरित हो जाती है। virA जीन के प्रेरण के पश्चात् , vir G उत्पाद में फॉस्फेट स्थानांतरित हो जाता है एवं vir G के अनुक्रमण सक्रियता को सक्रिय करने में बढ़ोतरी करता है। vir G प्रोटीन vir जीन का अनुक्रमण एक्टीवेटर हैं। vir D कम से कम दो पॉलीपेप्टाइड को कूट करता है जिसे vir D-I तथा vir D-II कहते हैं। यह दर्शाया गया है कि vir D-II की अवच्छेदन (nicking) सक्रियता तथा एक रज्जुक संश्लेषण में आवश्यकता होती है यह एक endonuclease सक्रियता को कूट करता है। vir E की पूर्णतः आवश्यकता T-DNA स्थानान्तरण में नहीं होती पर इसे एक रज्जुक DNA बंधन प्रोटीन के समान व्यवहार करना माना जाता है। vir E तथा vir D-II प्रोटीन स्थानांतरण प्रक्रिया के समय T-रज्जुक मध्यवर्ती को सुरक्षा प्रदान करते हैं। vir एक गैर विशिष्ट एक रज्जुक बंधक प्रोटीन है जो T strand पर आवरणकर्ता के रूप में प्रतीत होता है। यह माना जाता है कि यह endonucleolytic catalysis से सुरक्षा देता है। vir D-II प्रोटीन T-रज्जुक के 3' सिरे पर सहसंयोजी आबंध से जुड़ जाता है। यह T-DNA को exonucleolytic विघटन से बचाता है। vir D-II का एक अन्य कार्य है कि इसका N-शीर्षस्थ भाग पौधों के केन्द्रक प्रोटीन की ओर संगलन (fusion) प्रोटीन को दिशा देता है। vir जीन का एक अन्य उत्पाद vir C I प्रोटीन है जिसमें डी.एन.ए. बंधन की सक्रियता होती है। vir C I विशिष्ट रूप से octopine - type A6 T-DNA के ओवर ड्राइव अनुक्रम से बंधित होता है। vir की आवश्यकता T-DNA के स्थानांतरण तथा कुछ पौधों में ट्यूमरजेनोसिस में vir E की पूर्ण आवश्यकता जैसी नहीं होती है। यह समझा गया है कि vir C I एवं ओवर ड्राइव, vir - D II तथा सीमा के अवच्छेद (nick) स्थल के पारस्परिक क्रिया को सुसाध्य बनाता है।

vir B खण्ड II गर्भित पॉलीपेप्टाइड्स को कूट करता है, जिनमें से कुछ झिल्ली के आर पार प्रोटीन के सदस्य होते हैं। अबुर्द बनाने की प्रक्रिया में vir B जीन उत्पाद का कार्य स्पष्ट नहीं है। vir gene की सक्रियता के प्रेरण के पश्चात् T-DNA (Transfer DNA) पोषक कोशिका में स्थानांतरित हो जाता है। इस स्थानांतरण की क्रियाविधि बहुत कुछ जीवाणुओं में संयुग्मन के समान होती है। T-DNA रैखिक, एक रज्जुक अणु के रूप में पोषक कोशिका में प्रवेश करता है। T-DNA के एक रज्जुक का निर्माण सम्पूर्ण T-DNA भाग के दोनों छोरों पर रज्जुक विशिष्ट कर्तन से आरम्भ होता है। पोषक कोशिका में प्रवेश के पश्चात् T-DNA पौधों के क्रोमोसोमल DNA के साथ एकीकृत हो जाता है। एक रज्जुक T-DNA का 5' सिरा दाहिने सीमा अनुक्रम को धारण करता है जबकि 3' सिरे पर बायीं सीमा का अनुक्रम होता है। T-DNA की दाहिनी सीमा में 25bp के पुनरावृत्त इकाई

होती हैं, एवं ऐसा मानना है कि यह सिरा समाकलन को सफल बनाता है। बायें सीमा में भी 25 bp पुर्नावत होते हैं, तथापि, T-DNA का पादप कोशिका जिनोम में इसकी कोई भी भूमिका नहीं होती है। T-DNA भाग में पाये जाने वाले जीन होते हैं जो पौधों द्वारा अभिव्यक्ति के लिये आवश्यक रचनात्मक लक्षण होते हैं। mRNA पॉलीएडीनिलेटिड होता है तथा 5' सिरे पर 7-methyl-guanosine cap को धारण करता है। Willmilzer *et al.* (1983) ने रिपोर्ट किया कि Octopine-type Ti प्लाज्मिड के T2-DNA युक्त पादप कोशिकाओं में आठ mRNAs पाये जाते हैं। Salomon *et al.* (1984) के अनुसार पाँच mRNA प्रकारों को T_R-DNA में किया गया है। इन अनुक्रमण इकाइयों में इन्ट्रॉन्स नहीं पाये जाते। दो T2 - DNA जीन ट्रिप्टोफेन से इन्डोल-3-एसिटिक अम्ल के संश्लेषण को नियंत्रित करते हैं। ये जीन दो जीन iaaM तथा iaaH हैं जिन्हें क्रमशः EmSI तथा *tms 2* भी कहा जाता है। इन दोनों जीनों के अतिरिक्त, t-DNA में tme जीन भी होते हैं जिन्हें ipt -जीन भी कहा जाता है। ये जीन पादप वृद्धि हार्मोन के संश्लेषण को कूट करते हैं। iaaM एन्जाइम tryptophan 2-monooxygenase को कूट करता है जो ट्रिप्टोफेन को indole-3--acetamide में परिवर्तित कर देता है। iaaH एन्जाइम indole-3-acetamide hydrolase को कूट करता है, जो indole-3-acetamide को indolactic acid में परिवर्तित कर देता है।

जीन ipt एन्जाइम isopentenyl transferase को कूट करता है। अवरोक्त एक आइसोप्रिनॉयड पार्श्व श्रृंखला से 5'AMPs को जोड़ देता है तथा isopentenyladenine एवं isopentenyladenosine को कूट करता है। ये दोनों यौगिक पाद्प एन्जाइमों द्वारा हाइड्रॉक्सिलेट किये जाते हैं तथा सायटोकायनिन उत्पन्न होता है। Transzeatin तथा Transcribosylzeatin दोनों सायटोकायनिन हैं। Transzeatin, isopentenyladenine से निर्मित होता है, जबकि isopentenyladenosinc, trans cribosylzeatin निर्मित करता है। ऑक्जिन तथा सायटोकायनिन के अतिनिर्मित होने से पिटिका बन जाती हैं। T-DNA एक अन्य जीन को धारण करता है जो opine का संश्लेषण करता है। Opine का संश्लेषण एक अमीनो अम्ल तथा एक कीटो अम्ल अथवा एक अमीनो अम्ल तथा शर्करा के असमान्य संघनन द्वारा होता है। Octopine का संश्लेषण अमीनो अम्ल आर्जनीन तथा कीटोग्लूटारेट के संघनन द्वारा होता है। Octopine का संश्लेषण अमीनो अम्ल आर्जनीन तथा कीटोग्लूटारेट के संघनन द्वारा होता है। Octopine तथा nopline सामान्य स्वस्थ कोशिका में नहीं पाये जाते हैं। Opines अनोखा अणु है जिनका crown gall में संश्लेषण T-DNA जीन द्वारा नियंत्रित होते हैं जो ओपीन संश्लेषण के लिये एन्जाइम को कूट करते हैं। Nopaline synthase (nopaline dehydrogenese) की जीन सबसे वृहत् रूप में उपयोग में आने वाली ओपीन जीन है, यह nopline plasmid $pT_i\ T_{37}$ से व्युत्पन्न की गई हैं। Ti-plasmid मुक्त *A. tunifaciens* इस यौगिक को कार्बन के रूप में तथा कभी–कभी नाइट्रोजन स्त्रोत के रूप में उपयोग में लाता है। Ti-plasmid में एक विशिष्ट जीन होता है जो एक विशिष्ट ओपीन को उपापचयित कर सकता है। यह जीन Ti प्लाज्मिड में उपस्थित होता है परन्तु T-DNA भाग में नहीं पाया जाता है। Ti प्लाज्मिड द्वारा उपापचयित विशिष्ट विभिन्न ओपीन – Octopine, nopaline, succinamopine तथा leucinopine है।

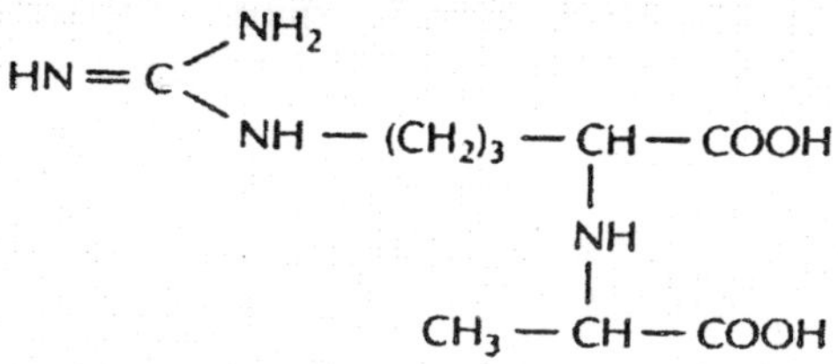

Octopine

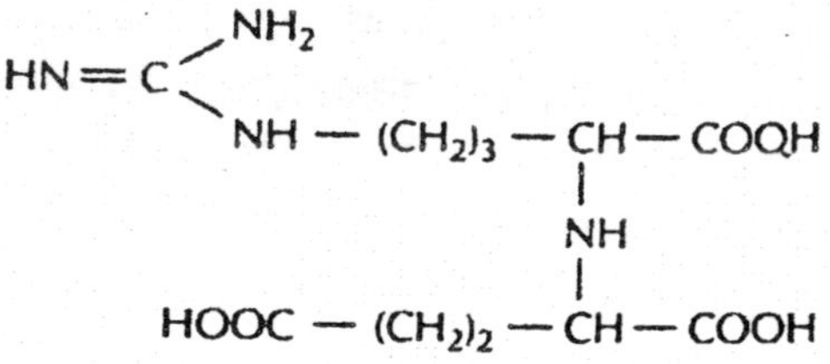

Nopaline

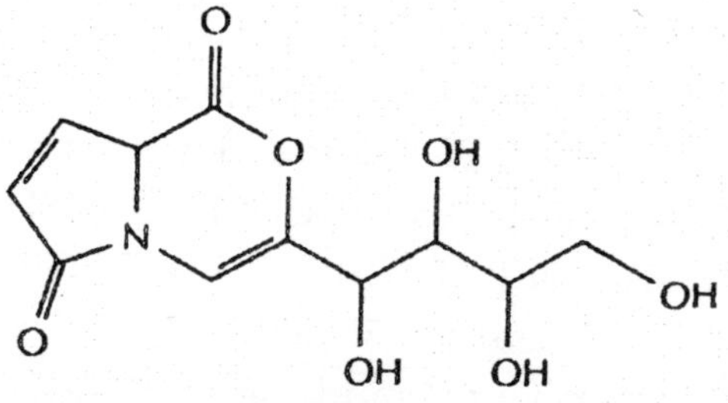

Agropine

Fig. 17.3. Chemical structure of octopine, nopaline, and agropine.

Ti plasmid derived vector systems

Ti तथा Ri प्लाज्मिड में T-DNA भाग की लम्बाई तथा संख्या विविध हो सकती है। Ti प्लाज्मिड बड़ा, वृकाकार अणु है जिसमें लगभग 200 bp होते हैं। पौधों में आनुवांशिक यांत्रिकी तकनीकों में Ti प्लाज्मिड को वाहक (vector) के रूप में उपयोग में लाया जाता है। Ti-व्युत्पन्न वाहक तंत्र में, वांछित DNA अनुक्रम को T-DNA भाग में निविष्ट कर दिया जाता है तथा बाद में इस प्लाज्मिड का उपयोग इस जीन को नये सुप्राभव्य पोषक पादप कोशिका में प्रदान करने तथा निविष्ट करने के लिये किया जाता है। पादप ऊतक में निवेशन की विधियाँ पादप प्रजाति तथा Agrobacterium delivery system पर निर्भर करती है। इस प्लाज्मिड का उपयोग करने में जीन क्लोनिंग की कुछ गम्भीर सीमायें हैं। इन सीमाओं को दूर करने के लिये कुछ प्रक्रियायें आवश्यक हैं। इसमें जीनों को हटाना होता है अर्थात् auxin तथा cytokinin जीन, opine - synthesizing gene को हटाता है। इसके अतिरिक्त, DNA का बड़ा खण्ड जो क्लोनिंग वाहक के लिए आवश्यक नहीं हो, हटा

दिया जाता है। Ti प्लाज्मिड *E. coli* में प्रतिकृति करने में असक्षम होते हैं। अतः प्लाज्मिड आधारित वाहक को तैयार करने के लिये प्रतिकृति के उद्गम स्थल को जोड़ना आवश्यक है ताकि इस प्लाज्मिड को *E. coli* में उपयोग में लाया जा सके।

वन्य रूप Ti-प्लाज्मिड वाहक के **T-DNA** में तीन **iaaM, iaaH** तथा **iptA** जीन उपस्थित रहते हैं। इन जीनों को ऑन्कोजीन्स (**oncogenes**) माना जाता है। ये फायटोहार्मोन को कूट करते हैं जो रूपांतरित कोशिकाओं में अव्यवस्थित वृद्धि करने का कारण बनते हैं। संवर्धन में वृद्धि कर रही रूपांतरित कोशिकाओं (जिनमें वन्य रूप Ti प्लाज्मिड होता है) में पुनर्जात क्षमता का ह्रास हो जाता है, जो कि उन्हें परिपक्व पौधा बनने में अवरोध का कारण बनते हैं। अतः Ti- प्लाज्मिड से **T-DNA** भाग से **auxin** तथा **cytokinin** उत्पाद करने वाले जीन को हटा दिया जाता है। इस तकनीक को डिसआर्मिंग (**disarming**) कहते हैं तथा प्लाज्मिड को डिसआर्मड प्लाज्मिड कहते हैं। इन जीनों को **pBR 322** अनुक्रम से विस्थापित कर दिया जाता है। रूपांतरित **T-DNA** भाग आबूर्द बनने लायक नहीं होता है तथा इसमें पादप के उत्पन्न करने की क्षमता होती है।

ग्राही पौधों (**recipient plants**) में वाहकों को क्लोन करने के लिये दो योजनाओं का अनुप्रयोग किया जाता है। पहला प्रस्ताव **binary vector system** तथा दूसरा प्रस्ताव **cointegrate vector system** है। **Binary vector system *E. coli -A. tumifacience shuttle*** में **vir gene** अनुपस्थित होती है। इसमें ***E. coli*** तथा ***A. tumifaciens*** उद्गम का एक जोड़ा प्लाज्मिड होता है। **Vector** को ***A. tumifaciens*** में डालने के पूर्व सारी प्रक्रिया ***E.coli*** में ही की जाती है। रूपांतरित **Ti** प्लाज्मिड में **vir gene** का पूरा सेट पाया जाता है परन्तु भाग पूरा या आंशिक रूप से अनुपस्थित होता है। इस **binary cloning vector** में प्लाज्मिड का एक जोड़ा पाया जाता है जिनमें से एक प्लाज्मिड में **disarmed T-DNA** अनुक्रम (जिसमें कम से कम एक **boarder** उपस्थित हो) तथा जोड़े के दूसरे प्लाज्मिड में **vir region** होता है। इसे **defective plasmid** कहते हैं तथा यह **vir** जीन उत्पाद को कूट करता है। **Disarmed T-DNA** युक्त प्लाज्मिड को **mini-Ti** अथवा **micro Ti** कहते हैं तथा **vir gene** युक्त प्लाज्मिड (जिसमें **T-DNA** अनुपस्थित हों) को **helper plasmid** कहते हैं। **vir** भाग के उत्पाद **binary cloning vector plasmid** के **T-DNA** भाग को संचारित करता है। अतः संक्रमित **Ti plasmid** एक सहायक प्लाज्मिड का कार्य करता है जो पौधों के क्रोमोसोमल **DNA** में **T-DNA** को निविष्ट करता है। **Cointegrate vector system** में पौधों में स्थानांतरित की जाने वाली जीनों को पहले ***E. coli*** के प्लाज्मिड में क्लोन किया जाता है। रूपांतारित प्लाज्मिड एक मध्यवर्ती वाहक होता है। यह क्लोनिंग वेक्टर **disarmed Ti** प्लाज्मिड से पुनर्संयोजन करता है। इस प्रकार के पुनर्संयोजन हेतु, रूपांतरित प्लाज्मिड युक्त ***E. coli*** की कोशिकाओं को ***Agrobacterium*** के साथ संयोजन करने दिया जाता है। ***Agrobacterium*** में दोनों प्लाज्मिडों का एकीकरण, समजात समाकलन द्वारा किया जाता है। **Cointegrate clonig vector, *E. coli*** के रूपांतरित प्लाज्मिड तथा **disarmed Ti plasmid** का पुर्नसंयोजित उत्पाद है। ***Agrobacterium*** में समजात समाकलन से दोनों प्लाज्मिड का सहसमाकलन प्राप्त किया जाता है। अतः, **Ti** प्लाज्मिड तथा ***E. coli*** प्लाज्मिड में कुछ सामान्य क्षारक अनुक्रम होना चाहिये ताकि पुनर्योजन हो सके। सामान्यतः ये अनुक्रम **Ti** प्लाज्मिड के **T-DNA** भाग में होते हैं। **Ti**

प्लाज्मिड एकीकृत वेक्टर को vir genes प्रदान करता है। Vir genes पोषक पादप कोशिकाओं में T-DNA को स्थानांतरित करने के लिये आवश्यक होती है। ये क्लोनन वेक्टर *A.termifaciens* में सहसमाकलन संरचना के रूप में बनाये रखा जाता है। इस वेक्टर के माध्यम से genetically engineered T-DNA भाग पादप कोशिकाओं में स्थानांतरित किया जा सकता है।

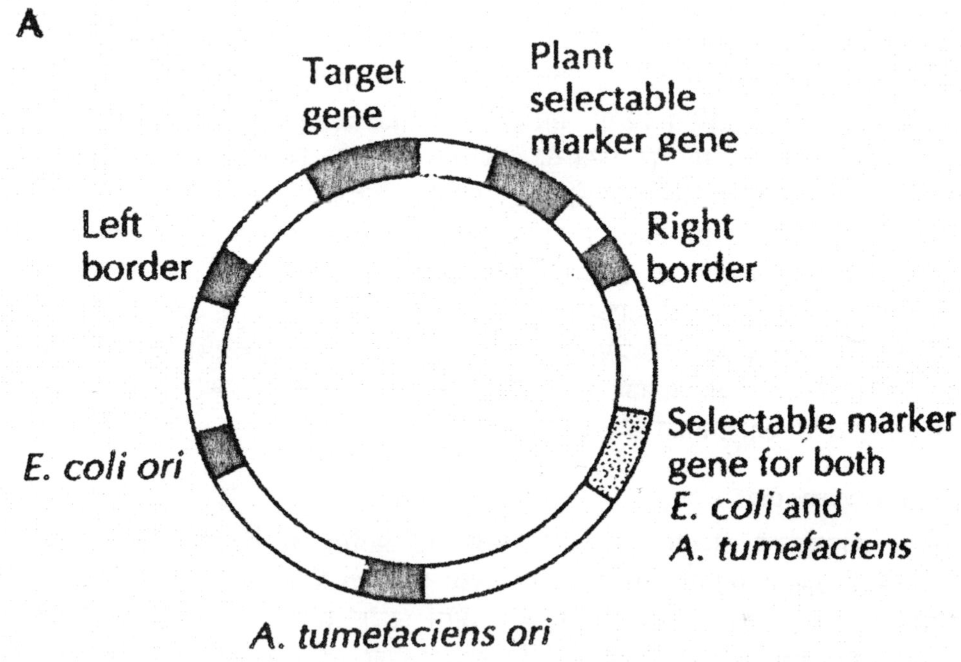

Fig. 17.4. Two Ti plasmid derived cloning vector systems.

Markers

Markers निर्धारित करते हैं कि transforming DNA कितना प्रभावी रूप में प्रवेश कर चुका है स्थाई रूपांतरण के लिये प्रायः selective markers का उपयोग किया जाता है। ये markers रूपांतरित कोशिकाओं में प्रभावी समलक्षणी प्रदान करते हैं। गैर रूपांतरित कोशिकाओं के समूह से रूपांतरित कोशिकाओं के चयन किये जाने हेतु traits को दो वर्गों में बांटा गया है : जीवन क्षमता अथवा प्राणघातकता प्रदान करने वाले विशेषक (trait) तथा कुछ विशेष लक्षणों युक्त विशेषक/अवरोक्त कोशिकाओं के उत्तरजीविता पर नगण्य प्रभाव होता है। प्रथम वर्ग के selective markers में Herbicides तथा Antibiotic resistance markers, Auxotropic markers, Lethal or Conditionally lethal markers सम्मिलित किये गये हैं। दूसरी श्रेणी के selective markers अर्थात् visible markers में Histological markers, Morphological markers, Pigmentation markers को सम्मिलित किया गया है। उचित selective markers को चयन करने के कुछ मानक होते हैं। इन मानकों में (i) selective agents सरलता से उपलब्ध हो तथा पादप संवर्धन माध्यम में घुलनशील हो, (ii) यह मंहगे न हो और खोजकर्ता के लिये अविषि नहीं होने चाहिये।

Assayable Markers का उपयोग पौधों में जीव अभिव्यक्ति के परिमाण वाचक के रूप में किया जाता है। ये markers शीघ्रता से परिमाण बताने वाले उत्पाद, जो जीवित कोशिका में आवश्यक रूप में गोचर नहीं होते हैं, उनकी अभिव्यक्ति को निर्देशित करते हैं। ये उत्पाद एन्जाइम अथवा प्रतिजन हो सकते हैं। कुछ marker को गुणात्मक तथा अल्प गुणात्मक दोनों रूप में अमापन किया जा सकता है। उपयुक्त रूप में अमापन करने वाले markers अथवा reporter genes का चयन अमापन के प्रकार जो खोजकर्ता के प्रायोगिक उद्देश्यों को सबसे ज्यादा अनुकूल हो पर निर्भर करता है। अमापन विधि की सुग्रहिता तथा पुनर्उत्पादकता परिमाण वाचक प्रयोगों के परिमाण वाचन के निर्णायक कारक हैं। जब जीन को स्थानांतरित किया जाता है, तो marker gene की अभिव्यक्ति इसलिये आवश्यक होती है क्योंकि यह स्थायी स्थानांतरण का चित्र प्रदान करता है। अतः स्थानांतरण प्रक्रिया को विकसित करने की आरम्भिक अवस्थाओं में अमापन योग्य marker का बारम्बार उपयोग किया जाता है ताकि इष्टतम DNA delivery हो सके। Marker gene का कोशिका जीनोम के लक्ष्य में एकीकरण, तथा एकीकरण के पश्चात् कोशिका विभाजन स्थाई स्थानांतरण के आधार हैं। कुछ महत्वपूर्ण कारक हैं जो अल्पस्थायी जीन स्थानांतरण की अभिव्यक्ति को प्रभावित करते हैं। ये प्राचल स्थानांतरित कोशिकाओं की संख्या, स्थानांतरित हुई कोशिकाओं में सक्रिय टेम्पलेट की संख्या, तथा DNA delivery के पश्चात स्थानांतरित कोशिकाओं की जीवन क्षमता है।

The gene transfer

जीन स्थानांतरण अथवा DNA उद्ग्रहण वह प्रक्रिया है जिसमें DNA का विशिष्ट खण्ड कोशिका अथवा जीवद्रव्यक में गमन करता है। DNA के खण्ड को प्रायः जीवाणुविक प्लाज्मिड के साथ बांध दिया जाता है। जीन स्थानांतरण, की मूल तकनीक पादप जीवद्रव्यक, कोशिकाओं तथा उत्तकों के स्थानांतरण की विधियाँ हैं। जीवद्रव्यक के स्थानांतरण का तात्पर्य बाहरी जीन का पौधे में स्थानांतरण है, जिसमें जीवद्रव्यक का उपयोग आरम्भिक पदार्थ के रूप में किया जाता है। जीन एकीकरण तथा पादप पुर्नजनन हेतु सक्षम जीवद्रव्यक को समर्थ (competent) माना जाता है। जीवद्रव्यक में जीन स्थानांतरण की एक अन्य विधि में रसायनिक एजेन्टों का उपयोग किया जाता है। जीवद्रव्यक में विलम्बित DNA उद्ग्रहण को प्रेरित करने के लिये सबसे सामान्य रासायनिक उपचार PEG का उपयोग है। PEG कोशिका झिल्ली की पारगम्यता में बढ़ोतरी कर देता है। Electroporation एक तकनीक है जिसमें उच्च क्षेत्र तीव्रता के लघु विद्युतीय स्पन्द का अनुप्रयोग करके जीवद्रव्यक पारगम्यता में बढ़ोतरी की जाती है। उत्पन्न पारगम्यता DNA उद्ग्रहण को सुसाध्य बना देता है। विद्युत स्पन्द का समय तथा आयामजीन स्थानांतरण की दक्षता तथा जीवद्रव्यक की जीवन क्षमता को प्रभावित करते हैं। Electroporation medium का संघठन भी इस प्रकार के परिघटना को प्रभावित करते हैं। Chang *et al.* (1991); तथा Joersbo and Brunstedt ने एक अनुप्रयोग किया जिसमें 20 kH_3 ultrasound के क्षणिक अनावरण '355 प्रोमोटर' से मिले हुये CAT जीन से युक्त प्लाज्मिड की उपस्थिति में जीवद्रव्यक में स्थानांतरण किया।

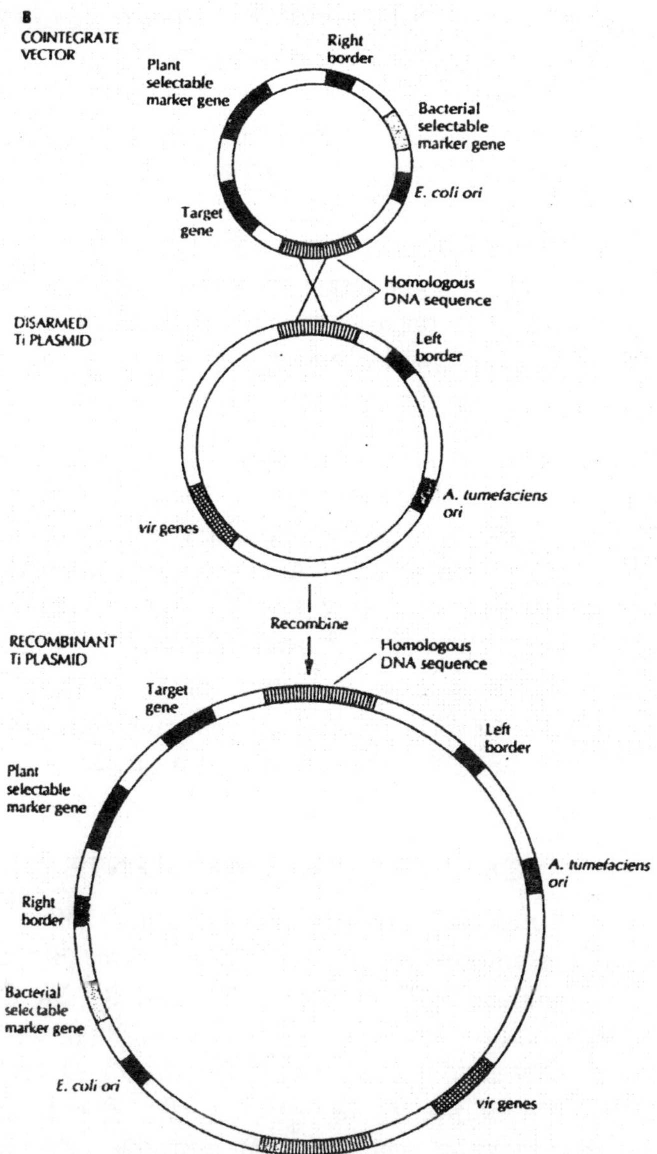

Fig. 17.5. The Cointegrated cloning vector.

Agrobacterium को उपयोग करते हुये ट्रांसजीन के स्थानांतरण की दो विधियाँ हैं (i) ऊतक कर्तोतक (explant) के साथ सह संवर्धन तथा (ii) in planta स्थानांतरण सह–संवर्धन (co-culture) विधि में disarmed प्लाज्मिड के T भाग में ट्रांसजीन युक्त *Agrobacterium* की कोशिकाओं को पादप कोशिकाओं अथवा ऊतक (जिसमें ट्रांसजीन को स्थानांतरित किया जाना है) के साथ लगभग दो दिनों के लिये सहसंवर्धन करवाया जाता है। निजर्मी पत्ती के एक छोटे डिस्क को निकाला जाता है तथा उसका संक्रमित जीवाणुविक कोशिका के साथ संवर्धन कराया जाता है। सामान्यतः ट्रांसजीन संरचना में एक

selectabale reporter gene सम्मिलित होता है। Reporter gene जैसे कि जीवाणु की neo gene होती है। Leaf disc-Agrobacterium सहसंवर्धन के समय, पादप कोशिकाओं द्वारा निर्मुक्त acetosyningone, vir genes को प्रेरित करता है। इसके परिणामस्वरूप पुर्नयोगज T-DNA अनेक कोशिकाओं में स्थानांतरित हो जाता है। T-DNA पादप जीनोम के साथ एकीकृत हो सकता है एवं ट्रांसजीन की अभिव्यक्ति हो जाती है। Neo gene की अभिव्यक्ति के कारण पादप् कोशिकायें केनामायसिन के लिये प्रतिरोधी हो जाती है। दो दिनों के निवेशन काल के पश्चात् पत्तियों के डिस्क को पुनर्सज्जीवन माध्यम में स्थानान्तरित कर दिया जाता है। इस माध्यम में केनामायसिन तथा कार्बेनिसिलिन होता है। केनामायसिन सिर्फ स्थानान्तरित पादप कोशिकाओं को विभाजन की अनुमति देता है तथा कार्बेनिसिलिन से *Agrobacterium* कोशिकाओं की कोशिकायें मर जाती हैं, प्ररोहों को पृथक कर लिया जाता है तथा अंततः मृदा में लगा दिया जाता है।

Planta Transformation विधि का आरम्भ मृदा में वृद्धि किये हुये *Arabidopsis* पौधा जिसके प्राथमिक वोल्ट की लम्बाई लगभग 3 cm हो द्वारा होता है। तेज नुकीले scalpel की सहायता से कक्षीय कलिकाओं (axillary buds) को रोसेट के काफी अंदर गहराई से हटा दिया जाता है। इस घाव में *A. tumifaciens* के संवर्धन को निवेशित किया जाता है। निवेशन के एक सप्ताह के अंदर कुछ नये पुष्पक्रम तथा कक्षीय कलिकायें बनने लगती हैं, जिन्हें पुनः हटा दिया जाता है तथा पौधे को पुनः निवेशित किया जाता है। पौधों को परिपक्व होने तक वृद्धि करने दिया जाता है, बीजों को एकत्र करके इनको selective media में प्लेट कर दिया जाता है एवं transformed seedlings का चयन कर लिया जाता है। निवेशन उत्परिवर्ती (insertion mutants) को पैदा करने में यह प्रक्रिया उपयोगी है।

TRANSPOSABLE ELEMENTS

Barbara Mc Clintock (1951) ने मक्का में अस्थाई उत्परिवर्तन के अध्ययन करते समय Transposable elements का अविष्कार किया। मक्का में पत्ती तथा दाने का रंग आनुवांशिक विशेषक (genetic traits) द्वारा नियंत्रित होता है। Mc Clintock ने देखा कि कुछ उत्परिवर्तन बहुत अधिक अस्थाई होते हैं एवं एक पीढ़ी से दूसरी पीढ़ी में यहाँ तक की एक ही पौधे के जीवनकाल में प्रकट होते हैं एवं विलोपी हो जाते हैं। इस अवलोकन के आधार पर उन्होंने निष्कर्ष निकाला कि कुछ ऐसे जीन होते हैं जो गुणसूत्र में बिल्कुल भिन्न स्थल तक गमन करते हैं तथा समलक्षणी अभिव्यक्ति को प्रभावित करते हैं। इन संचलित जीनों तथा परिघटना को क्रमशः Transposable elements तथा transposition कहते हैं। 1960 के दशक के अंत में जीवाणुओं पर कार्य कर रहे आणविक जीव वैज्ञानिकों ने DNA के कुछ अनुक्रमों की खोज की जो जीनोम में एक स्थान से दूसरे स्थान तक संचलित हो सकते हैं। इन Transposable elements का नाम Transposons रखा गया। अतः Transposons, जीनोम के असतत् अनुक्रम हैं जो चलनशील हैं अर्थात् ये अपने आपको जीनोम में अन्य स्थान तक संचालित कर सकते हैं। ये जीनोम में उत्परिवर्तन का बड़ा स्त्रोत प्रदान कर सकते हैं। सरलतम transposons को insertion sequences (IS)

कहते हैं। IS elements जीवाणविक गुणसूत्र तथा प्लाज्मिड के साधारण संघठक हैं। Transposons, DNA पुनर्विन्यास को प्रेरित करते हैं।

Isolated Plant transposons की लम्बाई 1.4 से 1.7 kb होती है। M_4 ट्रांसपोसोन 1367 न्यूक्लीयोटाइड लम्बा होता है जिसमें 213 तथा 215 न्यूक्लीयोटाइड के terminal inverted repeats होते हैं। Insertion पर इसमें नौ न्यूक्लीयोटाइड की द्विरावृत्ति उत्पन्न होती हैं। ट्रांसपोसोन के क्षारक अनुक्रमों के अध्ययन से स्पष्ट होता है कि इन घटकों के विपरीत सिरों पर पुर्नावृत्त अनुक्रम होते हैं जिनका विन्यास विपरीत होता है। सरल भाषा में ट्रांसपोसोन में क्षारक अनुक्रमों का व्युत्क्रमित पुर्नावृत्त होता है। ये व्युत्क्रमित पुर्नावृत विशिष्ट होते हैं क्योंकि ये transpososes द्वारा पहचाने जाते हैं जो कि इन घटकों का लक्ष्य स्थल पर एकीकरण करता है। मक्के के ट्रांसपोसोन के सिरों पर व्युत्क्रमित पुर्नावृत्त होते हैं तथा लक्ष्य DNA से लगे छोटे सीधे पुर्नावृत्त होते हैं।

मक्का तथा *Antirshinum majus* कई transposable elements पाये जाते हैं। इन transposable elements को DNA स्तर पर पृथक करके विश्लेषित किया गया है। इन्हें दो समूहों में वर्गीकृत किया गया है। Group One में समान inverted termini होते हैं। Insertion के समय यह आठ न्यूक्लीयोटाइड की द्विरावृत्ति उत्पन्न करते हैं। इसमें मक्के में Ac/Ds system तथा *Antirrhinum majus* में Tam 3 elements सम्मिलित हैं। दूसरे समूह में 13-15 nucleotide के inverted termini होते हैं तथा insertion के समय तीन न्यूक्लीयोटाइड की द्विरावृत्ति उत्पन्न होती है। इस समूह का उदाहरण मक्के के En (Son) System, *A. majus* के Tam 1 तथा Tam 2 elements हैं। सोयाबीन का Tgm 1 अनुक्रम के भी इस समूह में सम्मिलित किया गया है।

मक्का का Ac/Ds group तथा En (Spm) के आणविक अध्ययन से यह स्पष्ट होता है कि इन घटकों के अनुक्रम में विभिन्न संरचनात्मक परिवर्तन होते हैं। यह इनके insertion site पर या उसके निकट गुणसूत्र में विविध प्रकार के परिवर्तन का कारक बनता है। आनुवांशिक विश्लेषण दर्शाता है कि Ac तथा En(Spm) स्वशासी घटक हैं अर्थात्, ये जीनोम में संचलित होते हैं। "ग्राही" घटक भी उपस्थित होते हैं। ये ट्रांसपोजिशन हेतु Ac अथवा En(Spm) की उपस्थिति पर निर्भर होते हैं। इस प्रकार के ग्राही घटकों के कोणिक उच्छेदन से रेवरेन्ट खण्ड उभरते हैं। ये खण्ड आमाप में समान होते हैं। किसी दिये गये समय में उच्छेदन निश्चित आवृति में होते हैं जो कि ग्राही घटक स्वयं के द्वारा निर्धारित करता है।

Transposition

ट्रांस्पोसोन को लक्ष्य स्थल से जुड़ने को ट्रांस्पोजिशन कहते हैं। यह भी खोज की गई है कि ट्रांस्पोजिशन प्रोटीन द्वारा कूट किया जाता है। इस प्रोटीन को Transposase कहते हैं। ट्रांस्पोजिशन replicative तथा non replicative क्रियाविधि द्वारा होता है। ट्रांसपोजिशन की सामान्य क्रियाविधि में, ट्रांसपोसोम दोनों सिरों पर कट जाते हैं तथा लक्ष्य स्थल के दोनों रज्जुक कटते हैं। कटे छोर crosswise जुड़ जाते हैं। इससे ट्रांस्पोसोन तथा लक्ष्य के बीच सहसंयोजी जोड़ बनता है। ट्रांस्पोसोन उभरे सिरे से जुड़ जाता है तथा रिक्त स्थान भर जाता है। काट के असम्मित स्वभाव के कारण कुछ ऐसे क्षारक हो सकते

हैं जो एक रज्जुक में उपस्थित हो सकते हैं। इस प्रकार के ss gaps जो कि दोनों रज्जुक में उपस्थित हो सकते हैं पॉलीमोरस द्वारा भर दिये जाते हैं। ट्रांस्पोजिशिन replicative तथा nonreplicative क्रियाविधि द्वारा होता है। Replicative transposition में, घटक की द्विआवृत्ति होती है। Transposing unit वास्तविक स्थल पर रह जाती है, जबकि दूसरी नये स्थल में घुस जाती है। Replicative transposition हेतु Transposase तथा resolvase enzyme की आवश्यकता होती है। Transposase वास्तविक ट्रांस्पोसोन के सिरों पर कार्य करता है। पुनर्योजन अभिक्रिया को resolution कहते हैं तथा इस क्रिया में resolvase enzyme की आवश्यकता होती है। strand transfer complex का 3' सिरा प्रतिकृति के लिये प्रारम्भक के रूप में उपयोग में आते हैं। दो वास्तविक अणुओं के संलयन के परिणामस्वरूप Co integrate निर्मित होते हैं। Co integrate में ट्रांस्पोसोन की दो प्रतियाँ होती हैं, जो प्रत्येक वास्तविक रेप्लिकॉन के संधिस्थान के बीच होते हैं। यह सीधे पुर्नावत के रूप में विन्यासित होते हैं। ट्रांस्पोसोन की दो प्रतियों के बीच समजात पुनर्योजन दो रेप्लिकॉन निर्मुक्त करता है। इनमें से एक वास्तविक दाता रेप्लिकॉन होता है, जबकि दूसरा लक्ष्य रेप्लिकॉन होता है। ट्रांस्पोसोन प्रतियों के बीच पुनर्योजन से वास्तविक रेप्लिकॉन का पुनरूज्जीवन होता है। अदाता/ग्राही ट्रांस्पोसोन की एक प्रति प्राप्त करता है। Non-replicative transposition में ट्रांस्पोजिग घटक की प्रतिकृति नहीं होती है बल्कि यह एक भौतिक इकाई के रूप में एक स्थान से दूसरे स्थान तक संचालित होता है तथा संरक्षित हो जाता है। अतः घटक लक्ष्य स्थल पर निवेशित हो जाता है एवं दाता स्थल से इसका ह्रास हो जाता है। संचालन की दो क्रियाविधियाँ हैं। Composite Transposons Tn 10 तथा Tn 5 को transposes की आवश्यकता होती है। इस क्रियाविधि में स्थानांतरण के समय flanking donor DNA से ट्रांस्पोसोन निर्मुक्त हो जाता है। दूसरी क्रियाविधि में दाता तथा लक्ष्य DNA अनुक्रम के सम्बंध का उपयोग करता है एवं replicative transposition से कुछ पदों का साझा करता है। Conservation transposition कुछ non-replicative transposition होता है। घटक दाता स्थल से हटा दिया जाता है तथा घटनाओं की श्रृंखला द्वारा लक्ष्य स्थल पर निवेशित कर दिया जाता है। इस क्रियाविधि में प्रत्येक न्यूक्लीयोटाइड बंध संरक्षित होते हैं।

Phage Mu में ट्रांस्पोजिशन पथ का विस्तृत अध्ययन किया गया है। जब फॉज किसी पोषक कोशिका को संक्रमित करता है, तो Mu जीनोम में non-replicative transposition द्वारा एकीकृत हो जाता है। जबकि तदनन्तर लयनी चक्र में यह प्रतिकृति प्रकार का स्वभाव दर्शाता है एवं अनेक संख्या में प्रतियाँ उत्पन्न होती हैं। MuA transposes फॉज DNA के आरम्भिक परिचालन का कार्यभार सम्हालता है। MuDNA के प्रत्येक सिरे पर तीन MuA बंधन स्थल पाये जाते हैं। ये स्थल 27 bp सामंजस्य होते हैं तथा बायें ओर L1, L2 तथा L3 एवं दायें ओर R1, R2 तथा R3 द्वारा पहचाने जाते हैं। जब MuA फॉज जिनोम के आंतरिक स्थल पर दोनों सिरों पर बंधन बनाता है तो एक संकुल निर्मित होता है। Mu ट्रांसपोसोन का लक्ष्य स्थल से संयोजन में तीन अवस्थायें होती हैं। Synapsis cleavage तथा strand transfer MuA उपइकाई सिर्फ दो स्थल (जो ट्रांस्पोसोन के प्रत्येक सिरे के निकटस्थ होते हैं) से बंधन बनाकर एक tetramer निर्मित करता है। इसके परिणामस्वरूप ट्रांस्पोसोजन के दो सिरों पर synapsis निर्मित होता है। इस टेट्रामर के

कार्य करने के साथ MuDNA के दोनों छोरों पर समन्वित क्रिया होती है। MuDNA में DNA के परिचालन हेतु दो स्थल होते हैं। सक्रिय स्थल MuDNA रज्जुक के L1 तथा R1 स्थल के समीपस्थ विदलन कर देता है। यह सामन्जस्य अनुक्रम के समीपस्थों के अनुक्रमों का विदलन करने में असमर्थ होते हैं, परन्तु यह DNA के विभिन्न स्ट्रेच के उपयुक्त अनुक्रमों का विदलन कर देते हैं। MuA उपइकाई ट्रांस्पोसोन के छोरों को ट्रांस मोड द्वारा विदलन कर देता है, अर्थात् LI तथा RI से वास्तव में बंधित एकलक समीपस्थ स्थलों का विदलन नहीं करते हैं। बायें छोर से बंधित कोई एक एकलक दायें छोर के स्थल पर खांध बनाता है तथा इसका विलोमत भी होता है। एक अन्य प्रोटीन MuB लक्ष्य प्रतिरक्षा स्थल पर ट्रांसपोजिशन पसंद करता है अर्थात् वास्तविक निवेशन से > 10-15 Kb दूर। *In vitro* प्रयोग जिसमें Mu दाता युक्त प्लाज्मिड तथा Mu अपूर्ण लक्ष्य, MuA तथा MuB प्रोटीन, *E. coli* HU proteins Mg^{2+} तथा ATP हो, दर्शाते हैं कि MuB तथा ATP की उपस्थिति ट्रांसपोजिशन को सिर्फ लक्ष्य प्लाज्मिड तक सीमित करता है। जब MuA-MuDNA संकुल पर MuB बंधित होता है तब MuA, MuB को ATP के जल–अपघटन के लिये प्रेरित करता है जिसके पश्चात् MuB निर्मुक्त हो जाता है।

Transposition in Maize

मक्का में एक गुणसूत्र में विच्छेद प्रभावी एलील के ह्रास को प्रेरित करता है, तथा ट्रांस्पोजिशन के फलस्वरूप गुणसूत्र विच्छेद के प्रभाव से "Controlling elements" उत्पन्न होते हैं ये घटक प्रायः समलक्षणी प्रभाव दर्शाने वाले जीन के निकट निविष्ट हो जाते हैं, परन्तु यह प्रभाव गैर प्राणघातक होता है। मक्का में क्लोनल विकास दर्शाता है, और इसलिये ट्रांसपोजिशन होने की घटना तथा समय को चित्रित किया जा सकता है। एक ही स्थान पर किसी कोशिका के समसूत्री संतानों की उपस्थिति से ऊतकों का एक सेक्टर बन जाता है। इसके कारण वास्तविक समलक्षणी ऊतक में परिवर्तित समलक्षणी लक्षण उभरते हैं इसे variegation कहते हैं। एक वंशावली में उपस्थित विभाजनों की संख्या एक स्थल बनाता है जो जीन प्रारूप (genotype) में परिवर्तन के समय का प्रतिनिधित्व करता है। Controlling element के निविष्ठ होने से समीपस्थ जीन की सक्रियता प्रभावित होती है। कुछ घटकों की उपस्थिति के सामान्य उदाहरणों से गुणसूत्र का विच्छेदन होता है। पौधों के विकास के समय ये घटक ट्रांस्पोस होकर आनुवांशिक पुनर्विन्यास को एक निश्चित समय एवं आवृत्ति पर प्रेरित करते हैं। मक्का में controlling elemens का निश्चित स्वभाव Ds elements द्वारा प्रारूप होता है। यह घटक गुणसूत्र विच्छेदन का घटक होता है। Ds पर विच्छेदन से अकेन्द्री (acentric) खण्ड उत्पन्न होते हैं। इस अकेन्द्री खण्ड प्रभावी मार्कट्स को वहन करता है। अकेन्द्री होने के कारण समसूत्री विभाजन में इसका ह्रास हो जाता है। अतः संतति में अक्षुण्ण गुणसूत्र द्वारा वहन किये गये अप्रभावी मार्कट्स होते हैं। गुणसूत्र के विच्छेदित सिरों के संलयन से द्विकेन्द्री (dicentric) गुणसूत्र उत्पन्न होते हैं। समसूत्री तर्कु (mitoscis spindle) में द्विकेन्द्री गुणसूत्र के पृथक्करण के समय दोनों में से प्रत्येक सेन्ट्रोमियर विपरीत ध्रुव की ओर खिंचता है। यह तनाव गुणसूत्र को सेन्ट्रोमियर के बीच बेतरतीब स्थल पर विच्छेदित कर देता है। Fusion-breakage-bridge cycle आगे की पीढ़ियों में सतत् बढ़ता जाता है। इन चक्रों के कारण संतति में आनुवांशिक परिवर्तन जारी रहते हैं।

Transposon Families

एक Transposon family में एक प्रकार के स्वशासी घटक के साथ कई विविध गैर स्वशासी घटक होते हैं तथा इन प्रकारों के घटकों में पारस्परिक क्रियायें होती रहती हैं। मक्का में अनेक controlling elements के ट्रांस्पोसोन कुल होते हैं। ये स्वशासी तथा गैर स्वशासी controlling elements के साथ दो वर्गों में बांटें गये हैं। Autonomous controlling elements ऐसे प्रोटीनों को कूट करता है जो इसे ट्रांस्पोस करने की अनुमति देते हैं। जबकि nonautonomous controlling elements में ट्रांस्पोजिशन करने की क्षमता होती है परन्तु इन्हें autonomous controlling element द्वारा सप्लाई किये गये आवश्यक प्रोटीनों की जरूरत पड़ती है। Autonomous controlling elements ट्रांस्पोजिशन के लिये पूर्णतः सक्षम होते हैं, अतः इनका किसी भी विस्थल (locus) में निविष्ट होने से अस्थाई या उत्परिवर्ती ऐलील उत्पन्न होते हैं। यदि इस प्रकार के स्वशासी घटकों में उत्परिवर्तन हो तो ये स्थाई ऐलील में बदल जाते हैं। स्वशासी तथा गैरस्वशासी घटकों में आनुवांशिक तथा पश्चजात् परिवर्तन होते हैं। एक प्रमुख परिवर्तन में स्वशासी घटक, गैर स्वशासी घटक में परिवर्तित हो जाता है। गैर स्वशासी घटकों में आगे परिवर्तन हो सकता है।

Ac (activator), Mp (Modulator), Spm (Suppressor - mutator), En (ehnancer), MuDR (mutator) मक्का के autonomous controlling elements हैं। Ds (Dissociation), dspm (defective Spm), I (inhibior) तथा Mu, nonautonomous controlling families हैं।

Transposon Tagging

पौधे के transposable element का देशज प्रजातियों (indigenous species) से जीन को पृथक करने में पहले ही उपयोग में लाया जा चुका है। Transposon tagging इनसरशन म्यूटाजेनेसिस की एक आकर्षक एकान्तरित विधि है। Transposable element के आणविक पृथक्करण से उन जीन को क्लोन किया जा सकता है जिनमें ये element उपस्थित हों। यह लाभकार है क्योंकि वे जीन जिनके कार्य के विषय में जानकारी नहीं है, उन्हें क्लोन किया जा सकता है। एक transposable element को जीन टेगिंग उपयोग के पहले उसे क्लोन करके आणविक स्तर पर लक्षण जानना आवश्यक है। जीन उत्परिवर्तन को पृथक करने के लिये दो आनुवांशिक योजनाओं का उपयोग किया जाता है, targeted तथा non-targated tagging/targeted taging तकनीक एक विशिष्ट जीन को पृथक करने के लिये उपयोगी है। इस प्रकार के विशिष्ट जीन को पृथक करने के लिये यह उपयोगी है। इस प्रकार के विशिष्ट जीन को पृथक करने के लिये ट्रांस्पोसोन युक्त पौधे तथ अप्रभाव (recessive) उत्परिवर्तित समलक्षणी के बीच क्रॉस करवाया जाता है। संतति पौधों की एक बड़ी विविध संख्या जिसमें पैतृक ट्रांस्पोसोन युक्त जीन की सक्रिय प्रति होती है में उत्परिवर्ती समलक्षणी प्रदर्शित नहीं होंगे। ये संतति प्रत्यक्ष होंगी। इनके क्रॉस के पश्चात् पहली पीढ़ी में उत्परिवर्ती समलक्षणी प्रदर्शित होंगें। non-targeted tagging में पौधों के लक्षणों के विभिन्न प्रकारों के नये उत्परिवर्तन की पहचान तथा पुनः प्राप्त करने का प्रयास किया जाता है। इस विधि में, ऐसे पौधों को पृथक किया जाता है जिनमें

जननिक ट्रांस्पोसोन कर्तन घटना हुई हो है। इनमें से अधिकांश व्यक्तिक में पौधों के जीनोम के एक नये स्थल पर ट्रांस्पोसोन स्थापित होता है। यदि यह जीन में स्थापित हो तो, ट्रांसपोसोजन सम्भवतः इसे निष्क्रीय कर देगा। तथापि, चूंकि इस पीढ़ी में निवेशन निश्चित रूप से विषमयुग्मजी होता है अतः उत्परिवर्ती समलक्षणी की पहचान नहीं की जा सकती है।

इन पौधों में स्वनिषेचन होता है तथा उत्परिवर्तियों को तदन्तर पीढ़ियों में परखा जाता है। ट्रांस्पोसोजन टेगिंग एक क्रमबद्ध विधि है। पहले पद में चाहे गये उत्परिवर्तन (जो जीन में ट्रांस्पोसोन के निविष्ट होने के फलस्वरूप बने हैं) की पहचान करता है अर्थात् एक विशिष्ट विशेषक (**trait**) के उत्परिवर्ती की पहचान की जाती है। ट्रांसपोसोन टेगिंग से जीन का पृथ्थकरण अपने आप में एक क्रमबद्ध प्रक्रिया है। पहले ट्रांस्पोसोन को जीन में निविष्ट किया जाता है। इस प्रकार का निवेशन उत्परिवर्तन को प्रेरित करता है जिसे समलक्षणी रूप में पहचाना जा सकता है। ट्रांस्पोसोन युक्त **DNA** खण्ड को पृथक करने के लिये ट्रांस्पोसोन अनुक्रम परीक्षण का उपयोग किया जाता है। ट्रांस्पोसोन के पार्श्व वाले अनुक्रम का गैर उत्परिवर्ती पौधों से बनाई गई लाइब्रेरी को परखने हेतु उपयोग किया जा सकता है। समजात उत्परिवर्तन के प्राप्त करने के पश्चात् जीनोमिक लाइब्रेरी बनाई जाती है। इसे **transposable element** अनुक्रम के रेडियोएक्टिव लेबल्ड परीक्षण के द्वारा परखा जाता है। **Transposable element probe** से अनुरूपता दर्शाने वाले परखे गये चयनित क्लोन को पृथक कर लिया जाता है। यह क्लोन में घटक युक्त होगा। उत्परिवर्ति जीन के अनुक्रम घटक से जुड़े होंगे, क्योंकि घटक का जीन अनुक्रम में एकीकरण से उत्परिवर्तन उत्पन्न होते हैं। वास्तविक क्लोन के **non-transferable DNA** से जीन के अनुक्रमों युक्त सबक्लोन विकसित किया जाता है। इन क्लोन का उपयोग सामान्य पौधे से **DNA** युक्त जीनोमिक लाइब्रेरी को परखने के लिये किया जाता है। इस प्रकार से किसी भी चयनित क्लोन में जीन का पूरा तथा सामान्य प्रति होना चाहिये। यह प्रक्रिया बहुत प्रगाढ़ होती है। अतः इसका अनुप्रयोग स्थानांतरण तकनीक से मक्का तथा *Antirrhinum* के घटकों को दूसरी प्रजातियों में करने के लिये किया जाता है। यह दर्शाया जा चुका है कि ये नई प्रजाति में ये घटक एक स्थान से दूसरे स्थान तक संचलन के लिये प्रेरित हो सकते हैं। यदि यह संचलन लक्षण प्ररूप उत्परिवर्ती के उभरने से युग्मित किया जावे तो उस लक्षण प्ररूप के लिये उत्तरदायी जीन को विशिष्ट प्रजाति में क्लोन किया जा सकता है। इन तकनीकों का अनुप्रयोग उन पादप प्रजातियों के ट्रांस्पोसान टेगिंग के लिये किया जाता है जिनमें सक्रिय ट्रांस्पोसेबल घटक को नहीं पहचाना जा सका है।

अध्याय – 18

Transgenic Plants

ट्रांसजेनिक पौधे के ट्रांसजीन को धारण करते हैं अर्थात् इनमें युग्मक (gamete) के अतिरिक्त किसी अन्य स्त्रोत् से डी.एन.ए. निवेशित होता है। पौधे में ऐच्छिक जीन के निवेशन हेतु पूरी प्रक्रिया में चार घटक होते हैं (1) वाहक (2) चयनात्मक मार्कर (3) ट्रांसफार्मेशन हेतु सक्षम तकनीक तथा (4) पुर्नःजनन। ऐच्छिक जीन की पहचान की जाती है, पृथक किया जाता है, रूपान्तरित किया जाता है तथा T-DNA अथवा ट्रांसपोसेबल घटकों द्वारा पौधे में स्थानान्तरित किया जाता है। इस तकनीकी प्रयास से आनुवांशिक रूप से रूपान्तरित पौधा बनता है जिसे ट्रांसजेनिक पौधा कहा जाता है तथा पूरी तकनीक को ट्रांसजेनेसिस कहते हैं। नये निवेशित जीन का नये पोषक पौधे में एकीकरण होता है तथा उस पौधे के स्थानीय जीन को अक्रिय करना आवश्यक है। ट्रांसजेनेसिस के माध्यम से विषाणु रोगों, कीटनाशकजीव (pests), शाकनाशी (herbicide) तथा फलों की निधानी आयु को विकसित किया गया है।

Transgenic Plants Resistant for Pest and the Herbicide – Tolerant Plants

Herbicide Tolerant Plant

फसलों की उत्पादकता में खरपतवार हानिकारक होते हैं। खरपतवार को नष्ट करने के लिये शाकनाशी (herbicide) का उपयोग किया जाता है। शाकनाशी की अनेक श्रेणियाँ अनेक प्रकार के खरपतवारों को नष्ट करने में सफल होती हैं। इस प्रकार के शाकनाशी या तो गैरचयनात्मक होते हैं तथा फसल के पौधों को नष्ट करते हैं अथवा ये विशिष्ट रूप से कुछ फसलों को हानि पहुँचाते हैं। अधिकांश प्रकार के आधुनिक शाकनाशी पौधे में अमीनो अम्ल संश्लेषण में बाधा पहुँचाते हैं। एक फसल पर शाकनाशी के अविषता को कम करने के लिये रासायनिक सुरक्षकों का उपयोग किया जा सकता है। शाकनाशी सदिष्णु फसल को विकसित करने के लिये दो सामान्य विधियों को अपनाया गया है, सीधे शाकनाशी सहिष्णु जीन का चयन करके तथा उसे genetic engineering के उपयोग से पौधे में सीधे निवेशित किया जाता है। कुछ ऐसी परिघटनायें हैं जो फसल के पौधों को वरणात्मकता (selectivity) प्रदान करती है। इनमें शाकनाशी का उपापचयी निराविषीकरण (detoxica-tion) फसल के पौधों की कोशिकाओं में शाकनाशी का आंतरिक उपखण्ड बनना तथा पृथक्करण करना, फसल पौधे में भौतिक अथवा कार्यिकी अवरोधक जो शाकनाशी को ग्रहण करने में बाधा उत्पन्न करते हैं, संचरण अथवा लक्ष्य स्थल पारस्परिक क्रिया। पादप

कोशिका संवर्धन के समय शाकनाशी वरणात्मक दबाव का सफलतापूर्वक उपयोग किया गया है जिससे इमीडाजोलिलोन एवं अथवा सल्फोनिल यूरिया सहिष्णु कोशिका वंशक्रम तथा पौधे विकसित किये गये हैं।

उत्परिवर्तनज तथा/अथवा शाकनाशी वरणात्मक दबाव *in vitro* कोशिका संवर्धन अथवा बीज अंकुरण के समय उपयोग करके आनुवांशिक प्रतिरोध विकसित किया जाता है। पौधे वृद्धि अथवा पादप पुनर्जनन के पूर्व म्यूटाजेनेसिस से शाकनाशी सहिष्णु उत्परिवर्ती प्राप्त हुये हैं। जीन CS & I तथा imu हेतु *Arabidopsis* के उत्परिवर्ती से क्रमशः क्लोरसल्फ्यूरान तथा इमीडाजोलिलोन के लिये प्रतिरोध विकसित किया गया है। *Arabidopsis* में बीज म्यूटाजेनेसिस के पश्चात् उत्पन्न दो असहलग्न उत्परिवर्तन से आइसोजाबेन प्रतिरोधी विकसित किये गये। हालांकि म्यूटाजेनेसिस तथा आनुवांशिक वरणात्मक तकनीक से कुछ शाकनाशी के लिये शाकनाशी सहिष्णु फसल की जीनोटाइप की पहचान नहीं की जा सकती है। शाकनाशी सहिष्णु हेतु **genetic engineering** का आधार उन जीन को निर्वेशित करना है, जो शाकनाशी सहिष्णु को प्रदान करने वाले प्रोटीन की अभिव्यक्ति करते हैं। इसके लिये तीन क्रियाविधियों का अनुप्रयोग किया गया है : (1) लक्ष्य–स्थल रूपांतरण **(target-site modification)** इस विधि में शाकनाशी सहिष्णु प्रोटीन को सन्निविष्ट किया जाता है। इस क्रिया विधि से सल्फोनिल यूरियास्, इमीडेजोलिनोन्स्, ग्लायफोसेट, तथा एट्राजीन के प्रति सहिष्णुता प्राप्त होती है (2) लक्ष्य–स्थल अति उत्पादन यह विधि ग्लायफोसेट तथा फॉस्फिनोथ्रिसिन सहिष्णुता के लिये उपयोगी है (3) शाकनाशी की उपापचयी निष्क्रीयता–अर्थात् शाकनाशी निष्क्रिय करने वाले एन्जाइम का आनुवांशिक निवेशन। यह क्रिया विधि–फॉस्फीनोथ्रिसिन, ब्रोमाक्सिनिल या 2,4-डाईक्लोरोफिनॉक्सी–एसिटिक अम्ल के लिये उपयोगी है। **DL-Phosphinothricin (PPT)** एक गैर वरणात्मक, वृहत् प्रतिकिक तथा पश्च–उद्‌गामी शाकनाशी है। यह एन्जाम **glutamine synthetase** के लिये प्रभावशाली संदमक है। यह नाइट्रेट अपचयन, अमीनो अम्ल अपचय तथा श्वसन से मुक्त हुये अमोनिया को निराविष **(detoxify)** कर देता है। **PPT** सहिष्णु हेतु दो प्रस्तावों का उपयोग किया गया है। लक्ष्य एन्जाइम **(target enzyme)** का अतिउत्पादन पहली क्रियाविधि है। तम्बाखू का ट्रांसजेनिक पौधा **PPT** सहिष्णु होता है। यह पौधा **alfa alfa** सायटोसॉलिक GS जीन की अति अभिव्यक्ति दर्शाता है। यह अभिव्यक्ति **cauliflower mosaic virus 35S promoter** तथा **potato ST/LS1 promoter** द्वारा नियंत्रित होती है। **PPT** सहिष्णु को दूसरी विधि शाकनाशी का उपापचय से निष्क्रिय करता है। **L-Phosphino thricin** पर एन्जाइम **phosphenothricin acyl transferase (PAT)** की क्रिया होती है। *Streptomyces hygroseopieus* से विलगित की गई **bar gene** इस एन्जाइम को कूट करती है। तम्बाखू, टमाटर तथा आलू के ट्रांसजेनिक पौधे जिनमें **bar gene** की अभिव्यक्ति होती है, ये शाकानाशी के **4-10** गुना दर को सहिष्णु करने में सक्षम होते हैं इस **bar-gene** को ट्रांसफॉर्मेशन के लिये चयनात्मक मार्कर के रूप में सफलतापूर्वक उपयोग किया गया है। **Bromoxynil tolerance** इसे गेंहू, जौ में चौड़ी पत्ती वाले खरपतवार के पौधे के निकलने के पश्चात् तथा पौध घास को नियंत्रित करने के लिये किया जाता है। इसका कार्य का तरीका प्रकाश संश्लेशी इलेक्ट्रॉन संचरण का संदमन करना होता है। यह **Photosystem II** का **quinone binding complex** के घटकों से

बंधित हो जाता है। मृदा में पाये जाने वाला जीवाणु *Klebsiella pneumoniae* उपप्रजाति **ozaenac** में नाइड्रीलेज सक्रियता होती है। यह ब्रोमोक्जिनिल को निराविष करता है। ब्रोमोक्सिनिल का जलीय अपघटन से 3, 5 डाई–ब्रोमो–4–हाइड्रॉक्सीबेन्जोइक एसिड बनता है। ब्रोमोक्सिनिल नाइट्रालेस जीन (bxn) प्लाज्मिड में पायी जाती है। इस जीन को तम्बाखू के पौधे में स्थानांतरित किया गया। इस जीन की अभिव्यक्ति के फलस्वरूप, ट्रांसजेनिक पौधे में नाइट्रिलेस पाया गया। जैवरासायनिक अभिक्रिया प्रकाश नियंत्रित **ribulose bis-phosphate carboxylase** के छोटी उपइकाई प्रमोटर द्वारा सम्पादित होता है। इस प्रकार के पौधों में ब्रोमोक्सिनिल प्रतिरोधी लक्षण होते हैं। अन्य ट्रांसजेनिक पौधों में **nitrilase** क्रिया का अलग अलग स्तर पाया जाता है। ग्लायकोसेट एक क्रियात्मक राउन्ड अप शाकनाशी है जिसका उपयोग गैरवरणात्मक पश्च उद्‌गामी शाकनाशी के रूप में किया जाता है। यह अधिकांश एकवर्षीय तथा बहुवर्षीय घासों तथा चौड़ी पत्ती वाले खरपतवार के लिये अत्याधिक प्रभावशील है। यह यौगिक ऐरोमैटिक अमीन अम्ल जैव संश्लेषण को संदमित कर देता है। इन अमीनो अम्ल की आवश्यकता विभाज्योतक कार्य करने के लिये होती है। यह एन्जाइम 5-enol-pyrovylshikimic acid-3-phosphatse (EPSP) synthase के लिये प्रतियोगी संदमक के रूप में कार्य करता है। (EPSP) synthase एन्जाइम से फॉस्फोइनॉल पायरूवेट तथा शिनिमेट–3–फॉस्फेट से 5-इनॉल–पायरूविशिकिमिक एसिड–3–फॉस्फेट बनता है। यह कुछ अमीनो अम्ल जैसे फिनिलएलानीन, ट्रायोसीन तथा ट्रिप्टोफेन के संश्लेषण हेतु महत्वपूर्ण जैवरासायनिक पथ होता है। **EPSP-synthase** इस शकनाशी के प्रति प्रतिरोध प्रदान करता है। यह जीन **aroA** द्वारा कूट किया जाता है। इस जीन को *E. coli, Salmonella typhimurium* तथा *Arabidopsis thaliana* से पृथक करके इसका अध्ययन किया गया है। संवेदनशील तथा प्रतिरोधी विलगों (isolates) के क्षारक जोड़े अनुक्रम से स्पष्ट होता है कि प्रतिरोधी उत्परिवर्ती में एक क्षारक जोड़े में परिवर्तन हुआ है। इस एक मात्र सरल परिवर्तन से प्रोटीन के 101 स्थान पर प्रोलीन की जगह सेरीन जुड़ जाता है।

Petunia hybrida तथा *Corydalis sempervirens* में EPSP synthase का अतिउत्पादन होता है तथा ये ग्लायकोसेट प्रतिरोधी पौधों को genetically engineered तकनीक द्वारा विकसित करने के दो प्रस्ताव हैं –

(1) शक्तिशाली प्रोमोटर के नियंत्रण में ग्लायकोसेट संवेदनशील EPSP synthase (EPSPS) का स्थानांतरण जिससे इन एन्जाइम की अति अभिव्यक्ति हो, अन्य शब्दों में EPSPS के वन्य रूप पौधे का अति उत्पादन है तथा/अथवा (2) ग्लायकोसेट प्रतिरोधी EPSP को कूट करने वाले उत्परिवर्ती जीन का स्थानांतरण। ग्लायकोसेट प्रतिरोधी पिटूनिआ की कोशिका वंशावली का उपयोग EPSP CDNA जीन को पृथक करने के लिये किया गया तथा 35S cauliflower mosaic virus promoter के नियंत्रण में एक काइमेरिक जीन को तैयार किया गया। इसे पिटूनिआ की कोशिकाओं में स्थानांतरित किया गया जहाँ EPSPS synthase क्रिया में 40 गुना बढ़ोत्री देखी गई। खेत पर किये गये अनुप्रयोग से अच्छे परिणाम प्राप्त हुये। ग्लायकोसेट प्रतिरोधी EPSP Synthase को कूट करने वाली उत्परिवर्ती जीन को *S. typhimurium* से विलगित करने तथा उसका उच्च पौधों में अन्तर्निष्ट करने तथा अभिव्यक्ति करने की एक अन्य विधि भी है। उत्परिवर्ती जीन

को **octopine synthase promoter** के साथ संयोजित किया जाता है ताकि यह पौधे में स्वयं की अभिव्यक्ति कर सकें। पुनर्जनित ट्रांसजेनिक पौधा ग्लायफोसेट प्रतिरोध दर्शाता है। हालांकि विकृत वृद्धि का स्वभाव भी देखा गया है। पिटूनिआ **EPSPS CDNA** के अतिरिक्त, टमाटर के **EPSPS** का पूरी लम्बाई का **DNA** क्लोन, ***Arabidopsis*** तथा ***Petumia*** के लिये जीन को भी विलगित किया गया है। इन जीनों में सात इन्ट्रॉन्स होते हैं तथा इन पौधों के परिपक्व **EPSPS** में अमीनो अम्ल अनुक्रम में उच्च संरक्षण होता है। तम्बाखू के विकसित ट्रांसजेनिक पौधे में एक उत्परिवर्ती **aroA** जीन होती है जो दो में से किसी एक अहेतुक (**constitutive**) प्रोमोटर से बनता है। ***Agrobacterium*** वाहक का उपयोग करके जीन का स्थानांतरण किया गया। **Octopine synthase (octopine dehydrogenace)** तथा **mannopine synthase (mannoine dehydrogenase)** दो प्रमोटर हैं। पौधे में राउन्ड अप के लिये आंशिक सहिष्णुता होती है। ग्लायकोसेट सहिष्णुता के लिये ट्रांसजेनिक पौधे में कुछ सुधार किया गया। इस सुधार को अन्य उत्परिवर्ती **EPSPS** जीन के साथ क्लोरोप्लास्ट ट्रांसिट पेप्टाइड अनुक्रम का उपयोग करके प्राप्त किया गया। ट्रांसिट पेप्टाइड का तात्पर्य है कि अमीनो शीर्षस्थ अनुक्रम पूर्वगामी प्रोटीनों को क्लोरोप्लास्ट की ओर निर्देशित करते हैं। ये पूर्वगामी प्रोटीन प्लास्टिड्स में पाये जाते हैं। इनका कूट केन्द्रक जीन द्वारा होता है तथा संश्लेषण सायटोप्लैज्मिक राइबोसोम्स पर होता है। **EPSPS** स्वयं में पूर्वगामी प्रोटीन के रूप में संश्लेषित होता है। यह एन्जायमी रूप से सक्रिय होता है तथा ग्लायफोसेट से बंधित होता है। हाल ही में यह स्पष्ट हो सका है कि उच्च पौधें की **EPSPS** उच्च हेतु जीन को ***E. coli*** में स्थानांतरित किया जा सकता है तथा स्थल निर्देशित म्यूटाजेनेसिस से ग्लायफोसेट प्रतिरोधी एन्जाइमों को प्राप्त किया जा सकता है। इससे प्रतिरोधी विभेद का चयन होता है। ***E. coli*** **B** की ग्लायफोसेट युक्त माध्यम में वृद्धि करवाई जाती है।

उच्च ग्लायफोसेट असंवेदनशील **EPSPS** उत्परिवर्ती को विलग किया गया है। इस उत्परिवर्ती एन्जाइम (**SM-1**) को कूट करने वाली **aroA** जीन को क्लोन किया गया। यह एक मात्र अमीनो अम्ल प्रतिस्थापनयुक्त होता है। उत्परिवर्ती **DNA** अनुक्रम को ट्रांसजेनिक पौधे में समाविष्ट किया गया। **Ti** प्लाज्मिड का वाहक के रूप में उपयोग किया गया। **EPSPS** का संश्लेषण सुनिश्चित करने हेतु जीन निर्माण किया गया। इस संश्लेषण का **N**-शीर्षस्थ ट्रांसिट पेप्टाइड क्लोरोप्लास्ट में स्थानांतरण हेतु निश्चित था। तम्बाखू के ट्रांसजैनिक पौधे को उत्पन्न किया गया है जो ग्लायफोसेट सहिष्णु जीवाणविक तथा पौधों के उत्परिवर्ती **EPSPS** जीनों की अभिव्यक्ति कर सकता है। जीन अभिव्यक्ति **CaMV 35S** प्रोमोटर द्वारा नियंत्रित होता है। यह प्रोमोटर अहेतुक उच्च स्तरीय अभिव्यक्ति का कारक होता है। सल्फोमेन्ट्यूरान मिथिल तथा क्लोर सल्फ्यूरॉन एवं इमेजापिर का सक्रिय सारतत्व सल्फोनिल यूरिया तथा इमीडाजोलिनोन सल्फोनिल यूरिया है। जबकि **American Cyanamide** शाकनाशी **"Arsenal"** में इमीडाजालीलोन्स सक्रिय सार तत्व होता है। ये दोनों ही समूह पौधे में आवश्यक अमीनो अम्ल के संश्लेषण में हस्ताक्षेप करते हैं। दोनों प्रकार की शाकनाशी एक ही एन्जाइम अर्थात् **acetolactate synthetase (ALS)** अथवा **acetohydroxy acid synthase (AHAS)** में संदमन से अपना प्रभाव प्राप्त करते हैं। **ALS** शाखित श्रृंखला अमीनों अम्लों, वेलीन, ल्यूसीन तथा आइसोल्यूसीन के संश्लेषण में भाग

लेता है। जिवाणुविक, पौधा तथा यीस्ट ALS एन्जाइम की पहचान की गई है जो सल्फोनिलयूराज के लिये सहिष्णु होते हैं। शाकनाशी असंवेदनशील ALS जीनों को तम्बाखू के पौधे से प्राप्त किया गया है। Smith *et al.* (1988) ने तम्बाखू के दो ALS जीन को विलग किया जो कि Hra तथा C_3 वंशावली है। Hra तथा C_3 वंशावली में क्रमशः दो अमीनो अम्ल तथा एक अमीनो अम्ल प्रतिस्थापन होता है। Hra वंशावली में अमीनो अम्ल 196 पर प्रोलीन का एलानीन प्रतिस्थापन तथा अमीनो अम्ल 573 पर ट्रिप्टोफेन का ल्यूमीन प्रतिस्थापन होता है। C_3 वंशावली में एकमात्र प्रोलीन का ग्लूटामीन प्रतिस्थापन अमीनो अम्ल 196 पर होता है। सल्फोनिल यूरिया प्रतिरोधी *Arabidopsis csrI* जीन अपने ही प्रमोटर के नियंत्रण में तम्बाखू के ट्रांसजेनिक पौधे में अभिव्यक्ति दर्शाते हैं। *Agrobacterium* मध्यस्थ विधि द्वारा ट्रांसफॉर्मेशन किया जाता है। 2,4-Dichlorophenoxy acetic acid (2, 4-D) चौड़े पत्ते वाले खरपतवार की अनेक प्रजातियों के प्रति अत्याधिक सक्रिय होता है तथा अनाज फसलों के लिये खरपतवार नियंत्रण हेतु वृहत् रूप से उपयोगी है। *Alcaligenes eutrophs* जीवाणु में 2,4-D के विघटन की क्षमता होती है। अपघटन जैवरासायनिक पथ में पाँच एन्जाइम भाग लेते हैं जो 2, 4-D को क्लोरोएमाइललेक्टिक अम्ल में परवर्तित कर देता है जिसका तदनन्तर सक्सीनिक अम्ल में उपापचय हो जाता है। जीन rfdA एन्जाइम 2,4-D-monooxygenase को कूट करता है जो 2,4-D के ऐलीफेटिक पार्श्व श्रृंखला का विदलन करके 2, 4-डाईक्लोरोफिनॉल में परिवर्तित कर देता है। Lyon *et al.* (1989) ने *A. eutrophas* के rfdA जीन का क्लोन करके उसे CaMV bacterium मध्यस्थ ट्रांसफारमेशन से तम्बाखू का ट्रांसजेनिक पौधा विकसित किया गया। ट्रांसजेनिक संतति पौधे सामान्य कृषि भूमि अनुप्रयोग की दर में 8 आठ गुना जीवित रह पाते हैं।

Pest Resistant Transgenic Plants

कीटों द्वारा की जा रही हानि से पूरे विश्व भर में कृषि तथा अन्य फसलों का बड़ा नुकसान हो रहा है। कीटों द्वारा भक्षण से बचने के लिये पौधों में प्रतिरक्षा प्रमुख क्रियाविधि है। कीट प्रतिरोधी फसल को विकसित करने का एक सरल प्रयास यह है कि पौधे में ऐसे जीनों का स्थानांतरण जो उसे कीट प्रतिरोधी अथवा कीट सहिष्णु बना सके। स्थानांतरित जीन का कार्य कीटनाशी एन्जाइम अथवा अविष को कूट करना है।

Bacillus thuringiensis

एक जैविक कीटनाशी है। किण्वित जीवाणु लेपिडोप्टेरान नाशकजीव (pests) के प्रति वरणात्मकता रखता है। यह पर्यावरण की दृष्टि से सुरक्षित है। कृषि खेत में प्रोटीन के कम स्थायित्व के कारण इसका छिड़काव सीमित होता है। Schnept *et al.* (1985); Schnepf and Whiteley (1985) ने सर्वप्रथम इस जीवाणु के अविष जीन डी.एन.ए. अनुक्रम को रिपोर्ट किया। cry (crystal protein) जीन की समानता अनुक्रम समांगता के आधार पर कीटनाशी जीन के चार वर्गों की पहचान की गई है।

इन कीटनाशी जीनों का वर्गीकरण cry I; cry II, cry III तथा cry IV में किया गया है। cry I - Leptidopteran sepecific; cry II - lepidopteran तथा dipteran specific, cry III - coleopteran - specific तथा cry IV dipteran प्रजातियों के विरूद्ध कार्य करती

है। इस जीवाणु के अनेक प्रभेद में अतिरिक्त जीन होती है जो एकांतरित आविष पेप्टाइड्स को कूट करते हैं। इनमें जीन कूट करने वाले एन्जाइमी पथ होते हैं जो अन्य उपापचयजों का संश्लेषण करते हैं यह उपापचय न्यूक्लियोसाइड अनुरूप के समान होते हैं जो कि कीटों के अतिरिक्त अन्य जीवों के प्रति वृहत् कोशिकानिष (cytotoxic) क्रिया होती है। इन चारों जीनों में से cry I जीन का वृहत् अध्ययन किया गया है। यह 130-140kDA का प्रोटीनयुक्त प्रोटॉक्सिन को कूट करते हैं जो बाई पिरामिडिल कण अंतर्विष्ट के रूप में जीवाणविक बीजाणुओं में पाया जाता है। लेपिडोप्टेरान कीटो में आहार नलिका का क्षारीय pH (9-12) होता है। S-endotoxin तथा सम्बद्ध प्रोटीनों के कण इस माध्यम में फैल जाते हैं। प्रोटिलिटिक क्रिया से उच्च आणविक भार के प्रोटॉक्सिन परिवर्तित होकर 65-70 KDa के छोटे, सक्रिय पेप्टाइड बनाते हैं जो कीटनाशी होते हैं। S-endotoxin का दूसरा वर्ग जो कोलिओप्टेरान कीटो के प्रति कार्य करता है, उसे कूट करने वाले Cry III जीन का अध्ययन किया गया है। यह बीजाणुओं में पाये जाने वाला चतुष्कोणीय कण अन्तर्निष्ट हैं। यह *Bacillus thuringiensis* के तीन प्रकार के आकारिकी विलगों में पाया जाता है। इन प्रभेदों में इस प्रोटॉक्सिन जीन का डी.एन.ए. अनुक्रम एक समान होता है। हालांकि क्रिस्टलीकृत प्रोटॉक्सिन के संक्षिप्त लक्षण अथवा अंतिम कीटनाशी खण्ड में भिन्नता हो सकती है। यह भिन्नता अनेक पोषकों में पाये जाने वाले प्रोटियोलिटिक प्रक्रिया की एकांतरित क्षमता पर आधारित होती है। प्रत्येक जीन 72kDa पेप्टाइड को कूट करता है। इस पर 57 अमीनो शीर्षस्थ अपशेष के प्रोटियोलिटिक विदलन से लगभग 66kDa टॉक्सिन बनता है। अंत–आविष में प्रोटीन हेतु एकलजीन स्वभाव होता है तथा इससे प्रोटीन को पौधों में स्थानांतरित करने में लाभ मिलता है। Schnepf and Whiteley ने रिपोर्ट किया कि जीन का संदमित रूप है जो प्रोटॉक्सिन के अमीनो शीर्षस्थ भाग को कूट करता है, अक्षुण्ण जीन में कीटनाशी आवश्यक क्रियाओं को धारण करता है।

इन जीनों की अभिव्यक्ति विशिष्ट होती है तथा काइमेरिक जीन अभिव्यक्ति होती है। अभिव्यक्ति के स्तर की विविधता गुणसूत्र के विभिन्न स्थानों पर निवेशन के कारण होती है। ट्रांसफार्मड केलाई पुनर्जनन से बना पौधा कंट्रोल के समान ही स्वस्थ होता है। तम्बाखू के ट्रांसजेनिक पौधे में दो एन्डोटॉक्सिन निर्मित होता है। इसमें *Bacillus thuriagiensis* के प्रभेद Berliner 1715 के दो जीन स्थानान्तरित किये गये जो cry IA(b) प्रोटीन के अमीनो शीर्षस्थ अर्धांश का कूट करते हैं। ट्रांसजीन की अभिव्यक्ति *Ageobacterium tumefaciens mannopin synthase* जीन के प्रमोटर द्वारा नियंत्रित होती है जो अहेतुक अनुलेखन (constitutive transcription) प्रदान करता है। ट्रांसजेनिक पौधे जिनमें ट्रांसफॉर्मेन्ट्स के पुनर्जनन के समय केनामायसिन को चयनकर्ता एजेन्ट के रूप में उपयोग में लाया जाता है, इस प्रकार के पौधों में उच्च सुरक्षा होती है। ट्रांसजेनिक पौधे संघनित आविश को संयोजित प्रोटीन के रूप में अभिव्यक्त करते हैं तथा neomycin phosphotransferase वरणात्मक एजेण्ट के रूप में कार्य करता है। तम्बाखू तथा टमाटर के ट्रांसजेनिक पौधों में क्रमशः cry IA (a) cry IA (c) एन्डोटॉक्सिन अमीनो शीर्षस्थ अर्धांश की अभिव्यक्ति करते हैं इन्हें इसके लिये जीन को *B. thuringiensis* varnurstaki प्रभेद से प्रदान की गई है। प्रयोगों से स्पष्ट होता है कि आविष जीन का अनुलेखन CaMV 35s प्रभेदों द्वारा संचालित होता है तथापि अभी भी यह स्पष्ट नहीं हुआ है कि सभी नाशक जीवों को *Bacillus thuringinesis* से नष्ट किया जा सकता है। इसके अतिरिक्त अन्य नाशक जीव के भोजन ग्रहण करने की विधि द्वारा इस जीवाणु का आविष ग्रहण किया जा सकता है।

Protease Inhibitor Approach

Protease संदमक पादप जगत में वृहत् रूप में पाये जाते हैं। ये विशिष्ट रूप से बीजों तथा संग्रहण करने वाले अंगों में पाया जाता है। **Protease** संश्लेषण क्रियाविधि द्वारा पौधे कीट सहिष्णु होते हैं। इसका सुग्राही कीटों पर प्रभाव देखा गया है जिसमें प्रमुख मृत्यु दर में बढ़ोतरी, वृद्धि दर में कमी तथा लार्वा अवस्था के समय विकास की अवधि का बढ़ जाना है। कीटों पर किये गये प्रयोग में कीटो के आहार को कृत्रिम रूप से बनाया गया तथा उसमें प्रोटिएज संदमक मिलाया गया। इससे प्रोटिएज संदमक का सुरक्षात्मक स्वभाव देखा गया। आलू तथा टमाटर के पौधों में घाव हो जाने से प्रेरित संदमक के संश्लेषण के अध्ययन से पौधे की सुरक्षा में संदमक की भूमिका स्पष्ट होती है। प्रोटिएज अनेक कीटों के प्रति **anti-metabolic** होता है। इन एन्जाइमों की पौधे के प्रति विशिष्टता होती है।

ऐसा माना गया है कि प्रोटिएज संदमक के प्राथमिक प्रभाव से आवश्यक अमीनों अम्ल में कमी तथा उनकी प्रभावकता क्षीण होना है। पौधों में पाये जाने वाले प्रमुख प्रोटिएज, **serine protease, thiol protease** तथा **metalloprotease** है। पादप जगत में प्रोटिएज संदमक की कम से कम आठ गेर समजात कुल है। समजात प्रोटीनों के प्राथमिक संरचना में अधिक विविधता होती है। कीट सहिष्णु ट्रांसजेनिक पौधे में पादप अभिव्यक्ति हेतु ट्रांसफॉर्मड काइमेरिक जीन होती है। इस आलू तथा टमाटर के **P I-II** के अनुक्रम कूट करने वाले जीन को लिया गया था। इन जीनों को **CaM V 35S** जीन अहेतुक प्रोमोटर के साथ संयोजित करके तम्बाखू के ट्रांसजेनिक पौधे में अंतर्निष्ट किया गया। तम्बाखू पर भक्षण करने वाले कीट हार्न वर्ग (*Manduca Aexta*) पर किये गये प्रयोग से स्पष्ट हुआ कि **P-I-II** प्रोटीन की अभिव्यक्ति करने वाले ट्रांसजेनिक पौधे पर इल्लीयों की संख्या में बहुत कमी पाई गई। मात्र **CpT I** द्वारा प्रदान की गई सुरक्षा की मात्रा इतनी सक्षम नहीं होती जिससे इसका उपयोग विकसित तथा उच्च निवेश कृषि तंत्र में किया जा सके। उच्च उत्पादकता सक्रियता की वृहत्ता तथा प्रतिरोध की अवधि के उद्देश्य से जीन के पैकेज को अंतर्निष्ट करने की प्रणाली बनाई गई है इस उद्देश्य से तम्बाखू के पौधे में **CpT I** तथा **pea lectin** जीन के पैकेज को अंतर्निष्ट किया गया। दोनों जीनों के पैकेज के उत्पाद से तम्बाखू के पौधे में **bud worm** इल्लियों से अतिरिक्त सुरक्षात्मक प्रभाव देखा गया।

Transgenic Plants with Enhanced Resistence to microbial pathogens

पौधों में रोगाणुओं विशेष रूप से जीवाणु, विषाणु तथा कवक के प्रति स्वयं में प्रतिरक्षा क्रियाविधि होती है। पोषक पौधे में प्रतिरक्षा अनुप्रभाव में अनेक कार्यिकी तथा जैवरासायनिक परिवर्तन होते हैं। **Fungal Resistant Crop** काइटिन कवक की कोशिका भित्ति का प्रमुख घटक होता है। एन्जाइम **chitanes** इसका जलीय अपघटन करता है। पौधों में कवक द्वारा संक्रमण के समय इस एन्जाइम के स्तर में बहुत अधिक वृद्धि हो जाती है। हालांकि पादप हार्मोन इथलीन अथवा ऑलीगोसैकेराइड एलिसिटर्स के उपचार से अनेक पौधों में काइटिनेज के स्तर में बढ़ोतरी हो जाती है। अनेक पादप प्रजातियों से काइटिनेज का शुद्धीकरण किया गया है। **Broglie *et al.* (1986)** ने **bean** में पाया कि काइटिनेज को एक

छोटा बहुजीन कुल कूट करता है जिसमें कम से कम तीन जीन होते हैं। **Hybridization probe** हेतु **cDNA** का उपयोग करके देखा गया कि सेम के पौधे पर इथलीन अथवा एलीसीटर उपचार के पश्चात् काइटिनेज में 75 गुना बढ़ोतरी होती है। विलग किये गये **cDNA** क्लोन के न्यूक्लियोटाइड अनुक्रम से स्पष्ट होता है कि इथलीन उपचार से कम से कम दो काइटिनेज जीनों का अनुलेखन होता है। तम्बाखू के ट्रांसजेनिक पौधे में इन जीनों की अभिव्यक्ति को **CH5A** तथा **CH5B** कहा गया। **CH5A** तथा **CH5B** के बीच 43 क्षारक जोड़ों का अनुक्रम हूबहू संरक्षित होता है जो कि इथलीन के प्रभाव से काइटिनेज पर अनुलेखन नियंत्रण करता है। अनेक रोगाणु कवकों के संक्रमण के समय **CH5B** जीन के प्रेरण का अध्ययन किया गया है। कवक संक्रमण के समय **CH5B** के अभिव्यक्ति के कालिक तथा स्थानिक तरीके को जानने के लिये **β–glucuronidase** का उपयोग किया था।

एक काइमेरिक जीन तैयार की गई जिसमें **CH5B** उर्ध्वप्रवाह अनुक्रम युक्त **1.75kb** खण्ड को **β–glucuronidase** से संयोजित किया गया जिसके पश्च में **noplaine synthase gene** के समापन सिग्नल को जोड़ा गया। एक नई काइटिनेज जीन की संरचना की गई जिसमें स्थानीय तथा उच्च स्तर के हेतुक प्रमोटर जीन को प्रतिस्थापित किया गया। **Cauliflower mosaic virus** का अहेतुक **35S** प्रोमोटर को जोड़ा गया। ट्रांसजेनिक पौधे में काइमेरिक जीन की अभिव्यक्ति हेतु **Western bloc** तकनीक द्वारा विश्लेषण किया गया। इसमें देखा गया कि स्वस्थ, बलाघात **(unstressed)** पौधों में **bean protein** का उच्च स्तर देखा गया। इससे यह निष्कर्ष स्पष्ट होता है कि विषमांग तंत्र में पूर्वगामी पॉलीपेप्टाइड का सही रूप में संसाधित होता है तथा यह सही उपकोशीय प्रकोष्ट में स्थानीय हो जाता है। उच्च स्तर का अहेतुक काइटिनेज अभिव्यक्ति वाला तम्बाखू के पौधे में ***Rhizoctonia solani*** के लिये ज्यादा प्रतिरोध क्षमता होती है। अनेक प्रयोगों से स्पष्ट हुआ है कि काइटिनेज के उच्च अहेतुक स्तर की अभिव्यक्ति करने वाले ट्रांसजेनिक पौधे मृदा में ***Rhizoctonia*** के देशज स्तर में कमी कर देते हैं। यह इसलिये सम्भव है क्योंकि ये पौधे कवक के सफलतापूर्वक संक्रमण को उत्पन्न करने की क्षमता को कम कर देते हैं।

Flor's "gene to gene hypothesis" के अनुसार पोषक पौधे मे एक जीन होती है जो उसे प्रतिरक्षा प्रदान करती है तथा रोगाणु में एक जीन होती हे जो उसे उग्रता प्रदान करती है। पोषक पौधे तथा रोगाणु के आनुवांशिक अंतर निर्भरता पारस्परिक क्रिया के फल अर्थात "रोग" को निर्धारित करता है। प्रतिरोधी जीन को विलग करने तथा उनके आणविक लक्षण समझने के लिये विभिन्न प्रयास किये जा रहे हैं इनमें मानचित्र आधारित क्लोनिंग तथा ट्रांस्पोसोन टेगिंग सम्मलित है। प्रतिरोधी जीन को विलग कर अन्य फसल/प्रजातियों में स्थानांतरित किया जाता है। इस प्रयास से कवकीय रोगाणुओं के विशिष्ट प्रजाति के लिये प्रतिरोध विकसित होता है। इसमें एक हानि यह है कि ट्रांसजेनिक पौधा रोगाणुओं के अन्य प्रजातियों के लिये सुग्राही होता है।

Stripe *et al.* (1992) ने पौधों में राइबोसोम को निष्क्रीय करने वाले प्रोटीन लक्ष्य कोशिकाओं के **28S rRNA** पर **N-glycosidic** विदलन करके प्रोटीन संश्लेषण को संदमित कर देता है। ये अपने स्वयं को राइबोसोम के कार्य करने पर हस्तक्षेप नहीं करते तथा कवक राइबोस की सक्रियता पर संदमक क्रिया करते हैं।

Viral Resistant Crop : विषाणु के प्रतिरोध रखने के लिये पौधों को विकसित करने का सिद्धांत यह है कि विषाणु के उद्गम अथवा विषाणु लक्षित अनुक्रमों को सक्षम पौधे के जीनोम में अंतर्निष्ठ करता है। ये अनुक्रम विषाणुविक संक्रमण चक्र के विशिष्ट अवस्था में हस्तक्षेप करते हैं। विषाणु जीनोम में DNA अथवा RNA होता है। RNA या तो plus strand अथवा minus strand का हो सकता है। DNA एक रज्जुक अथवा द्विरज्जुक हो सकता है। सभी विषाणु उन प्रोटीन को कूट करते हैं जो उसके न्यूक्लिक अम्ल के प्रतिकृति में भाग लेते हैं। एक रज्जुक विषाणु के डी.एन.ए. में पूरक डी.एन.ए. रज्जुक के माध्यम से प्रतिकृति करने वाले आवश्यक एन्जाइम के लिये जीन होते हैं। Mckinney (1939) ने देखा कि यदि एक पौधा विषाणु के मृदुल विभेद से संक्रमित होता है तो वह विषाणु के अन्य सम्बंधी प्रभेदों के संक्रमण को प्रतिरोध करने की क्षमता विकसित कर लेता है। इसे cross infection कहते हैं। प्रति प्रोटीन मध्यस्थ (cross protein mediated) विषाणु पर किये गये प्रयोग पादप genetic engineering में सफल सिद्ध हुये हैं। ट्रांसजेनिक पौधों में प्रतिरोध की क्षमता को अभिव्यक्त किये गये अक्षुण्ण आवरण प्रोटीन की मात्रा से सहसंबंध रखता है। Beachy (1986) ने तम्बाखू के पौधों के जीनोम में TMV आवरण प्रोटीन जीन को अंतर्निष्ट किया। इस पौधे में आवरण प्रोटीन की उच्च स्तर की अभिव्यक्ति होती है, एवं इस विषाणु से संक्रमित पौधे में रोग विलम्बित हो जाता है। आवरण प्रोटीन को कूट करने वाले जीनों को विभिन्न एक रज्जुक (plus strand) RNA पादप विषाणु से विलग किया गया है। इन जीनों को विभिन्न फसलों के पौधों में स्थानांतरित किया गया है। जीन को *Agrobacterium tumifaciens* को वाहक के रूप में उपयोग करके क्लोन किया गया एवं ट्रांस्फार्मड किया गया है। इस प्रकार आवरण, प्रोटीन के प्रयास से कम निवेशन वाले संक्रमण से पौधे को पूरी तरह बचाता है तथा निवेशन के उच्च सांद्रता पर रोग प्रगटन को विलम्बित करता है। इससे विषाणु रोग लक्षणों का प्रसार भी विलम्बित हो जाता है।

Satellite एक बहिःजीनोम आर.एन.ए. (extra genomic RNA) है जो प्रतिकृति हेतु एक सहायक विषाणु पर निर्भर करता है। हालांकि, इनकी स्वयं में सहायक विषाणु की प्रतिकृति हेतु आवश्यकता नहीं होती है। इनके अनुक्रम में सहायक विषाणु के जीनाम से विशेष समानता नहीं होती है। अभी तक एक या अधिक विषाणविक सेटेलाइट्स अथवा सेटेलाइट जैसे प्रतिकृति करने वाले आर.एन.ए. तीस पादप विषाणुओं से सम्बद्ध पाये गये हैं। Kassanis (1962) ने सर्वप्रथम देखा कि विषाणविक सैटेलाइट्स में अपने सहायक विषाणुओं के रोग लक्षण को रूपांतरित करने की क्षमता होती है। कुछ सेटेलाइट आर.एन.ए. में अपने सहायक विषाणु के रोग लक्षणों को संकीर्ण करने की क्षमता होती है। विषाणविक सेटेलाइट आर.एन.ए. अनुक्रमों की अभिव्यक्ति करने वाले ट्रांसजेनिक पौधे उनके विशिष्ट सहायक विषाणुओं द्वारा प्रेरित फसलों के रोग को प्रतिरोध करने में सफल होते हैं। कुछ सैटेलाइट् स्वयं अपचयी (autocatalytic) विदलन तथा लिगेशन अभिक्रिया दर्शाते हैं। Cucumber mosaic virus (CMV) लगभग आठ सौ पादप प्रजातियों को संक्रमित करता है। Cucumber mosaic virus (CMV) के सैटेलाइट आर.एन.ए. का रोग सुरक्षा विषय पर वृहत् अध्ययन किया गया है। अन्य विषाणविक सैटेलाइट तथा द्वितीयक आर.एन.ए. एजेन्ट जैसे DI-RNAs में भी समान लक्षण होते हैं। सैटेलाइट मध्यस्थ प्रयास की हानि यह है कि

पादप का कुछ ऊतक संक्रमित होता है तथा सहिष्णुता विलम्बित हो जाती है। कुछ उदाहरणो में कुछ सेटेलाइट आर.एन.ए. अपने विशिष्ट सहायक विषाणु तथा पोषक पौधों के संयोजन से रोग लक्षण बदतर हो सकते हैं।

प्रोटीन आवरण प्रयास तथा सेटेलाइट सहायक तकनीक के संयोग से बना ट्रांसजेनिक पौधे में विषाणुविक रोगों के लिये प्रतिरक्षा की दो पंक्तियाँ प्रदान करता है। आवरण प्रोटीन विषाणविक रोग को आक्रमण में रूकावट उत्पन्न करता है अथवा विलम्बित कर प्रतिरक्षा की पहली पंक्ति बनाता है। जबकि सैटेलाइट आर.एन.ए. निवेशन की प्रबलता से स्वतंत्र सहिष्णुता को देर से विकसित करता है जिससे प्रतिरक्षा की द्वितीय पंक्ति बनती है।

जिनोमिक विषाणविक अनुक्रम का विलोपन उत्परिवर्ती, जो प्रतिकृति हेतु अपने पैतृक विषाणु पर निर्भर करता है, को **defective interfering particles** कहते हैं। सैटेलाइट आर.एन.ए. के समान ये कण अपने सहायक विषाणु के साथ मिलकर प्रतिकृति में हस्तक्षेप करते हैं एवं इस प्रकार रोग लक्षणों का क्षीणन कर देते हैं। कुछ विषाणुओं के कृत्रिम **defective interfering particle** तैयार करने की प्रक्रिया पर कार्य किया जा रहा है। निर्माण किये गये एन्टीसेन्स सुरक्षा उत्पन्न करते हैं। **Antisence** आवरण प्रोटीन जीन **PLVR** के प्रति उच्च स्तर की प्रतिरक्षा अथवा प्रतिरोध के लिये मध्यस्थता करते हैं। **Huntley and Hall (1993)** ने **BMV** को एन्टीसेन्स ट्रांसक्रिप्ट को रिपोर्ट किया। **RNA-3-**इंटरसिस्ट्रोनिक भाग विषाणु प्रतिकृति में हस्तक्षेप करता है। राइबोजाइम आर.एन.ए. अणु है जो एण्डोन्यूक्लियोलिटिक विदलन अभिक्रिया को उत्प्रेरित करते हैं। कुछ निरियॉइड्स तथा सैटेलाइट आर.एन.ए. में स्व–विदलन अभिक्रिया होती है। ज्यादातर विदलन स्थल सामंजस्य संरचना का बना होता है। ये इन सामंजस्य में **"hammer head"** मोटिफ होते हैं। विदलन अभिक्रिया के उत्प्रेरण को निर्देशित करने वाले न्यूक्लियोटाइड भाग को विदलन होने वाले स्थान से पृथक किया जा सकता है। विदलन स्थल से पार्श्विक भाग में न्यूक्लियोटाइड अनुक्रम को परिवर्तित करके लक्ष्य की पहचान को रूपांतरित किया जा सकता है।

Bacterial Resistant Pathogen

जीवाणविक रोगों के लिये ट्रांसजेनिक पौधों को तैयार करने का आधार यह है कि रोगाणु स्वयं के आविष निराविष एन्जाइम को कूट करने वाले जीनों का ट्रांसफर्मेशन किया जाता है। तम्बाखू के **wild fire** रोग में एक कारक एक डाईपेप्टाईड टेबोटॉक्सिन है। इस रोग का रोगाणु *Pseudomonas syringac* pv *tabacci* है। पौधों में टेबोटॉक्सिक परिवर्तित होकर टेबोटॉक्सिन–β–लेक्ट्राम बनाता है। इस तरह बना यौगिक ग्लूटामीन संश्लेषण को संदमित करता है जिससे कोशिकाविष (**cytotoxic**) अमोनिया का संग्रहण होता है। रोगाणु अपने आपको आविष से सुरक्षित करने के लिये टेबोटॉक्सिन प्रतिरोधी जीन **ttr** की अभिव्यक्ति करता है। यह जीन एक एन्जाइम को कूट करता है जो टेबटॉक्सिन को एसिटिलेट कर देता है। **Anzai *et al.* (1989)** में पाया कि तम्बाखू का ट्रांसजेनिक पौधा जो **CaMV 35S promotor** के नियंत्रण में **ttr** जीन की अहेतुक अभिव्यक्ति करता है, उस पर रोगयुक्त पौधों के समान हरिमाहीन परिवेष (**chlorotic halo**) उत्पन्न नहीं होते हैं।

सिटरूलीन संश्लेषण में एन्जाइम **ornithine carbomyl transferase** भाग लेता है। इस एन्जाइम को कूट करने वाली जीन को *Psudomonas syringac* pv. *phaseolicoley*

से विलग किया गया तथा इसका तम्बाखू के पौधे के जीनोम में अंर्तनिष्ट किया गया। ट्रांसजेनिक पौधे में **ornithine carbomyl transferase** अभिव्यक्त होता है जो कि जीवाणु द्वारा उत्पन्न **phaseolotoxin** के प्रति असंवेदनशील था। इस पौधे की संतति ने रोग लक्षण उत्पन्न होने में कमी दर्शाई है। म्यूरिन जीवाणविक कोशिका भित्ति का संरचनात्मक घटक है। इसका लायसोजाइम से जल विघटनीय विदलन होता है। पौधों के अतिरिक्त अन्य स्रोतों से लाइसोजाइम को कूट करने वाले जीन को विलग किया गया है तथा पादप **genetic engineering** में इसका उपयोग किया गया है।

अध्याय – 19

Tissue Culture

सामान्य भाषा में पादप ऊतक संवर्धन का तात्पर्य किसी भी पादप अंग के पोषक माध्यम में *in vitro* तथा अजर्म वृद्धि होता है।

Historical Background

पादप ऊतक संवर्धन का इतिहास Schleiden (1938) तथा Schwan (1839) द्वारा प्रस्तावित "Cell doctrine" से शुरू होता है। इस वाद के अनुसार कोशिका एक कार्यात्मक इकाई है, अर्थात् इसका तात्पर्य है कि कोशिका स्वशासी होती है। do Henri-Lousi duhamel duMonceau's (1756) ने पौधों में घाव भरे जाने का प्रारम्भिक प्रयोग किया तथा elm पौधे के विवल्कीकृत (decorticated) भाग में स्वप्रवर्तित कैलस का निर्माण दर्शाया।

Gottlieb Haberlandt ने पर्ण मध्यांतक कोशिकाओं (mesophyll cells) को पृथक करके Knop's nutrient solution का उपयोग कर इन कोशिकाओं का संवर्धन किया। संवर्धन हेतु इस घोल में सूक्रोस, एस्पेरेजीन्स तथा पेप्टोन मिलाया। Haberlandt ने *Lamium purpuem* तथा *Eichhornia crassipes* की पर्णमध्योत्क कोशिकाओं के *Ornithogalum* की अधिचर्म कोशिकाओं तथा *Pulmonaria* की रोम कोशिकाओं का संवर्धन किया। ये कोशिकायें 3-4 तक जीवित थीं, इनमें कोशिका विभाजन नहीं हुआ तथा कोशिका के आमाप में वृद्धि हुई। Pierle Roger Gautheret ने *Acer pseudo plantanus, Sambusan nigra* तथा *Salix caprala* के वृक्षों से काटे गये कैम्बियम के टुकड़ों का ठोस माध्यम में संवर्धन करके कैलस विकसित किया। उन्होंने यीस्ट निष्कर्ष (Yeast extract, B vitamin) तथा ऑक्जिन (IAA) के कैम्बियम संवर्धन के अनुप्रयोग पर भी कार्य किया। 1939 में उन्होंने ऊतक संवर्धन की असिमित वृद्धि से गाजर का प्रवर्धन (propagation) किया। 1942 में Gautheret ने Ulmus के ऊतक संवर्धन में कलिकाओं तथा chicovy ऊतक संवर्धन से पादपक (plantlet) विकसित करने में सफलता प्राप्त की। Georges Morel विषाणु को अलग करने के लिये विभाज्योतक संवर्धन की विधि विकसित की। उन्होंने संवर्धन माध्यम को उपजाऊ बनाने के लिये प्राकृतिक निष्कर्ष जैसे यीस्ट निष्कर्ष तथा नारियल के दूध का उपयोग किया तथा एक बीजपत्री ऊतकों की असीमित वृद्धि प्राप्त की। वे आदिधनकंद (protocorm) के विभाजन से उष्णकटिबंधी (tropical) आर्किड की वृद्धि करने में सफल हुये। 1955 में Morel तथा Martin विषाणु मुक्त आलू की प्रति प्राप्त करने में सफल हुये। 1971 में Morel ने *Agrobacterium tumifaciens* द्वारा संक्रमित द्विबीजपत्री पौधों से octopine तथा ropaline रसायनों को पृथक किया।

इस जीवाणु में Ti प्लाज्मिड होता है तथा जब यह प्लाज्मिड पोषक पौधे के जीनोम से एकीकृत होता है तो ये रसायन उत्पन्न करता है। Philip R. White (1934) ने टमाटर के मूलाग्र (root tip) का संवर्धन किया तथा असीमित वृद्धि के मूलों को प्राप्त किया। उन्होंने Knop's solution का उपयोग किया जिसमें सूक्रोस तथा यीस्ट निष्कर्ष के स्थान पर तीन विटामिन (pyrodoxin, thiamine तथा nicotinic acid) का उपयोग किया।

SOME BASIC TERMS AND DEFINITIONS

Androgenesis

पूर्णशक्ति (totiopotent) परागकण की एक श्रृंखला में कोशिका विभाजन तथा विभेदीकरण द्वारा अगुणित पौधों का *in vitro* विकास।

Callus

in vitro संवर्धन माध्यम में पादप कोशिकाओं की अव्यवस्थित वृद्धि।

in vivo घाव की अनुक्रिया जिसके फलस्वरूप अबुर्द वृद्धि होती हो।

Clonal Propogation

पौधों का लैंगिक प्रजनन अथवा कायिक प्रवर्धन जो कार्यिकी रूप से एक से हों जिनमें आनुवांशिकता एक समान मानी जाती हो तथा जिनका उद्‌गम एक व्यक्तिक अथवा कर्तातक द्वारा होता हो।

Clone पौधे के एक व्यक्ति द्वारा कायिक प्रवर्धन द्वारा अथवा

in vitro संवर्धन द्वारा पौधे के पुनरूज्जीवन से प्राप्त पौधों की जनसंख्या।

एक कोशिका द्वारा समसूत्री विभाजन से प्राप्त कोशिकाओं की जनसंख्या।

Caulogenesis

अंग विकास (organogenesis) के समय कैलस ऊतक से अपस्थानिक प्ररोह कलिकाओं का विकास। ऐसा देखा गया है कि यदि संवर्धन माध्यम में काइनेटिन (एक हार्मोन) की सांद्रता ऑक्जिन से अधिक हो तो caulogenesis होता है।

Cytodifferentiation

पाद्‌प ऊतक संवर्धन में कैलस ऊतक की वृद्धि तथा परिपक्व होने के समय कुछ dedifferentiated कोशिकायें संवहन ऊतक विशिष्ट रूप से वाहिकीय घटक में redifferentiation हो जाती हैं। Cytodifferentiation के परासंरचनीय अध्ययन (ultra structural study) से स्पष्ट होता है कि cytodifferentiation के साथ अंतःकोशीय विघटन परिवर्तन से सम्बद्ध होता है। कोशिकागों जैसे क्लोरोप्लास्ट, एण्डोप्लैजिम्क रेटिकुलम, डिक्टीयोसोम, राइबोसोम, माइटोकॉन्ड्रिया का स्वविघटन होता है।

Dedifferentiation

जब परिपक्व कोशिका विभाज्योतक अवस्था में पुर्नपरिवर्तित हो जाती है तथा undifferentiated कैलस ऊतक निर्मित करता है।

Embryogenesis

युग्मज से भ्रूण का विकास अथवा कायिक कोशिकाओं से द्विध्रुवीय संरचनाओं का विकास जो युग्मज भ्रूण के विकास के पथ के समानान्तर हो. अवरोक्त अवस्था में इस प्रकार के भ्रूण या तो अपस्थानिक अथवा *de novo* उद्‌गम के होते हैं।

Explant

पौधे अथवा बीज से लिया गया ऊतक जिसे संवर्धन माध्यम में स्थानांतरित करके ऊतक संवर्धन तंत्र को स्थापित किया जाता है या पौधे को पुनर्जीवित किया जाता है।

Meristemoid

कैलस ऊतक से उत्पन्न विभाज्योतक कोशिकाओं का स्थानिक समूह। इन कोशिकाओं से अपस्थानिक मूल तथा प्ररोह विकसित होता है।

Organogenesis

अपस्थानिक अंग अथवा आद्य (primordial) की विकास संरचना के आरम्भन की प्रक्रिया तथा विकास प्राकृतिक अंगों को दर्शाता है, जिसका आरम्भन अन्य अंगों के आरम्भन से अस्थाई रूप से पृथक किया जा सकता है। इस प्रकार के अंग अपस्थानिक अथवा *de novo* उद्‌गम के होते हैं।

संवर्धित ऊतकों में, किसी त्रुटि के कारण कुछ असंगत (anomalous) संरचनायें निर्मित हो जाती हैं। ये संरचनायें संगठित मेरिस्टमॉइंड से विकसित न होकर कैलस ऊतक के परिधीय से सीधे विकसित होते हैं।

Production of Haploids

किसी पौधे के गुणसूत्र के अगुणित (haploid) सेट को विभिन्न तकनीकों से प्राप्त किया जा सकता है। यह विविध जीन परिचालन को पूर्ण करने हेतु सुविधाजनक होती है। इससे उत्परिवर्तन तथा अन्य आनुवांशिक अध्ययन करना सम्भव हो सकता है अनिषेचित अंड कोशिका से पौधा उत्पन्न होने को Gynogenesis कहते हैं। विलम्बित परागण के फलस्वरूप विलम्बित निषेचन होता है। अंडे के केन्द्रक (nucleus) को असक्रिय करके उसमें नर केन्द्रक का प्रवेश करवाकर भी अगुणित उत्पन्न किये जा सकते हैं। इस विधि को ovule androgenesis कहते हैं। सेमीगेमी (semigamy) से भी अगुणित काइमिरा (haploid chimera) बनाये जा सकते हैं। यह वह अवस्था है जिसमें अण्ड कोशिका का केन्द्रक तथा अंकुरित परागकण का जनन (generative) केन्द्रक का अनुचित विभाजन होता है। Intergenic तथा interspecific crosses में चयनात्मक विलोपन की अवस्था उत्पन्न हो सकती है। इस अवस्था में निषेचन के पश्चात सिर्फ एक जनक का जिनोम विकसित होता है। इसके परिणामस्वरूप जिनोम के सिर्फ अगुणित सेट के साथ भ्रूण

विकसित होता है। रसायन उपचार, तापक्रम प्रधात, X-ray अथवा uv - किरणों में अनावरण जैसे भैतिक तकनीकों के उपयोग अगुणित प्राप्त किये जाते हैं।

Redifferentiation

Dedifferentiated कोशिकाओं द्वारा पूरे पौधे अथवा पादप अंगों को निर्मित करने की क्षमता।

Rhizogenes

अंग विकास (organogenesis) के समय कैलस ऊतक से अपस्थानिक जड़ो का विकास। ऐसा अवलोकन किया गया है कि यदि संवर्धन माध्यम में ऑक्जिन की तुलना में किनेटिन की सांद्रता कम हो तो rhizogenesis होता है।

Somatic Embryo

युग्मनज (Zygote) के अतिरिक्त बीजाणु उद्भिदी कोशिका से (*in vivo* अथवा *in vitro*) में भ्रूण का विकास।

Somatic Embryogenesis

एकल कोशिका अथवा कोशिकाओं के समूह में विकास पथ की प्रक्रिया जिससे गैर युग्मनज भ्रूण (non-zygotic embryos) का पुनर्जन्य पुनर्जनन होता है जिसके अंकुरण से पूर्ण पौधा बनता है।

Totiopotency

सामान्य कोशिकाओं का वह लक्षण जिसमें बहुकोशीय अथवा बहु अंगों वाले व्यक्तिक को आनुवांशिक क्षमता होती है। यह कोशिका का लक्षण है जिससे उस कोशिका में वयस्क के समान सभी कोशिका प्रकारों को विकसित करने की क्षमता होती है। अपवाद स्वरूप शीर्षस्थ विशिष्ट कोशिकायें सम्मलित होती हैं।

Xylogenesis

पेरेन्कायमा कोशिकाओं का विभेदीकरण जिसमें संवहनी पौधों के जायलम में देखी जाने वाली भित्ति में द्वितीयक स्थूल विकसित होती है।

THE DIFFERENT CULTURE SYSTEM

Organ Culture

इस तकनीक में काट कर निकाले गये अंगों के आद्य (primordial) अथवा पूर्ण अथवा अंग के किसी भाग का *in vitro* संवर्धन होता है तथा इसे इस प्रकार से बनाये रखा जाता है ताकि अंग की वास्तुकला एवं/अथवा कार्य हेतु विभेदीकरण तथा संरक्षण हो सके।

Callus Culture

ऊतक तथा प्रचुरोद्भवी स्थूल (proliferous mass) को कैलस कहते हैं। पौधों में गहरे घाव अथवा कुछ रोगों के कारण प्राकृतिक रूप से कैलस निर्मित होता है। कैलस

संवर्धन में इस प्रकार के ऊतक से कर्त्तोतक (explant) प्राप्त कर निजर्मीकृत *in vitro* संवर्धन किया जाता है। इस उद्देश्य हेतु संवर्धन माध्यम में फायटोक्रोम मिलाये जाते हैं।

Cell Suspension Culture

इस प्रकार के संवर्धन में, एकल कोशिका अथवा कुछ कोशिकाओं (समुच्चय) को तरल माध्यम में संवर्धित किया जाता है।

Embryo Culture

भ्रूण को बड़ी सावधानी से निकाला जाता है ताकि बीजांड, बीज अथवा कैप्सूल नष्ट न हो। इस निकाले गये कर्तातक का टेस्ट ट्यूब में संवर्धन किया जाता है। भ्रूण संवर्धन के अध्ययन से नियंत्रित परिस्थितियों में भ्रूणीय वृद्धि को प्रभावित करने वाले कारकों को समझा जा सकता है।

Auther Culture

परागकोष Anther को बंद पुष्प कलिकाओं से निकाला जाता है। परागकोष को अभित्य तथा छिद्रान्वेशी अवस्था में एकत्र किया जाता है। संवर्धन के समय परागकोष के अन्दर के परागकण (micro spores) कैलस ऊतक अथवा भ्रूणाभ (embryoid) में विकसित हो जाते हैं।

Pollen Culture

एक केन्द्रकीय (uninucleated) अवस्था के परागकणों (Pollen) का संवर्धन किया जाता है। यह लघुबीजाणु में विकसित न होकर भ्रूणाभ (embryoid) अथवा कैलस ऊतक में विकसित हो जाता है। इसे निर्जमीकृत रूप में अक्षुण्ण परागकोष से एकत्र किया जाता है।

परागकोष अथवा परागकणों के संवर्धन से plantlets organogenesis अथवा embryogenesis से विकसित होते हैं। ये अगुणित होते हैं, तथा उच्च पादपों के आनुवांशिकता को आधारभूत तथा अनुप्रयोगिक पहलू के अध्ययन हेतु अत्यंत महत्वपूर्ण होते हैं।

Protoplast Culture

पौधे के किसी भाग के ऊतक से कोशिका भित्ति को हटाकर प्रोटोप्लास्ट एकत्र किया जाता है। प्लैज्मा झिल्ली उपस्थित रहती है। इस प्रकार के प्रोटोप्लास्ट में नई कोशिका भित्ति को पुनः निर्मित करने की क्षमता होती है।

TISSUE CULUTRE - BASIC TECHNIQUE

The Explants

ऊतक संवर्धन में सबसे महत्वपूर्ण कर्तोतक को एकत्र करना तथा उसे निजर्मी अवस्था में बनाये रखता है। इस कर्त्तोतक को संवर्धन माध्यम में नियंत्रित परिस्थितियों में वृद्धि

करने दिया जाता है। कर्तोतक हेतु पौधे के किसी भी भाग का उपयोग किया जा सकता है। कर्तोतक का उपयोग करने के पूर्व इसे निजर्मीकृत किया जाता है। निजर्मीकरण हेतु कुछ रसायनों जैसे सोडियम हायपोक्लोराइट (1-4%), केल्शियम हायपोक्लोराइट (7%) मरक्यूरिक क्लोराइड (10%) ब्रोमीन वाटर (1%) का उपयोग किया जाता है। सामान्य रूप से कैल्शियम हायपोक्लोराइट घोल का उपयोग किया जाता है। उचित निपटान न हो पाने के कारण मरक्यूरी के उपयोग को परिहार किया जाता है। निजर्मीकरण हेतु 70% ईथिल अल्कोहल का भी उपयोग किया जाता है। किस प्रकार के विशिष्ट निजर्मी रसायन का उपयोग किया जाता है तथा उसकी सांद्रता कितनी हो एवं कितने समय के लिये इस घोल में रखना है, आदि कर्तोतक पर निर्भर करता है। निजर्मी ऐजेन्ट के उचित भेदन तथा प्रभावी बनाने के उद्देश्य से **Teepol, Tween 20** को निजर्मी घोल में मिलाया जाता है। निजर्मीकरण के पश्चात् कर्तोतक को निजर्मी आसुत जल से कई बार अच्छे से धो लिया जाता है ताकि निजर्मी घोल पूरी तरह से घुल जावे तथा कर्तोतक को पोषक माध्यम में स्थानांतरित किया जा सके। जब कर्तोतक पौधे के भूमिगत भाग (जैसे **roots, tubers, rhizomes**) का ऊतक संवर्धन हेतु उपयोग में लाया जाये तो उसे कवकनाशी तथा प्रतिजैविक से पूर्व उपचारित किया जाता है।

Culture Medium

पूर्व के अनुसंधान में **knoop's solution** के आधार पर संवर्धन माध्यम तैयार किया गया था। कुछ समय पश्चात् **plant growth regulators** एवं पौधों की वृद्धि, पोषण में **micronutrients** तथा विटामिन की भूमिका के अनुसंधान होने पर संवर्धन माध्यम में कुछ परिवर्तन किये गये हैं। **Murashige and Skoog (1962)** ने संवर्धन माध्यम का एक समायोजन प्रस्तुत किया। इस माध्यम को **Murashige and Skoog medium** कहा जाता है तथा सभी प्रकार के संवर्धन कार्यों में उपयोग किया जाता है। बाद में Linsmaier and Skoog (1965 B) Gamborg *et al.* (1968), Schenk and Hildebrandt (1972), Bitsch and Bitsch (1969) तथा Liyod and McCown (1980) ने ऊतक संवर्धन हेतु विभिन्न प्रकारों के संवर्धन माध्यम को तैयार किया।

पौधों के भागों के संवर्धन हेतु पोषक माध्यम में सभी आधारभूत संघटक जैसे कार्बन स्त्रोत, अकार्बनिक पोषक, विटामिन, वृद्धि नियंत्रक (**growth regulator**) तथा कुछ कार्बनिक पूरकों का उपयोग किया जाता है। पोषक माध्यम के सही चयन पर ही पादप् ऊतक संवर्धन सफल होता है। जीवन हेतु कार्बन आवश्यक है तथा यह ऊर्जा स्त्रोत के रूप में उपयोग में लाया जाता है। तथापि 2-4% सूक्रोज सबसे अच्छा कार्बन स्त्रोत माना जाता है। अकार्बनिक पोषक लवण होते हैं जिन्हें **macro** तथा **micro nutrients** के रूप में उपयोग में लाया जाता है। पोटेशियम, कैल्शियम, मैग्नीशियम तथा सल्फर पौधे के लिये **macro nutrients** होते हैं। नाइट्रेट लवण अथवा अमोनियम लवण के रूप में नाइट्रोजन का उपयोग किया जाता है। **Micro-nutrients** के रूप में पौधे **I, Bo, Mn, Zn, Mo, Cu, Co** तथा **Fe** का उपयोग करते हैं। संवर्धन माध्यम में थायमीन, पायरीडॉक्सिन तथा निकोटिनिक अम्ल विटामिनों का उपयोग किया जाता है। **Plant growth regulators** का उपयोग दो उद्देश्यों के लिये किया जाता है। ये कोशिका कोशिका प्रचुरोद्भवन (**cell proliferation**) तथा कोशिका के पुनर्जनन (**cell regeneration**) के लिये उपयोगी है।

कोशिका प्रचुरोद्भवन हेतु 2,4-dichlorophenoxy acetic acid (2,4-D) अथवा 1-napthalene acetic acid (NAA) तथा सायटोकायनिन (Kinetin, benzyl adenosline, 2-isopentyladenosine, zeatin, thidiazuron) का उपयोग किया जाता है। कोशिका पुनर्जनन हेतु कम ऑक्जिन (NAA, IAA, IBA) तथा उच्च मात्रा में सायटोकायनिन का उपयोग किया जाता है। कोशिका पुनर्जनन हेतु 2, 4-D का उपयोग नहीं किया जाता है। ग्लायसीन अमीनो अम्ल तथा केसिन हाइड्रोलायसेट (नाइट्रोजन पूरक) को कार्बनिक पूरकों के रूप में उपयोग में लाया जाता है। Coconut milk, yeast extracts, peptone तथा malt extracts आदि कुछ कार्बनिक पूरक हैं जिनका उपयोग संवर्धन माध्यम में किया जाता है।

Sterilization

संदूषण (Contamination) को अलग करने की विधियों को sterilization कहते हैं। काँच की शीशी, धातु के उपकरणों तथा अल्यूमिनियम फॉइल को शुष्क तकनीक द्वारा निजर्मीकृत किया जाता है. इन सामानों को सही प्रकार से सील करके hot air oven में 2-4 घंटे के लिये शुष्क वायु (160-180°C) पर रखा जाता है। Autoclave मुख्य नम निजर्मी तकनीक है। इस विधि में उच्च दबाव में जलवाष्प द्वारा पदार्थों को निर्जमीकृत किया जाता है। Autoclaving में 121°C तथा 15 psi पर 15-20 मिनिट तक निर्जमीकरण किया जाता है। कुछ रसायन जैसे विटामिन, हार्मोन्स तथा पादप निष्कर्ष autoclaving में विघटित हो सकते हैं। इन रसायनों हेतु निस्पंदन (filteration) तकनीक का उपयोग किया जाता है। घोल को झिल्ली निस्यंदक (membrane filter) द्वारा छाना जाता है। निष्यंदक के छिद्र इतने छोटे होते हैं ताकि उसमें से जीवाणु छने हुये घोल में नहीं रह पाते हैं। निस्यंदक में प्रायः millipore अथवा Seitz filter का उपयोग किया जाता है जिसमें छिद्र 0.2 nm से अधिक नहीं होते हैं। Explant हेतु पादप अंगों के लिये पृष्ठ निजर्मीकरण (surface sterilization) का उपयोग किया जाता है। पादप अंग को sterilizing solution में रखा जाता है. यह घोल विभिन्न सांद्रताओं का होता है। पृष्ठ निजर्मीकरण हेतु प्रायः mercuric chloride (0.1-1.0%) ethyl alcohol (75-95%) hydrozen peroxide (3-12%), bromine water (1-2%), silver nitrate (1%) घोलों का उपयोग किया जाता है. उपचार करने हेतु 5-30 मिनिट का समय आवश्यक होता है। इस तकनीक से जीवाणविक तथा कवकीय संदूषण को अलग किया जा सकता है। संवर्धन कक्ष (culture room) को डिटर्जेंट से धोया जाता है। Lysol, Zephinam तथा sorcal प्रभावी disinfactant होते हैं। पृष्ठों को 2% sodium hypochlorite घोल अथवा 95%, ethyl alcohol से धोया जाता है। संवर्धन कक्ष तथा स्थानांतरण हेतु उपयोग में आने वाले उपकरणों पर uv विकीर्णन किया जाता है. पादप अंग पर uv विकीरण नहीं किया जाता है।

APPLICATION OF TISSUE CULTURE

पादप संवर्धन तकनीक का अनुप्रयोग मुख्य रूप से plant breeding, horticulture तथा forestry में किया जाता है। Micropropagation, clonal propagation तथा ऊतक संवर्धन की अन्य तकनीक वृहत् एवं विस्तृत क्षेत्रों में उपयोगी पाई गई हैं।

Plant breeding तथा फसलों की प्रजातियों के सुधार हेतु अगुणित (haploid) पौधों का उपयोग किया जाता है। इसके द्वारा F_1 double haploid system, diploid production, रोगों के लिये प्रतिरोधी उत्परिवर्तनजों का चयन, चाहे गये allel gene का स्थानांतरण तथा transgenic plants के उत्पाद द्वारा नई प्राप्त हो सकी है। भ्रूण संवर्धन तकनीक के कुछ व्यावहारिक अनुप्रयोग हैं जैसे असंगत संकरण इससे आदिम कृषिजोपजाति (primitive cultivar) तथा फसल पौधों के वन्य सम्बंधियों के संरक्षण में सहायक होता है। incompatibile crosses से भ्रूण का बचाव, एकगुणित (monoploid) का उत्पादन, क्लोनीय माइक्रोप्रोपेगेशन (clonal micropropagation) इस तकनीक द्वारा प्रसुप्ति (dormancy) तथा बीज बंध्यता (seed sterility) को दूर करने में सहायता मिलती है। यह तकनीक breeding को निम्नीकृत करने में सहायक होती है। पादप कोशिकाओं में बाहरी जीन (foreign genes) के स्थानांतरण तथा अभिव्यक्ति को आनुवांशिक रूपांतरण (Genetic transformation) कहते हैं। इसके वृहत अनुप्रयोग हैं, शाकनाशी सहनशीलता (herbicide tolerance) तथा विषाणु प्रतिरोध (viral resistance) हेतु यह विशेष रूप से उपयोगी है। विषाणु रोगों से मुक्त पौधों का उत्पादन पादप प्रजनन (plant breeding) तथा फसलों के सुधार हेतु प्रमुख उपलब्धियाँ हैं। इसके लिये विभाज्योतक शीर्ष (meristematic tip) अर्थात् apical meritem संवर्धन तथा सूक्ष्म कलम तकनीक (micrografting techniques) का अनुप्रयोग किया जाता है। तथापि meristem-tip culture एकमात्र तरीका है जिससे विषाणुमुक्त पौधों के क्लोन को प्राप्त किया जा सकता है। थर्मोथेरिपी (Thermotherapy) द्वारा विषाणु को ऊत्तक से अलग कर दिया जाता है। जनन द्रव्य (germplasm) का संरक्षण आनुवांशिक विविधता के अध्ययन तथा सुरक्षा के लिये महत्वपूर्ण है। इससे आदिम कृषिजोपजाति (primitive cultivar) तथा फसल पौधों के वन्य सम्बंधियों के संरक्षण में सहायक होता है। ऊतक संवर्धन तकनीक ने जनन द्रव्य संग्रहण हेतु विधि प्रदान की है। कुछ प्राकृतिक उत्पाद जिन्हें सामान्य रूप से द्वितीयक उपापचयज (secondary metabolites) कहा जाता है मीठा करने वाले (sweetness) भोजन सुरूचिक (food flavours) प्रति सूक्ष्मजीवी (antimicrobial) तथा औषध (pharmaceutical) रसायनों का उद्योगों में अनुप्रयोग होता है। पादप कोशा संवर्धन द्वारा उपापचयजों के उत्पादन में लाभ होता है। अक्षुण्ण पौधों की तुलना में *In vitro* परिस्थितियाँ पादप कोशिका संवर्धन इस प्रकार के उपापचयजों के उत्पादन में ज्यादा प्रभावी है। पादप कोशिका संवर्धन में विषमांगता द्वारा द्वितीयक रसायनों के उच्च मात्रा में उत्पादन में सफल कोशिकाओं का चयन किया जाता है। निश्चलीकृत पादप कोशिका संवर्धन तकनीक (Immobilized plant cell culture technique) द्वारा इस प्रकार के रसायनों के उत्पादन को इष्टतम किया गया है। Gel अथवा Membrane entrament द्वारा निश्चलीभवन किया जाता है। Two phase system culture, द्वितीयक उपापचयजों के उत्पादन की दूसरी विधि है। इस विधि में, reactor में separation phase (तरल) को रखा जाता है जो कोशिकाओं को उत्पादन से पृथक रखता है। Reactor से उत्पाद को लगातार एकत्र किया जाता है।

अध्याय – 20

Bioinformatics

बायोइन्फॉर्मेटिक्स विषय में कम्प्यूटर तकनीक का उपयोग जैविक सूचनाओं को संचालित करने के लिये किया जाता है। **Bioinformatics** का मुख्य उद्देश्य विभिन्न स्त्रोतों से प्राप्त **data** को समायोजित करना है। **Laboratory automation** तथा **computing** द्वारा बहुत बड़े जिनोम के **DNA sequencing** में प्रगति हुई है। एक नये मॉडल पौधे ***Arabidopsis thaliana*** के जीनोम अध्ययन हेतु **National Science Foundation** द्वारा अनुदान दिया गया। **Sequenced DNA** के किसी नये टुकड़े को विभिन्न जीवों से पूर्व में प्राप्त **sequenced DNA** के साथ समानतायें एवं समजाततायें ज्ञात करना **Bioinformatics** का एक आधारभूत प्रचलन है। **Bioinformatics** में **Software, databases** तथा जीन एवं **open-reading frame (ORF)** की पहचान, **Database homology** एवं **DNA** तथा प्रोटीन दोनों के अनुक्रमों में अन्वेषण का प्रतिरूप, **Comparative sequence analysis** तथा **multiple sequence alignment** कार्यात्मक स्थल के संदर्भ में प्रोटीन संरचना का अनुमान तथा **Protein homology model** की व्याख्या की जाती है।

Bioinformatics कम्पनियाँ तथा वैज्ञानिक निम्नलिखित मुद्दों पर कार्य करते हैं–

(1) **Data** को एकत्र करना तथा संग्रहित करना।

(2) **Database** का अन्वेषण।

(3) **Database** का वर्गीकरण।

(4) **Data** का विश्लेषण तथा व्याख्या करना।

(5) **Sequencing and functional analysis projects** से प्राप्त जैविक सूचनाओं का वितरण।

इस अध्याय में सिर्फ **Bioinformatics** से सम्बंधित परिभाषायें एवं सिद्धांतों को सम्मिलित किया गया है।

Genomics

किसी जीव के सभी जीनों के अध्ययन को **genomics** कहते हैं। इसके अंतर्गत – **DNA** अनुक्रमों, संरचना, जीन नियंत्रण, अनयोन्य प्रतिक्रियाओं तथा उत्पादों पर अध्ययन किया जाता है। बहुत बड़ी संख्या में जीनों के संरचना एवं कार्य का समक्षणिक ढंग से अन्वेषण किया जाता है। **Structural Genomics** का तात्पर्य बड़ी संख्या प्रोटीन

की संरचना को ज्ञात करना है। यह विश्वव्यापी उद्देश्य होता है। X-ray crystallogr-aphy तथा NMR spectroscopy महत्वपूर्ण है। Structural genomics के द्वारा जैविक प्रक्रियाओं के आणविक event पर अध्ययन करने में सहायक होता है। Structural genomics से बड़ी संख्या में प्रायोगिक प्रोटीन संरचनायें प्राप्त होती हैं और इससे ज्यादा महत्वपूर्ण यह है कि इससे भी बड़ी संख्या में प्रोटीन संरचना के तुलनात्मक मॉडल प्राप्त होते हैं। औषध के अविष्कार में structural genomics का अनुप्रयोग बहुत लाभदायक होता है।

Functional Genomics

यह एक विधि है जिससे जीन के कार्य को ज्ञात किया जाता है। इससे यह भी जानकारी मिलती है कि जीन सामान्य कार्यिकी को किस प्रकार प्रभावित करता है। इसका आधारभूत उद्देश्य यह है कि functional genomics द्वारा genomic sequence data को उत्पाद के जैविक कार्यात्मकता तथा नियामक नियंत्रण से संपूरण करना है। Mutagenesis जीन कार्य को समझने की सबसे अच्छी विधि है। इसके अतिरिक्त जीन उत्पाद की संरचना अथवा अभिव्यक्ति को प्रभावित करने वाले DNA sequence में परिवर्तन को उत्पन्न होने से भी जीन कार्य को समझा जा सकता है। Functional genomics से sequencing, positional cloning, knock out, gene expression profiling, model organism development तकनीक उभर कर आई है। बड़े मात्रा में प्रोटीन विश्लेषण की तकनीक भी विकसित हुई है। बाह्य आकारिकी तथा कार्यिकी अध्ययन को Comparative genomics कहते हैं। इसके अंतर्गत proteomes की तुलना की जाती है, अर्थात् किन्हीं दो अथवा अधिक जीवों के पूरे प्रोटीन की तुलना की जाती है। Genomes का स्वभाव तथा उनके अभिप्राय में भिन्नता भी genotype तथा phenotype के अन्तर्सम्बंध को ज्ञात करने का एक महत्त्वपूर्ण तरीका है। स्वस्थ बहिःनस्ल (out breed) में पाये जाने वाली आनुवांशिक विविधता का अध्ययन कर उसे समझना भी comparative genomics के लिये आवश्यक है।

जीन कार्य की भविष्यवाणी का प्रयास तथा प्रयत्न करना भी comparative genomics का एक आवश्यक उद्देश्य है। Single nucleotide polymorphism (SNP) वह बिन्दु है जहाँ व्यक्तिकों में अनुक्रम के सम्बन्ध में भिन्नता देखी जा सकती है। SPNS का महत्व इस तथ्य पर निर्भर रहता है कि अनुक्रम के परिवर्तन से किसी प्रजाति के उपजनसंख्याओं में कार्यात्मक भिन्नता के तरीकों को ज्ञात किया जा सकता है। जीनोमिक उद्योग ने चार प्राथमिक व्यवसाय मॉडल तैयार किये हैं जो कि (1) Information companies structural genomics (2) Information companies - Functional Companies. इन दोनों मॉडलों के Information companies जीनोमिक मैप में अनुक्रम तैयार करने तथा जीन कार्य का निगमन करने में लगी हुई रहती है। (3) Target drug discovery companies. आनुवांशिक विविधता, lead generation तथा lead optimization, forward integrated drug discovery तथा pharmacogenesis पर कार्य करती है। (4) Enabling genomic technology comapnies - sequences के क्षेत्र, DNA assays, High through put screening, bioinformatics, miniaturization as reagent companies के रूप में कार्य करती है। भेषज गुण विज्ञान (pharmacology) तथा अनुवांशिक विज्ञान

(genetics) के सर्वनिष्ठ को **pharmacogenomics** कहते हैं। इसके अंतर्गत यह अध्ययन किया जाता है कि आनुवांशिक विविधता के कारण किस प्रकार व्यक्तियों पर औषध की प्रतिक्रिया प्रभावित होती है। औषधि की प्रभावोत्पादकता को एकांतरित करने, आनुवांशिक विविधता को पहचानने तथा व्याख्या करने में यह क्षेत्र सहायक होता है। इस क्षेत्र के द्वारा **new target drugs** को भी सुझाव प्राप्त होते हैं। ऐसी भविष्यवाणी की गई है कि रोगों को जैव क्रिया विधि तथा **molecular marker** के आधार पर पुनःवर्गीकृत किया जावेगा। प्रत्येक मनुष्य के रोग के उपचार हेतु उसकी आणविक रूपरेखा के आधार पर औषधि निर्धारित की जावेगी। इस प्रकार का पूर्व चयन औषधि के प्रति प्रक्रिया दर्शाने वाले रोगियों के उपजनसंख्या के रोग नियंत्रण के समर्थन का अनुमोदन करने के लिये अपर्याप्त होगा। **Pharmacogenomics** द्वारा भविष्य में रोगी को दी जाने वाली औषधि के प्रभावोत्पादकता में सुधार किया जाना, किसी विशिष्ट औषधि का रोगी पर होने वाले सबसे अच्छे अनुप्रभाव, अधिक शक्तिशाली एवं सुरक्षित औषधि एवं रोग को सही रूप में परखना सम्भव हो सकेगा। इससे अच्छे टीके उपलब्ध हो सकेंगे तथा स्वास्थ की देखरेख में कम खर्च होगा।

Proteome and Proeomics

Marc Wilkins ने **proteome** शब्द निर्माण किया था। इसे जीनोम के प्रोटीन पूरक के रूप में व्यक्त किया जाता है। **Leigh Anderson** ने **Proteomics** शब्द दिया। यह प्रोटीन स्तर पर **functional genomics** है, तथा इसमें प्रोटीन के कार्य को समझने के उद्देश्य से प्रोटीन का पृथक्करण, पहचान तथा गुणों का वर्णन करना सम्मिलित है। **Proteomics** में सभी प्रोटीनों की कार्यात्मक जानकारी उपलब्ध कराने हेतु खोज की जाती है। अतः यह जीनोमिक्स का पूरक है। प्रोटीयोमिक्स का आधारभूत उद्देश्य पूरे प्रोटीयोम का कार्यात्मक स्पष्टीकरण प्रदान करना है। कोशिकाओं के अन्दर तथा आपस में प्रोटीओम की भूमिका वैयक्तिक कोशिका का जैवरसायन तथा कार्यिकी को उत्पन्न करने में सहयोग करना है। पूरे जीव को **Phenomics** के रूप में परिभाषित किया जाता है। **Proteomics** से सार्थक अविष्कार प्राप्त होते हैं क्योंकि इसमें सम्भावित नये एन्जाइम तथा सिग्नलिंग अणुओं के रूप में प्रोटीनों के सेट को सम्मिलित किया जाता है। इसके साथ ही चिकित्सीय लक्ष्य के उत्तम तथा पूर्वानुमान न होने वाले जैवरासायनिक पथों की खोज की जाती है। जीनोमिक्स प्रोटीन के उन्नत अनुसंधान हेतु आवश्यक **data** का व्यापक अनुक्रम तथा अभिव्यक्ति प्रदान करता है। प्रोटीयोमिक्स जीन अभिव्यक्ति के परिणाम हेतु डाटा उपलब्ध करवाता है।

Proteomics Technology

यह कुछ कठिन होता है। डी.एन.ए. अणु सरल रैखिक अणु होता है तथा इसका विस्तारण किया जा सकता है। प्रोटीन अणु कुछ भिन्न होता है। इनकी संरचना जटिल होती है तथा इनका विस्तारण नहीं किया जा सकता है। डी.एन.ए. मूलतः स्थैतिक होता है। प्रोटीन अनेक रूपों में संरचना में परिवर्तन दर्शाते हैं। यहाँ तक कि एक छोटे से समय में एक वैयक्तिक कोशिका में भी प्रोटीन अपनी संरचना में परिवर्तित होते रहते हैं। अतः प्रोटीन के अध्ययन की तुलना में डी.एन.ए. अथवा आर.एन.ए. का अध्ययन करना ज्यादा सरल होता है। प्रोटीन काइनेस जैसे विरल प्रोटीन अथवा टीलोमरेस जैसे महत्वपूर्ण एन्जाइम प्रायः

विवेचनात्मक नियंत्रण अवयव होते हैं। झिल्ली के प्रोटीन को पृथक करना कठिन होता है क्योंकि ये डिटर्जेन्ट के बिना अघुलनशील होते हैं। प्रोटीन कोशिका सिग्नलिंग में शामिल होते हैं तथा एक प्रादर्श औषधि लक्ष्य बनाते हैं। अतः इन्हें ज्ञात करना संकटपूर्ण होता है।

प्रोटीयोमिक्स तकनीक में **2-D gel electrophoresis** तथा **mass spectroscopy** का उपयोग किया जाता है। प्रोटीन को **MS** प्लेट पर लोड किया जाता है। इसके पश्चात् स्पेक्ट्रा उत्पन्न किया जाता है तथा **SWISS-PROT** जैसे प्रोटीन डाटाबेस से मैच ढूंढने में बहुत समय लगता है। इस प्रक्रिया को जल्द पूर्ण करने के लिये पूरी प्रक्रिया को ऑटोमेटेड किया जाता है। पूरी प्रक्रिया का तात्पर्य प्रोटीन का निष्कर्षण, जल द्वारा प्रोटीन की पहचान तथा परिमाणन तक हैं। **2-D gel electrophoresis** के उन्नत होने से प्रोटीयोमिक्स का क्रांतिकारी विकास हो रहा है। इससे विभिन्न प्रोटीनों को आगे के विश्लेषण के लिये पृथक किया जा सकता है। अभिरंजकों तथा **bioinformatics software** का उपयोग करते हुये **2D gels** को **high-resolution digital maps** में स्थानांतरित कर दिया जाता है। **2D gels** से व्यक्तिक प्रोटीन का कर्तन किया जाता है। इन प्रोटीनों को पॉलीपेप्टाइड खण्डों में तोड़कर **mass spectroscopy** का उपयोग करके अनुक्रम तैयार किया जाता है। अमीनों अम्ल अनुक्रम एक **finger print** होता है जिसकी तुलना पहले से ज्ञात प्रोटीन तथा **DNA sequence database** से की जाती है। **Recedi Aebersoid** ने **mass-spectro scopy** का उपयोग करके प्रोटीन की आपेक्षित आंकलन हेतु एक सीधी साधी विधि की युक्ति बनाई।

Isotope Coded Affinity Tags (ICAT) यह प्रोटियोमिक्स की सबसे सुचारू तकनीक है। इसका अनुप्रयोग किसी भी प्रकार की पृथक्करण तकनीक में किया जाता है जिसमें **HPLC** तथा **Capillary electrophoresis** सम्मिलित है। **Qualitative 2-D gel electrophoresis** ज्यादा उपयोगी है क्योंकि इसमें **(quantitation)** के साथ **pre-fractionation** भी होता है। इस तकनीक में दो प्रोटीन सेम्पल जिनमें से एक **control** होता है को आपस में निकटता वाले **isotope** से **label** कर दिया जाता है। दोनों सेम्पल को एक साथ मिला दिया जाता है एवं **mass spectroscopy** द्वारा प्रोटीन की पहचान की जाती है। चूंकि दोनों सेम्पल को अलग अलग **isotope** द्वारा **label** किया जाता है अतः अनुपात की गणना की जा सकती है। प्रोटीन **mass fingering technique** की सहायता से प्रोटीन की **MS** द्वारा जल्दी एवं अधिक कार्यकुशलता पहचान की जाती है। एन्जाइम (प्रायः **trypsin**) का उपयोग करके प्रोटीन के खण्डों को एकत्र किया जाता है तथा खण्डों के राशि की **Theoretical peptide** से तुलना की जाती है। **Theoretical peptide** प्रोटीन होते हैं अर्थात् डाटाबेस (कम्प्यूटर द्वारा तैयार किया गये प्रोटीन खण्ड) द्वारा उपलब्ध होते हैं। यदि प्रोटीन **mass fingerprinting** में **fix** नहीं होते हैं, तो पेप्टाइड्स को और अधिक विखण्डित करके **tandem MS** अथवा **MS/MS** द्वारा विश्लेषित किया जाता है। **Swiss Institute of Bioinformatics (SBI)** तथा **European Bioinformatics Institute (EBI)** से **Human Proteomics Initiative (HPI)** प्रादुर्भाव हुआ है। इन संस्थाओं का प्रयास है कि मनुष्यों के प्रोटीन अनुक्रम की बड़ी संख्या में सहकारी रूप में एकत्र जानकारियों की व्याख्या करना, वर्णन करना तथा वितरण करना है। **HPI project** के पास दो समय सम्बद्ध पक्ष हैं जिनमें से एक पक्ष नौ माह का **"marathon"** है जो अनुसंधान के प्रचलित स्तर से सम्बंधित होता है, दूसरा पक्ष इस प्रकार के प्रोजेक्ट को जब तक

आवश्यक हो तब तक उसे चालू रखने के लिये वचनबद्ध होना है। Protein Modeling के अंतर्गत किसी जीन लोकस के स्थान को जानने के लिये तथा उस जीन द्वारा कूट किये गये प्रोटीन का त्रिविमीय मॉडल बनाना सम्मिलित है। प्रोटीन मॉडलिंग के कुछ चरण हैं: अनुलेखन (Transcription) के आरम्भन/समापन का स्थान, स्थानांतरण (Translation) के आरम्भन/समापन का स्थान इन्ट्रॉन/एक्सॉन के स्पाइस स्थल की पहचान, तथा 3-D संरचना का अनुमान लगाना होता है। एक बार प्राथमिक अमीनो अम्ल के क्रम की जानकारी हो जाने के पश्चात्, अगले चरण में सम्बंधित प्रोटीन के 3-D की सम्भावित रचना को विकसित करना है। इसके लिये विभिन्न डाटा के विश्लेषण की आवश्यकता होती है।

Genetic and Physical Mapping

आनुवांशिक तथा भौतिक मानचित्र किसी गुणसूत्र पर इकाईयों के क्रम की सम्भावित जानकारी देते हैं। आनुवांशिक मानचित्र दो इकाईयों के बीच की दूरी का अप्रत्यक्ष आकलन प्रदान करता है जबकि भौतिक मानचित्र रूचि वाली इकाइयों (क्षारक जोड़ों) के बीच की दूरी का वास्तविक आकलन प्रदान करता है। आनुवांशिक मानचित्र (Genetic Maps) इन मानचित्रों में जीन को खोजने के लिये आनुवांशिक सूचक (Genetic marker) का प्रयोग किया जाता है। इन सूचकों को आनुवांशिक मानचित्र में निशान के रूप में उपयोग में लाया जाता है। किसी एकान्तरण अथवा उत्परिवर्तन के द्वारा किसी एक जीन के विस्थल (gene locus) में उत्पन्न अवलोकन के लायक परिवर्तन को सूचक (marker) कहते हैं। मार्कर जीन के अन्दर हो सकते हैं जो स्पष्ट अथवा अस्पष्ट भौतिक लक्षणों को कूट करते हैं। DNA-based अभिकारक भी मार्कर का कार्य कर सकते हैं। इस प्रकार के मार्कर जीन में कूट न किये जाने वाले भाग में पाये जाते हैं तथा इनका उपयोग गुणसूत्र के विलक्षण भागों की पहचान के लिये किया जाता है। कुछ मार्कर सामान्य रूप में उपयोग में लाये जाते हैं। Restriction fragment length polymorphisms (RFLPs) इन मार्कर की विशिष्ट स्थल (Restriction Site) की उपस्थिति अथवा अनुपस्थिति के आधार पर परिभाषित किया जाता है। Variable number of tanden repeat polymorphisms (VNTRs) ये कई बार पुनरावृत्त होने वाले न्यूक्लीयोटाइड के अनुक्रम हैं। हालांकि, एक क्रम की कितने बार पुनरावृत्ति होगी इसमें विविधता हो सकती है। Microsatellite polymorphisms ये न्यूक्लियोटाइड, अथवा सायटोसीन एवं एडीनोसीन क्षारक के विविध संख्या के पुनरावृत्त होते हैं। किसी एक microsatellite का पुनरावृत्त की संख्या भिन्न भिन्न हो सकती है ।

Single nucleotide polymorphisms (SNPs)

यह वैयक्तिक (individual) गुणसूत्र किसी भाग के DNA अनुक्रम के कुल लम्बाई में परिवर्तन उत्पन्न न करने वाले point mutation अथवा एक न्यूक्लीयोटाइड का प्रतिस्थापन होता है। किसी गुणसूत्र में पाये जाने वाले जीन सहलग्नता (Linkage) प्रदर्शित करते हैं तथा अर्धसूत्री विभाजन (meiosis) के समय जीन विनिमय (crossing over) के फलस्वरूप पुनर्योजन (recombination) होता है। Co-regregation तथा statistical technique का अनुप्रयोग (आनुवांशिक सहलग्नता विश्लेषण) एक दूसरे के निकट वाले पाये जाने वाले marker की पहचान करना तथा सम्भावित विनिमय नमूना (cross over pattern) का

निष्कर्ष निकालना सम्भव हो सका है। यह सम्मिलित markers के क्रम को विश्लेषित करने में समर्थ कर देता है। अर्धसूत्री विभाजन के समय प्रत्येक marker के संचलन को co-regregation of allele कहते हैं। जब एक ही दिशा में संचलन हो तो इस प्रकार के कार्य को Monotonic function कहते हैं। यदि पुनर्योजन बेतरतीब घटना के रूप में होता है, तो दो marker जो एक दूसरे के समीप होते हैं, कम आवृत्ति से पृथक होते हैं तथा एक दूसरे से दूरी पर पाये जाने वाले marker में कम आवृत्ति होती है। **Physical Maps :** ये तीन प्रकार के होते हैं – Chromosomal or Cytogenetic maps, Radiation hybrid maps तथा Sequence maps ये मानचित्र एक दूसरे के निकट की इकाइयों के पृथक्करण की युक्ति की क्षमता में भिन्नता दर्शाते हैं। इस गुण को degree of resolution कहते हैं। वियोजन (resolution) जितना उच्च होगा उतना ही अच्छा मानचित्र प्राप्त होगा। **Chromosomal or Cytogenetic map:** अभिरंजित गुणसूत्र को साधारण सूक्ष्मदर्शी द्वारा अवलोकित किये गये सुस्पष्ट banding pattern पर आधारित होते हैं। इसका उपयोग पूरे जीव में विशेषक (traits) द्वारा परिभाषित genetic markers के स्थान निर्धारण हेतु किया जाता है। इन्हें physical map माना जाता है जो निम्नतम वियोजन दर्शाते हैं। **Radiation Hybrid (RH) Maps:** ये मानचित्र सहलग्नता मानचित्र (linkage maps) के समान होते हैं। ये genetic तथा physical markers के बीच के आकलन में भिन्नता दर्शाते हैं। इस प्रकार के मानचित्र को तैयार करने में DNA को एक नापी हुई, radiation मात्रा में अनावरित किया जाता है एवं इस दौरान, गुणसूत्र के विच्छेद के बीच की औसत दूरी को नियंत्रित करना सम्भव हो जाता है। DNA को विभिन्न मात्रा के विकिरण में अनावरित करने के फलस्वरूप दो निकटवर्ती markers विच्छेदित हो जाते है। अतः लगभग कोई भी genetic markers यहाँ तक जिनोमिक खण्ड के स्थान को जाना जा सकता है।

Sequence Maps - यह genetic markers के साथ–साथ markers के बीच के अनुक्रम को क्षारक जोड़े के माप में दर्शाता है। यह markers के अधिकांश विवरण प्रदान करता है। Radiation hybrid maps तथा sequence maps सहलग्नता मानचित्र के समान होते हैं।

RH mapping को सहलग्नता मानचित्र तथा अनुक्रम मानचित्र के बीच की श्रृंखला के रूप में उपयोग में लाया जाता है। Sequence tagged sites (STS) छोटे DNA अनुक्रम होते हैं। STS mapping में क्षारकों के अनुक्रम का क्रम तथा सही स्थान मालूम होना आवश्यक है। Expressed sequence tags (ESTS) तथा Simple sequence length polymorphism (SSLPs), STSs के सामान्य स्त्रोत है। ESTs छोटे अनुक्रम होते हैं जिन्हें complementary DNA (cDNA) clones के विश्लेषण से ज्ञात किया जाता है। STSs विशिष्ट जीन के लिये महत्वपूर्ण होते हैं अर्थात् किसी एक जीन कुल (gene family) से सम्बन्ध नहीं रखते हैं (gene family) का तात्पर्य एक समान अनुक्रमों वाले जीन का सेट होता है। SSLPs पुनरावृत्त अनुक्रमों के क्रम विन्यास हैं जो लम्बाई की विविधता प्रदर्शित करते हैं। STSs mapping के लिये अतिछादित DNA खण्डों को restriction enzymes द्वारा छोटे खण्डों में तोड़ दिया जाता है एवं प्राप्त आंकड़ों का विश्लेषण किया जाता है ताकि यह जानकारी मिल सके कि किस खण्ड में कौन सा STSs पाया जाता है। इस कार्य

के लिये Molecular cloning technique (a recombinant DNA technology) का उपयोग किया जाता है। DNA fragment को एक उचित cloning vector के द्वारा उपयुक्त पोषक में प्रवेश करवाया जाता है। पोषक कोशिका में डी.एन.ए. का यह बाहरी खण्ड पोषक कोशिका डी.एन.ए. के साथ प्रतिकृति करता है। संतति डी.एन.ए. अणुओं को प्रायोगिक अध्ययन हेतु उपयोग में लाया जाता है। अगले चरण में clones अथवा copies को वास्तविक गुणसूत्र की तरह समुच्य कर दिया जाता है, इससे यह जानकारी मिल जाती है कि किस क्लोन में अतिछादित डी.एन.ए. पाया जाता है। अतिछादित क्लोन के समुच्य को clone contig कहते हैं। क्लोन के विषय की जानकारी को database में संशोधित कर दिया जाता है।

पौधों में physical maps को तीन विधियों से तैयार किया जाता है। ये विधियाँ (1) DNA contig assembled जिसमें बड़े insert DNA clones का उपयोग किया जाता है, (2) Cytogenetic stocks का उपयोग करके गुणसूत्र के विशिष्ट खण्ड में आनुवांशिक मानचित्रित डी.एन.ए. मार्कर का स्थान निर्धारण करना तथा (3) *in situ* hybridization द्वारा गुणसूत्र पर डी.एन.ए. अनुक्रम की सीधी सजीव कल्पना करना। Contig assembly से बनाये गये physical maps में आधारभूत वियोजन होता है। इस विधि में yeast artificial chromosome (YACs) तथा bacterial artificial chromosomes (BACs) का उपयोग किया गया है। Mozo *et al.* (1999) ने BASC contings को विकसित किया जो *Arabidopsis thaliana* के पूरे जीनोम की व्याख्या करता है। Physical mapping के लिये विभिन्न प्रकार के cytogenetic stocks का उपयोग किया जाता है। इन stocks में मक्का के लिये B-A translocations तथा maize translocation, गेंहू का deletion stocks, जौ का chromosomal translocation stocks को सम्मिलित किया गया है। इस stocks में वियोजन सिर्फ stocks की संख्या पर निर्भर न होकर बल्कि उनके cytological characterizations की यथार्थता पर भी निर्धारित होता है। कोशिकीय रूप में निर्धारित गुणसूत्र का खण्ड में DNA के अनेक मेगाबेस को सम्मिलित किया गया है। ये physical maps के वियोजन क्षमता को विशिष्ट रूप से सीमांकित करते हैं।

Relation between Genetic and Physical Distance

अब इस प्रकार के साक्ष्य उपलब्ध हैं जिनसे यह समझा जा सकता है कि centimorgans के genetic distance तथा क्षारक जोड़ों के physical distance के बीच एक निश्चित सम्बंध नहीं होता है। साथ ही जीनोम के एक भाग से दूसरे भाग के बीच के सम्बन्ध में विविधता होती है। गुणसूत्र की लम्बाई पर पुनर्संयोजन की आवृति में भिन्नता के परिणामस्वरूप अनुवांशिक रूप से निकट के marker बनाता है जो क्षारक जोड़ों के सम्बंध में दूरी पर होते हैं एवं इसका विपर्यय होता है। पौधों में genetic and physical distance के बीच विशिष्ट विसंगतियों को देखा गया है। Schmidt *et al.* (1995) तथा Mayer *et al.* (1999) ने YAC based contig map का अध्ययन किया तथा *A. thaliana* के चारों गुणसूत्रों का पूर्ण अनुक्रम ज्ञात किया। Markers में Physical का genetic distance के प्रति औसत अनुपात 185 kb/cm होता है। आपेक्षित hot spots (30-50 kb/cm) तथा cold spots (0.550 kb/cm) पूरे गुणसूत्र में फैले रहते हैं। धान में Physical distance का

Genetic markers के प्रति अनुपात देखा गया है। Umehara *et al.* (1994) के अनुसार बड़े आमाप के YAC clones के सिरों के genetic mapping से यह स्पष्ट होता है कि KM का physical distance 120 से 1000 kb तक हो सकता है। यह chromosomal region पर निर्भर करता है। गेहूँ तथा जौ में बड़ी लम्बाई के गुणसूत्र के बड़े जीनोम पाये जाते हैं। पुनर्संयोजन मुख्य रूप से गुणसूत्र के दूरस्थ अर्धांश में होते हैं, अधिकांश markers छोटे आमाप के भौतिक खण्ड में दृढ़ता से गुच्छ बनाये हुये होते हैं। प्रत्येक गुणसूत्र की 50% लम्बाई में centromeric regions होता है। इस भाग में पुर्नसंयोजन का निग्रहण देखा गया है। जब डी.एन.ए. की प्रति संयोजन इकाई की औसत लम्बाई का अवलोकन किया जावे तो गुणसूत्र के विभिन्न खण्डों की पृथक व्याख्या की जाना चाहिये। Tranksley *et al.* (1992) ने टमाटर के pericentric region में आनुवांशिक पुर्नसंयोजन के निग्रह का अवलोकन किया। इस प्रकार के लक्षणों को *A. thaliana* में नहीं देखा गया है। धान के गुणसूत्र 10 के Centromeric region में पुर्नसंयोजन की दर में निग्रह *A. thaliana* के गुणसूत्र 10 के समान होते हैं। हालांकि, यह गेंहू तथा जौ से भिन्न होता है।

Genetic and Physical Mapping of Plants

पौधों में RFLP markers का प्रयोग करके पहला जीनोम मानचित्र मक्का से बनाया गया था उसके पश्चात् धान तथा *Arabidopsis* आदि में बनाया गया था। Integrated genetic तथा physical maps को उपलब्ध आनुवांशिक तथा DNA markar स्त्रोतों की सहायता से बनाया गया है। Contrel and Lei ने कपास का integrated Genetic तथा Physical map तैयार करने तथा व्याख्या करने के लिये PCR -based DNA markers का प्रयोग किया। Large-insert Maxxa BAC library का उपयोग करते हुये simple sequence repeats (SSRs) को Physical mapping resource पर स्थिरांकित किया गया। BAC address पर SSR locus का स्थान ज्ञात करने के लिये BAC-PCR pools एक सक्षम उपाय है, इस प्रकार SSR को एक sequence tagged site में बदल दिया जाता है। Wang *et al.* (2001) ने सदाबहार जीन के genetic तथा physical mapping का अध्ययन किया। एक मात्र अप्रभावी सदाबहार जीन (recessive evergreen gine *evg*) सदाबहार विशेषक (evergreen trait) को नियंत्रित करता है। इस trait की पहचान आडू के वृक्ष में winter dormancy तथा cold hardiness की प्रक्रिया के अध्ययन का अद्वितीय द्रव्य के रूप में की गई। Amplified fragment length polymorphism (AFLP) तथा bulked segregant analysis (BSA) तकनीक द्वारा मानचित्र तैयार किया गया। इस मानचित्र में चौदह विस्थल (loci) पाये जाते हैं। चार प्रभावी AFLP markers दृढ़तापूर्वक *evg* locus के साथ जुड़े होते हैं तथा ये STS marker में परिवर्तित हो जाते हैं। इन markers को EAT/MCAC, ETT/MCCA 2, EAT/MCTA तथा ETT/MACC कहा जाता है। STS markers की पहचान की गई एवं इसका उपयोग evg locus तक chromosomal walking के लिये किया गया। इन peech BAC clones में Microsatellites marker के लक्षणों की व्याख्या की गई है। धान एक प्रादर्श एक बीज पत्री पौधा है जिसमें 460 Mb जीनोम होता है।

धान का जीनोम *A. thaliana* के जीनोम से तीन गुना बड़ा होता है। Cheng *et al.* ने धान के chromosome 10 के physical map को तैयार किया। इसे अर्धसूत्री पेचाटीन गुणसूत्र पर bacterial artificial chromosome (BAC) का fluorescence in situ hybridization (FISH) के mapping से विकसित किया गया है। यह मानचित्र धान के गुणसूत्र 10 के genetic linkage map से पूरी तरह एकीकृत था। अर्धसूत्री पेचीटीन गुणसूत्र कायिक मेटाफेज गुणसूत्र से लगभग 10 गुना बड़ा होता है। XI and Earle (1996), E. Song *et al.* (2000) ने इन गुणसूत्रों का उपयोग किया जो हाल ही में FISH mapping के लक्ष्य के रूप में उपयोग किया गया था। Cause *et al.* (1994) ने धान का RFLP आधारित genetic linkage maps को तैयार किया। यह पौधों के सर्वाधिक संतृप्त मानचित्रों में से एक था। Kinga *et al.* (2000) ने कुछ घास (*Lolium perenne* तथा *Festuca pratensis*) का physical तथा genetic map तैयार किया। *F. pratensis* का AFLPs दर्शाता है (1) AFLPs का भौतिक वितरण का पहला बड़े स्तर पर विश्लेषण, (2) *F. pratensis* के एक गुणसूत्र का एक भाग दूसरे गुणसूत्र के genetic तथा physical distance के बीच के सम्बंध में विविधता, (3) nucleolac organizer regions (NORs) तथा centromere पुनर्सयोजन में अत्यंत कमी कर देते हैं। (4) बड़े जीनोम वाली पादप प्रजातियों में निम्न पुनर्सयोजन के क्षेत्र के centromere तथा NORs के समीप पाये जाने वाले कूट अनुक्रम (5) *F. pratensis* गुणसूत्र तथा धान के गुणसूत्र के बीच apparent complete syntency.

Markers

DNA तकनीक में हो रहे अध्ययन से डी.एन.ए. में बड़े अनुक्रम स्तर पर हो रहे genetic polymorphism तथा इसका markers के रूप में उपयोग ताकि लक्षण प्ररूपी विविधता phenotypic variability के आनुवांशिक आधार को जाना जा सके। इन विषयों पर अनेक जानकारियाँ प्राप्त हुई हैं। Polymorphic तथा polymorphism दो शब्दावली है। Polymorphic का तात्पर्य एक ही जीन अथवा genetic marker के दो या अधिक रूप का होना। इनके प्रत्येक रूप किसी जनसमुदाय में इतने अधिक संख्या में हों जिससे उसे मात्र एक नया उत्परिवर्तन न कहा जा सके। Polymorphism एक उपयोगी genetic marker है। इससे यह जानकारी प्राप्त हो सकती है कि कौन सा allele वंशागत हुआ है। कोई भी स्थाई अथवा वंशागत विविधता जिसकी उचित विधि द्वारा मापन अथवा पहचान की जा सके, तथा तदन्तर जिसका उपयोग उस स्वयं के अपने आप के अतिरिक्त किसी विशिष्ट genotype अथवा phenotype की उपस्थिति की पहचान हेतु किया जा सके, इसके अलावा जिसका अलग से मापन करना अथवा पहचान करना बहुत कठिन हो उसे marker कहते हैं। DNA स्तर पर विविधता दर्शाने वाले marker को molecular marker कहा जाता है। विविधता विभिन्न स्तर पर हो सकते हैं। जैसे – morphological, chromosomal, biochemical अथवा DNA level, इन markers को दो वर्गों में बांटा गया है – Hybridization-based marker (जिसमें प्रचलित RFLP विश्लेषण सम्मलित हैं) तथा PUR based markers (prob-hybridization steps की आवश्यकता नहीं होती है)। Hybridization based markers में अध्ययन किये जाने वाले DNA fragment को restrication enzyme द्वारा तोड़ा जाता है तथा ज्ञात उद्‌गम अथवा अनुक्रम (labeled probe) के DNA खण्ड के साथ संकरित करवाया जाता है। दूसरे प्रकार में विशेष रूप से अथवा मनमाने ढंग से चयन किये गये प्राइमर (ऑलीगो न्यूक्लियोटाइड अनुक्रम) की सहायता से एक विशिष्ट डी.एन.ए. अणु का विस्तार किया जाता है। इस तकनीक में एक ताप स्थिर डी.एन.ए. पॉलीमरेस का उपयोग किया जाता है। प्राइमर अनुक्रमों का चयन इस प्रकार किया जाता है कि वह टेम्पलेट पर विपरीत विन्यास से क्षारक विशिष्ट बंधन करने में सक्षम हो।

Molecular markers को पौधों के जिनोम विश्लेषण हेतु बहुमुखी साधन के रूप में उपयोग में लाया जाता है। Molecular markers में जैवरासायनिक घटकों (उदा. पौधों के द्वितीयक उपापचयजों) तथा macromolecules (प्रोटीन तथा DNA) को सम्मलित किया गया है। जीवों के लिये DNA markers ज्यादा उपयुक्त तथा सार्वभौमिक होते हैं। DNA sequence polymorphism को जानने के लिये तकनीकें विकसित की गई हैं। 1985 में Alec Jaffery ने DNA fingerprinting शब्द का उपयोग किया। इस तकनीक में इलेक्ट्रोफोसिस multilocus probe द्वारा उत्पन्न bar code like DNA fragment patterns द्वारा जीनोमिक डी.एन.ए. खण्ड को पृथक किया जाता है। वर्तमान में DNA fingerprinting/profiling का उपयोग अनेक एकल विस्थल पहचान के संयुक्त उपयोग के वर्णन के लिये किया जाता है। यह पादप जीनोम के विविध आयामों की खोज के लिये बहुमुखी साधन के रूप में उपयोगी है। आनुवांशिक विविधता के लक्षणों को स्पष्ट करने, genome finger printing, genome mapping, gene localization, genome evolution का विश्लेषण population genetics, taxonomy, plant breeding तथा diagnostics में इसका अनुप्रयोग किया जाता है। DNA markers का दो वर्गों में वर्णन किया जाता है, single or low copy probe तथा multiple copy probe/single copy probe में Restriction fragment length polymorphism (RFLP), Restriction landmark genomic scanning (RLGS), Sequence - tagged sites (STS) तथा Allele - specifica associated primers (ASAPs) को सम्मलित किया गया है। Repetitive DNA, Microsatellite and Minisatellite को multilocus probes में सम्मलित किया गया है। Transposable elements, Alu-repeats, Arbitrary sequence markers अन्य repetitive DNA type markers होते हैं। Microsatellites and Minisatellites डी.एनए. बहुत विस्थल की पहचान के साथ साथ संकुल banding paterns को उत्पन करने वाले बहुविस्थल परीक्षण है। ये प्रायः अविशिष्ट एवं सर्वव्यापी होते है।

LiH तथा LuHy ने शब्द Microsatellite दिया जिसका तात्पर्य लगभग 11-60 bp लम्बाई वाले एकलक आवर्त के आगे पीछे के पुनरावृत्त से है। Jeffery ने Minisatellite शब्द का उपयोग अनेक बार आवर्त हुये 106 bp लम्बे एकलक अनुक्रम के लिये किया। इसे Short tandem repeats / simple sequence repeats (STRs/SSRs) भी कहा जाता है। इन विस्थलों में आगे पीछे पुनरावृत्त होते हैं। एकल विस्थल में variable number of tandem repeats (VNTRs) तथा बहुसंख्यक विस्थलों में वैयक्तिकों के बीच उच्च स्तर के polymorphism उत्पन्न करने वाले आगे पीछे पुनरावर्तन है अर्थात् hypervariable regions (HVRs)। ये markers प्रभावी अँगुली छाप (dominant fingerprints) markers होते हैं। इनका एक अन्य लक्षण यह है कि ये codominant seqnece tagged microsalellites markers (STMs) होते हैं। इन दोनों को PCR-based markers में बदला जा सकता है। STMs में एक विशिष्ट विस्थल के विशिष्ट अनुक्रम से तैयार किये गये विशिष्ट प्राइमरों को उपयोग में लाया गया DNA polymorphism सम्मलित होता है। किसी पुनरावर्तन मोटिफ में आगे पीछे पुनरावर्तन की संख्या की विविधता से plymorphism प्राप्त होता है। सरल अनुक्रम पुनरावर्तन विस्थलों के पार्श्व भाग के पूरक प्राइमर उच्च polymorphic amplification उत्पाद देते हैं। $(CA)_n$; $(AG)_n$ तथा $(AT)_n$; (डाइन्यूक्लियोटाईड्स) जिनोम में प्रायः प्रचुर होते हैं तथा इनका उपयोग markers के रूप में किया जाता है। तथापि STMs विश्लेषण के लिये Tri तथा tetranucleotide microsatellies ज्यादा अनुप्रयोगी होते हैं। Di तथा tetranucleotide repeats प्रायः जीनोम के non-coding भाग में उपस्थित होते हैं। Trinucleotide repeats जीन में अथवा उसके आसपास होते हैं। DCR तथा gel electrophoresis में di तथा tetranucleotides repeats स्पष्ट banding pattern के रूप में पाये जाते हैं। Direct amplification of minisatellite DNA markers (DAMD - PCR) तकनीक का अनुप्रयोग polymorphism की पहचान करके DNA probes को उत्पन्न करने के लिये किया जाता है। क्लोन से individual specific DNA fingerprinting pattern प्राप्त होते हैं। यह प्रजातियों में विभेदीकरण तथा कृषिजोपजाति (cultivar) पहचान के लिये marker के रूप में क्षमता है।

DNA Microarrays

किसी सेम्पल के क्रमानुसार विन्यास को assay कहते हैं। अज्ञात सेम्पल को क्षारक जोड़े सिद्धांत के आधार पर पहचाना जाता है तथा प्रक्रिया को automated किया जाता है। Arrays का वर्णन macroarray तथा microarray के रूप में किया जाता है। Macroarrays में अनुप्रयोग किये गये सेम्पल का spot diameter लगभग 300 microns अथवा इससे बड़ा होता है। Microarray के सेम्पल का व्यास 200 microns से कम होता है तथा इन arrays में हजारों spots होते हैं। DNA microarrays technique का प्रमुख सिद्धांत base pairing या hybridization होता है। DNA microarrays छोटा होता है। ठोस आधार पर विभिन्न प्रकार के हजारों जीनों का निश्चलीभवन किया जाता है अथवा स्थिर स्थानों पर चिपकाया जाता है। एक आधार पर डी.एन.ए. का मुद्रण, धब्बा बनाया जाता है अथवा वास्तव में सीधे संश्लेषित किया जाता है। आधार स्वयं में कांच में सूक्ष्मदर्शी स्लाइड्स हैं परन्तु यह silicon chips अथवा नायलोन झिल्लियाँ भी हो सकती हैं। इस तकनीक में पूरे जीनोम को एकल चिप पर मॉनीटर किया जाता है। यह हजारों जीनों में एक साथ पारस्परिक अभिक्रिया के ज्यादा अच्छे चित्रण को समझाने के लिये जानकारी उपलब्ध कराता है। DNA microarrays technique का उपयोग जीन की पहचान/जीन उत्परिवर्तन तथा जीन की अभिव्यक्ति के स्तर को ज्ञात करने के लिये किया जाता है। विस्तृत अध्ययन के पूर्व probes तथा targets दो शब्दों को समझना आवश्यक है। B. Phismister द्वारा दिये गये नामकरण के अनुसार probe का तात्पर्य ज्ञात अनुक्रम के न्यूक्लिक अम्लों को एकत्र करना है जबकि target मुक्त न्यूक्लिक अम्ल सेम्पल है जिसकी पहचान/बहुलता को ज्ञात किया जाता है। DNA microarray technology के दो रूप भेद होते हैं जिसे Format - I तथा Format - II कहा जाता है। यह ज्ञात पहचान के अनुक्रम के arrayed DNA के लक्षणों से सम्बंध रखता है। Format - I जाँच किये जाने

वाला पूरक DNA 500-5000 लम्बा होता है। इसे robot spotting का उपयोग करके ठोस आधार पर निश्चलीभवन किया जाता है। इसका अनावरण लक्ष्य के एक सेट पृथक अथवा मिश्रण द्वारा किया जाता है। Format-II जाँच किये जाने वाला ऑलिगोन्यूक्लि–योटाइड (20-80 mer oligos) अथवा peptide nucleic acid (PAN) होता है। इसे या तो in situe (on-chips) संश्लेषित किया जाता है अथवा परम्परागत् संश्लेषण करके on-chips immobilization किया जाता है। Array को लेबल सेम्पल डी.एन.ए. पर अनावरित किया जाता है, संकरित किया जाता है तथा पूरक अनुक्रमों की पहचान/बहुलता ज्ञात की जाती है ।

Hybridization probing के आधार पर microarray के प्रयोगों को तैयार किया जाता है। इस तकनीक में fluorescently labeled nucleic acid अणु का उपयोग mobile probes के रूप में किया जाता है, इससे पूरक अणु एक दूसरे से क्षारक जोड़ों को बनाने की क्षमता रखने वाले अनुक्रमों की पहचान की जाती है। DNA microarray प्रयोगों को तैयार करने तथा कार्यान्वित करने के लिये कुछ आधारभूत पद निम्नलिखित है (1) DNA types - CDNA/oligo ज्ञात पहचान वाले (2) Chif frabication photolithography, pipette, drop touch, piezodectric (ink-jet), electric process द्वारा चिप पर probe को रखना (3) Sample preparation (Target) - fluorecently labelled sample (mRNA)c DNA-CDNA को जरूरत के अनुसार mRNA से तैयार किया जाता है। (4) Assay - hybridization, electrophoresis, flowcytometry, DCR - DIRECT, Tag Man (5) Read out (6) Software (informatics)-Robotics control, Image processing.

Microarray महत्वपूर्ण होते हैं क्योंकि इसमें छोटे आमाप के बहुत सारी संख्या के जीनों को सम्मलित किया गया है। यह बड़ी संख्या के जीनों के जल्द सर्वेक्षण करने तथा अध्ययन किये जाने वाला सेम्पल बहुत छोटा होने की स्थिति में यह विशेष रूप से उपयोगी है। Microarray technology का कई क्षेत्रों में महत्त्वपूर्ण अनुप्रयोग किया जाता है। ये क्षेत्र है: Gene discovery, disease diagnosis, drug discovery (Pharmacogenesis) तथा toxicological research (Toxicogenomics).

Artificial Chromosome

Artificial अथवा Synthetic chromosomes को सर्वप्रथम यीस्ट में तैयार किया गया था। इसके द्वारा प्राकृतिक गुणसूत्र के अवयवों को समझा जा सका है। Artificial Chromosome में जीन को स्थापित करवाकर एवं इसे कोशिका में निवेशित करवाकर यह ज्ञात किया जा सकता है कि किस प्रकार जीन के गुणसूत्रीय परिस्थिति क्रिया को नियंत्रित करते हैं। Artificial Chromosomes विषाणु तथा अन्य वाहकों की तुलना में ज्यादा बड़े जीन को कोशिका में निवेशित कर सकते हैं। यीस्ट तथा मनुष्यों के गुणसूत्रों में तीन प्रमुख घटक होते हैं : telomeric (TEL - रेखिक डी.एन.ए. को न्यूक्लीयेस से सुरक्षित करता है) Centromeric (CEN - यह समसूत्री विभाजन में spindle fiber से जुड़ता है। Centromere गुणसूत्र की एक एक प्रति तथा ORI को कोशिका के दो सिरों की ओर खींचता है। ORI (replication origin sequence) - यह विशिष्ट DNA अनुक्रम है जो DNA पर डी.

एन.ए. प्रतिकृति मशीनरी का समुच्चय करके उसे **replication fork** की ओर संचलित करता है। **Artificial chromosome** में समसूत्री स्थायीत्व होता है अर्थात् हरेक कोशिका विभाजन के समय ये प्रतिकृति करके संतति कोशिका में जाते हैं। **Artificial chromosome** के उपयोग का एक प्रमुख आकर्षण यह है कि गुणसूत्र स्तर पर पाये जाने वाले आनुवांशिक नियंत्रण के सभी सूक्ष्मता का प्रवेश करवाना है। **Yeast Artificial chromosome (YAC)** एक वाहक है। **YAC** में कुछ विशिष्ट अनुक्रम जैसे **A** तथा **B** होते हैं। **Selective markers** यह **artificial chromosome** ग्रहण करने वाली यीष्ट कोशिकाओं को आसानी से पृथक करने में सहायक होते हैं, **Recognition site** - यह दो **restriction enzyme ECORI** तथा **Bam HI** के कर्तन स्थल हैं।

YAC को **100 kb** से **3000 kb,** लेकिन प्रायः **400 kb** लम्बाई के डी.एन.ए. खण्डों को क्लोन करने के लिये उपयोग में लाया जाता है। **YAC** में जीनोमिक डी.एन.ए. को क्लोन करने की तकनीक से बहुत लम्बे डी.एन.ए. अनुक्रम (जैसे मनुष्य जीनोम) का विश्लेषण करना सम्भव हो सका है। मनुष्य के जीनोमिक डी.एन.ए. को **YAC** में क्लोन करने के लिये कुछ पद हैं : सर्वप्रथम जीनोमिक डी.एन.ए. को **restriction enzyme ECORI** से कर्तित किया जाता है। इससे बहुत बड़ा डी.एन.ए. खण्ड प्राप्त होता है। **YAC** का दो **restriction enzyme EcoRI** तथा **Bam III** द्वारा कर्तन किया जाता है। जीनोमिक डी.एन.ए. तथा **YAC** आपस में **EcoRI** स्थल पर पुनःसंयोजित हो जाते हैं तथा **DNA ligase** द्वारा सहसंयोजी आबंध से जुड़ जाते हैं। पुनर्संयोजन से निर्मित इस प्रकार के वाहक को यीष्ट कोशिका में निवेशित कर दिया जाता है एवं इसकी असंख्य प्रतियाँ निर्मित हो जाती हैं। **Bacterial Artificial chromosome (BAC)** को प्रायः ***E. coli*** के **fertility plasmid** पर संश्लेषित किया जाता है। इस उपयोग जीवाणुओं में संक्रमण तथा क्लोन करने के लिये किया जाता है। इसमें **100** से **300 kbp** तक के खण्ड को क्लोन करने की क्षमता होती है। इसे प्रायः जीवों के जीनोम प्रोजेक्ट में आनुवांशिक कूट के अनुक्रम बनाने के लिये किया जाता है। **P1 - derived artificial chromosome (PAC)** जीवाणुभोजी **P1** जीनोम पर आधारित होता है। इसका उपयोग **100** से **300 kbp (50 kbp)** के डी.एन.ए. खण्ड को क्लोन करने के लिये किया जाता है।

Database and Bioinformatics Tools

Biological databases दो प्रकार के होते हैं : **Raw databases** तथा **Processed Databased : Raw database** डी.एन.ए. में क्षारकों का अथवा प्रोटीन में अमीनो अम्ल के अनुक्रम का **automation** है जबकि **processed database** से विश्लेषण किया जा सकता है तथा यह विभिन्न **databases** से प्राप्त जानकारियों को जोड़ने के लिये भी उपयोगी है। **Biological database** को संस्थापित करने के लिये निम्नलिखित को सम्मलित किया जाता है (1) **genome databases** - कोशिका के केन्द्रक में पाये जाने वाले सभी गुणसूत्रों के कुल जीन (20 **Transcriptomics (or mRNA) data bases** (3) **Proteomics databases** (4) **Protein sequence databases** (5) **protein structure database,** (6) **protein function databases,** (7) **protein/protein; DNA/protein interaction databases** तथा (8) **metabolic databases**

जीन के निष्कर्ष को जानने के लिये **computer programme** में कम से कम निम्नलिखित घटक होते हैं : **Algorithms, Data Tables, Taxonomic differences,** तथा **Analysis rules** यदि दो अनुक्रम सांख्यिकीय रूप से समान हों तो उन्हें ज्ञात करने के लिये उपयोग में लाये गये प्रायकता सूत्रों को प्रतिमान स्वीकरण (**pattern recognition**) का **Algorithm** कहते हैं। **Data Tables** में विविध आनुवांशिक घटकों के मतैन्य अनुक्रमों की जानकारी को सम्मलित किया जाता है। **Taxonomic differences inclusions analysis speed processing** में मतैक्य अनुक्रमों से भिन्नता दर्शाते हैं तथा त्रुटियों को निम्नीकृत कर देते हैं। **Analysis rules** : ये प्रोग्रामिंग निर्देश होते हैं जिससे यह जानकारी प्राप्त होती है कि किस प्रकार **algorithms** का अनुप्रयोग किया जावे। यह ग्रहण की गई समानता के मान को परिभाषित करते हैं तथा विश्लेषण हेतु पूरे अनुक्रम तथा/अथवा खण्ड की व्याख्या करना निर्धारित करते हैं।

Software programes बायोइन्फॉर्मेटिक्स के लिये आवश्यक **data management tools** है। विभिन्न विश्वविद्यालय तथा संस्थायें इन प्रोग्राम को तैयार करते हैं। विभिन्न **bioinformatics tools** के कुछ लाभ तथा कुछ सीमायें होती हैं।

Databases

समान अवयवों अथवा विषय वस्तु के आंकड़ों को एकत्र करना **data base** कहलाता है। यह जानकारियों के **entries - secret coherent parcels** का बना होता है। यह निश्चित अनुप्रयोग के लिये निर्मित अंतर्निष्ट अर्थ से सम्बंधित तर्कसंगत संसक्त आंकड़ों का संचयन है। **Data bases** आंकड़ों का संचयन तथा संग्रहण, आंकड़ों को निकालना तथा जाँचने को सरल बनाना, आंकड़ों के प्रतिनिधित्व को मानकीकृत के लिये आवश्यक होते हैं। **Database** की खोज की जा सकती है अथवा स्थानीय कम्प्यूटर के **versions** को **download** करके या **internet** अथवा **computer network** से **multiple users** द्वारा **cross referred** किया जाता है। इन **databases** में उपलब्ध जानकारियों की जाँच की जा सकती है, तुलना की जा सकती है, ठीक किया जा सकता है तथा विश्लेषित की जा सकती है। **Databases** के प्राथमिक लक्ष्य **(1) Minimizing data redundancy** तथा **(2) achieving data independence.**

International Nucleotide Sequence Databases निम्नलिखित है: **(1) National Centre for Biotechnology Information (NCBI), (2) European Molecular biology Laboratory (EMBL),** इसमें सीधे रचयिता तथा **genome sequencing groups** द्वारा दिया गया अनुक्रम वैज्ञानिक साहित्य एवं **patent application** शामिल होते हैं। **EMBl entries** के ग्रंथाकार (**format**) **swiss - port format** के साथ सामंजस्य रखते हैं। **DDBJ** तथा **Gen Bank** के सहयोग से **database** तैयार किये जाते हैं। सहयोगी समूह आंकड़ों को एकत्र करते हैं। ये आँकड़े विश्वव्यापी बतलाये गये कुल आंकड़ा अनुक्रमों का हिस्सा होते हैं। नये तथा आधुनिकतम प्रविष्टियों का समूहों के बीच विनिमय होता है। **(3) Data Bank of Japan (DDBJ) database** को तैयार कर, रखरखाव कर **National Institute of Genetics sequence** को वितरित कर दिया जाता है।

Classification and Types of Databases

Database अनेक विभिन्न प्रकार के होते हैं। यह भिन्नता संचयित की गई जानकारियों के स्वभाव तथा आँकड़ों के संचयन के तरीके पर निर्भर करती है। सैद्धांतिक रूप से database दो प्रकार के होते हैं: relational and object oriented. Relational database में आंकड़ों के specific items को पंक्ति (rows) में क्रमानुसार रखा जाता है तथा databases columns में इन items द्वारा दर्शाये लक्षणों को अंकित किया जाता है। Object oriented databases में objects (जैसे genetic maps, gene अथवा protein) को अंकित किया जाता है। इन objects में विश्लेषण हेतु आवश्यकताओं से सम्बद्ध एक सेट होता है जो इन objects के बीच सम्बंधों की पहचान करने में सहायक होते हैं। सामान्य रूप से databases को generalized तथा specialized databases में वर्गीकृत किया गया है। Generalized data bases में DNA, protein, carbohydrate तथा इसी के समान databases होते हैं। Specialized database में expressed sequence tagged site (STS), genome survey sequences (GSS), single nucleotide polymorphism (SNP) को सम्मलित किया गया है। Generalized database भी दो प्रकार के होते हैं: (1) sequence databases – इसमें न्यूक्लीयोटाइड अथवा अमीनो अम्ल अथवा प्रोटीन के वैयक्तिक अनुक्रम रेकॉर्ड्स रखे गये हैं। (2) structural databases - macromolecules का जैव रासायनिक रूप में दिये गये संरचना (जैसे प्रोटीन का 3D संरचना) के वैयक्तिक अनुक्रम रेकॉर्ड्स को सम्मलित किया गया है ।

ज्यादा विशिष्ट रूप में अर्थात् संचयित आँकड़ों के जटिलता के आधार पर databases को तीन प्रकारों में वर्गीकृत किया गया है। ये तीन प्रकार primary databases, secondary databases तथा composite databases है। Primary database में स्त्रोत से प्राप्त आँकड़ों को उनके वास्तविक स्वरूप को सम्मलित किया गया है, उदा. Gen Bank (जीन अनुक्रम के लिये), SWISS-PORT (प्रोटीन अनुक्रम के लिये) (ii) Secondary database - यह मान योगित (value added) database है जिसमें primary database के कुछ विशिष्ट व्याख्या तथा व्युत्पन्न जानकारियाँ होती हैं उदा. SCOP, CATH, PROSITE तथा (iii) Composite data base, में विभिन्न प्रकार के primary database structure को मिलाकर एक कर दिया जाता है। न्यूक्लिक अम्ल तथा प्रोटीन अनुक्रम के databases में जानकारियों के सुधार तथा विश्लेषण प्रक्रिया का अत्याधिक वृहत् विविधता हेतु सुविधा का रखरखाव करता है। इन प्रक्रियाओं में database अनुक्रम से तुलना करने अनुक्रमों की प्रति प्राप्ति, DNA अनुक्रम का प्रोटीन अनुक्रम में अनुवाद, सरल प्रकार के संरचना विश्लेषण तथा अनुमान लगाना, पैटर्न की पहचान तथा आणविक ग्राफिक्स सम्मलित होते हैं।

Nucleic Acid Sequence Databases

इस प्रकार के databases में प्रविष्टियाँ की जाती हैं तथा प्रत्येक प्रविष्टी एक text file के रूप में होती है। Text file में एक निकटस्थ अनुक्रम वाले आँकड़े तथा व्याख्या सम्मलित होती है। Text file के आवतरण का मनुष्य तथा कम्प्यूटर दोनों ही वाचन कर सकते हैं। 1964 में यीस्ट के E-RNA के न्यूक्लिक अम्ल के अनुक्रम का अनुलेखन किया

गया जिसमें 77 क्षारकों का अभिलेखन किया गया है। तीन International Nucleotide Sequence Databases Collaboration USA का National Centre for Biotechnology Information (NCBI), UK का European Molecular Biology Laboratory (EMBL) तथा DNA Data Bank of Japan (DDBJ) है। ये तीनों केन्द्र मिलकर International Nucleotide Sequence Database Collaboration बनाते हैं।

Gen Bank : प्राथमिक रूप में DNA अनुक्रम डाटाबेस (Gen Bank) के अनुक्रम floppy disk में वितरित थे। Gen Bank की प्रत्येक प्रविष्टि का प्रबंध स्वयं में व्याख्या करना है। Gen Bank प्रविष्टि का प्रबंध स्वयं में व्याख्या करती है। Gen Bank प्रविष्टि में अनेक संख्या के Keywords प्रासंगिक सम्बद्ध subkeywords, तथा optional feature table होते हैं। Gen Bank का स्त्रोत USA में होता है तथा internet पर NCBI portal द्वारा सुलभ होते हैं। NCBI के Gen Bank में सार्वजनिक रूप से उपलब्ध स्त्रोतों अनुक्रमों को सम्मलित किया जाता है। ये स्त्रोत प्राथमिक रूप से रचयिता द्वारा जमा किये गये तथा बड़ी संख्या में sequenceing projects होते हैं। अब Gen Bank में लगभग 100 billion की संख्या में क्षारक अनुक्रम उपलब्ध है।

Protein Sequence Database

प्रोटीन अनुक्रम को USA के जार्जटाऊन विश्वविद्यालय के National Biomedical Research Foundation (NBRF) में विकसित किया गया था। अब NBRF के PIR (Protein Information Resource) International Protein Information Database of Japan (JIPID) तथा Munich Institute of Protein Sequence (MIPS) जर्मनी के सहयोग से प्रोटीन अनुक्रम डाटाबेस का प्रबंधन किया जाता है। MIPS मेक्रोमोलीक्यूल्स अनुक्रम के आंकड़ों को एकत्र करने वाले केन्द्रों का अंतर्राष्ट्रीय संघ है। पॉलीपेप्टाइड श्रृंखला में अमीनो अम्ल अनुक्रम को Primary databases में रेखिक वर्णमाला के रूप में संचयित किया जाता है। यह अपघटक अपशेष को दर्शाता है।

PIR प्रोटीन के डाटाबेस को संचयित करता है। इनमें से कुछ प्रमुख PIR-PSD (प्रमुख प्रोटीन अनुक्रम डाटाबेस), ASBD (annovation and similarity database प्रत्येक प्रविष्टि समान अनुक्रम की सूची से सम्बंधित होते हैं), ALN (Protein sequence alignment का डाटाबेस), RESID (प्रोटीन संरचना का सहसंयोजी रूपांतरण का डाटाबेस)।

SWISS-PORT (hllp.//www.expasy.ch/sprot.) प्रोटीन अनुक्रम का एक अन्य database है। डाटाबेस Swiss Institute of Bioinformatics (SIB) का EMBL के सहयोग से उपलब्ध किये जाते हैं। यह अन्य कई स्त्रोतों से जुड़े होते हैं। SWISS-PORT अमीनों अम्ल अनुक्रम के annovated database उपलब्ध करवाता है। यह प्रोटीन अनुक्रम का सहकारी डाटाबेस है जो उच्च स्तर के व्याख्या को उपलब्ध करवाने के लिये प्रयास करता है। इस डाटाबेस में प्रोटीन डोमेन की संरचना प्रोटीन का post-transitional रूपांतरण तथा प्रोटीन के कार्य उपलब्ध होते हैं।

Structure तथा Composite Database : Structure database प्रोटीन तथा न्यूक्लिक अम्ल की त्रिविमीय संरचना उपलब्ध करवाता है। जबकि composite database

विभिन्न प्राथमिक स्त्रोत् के विविधताओं को एकीकृत करता है। Composite database के माध्यम से अनुक्रम की खोज कुछ और अधिक सक्षम होती है।

SEQUENCE ALIGNMENT

Sequence alignment दो अथवा अधिक अनुक्रमों की तुलना करने की विधि है। इसमें वैयक्तिक लक्षण की श्रृंखला अथवा अनुक्रम के समान क्रम के पेटर्न द्वारा जाँच की जाती है। दो अनुक्रम का तात्पर्य parawise allignment है तथा अधिक अनुक्रम का तात्पर्य (multiple sequence alignment) होता है। Sequence alignment का उपयोग उनके आपस में समान अथवा सम्बंधित पैटर्न के लिये होता है। Alignment के समान पेटर्न में एक अनुक्रम के छोटे अंश की दूसरे अनुक्रम के छोटे अनुक्रम में समानता अथवा दो अनुक्रमों में अनेक छोटे समान bits होते हैं। दो अनुक्रमों के बीच जैविक समानता संरचनात्मक, कार्यात्मक अथवा विकास से सम्बंधित हो सकती है। संरचनात्मक तथा रचनात्मक जानकारी वाले अनुक्रम से जांच किये जा रहे अनुक्रम तथा संरचना का अनुमान बता सकते हैं। सामान्य पूर्वज से भिन्नता के समय हुये परिवर्तनों को Substitution, insertions तथा deletions श्रेणियों में रखा गया है। Sequence alignment के मुख्य लक्ष्य से यह समझा जा सकता है कि क्या अनुक्रमों के बीच इतनी समानता है कि क्या उनके बीच समजातता (homology) को मान्यता दी जा सकती है? चूंकि आनुवांशिक सूचनायें एक पीढ़ी से दूसरी पीढ़ी में जाती है। इन सूचनाओं की प्रति बनने की प्रक्रिया के समय सूचनाओं में आंशिक परिवर्तन हो जाता है।

SOME BASIC DEFINITIONS (CONCEPTS IN SEQUENCE ALIGNMENT)

Similarity जब दो अनुक्रमों की बीच सबसे अच्छे alignment करने पर एक ही स्थान पर एक समान अपशेष दर्शाते हैं तो इसे similarity कहते हैं। इस प्रकार के जोड़ों की संख्या similarity की कोटि दर्शाते हैं। Similarity एक हादसे के रूप में उभर सकती है अथवा यह समान अनुक्रमों की ओर समाभिरूपता द्वारा हो सकती है। Databases के अनुक्रम समानता जाँच से ऐसे अनुक्रमों का निष्कर्ष निकाला जा सकता है जो प्रश्न अनुक्रम (query sequences) से समानता रखते हैं।

Homology

समान उद्गम के अनुक्रम homology बताते हैं। एक समान पूर्वज अनुक्रम इस प्रकार कार्य द्वारा दो अनुक्रमों के अपसारी विकास से homology उत्पन्न होती है। Bioinformatics की शब्दावली में, यदि एक प्रोटीन की संरचना मालूम हो तो दूसरे प्रोटीन की संरचना को homology modeling द्वारा तैयार किया जा सकता है।

Twilight Zone

यह प्रोटीन में अनुक्रमों का एक क्षेत्र है जिसमें लगभग 18-20% एक समानता होती है। इन अमीनो अम्ल में alignments सांख्यिकी रूप में महत्वपूर्ण नहीं होते, इस कारण से homology को सीधे रूप में निर्धारित नहीं किया जा सकता।

Heterologs

विषम जात अनुक्रम समान हो सकते हैं परन्तु इनका उद्गम समान नहीं होता है। इनमें समान कार्य अथवा सक्रियता नहीं होती है।

Analogous

समान कार्य वाले अनुक्रम परन्तु इनमें समान उद्गम को स्पष्ट करने के लिये यथोचित समानता नहीं होती है। ये अनुक्रम विभिन्न उद्गमों से विकास पथ पर बढ़ते हुये एक ही कार्य तथा क्रिया की ओर अभिसारिक होते हैं। Analogs का कार्य समजात होता है। परन्तु विकास विषमजात होता है।

Orthologs

ये समजात होते हैं जो जाति उद्भवन (speciation) से उत्पन्न हुये हैं। दो अनुक्रमों को दो विभिन्न प्रजातियों से लिया जाता है, परन्तु ये समानता दर्शाते हैं। यह इसलिये होता है क्योंकि ये दो एक ही पूर्वज अनुक्रम से बने होते हैं जो पूर्वज (जीव) में पाये गये थे।

Paralogs

जीन द्विरावृत्ति (gene duplication) के फलस्वरूप उभरे homologs इस प्रकार के द्विरावृत्ति न होने पर यह घटना जाति उद्भवन घटना का अनुकरण करते। एक ही जीव में पाये जाने वाले विभिन्न कार्यों वाले समजात अनुक्रम होते हैं।

Xenologs

ये क्षैतिज जीन स्थानांतरण के परिणामस्वरूप उत्पन्न homologs है। ये "Homologs सदैव समान पूर्वज की पीढ़ी होती है" नियम का अपवाद है।

Global aligment

यह एक प्रोटीन अथवा जीन के पूरे अनुक्रम की किसी अन्य प्रोटीन अथवा जीन अनुक्रम से तुलना है। इस प्रकार के alignment पूरे अनुक्रम को align करने का प्रयास किया जाता है। प्रत्येक अनुक्रम के दोनों सिरों पर ज्यादा से ज्यादा लक्षणों का उपयोग किया जाता है। Global alignment में पूर्ण अनुक्रम में समानता पर विचार किया जाता है। इसके माध्यम से दो प्रविष्टियों में तुलना कर उनके बीच जीव वैज्ञानिक सम्बंधों को समझने में सहायता मिलती है :

```
L G P S S K Q T G K G S S R I W D N
| | | | | | | | | | | | | | | | | |
L N I T I K S A G K G A M R L G D A
```

Local alignment

इसमें अनुक्रम के छोटे हिस्सों की तुलना अथवा पूरे अनुक्रमों की लाइब्रेरी को किसी अन्य छोटे अनुक्रम से तुलना की जाती है। यह अनुक्रमों में छोटे भाग अथवा क्षेत्र पर ही

केन्द्रित होता है। इस प्रकार के alignment में जोड़ों के उच्चतम घनत्व के अनुक्रमों के खण्डों का align किया जाता है जिससे जोड़ों के एक अथवा अधिक द्वीप उत्पन्न होते हैं। इसे प्रोटीन अथवा जीन के स्थानीय भाग जो अन्य प्रोटीन अथवा जीन के स्थानीय भाग से समरूपता रखते हैं, उन्हें पहचानने के लिये उपयोग में लाया जाता है।

```
T G K G
| | | |
A G K G
```

ALGORITHM

किसी नियत कार्य को करने के लिये अपनाये गये तर्क संगत क्रम को Algorithm कहते हैं। किसी प्रश्न को सुलझाने के लिये उपयोग में लाई जाने वाली विधि की यह पूर्ण तथा संक्षिप्त विशिष्टता होती है। किसी प्रश्न का उत्तर जानने के लिये अथवा गणना करने के नियमों का एक सेट होता है। इसे प्रायः कम्प्यूटर प्रोग्राम द्वारा किया जाता है। एक सीमित पदों के बाद Algorithm समाप्त हो जाना चाहिये तथा इसके सभी पद की संक्षिप्त परिभाषा होना चाहिये। Algorithm के input तथा output विशिष्ट होने चाहिये। Algorithm बहुत प्रभावी होने चाहिये एवं इसकी प्रक्रिया मूलभूत होनी चाहिये।

Dynamic Programming

यह विविध तकनीकी, वैज्ञानिक अथवा वाणिज्यिक क्षेत्रों में उपयोग लायी गई तकनीक के समान है, इसमें परिमाणों के सेट के इष्टतम हल प्राप्त हो सकें।

Dynamic Programing (DP) Algorithms

Computer assisted DP algorithm दो अनुक्रमों के alignment में यह प्रयास किया जाता है कि जोड़ों की सम्भावित अधिकतम संख्या हो, न्यूनतम बेमेल जोड़ा तथा न्यूनतम संख्या में खाली स्थान हो। अधिकतम जोड़े प्राप्त करने के लिये रिक्त स्थान तथा बेमेल को अनदेखा करना पड़ता है। रिक्त स्थान को न्यूनतम करने के लिये जोड़ों तथा बेमेल को अनदेखा किया जाता है। सभी प्रक्रियायें एक साथ चलायी जाती हैं तथा इसे dynamic programming algotithms कहते हैं।

The Needleman Wunoch Algorithms

1970 में Needleman and Wunsch ने अनुक्रम के alignment पर dynamic programming का पहला अनुप्रयोग किया। Needleman and Wunsch algorithm का उपयोग global alignment में किया जाता है जिससे पूरी लम्बाई में अनुक्रमों के बीच समानता ज्ञात की जा सके। इसे निम्नलिखित अनुक्रम द्वारा समझा जा सकता है।

Sequence 3. A B C N J R Q C L C R P M

Sequence 4. A J C J N R C K C R B P

Sequence 3 एक 53(i) है जहाँ i का तात्पर्य l, m (m=13) तथा sequence 4 54(J) है जहाँ j = l, n (n=12). Algorithm का पहला पद matrix तैयार करना है, जिसे similarity matrix (F (i.j) कहते हैं। एक अनुक्रम को matrix के ऊपर लिखा जाता है,

तथा इस अनुक्रम के प्रत्येक अपशेष एक स्तम्भ को लेबल करता है। दूसरा अनुक्रमक **matrix** के बायें से ऊर्ध्वाधर लिखा जाता है तथा इस अनुक्रम का प्रत्येक अपशेष एक पंक्ति को लेबल करता है। इस प्रकार एक जोड़े के अपशेष प्रत्येक अनुक्रम में से एक होता है, मेट्रिक्स के प्रत्येक घटक को लेबल करता है। मेट्रिक्स के कुछ लक्षणों में प्रकोष्टों को जोड़ने के लिये लाइन खींची जाती है, इसे **paths through the matrix** कहते हैं। एक वैद्य path की परिभाषा – यदि एक रेखा प्रकोष्टों को सूचिका (i, j) प्रकोष्टों को सूचिका (m,n) से जोड़ता है तो यह या तो (i तथा j) अथवा (im तथा jn) होगा। अतः प्रकोष्टों को जोड़ने वाली सभी रेखायें तिरछी होती हैं तथा कभी भी ऊर्ध्वाधर अथवा क्षैतिज नहीं होती है। यदि हम एक सतत रेखा पर विचार करें जो मेट्रिक्स के एक कोने से दूसरे कोने को जोड़ें (माने की प्रकोष्ट को प्रकोष्ट से) तो इस प्रकार की प्रत्येक सतत् रेखा वैध होगी।

The Smith Waterman algorithm

इस विधि में एक अनुक्रम के भागों को दूसरे अनुक्रम के समान भागों से align किया जाता है। यह आपेक्षित रूप से छोटे अनुक्रमों का बहुत लम्बे अनुक्रम अथवा लम्बे अनुक्रम के एक सैट के साथ तुलना करने के लिये उपयोगी है। यह local alignment program है। Smith-Waterman algorithm method का अनुप्रयोग उन उदाहरणों के लिये किया जाता है जहाँ जाँच किये जा रहे आपेक्षित रूप से छोटे अनुक्रम के भाग अथवा भागों की समानता लम्बे लक्ष्य अनुक्रम के एक नहीं बल्कि बहुत से भागों से होती है ऐसा भी हो सकता है कि जाँच अनुक्रम का भाग–1 लक्ष्य अनुक्रम के एक भाग से संगत रखता हो तथा भाग–2 किसी अन्य भाग से संगत रखता हो परन्तु लक्ष्य के ये दो भाग एक ही क्रम में न हों। लक्ष्य अनुक्रम के ये भाग उतनी ही दूरी पर न पाये जाते हों जितना कि जाँच अनुक्रम के भाग की दूरी होती है।

Blast

Altschul *et al.* (1990) ने इस program को विकसित किया। BLAST का पूरा रूप Basic Local Alignment Search Tool होता है। यह algorithm एक शब्द आधारित शोध प्रणाली का उपयोग Smith-Waterman algorithm के लगभग भाषांतर के लिये निष्पादित किया जाता है जिसे maximal segment pairs algorithms कहते हैं। Heuristics Algorithms का तात्पर्य सादृश्य तकनीकों का उपयोग होता है। BLAST का पहला पद एक निश्चित शब्द दीर्घता (w) को ढूंढता है जिससे किसी Threshold score (T) से ज्यादा अंक प्राप्त किये हो। प्रोटीन तथा न्यूक्लिक अम्ल के लिये w का मान क्रमशः 3 तथा 11 होता है। यह इसलिये है क्योंकि चूंकि चार न्यूक्लियोटाइड होते हैं अतः भूमिका शब्द की मात्रा उसी के समान शब्द आकार से बहुत बड़ी होती है। BLAST में प्रयास होता है कि सभी double words कुछ विशिष्ट दूरी में एक ही diagonal पर टकरायें। BLAST व्यक्ति शब्द मेल को फैलाता है जब तक कि alignment की कुल अंक प्राप्ति अपने अधिकतम मान से गिर न जावे। यह गिरावट कुछ मात्रा के लिये होती है ताकि high scoring segment pairs बनते हैं। BLAST का उपयोग ज्यादातर Internet पर BLAST server (http ://www.ncbi.nlm.nih.gov./BLAST/) में किया जाता है।

FAST

मूलरूप से FAST के रूप में जाना जाता है। यह इसलिये है कि उपयोग में लाया जाने वाला सबसे प्रचलित भाषांतर FastA है, अतः FASTA नाम दिया गया है। FASTA उच्च वेग में शोध के लिये उच्च स्तर की संवेदनशीलता की समानता प्राप्त करता है। पहले पद में विशिष्ट K-tuple size से शब्द बनाये जाते हैं। K-tuple में दो अनुक्रमों का बड़ी जल्दी मिलान किया जाता है, सबसे पहले एक समान अनुक्रम के छोटे खण्डों की खोज करके इनका मिलान किया जाता है। शब्द का तात्पर्य 3-5 न्यूक्लीयोटाइड्स अथवा 1 या 2 अमीनो अम्लों से होता है। इन शब्दों को dynamic programming method द्वारा मिलान करके जोड़ा जाता है। चूक होने से पेप्टाइड के लिये यह दो होता है। बाद में यह प्रश्न अनुक्रमों तथा डाटाबेस सदस्यों के बीच सही मेल करने वाले सभी शब्दों की पहचान करता है। FASTA formatted files के अनुक्रम एक निशान ">" के एक लाइन के बाद प्रारम्भ होते हैं। इस लाइन का पहला शब्द अनुक्रम का नाम होता है। लाइन के शेष शब्द अनुक्रम का वर्णन होते हैं।

Applications

बायोइन्फॉर्मेटिक्स जैविक क्रियाओं के गणितीय मॉडल के रूप में ऊभर रहा है। Bioinformatics का वाणिज्यिक अनुप्रयोग औषध एवं कृषि क्षेत्रों पर ज्यादा हो रहा है। तथापि अन्य विविध क्षेत्र (जैसे पर्यावरण) में भी इसका अनुप्रयोग किया जाता है। Bioinformatics के अनुप्रयोग के लक्ष्य तथा सम्भावित परिणाम कम्प्यूटर तथा जैव प्रौद्योगिकी, जीनोम–आधारित उपचार के आधार पर औषध अनुसंधान को ज्यादा गति देना है। महामारी विज्ञान (Epidemology) को समझने के लिये भी इसका अनुप्रयोग किया जाता है। इसकी भूमिका evolutionomy biology, तथा macromolecules की संरचनाओं का अनुमान करने में भी होगी ।

Bioinformatics India

US तथा कुछ यूरोपीयन देशों की तुलना में भारत में बायोइन्फॉर्मेटिक्स बाल्यावस्था में है। Astra Zeneca Research Centre, Banglore, GVK Biosciences, Hyderabad, DSQ Biotech, Banglore तथा कुछ प्रतिष्ठित संस्थायें जैसे Center for Cellular and Molecular Biology (CCMB), Hyderabad तथा Center for Development of Advanced Computing (C-CDAC), Pune में बायोइन्फॉर्मेटिक्स में अनुसंधान हो रहे हैं।

कुछ निजी कम्पनियाँ जैसे biocon (Banglore), Dr. Reddy's Lab (Hyderabad) तथा Ranbaxy (Delhi), Satyam Computers, Tata Consultancy Services (TCS) में भी अच्छे अनुसंधान हो रहे हैं। IMB's Indian Research Lab (IRL) biochip technology ने हजारों जीन अथवा प्रोटीन की अभिव्यक्ति का अध्ययन एक साथ एक ही प्रयोग में करना सम्भव कर दिया है। IMTECH (Chandigarh) के Bioinformatics Centre (BIC) ने अनेक कम्प्यूटर प्रोग्राम विकसित किये हैं जैसे FPMP (Fingerprint mapping) इसके माध्यम से सूक्ष्मजीवियों के वर्गीकरण तथा पहचान में सरलता होती है। 1987 में Department of Biotechnology (DBT) के Biotechnology Information

System (BTIS) के अन्तर्गत् स्थापित नौ केन्द्रों में से यह एक केन्द्र है। भारत सरकार, **IMTECH** ने वृहत मात्रा में इस प्रकार के **Software Programmes** स्थापित किये जिनका उपयोग किया जा रहा है। **BIC** के पास अनेक **public domain Databases** हैं जिन्हें उपभोक्ता उपयोग में ला रहे हैं।

Glossary

Action spectra A graph of the intensity of some phenomenon, like rate of photosynthesis produced by monochromatic light as function of the wavelength of light.

Activation energy ($\Delta G^{\ddagger}$) The amount of energy required to convert all the molecules in 1 mole of a reacting substance from the ground state to the transition state.

Active site (catalytic site) region of enzyme surface, that binds substrate molecule at the time of catalytic activity.

Active Transport Movement of substance across the membrane against a thermodynamically unfavourable gradient with the coupled input of energy is known as active transport. It is endergonic. *Primary Active Transport* When solute accumulation is coupled directly to an exergonic reaction, like hydrolysis of ATP. *Secondary Active Transport* one solute moves uphill (endergonic) across the membrane is coupled to the downhill (exergonic) flow of a different solute.

Accessory pigments the photosynthetic pigment (carotenoids, xanthophylls, and phycobilins), which are complement to chlorophyll in trapping light.

Adenylate cyclase an enzyme catalyzing formation of cyclic AMP (cAMP), in which 5′ and 3′ positions of the sugar ring are connected by a phosphate group.

Algorithm is logical sequence of steps to perform a task. It is a complete and precise specification of a method for solving a problem. There is a set of rules for calculating or solving a problem which normally is carried out by a computer program. Input and output to the algorithm must be specified. Algorithm must be very effective and operation must be basic.

Amphipathic Lipids The lipid with both hydrophobic and hydrophilic regions.

Amphoteric molecule is a molecule that acts both as an acid or a base.

Ammonification is conversion of organic nitrogen to $NH4^{+}$ by soil microbes.

Amber codon is one of the nonsense codon, with sequence UAG.

Anomers and Anomeric carbon atom anomers are isomers of sugar which have difference only in the configuration about the carbonyl carbon atom. Two cyclic compounds have different optical rotations, but they will not be same because the compounds as a whole are not mirror images of each other. Compounds related in this way are called *anomers* and carbon 1 after cyclization becomes asymmetric is called now *anomeric carbon atom*.

Annealing renaturation of a duplex structure from single strands formed as a result of denaturation of double stranded DNA.

Antiport is movement of molecules in a counter-exchange mechanism. Same carrier is involved in movement of two molecules in opposite direction. One molecule flows down in its concentration gradient, thus exchanging one gradient for another.

Antiporters Tansporters involved in a system, where solutes and protons are exchanged in different directions.

Aquaporins are made up of tetramer subunits and each subunit has six transmembrane helices. The monomers form a water channel. These channels consist of a very narrow pore. They highly selective for water transport. Aquaporins are present on plasma membrane as well as on vacuolar membrane.

Asymmetric carbon atom four different groups are attached to a carbon atom by covalent bond and thus may exist in two different tetrahedral configurations.

ATP synthase is an enzyme catalyzing synthesis of ATP during phosphorylation.

ATPase is an enzyme hydrolyzing ATP.

β-oxidation is oxidative degradation of fatty acids into acetyl CoA. In this process, successive oxidation of fatty acids at takes place β-carbon atom takes place.

CAAT box it is one of the sequence that enhances binding of RNA polymerase. This is a part of conserved sequence of nucleotide is found in eukaryotic cells and is present approximately 75 base pair upstream from transcription start site. It is recognized by a large group of transcription factors.

Calmodulin is a soluble protein with molecular mass 15-17 kDa. It is the primary calcium receptor in both plant and animal cells. Each molecule of calmodulin contains four binding sites for calcium. The characterized calmodulin-binding proteins in plants are myosin V, kinesin, NAD^+kinase, glutamate dexarboxylase, protein kinases, and Ca^{2+}-ATPase. Plant calmodulin is also important in formation of actin filaments and cytoplasmic streaming, polarized growth, and the cell division cycle.

Callus An undifferentiated cluster of plant cells that is a first step in regeneration of plants from tissue culture.

Capping a modified guanine base it added at 5′ end of RNA in three enzymatic actions. The bond is unusual 5′→5′ involving three phosphatase.

Carbohydrates are defined as polyhydric alcohols of carbon possessing active aldehydic or ketone groups. It functions primarily as stores of chemical energy and as durable building materials for biological construction.

Central dogma In 1958 Francis Crick proposed clearly the genetic information is transferred to cytoplasm through mRNA. The latter is being translated in the language of protein. The information flows is unidirectional.

cDNA double-stranded DNA complement of a messenger RNA sequence synthesized in vitro by reverse transcriptase and DNA polymerase. This is used in DNA cloning.

Chemiosmotic theory in respiratory chain oxidation of components is coupled to the translocation of hydrogen ions (protons, H^+) from the inside to the outside of the inner mitochondrial membrane. It produces an electrochemical potential difference of protons across the coupling membrane. This potential was subsequently used to drive the dehydration of ADP and inorganic phosphate.

***cis*-dominant site** the properties only of its own molecule of DNA. *cis*-dominance indicates that a site does not code for a diffusible product.

Clone A group of genetically identical cells or organisms produced asexually from a common ancestor.

Cointegrate an intermediate in the migration of certain transposons in which the donor DNA and target DNA are covalently attached.

Comparative Genomics is the comparison of proteomes *i.e.,* the complete protein set of two or more organisms.

Composite transposable element have a central region flaked on each side by insertion sequences, either or both of which may enable the entire element to transpose.

Concentration gradient is a change in the concentration of a molecule or ion from one point to another. The gradient might be gradual.

Conformation is three dimensional arrangements of the atoms within a molecule. It gives biological properties to proteins and other molecules in living cell.

Core enzyme is RNA polymerase enzyme with a complex of subunits.

Cryptochrome pigment absorb violet and blue light, it has sequence similarity to DNA photo-lyases, a rare class of flavoproteins that catalyze blue light-dependent electron transfer reactions in bacteria. Cryptochromes may also modulate kinase activity.

C-value is the total amount of DNA in the genome (per haploid set of chromosomes).

C-value paradox is the lack of relationship between the DNA content of an organism and its coding potential.

Cyclic AMP (cAMP) AMP with the phosphate group joined to 3′ and 5′ positions of ribose sugar. It was discovered by Sutherland in 1965. A second messenger present in a cell. In plants cAMP is involved in some specific processes, like signals that initiate stomatal closure may be transduced through adenyl cyclase. The activity of guard cell channels is modified by cAMP-dependent phosphorylation. cAMP may also regulate pollen tube growth. Its main function is to transmit primary hormonal message from the cell surface to the cell interior.

Cytochromes are made up of tetrapyrrole ring, the porphyrin. The prosthetic group is heme They have Fe nucleus. It carries a single electron and oscillates between the ferrous (Fe^{2+}) and ferric (Fe^{3+}) states. Five types of cytochromes are present in mitochondria. They are named as Cyt *b*, Cytc, Cyt c_1, Cyt *a* and Cyta_3.

DNA gyrase or topiomerases catalyze the formation of negative supercoils in DNA.

DNA helicases enzyme which separates DNA strands at the time of replication. It moves along ssDNA in a defined direction and separate the two strands of DNA, and form single stranded DNA at the beginning of the replication fork.

D-series and L-series the orientation of the H and OH groups around the carbon atom first adjacent to the terminal primary alcohol carbon.

Deamination is loss of amino groups from amino acids. It is of two types *nonoxidative deamination* (Some amino acids are not oxidized while deamination) and *oxidative deamination* (Enzyme amino acid oxidase deaminase catalyzes the deamination of amino acid).

Denitrification The process in which, nitrates are reduced.

Density gradient used to separate macromolecules on the basis of differences in their density in a medium containing heavy soluble compound such as CsCl.

Diffusion is movement of substances from a region of high concentration to a region of low concentration. *Simple Diffusion* : when the compartments of two solutions of different concentration are separated by a permeable divider, the solute moves from the region of higher concentration to the region of lower concentration till the two compartments have equal solute concentration. *Facilitated Diffusion* impermeable substances bind to a membrane-spanning protein the facilitative transporter. The substance moves down a concentration gradient from a higher to lower concentration.

Domain a distinct structural unit of a polypeptide with separate functions and may fold as independent compact units.

Electrochemical gradient is overall difference in electrical charge and in solute concentration that determines the ability of an electrolyte to diffuse between two compartments.

Electroporation is a technique in which cell is electrically treated to induce transient pores through which DNA can pass into the cell.

Emerson effect (E) is the ratio of the rate of oxygen evolution (ΔO_2) in the far-red light in the presence of supplementary beam, and the same rate in the absence of it.

Endergonic Transport the uphill movement flow of substance across the membrane.

Energy State of a pigment A pigment reaches a number of states after absorbing a quantum. Molecule shows two types of excitation state. In *singlet state* electrons orbit move in opposite spins (antiparallel). While if the electrons start moving in the same spin, it is the *triplet state*.

Enantiomers are stereoisomers showing nonsuperimposable mirror images of each other.

Enthalpy (H) and Entropy (S) the heat content of a system is enthalpy while the extent of randomnbess or disorder in a system.

Epimers and Epimerism When two sugars differ only in the configuration around one specific carbon atom are called *epimers* of each other, and the phenomenon is called *epimerism*.

Exergonic Transport the downhill movement flow of substance across the membrane.

Exons and Introns The nucleotide sequences of mRNA that code for amino acids are known as exons, while noncoding sequences are called introns. The latter are removed by splicing.

Extra chromosomal genome is self replicating set of genes, not present in chromosome of bacteria.

Extra nuclear gene genes present in organelles other than nucleus (like mitochondria).

F-type ATPase takes part in energy conserving reactions in mitochondria and chloroplast. It performs the same function in bacteria also. The name F-type is due to identification as energy-coupling *f* factors. These trasportors catalyze the reversible transmembrane passage of protons, driven by ATP hydrolysis.

Fats and Fatty acid fats consists of a glycerol molecule linked by ester bonds to three fatty acids, the composite molecule is termed a triacylglycerol. Fatty acids are long unbranched hydrocarbon chains with a single carboxyl group at one end. Fatty acids that lack double bonds are described as saturated, and those possessing double bonds are unsaturated.

Flavoprotein enzymes have FMN (flavin mononucleotide) and FAD (flavin adenine dinucleo-5-phosphate) coenzyme. These groups are tightly bound to the protein and hence act as prosthetic group. Isoalloxazine ring of the riboflavin moiety accepts reducing equivalents.

Florigen (La *flora* flower; Gr *genno* to begtet) a hormone-like substance produced in the leaves, it may be also a complex of substances that is conducted to the shoot meristems in order to stimulate them to pass from vegetative growth to flower formation. It is not species-specific and also it not is physiologically specific.

Forster energy transfer mechanism or resonance Theoder Föster (1948) analyzed the mechanism of resonance transfer of energy between unlike molecules without overlapping absorption bands. In this mechanism, emission and re-absorption of photon is not required. Resonant energy transfer is directed towards pigments absorbing at longer wavelength.

Four Quanta theory van Neil formulated oxidation-reduction theory of photosynthesis and postulated that there is a single photochemical reaction i.e., decomposition of water. The reduction of CO_2 to carbohydrate requires the transfer of four hydrogen atoms **Eight Quanta theory** after a long controversy the quantum yield of photosynthesis, it was proved to be 1/8 i.e., that at least eight quanta must be absorbed to reduce one molecule of carbon dioxide.

Free energy is the energy that can do some work at constant temperature and pressure. The *standard free-energy difference* ($\Delta G^{o'}$) describes the difference in free energy when one mole of each reactant is converted to one mole of each product under standard conditions.

Functional genomics is the process of determining the function of genes and an understanding of how they affect normal physiology.

Functional Groups a specific atom or group of atoms that often behave as a unit and give biomolecules their physical properties, chemical reactivity, and solubility in aqueous solutions.

G-Protein (or **G-binding proteins**) bind with GTP or GDP and can alternate between two conformational states. GTPase are converted from an empty state to an active state by association with GTP. Hydrolysis of GTP to GDP inactivates the protein, and subsequent dissociation of GDP returns the protein to the empty state. These heteromeric proteins interact with receptor proteins located in the plasma membrane.

G0, G1 G2 states of cell cycle of eukaryotic cell. In G0 state cell ceases to divide. In G1 state is between the last mitosis and the start of DNA replication. In G2 state separates the replication of a cell's chromosome (S phase) from the following mitosis (M phase).

GenBank is a large database (GenBank), sequences were distributed on floppy disk. The arrangement of data in each entry in the GenBank is self-explanatory. GenBank entry consists of a number of keywords, relevant associated subkeywords, and an optional Feature Table. GenBank contains over 1 million sequences from approximately 18,000 organisms.

Gene library (Gene Bank, clone bank, library) A population of organisms, each of which carries a DNA molecule that was introduced into a cloning vector. It is sometimes also used for all of the vector molecules, each carrying a piece of the chromosomal DNA of an organism, prior to the insertion of these molecules into a population of host cells.

Genetic marker A DNA fragment representing an allele of interest coding for a known and well defined function. It is any stable and inherited variation that can be measured or detected by a suitable method. It can be used subsequently to detect the presence of a specific genotype or phenotype other than itself, which otherwise is non measurable or very difficult to detect.

Genomics is the study of all the genes of an organism. These studies include DNA sequences, structures, gene regulation, interaction, and products.

Glycolysis or glycolytic pathway (Gr. Glyco = sweet: lysis = splitting) the biochemical pathway of breakdown of hexose sugar into pyruvic acid.

Group Translocation movement certain substances which get chemically modified as they enter the cell. These substances are impermeable to membrane. During translocation, high concentration of the modified form is generated inside the cell and low concentration of unmodified substance outside the cell, and a metabolic function equivalent to active transport is accomplished by a trapping reaction.

Haworth Formula is commonly used to show the ring forms of monosaccharides. It suggests that the five and six member furanose and pyranose ring are planar. The pyranose ring exists in two conformations, the *chair* form and the *boat* conformations.

Hills reaction R. Hill (1937) observed that when isolated chloroplasts are supplied with ferric salts in the light, the ferric salts are reduced to the ferrous form and O_2 is evolved. Illuminated isolated chloroplasts were able to produce O_2.

Hydrogen bond when a hydrogen atom is covalently bonded to an electronegative atom, particularly an oxygen or nitrogen atom, the single pair of shared electrons is greatly displaced toward the nucleus of the electronegative atom, leaving the hydrogen atom with a partial positive charge.

Influx is the movement of the substance into the cell.

in vivo (in life) reaction or a process taking place in living cell.

in vitro (in glass) reaction or a process taking place in an isolated cell free extract i.e., in a test tube.

Iron sulphur proteins (FeS) enzymes have equal amount of iron and acid labile sulphur. Ferredoxin of mitochondria is an iron sulphur protein.

Kornberg enzyme In 1957, Arthur kornberg and his coworkers isolated an enzyme DNA polymerase from *E.coli.*

Kranz anatomy the leaves of C4 plants have two different types of chloroplast-containing cells: mesophyll cells and bundle sheath cells. Biochemical fractionation analyses have shown that enzymes unique to the Calvin cycle are located only in the bundle sheath chloroplasts, whereas oxalaoacetate is generated form HCO3- and phosphoenolpyruvate (PEP) in the cytosol of mesophyll cells.

Lagging and Leading strand during DNA replication the DNA strand synthesized in opposite direction in which replication fork moves is lagging strand, while strand synthesized in the same direction in which replication fork moves is known as leading strand.

Leader sequence a sequence of nucleotide present at 5′ end of mRNA, which is not translated.

Mechalis-Menton equation it is an equation describing the hyperbolic dependence of the initial reaction velocity on substrate concentration in many enzymatic reactions. The substrate concentration at which an enzyme-catalyzed reaction proceeds at one-half its maximal velocity is known as *Mechalis-Menton constant* (Km). A kinetic pattern in which the initial rate of an enzyme-catalyzed reaction exhibits a hyperbolic dopondence on substrate concentration is called *Mechalis-Menton Kinetics*.

Membrane Potential it is the difference in electrical potential between two aqueous media separated by a membrane. electrophysiologist encounter it by V_m and bioenergeticists by $\Delta\psi$.

Metabolism (categorized in anabolism and catabolism), is the sum of all the chemical transformations that occur in a cell or organism.

Mutarotation When an aldohexoses is first dissolved in water and the solution is put in optical path so that plane polarized light is passed the initial optical rotation shown by the sugar gradually changes until a constant fixed rotation characteristic of the sugar is reached.

Nitirfication In warm, moist soils with near natural pH ammonium is further oxidized into nitric acid (nitrates).

Nuclein F. Miescher (1869) named “nuclein” to the material isolated from nucleus of the cell.

Ochre codon is one of the nonsense codon with sequence UAA.

Okazaki fragments In 1968 Reiji Okazaki and his colleagues worked on *E. coli,* and explained the synthesis of complementary chain of 3′→5′ strand. The small fragments of DNA strands (1-2kd), each attached with an RNA primer, were named as Okazaki fragments. It represents transient, nascent DNA molecules.

Opal codon is one of the nonsense codon with sequence UGA.

Optical activity it is due to the presence of asymmetric carbon atom. When a beam of plane polarized light is passed through a solution exhibiting optical activity, it will be rotated to the right or left in accordance with the type of compound, i.e. the "*optical isomers*" or "*enantiomorphs*"; when it is rotated to right, the compound is called "*dextrorotatory*" (d or + sign), when rotated to left, the compound is called "*Laevorotatory*" (l or –sign).

Outflux the movement of the substance out of the cell.

Oxidation-reduction (redox) potential the separation of charge measured in voltage for any given pair of oxidizing-reducing agents relative to a standard.

P-type ATPase. The transporter is an integral membrane protein, with amino acid homology. This homology is especially observed near the Asp residue. This residue is the site of phosphorylation. (e.g. P-type H^+ATPase). This transporter pumps proton out of the cell, and for the transport of each proton one ATP is consumed.

Partition Coefficient the ratio of solubility of a substance in oil as opposed to water. It is a measure of the relative polarity of a biological substance.

Passive Transport the movement of substance moves across the membrane down its concentration gradient.

Pentose Phosphate Pathway or Hexose Mono Phosphate Pathway or Phosphogluconate Pathway it is an alternate pathway (other than glycolysis and citric acid cycle) by which plants were able to obtain energy by oxidation of sugars. In this pathway, the pentose sugars are degraded and do not synthesize other sugars. Some intermediates of this pathway are same as that of Calvin cycle.

Pharmcogenomics is an intersection of the fields of pharmacology and genetics.

Phenomics is the studies on anatomy and function for cell and whole organism.

Phosphatidic acid is a molecule made up of two fatty acyl chains without any additional substitutions beyond the phosphate.

Phosphorylation is synthesis of ATP from ADP and inorganic phosphate. It is of three types *Substrate level phosphorylation*, an intermediated transfers a high energy phosphate moiety to ADP. *Photophosphorylation* in photosynthesis phosphorylation takes place in presence of light. Oxidative phosphorylation in respiration, ATP is generated by the electron transport system where presence of oxygen, ATP formation is driven by energy that is released from electrons removed during substrate oxidation.

Photoperiod is the length of exposure to light. Photoperiod regulates flowering in a wide variety of plants.

Photoperiodism is the response to the timing of light and darkness.

Photorespiration is evolution of carbon di oxide from photosynthetic tissues in the presence of light. Jackson and Volk (1970) defined it to describe all respiratory activity in the light regardless of the pathways by which CO_2 is released or O_2 consumed.

Physiomics the role of proteome within and among cells cooperates to produce the biochemistry and physiology of individual cells and organisms.

Phytochrome is a photoreceptor, a pigment that plants use to detect light. It absorb light (red and far-red) and effective in causing photomorphogenesis. Phytochromes have two isoforms P_r and P_{fr}, which absorb light at 660nm and 730 nm, respectively.

Polar and Nonpolar molecules molecules that have asymmetric distribution of charge are *polar molecules*, e.g., water. Polar molecules of biological importance contain one or more electronegative atoms, usually O, N, S, or P. Molecules that lack polarized bonds, such as those that consist almost entirely of carbon and hydrogen atoms, are *nonpolar molecule*.

Polyadenylation is the process in which, the polymerase CTD tail is involved in recruiting the enzymes necessary for polyadenylation. When polymerase reaches at the end of a gene, these factors [CPSF (cleavage and polyadenylation specificity factor) and CstF (cleavage stimulation factor)] activate poly-A signals. Polyadenylation is mediated by enzyme poly-A polymerase. It adds about 200 adenines to the 3′ end of RNA.

Pribnow box (TATAAT) a sequence of promoters essential for initiation of transcription. It is present ten base pair preceding the start point of transcription. It represents the part of the promoter over which polymerase binds tightly and opens the DNA helix to start the transcription.

Primary transcript is the original unmodified RNA molecule. The nucleotide sequence corresponds to a transcription unit.

Processivity is the ability of an enzyme to perform multiple catalytic cycles (synthesizing biological polymer) with a single template instead of dissociating after each cycle (from substrate).

Protein kinase is a protein which transfers the terminal phosphate group from ATP onto another protein, often having the effect of regulating the activity of the other protein.

Proteome is the expressed protein complement of a genome.

Protein conformation refers to a structural state that can, without breaking any covalent bonds, interconvert with other structural states.

Protein structure can be studied at four levels. The *primary structure* refers to the sequence of peptide bonded amino acids and locations of disulfide bonds. The *secondary structure* refers to a three dimensional secondary structures by way of folding or coiling consisting of a helically-coiled, zigzag, linear or mixed form. The *tertiary structure* is three dimensional arrangements of all atoms in a protein.

Quaternary structure means that the two or more peptide chains held together by non-covalent interactions or by covalent cross-links.

Pseudocyclic photophosphorylation Arnon and his coworkers (1954) observed that if illuminated chlorophyll produces ATP even in the absence of CO_2 and $NADP^+$ and in presence of FMN or vit K and oxygen. This phenomenon is described as oxygen dependent FMN catalysed photophosphorylation.

Putrifaction is the anaerobic decomposition of protein.

Pyridine linked dehydrogenase these enzymes contain nicotinamide rings resembling pyridine as coenzyme. In a cell there are two pyridine nucleotide, namely NAD (nicotinamide adenine dinucleotide originally called coenzyme I, cozymase or DPN^+) and NADP (nicotinamide adenine dinucleotide phosphate originally coenzyme II, or TPN). The reducing equivalent is accepted as hydride ion.

RNA splicing is a process of removing the intervening DNA sequences (introns) from a primary transcript. This process is carried out by two successive transesterification reactions, mediated by a large molecular 'machine' known as spliceosome. In transesterification reactions phosphodiester linkages within the pre-mRNA are broken and new ones are formed.

Red drop Emerson and Lewis (1943) performed experiments on quantum yield using monochromatic light, and observed a decline in quantum yield in the red zone (at wavelength greater than 680 nm).

Reducing sugar A sugar that will reduce certain inorganic ions in solution, e.g., copper ions of Fehling's solution or Benedict's reagent.

Reductive deamination when ammonium ion combines directly with α-keto carboxylic acids to form amino acids.

Replisome and Replicon multiprotein complex (the multiple interacting machines) that synthesizes DNA at the replication fork is known as replisome. These enzymes function in a coordinated interaction between them. A replicon is a unit of DNA in which undergoes replication. It is defined by its possession of the control of the control elements needed for replication.

Ri plasmid found in *Agrobacterium rhizogenes* carry genes causes hairy root disease.

Scalar is transport of substances in which enzyme catalyzed reactions defined entirely by magnitude.

Shine-Dalgarno sequence (Ribosomal binding site) nucleotide sequence near the 3'end of mRNA that make possible in binding to small unit of ribosome.

Signal transduction is a complex process, and is defined as a phenomenon in which information is relayed across the plasma membrane to the cell interior and often to the cell nucleus.

Sphingolipids They are derivatives of sphinosine, an amino alcohol that contain a long hydrocarbon chain.

Splice site the 5′ and 3′ edges of each intron.

Steroids are built around a characteristic four-ringed hydrocarbon skeleton. One of the most important steroids is cholesterol.

Structural Genomcis A worldwide initiative aimed at determining a large number of protein structures in a high throughput mode.

Supercoiling coiling of a cloned duplex DNA in space so that it crosses over in own axis.

Substrate level phosphorylation direct synthesis of ATP through the transfer of a phosphate group from a substrate to ADP.

Symport is the mandatory simultaneous transport of two substances in the same direction. Same carrier is involved in the transport of both substances. One molecule flows down its previously established gradient and the other flow with it.

Symporters Carriers that catalyze solute flux in the same direction as H^+ or Na^+ flux.

TATA box (Hogness box) in eukaryotic cells it is a region within promoter that is a conserved A-T rich septamer found about 25 bp before the startpoint. The sequence is homologous to the bacterial Pribnow Box.

TF$_{II}$D has two subunits TBP (TATA binding protein) and TAF. It is a transcription factor that binds to the TATA sequence upstream of the startpoint of promoters for RNA polymerase.

Thermodynamics is the study of the change in energy that accompanies events in the universe. *The First Law of Thermodynamics* is the law of conservation of energy. It states that energy can neither be created nor destroyed. Energy can, however, be converted (transduced) from one form to another. *The Second Law of Thermodynamics* expresses the concept that events in the universe have direction; they always proceed "downhill" from a state of higher energy to a state of lower energy.

Ti-plasmid (tumor inducing) this plasmid is present in *A. tumifaciens* which causes crown gall disease in dicot plants only. It contains a specific gene known as T-DNA (transferred DNA), it integrates into the plant cell genome and the proteins synthesized by it forms tumor. Ti plasmid containing bacterium is able to recognize wound phenolic compound, hence they are attracted strongly towards the wound.

Totiopotency is capacity of a higher organism cell to differentiate into an entire organism.

Transfection is a process that introduces DNA into cultured cells.

Transgene A cloned gene introduced in plant or animal. A gene from one source is stably incorporated into the genome of another organism, and is passed on to successive generations.

Transgenic plants carry transgene, i.e., DNA introduced into them by other means and not through gametes.

Transmination is a reversible reaction in which alpha amino group of one amino acid is transferred to alpha carbon atom of another keto acid resulting in the formation of new amino acid.

Transposition is movement of a transposon and joining to its target site. It is encoded by a protein named as Transposase.

Transposon (Transpoable elements) certain DNA sequences which can move from one place in a chromosome to an entirely different site (without having any sequence relationship), and effects on phenotypic expression.

Ubiquinone consists of a substituted 1, 4-benzoquinone nucleus plus a long polyisoprenoid side chain at C-2. The polyisoprenoid chain may contain 6-12 isoprene units, which depends upon the source of ubiquinone. It has isoprenoid side chain in their coenzyme.

Uniport is movement of a molecule across the membrane independent to other molecule. Flow of ions is driven directly by an electrostatic gradient.

Upstream and Downstream The base pair sequences prior to the start-point are described as upstream while those after the start-point are known as downstream.

Van der Waals force is a weak attractive force due to transient asymmetries of charge within adjacent atoms or molecules.

V-type ATPase proton pump is found within the vacuole, hence the name V-type (V=vacuole). This type of ATPase is responsible for acidifying intracellular compartments.

Vectoral events transport of substances in which enzyme catalyzed reactions defined by a magnitude and a direction in space.

***vir* region** has 25 genes with 8 operons, out of them six (excluding *virA* and *virG*) encode for various proteins involved in T-DNA transfer. Genetic analysis of the various *vir* genes suggested that *virA* and *virG* comprised a two-component system necessary for the expression of the *vir* regions. *virA* protein was postulated to be a sensor of the pheolic-inducing molecules. VirG protein is a transcriptional activator of the *vir* genes.

Warburg Effect Warburg (1920) observed that in algae photosynthesis is inhibited in the presence of O_2.

X-ray diffraction (x-ray crystallography) a technique that bombards protein crystals with a thin beam of a x-rays of a single (monochromatic) wavelength. The radiation that is scattered (diffracted) by the electrons of the protein atoms strides a photographic plate behind the crystal. The diffraction pattern produced b the crystal is determined by the structure within the proteins.

Yeast artificial chromosome (YAC) a synthetic DNA molecule (cloning elements that are artificial versions of a normal yeast chromosome) that contains an origin for replication, a centromere and telomere. It is used as a mean to propagate whatever genes it carries in yeast cells.

Z-DNA Alexander Rich examined Z-DNA also known as d(c-G)3. In Z-DNA regions, the glycoside bond connects the base to the 1′ position of 2′-deoxyribose. The alternating anti-syn conformation gives the backbone of left-handed DNA a zigzag look. In the left handed helix, the fundamental repeating unit usually is a purine-pyrimidine dinucleotide, with the glycosidic bond in the anti conformation at pyrimidine residues and in the syn conformation at purine residues. Z-DNA contains about 12 base/turns.

Zwitter ion in crystalline form and in neutral aqueous solutions amino acids occur as dipolar ions or zwitterions and shows both acid and base properties.

References

Allen, G.J. and Sanders, D. (1997) Vacuolar ion channels of higher plants. *Adv. Bot. Res.* **25**: 217-252.

Allen, J.F. (2003) Cyclic pseudocyclic and non cyclic photophosphorylation: new links in the chain. *Trends Plant Sci* **8**: 15-19.

Arnon, D.I. (1960) The role of light in photosynthesis. *Scientific Americana* **203** : 104.

Bajaj, Y.P.S (1987) Cryopreservativon of plant cell cultures and its prospects in agriculture and forest biotechnology. In S. Natesh *et al.* (Eds). Biotechnology in Agriculture. Oxford & IBH Publishing Co. Pvt. Ltd. New Delhi.

Bassham, J.A. (1962) The path of carbon in photosynthesis : *Scientific Americana* **206** : 88.

Bassham, J.A. (1979) The reductive pentose phosphate cycle and its regulation. In Photosynthesis II- Photosynthetic Carbon Metabolsim and Related Processes. M. Gibbs and E.Latzko, eds. Springer-Verlag, Berlin.

Bhojwani, S.S. and Razdan, M.K. (1996) Plant Tissue Culture Theory and Practice. A Revised Edition. Elsevier Science Publishers, Amsterdam.

Bick, J.A. and Leustek, T. (1998) Plant sulfur metabolism-the reduction of sulfate of sulfite. *Curr. Opin. Plant Biol.* **1**: 240-244.

Blatt. M.R. (1997) Plant potassium channels double up. *Trends Plant Sci.* **2**: 224-246.

Boylan, M.T. and Quail, P.H. (1996) Are phytochromes protein kinases? *Protoplasma* **195**: 12-17.

Buchnan B. Bob, Gruissem, W. and Jones Russell, L. (2000) Biochemistry & Molecular Biology of Plants, I.K. International Pvt. Ltd.

Casal, J.J., Sanchez, R.A. and Yanovsky, M.J. (1997) The function of Phytochrome A. *Plant Cell Environ.* **20**: 813-819.

Campbell, W.H. (1999) Nitrate reductase, structure, function and regulation: bridging the gap between biochemistry and physiology. *Ann. Rev. Plant Physiol. Mol. Biol.* **50**: 277-303.

Charlotte J. Avers (1978) Basic cell Biology D.Van Nostrand Company.

Chen, E.F., Lapko, V.N., Lewis, J.W., Song, P.S. and Kliger, D.S. (1996) Mechanism of native oat phytochrome photoreversion - a time-resolved absorption investigation. *Biochemistry* **28**: 843-850.

Cheng, S.H., Willmann, M.R., Chen, H.C. and Sheen, J. (2002) Calcium signaling through protein kinases. The Arabidopsiscalcium-dependent protein kinase gene family. *Plant Physiol.* **129**: 469-485.

Cohen, J.D. and Bandurski (1982) Chemistry and physiology of the bound auxins. *Annual Review of Plant Physiology.* **33** : 403-454.

Coomber, Shirley A. and Feldmons, Kenneth A. (1993) Gene tagging in Transgenic plants. In Transgenic Plants. Vol. I. Engineering and Utilization, Academic Press, London.

Crawfond, N.M. (1995) Nitrate nutrient and signal for plant growth. *Plant Cell* **7**: 859-868.

Crick, F.H.C. (1966) Codon-anticodon pairing: the wobble hypothesis. *J. Mol. Biol.* **19**: 548-555.

Dickerson, R.E. and Geis, I. (1969) The structure and action of proteins Menlo Park Calif: W.A. Benjamin.

Emerson, R. (1958) The quantum yield of photosynthesis. *Ann. Rev. Plant Physio* **l 9**: 1-24.

Eugene, Rabinowitch (1945) Photosynthesis and Related Processes, Vol I Wiley Easter Private Limited, New Delhi.

Eugene, Rabinowitch (1951) Photosynthesis and Related Processes, Vol II Wiley Easter Private Limited, New Delhi.

Eugene, Rabinowitch and Govindjee (1973) Photosynthesis. Wiley Easter Private Limited, New Delhi.

Fogg, G.E. (1976) Photosynthesis. The English Language Book Society and Hodder and Stoughton.

Fosket, D.A. (1994) Plant Growth and Development, A Molecular Approach. Academic Press, San Diego, New York.

Fox, C.F. (1972) The structure of cell membrane. *Scientific Americana* **226** : 30.

Furbank, R.T. and Taylor, W.C. (1995) Regulation of photosynthesis in C3 and C4 plants. *Plant Cell* **7**: 797-807.

Furuya, M. (1993) Phytochromes: their molecular species, gene families, and functions. *Adv. Biophys.* **25**:133-167.

Gelvin, Stanton B. (1993) Molecular genetics of T-DNA Transfer from Agrobacterium to plants. In Transgenic Plants. Vol I Engineering and Utilization, Academic Press, London.

Giese, Aurthur C. (1968) Cell Physiology. W.B. Saunders Company, Japan.

Givan, C.V. and Kleczkowski, L.A. (1992) The enzymic reduction of glyoxylate and hydroxypyruvate in leaves of higher plants. *Physiol* **100**: 552-556.

Glick, Bernard R. and Pasternak, Jack, J. (2002) Molecular Biotechnology: Principles and Applications of Recombinant DNA. Panima Publishing Corporation.

Govindjee and Govindjee, R. (1974) The absorption of light in photosynthesis : *Scientific Americana* **231** : 68.

Guillaume, T., Asai, T., Chiu, W.L. and Sheen, J. (2001) Plant nitrogen-activated protein kinase signaling cascades 4. *Curr. Opin Plant Biol*: **4** 329-400.

Gunning, B.E.S. and Steer, M.W. (1996) Plant Cell Biology, Structure and Function. Jones and Barlett, Sudbury, MA.

Halldal, P. (ed) (1970) Photobiology of Microorganisms. John Wiley & Sons Ltd. London, New York, Sydney. Toronto.

Harper, H.F., Hong, B., Hwang, I., Guo, H.Q., Stoddard, R., Huang, J.F., Palmgren, M.G. and Sze, H. (1998) A novel calmodulin-regulated Ca2+-ATPase (ACA2) from Arabidopsis with an N-termina autoinhibitory domain. *J. Biol. Chem.* **273**: 1099-1106.

Hatch, M.D. and Slack, C.R. (1966) Photosynthesis by sugarcane leaves: A new carboxylation reaction and the pathway of sugar formation. *Biochemical Journal* **101**: 103.

Heldt Hans-Walter Heldt (2005) Plant Biochemistry. Elsevier Academic Press.

Hill, R. (1937) Oxygen evolved by isolated chloroplasts. *Nature* **139**: 881.

Hilman, W.S. (1967) The physiology of phytochrome *Ann. Rev. Plant Physiol.***18**: 301-324.

Jacobs, William P. Plant Hormone and Plant Development. Cambridge University Press.

Jain, S.K. (2000) Textbook of Biotechnology. CBS Publishers & Distributers.

Jones, C.W. (1976) Out line studies in Biology. Biological Energy Conservation. Chapman and Hall, London.

Karp, G. (1996) Cell and Molecular Biology Concepts and Experiments. John Wiley & Sons.

Kende, H. and Zeevart, J.A.D. (1997) The five "classical" plant hormones. *Plant Cell* **9**: 1197-1210.

Kjellbom, P., Larsson, C., Johansson, I., Karlsson, M. and Johanson, U. (1999) Aquaporins and water homeostasis in plants. *Trends Plant Sci* **4**, 308-314.

Kornberg, A. (1974) DNA synthesis: San Francisco : W.H. Freeman.

Koshland, D.E., Jr. (1973) Protein shape and biological control. *Scientific American* **229** : 52.

Lea, P.J. (1993) Plants Biochemistry and Molecular Biology. John Wiley & Sons, New York.

Lehninger, A.L. (1971) Bioenergetics, MenloPark, Calif: W.A. Benjamin.

Lewin, Benjamin (2004) Genes VIII Pearson Education International.

Lin, C. and Shalitin, D. (2003) Cryptochrome structure and signal transduction. *Annu Rev. Plant Biol* **54**: 469-496.

Ma, H. (1994) GTP-binding proteins in plants: new members of an old family. *Plant Mol. Biol.* **26**: 1611-1636.

MacMillan, J. ed. (1980) Hormonal regulation of Development. I. Molecular aspects of Plant Hormones. Encyclopedia of Plant Physiology. New Series, Vol. 9, Springer-Verlag, Berlin.

Meselson, M. and Stahl, F.W. (1958) The replication of DNA is E.coli. *Proceeding of the National Academy of Science* **71**: 135.

Moore, T. Jr. ed. (1993) Lipid Metabolism in Plants. CRC Press. Boca Raton, FL.

Nerenberg, M.W. (1963) The Genetic code II. *Scientific Americana* **208**: 80.

Nomita Chowdhary Sen (2005) Photoassimilation. *Indian Hydrobiology* **8 (1)** :85-87.

Pauling, L. Corey, R.B. and Hayward R. (1974) The structure of protein molecules. *Scientific American* **191**: 51.

Ramakrishnan, V. (2002) Ribosome structure and the mechanism of translation. 108: 557-572.

Ramawat, K.G. (2002) Plant Biotechnology. S. Chand & Company Ltd. New Delhi.

Ranjan, S.S. and Balaji, R. (2003) Introduction to Bioinformatics. Himalaya Publishing House, Mumbai.

Roberts, M.R. (2000) Regulatory 14-3-3 protein-protein interactions in plant cells. *Cur Opin Plant Biol* **3**: 400-405.

Ranjan, R. (2002) Transgenic Plants. Agrobios (India).

Razdan, M.K. (2003) Introduction to Plant Tissue Culture. Oxford & IBH Publishing Co. Pvt. Ltd. New Delhi, India.

Reumann, S. (2000) The structural properties of plant peroxisomes and their metabolic significance. *Biol Chem* **381**: 639-648.

Robinson, D.G., (1985) Plant membranes. John Wiley and Sons, New York.

Roller, A. (1974) Discovering the Basic of life; An Introduction to Molecular Biology, McGraw-Hill, New York.

Russell, P.J. (1992) Genetics 3rd edn. Harper-Collins Publisher, New York.

Saedler, H. and Gieri, A. (1996) Transposable Elements. Current Topics in Microbiology and Immunology 204 Springer-Verlag, Heidelberg.

Salisbury Frank B. and Ross Cleon W. (2002) Plant Physiology. CBS Publishers & Distributors. New Delhi. India.

Scheel, D. and Wasternack, C. (eds.) (2002) Plant signal transduction. Oxford University Press. Oxford, UK.

Senger, H. and Schmidt, W. (1994) Diversity of photoreceptors In "Photomorphogenesis in plants". 2nd. Ed. Kendrick, R.E. and Kornberg, G.H.M. (Eds) Kluwer Dordrecht.

Singer, S.J. and Nicolson, G.L. (1972) The fluid mosaic model of the structure of cell membrane. *Science* **175** : 720.

Singhal, G.S., Renger, G. Sopory, S.K., Irrgang, K.D. and Govindjee (1999) Concepts in photobiology Photosynthesis and Photomorphogenesis Kluwer Academic Publishers.

Smith, Alan (1976) Protein Biosynthesis. Chapman and Hall, London.

Sprang, S.R. (1997) G protein mechanisms: insight from structural analysis, *Ann. Rev. Biochem*. **66**: 639-678.

Stitt, M. (1999) Nitrate regulation of metabolism and growth. *Curr Opin Plant Biol* **2**: 178-186.

Stone, J.M. and Walker, J.C. (1995) Plant protein kinase families and signal transduction. *Plant Physiol.* **108**: 451-457.

Strader, D. (1994) Studies and function of G-protein-coupled receptors. *Ann. Rev. Biochem.* **63**: 101-132.

Stryer, L. (1975) Biochemistry : San Francisco : W.H. Freeman.

Tanner, W. and Carpari, T. (1996) Membrane transport carriers. *Ann. Rev Plant Physiol Plant Mol Biol* **47**: 595-626.

Tinland, B. (1996) The integration of T-DNA into plant genomes. *Trends Plant Sci.* **1**: 178-184.

Tobin, A.K., ed. (1992) Plant Orgenelles. Cambridge University Press, Cambridge, UK.

Watson, J.D. (1970) Molecular Biology of the Gene 3rd edn. Reading Mass: W.A. Benjamin.

Watson, J.D. (1976) Molecular Biology of Gene 3rd edn. Menlo Park, Calif: W.A. Benjamin.

Watson, J.D. and Crick, F.H.C. (1953) Molecular structure of nucleic acids : A structure for deoxyribonucleic acid. *Nature* 171: 737.

White, Frank F. (1993) Vectors and Gene Transfer in Higher plants: In Transgenic Plants. Vol. I, Engineering and Utilization, Academic Press, London.

Wray, J.L. (1993) Molecular biology, genetics and regulation of nitrite reduction in higher plants. *Physiol. Plant* **89**: 607-612.

Zelitch, Israel (1971) Photosynthesis, Photorespiration and Plant productivity. Academic Press, London.

Zhang, L. and Lu, Y.T. (2003) Calomodulin-binding protein kinase in plants. *Trends Plant Sci* **8**: 123-127.

Zielinski, R.E. (1998) Calmodulin and calmodulin-binding proteins in plants. *Annu. Rev. Plant Physiol. Plant Mol. Biol.* **49**: 697-727.